让法律被信仰

谨以此书献给

中华人民共和国华诞70周年

中华人民共和国外交条法事业创立70周年

中国国际法学界一代宗师周鲠生先生诞辰130周年

国家高端智库武汉大学国际法研究所

国 际 法 文 库
INTERNATIONAL LAW LIBRARY
黄 进 总主编
肖永平 执行主编

专著系列
黄志雄 主编

中国特色
大国外交与国际法

China's Diplomacy and International Law

黄惠康 著

法律出版社
LAW PRESS·CHINA

黄惠康

法学博士，国际法教授，资深外交官。现任联合国国际法委员会委员、中国外交部国际法咨询委员会主任委员、国际常设仲裁法院仲裁员、武汉大学国际法研究所特聘教授、浙江大学光华法学院客座教授。著有《国际法上的集体安全制度》、《中国政治与法律导论》（英文）、《外层空间法》等10余部专著及《论联合国维持和平部队的法律基础》、《关于国家官员的外国刑事管辖豁免》（英文）、《国际法的发展动态及值得关注的前沿问题》等数十篇论文。

中国政府在2015年9月推举时任中国驻马来西亚特命全权大使黄惠康竞选连任联合国国际法委员会委员的外交照会中如此评价：“黄惠康博士是一位具有广博学识的国际法专家，拥有丰富的国际法实践和外交经验……曾在武汉大学从事国际法教学与研究工作，加入中国外交部后，先后担任外交部条约法律司参赞、中国驻纽约总领馆副总领事、中国驻加拿大使馆公使衔参赞、外交部法律顾问、气候变化谈判特别代表、外交部条约法律司司长等职，代表中国政府参加了许多重要的国际会议和双、多边法律事务磋商、谈判……中国政府相信，如黄惠康博士当选连任国际法委员会委员，必将继续对委员会的工作和国际法的发展做出重要贡献。”2016年11月3日，黄惠康在第71届联合国大会国际法委员会换届选举中，再次以高票当选连任。

总序一

当今之世界，随着全球投资贸易不断增长，科学技术特别是信息技术飞速进步，通信和交通日益便捷，人文交流蓬勃发展，经济全球化、政治多极化、文化多元化、社会网络化、法律趋同化已成为天下大势。在这种背景下，作为国际社会最为重要的行为规范，国际法在全球治理中发挥着不可替代的作用。

今日之中国，秉持“创新、协调、绿色、开放、共享”五大发展理念，正在全面建设小康社会、全面深化改革、全面推进依法治国、全面从严治党、全面参与全球治理。在这个过程中，国家始终坚持统筹国内、国际两个大局，于内，追求实现“两个一百年”奋斗目标，追求实现中华民族伟大复兴的中国梦。于外，坚定不移对外开放，参与全球治理；坚持和平发展、合作共赢；积极构建中国特色大国外交，完善对外战略布局，既“请进来”，又“走出去”，加快推进“一带一路”建设；坚决维护国家主权、安全、发展利益，争取良好国际环境，维护世界和平稳定，促进各国共同发展，打造“人类命运共同体”。毫无疑问，坚持统筹国内、国际两个大局，不仅要全面推进依法治国，加强国内法治，而且要在全球治理中高度重视和善于发挥国际法的作用，加强国际法治，推进国内法治与国际法治良性互动，特别是要完善中国自己的涉外法律法规体系，积极参与国际规则的制定，增强中国在国际法律事务中的话语权和影响力，运用法治思维和法治方式依法处理涉外事务，强化涉外法律服务，加强国际法治合作。

当下之中国国际法学界，经过改革开放30多年的建设和发展，可以肯定地说，国际法学科体系不断健全，学术队伍不断壮大，国际学术交流与合作不断拓展，学术水平和创新能力不断提高，培养了一大批国际法专门人才。而且，广大国际法专家学者解放思想、实事求是、求真务实、与时俱进，深入研究和回答中国改革开放面临的国际法理论和实践问题，产出了一大批有分量的学术成果，为国际法学的繁荣发展和国家改革开放及现代化建设做出了重要贡献。但应该指出的是，中国国际法学领域还存在一些亟待解决的问题。比如，国家缺乏整体的国际法学科发展战略规划，国际法学科建设放任自流，各国际法机构各自为阵；国际法人才队伍学术原创能力和解决实际问题的能力不强，活跃在世界国际法舞台的人才不多，总体素质亟待提高；国际法人才培养体系不健全，德行教育与知识传授相分离、理论培养与实践训练相脱离、国内培训与国际培训相隔离；国际法学术研究缺少精品力作，还没有产出具有广泛国际影响的创造性思想成果和理论成果，在国际规则制定和国际法律事务中的话语权和影响力不大。可以这样说，中国国际法学界目前在学术命题、学术思想、学术观点、学术标准、学术评价、学术话语上的能力和水平同中国综合国力和国际地位还不太相称。

综上所述，国际法在国际社会中的重要地位日益凸显，中国全面推进依法治国、对外开放、参与全球治理，亟须掌握和运用国际法，中国国际法学界仍处于有数量缺质量、有专家缺大师以及作用没有充分发挥出来的状态。我们所处的时代表明，这是一个需要国际法的时代，这是一个需要国际法理论创新而且一定能够产生国际法新理论的时代，这是一个需要国际法思想而且一定能够产生国际法新思想的时代。所有这些，正是我们编辑出版“国际法文库”以推动国际法学繁荣发展的初衷。

“国际法文库”将坚持兼容并包、思想自由。主张立足中国、借鉴国外，挖掘历史、把握当代，关怀人类、面向未来，着力推进构建既具有中国特色、中国风格、中国气派，又能进入世界学术话语体系的国际法学。

“国际法文库”将坚持问题导向。面对中国改革开放的新常态、国际局势的新变化，世界范围内各种思想文化交流交融交锋的新形势，只有聆听时代的声音，回应时代的呼唤，认真研究国家深化对外开放、全面参与全球治理的重大而紧迫的问题，才能真正把握历史脉络，找到发展规律，推进国际法理论创新和全球治理实现良法善治。

“国际法文库”将坚持跨学科研究。国际法律问题涉及国际社会生活的方方面面，具有跨学科性，需要从多学科视角，运用学科交叉融合的方法，进行跨学科研究。也就是说，对于国际法律问题，不仅要从国际公法、国际私法、国际经济法等国际法学视角进行研究，而且还要从宪法、行政法、民商法、刑法、诉讼法等国内法学视角进行研究；不仅要从法学视角进行研究，而且还要从国际政治、世界历史、全球经济、人类社会变迁、多元文化交融、地球生态文明等视角进行研究。跨学科研究在于坚持用联系的发展的眼光看待问题，增强研究的整体性、系统性、协调性、战略性，促进问题合情、合理、合法的解决。

“国际法文库”将坚持创造创新。创新是一个民族进步的灵魂，也是引领理论发展的动力。创新，就是有所发现、有所发明、有所创造。国际法理论的生命力在于创新，只有不断进行探索，才能推进国际法思想创新、知识创新、理论创新、制度创新、方法创新。国际法理论创新要从问题开始，发现问题、筛选问题、分析问题、研究问题、解决问题的过程就是创新的过程。国际法理论创新不必贪大求全，发现新事实、新材料、新现象是创新，阐明一个新原理、提出一种新学说、揭示一条新规律是创新，发明一项新技能、找到一条新路径、创造一种新方法也是创新。

“国际法文库”设专著系列、译著系列、实务系列、文集系列，是法律出版社与武汉大学国际法研究所共同打造的学术品牌。法律出版社在中国出版界特别是法学、法律出版领域的龙头地位自不待言。这里有必要对武大国际法所多说几句。武大国际法所是我国著名法学家、教育家、国际私法一代宗师韩德培先生于1980年创办的，是我国高校设立的第一个国际法研究所。该所自创立以来，自强不息，追求卓越，先后培养了一大批已在学术和实务方面崭露头角的国际法专门人才，先后产出了一大批具有较高水平的国际法学术成果，先后两次被评为国家级重点学科，2000年被确定为教育部人文社会科学重点研究基地，2015年入选首批国家高端智库。可以肯定地说，武大国际法所是当今中国国际法领域的学术重镇，不断推进中国国际法人才培养、科学研究和新型智库建设，不仅是它义不容辞的责任，更是它崇高而神圣的使命。正是基于这种情怀，武大国际法所与法律出版社携手合作，设立了这个“国际法文库”。这是为中国国际法学界开辟一块新的学术园地，建造一个新的学术舞台。“国际法文库”是自由、开放、包容、多元的，海内外的国际法同仁都可以在这块园地里辛勤耕耘，春播夏种、秋收冬藏；也都可以在这座舞台上翩翩起舞，崭露头角、一展锋芒。我真诚希望，所有以国际法为志业、立志为中国国际法事业做出贡献的海内外同仁，都能把“国际法文库”视为我们共同的国际法事业的一部分，关心之、支持之、帮助之、鞭策之，勿忘初心、久久为功，去迎接我们共同期待的中国国际法学界百花齐放、百鸟争鸣的春天。

是为序。

*

2016 年 12 月 1 日于北京

---

* 黄进，中国政法大学校长，法学教授，中国法学会副会长，中国国际私法研究会会长。

总序二

随着中国日益接近世界舞台的中央，我国迫切需要加强国际法律共同体建设，利用国际法维护世界和平和人类命运共同体以及可持续发展，保障中国的正当利益。因此，不管是国际法制度构建，还是国际法理论创新，抑或是国际法实践引领，中国都需要从“被动适应者”向“主动引领者”转变。

由我国著名法学家、教育家、社会活动家、国际私法一代宗师韩德培先生创办的武汉大学国际法研究所是1980年由原国家教委批准成立的中国高校第一个国际法研究机构；1981年设立博士点；1995年建立博士后流动站；1996年列为“211”工程重点建设单位；2000年被教育部批准为普通高等学校人文社会科学重点研究基地；2004年被批准为“985”工程哲学社会科学创新基地；2015年被中宣部确定为首批国家高端智库试点建设单位。她一贯秉持国际公法、国际私法、国际经济法的全面和综合研究，积极拓展联合国法、欧洲联盟法、国际能源法、电子商务法、国际发展法、国际网络法、国际投资法、国际金融法、国际体育法、世贸组织法、海洋法和海商法等前沿学术领域，形成了学科研究方向齐全、学科发展水平一流、咨政服务能力突出、教学科研成果领先的鲜明特色。

但是，不管是作为教育部的人文社会科学重点研究基地，还是作为国家高端智库，仅仅依靠一个研究所的力量难以实现中国国际法理论的创新,难以实现中国从国际法的“被动适应者”向“主动引领者”的转变。当下,中国面临的问题在全球化进程中愈发凸显其复杂性,许多问题往往需要从不同学科、不同视角、不同谱系进行合理的理论解释、作出正确的政策选择;而不同学者、学术机构、智库在不同领域具有相对优势,或者因所在区域不同而存在区域政策问题的竞争优势。因此,团结、组织中国国际法学者共同攻关、协同创新是获得国际竞争优势、创新中国国际法理论,进而实现中国从国际法的“被动适应者”向“主动引领者”转变的必由之路。正是出于这种考虑,我们与法律出版社合作出版“国际法文库”,希望集中展示中国学者的国际法著述和学术见解,及时传播国外国际法学界的最新研究成果,协同研究中国面临的重大国际法实践问题,不断增强中国国际法理论的国际话语权,不断提升中国国际法制度的国际吸引力,不断提高中国国际法实践的国际影响力。

因此,“国际法文库”将面向中国国际法理论界和实务界广泛征集选题,通过自荐与他荐相结合的方式,由丛书编辑委员会根据其学术性、思想性和创新性决定出版选题。本文库分为专著系列、译著系列、实务系列和文集系列。

专著系列旨在集中呈现中国学者在国际法领域的理论研究成果,引导中国国际法学界关注国际学术动态、设置前沿学术议题、营造良好学术风气,推动中国国际法理论创新。以学术性和创新性为选题标准,主要出版中国学者关于国际法领域具体问题的创新性研究成果。

译著系列旨在全面推介国际社会国际法理论的经典著作和最新成果,促进中外国际法理论的交流与交锋,促使中外国际法实践的互动与创新。以思想性与新颖性为选题标准,主要出版国际社会在 20 世纪 90 年代以后创作或再版的国际法著作的译作。

实务系列旨在中国国际法理论研究和实践运用之间架起桥梁,促使中国国际法研究更加贴近国家和社会的现实需要,在国际法理论的支撑下运用国际法规则分析和解决实践中出现的问题。以对策性与实用性为选题标准,主要出版针对实践中的国际法问题,特别是与中国密切相关的国际法问题的著作,强调贴合国家对外交往实际需要,关注操作层面的问题选择、分析和解决方案。

文集系列旨在及时反映中国国际法学界举办的学术会议成果,提高学术交流的质量,加强学术交流的深度,扩大学术交流的影响。以新颖性与可行性为选题标准,主要出版能够设置学术议题、引领理论前沿的论文集。

我们相信,在中国国际法学界同仁的关心、支持与积极参与下,“国际法文库”一定能够实现上述目的,为中国国际法的理论创新、制度变革和实践引领贡献她应有的智慧、发挥她应有的作用。

*

2017 年元旦于武汉

---

* 肖永平,武汉大学国际法研究所所长,长江学者,法学教授,中国国际私法研究会常务副会长。

代序　薪火相传　推动新时代中国国际法事业再创辉煌

——纪念周鲠生先生诞辰130周年*

一

2019年是中国国际法学界的一代宗师周鲠生先生诞辰130周年，也是中华人民共和国成立70周年暨外交条法事业创立70周年、武汉大学法学院（法律系）复办40周年。对于中国国际法学界来说，这是3个具有重要意义的年份。

其一，周鲠生先生一生致力于国际法教学研究及我国的高教事业和外交工作，并为之做出了不可磨灭的贡献，为国家培育了无数栋梁佳才。① 著名国际法学家韩德培先生曾指出："从1922年以来，凡是在我国学习和研究国际法的人，大多直接或间接接受过他的教益和影响，无不是他的及门弟子或私淑弟子。真是'桃李尽在

---

* 本文系笔者2019年3月31日在武汉大学和中国国际法学会联合举办的"纪念周鲠生先生诞辰130周年座谈会"上的发言稿，其摘要载《武大国际法评论》2019年第2期。

① 在周鲠生先生从事教育工作的20余年间，讲授国际法、研究国际法，占据了他的大半生涯。他相继在北京大学、东南大学和武汉大学任教，讲授的课程有五六门，并且往往都是在国内大学首开先河的课程。即使在他担任武汉大学教务长和校长期间，也从未脱离教学工作，每周至少讲课两小时。由于学识渊博，勤于钻研，他所用的教材都是他自己的著作和不断研究出的新成果，因此他的课堂总是座无虚席，甚至连窗外都挤满了学生。

公门'"。[①] 周鲠生先生被称为"近代中国国际法之父"当之无愧，其贡献值得国际法学界永远铭记。

其二，1949 年 10 月 1 日中华人民共和国成立后，废除或修改不平等条约成为外交领域的头等要务。同年 11 月，根据《中央人民政府外交部试行组织条例》，周恩来总理兼外长批准在外交部成立条约委员会，新中国外交条法事业就此拉开序幕。周鲠生先生是周恩来总理聘请的首任外交部法律顾问，公认的新中国法律与外交相结合的先贤宗师。[②] 从 1949 年 12 月起，周先生为新中国外交条法事业鞠躬尽瘁 20 余年，建树良多，从被视为国际关系黄金准则的和平共处五项原则到 60 万字的国际法学术专著，为新中国国际法学奠定了基础，留下宝贵精神财富。中华人民共和国成立 70 周年暨外交条法事业创立 70 周年，同样值得隆重纪念。

其三，在周鲠生先生的影响和推动下，武汉大学一直是我国国际法教学和科研的主要中心之一。[③] 周鲠生先生不但完成了将武大建成集"文法理工农医"六大学院的综合大学的夙愿，而且曾多年兼任法学院教授、法律系主任，将珞珈山打造成了全国首屈一指的国际法教学研究重镇。1979 年武大法学院（系）的恢复以及次年国际法研究所的创立，因应了改革开放的大好形势和邓小平同志"要大力加强国际法研究"的伟大号召，成为中国国际法事业继往开来、

---

① 韩德培：《纪念、回顾与展望——在纪念周鲠生先生诞辰一百周年暨国际法研究所成立十周年大会上的讲话》，载《法学评论》1991 年第 2 期。从汉代始，正式登门拜师受业的学生被称为及门弟子。老师对及门弟子的传授方法可能是直接传授，也可能是"次项传授"，即先生先传授给高足，再由高足传授其他弟子。次项（转项）传授的弟子同样称及门弟子。而私淑则指未能亲自受业但敬仰并传承其学术而尊之为师之意。

② 据外交部原法律顾问李浩培回忆，"毛泽东主席和周恩来总理对周鲠生先生非常重视。重要的外交文件，非经征求周鲠生先生意见，周总理是不批发的"。周鲠生先生还兼任中国人民外交学会副会长、中国政治法律学会理事、全国人民代表大会代表、第一届全国人民代表大会法案委员会委员、第三届全国人民代表大会法案委员会副主任委员、中国国际贸易促进委员会对外贸易仲裁委员会副主席、中国人民保卫世界和平委员会委员、中国红十字会总会理事、中华人民共和国参加各国议会联盟的人民代表团执行委员会委员、国务院科学规划委员会委员等。

③ 1929 年 9 月，周鲠生到武汉大学任教，相继担任法学院政治学系主任（1930 年 9 月 ~ 1935 年 10 月）、法律学系主任（1935 年 10 月 ~ 1937 年 8 月）和法科研究所主任（1935 年 1 月），并曾担任教务长（1936 年 8 月 ~ 1939 年 9 月）。抗日战争全面爆发后，武大于 1938 年 3 月开始向四川乐山迁移。抗战胜利后，学校回迁珞珈山，周鲠生出任校长（1945 年 8 月 ~ 1949 年 6 月）。1946 年 10 月 31 日，武大师生齐聚一堂，在宋卿体育馆举行了隆重的复校开学典礼。

进入改革开放新时代的重要标志之一。[①] 40 年来，武大法学院和国际法研究所的数代国际法学人，铭记周鲠生先生的嘱托，“铁肩担道义、妙手著文章”，为我国国际法学教育事业辛勤耕耘，培养和造就了一大批法学英才，自身也成长为国家级高端智库，直接服务于国家外交事业。周先生当年播下的中国国际法学的种子，如今已成长为根深叶茂的参天大树。相信周鲠生先生对中国国际法事业薪火相传、后继有人的盛况一定会感到欣慰。

古人云：“国将兴，必贵师而重傅。”[②]在 1989 年周鲠生先生诞辰 100 周年时，外交部、中国国际法学会、外交学院和武汉大学在北京联合举办纪念活动。[③]时隔 30 年，在中国特色大国外交进入构建人类命运共同体的新时代之际，纪念周鲠生先生诞辰 130 周年，具有重要的意义。它不但能促进承继尊师重道的中华优良传统，[④]更能彰显中国国际法学人薪火相传，推动新时代中国国际法事业再创辉煌的使命和担当。

二

吾等第二代珞珈国际法学人，虽然无缘直接聆听周鲠生先生的教诲，但无一不是在他老人家的学术思想熏陶和传承下成长起来的，均受教和得益于韩德培、姚梅镇、梁西、黄炳坤、李谋盛、李双元等珞珈国际法大师的耳提面命，多数曾获得过武汉大学纪念周鲠生法学奖金的激励，[⑤]也都将弘扬周鲠生先生倡导

---

① 武大法学学科源远流长，最早可追溯到 1908 年创办的湖北法政学堂。1928 年改组成立国立武汉大学，法学院是其中的重要院系。在周鲠生担任校长期间，武大完成了建成“文法理工农医”六大学院综合大学的夙愿。1952 年，武大法学院在全国院系大调整中被保留。1958 年武大法学院与中南财经学院、中南政法学院等校合并成立湖北大学（现中南财经政法大学）。1979 年，在著名法学家韩德培教授引领下，武大法学院（系）恢复重建。

② 《荀子·大略》。

③ 在 2003 年武汉大学 110 周年校庆之际，为纪念这位对武大有重要贡献的历史人物，学校决定为他建造塑像。2005 年 11 月 29 日，周鲠生塑像在武大法学院大楼门前左侧场院落成。

④ 中国古代，对师道的尊重是通过礼加以保证的。《礼记·曲礼》：“男子二十，冠而字。”就称谓而言，此时亲友会赠予一字。自此以后，亲友都要称其字以表尊重。即便入朝为官，天子也要称其字而不称名。可以一生称名的只有生养自己身命的父母和长养自己慧命的老师。可见老师的地位之高。

⑤ 武汉大学于 1985 年专门设置了“纪念周鲠生法学奖金”。用设置法学奖金的方式来纪念一位法学家，不但在武大是一个创举，就是在全国范围内也是一个创举。参见韩德培：《周鲠生先生生平、贡献和设置纪念周鲠生法学奖金的重要意义——在武汉大学法律系本科生、专科生、研究生大会上的讲话》，载《法学评论》1986 年第 1 期。

的“铁肩担道义、妙手著文章”的珞珈精神作为自己的神圣使命。就本人而言，1978年国家恢复高考制度，我有幸重回学堂深造，是周鲠生先生的国际法学引导我走上了研法律、干外交的征程。在大学本科期间，曾在武汉大学就读和工作的地下党员、著名哲学家、时任黑龙江大学哲学系主任的侯春福教授得知我对国际法学感兴趣，热情地向我推介了武汉大学和周鲠生老校长，并主动为我写了致韩德培教授的推荐信。当时学校图书馆馆藏国际法图书资料匮乏，同窗好友特地从北京政法学院为我借来周鲠生先生的《国际法》。我如获至宝，边学边记，全书抄录。1982年年初，我怀揣厚厚的周鲠生先生的《国际法》手抄本，从白雪皑皑的哈尔滨来到春意盎然的珞珈山，师从著名国际法学家韩德培先生和梁西先生。这沉甸甸的手抄本至今仍是我书房中的珍藏。1985年4月，武汉大学设立“纪念周鲠生法学奖金”，我代表首批获奖者在颁奖仪式上发言，誓言学习、继承和发扬周鲠生先生的精神和品格，为中国的国际法事业做出新的贡献。1991年年初我转赴外交战线，开始职业外交生涯。2010年我被任命为外交部法律顾问，这是周鲠生先生曾长期担任的崇高职务。同年我当选联合国国际法委员会委员，2011年和2016年两次连选连任至今。40年来，从学哲学到研法律，从学堂到外交，从国内到海外，我始终在周鲠生先生的精神和品格的感召下砥砺前行，坚守珞珈国际法学人的精神家园。为薪火相传，2011年，我在外交部条法司创办了《周鲠生法律大讲堂》，并倡导将“忠诚、使命、勤学、坚韧、正气、奉献”作为外交条法干部的核心价值观。“石在火不灭，师恩重如山。”面对恩师和母校，我们取得的点滴成就微不足道，面对恩师和母校，我们内心充满无限的感恩！在此，我们要向所有教导我们健康成长的恩师、向鼓励、支持和关心我们的学习和生活的各级领导，向为我们的学习和研究提供帮助和便利的所有教职员工表示衷心的感谢。

三

周鲠生先生是国际国内知名的国际法学家，是我国国际法学界的泰斗，他对中国外交和国际法学的贡献是巨大的。下面仅就周鲠生先生在中国外交史上的卓越建树略叙一二。

1919年巴黎和会期间，列强迫使中国接受丧权辱国的“二十一条”，周鲠生与部分留欧学生参加了在巴黎的中国工人和学生阻止中国代表在凡尔赛和约上签字的爱国行动，促使中国代表团拒绝在“和约”上签字！这一正义行动与国内的“五四运动”遥相呼应，扩大了爱国运动和新文化运动的影响，促进了共产主义思想在中国的传播。

1920年，周鲠生先生结识了刚从国内赴法勤工俭学的周恩来，从他身上感受到一种朝气蓬勃的力量和充满活力的清新风尚，从此结下诚挚友谊。当时，他已隐隐约约地认定：中国前途命运当系于周恩来等所代表的一代国家栋梁之材身上。

20世纪20年代，才华横溢的周鲠生风华正茂、精力充沛。他于教学之余，开始研究国际法和外交史，陆续整理发表了《不平等条约十讲》等系列论文以及《万国联盟》《法律》《领事裁判权》等著作。① 他在书中以近百年中国备受欺凌的血淋淋的史实，力陈不平等条约对中国主权的极端危害性，认为侵害国家主权的领事裁判权“断乎不能任其存在”。他的这些著作以无可辩驳的史实论证，成为中国政治法律科学之经典文献。

1926年冬，周鲠生出任国民政府外交部顾问，积极推动收回“国权”的运动。他协助国民政府以“革命外交”之手段，先后收回了汉口、九江英租界。他在《革命的外交》一书中，提出对待老练的帝国主义，应该采取“主动的、攻势的”外交，并且要“利用民众势力”来“打破一切传习成见和既存的规则”，“对于既存的国际规则、惯例或条约的束缚，都要一概打破”。这个时候的周鲠生，可谓为废除不平等条约贡献了一介书生所能贡献的全部力量。

1932年，“国联调查团”来我国调查“九一八”事变，调查团内某些人偏袒日本帝国主义，说事变的发生起因于我国同胞抵制日货，是反日运动所造成的。周鲠生在与调查团的谈话中，引经据法，结合形势，有力地驳斥了某些人的片面之词。他还四处演讲，鼓舞民众坚定抗日决心，仅公开发表的为武汉大学师生演讲的讲稿就不下30篇。这些演讲深刻揭示中国被日本侵略的根源在于积弱太深，抗日战争不仅是为中国独立和民族生存而战，同时也是为世界正义和公理而战。其中，《日本对华侵略政策》《东省事件与国际联盟》等，成为国际法后世学者必读的经典檄文。

从1932年7月开始，身为学者的周鲠生更深入地参与到政府抗日的决策中。战事一开，周鲠生就提出，不能做一国单独出兵援华的准备，要注意避免成为妥协外交的牺牲品，应该在持久抗战的局势下，策动一种基于英美合作之上的国际或联合的干涉行动。他认为，在世界上侵略与民三两大集团初现端倪的

① 参见周鲠生著、武汉大学法学院国际法研究所编：《周鲠生文集》，武汉大学出版社1993年版。

时刻,“中国的利益与命运与世界民主国相联系”,对德国和意大利两国日益有害于我国的政策,“决不能作与吾有利之期望”。他的判断,事后被第二次世界大战的走向所证明。他撰写并陆续出版了《现代国际法问题》《最近国际政治小史》等著作。他的这些专著以及后来陆续出版的著作,都成了我国政治法律文库中的经典文献。他所著《国际法大纲》一书曾经被遴选为日本东京帝国大学法学部国际法科的指定参考书。《赢得太平洋上的和平》一书1944年在美国出版后,引起国际法学界的瞩目。①

1938年初春,日本侵略军进逼武汉,国民政府指令学校西迁,校址选定四川省乐山市。1939~1945年,周鲠生先生赴美国讲学,并先后担任太平洋学会年会的中国代表和联合国制宪会议中国代表团顾问。在美期间,除了出席活动,周鲠生并未放弃学术研究,他致力于国际政治的研究,研究了战后国际政治组织问题,拟定了20余条的“国际联合组织草案”,还出版了专著《赢得太平洋和平》(*Winning the Peace in the Pacific*),讨论战后和平的各项事宜。② 中国代表团在1944年敦巴顿橡树园会议上,③对美国、英国、苏联提出的宪章草案提出了

---

① 周鲠生著作年表:《万国联盟》,商务印书馆1922年版;《法律》,商务印书馆1923年版;《近代欧洲外交史》,国立四川大学1927年版;《近代欧洲外交史》,商务印书馆1927年版;《领事裁判权》,商务印书馆1923年版;《解放运动中之对外问题》,太平洋书店1927年版;《最近国际政治小史》,商务印书馆1929年版;《不平等条约十讲》,太平洋书店1929年版;《国际政治概论》,神州国光社1930年版;《现代国际法问题》,商务印书馆1931年版;《最近国际政治小史》,商务印书馆1933年版;《近代欧洲政治史》,商务印书馆1933年版;《近代各国外交政策》,正中书局1934年版;《现代英美国际法的思想动向》,世界知识出版社1963年版;《现代英美国际法的思想动向》,世界知识出版社1963年版;《国际法》,商务印书馆1976年版;《国际法大纲 国际公法论》,上海书店1989年版;《周鲠生文集》,武汉大学出版社1993年版;《国际法大纲》,中国方正出版社2004年版。从这庞大数量的著作中,可以看出周鲠生先生用功之大,治学之勤。

② 1939年11月22日,太平洋国际学会第七届会议在弗吉尼亚海滩举行,会议的总主题是“欧洲战争对远东的影响”。周鲠生提交了和郭斌佳合作的论文《1931年以来的中日关系》。1942年12月4日,太平洋国际学会第八届会议在加拿大蒙特朗布朗举行,会议主题为“太平洋的战争与和平”,内容包括太平洋战场的战略问题、战后处置日本问题、建立国际和平机构问题等。周鲠生在会上提交了题为《太平洋的永久秩序》的论文。1945年1月6日,太平洋国际学会第九届会议在弗吉尼亚温泉召开,会议的主题是“太平洋之安全及发展”。周鲠生提交了题为《世界新秩序中的远东问题》的论文。

③ 1944年8月21日至10月7日,中国、美国、英国、苏联四联合国发起国在美国首都华盛顿召开“关于国际和平与安全组织的华盛顿对话会”(敦巴顿橡树园会议),根据1943年10月30日在莫斯科签署的《四国普遍安全宣言》的精神,草拟《关于建立普遍性安全组织的建议草案》(《联合国宪章草案》)。为照顾苏联的关切,会议分两阶段召开。第一阶段由美国、英国、苏联三国参加,第二阶段由中国、英国、美国三国参加。

7 条补充建议，其中"处理国际争端应注重正义和国际公法原则""国际公法之发展与修改，应由大会提倡研究并建议""经济及社会委员会应促进教育及其文化合作事业"三条建议，得到了美英苏三方的认同，最后写入了宪章草案，并经 1945 年旧金山制宪会议通过，正式成为宪章的相关条款。① 周鲠生先生作为代表团顾问做出了重要贡献。

在周鲠生先生丰富多彩的法律人生里，他最大限度地向社会贡献了自己的法律知识，一刻不曾停歇。1921～1945 年，他著书十几本，发表了上百篇重要学术论文。这些珍贵的成果对培养我国政法界人才和推动该领域的学术发展起到不可替代的作用。

中华人民共和国成立后，周鲠生先生开始转向外交和立法工作。1949 年年底，他奉调进京，出任中国人民外交学会副会长，②1950 年 4 月被任命为外交部顾问。这使他如鱼得水，充分发挥了国际法学家的专长。他特别重视建立中国特色的学术体系，把中外著作之精华和自己的独到的学术见解融汇起来，集时代之大成。为恢复我国在联合国的合法席位，他发表了很多有影响的文章，并接待了许多来访的重要外宾。

周鲠生先生始终保持学者本色。20 世纪 60 年代，周鲠生先生已进入古稀之年。外交部领导建议他挤出时间，写部国际法专著，便于培养外交干部，他欣然应允。在视力极度衰退的情况下，他废寝忘食，埋头著述，用不到 4 年时间，完成了《国际法》这一巨作。③ 全书深刻阐述了国际法的理论，系统地总结了中华人民共和国成立至 20 世纪 60 年代初我国外交和国际法实践，具有很高的学术

---

① 中国代表团的补充建议如下：(1) 维护和平与安全必须根据正义与国际公法之原则，以免新的国际组织沦为强权政治的工具；(2) 保障各国政治独立与领土完整，以增加各国特别是小国的安全感；(3) 对侵略应予以定义，并尽量列举侵略的各种行为；(4) 组织国际空军，以作为安全理事会权威的象征和采取行动的手段；(5) 国际公法的方针与修订应由大会倡寻，以有利于推进符合国际公法原则的安全；(6) 国际法庭应能强制裁判；(7) 应促进教育和文化合作。See Documents of the United Nations Conference on International Organization, San Francisco, 1945, vol. 3, Document 1302; vol. 8, Document 1151; vol. 9, Documents 203, 416, 507, 536, 571, 792, 795 and 848.

② 中国人民外交学会(Chinese People's Institute of Foreign Affairs) 成立于 1950 年 12 月 15 日，其宗旨主要是"团结全国对国际问题有研究素养或有实际外交经验的人士，根据新的科学方法，研究外交的理论与实践，探讨国际问题，普及国际知识，并向中央人民政府提供有关外交的具体意见，以协助实现中国新民主主义的外交政策"。周恩来总理生前一直担任外交学会名誉会长。

③ 周鲠生：《国际法》，商务印书馆 1976 年版。

价值,代表了当时中国国际法研究的最高成就,一直被奉为我国国际法学的经典。①

在论述国际法的主体时,周鲠生先生指出,在国际法关系上,国家是享受权利、承担义务者,即所谓国际人格者,因而国家是国际法主体。国家作为国际法主体的基本特征在于它具有主权,国家主权是国家作为国际法主体所固有的,是当然存在的,并不是国际法所赋予的;反之,国际法是在主权国家相互交往的事实基础上形成发展起来的,国家的基本权利包括自保权、独立权、平等权和管辖权。他强调权利和义务两者是关联的,国家享有权利,同时也有不侵犯别国享有的权利的义务。国家违反这种义务,就构成了侵权,对此要承担责任。这一理论已被国际法学界所公认。②

周鲠生先生在新中国外交史上的一些经典贡献,如他亲自审定中华人民共和国的英文国名为"The People's Republic of China"、建议在抗美援朝中以"中国人民志愿军"称号赴朝参战、1958 年炮击金门时确立"12 海里领海宽度"、将渤海湾作为领湾以及联合国代表权问题等,已在学界广为传颂,此处不再赘述。需要特别提及的是,他对新中国外交具有重要影响的和平共处五项原则措辞的数度修改和中缅边界争议段的妥善处理,堪称外交杰作。

和平共处五项原则是新中国长期坚持的基本外交政策,也是中国对现代国际法的重要贡献。和平共处五项原则从最初提出到最终确定,历经两度修改完善,其中凸显了周鲠生先生的法律智慧和精雕细琢的深厚功力。和平共处五项原则中的每一个术语和概念,周鲠生先生都进行了反复推敲,以确保其具有高度的准确性和科学性。这五项原则的最初表述为:互相尊重领土主权、互不侵

---

① 正如韩德培先生所言,"这本巨著,共有60 万字。这是我国第一部最有系统、最有权威的国际法著作。在我国,简直可以说是一部"前无古人"的著作。这部书内容丰富,结构严谨,层次分明,对每一个专题都旁征博引,作了较有系统的阐述,对正确的观点加以肯定,对错误的看法则加以批判,用词造句,都很有分寸,评介力求公允。全书除了理论的阐述外,还重视成案的研究,引用了较多的成案,一一加以分析。这可以说是我国国际法著作中理论联系实际的一个典型和榜样。这部著作不仅在国内受到普遍的推崇,而且在国际上也受到重视和赞赏"。韩德培:《周鲠生先生生平、贡献和设置纪念周鲠生法学奖金的重要意义——在武汉大学法律系本科生、专科生、研究生大会上的讲话》,载《法学评论》1986 年第 1 期。

② 参见罗国强:《周鲠生经典著作〈国际法〉导读》,载周鲠生:《国际法》,商务印书馆 2018 年版,第 866 ~ 878 页。

犯、互不干涉内政、平等互惠、和平共处。① 1954 年正式载入中印《关于中国西藏地方和印度之间的通商和交通协定》时，周鲠生先生建议，并经周恩来总理同意，将第四项原则"平等互惠"改为"平等互利"。因为国家之间相互给予互惠，一般都要经过各方协商同意，不能认为是普遍适用的原则，改为"互利"，在法律上比较确切。后来这五项原则正式载入了中印、中缅联合声明。此后，周鲠生先生仍在不断琢磨，觉得第一项原则"互相尊重领土主权"的提法还不十分妥善，因为只提"领土"，很可能被理解为现在实际控制的领土，而把"领土"和"主权"合成一个词，很可能被理解为"领土"是"主权"的形容词，也不妥当。因此，周鲠生先生建议，把第一项原则改为"互相尊重主权和领土完整"。1955 年 4 月，周恩来总理在万隆会议提出和平共处五项原则时，就使用了新的提法。1978 年《宪法》予以确认，并一直沿用至今。

我国是陆海兼备的大国，也是世界上边界线最长、邻国最多、边界情况最复杂的国家之一。我陆地边界与 14 国接壤，海上与 8 国相邻或相向。1949 年中华人民共和国成立时，几乎与所有周边邻国都有边界争议。从 20 世纪 60 年代开始，我国本着相互尊重和平等协商原则，在尊重历史的基础上，通过友好谈判，与朝鲜、俄罗斯、蒙古、哈萨克斯坦、吉尔吉斯斯坦、塔吉克斯坦、阿富汗、巴基斯坦、尼泊尔、缅甸、老挝和越南等 12 个陆上邻国妥善解决了历史遗留的边界问题，②创造了国际关系史上一项了不起的伟大成就，而其中的中缅边界谈判和《中华人民共和国和缅甸联邦政府边界条约》（以下简称《中缅边界条约》）是其中的第一例，具有良好的导向和示范作用。③ 时任外交部法律顾问的周鲠生先生为此做出了特殊贡献。其中就中缅边界南段阿佤山"1941 年线"问题提出

---

① 1953 年年底，周恩来总理与印度代表团谈话中首次使用了和平共处五项原则的原始表述。1954 年《宪法》使用了"我国根据平等、互利、互相尊重主权和领土完整的原则同任何国家建立和发展外交关系的政策"的措辞。

② 在我国的 14 个陆上邻国中，目前仅有与印度和不丹的边界问题尚未解决。

③ 缅甸是我重要邻国。中缅边界线全长 2186 公里。中华人民共和国成立初期，中缅边界的大部分已经划定，但北段尖高山以北的一段、中段南畹河和瑞丽江汇合处的勐卯三角地区、南段阿佤山区一段存在未决问题。两国政府一致认为，两国间久悬未决的边界问题，是历史遗留问题，愿根据和平共处五项原则，通过友好协商、互谅互让，克服困难，全面解决。1960 年 10 月 1 日，双方达成并签署了《中缅边界条约》。中缅边界问题的解决，为和平解决边界问题提供了良好的范例。

的意见,具有重要的指导意义。历史上,对于阿佤山区的中英(缅)边界,①一直存在争议。1941年,英国利用中国在抗日战争中困难重重的时机,以封锁滇缅公路相威胁,迫使国民党政府以换文方式在阿佤山区划一条界限,这显然有利于英国。在中缅边界谈判中,缅方要求中方承认这条边界线;如果不承认,就不能顺利解决边界问题。在此情况下,周鲠生先生建议,根据条约法原则和国际习惯法,一国合法政府签订的确定边界的条约,包括换文在内,新政府应予以承认。对于"1941年线"的处理,可在承认这条线的基础上根据互让互谅原则,作些调整。这一意见和建议为解决"1941年线"问题提供了有价值的法律指引,得到了周恩来总理的高度肯定,从而使问题得以顺利解决。②

四

1971年4月20日,周鲠生先生在北京病逝,享年82岁。他一生两袖清风,少有积蓄,临终前决定将全部遗产作党费上缴,全部藏书赠送外交部图书馆。外交部条法司的同事们至今仍受益于周先生的捐赠。周鲠生先生毕生好学不厌,诲人不倦,学问渊博,著作等身,教书育人,桃李满天下。他为人正直,谦虚谨慎,赢得了所有认识他的人的尊敬。他在中华人民共和国成立前经历复杂的政治浪潮,出淤泥而不染;在中华人民共和国成立后奉献政府外交20余年,鞠躬尽瘁,高风亮节,永垂青史。

周鲠生先生为我们留下了宝贵的精神财富,我们应该珍惜它、爱护它,并在新的形势下继承和发扬光大。2019年纪念周鲠生先生诞辰130周年活动的主题确定为"薪火相传——新时代中国国际法学人的使命担当",这具有重要现实意义。自周鲠生先生开启中国近代国际法学之先河以来,中国国际法学的发展历经百年,生生不息,在曲折中成长。中共中央政治局委员、中央外事工作委员会办公室主任杨洁篪在"改革开放40周年国际法工作座谈会"的主旨讲话中指出,"党的十八以来,面对国际形势风云变幻,以习近平同志为核心的党中央领

① 缅甸是一个历史悠久的文明古国。1824~1885年,英国先后发动了3次侵缅战争并占领了缅甸。1886年英国将缅甸划为英属印度的一个省。1948年1月4日,缅甸脱离英联邦宣布独立,成立缅甸联邦。

② 《中缅边界条约》第3条规定:为了便于双方各自的行政管理,照顾当地居民的部落关系和生产、生活上的需要,双方同意对1941年6月18日中英两国政府换文划定的界限中的一小段,作一些公平合理的调整,把永康寨和龙乃寨划归中国,把养柏寨、班孔寨、班弄寨和班歪寨划归缅甸,使这些骑线村寨不再被边界线所分割。

导我国外交工作攻坚克难、砥砺奋进，开创了中国特色大国外交的崭新局面，为改革开放争取了有利外部环境，为维护世界和平、促进共同发展作出了重要贡献。在这一进程中，国际法工作在国家整体对外工作大局中积极作为，为改革开放伟大成就的取得发挥了重要作用。”①习近平总书记深刻指出，“我们现在所处的，是一个船到中流浪更急、人到半山路更陡的时候，是一个愈进愈难、愈进愈险而又不进则退、非进不可的时候”。在深入推进改革开放的新征程中，国际法工作也面临新形势。我们纪念周鲠生先生诞辰130周年，就是要鼓励国际法学界同仁努力学习周鲠生先生的精神和品格，承袭先贤们忠诚爱国、勤学敬业的优良传统，牢固树立“铁肩担道义、妙手著文章”的远大志向，下定“苟利国家生死以，岂因祸福避趋之”的决心，努力践行“忠诚、使命、奉献”的核心价值观，孜孜以求，创造事业和人生的辉煌。每一个国际法学人都应怀着对法律的敬重，坚定理想信念，锐意开拓进取，以自己的专长为国家外交和世界和平事业做贡献。

愿周鲠生先生的精神和品格千秋传颂！

是为序。

2019年7月1日

① 杨洁篪：《开创国际法工作新局面，服务改革开放新征程——在改革开放40周年国际法工作座谈会上的主旨发言》（2018年12月28日），载外交部网：www.fmprc.gov.cn，最后访问日期：2018年12月29日。

前　言

本书是在国家高端智库——武汉大学国际法研究所2018年级智库型国际法博士研究生专修课讲义基础上撰写的专著，旨在以中华人民共和国70年波澜壮阔的外交理论与实践为素材，以党的十八大以来党的外交理论创新结晶——习近平外交思想为指引，在理论与实践、法律与外交的融合处，探讨中国特色大国外交的传承与发展，揭示新时代中国特色大国外交的时代特征和丰富内涵，展示法律为维护国家的主权、安全、发展利益服务的巨大空间和价值，探索中国国际法学如何更好地服务于中华民族伟大复兴的中国梦、促进国际法治、推动构建人类命运共同体的历史使命，为政学结合搭建桥梁，为高端国际法人才培养提供助力。

“治国者，以奉法为重。”大国外交必重国际法。推进中国特色大国外交，推动构建人类命运共同体，离不开国际法人才的培养。改革开放40年来，我国造就了世界上最大规模的高等法科教育，形成了全球最大的国际法学者群体。但现有的国际法高端人才队伍及其能力与民族复兴大业的宏伟目标仍有很大差距，总体上仍处于“人多势不强”的发展阶段，在培养具有国际一流水平、在重要国际岗位的国际法人才以及建设有国际影响力的国际法智库方面存在明显短板，应对纷繁复杂的国际关系和日趋繁重的外交事务尚不能得心应手。我国急需加快高端国际法人才培养和智库建设，提升我国在国际法领域的整体实力和影响力。

1978 年是中国改革开放元年。就在那一年，国家恢复高考制度，笔者有幸重回学堂深造，开始了学哲学、研法律、干外交的征程。1991 年年初从珞珈山转赴外交战线，开始职业外交生涯。30 多年来，虽然工作岗位时有变化，但笔者一直视自己为国际法学人，最珍爱的是教师的头衔，最期待的是重返校园，分享一名外交条法战线老兵对国际法的感悟。而近 40 年的国际法学术研究和丰富的一线外交实践，成为笔者创作的动力和源泉。

笔者自 2017 年年底出使马来西亚归来，除继续担任联合国国际法委员会委员、出任外交部国际法咨询委员会主任委员等职外，不再担任一线行政职务，开始有时间潜心研究新时代中国特色大国外交理论与实践，特别是新中国条法外交的理论与实践。夜深人静，浮想联翩，多年来亲身参与的"独立自主和平外交""向海兴国'蓝色外交'""应对气候变化'绿色外交'""境外追逃追赃'红色外交'""网络空间治理'数字外交'""推动构建人类命运共同体"，驻南联盟使馆被炸索赔案、赖昌星追逃案、冲之鸟礁案、刚果（金）案、南海仲裁案……一幕幕、一桩桩涌上心头，如果能将这些宝贵的实践从理论上加以总结提炼，岂不可以对培育外交英才起到一点微薄的作用？在外交部领导和学界同仁的鼓励下，笔者开始尝试朝这一方向努力。

2018 年起，作为浙江大学和武汉大学客座教授，笔者先后给浙大光华法学院研究生、武大国际法学研究生以及国家高端智库武汉大学国际法研究所北京博士研究生班开设专修课《中国特色大国外交与国际法》。本书即是在这些专修课讲义基础上三易其稿而成。

2019 年是中华人民共和国历史上具有重要意义的一年。谨以此书献给中华人民共和国华诞 70 周年、中华人民共和国外交条法事业创立 70 周年、国际法学界一代宗师周鲠生先生诞辰 130 周年。希望本书的出版能为新时代国际法人才的培养奉献微薄之力。唯笔者才疏学浅，功力不足，不妥及错误之处难免，恳请专家和广大读者惠正。需要特别指出的是，笔者虽然长期在政府外交部门工作，并曾代表中国政府参加了许多重要的国际会议和双边多边法律事务磋商谈判，但本书对特定外交问题的立场、观点、主张及对政府外交政策的诠释均是笔者个人意见，不当然代表笔者就职或服务的任何机构或组织的意见。

笔者在此要感谢恩师韩德培先生、梁西先生、李双元先生的勉励和提携；感谢徐宏、贾桂德、高风、李燕端、陈佩洁、马新民、郭晓梅、孙昂、胡斌、孙劲、苟海波、吴海文、齐大海、李永胜、田立晓、周露露、张坚、刘小燕、刘洋、田妮、胡镔、宋冬、周倩、商震、项新、孔祥文、史晓斌、易晨霞等外交部条法同仁多年来给予的支持和协助;感谢武汉大学国际法研究所、浙江大学光华法学院为我的教学和研究工作提供的诸多便利;感谢外交部国际法咨询委员会江国青、张乃根、余敏友、易显河、何志鹏、赵骏及杨泽伟、黄志雄、张辉、秦天宝、彭芩萱等诸位专家在专题研究方面给予的帮助和贡献;感谢武大国际法研究所所长肖永平、副所长邓朝晖和法律出版社法治与经济分社社长沈小英编审及责任编辑张泽华为本书的出版付出的心血。我在联合国国际法委员会的助手李九烨、杨熙、廖钢强、李珍妮初读并校阅了部分书稿,在此一并感谢。最后,我还要特别感谢夫人赵舒美30 多年来的执手相伴和默默奉献。

Contents

目录

第一章 法律与外交之融合

第一节 概 述

法律的生命在于行动(付诸实施),外交的灵魂在于王道(公平正义)。[①] 在国际关系中,外交赋予法律生命,法律使外交有了灵魂。国际法离开外交,是无源之水、无本之木;而外交离开国际法,就会沦为强权和霸道。"法者,治之端也,君子者,法之原也。故有君子,则法虽省,足以遍矣;无君子,则法虽俱,失先后之施,不能应事之变,足以乱矣。"[②]外交在一定意义上就是君子之交,即使是战时,使者也不受侵犯。而法律与外交的融合即是君子之道,它为外交设定规矩,同时赋予法律生命。

---

① 王道,与霸道相对。《书·洪范》"无偏无党,王道荡荡。"孟子曰:"不违农时,谷不可胜食也;数罟不入洿池,鱼鳖不可胜食也;斧斤以时入山林,林木不可胜用也。谷与鱼鳖不可胜食,林木不可胜用,是使民养生丧死无憾也。养生丧死无憾,王道之始也。"这是孟子政治理想的最高境界。2017年1月18日,习近平主席在联合国日内瓦总部关于共同构建人类命运共同体的演讲中指出:法律的生命在于付诸实施,各国有责任维护国际法治权威,依法行使权利,善意履行义务。法律的生命也在于公平正义,各国和国际司法机构应该确保国际法平等统一适用,不能搞双重标准,不能"合则用,不合则弃",真正做到"无偏无党,王道荡荡"。笔者认为,人类命运共同体思想就是现代外交的"王道"。

② 《荀子·君道篇第十二》。意思是:法治是治理国家的开头,君子是法治的本原。所以有了君子,法律即使简略,也足够用在所有方面了;如果没有君子,法律即使完备,也会失去先后的实施次序,不能应对事情的各种变化,足够形成混乱了。

政治上有利，道义上有理，法律上有据，这是外交的最佳状态，而让公平正义在国际关系中王道浩荡，则是现代外交的一大目标。

"治国者，必以奉法为重"。[①] 国际法是国际关系理论与实践发展的结晶。国际关系需要国际法来明辨是非、建规立矩、定分止争，护权维稳。国际法不仅是国家间关系的准则，也是捍卫国家主权和合法权益的武器。国际法与外交融合所产生的法律外交，是现代外交的高级形态，也是中国国际法学人施展才华、报效祖国的用武之地。"苟利国家生死以，岂因祸福避趋之"，以自己的国际法专长为国家外交和世界和平事业做贡献，是每一个有志于国家外交事业的国际法学人值得追求的理想境界，也是当代中国国际法学人的历史使命。

一、有社会　就有法

"法""律""法律"，词源上意为"规范、划一、公平、公正"，其本质是统治阶级意志的体现。[②] 中国古代，"法"统称"刑"，含有常规、规范的意识。而律，"均布也"。清朝大学者段玉裁诠释说："律者，所以范天下之不一而归于一。"[③]即天下应该一致遵循的格式、准则。因此，《唐律疏议》曰："律之与法，文虽有殊，其义一也。"我国在先秦时，"法"专指各个朝代和各诸侯国的刑典。战国时，李悝"集诸国刑典，造《法经》六篇……商鞅传授，改法为律。"此后，中国封建社会各代刑典，一般称之为"律"，如《秦律》、汉《九章律》、《唐律》等。近代，开始广泛使用法与律的合称"法律"。在现代汉语中，"法律"一词有广义和狭义两种理解。广义的法律是指法律的整体，即法律规范的总和，有时称为"法"；狭义的法律则专指由特定的国家机关制定的规范性文件。

2008 年 3 月 8 日，时任全国人大常委会委员长吴邦国在第十一届全国人大一次会议上宣布：以宪法为核心，以法律为主干，包括行政法规、地方性法规等规范性文件在内的，由七个法律部门（宪法及宪法相关法、民商法、行政法、经济法、社会法、刑法、诉讼及非诉讼程序法）、三个层次法律规范构成的中国特色社会主义法律体系已经基本建成，国家经济、政治、文化、社会生活的各个方面基

---

① 此格言出自《三国演义》第九十六回。后主览毕曰："胜负兵家常事，丞相何出此言？"侍中费祎奏曰："臣闻治国者，必以奉法为重。法若不行，何以服人？丞相败绩，自行贬降，正其宜也。"后主从之，乃诏贬孔明为右将军，行丞相事，照旧总督军马。

② 汉字"法"字古体为"灋"。据《说文解字》解释："灋"，刑也，左边平之如水，从水；右边，触不直而去之，从去。从词源看，"法"是指一种判断平、正、直的标准。

③ 段玉裁：《说文解字注》，成都古籍书店 1981 年版，第 81 页。

本做到有法可依，为依法治国、建设社会主义法治国家、实现国家长治久安提供了有力的法律保障。[①]

从历史上看，政治家、哲学家和法学家对于法律在社会中的作用有不少著名论断。古希腊哲学家亚里士多德在2300多年前曾断言："人是天生的政治动物。"[②]群居的人类需要建立某种秩序，需要有拘束力的行为规范，需要有彼此交往的规则。恩格斯曾精辟地指出："在社会发展某个很早的阶段，产生了这样一种需要：把每天重复着的生产、分配和交换产品的行为用一个共同规则概括起来，设法使个人服从生产和交换的一般条件。这个规则首先表现为习惯，后来便成了法律。随着法律的产生，就必然产生出以维护法律为职责的机关——公共权力，即国家。"[③]因此，拉丁谚语云："有社会，就有法"（*ubi societas*，*ibi ius*）。中国古语说，法者，"天下之度量""天下之公器"。[④] 迄今发现的最早的成文法有公元前20世纪西亚地区亚述王朝的《亚述法典》和公元前18世纪古巴比伦的《汉谟拉比法典》。公元前5世纪古罗马的《十二铜表法》已相当完备。在我国，早在公元前21世纪的夏朝，就有"夏刑三千"的记载。

治国凭圭臬，安邦靠准绳。法律与社会发展同步。经济愈发展，法律就愈完备，法治就愈健全，法律的作用也就愈高。这是一个一般的规律。在现代社会，法律已渗透到人类生产、生活的各个方面。"依法治国"已成为多数国家的基本治国方略。

法治兴则国家兴，法治衰则国家乱。党的十一届三中全会郑重提出健全社会主义法制的伟大任务，确立了"有法可依，有法必依，执法必严，违法必究"的社会主义法制建设的十六字方针，引领中国特色社会主义走上法治道路。[⑤] 党的十五大确立了依法治国的基本方略；党的十六大提出坚持党的领导、人民当

---

① 参见吴邦国：《中国特色社会主义法律体系已经基本形成》，载中国政府网：www. gov. cn，最后访问日期：2019年5月16日。

② ［古希腊］亚里士多德：《政治学》，商务印书馆1965年版，第7页。

③ ［德］恩格斯：《论住宅问题》，载［德］马克思、恩格斯：《马克思恩格斯选集》（第2卷），人民出版社1972年版，第538~539页。

④ 韩非在《淮南子》中曰："法者，天下之度量，而人生之准绳也。"梁启超在《变法通议》中说："法者，天下之公器也；变者，天下之公理也。"

⑤ 1978年12月13日，在中共中央工作会议闭幕会上，邓小平在其著名的《解放思想，实事求是，团结一致向前看》讲话中第一次明确提出，为了保障人民民主，必须加强法制建设。必须使民主制度化、法律化，使这种制度和法律不因领导人的改变而改变，不因领导人的看法和注意力改变而改变。

家作主和依法治国有机统一；党的十七大提出全面落实依法治国基本方略、加快建设社会主义法治国家。党的十八大以来，以习近平同志为核心的党中央提出了全面依法治国的新理念、新思想、新战略，开启了全面依法治国理论和实践的新境界，开启了中国特色社会主义法治的新时代。“没有全面依法治国，我们就治不好国、理不好政，我们的战略布局就会落空。”①习近平总书记如是说。党的十八大报告将“全面推进依法治国”确立为推进政治建设和政治体制改革的重要任务，对“加快建设社会主义法治国家”作了重要部署。报告明确提出到2020年的目标是，“依法治国基本方略全面落实，法治政府基本建成，司法公信力不断提高，人权得到切实尊重和保障。”②依法治国的十六字基本方针进一步发展为“科学立法、严格执法、公正司法、全民守法”，使依法治国方略的内涵更为丰富、科学。新的十六字方针更加注重立法的质量，强化法的实施，突出执法为民和秉公执法，提升全民法治意识。党的十八届四中全会专题研究全面依法治国重大问题并作出《关于全面推进依法治国若干重大问题的决定》，明确了全面依法治国的总目标和总蓝图、路线图、施工图。这在我国法治史上具有重大的里程碑意义。党的十九大报告进一步要求“坚持全面依法治国”。习近平总书记强调指出：“依法治国是党领导人民治理国家的基本方略，法治是治国理政的基本方式。”③“全面依法治国是国家治理的一场深刻革命”，是“中国特色社会主义的本质要求和重要保障”。④“要全面推进科学立法、严格执法、公正司法、全民守法，坚持依法治国、依法执政、依法行政共同推进，坚持法治国家、法治政府、法治社会一体建设，不断开创依法治国新局面。”⑤全面依法治国，当然也包括依法处理外交事务。这就为法律与外交的融合奠定了坚实的政治和法律基础。

---

① 袁曙光：《党的十八大以来全面依法治国的重大成就和基本经验》，载中国共产党新闻网：www.cpcnews.cn，最后访问日期：2019年5月17日。

② 2015年12月27日，中共中央、国务院印发《法治政府建设实施纲要（2015~2020年）》。纲要的总体目标是，经过坚持不懈的努力，到2020年基本建成职能科学、权责法定、执法严明、公开公正、廉洁高效、守法诚信的法治政府。

③ 习近平：《在首都各界纪念现行宪法公布施行30周年大会上的讲话》，载《人民日报》2012年12月5日，第2版。

④ 习近平：《在中国共产党第十九次全国代表大会上的报告》，载新华网：www.xinhuanet.com，最后访问日期：2019年6月17日。

⑤ 习近平：《在十八届中央政治局第四次集体学习时的讲话》，载《人民日报》2013年2月24日，第1版。

二、有外交　就有国际法

“外交”(diplomacy)这一术语源于希腊文“diploma”,原意为“折叠”。在罗马帝国时代,帝国内所使用的护照、通行证都是由折叠或缝合在一起的两块金属片制成,于是就使用“diplomas”这个词来称谓这种具有官方性质的证件。后来,一些并非金属制成的官方文件,特别是那些同外国或外族之间的协议,也被称为“diploma”。到18世纪,英国的艾德门·伯尔克首先使用“diplomacy”来表示“外交”的概念。这种用法沿用至今。①

在中国古代文献中,“外交”一词有不同的释义,意思大相径庭。②《墨子·修身》曰:“近者不亲,无务求远;亲戚不附,无务外交。”《史记·佞幸列传》中有记载:“通亦愿谨,不好外交,虽赐洗沐,不欲出。”这里的“外交”,一是泛指与朋友、外人的交往。此外,外交亦指人臣私见诸侯。如《谷梁传:隐公元年》中记载:“寰内诸侯,非有天子之命,不得出会诸侯;不正其外交,故弗与朝也。”《礼记·郊特牲》曰:“为人臣者无外交,不敢贰君也”。东汉经学大师郑玄注:“私觌是外交也”。二是指与外国私相交往、勾结,或依附于朝廷中某种势力的意思。前者如《韩非子·有度》的“忘主外交,以进其与”,著名古籍专家陈奇猷在《韩非子集释》中将其解释为,“谓释其国法而私与外国为交也。”《史记·苏秦列传》的“夫为人臣,割其主之地以求外交,偷取一时之功而不顾其后。”后者如《东观汉记·郑众传》的“太子储君无外交义。汉有旧防,诸王不宜通客。”《续资治通鉴·宋英宗治平四年》的“朕以家世用卿,卿当谨家法。人臣病外交阴附,卿宜自结主知”。古代的这些外交概念多含贬义,与现代外交概念相去甚远。

现今,外交通常是指一个国家为了实现其对外政策,通过互相在对方首都设立使馆,派遣或者接受特别使团,领导人访问,参加联合国等国际组织,参加政府间国际会议,用谈判、通信和缔结条约等方法,处理其国际关系的活动。③概言之,外交是国家间的交往(合作与斗争)。

---

① 参见黄惠康:《国际法教程》,武汉大学出版社1989年版,第153页。

② 《外交》(一个国家在国际关系方面的活动),载百度百科:https://m.daidu.com,最后访问日期:2019年5月17日。

③ 著名外交学著者尼科尔森(Nicholson)曾给外交下了如下定义:“外交就是用谈判的方式来处理国际关系,是大使和特使用来调整和处理国际关系的方法,是外交官的业务或技术。”[英]萨道义、布恩:《萨道义外交实践指南》(第5版),杨立义译,上海译文出版社1984年版,第3~12页。

国家交往需要一定的规则。每一个时代，凡属有许多国家并立，互相交往，就自然会产生一些对国家有拘束力的规则，比如，缔结条约的规则，互派使节的规则，解决争议的规则，交战媾和的规则等。这些规则就是国家之间的法律——国际法，旧时称“万国公法”。[①] 其核心是构建一个正义与和平的世界。因此，外交与法律（国际法）可谓一对孪生兄弟，密不可分。即所谓的“国无邦交者已，有邦交者不能无公法，其势然也”。[②] 法国思想家孟德斯鸠指出：“所有的民族，即使是把战俘吃掉的易落魁人，也有着国际法。”[③]历史上最早倡导国际法编纂的英国法学家边沁认为，“没有（国际）法典，就没有正义”。[④] 现代美国著名法学家亨金总结道，“在各国关系中，文明的进步表现为从武力到外交，又从外交到法律的运动”。[⑤] 这个判断表明，法律在外交中的地位代表了人类文明的进步，法律外交代表了外交的高级形态。

1906 年，在位于亚洲西部小亚细亚半岛的安纳托利亚高原（又名土耳其高原）中部的希提特古郡哈图萨斯，发掘出一块轰动世界的泥版。上面用楔形文字记载的是公元前 1296 年埃及法老拉美西斯二世和赫梯国王哈吐什尔三世签署的和平协议。这是迄今为止发现的人类最早的和平条约之一。和约刻在一块银板之上，因此又叫“银板文书”。上面写着：“伟大而勇敢的赫梯国王哈吐什尔”和“伟大而勇敢的埃及法老拉美西斯”共同宣誓：“从此互相信任，永不交战；而且，一国若受其他国家欺凌，另一国应该出兵支援……”合约签订后，赫梯王又将女儿嫁给了拉美西斯二世。此后，两国在数百年间相安无事。今天，联合国纽约总部大厦休息厅的过道里，陈列着用黄铜制成的这份和平条约的浮雕

---

① 英国法学家边沁（Jeremy Bentham）在《国际法原则》（*Principles of International Law*，1789 年）一书中首先倡导用“国际法”（international law）替代传统的“万国公法”（law of nations）这一术语，以体现国际法作为国家之间（而非之上）法律的性质。

② 刘达人、袁国钦：《国际法发达史》，商务印书馆 1936 年版，第 23 页。

③ ［法］孟德斯鸠：《论法的精神》（上卷），许明龙译，商务印书馆 2012 年版，第 14 页。

④ Huang Huikang，“the Work of the International Law Commission：in Commemoration of the Fiftieth Anniversary of the Commission”，in Making Better International Law：the International Law Commission at 50，United Nations，1998，p. 304.

⑤ Loius Henkin，*How Nations Behave*：*Law and Foreign Policy*（2nd ed.），Columbia University Press，1979，p. 1.

复制品。①

最新考古发现，最早的国际条约甚至可追溯到公元前约 3100 年美索不达米亚的两个城邦国家拉加虚（Lagash）和乌玛（Wmma）间缔结的媾和条约。当时，拉乌两国交战，乌玛战败。经邻国基虚（Kish）国王梅西林姆（Mesilim）调停，两国以苏美尔文字缔结了媾和条约，并刻在一块石碑上。条约规定两国的疆界不可侵犯，并包含有一项仲裁条款。战败国乌玛向苏美尔的神宣示，将信守和约。②

但是，在古代，国家之间的关系不多，调整彼此间关系的规则和制度绝大多数只是一些不成文的习惯。正如著名国际法学家布莱尔利教授在《万国公法》一书中写道，"就有权制定对世界各国或人民有拘束力的法律的机构而言，国际立法机构并不存在。对于法律的发展，国际社会一直满足于习惯的缓慢成长。"③这些习惯或者与宗教信仰分不开，或者与国内法制度混同，尚未形成独立、完整的体系。因此，可以说，古代国际法只是国际法发展的原始阶段。④

作为具有独立体系的国际法始于 17 世纪初的欧洲社会，以 1648 年欧洲三十年战争（1618 ~ 1648 年）结束后所签订的《威斯特伐利亚和约》和被称为"国际法之父"的格劳秀斯的名著《战争与和平法》为标志。三十年战争是欧洲几百年来宗教和国际政治各种矛盾的总爆发，它彻底摧毁了中世纪神圣罗马帝国的一统天下，产生了众多具有平等地位的独立主权国家，形成了以领土主权为基础的近代国际社会，确立了国际关系中的国家领土、主权与独立等原则，从而为近代国际法的发展提供了土壤和条件。⑤ 而以格劳秀斯为代表的欧洲法学家们则以战争为重点，系统论述了当时国际法的主要内容，为国际法成为一个独立

---

① 参见李玉东：《人类第一个和平条约在这里诞生》，载人民网：www. people. com. cn，最后访问日期：2019 年 6 月 18 日；史研：《世界上最早的和平条约》，载《西北大学学报》（哲学社会科学版）1992 年第 3 期。

② 参见杨泽伟：《宏观国际法史》，武汉大学出版社 2001 年版，第 2 页。

③ James Brierly, *The Law of Nations*, Oxford University Press, 1928, p. 96.

④ 参见［奥］菲德罗斯等：《国际法》（上册），李浩培译，商务印书馆 1981 年版，第 41 ~ 87 页。

⑤ See Peter H. Wilson, *The Thirty Years War: Europe's Tragedy*, Harvard University Press, 2011.

的法律体系奠定了理论基础。[①] 但早期的国际法基本上局限于欧洲的范围，仅在所谓的欧洲基督教“文明国家”间适用，因而具有浓厚的“强权政治”的色彩。即使到现在，还能不时看到其痕迹。

国际法随着国际关系的不断发展而发展，重大的历史变动总是影响国际法的发展。近代的资产阶级革命、美国独立战争、俄国十月革命，现代的两次世界大战、非殖民化运动等，都给国际法带来了一些进步的原则、规则和制度，如国家主权、民主自决、不干涉内政、禁止使用武力、和平解决国际争端等。国际法的领域也逐步从欧洲扩大到了全球。起初，随着美洲一大批新独立国家的出现，扩大到美国和整个美洲，进而又随着西方资本主义势力侵入东方国家和非洲国家而扩大到亚洲和非洲。这样国际法就“脱离了它的独有的欧洲特色，而被认为适用于世界上一切文明国家了”。[②]

外交与法律的关系随着国际关系的发展而发展，总的趋势是，关系越来越密切。近 30 年来，特别是冷战结束以来，国际关系发生了并仍在发生巨大的变化，国际关系中的法律因素明显增强，外交中的斗争越来越激烈，外交与法律的关系更趋密切，国际法作为国际关系和国际秩序“稳定器”的作用更趋重要。[③] 这为国际法与外交的融合提出了新的要求。“我们应该创造一个奉行法治、公平正义的未来。要提高国际法在全球治理中的地位和作用，确保国际规则有效遵守和实施，坚持民主、平等、正义，建设国际法治。”[④]

---

① 胡果·格劳秀斯（Hugo Grotius，1583～1645 年），荷兰人，近代西方思想先驱，国际法学创始人，被西方法学界尊称为“国际法之父”与“自然法之父”。其代表作《战争与和平法》（*De Jure Belli ac Pacis*，1625 年）不仅是一部重要的国际法著作，也是西方资产阶级人权学说的基础自然法或自然权利理论的开创性著作。与格劳秀斯同时代的意大利法学家真蒂利（Alberico Gentili，1552～1608 年）的代表作《战争法》（*De iure belli libri tres*，1598 年）也具有重要的影响。

② 黄惠康：《国际法教程》，武汉大学出版社 1989 年版，第 12 页。

③ 参见黄惠康：《国际法的发展动态及值得关注的前沿问题》，载《国际法研究》2019 年第 1 期；黄惠康：《当代国际法的若干发展趋势》，载《西安政治学院学报》2013 年第 4 期；黄惠康：《世纪之交国际法发展演变的动态与趋势》，载李双元主编：《国际法与比较法论丛》（第 1 辑），方正出版社 2002 年版，第 6 页。

④ 习近平：《携手构建合作共赢、公正合理的在气候变化治理机制——在气候变化巴黎大会开幕式上的讲话》，载新华网：www. xinhuanet. com，最后访问日期：2019 年 5 月 20 日。

三、中国外交与国际法溯源

(一)古代中国

古代中国和世界其他地方一样,也曾有过一些国际法的痕迹。早在春秋战国时代,各"国"之间就互通使节,订立同盟,缔结条约,召开会议,以及进行斡旋、调停、仲裁等解决纠纷的活动,还有一些关于战争的规则。① 不过,当时的所谓"国"并不是近代意义的国家,因而也不可能形成真正的"国际社会",自然也就不可能产生真正意义上的国际法。②

秦始皇统一中国后,在长达2000多年的时间里,大一统的中国封建王朝,只承认"天朝"是国家,有所谓"溥天之下,莫非王土;率土之滨,莫非王臣"。它"视远夷为蛮夷,责万国以臣属",与周邻各国不是平等交往关系,而是纳贡和受封的"藩属"关系。这正是有"国"而无"际"。明代之后,清政府更是采取严格的闭关锁国政策,不但限制了与西方的通商贸易、文化交流,也阻止了欧洲近代国际法的传入。比如,1793年,乾隆皇帝曾对英国特使马戛尔尼(Macartney)说:"天朝物产丰盈,无所不有,原不借外夷货物以通有无。"③因此,当16~17世纪近代国际法在欧洲逐步形成和发展时,国际法在中国还鲜为人知,当然更不可能为其所接受。

(二)国际法传入中国

就中国而言,国际法是舶来品。当近代国际法在欧洲形成和发展时,国际法在中国尚鲜为人知。近代中国著名外交家薛福成(曾出使英国、法国、意大利、比利时等国)1892年在《论中国在公法外之害》一文中曾写道:"中国与西人立约之初,不知万国公法为何书,有时西人援公法以相诘责,秉钧者尝应之曰:我中国不愿入尔之公法,中西之俗,岂能相同,尔述公法,我实不知。自是以后,西人则谓中国为公法外之国,公法内享之权利,阙然无与……洋人杀害华民,无一按律治罪。近者美国驱禁华民,几不齿中国于友邦。此该与公法大相剌谬

---

① 参见胥宏祥:《中国古代国际法存在探析》,载《改革与开放》2009年第10期。

② 北京大学首任校长丁韪良、同文馆总教习曾评论说:中国居高临下,大莫于京,如古之罗马然,辄自称一国为天下也,此诸小国者,彼此绝少往来,其通贡于中国也,初无报聘之事。中国狃于所见,又安知宇宙间固有平等如泰西各国哉!夫中国垂一统之治,建无外之规,于今二千年矣。其间割据纷争,事极罕见。公法之学,固无自而兴。

③ 蒋良骐:《东华录》第五册,乾隆一百一十八,第35页。

也。公法外所受之害，中国无不受之……”①

国际法传入中国始于19世纪30年代末。1839年，林则徐奉清廷之命到广州查禁鸦片，他发现国际法有可用之处，便委托美国人皮特·帕迪克（Peter Pardker）等人翻译了瑞士法学家瓦特尔（Emmerich de Vattel）所著的《国际法》中有关战争、封锁、扣船等内容。② 这是中国对西方国际法最早的接触，虽然只涉及了一小部分，但对于后来林则徐的行动具有明显的影响。1852年魏源编辑的《海国图志》第83卷将其收入，作为“夷邦”情报的一部分。

1861年，清政府成立总理各国通商事务衙门（又称总理衙门，1901年改组为外交部），这是中国历史上第一个专管外交的中央机构。次年，设立同文馆，聘请美国传教士丁韪良（William Martin）为总教习。丁总教习想把西方的国际法知识介绍给清政府，经美国驻华公使推介，翻译了美国法学家惠顿（H. Wheaton）所著的《国际法原理》（*Elements of International Law*）。译成后，呈送总理衙门，声称“此书凡属有约之国，皆宜寓目，遇有事件亦可参酌援引”，要求出资刊行。清政府修订后，于1864年由京都崇实印书馆正式刊印问世，题名为《万国公法》。这是中国第一本国际法译著。③

为刊印《万国公法》一书，恭亲王等人曾专此上奏同治皇帝。奏称：“窃查中国语言文字，外国人无不留心学习，其中之尤为狡黠者，更于中国书籍，潜心探索，往往辩论事件，援引中国典制律例相难。臣等每欲借彼国事例以破其说，无如外国条例，俱系洋字，苦不能识。”对于丁氏译作，奏则续称：“臣等查该外国律例一书，衡以中国制度，原不尽合，但其中间亦有可操之处……臣等公同商酌给银五百两，言明印成后，呈送三百部到臣衙门。将来通商口岸，各给一部，其中颇有制伏领事官之法，未始不无裨益……”④

（三）近代中国与国际法的关系

国际法传入中国后，中国开始逐步融入国际社会，并被迫纳入国际法律秩序。这之后，曾有过一些援引国际法维权的成功例子，但总体看，在中华人民共和国成立之前，国际法在中国对外关系中的适用是十分有限的。当时，整个国

---

① 薛福成：《论中国在公法外之害》（1892年），载薛福成：《薛福成选集》，上海人民出版社1987年版，第414～415页。

② 参见王维俭：《林则徐翻译西方国际法著作考略》，载《中山大学学报》（社会科学版）1985年第1期。

③ 参见邹振环：《京师同文馆及其译书简述》，载《出版史料》1989年第2期。

④ 《筹办夷务始末》，同治朝，卷二十七。

际法体系以及它的原则和规则，被认为主要适用于所谓的“文明”国家之间的关系上，而中国并不被承认是“文明”国家。① 中华人民共和国成立前对外关系所适用的规则主要是不平等条约。我国著名国际法学家陈体强教授曾指出：“当西方国家来到中国时，它们首先用武力压下中国的抵抗，然后将中国置于不平等条约制度之下。与中国的一切关系都是按照这些条约进行的，而并不适用在它们之间适用的国际法。”②对它们来说，国际法的主要任务是保障和补充不平等条约的执行。因此，从1840年至20世纪上半叶，作为半殖民地半封建的中国，一直受到帝国主义列强的欺凌和压迫，中国的主权和独立受到严重破坏，丧权辱国的不平等条约就像一座座大山压在中国人民身上。这种局面只有在中华人民共和国成立后才得以彻底改变。③

1840年鸦片战争后，西方列强依仗坚船利炮轰开了中国紧闭的大门，强迫中国签订了大量不平等条约，一步步将中国变成半殖民地半封建社会。据不完全统计，1840～1949年的109年间，历届中国政府共与外国签订条约或条约性文件1356件，其中大部分为不平等条约。列强通过不平等条约在中国得到了割地、租界和赔款，还获得了治外法权、内河航运权等特权，严重损害了中国的主权，给中华民族带来深重灾难。④ 这是一段耻辱的历史，是跪倒在洋人面前办外交的历史。

1844年在澳门签署的《中美望厦条约》是中国遭受列强凌辱的例证。它是

---

① ［德］奥本海：《奥本海国际法》（上卷第一分册），王铁崖、陈体强译，商务印书馆1972年版，第33～34页。

② 王铁崖：《中国与国际法——历史与当代》，载中国国际法学会主编：《中国国际私法年刊》（1991），中国对外翻译出版公司1992年版，第44页。

③ 参见李殿元：《中国废除不平等条约斗争的艰难历程》，载《文史杂志》2009年第5期。

④ 关于中国近代史上签署不平等条约的数量，目前尚无准确的权威说法。学界流传多种版本。一曰500多件（出自徐绪典：《近代中国社会各阶级、阶层对不平等条约的认识和态度》，载《历史教学》1964年第9期）；二曰1000多件（出自胡绳：《以史为鉴，爱我中华》，载《人民日报》1991年8月29日，第5版）；三曰1182件，其中除最初7件订于十七八世纪外，其余均为1840年鸦片战争以后所订立（出自王铁崖：《中外旧约章汇编》，三联书店1957年版）；四曰1175件（出自李文海：《中国近代不平等条约书系“序言”》，中国人民大学出版社1993年版）；五曰1356件（出自《中国对外条约辞典》，吉林教育出版社1994年版）；六曰745件（出自高放：《近现代中国不平等条约的来龙去脉》，载《南京社会科学》2018年5月31日）。其中王铁崖和高放的研究成果认知度较高。从目前来看，1840～1949年这109年间中国历届政府对外缔约数目基本确定（1356件），但其中有多少属于不平等条约，尚待进一步考证。作者倾向于使用“其中大部分为不平等条约”这样总括的表述，因为对1356件旧约不能一概视之为“不平等条约”，而逐一定性并非易事。

清政府与美国签订的第一个不平等条约,也是中国近代以来与外国签订的最早期不平等条约之一。在缔约谈判中,美方软硬兼施,采用讹诈的手法,胁迫中方谈判代表屈服。通过该条约,美国得以与清政府协商关税,并攫取了领事裁判权,侵犯了中国的领海权,获得了"一体均沾"片面最惠国待遇。

再以香港为例,不平等条约造成了香港被割占的历史状况。1842 年,英国在第一次鸦片战争后强迫清政府签订了《中英南京条约》,割让了香港岛;1860 年,英国在第二次鸦片战争中强迫清政府签订了《中英北京条约》,割让了南九龙半岛;1898 年,英国强迫清政府签订了《拓展香港界址专条》,强租新界 99 年。

(四)为废除不平等条约而斗争

100 多年来,中国人民为争取主权、独立和平等,进行了不懈的努力。① 19 世纪末 20 世纪初,国家主权和主权平等的概念逐渐为国人所知,反对不平等条约的呼声渐高。从早期维新派开始,就提出了废除或修改不平等条约的要求。② 1901 年,重庆人民成立了"废约促进会",反对日本在重庆设立租界。③ 在 1919 年巴黎和会上,中国政府代表第一次整体提出了修改不平等条约的问题。在电影《我的一九一九》中,中国代表顾维钧有很多精彩演说,援引国际法,据理力争中国的合法权益。虽然,中国的目的没有全部达到,但它已把废除不平等条约的愿望宣告于全世界,为以后的废约打下了基础。1924 年,国民党一大召开,把废除不平等条约作为其政纲。1928 年 6 月,南京国民政府对列强发表了修改不平等条约的宣言,声称:"遵正当之手续,实行重定新约,以负完成平等及相互尊重主权之宗旨。"④有关各国对此作出了一些反应,分别与中国订立了有限度地放弃在华特权的新约。1928 年 7 月 25 日,中美订立《整理中美两国关税关系之条约》,承认中国关税"完全自主",11 月,中比重新订立《友好通商条约》,比利时同意有条件放弃在华领事裁判权。1941 年太平洋战争爆发后,加速了废约进

---

① 习近平:《永立潮头不忘初心——在庆祝中国共产党成立 95 周年大会上的讲话》,载新华网:www. xinhuanet. com,最后访问日期:2019 年 6 月 19 日。

② 例如,马建忠主张:"据公法以争之",修改不平等条约中的商约。郑观应进一步提出,领事裁判权、协定关税、最惠国待遇等应予以修改。

③ 1901 年 9 月 24 日,日本"钦命驻扎重庆办理通商事务领事官山崎桂"与大清国"钦命四川分巡川东兵备道监督重庆关兼办通商事宜宝棻",在重庆签订《重庆日本商民专界约书二十二条》,划定王家沱的一段地区为日本专管租界,租期 30 年。这是近代中国西南地区唯一的外国租界。川渝人民不忍丧权辱国,展开多次斗争。1931 年 10 月 24 日,日租界已通过外交程序由四川地方政府从法律上收回。

④ 洪钧培:《国民政府外交史》(第 1 集),华通书局 1930 年版,第 44 页。

程。1942 年 10 月，美国、英国声明放弃在华领事裁判权。1943 年 1 月 11 日，中美订立《关于取消美国在华治外法权及处理有关问题之条约》。同日，中英也订立了类似的条约。之后，比利时、挪威、加拿大、瑞典、荷兰、法国、瑞士、丹麦、葡萄牙等国也与中国订立了类似的条约。①

最终，中华人民共和国废除了一切不平等条约。1949 年《共同纲领》第 55 条明确规定："对于国民党所订的各项条约和协定，中华人民共和国中央人民政府应加以审查，按其内容，分别予以承认、或废除，或修改。或重订"。根据这一规定，对任何旧条约，在未经中华人民共和国政府承认之前，外国政府不得以此为由向中华人民共和国政府提出任何权利主张和要求，更不得据此要求任何特权。据此，外交部建部伊始就成立了条约委员会。它是外交部条约法律司的前身，其主要任务是对旧政府缔结的条约逐一进行审查，彻底废除所有不平等条约，清除帝国主义通过百余年来的不平等条约在政治、经济、文化等领域所获特权。中华人民共和国的外交条法事业也从此开启。

第二节　对国际法作用的认知

一、近代关于国际法作用的争论

自近代国际法传入中国之日起，有关国际法作用的问题，在清代官员和学者中一直存在不同的见解。② 仁者见仁，智者见智。总体上有两派观点："实力至上论"和"法律至上论"。

"实力至上论"者虽不否认国际法在国际关系中的作用，对中国也固然不无助益，但认为，关键仍在国家是否强盛，强则可享国际法上的利益，弱则国际法并不可恃。因此，对国际法的作用基本持否定态度。此观点以郑观应、薛福成、张之洞等为代表。

郑观应（1842～1922 年）③根据其对西方国家历史现状的深刻了解，比较深入地探讨了国际关系与中外关系。在《论公法》一文中，他指出："虽然公法一

---

① 参见王建朗：《中国废除不平等条约的历程》，江西人民出版社 2000 年版，第 308～324 页。

② 参见程鹏：《清代人士关于国际法的评论》，载《中外法学》1990 年第 6 期。

③ 郑观应，字正翔，中国近代最早具有完整维新思想体系的理论家，启蒙思想家，也是实业家、教育家、文学家、慈善家及热忱的爱国者，代表作有《盛世危言》。

书,久公遵守,乃仍有不可尽守者。盖国之强弱相等,则藉公法相维持,若太强太弱,公法未必能行也。”以罗马帝国和拿破仑帝国为例,“当其盛时……横肆鲸吞,显违公法,谁敢执其咎”?至于印度等国灭亡之时,“谁肯以局外代援公法,致启兵端”?结论:“公法乃凭虚理。强者可执其法以绳人;弱者必不免隐忍受曲也。是故有国者,惟有发愤自强,方可得公法之益,倘积弱不振,虽有公法何补哉?”①

薛福成(1838～1894年),②面对严重的民族危机,苦思富国强兵之法,于光绪五年(1879年)作《筹洋刍议》,凡14篇2万余字。提出修改不平等条约、加强北方边防及以“官督商办”和私人集资的方法兴办工商实业等建议,为洋务运动提供理论依据。关于国际法之作用,薛福成在1892年《论中国在公法外之害》一文中指出,“余曾谓中国如有秦始皇、汉武帝、唐太宗之声威,则虽黜公法,拒西人,其何向而不济,若势有不逮,曷若以公法为依归,尚不受无穷之害。”③

张之洞(1837～1909年),④晚年目睹外人欺凌中国,因而对国际法显失信心。他在《非弥兵》一文中写道:“夫权力相等则有公法,强弱不侔法于何有。古来列国相持之势,其说曰力均角勇,勇均角智,未闻有法以束之也。今日五洲各国之交际,小国与大国交不同,西国与中国交不同,即如进口税,主人为政,中国不然也;寓商受本国约束,中国不然也;各国通商只及海口,不入内河,中国不然也;华洋商民相杀,一重一轻,交涉之案,西人会审,各国所无也;不得与于万国公会,奚暇与我讲公法哉!知弥兵(指1899年和1907年海牙和会)之为笑柄,悟公法之为赘言,舍求诸己而何以哉?”⑤

在许多外交事件中,清政府的立场根据近代国际法是站得住脚的,但西方列强因利益所在,蛮不讲理,清政府虽据理力争,也没结果。例如,清政府对美国排华法案的外交交涉。依据1880年中美《续修条约》(又称《安吉利条约》),美国对华人入境可以限制,但不能完全禁止。然而,美国国会于1882年5月6日制定《排华法案》(Chinese Exclusion Act),禁止华工入境,并对已在美华工加

---

① 郑观应:《增订正续盛世危言》(第四卷),上海六先书局1892年版,第8～10页。

② 薛福成,字叔耘,近代著名思想家、外交家,曾出使英法意比四国,洋务运动的主要领导人之一。

③ 薛福成:《薛福成选集》,上海人民出版社1987年版,第414页。

④ 张之洞,字孝达,晚清名臣,洋务派代表人物,曾任两广总督、军机大臣、大学士等。

⑤ (清)张之洞:《张文襄公全集》第203卷,第50页。

以种种限制。1888年的《斯科特法案》(Scott Act)进一步扩展了1882年《排华法案》的适用范围,禁止华人离开美国后再次返回。此等规定明显违反中美条约。清政府自1876年起曾不断对美国迫害华侨的行为提出抗议。对此,美国政府或以不能干预地方事务来推脱责任,获干脆不予置理。清政府曾指出,根据国际法中国可以对于美传教士和商人,采取相同的报复措施。由于国力不如美国,清政府无力据理维护自己的合法权利,更不敢对美采取报复措施。①

"法律至上论"者则认为,西方国际法的内容很完善,可以发挥很大的作用,可以倚信它保卫国家安全,维护世界和平。此观点以端方、李鸿章、谭嗣同等人为代表。

端方(1861~1911年)②认为,国际法为"各国交际之法……夫天下之事变无穷,其所以应之者,准情酌理,因时制宜,遂亦莫不有法。五洲之大,万国之众,其所为公法者,制非一国,成非一时。要莫不出于天理自然,经历代名家之所论定,复为各国交涉之所公许,非偶然也"。③他还认为,"西人之公法,即中国之义理……常人得之以成人,国得之以立国"。"国际法中论享公法权利及调处免战各事,皆仁心为质,有以绝裂辟忿健之源而广生民之福"。所以,国际法能使"国自固其权利,人自笃其忠信;玉帛可以永敦,干戈可以永戢"。④无论是国家还是个人,都应该按照西方的国际法来处理对外事务。

李鸿章(1823~1901年)⑤在为丁韪良编译的《公法新编》(上海商务印书馆1903年版)作序时指出:"公法者,寰球万国公共之法,守之则治,违之则乱

① 1943年,中美合作反对法西斯的大背景下,《排华法案》被废除。2011年以来,美国亚裔和华裔国会议员积极运作促使美国政府就逾一个世纪前的《排华法案》进行官方正式道歉。2011年10月6日,美国参议院全票通过一项法案,为《排华法案》等歧视华人法律表达歉意。2012年6月18日,美国众议院全票通过了众议院版本的道歉法案。这一法案的通过,为美国华埠了结了百年耻辱,带来了迟到的公正。

② 端方,清末名臣,字午桥,号陶斋,曾任直隶总督、北洋大臣,中国新式教育的创始人之一,著有《陶斋吉金录》《端忠敏公奏稿》等。

③ [美]丁韪良:《邦交提要》,端方序言,1904年版。

④ [美]丁韪良:《公法新编》,端方序言,1903年版。

⑤ 李鸿章,本名章铜,字渐甫,号少荃,晚清名臣,洋务运动的主要领导人之一,一生中参与一系列重大历史事件,包括镇压太平天国运动、洋务运动、甲午战争等,代表清政府签订了《越南条约》《马关条约》《中法简明条约》《辛丑条约》等一系列不平等条约。

也。”丁氏编译的该书“持论明允……愿以后办交涉者奉为圭臬”。[①] 在对外关系中，李鸿章希望用国际法来规范中国外交，并以此来制衡侵略者。

谭嗣同（1865～1898 年）甚至把《万国公法》看作“西人仁至义尽之书，亦即《公羊春秋》之律”，推崇之至。[②]

上述两种观点，都有一定的道理，但都失之偏颇。“实力至上论”从一个侧面揭示了近代国际关系和国际法的本质，揭示了“弱国无外交”的道理，并含有希望国家强盛的强烈愿望，但如一味强调实力，忽视国际法应有的作用，就容易走向另一个极端，导致强权政治和霸权主义。另外，“法律至上论”则带有浓郁的理想主义色彩，忽略了国际关系中西方占主导地位的现状和国家间不平等的现实，忽略了国际法为国家利益服务的本质，法律面前平等并不意味着实质性的平等，古今中外，概莫能外。在强权政治盛行的时代，容易受制于西方列强，成为不平等条约的牺牲品。李鸿章极力主张一切都要按国际法办，但他忽视了当时中国处于半殖民地半封建国家的状态，是受不平等条约约束的。有学者认为，在李鸿章的对外思想中，最大的败笔就是过度迷信国际法。[③] 所以，既要反对不尊重国际法的“法律虚无主义”，也要反对唯西方是从的“法律至上主义”。要建立具有中国特色的国际法理论与实践。

二、中华人民共和国的国际法观

中华人民共和国以主权、独立、平等国家的资格登上了国际舞台，成为国际社会的一个平等成员，并一贯主张同任何国家在和平共处五项原则的基础上进行正常的往来，积极推动建立国际政治经济新秩序。这标志着中国与国际法的关系发生了根本的变化。我国对国际法作用的认识和态度也因此发生了相应的变化。[④]

中华人民共和国一方面对于传统国际法的原则规则和制度加以审查，分别予以承认或沿用，对其中一些原则和规则加以重申和强调，在国际关系中适用

---

① [美]丁韪良：《公法新编》，李鸿章序言，1903 年版。

② 参见谭嗣同：《报尔远征》，载《谭嗣同全集》（增订本），中华书局 1990 年版，第 225 页。

③ 参见《历史学看细节，迷信国际法，让晚清和李鸿章一败再》，载搜狐网：http://www/sohu.com，最后访问日期：2019 年 6 月 19 日。

④ 参见何志鹏：《国际法在新时代中国的重要性探究》，载《清华法学》2018 年第 1 期。

和维护国际法；另一方面积极参与制定国际法，对国际法的发展做出贡献。①

改革开放40年来，在党中央的坚强领导下，中国国际法工作开拓奋进，为改革开放争取了有利外部环境，为维护世界和平、促进共同发展做出了重要贡献。中国广泛参与国际条约和机制，参加了几乎所有政府间国际组织，加入了500余项国际公约（含公约修正案），运用法律和条约搭建广泛领域的合作平台，促进我国与世界交融发展、共同进步；运用和发展国际法，妥善解决历史遗留问题和国际争端，创造性地提出“一国两制”的伟大构想，恢复对香港、澳门行使主权，通过和平谈判与周边国家解决陆地边界和海洋划界问题；深入参与国际经济、金融、环保、网络、极地、外空等各领域全球治理规则制订，引领气候变化国际合作，积极推动和平解决国际和地区热点问题，努力为应对全球性挑战贡献中国智慧和力量；积极运用法律规则，坚决维护国家主权、安全和发展利益，坚决反对其他国家干涉我国内政，坚决遏制和打击一切形式的分裂行径，打造打击犯罪、反恐、追逃追赃等法律合作网络，积极维护海外利益，推进“一带一路”法治保障；始终高举国际法旗帜，倡导践行和平共处五项原则，坚决维护以联合国宪章宗旨和原则为核心的国际法体系，坚定支持多边主义，积极履行国际义务，成为公认的世界和平的建设者、全球发展的贡献者、国际秩序的维护者。②

在承认、继承、国籍、和平解决国际争端等问题上，中国也以其独特的实践丰富了国际法。关于中华人民共和国成立以来的国际法实践，将在以下各章节中讨论。

三、外交中的经典国际法案例

国际法在理论上很重要，外交实践中也有大量的经典案例，对如何加强国际法作用给予了重要启示。

（一）近代

自国际法传入中国后，在中国近代对外关系中，也曾有一些援引国际法维权的成功案例，尽管为数不多。

---

① 参见赵劲松：《初论新中国对国际法发展的主要贡献》，载《北京青年研究》2006年第3期。

② 参见杨洁篪：《开创国际法工作新局面，服务改革开放新征程——在改革开放40周年国际法工作座谈会上的主旨讲话》，载外交部网：www. fmprc. gov. cn，最后访问日期：2019年6月19日。

林则徐禁毒案

鸦片战争前夕,林则徐为维护国家的独立和尊严,曾试图在对外关系中运用一些国际法,其中包括有关战争以及外国人待遇的规定。林则徐在查禁鸦片时,对英国人采取行动,不但注意合情合理,而且注意合法。他首先宣布鸦片为违禁品,要求交出烧毁;然后致书英国女皇,要求停止鸦片贸易;最后,则采取武力行动,严格禁烟。林则徐在致英国女皇的信中宣称:“闻该国禁食鸦片甚严,是固明知鸦片之为害也。既不使为害于该国,则他国尚不可移害,况中国乎?”接着,他又问道:“譬如别国人到英国贸易,尚需遵英国法度,况天朝乎?”最后,他说:“我天朝君临万国,仍有不测神威,然不教而诛,故特明宣定例,该夷国夷商欲图长久贸易,必当惶遵宪典,将鸦片久断来源,切勿以身试法。”①显然,林则徐受到了他请人翻译的瓦特尔所著《国际法》的影响。瓦特尔写道:“欲与外国人争端,先投告对头之王或掌大权之官,设或都不伸理,可奔回本国要求本国王保护。”②这是近代清廷依国际法办理外交事务的一个经典实例。

普鲁士拿捕案

1864年春,普鲁士驻华公使李福斯(Rehfues)乘坐一艘军舰前来中国赴任。途中,普鲁士军舰在中国内海捕获了正与普鲁士处于战争状态的丹麦的3艘商船,欲予以没收。③ 清廷总理衙门遂提出抗议,主要法律根据是,普鲁士军舰进行拿捕的水域是中国“内洋”,即指领水。总理衙门上奏同治皇帝称:“此次扣留丹国货船处所,乃系中国专辖之内洋,”该处所“实系中国洋面,并非各国公共海洋”;“外国持论,往往以海洋距岸十数里外,凡系枪炮之所不及,即为公共之地,其间往来占住,即可听各国自便。”④但拿捕处所既是“内洋”,应属中国管辖。总理衙门在致普鲁士公使的照会中称:任何外国在中国内海扣留他国船舶“系

---

① 《筹办夷务始末》第7卷,第133页。

② 《海国图志》第83卷,第21页。

③ 1863年11月,丹麦王国违反1852年的伦敦议定书,将石勒苏益格—荷尔斯泰因和罗恩堡并入丹麦,引起当地日耳曼居民的反抗。普鲁士和奥地利趁机向丹麦发动战争。丹麦战败,被迫放弃两地的权利,这是普鲁士通过王朝战争统一德国的第一步。

④ 《筹办夷务始末》第26卷,第30页。

显夺中国之权”。[①] 在以国际法原则为依据的抗议和清廷将不接待普鲁士公使的威胁下，普鲁士释放了两艘丹麦商船，对另一艘商船则作了赔偿。这是近代中国捍卫国家内水管辖权的一个成功案例。

中秘华工保护案

中秘(鲁)华工保护案属于更典型的依据国际法维权案例。中外订约之初，清政府接受了不少片面的最惠国条款，但忽视了保护我国在外侨民的问题。在国际法传入中国后，情况有所改善。1874 年，中秘(鲁)订立商务条约时，应中方要求，在条约中加入了保障华工待遇的条款，并明文规定了相互适用最惠国待遇。[②] 时至 1909 年，秘鲁突然颁布法令，规定“入境华人每名须有英金五百镑呈验，使得入口”。当时这在他国已有先例，如美国、加拿大也要求华人入境缴纳“人头税”。鉴于中秘商务条约的相关规定，清政府委员委派驻美国公使伍廷芳前往交涉，伍廷芳以中秘商务条约为据，最终迫使秘鲁取消了上述歧视性规定。这是近代中国利用国际法维护国家海外利益的一个经典案例。

(二) 中华民国时期

中华民国时期(1912～1949 年)的中国外交在本质上仍然属于半封建、半殖民地外交，领事裁判权还没有彻底废除，外国在中国的特权非但没减少反而逐渐增加，国家的主权和独立继续受到严重破坏。但从国际法渐进发展的角度来看，这一时期的中国外交在两个方面还是有所建树：一是随着国内民族主义运动和革命运动的高涨以及国际形势的变化，在废除不平等条约方面有所进步；二是作为第二次世界大战东方战场的主力军，国际地位有所提高，为联合国的建立做出了重大贡献，并最终取得了联合国安理会常任理事国的地位。

中美最惠国条款案

现今意义上的最惠国条款通常是缔约双方双向对等地赋予对方以最惠国

---

① 蒋廷黻：《国际公法输入中国之起源》，载《清华政治学报》1932 年版，第 61 页。

② Documents of the United Nations Conference on International Organization, San Francisco, 1945, vol. 3, Document 1302; vol. 8, Document 1151; vol. 9, Documents 203, 416, 507, 536, 571, 792, 795 and 848.

待遇,但从1840~1946年这100多年间的中外条约关系中,往往只有西方国家在中国享有单方面的最惠国待遇,而中国在对方国家并无此对等待遇,例如,1844年7月《中美望厦条约》。在中国人民艰苦卓绝地持续抗争下,此等不平等条约在1943年后逐步得以废除。1946年11月4日签订的《中美友好通商航海条约》(以下简称《中美商约》)是近代以来,中国与西方国家间第一个形式上采取双向互惠最惠国条款的条约,但是该约在当时国际国内形势下仍属实质上的不平等条约。这在中华民国后期的外交实践中具有典型意义。

《中美商约》第2条第1~3款规定:

"一、缔约此方之国民,应许其进入缔约彼方之领土,并许其在该领土全境内居住、旅行及经商。于享受居住及旅行之权利时,缔约此方之国民,在缔约彼方领土内,应依照依法组成之官厅现在或将来所施行之有关法律规章(倘有此项法律规章时),但不得受不合理之干涉,并除其本国主管官厅所发给之(甲)有效护照或(乙)其他身份证明文件外,应无须申请或携带任何旅行证件。

"二、缔约此方之国民,在缔约彼方领土全境内,应许其不受干涉,从事并经营依法组成之官厅所施行之法律规章所不禁止之商务、制造、加工、科学、教育、宗教及慈善事业;从事于非专为所在国国民所保留之各种职业;为居住、商务、制造、加工、职业、科学、教育、宗教、慈善及丧葬之目的,而取得、保有、建造或租赁及占有适当之房屋,并租赁适当之土地;选用代理人或员工,而不问其国籍;从事为享受任何此项权利及优例所偶需或必需之任何事项,并与该缔约彼方国民,在同样同样条件之下,依照依法组成之官厅现在或将来所施行之有关法律规章(倘有此项法律规章时),行使上述一切权利和优例。

"三、缔约双方之国民,于享受本条第一第二两款所规定之权利及优例时,其所享受之待遇,无论如何,不得低于现在或将来所给予任何第三国国民之待遇。"

签署《中美商约》是第二次世界大战结束后美国扩展在华利益图谋的重要一步,而国民政府为了获得更多的美援来打内战,在一些重大原则问题上对美方作了让步,满足了美方的要求,中国的领土、市场、河流港口、文化、教育等各领域开始对美国全面开放。虽然从文字上看,条约的所有规定都是中美双方平等互惠的,但是形式上的平等掩盖不了中美关系的不平等。由于中美两国经济实力悬殊太大,美国攫取了比《中美望厦条约》更多的权利和特权,而中国根本无力去美国投资经商,开矿设厂,也没有大量产品可向美国倾销,更没有船舶和军舰可以到美国各口岸、内河航行。因此,该条约的本质是中国单方面向美国开放，是一个新的不平等条约。①《中美商约》一经公布，立即受到全国各界人士的强烈反对。上海人民团体联合会联合会发表声明说："中美商约是绝对不利于中国的片面独惠的丧权辱国的新的不平等条约。"

联合国宪章修正案

1944年8月21日至10月7日，中国、美国、英国、苏联四联合国发起国在美国首都华盛顿召开"关于国际和平与安全组织的华盛顿对话会"（以下简称敦巴顿橡树园会议），根据1943年10月30日在莫斯科签署的《四国普遍安全宣言》的精神，草拟《关于建立普遍性安全组织的建议草案》（以下简称《联合国宪章草案》）。会上，正义及国际法的重要性受到重视。中方代表提出了7条补充建议：（1）维护和平与安全必须根据正义与国际公法之原则，以免新的国际组织沦为强权政治的工具；（2）保障各国政治独立与领土完整，以增加各国特别是小国的安全感；（3）对侵略应予以定义，并尽量列举侵略的各种行为；（4）组织国际空军，以作为安全理事会权威的象征和采取行动的手段；（5）国际公法的方针与修订应由大会倡导，以有利于推进符合国际公法原则的安全；（6）国际法庭应能强制裁判；（7）应促进教育和文化合作。其中，处理国际争端应注重正义和国际公法原则，国际公法之发展与修改应由大会提倡研究并建议，经济及社会委员会应促进教育及其文化合作事业这3条建议得到了与会各方的认同，最后写入了《联合国宪章草案》。经1945年旧金山制宪会议，正式成为宪章的相关条款。② 这是中国对战后国际秩序做出的重大贡献。

（三）中华人民共和国时期

1949年中华人民共和国成立，开启了中国独立自主和平外交的新纪元。在

---

① 美国国务卿在给杜鲁门总统的报告中声称："与早先的商务条约相比，这一条约包括了一些更宽广、更现代化的规定，以便使公司享有的权利和特权规定得更具体、更详尽。商约条款的措辞反映了在起草条约方面晚近的经验，以保护美国的出口免受许多新的复杂的贸易形式和30年代初以来实施的交换控制的限制。"

② Documents of the United Nations Conference on International Organization, San Francisco, 1945, vol. 3, Document 1302; vol. 8, Document 1151; vol. 9, Documents 203, 416, 507, 536, 571, 792, 795 and 848. 参见黄惠康：《论国际法的编纂与逐渐发展——纪念联合国国际法委员会成立70周年》，载《武大国际法评论》2018年第6期。

国际法意义上，中华人民共和国是中华民国的延续，国际法主体的资格没有变，但其社会性质发生了革命性变革，中国外交与国际法的关系也就发生了根本的改变。70 年来，中华人民共和国外交援引国际法捍卫国家权益积累了大量的经典案例。

“中国人民志愿军”称号

1950 年 6 月 25 日，在东西方开启“冷战”的大背景下，朝鲜战争爆发。9 月 15 日，由美国将军统领的“联合国军”（美国、英国、法国、加拿大、澳大利亚、新西兰、荷兰、比利时、卢森堡、希腊、土耳其、哥伦比亚、泰国、菲律宾、南非、埃塞俄比亚等 16 国组成）在仁川登陆，并不顾中国的多次严正警告，将战火延烧至鸭绿江边，严重危及中国的领土安全。朝鲜内战升级为大规模局部战争。在我国必须参战的情况下，如我国直接作为交战方与名义上的“联合国军”作战，会带来国际法上的不利后果。如果我派遣国家军队参战，将意味着我与联合国以及参加“联合国军”的 16 个国家进入战争状态，这对刚刚成立的中华人民共和国来说是极为不利的。为避免在国际法上处于交战国的不利地位，时任外交部法律顾问、著名国际法学家周鲠生先生向中央建议，我国解放军以“中国人民志愿军”的名义赴朝，与朝鲜人民军并肩作战，从而在法律上和政治上妥善解决了上述敏感问题。1953 年 7 月 27 日，朝鲜人民军最高司令官及中国人民志愿军司令员一方与联合国军总司令一方《关于朝鲜军事停战的协定》在朝鲜板门店签署。历时 3 年多的朝鲜战争结束。经中朝两国政府协商同意，中国人民志愿军于 1958 年年底全部撤离朝鲜。

中英“逆条件”承认案

1949 年 10 月 1 日中华人民共和国成立公告宣布，中央人民政府愿以遵守平等互利和互相尊重领土完整和主权，以及承认中华人民共和国政府为中国的唯一合法政府为条件，与外国政府建立外交关系。在承认问题上规定“逆条件”，这是中华人民共和国独特的外交实践和对国际法发展的创新贡献。中华人民共和国不仅拒绝按照其他国家作为承认代价而提出的条件行事，而且提出了自己的承认和建交条件——一种“逆条件”的承认。要与中华人民共和国建交,就必须满足中华人民共和国政府的上述条件。① 中英"逆条件"承认案是其中最典型的一个案例。

英国是较早承认中华人民共和国并表达建交意愿的国家之一。但从 1950 年英国承认中华人民共和国到 1972 年建立大使级外交关系,中英全面建交谈判持续了 22 年,其中的核心问题就是"逆条件"承认中的台湾问题。1950 年 1 月 6 日,英国外交大臣贝文在致周恩来外长的照会中表示,英国自本日起承认中华人民共和国中央人民政府为中国法律上的政府;愿意在遵守平等、互利及互相尊重领土完整和主权等项原则的基础上建立外交关系,并准备与中华人民共和国中央人民政府互派使节;在未任命大使前,指派其当时在南京的胡阶森秘书作为过渡时期的临时代办。但英国并未完全满足中方关于承认中华人民共和国政府为中国的唯一合法政府的条件,因此它的承认是不完全的。英国在国际上抛出"台湾地位未定论",在台湾保留了一个领事馆,在联合国大会关于中华人民共和国联合国代表权问题上投弃权票,而且不尊重在香港的中国国家财产的豁免权。由于这一原因,中国政府在经过数年建交谈判后仅同意与英国建立代办级外交关系。1954 年 6 月 17 日,中英发表联合公报,决定互换代办。直到英国 1971 年 10 月 25 日在第 26 届联合国大会第 2758 号决议的表决中,第一次投票支持中华人民共和国在联合国的代表权之后,中国政府才同意将中英外交关系从代办级升格为大使级。1972 年 3 月 13 日中英联合公报宣布:"中华人民共和国和联合王国政府一致确认互相尊重主权和领土完整、互不干涉内政和平等互利的原则,决定自 1972 年 3 月 13 日起将本国派驻对方首都的外交代表由代办升格为大使。""联合王国政府承认中国政府关于台湾是中华人民共和国的一个省的立场,决定于 1972 年 3 月 13 日撤销其在台湾的官方代表机构。""联合王国政府承认中华人民共和国政府是中国的唯一合法政府。中国政府对联合王国的上述立场表示欣赏。"②

"逆条件"承认,在中华人民共和国 70 年外交史上,始终坚持如一。任何国家如想与中国建立和维持外交关系,必须遵守在"一个中国"问题对中国政府和人民的承诺。

---

① 参见陈体强:《中华人民共和国与承认问题》,载王铁崖主编:《中国国际法年刊》(1985),中国对外翻译出版公司 1985 年版,第 24 ~ 27 页。

② 《中英建交始末:从"半建交"到"大使级"》,载历史趣闻网:www. m. lishiqw. com,最后访问日期:2019 年 6 月 20 日。

湖广铁路债券案

作为一个国际法主体,中华人民共和国是中华民国的延续,因而不发生国家继承问题,而只发生政府继承问题。中华人民共和国有权继续享有历届中国政府的一切合法的国际权利,但对历届旧政府承担的国际义务则另当别论。对于旧中国的国家债务,中华人民共和国政府根据债务的性质予以区别对待。旧政权为进行内战而举借的债务,属于国际法上的"恶债"(odious debts),当然不在继承之列。湖广铁路债券案是新中国处理国家债务继承问题的一起重大案件。[①]

中国清朝政府于1911年与德国、英国、法国、美国四国银行达成借款协议,发行"湖广铁路五厘利息递还金镑借款债券"(以下简称"湖广铁路债券")600万金英镑。该债券利息从1938年起停付,本金1951年到期未付。1979年1月1日,中美建交。同年11月,湖广铁路债券美国持有人杰克逊等九人在美国联邦地方法院亚拉巴马州北区东部分庭对中华人民共和国提起诉讼,要求赔偿债券本利1亿美元外加逾期利息和诉讼费。该美国地方法院受理了原告提起的诉讼,并向中华人民共和国发出"传票",要求"被告"中华人民共和国于收到"传票"后20天内提出答辩,否则即作出"缺席判决"。中国政府拒绝接受所谓的"传票"。于是,该法院于1982年9月1日作出"缺席判决","命令、判处、指令"中华人民共和国赔偿原告等损失41 313 038美元,外加利息和诉讼费。[②] 这是首起针对中华人民共和国的旧债券大案,影响重大。

在本案审理过程中,中国政府高举"恶债不予偿还"的旗帜,坚持国际法上的主权豁免原则,与美方展开艰巨的政治和法律斗争。中国政府多次照会美国政府,提出外交交涉,申明中国根据国际法,享有主权豁免,不受外国法院司法管辖;中国政府对历届反动政府的旧债概不承认,也不承担偿还的义务。1983年2月2日,中国外交部再次照会美国国务院,重申中国政府的严正立场。照会指出:"恶债不予继承是国际法久已公认的一项原则。""所谓湖广铁路债券案

① 中华人民共和国外交部关于湖广债券案的备忘录(1983年2月2日),载中国国际法学会编辑:《中国国际法年刊》(1984),中国对外翻译出版公司1984年版,第482~483页。傅铸:《美国法院对"湖广铁路债券案"的审判严重违反国际法》,载《人民日报》1983年2月25日,第7版。

② 陈体强:《国家主权豁免与国际法——评湖广铁路债券案》,载中国国际法学会编辑:《中国国际法年刊》(1983),中国对外翻译出版公司1983年版,第31页。

是丧权辱国的清朝政府,为维护其反动统治和镇压人民,勾结在华划分势力范围的帝国主义列强,加紧压迫和掠夺中国人民的产物。对于这类旧外债,中国政府理所当然地不予承认。"①

1983年8月,中国政府委托美国律师到美国原审法院对法院管辖权提出抗辩。1984年,该法院重新裁决撤销该案。原告上诉至美国联邦上诉法院。上诉法院于1986年7月25日裁定维持地方法院1984年的判决,原告无权迫使中国政府偿还湖广铁路债券。1987年3月,美国最高法院作出裁定,驳回了美国债券持有人的复审请求,三审定案,最终撤销了不利于中国的判决。

湖广铁路债券案是中华人民共和国运用国际法捍卫国家利益的重要案例,意义深远。尽管一直到今天,还有一些旧债券持有人在不同国家对我国提出诉讼,要求偿还旧债,但到目前为止没有一例是起诉方胜诉的。这其中,湖广铁路债券案起到了良好的司法判例作用。

"炸馆赔偿案"

1999年3月24日至6月10日,在美西方的军事干预下,南斯拉夫科索沃地区爆发了一场高技术局部战争。② 同年5月8日凌晨,以美国为首的北约轰炸了中国驻南联盟使馆,造成中方人员重大伤亡和馆舍严重毁坏,严重破坏公认的国际法和国际关系基本准则。③ 中国政府当即发表严正声明,对这一野蛮行径表示了极大愤慨,予以强烈谴责,并提出了最强烈抗议,要求以美国为首的北约对此承担全部责任,公开向中国政府、人民和中国受害者家属表示道歉,对事件进行全面、彻底的调查,公布调查的详细结果,并严惩肇事者。④ 在我国政府的严正交涉下,美国及其他一些北约国家领导人就轰炸事件向中国政府、人

① 《中华人民共和国外交部就"湖广铁路债券案"给美国国务院的备忘录》,载法学教材编辑部《国际私法资料选编》编写组编:《国际私法资料选编》,法律出版社1984年版,第126~127页。

② 科索沃战争以大规模空袭为主要作战方式,以美国为首的北约凭借占绝对优势的空中力量和高技术武器,对南联盟的军事目标和基础设施进行了连续78天的轰炸,造成1800人死亡,6000多人受伤,经济损失达2000亿美元。战争以南联盟军队撤出科索沃而告终。

③ 《中国驻南联盟使馆被炸整整二十年了,我们从未忘记》,载央视影音网:https://xw.qq.com,最后访问日期:2019年6月30日。

④ 《江泽民1999年中国使馆被炸后讲话:要卧薪尝胆》,载人民网:www.people.com.cn,最后访问日期:2019年6月20日。

民和受害者家属作出了公开道歉。

同年6月16日,美国总统特使在北京向中国政府报告了美国政府对轰炸中国驻南使馆事件的调查结果。美方报告说,中国驻南使馆被炸是一起由美国政府一些部门的一系列失误所导致的“悲剧性误炸”事件。中方指出,美方对轰炸事件发生的原因所作出的解释是难以令人信服的,由此得出的“误炸”结论是中国政府和人民不能接受的。美国政府必须对轰炸事件切实进行全面、彻底的调查,严惩肇事者,以实际行动向中国政府和人民作出满意的交代。美国政府还必须承担全部赔偿责任,对中国的人员伤亡和财产损失作出迅速、充分和有效的赔偿。美方表示愿解决中国人员伤亡和财产损失的问题,愿同中方就此进行讨论。

自7月15日起,中美双方开始就解决美国轰炸中国驻南使馆的人员伤亡和财产损失的赔偿问题进行谈判。12月14日至15日,以中国外交部条法司司长薛捍勤为团长的中方代表团和以美国国务院法律顾问安德鲁斯为团长的美方代表团在北京举行第五轮谈判。双方就美赔偿我财产损失金额最终达成了协议。根据协议,美国政府应向中国政府支付2800万美元,作为对中方财产损失的赔偿。上述款项应在两国政府相互通知完成各自的国内法律程序后15日内一次性付清。此前,双方曾于7月30日就中方人员伤亡的赔偿问题达成协议。美方支付的450万美元已由中国政府分付给3位烈士的家属及受伤人员。12月16日凌晨双方代表团团长签署了中美政府关于美赔偿我国财产损失的协定。①

协议签署后,时任外交部副部长杨洁篪接见了美方代表团安德鲁斯一行。安德鲁斯表示,希望中美这次正式达成协议将使中美关系回到正常轨道上来,希望两国关系在新的一年里取得进展。杨洁篪对赔偿协议的达成给予了积极评价,认为赔偿问题的解决将有助于中美关系的恢复和改善。杨洁篪要求美方认真落实协定,切实作出赔偿,并要求美方对轰炸事件进行全面、彻底的调查,严惩肇事者,尽快给中国政府和人民一个满意的交代。

“炸馆赔偿案”取得了中国外交史乃至世界外交史上两项历史性的突破。一是中国自鸦片战争以来首次实现对外国的求偿。这在中国近代以来是史无前例的。二是改写了美国自第二次世界大战以来从未因为军事行动向他国赔

---

① 《中美就美国轰炸中国驻南使馆的赔偿问题达成协议》,载中国新闻网:www.chinanews.com,最后访问日期:2019年6月20日。

偿的历史。美方不但公开道歉，而且作了实质性赔偿。围绕赔偿案的谈判，充满了智慧和法理的斗争，堪称应用国际法维护国家利益的杰作。

中华人民共和国外交实践中，其他的国际法经典案例还有许多。比如，赖昌星海外追逃案。2011年7月23日潜逃加拿大多年的赖昌星被遣返回国。经过12年的努力，这起中华人民共和国成立以来涉嫌走私金额最大、最受关注、最为复杂、最为漫长的境外追逃大案圆满画上句号。再如，南苏丹条约继承案。2011年7月9日，南苏丹宣布独立，成为世界上最年轻的国家。新国家的独立涉及条约的继承问题。对于南苏丹来说，主要涉及我国与原苏丹的条约，特别是其中的石油协议的继承问题。南苏丹独立后，就面临着我国和原苏丹之间的条约以及重大石油协议能否继承的问题。根据国际法关于新独立国家条约继承的一般原则，南苏丹方面提出适用"白板原则"来处理与中国的条约继承问题。所谓"白板原则"，即所有现存条约的效力都需从零开始重新谈判确认。根据"白板原则"处理条约继承问题，不利于我与南苏丹间政治、经济关系的稳定。在建交谈判中，我方力促南苏丹同意我与原苏丹条约在我和南苏丹之间继续有效，然后再进行条约的清理。经过多方做工作，终获对方认可，并且写入了建交公报，有效维护了我国在南苏丹的正当权益和中南（苏丹）双边关系的稳定。①

上面这些经典案例只是中华人民共和国条法外交中日常办理的大量国际法案件中的几个例子。通过这些案例，完全可以看出，在当前国际形势下，国际法作为国家间关系的准则不但是必须遵守的，同时它也是我国捍卫国家主权、安全和发展利益的有效武器。

第三节　国际法与外交实践融合之道

一、调研是理论与实践融合的生命线

法律的生命在于行动，行动的指南在于调研。马克思主义认为，"一个民族想要站在科学的最高峰，一刻也不能没有理论思维"。② 马克思主义同时认为，

---

① 金振宁：《南苏丹独立与国际法下的国家继承——以南苏丹石油区块合同谈判为视角》，载《经济与社会发展》2014年第1期。

② ［德］恩格斯：《〈反杜林论〉序》，载［德］马克思、恩格斯：《马克思恩格斯选集》（第3卷），人民出版社1972年版，第467页。

“全部社会生活在本质上是实践的”。[①] 这是对理论与实践辩证统一关系的经典论断。理论思维源于实践，归于实践，而调查研究正是从实践到理论，又从理论到实践的桥梁和纽带。“没有调查，就没有发言权”，实事求是，从实践中来，到实践中去，这是我们党在长期的革命斗争和治国理政中形成的一以贯之的优良传统和重要传家宝。以习近平同志为核心的党中央高度重视调查研究工作。中央政治局出台的八项规定，把“改进调查研究”摆在第一位。习近平总书记强调：调查研究是“谋事之基，成事之道”，“研究问题、制定政策、推进工作，刻舟求剑不行，闭门造车不行，异想天开更不行，必须进行全面深入的调查研究”。“对本地区、本部门事关改革发展稳定全局的问题，应坚持做到不调研不决策、先调研后决策。”[②]结论产生在调查研究之后，建立在科学论证的基础上。

外交条法工作肩负着为中央外交决策提供法律参考和法律支撑的重要使命，承担着运用法律手段维护国家主权、安全和发展利益的神圣职责，而各项外交工作一刻也离不开调研，尤其是专业知识含量高的法律外交。调研既是外交工作的重要组成部分，也是外交工作的基础和支撑，是做好外交工作的“命根子”。《孙子兵法》曰：“知彼知己，百战不殆；不知彼而知己，一胜一负；不知彼，不知己，每战必殆。”国际形势越是复杂多变，外交任务越是艰巨繁重，就越需要加强调查研究，创造性地执行好中央的外交方针政策，及时提供有效、管用的法律意见和建议，为我外交工作提供强有力的法律支撑。

比如，关于美国是否会加入《联合国海洋法公约》，是一个对国际形势特别是对国际海洋法产生复杂影响的外交课题，为各方所密切关注。2011 年上半年，美国政府在加入公约的问题上有了一些新动向。时任美国总统奥巴马多次表示将积极推动加入公约，并称已得到参议院外委会主席克里和共和党资深参议员卢格的支持，大有一举促成之势。对此新动向，外交部国际法专家团队从法律程序、美国国内政治等多重角度，深入分析了美国近期加入公约的现实可能性及其影响，并提出了应对思路和具体建议。专家团队认为，现行公约内容反映了美国利益，1992 年克林顿当选美国总统以来，美国历届政府均支持加入。

---

① 马克思在《关于费尔巴哈的提纲》中指出：“全部社会生活在本质上是实践的。凡是把理论引向神秘主义的神秘东西，都能在人的实践中以及对这个实践的理解中得到合理的解决。”选自［德］马克思、恩格斯：《马克思恩格斯选集》（第 1 卷），人民出版社 1995 年版，第 57 页。

② 《光明日报评论员：调查研究是谋事之基成事之道》，载中国共产党新闻网：www. cpc. news. cn，最后访问日期：2019 年 6 月 30 日。

但由于国内政治因素，均功败垂成，美国国会参议院长期阻挠并搁置了对公约的批准。虽然由于奥巴马总统的亲自推动，美国在加入公约问题上出现了一些积极动向，但在参议院批约程序和国内政治上仍面临诸多掣肘因素。美国国内政治分化严重，民粹主义和美国利益至上主义抬头。美国长期凭借"一超地位"奉行单边主义，不愿接受国际条约束缚。美国虽未加入公约，但其海洋利益并未受到实质性威胁，其对国际海洋事务的影响力也未受到太大影响。由此，得出如下结论：美国近期能否加入公约的关键在参议院，而参议院能否及时采取行动，在很大程度上取决于美国行政当局推动的力度。由于当时下届总统大选将近，奥巴马政府在加入公约问题上需考虑国内政治因素，不会贸然全力推动，美国近期加入公约的可能性不大。即使加入公约，美国海洋政策也不会有太大变化，但其在海洋法领域的影响力将有所增强，会对我国处理南海问题增加新的复杂因素。因此，我国宜继续密切关注相关动向，预作准备。此后的发展证明，上述判断是准确的，应对是稳妥的。

又如，在2011年史无前例的利比亚大规模撤侨过程中，出现了我国在利比亚中资公司外籍劳工请求与我国公民同时撤离的问题。外交部条约法律专家研究后认为，虽然在法律上我没有此等义务，但基于人道主义及日后重返的需要，可以在保证我方撤离工作顺利进行的前提下予以尽可能积极的协助，并提出了相关工作建议。这个意见经中央批准后就成了我国处理外籍劳工撤离问题的指导方针。正是有扎实的调研工作的支撑，我国条法外交工作在为总体外交服务方面才取得了较好的成绩，多次立功受奖。

源浚者流长，根深者叶茂。党的十八大以来，面对错综复杂的国际形势，以习近平同志为核心的党中央发扬理论联系实际的优良作风，勇于探索，坚持内政和外交有机统一，中国特色与时代特征融为一体，积极推动对外工作理论和实践创新，在很短的时间里取得了一系列外交理论和实践的重要突破。"一带一路"倡议、正确义利观、综合安全观、新型国际关系、人类命运共同体……一系列新论断、新观点、新倡议，体现了东方大国领袖历史的眼光、深刻的洞察、博大的胸襟和不倦的探索，同时，这些都是全面深入的调查研究、科学论证和集思广益的结晶，其中也包括了智库和国际法学人的努力和贡献。

除直接参与法律外交一线工作的条法干部外，对于中国的法学教育研究机构和广大国际法学者来说，调研也具有特殊重要的意义：

其一，是直接服务国家重大外交决策的重要途径。当前国际形势正发生着复杂的变化，涉我国突发事件及重大国际事务中的法律因素不断增加，条法工作在总体外交中的地位和作用更趋重要,迫切需要国际法学界的智力和人才支持。国际法学人的研究成果,经适当程序获得采纳或被吸收,即可成为国家的意志,成为国家对特定外交事务的方针、政策和对策。比如,在南海仲裁案的法律应对中,国际法学界的协助就十分重要。2013~2016年,南海风高浪急,中国外交面临重大严峻挑战。在域外势力高调介入和操纵下,菲律宾前政府背信弃义,仗势生非,执意与中国对抗,炮制南海仲裁案;西方专家频频发声,为菲律宾加持;西方媒体推波助澜,炒作渲染,企图置中国于"孤立"境地;临时仲裁庭枉法裁判,假公器之名,逞其私利;西方国家群起而攻之,多边逢会必谈南海,可谓来势汹汹。面对这一彻头彻尾的政治挑衅,我国多措并举,重拳出击,在外交、军事、法理、舆论上展开坚决斗争,取得重大外交胜利。其中,法律战是斗争基础和关键一环。持续有效的庭外法律斗争,可谓有声、有色、有效。外交部受权发表政府立场文件,阐明临时仲裁庭没有管辖权的立场和理据,为我国"不接受、不参与、不承认"的"三不"政策主张奠定法理根基,并在裁决发布当天,发布《中国政府关于在南海的领土主权和海洋权益的声明》和《外交部关于南海仲裁案仲裁庭所作裁决的声明》,鲜明有力地表达了坚定捍卫南海权益的决心和法律立场,受到主要国家和国际舆论的重视,公认具专业水准;学界积极配合,主动发声,用法律语言清晰准确诠释中方立场。中国国际法学会发表长篇批驳文章,引述大量国际司法判例和权威国际法学家著作,全面深入揭露仲裁庭管辖权裁决在认定事实和适用法律方面的谬误,并组织撰写《南海仲裁案裁决之批判》(中英文),为外交斗争提供了有力法理支撑。① 来自全国各国际法教学研究机构的80多位国际法专家学者参与其中,做出重要贡献。此外,在2018~2019年国际法院"查戈斯群岛咨询意见案"审理过程中,中国政府提交了书面意见,其中也有国际法学界的参与和贡献。②

---

① 中国国际法学会:《菲律宾所提南海仲裁案仲裁庭的裁决没有法律效力》,载新华网:www.winhuanet.com,最后访问日期:2018年5月14日;中国国际法学会主办:《中国国际法年刊:南海仲裁案管辖权问题专刊》,法律出版社2016年版;中国国际法学会:《南海仲裁案裁决之批判》(中英文),外文出版社2018年版。

② 2017年6月22日,第71届联合国大会通过第71/292号决议,提请国际法院就涉及查戈斯群岛的两个问题出具咨询意见:(1)在查戈斯群岛与毛里求斯分裂的情况下,毛里求斯1968年独立时非殖民化进程是否已经完成;(2)英国继续管理查戈斯群岛有何法律后果。这是一个政治上很敏感的问题,既牵涉非殖民化进程中的历史纠葛,又有双边领土主权争端特征,还涉及国际法院的咨询管辖权。鉴于此案涉及重要的国际法问题,中国政府高度关注,决定向国际法院提交书面意见。

其二,是培养高端国际法人才的必由之路。调研能力是外交条法干部的基本功,更是国际法学者的“看家本领”。现代外交需要复合型的人才,调研是外交人才综合素质的集中体现。具体包括:政治素养、思辨能力、政策水平、专业知识和文字功底等。21世纪的中国外交条法事业需要大批高素质的国际法专业人才,包括一批在世界上有影响力的大师级人才。此等人才哪里来?通过调研造就人才是必由之路。但调研有成,非短期之功,需要持之以恒的努力。诗人云:“二句三年得,一吟双泪流”,常言道“台上五分钟,台下十年功”,说的就是这个道理。

作为国际法学者,服务国家外交事业是我们义不容辞的责任。我们要坚持以公平正义为理念,积极参与全球治理体系改革和建设,倡导国际关系民主化和法治化。既要从战略层面提出用好国际法服务中国特色大国外交的思路、建议,也要从微观层面就国际法的前沿问题提出中国方案,将我国提出的全球治理、国际法治理念转化为国际法领域的具体立场、主张,增强国际法对新时代中国特色大国外交的法律支撑。

2018年12月28日,在外交部和中国国际法学会共同主办的“改革开放40周年国际法工作座谈会”上,中共中央政治局委员、中央外办主任杨洁篪发表了题为《开创国际法工作新局面,服务改革开放新征程》的主旨讲话。杨洁篪强调,要深刻把握新一轮改革开放对国际法工作提出的新要求,全面贯彻党的十九大和中央外事工作会议精神,以习近平新时代中国特色社会主义思想和习近平外交思想为指导,树牢“四个意识”、坚定“四个自信”,努力开创中国国际法工作新局面。要聚焦党和国家中心工作,主动将国际法工作融入国家发展规划,为“五位一体”总体布局和“四个全面”战略布局服好务;要深入贯彻全面依法治国,进一步丰富和完善涉外立法,更好适应和促进新一轮改革开放;要加强国际法合作机制建设,为共建“一带一路”提供扎实法治保障,将其打造成为顺应经济全球化潮流的国际合作平台;要进一步用好国际法,坚决抵制单边主义、保护主义,继续坚定维护我国领土和海洋权益,织密反腐败和追逃追赃、打击跨国犯罪、恐怖主义的法律网络,不断丰富和完善保护我国公民和企业在海外合法权益的法律手段;要创新我国国际法理论和实践,使构建人类命运共同体、建设新型国际关系等新理念在国际关系中更好发挥引领作用,为中国特色大国外交开辟新境界,为世界和平与发展做出新的贡献;要本着共商共建共享原则,积极参与和引领全球治理规则制定,充分运用国际法促进国际合作、公平正义的内在功能,推进全球治理体系改革和建设;要不断加强涉外法律工作的交流协商,注重发挥国际法专家智库的作用,进一步加强国际法人才培养,提升国际法工作的整体水平。[①] 这是迄今中央领导对新时代我国条法外交和国际法工作提出的最全面、系统、具体的指导意见,为国际法调研工作指明了方向,也为国际法理论与外交实践的融合提供了巨大助力。

二、国际法与外交实践融合的方法论

改革开放以来,中国外交在运用国际法保障和推进改革开放方面积累了许多宝贵经验。早在擘画改革开放蓝图之初,党中央就明确要求加强对国际法的研究。我们坚决贯彻党中央对国际法工作的战略部署,有力地发挥了国际法工作对改革开放的服务和促进作用。运用国际法为深化改革、扩大开放提供规则保障。推动联合国2030年可持续发展议程、达成《巴黎协定》及其实施细则的要求、完善"一带一路"法治保障体系,以此服务"五位一体"总体布局、协调推进"四个全面"战略布局。始终坚持从我国社会主义初级阶段和发展中大国的基本国情出发,同时尊重得到普遍认可、公正合理的国际规则,研究和解决中国涉外法律实践问题,中国既在与世界的交融互动中丰富和完善了中国特色的国际法理论和实践,也为当代国际法的发展做出重要贡献。始终尊重各国主权和领土完整,坚定推动国际关系民主化,坚持正确义利观,决不以牺牲别国利益为代价来发展自己,也决不放弃自己的正当权益。始终坚持以国际法明是非、促和平、谋发展,坚持国际法平等统一适用,不搞"双重标准"。[②]

根据笔者30多年来从事国际法和外交调研工作的体会,笔者认为,国际法理论与外交实践的有机融合,应努力学习和把握科学的方法论,其中应特别注意以下几点:

(一)围绕中心,服务大局

这是外交条法调研的宗旨。要紧紧围绕我国的外交实践、外交工作和外交斗争以及国际关系中的重大法律问题展开调研。具体而言,就是要紧紧抓住国际关系和我外交工作中出现的新问题、新情况、新挑战和新机遇,开展战略性调研、前瞻性调研和实战性调研。通过战略性调研全面把握国际战略格局、区域外交和领域外交的总体发展态势;通过前瞻性调研加强对国际和地区形势、重

---

① 杨洁篪:《开创国际法工作新局面,服务改革开放新征程——在改革开放40周年国际法工作座谈会上的主旨讲话》,载外交部网:www. fmprc. gov. cn,最后访问日期:2019年6月30日。

② 同上。

大国际问题及涉我敏感问题的预判，加强对外交工作的谋划，下好先手棋，抢占主动权；通过实战性调研，为重大现实外交斗争，特别是外交前沿的难点疑点问题提供扎实有效的法律支撑。

紧密围绕外交中心工作，这是外交调研与学术调研的最大区别，也是外交条法调研的责任所在。外交是一个大舞台，创作题材丰富，资源不竭。要善于在中央关注的外交中心工作中抓准切入点，在形势的发展变化中捕捉调研题材，在重大和突发事件中发现调研需求。比如，维护和拓展我长远利益的涉深海远洋极地外空“蓝色外交”，服务国内反腐倡廉建设的境外追逃追赃反腐败“红色外交”，服务国家可持续发展战略的气候变化和国际环境治理“绿色外交”，抢抓网络空间话语权的“数字外交”以及服务全面建成小康社会目标的“经济外交”等，就是条法调研工作围绕外交中心工作的重点领域。①

当前需要特别关注的调研课题包括五大方面：积极推动构建“人类命运共同体”，为国家重大外交决策提供法律支撑，全方位参与全球治理规则制定与完善，推动国际法理论和实践创新，以及提升适用国际法的意识和能力。② 在纷繁复杂的外交斗争中，我们必须善打“法律牌”“以法斗法”，妥善化解外部风险挑战。以下是一些具体的重要调研课题。

在国际法理论创新方面：中国特色国际法治观；人类命运共同体的法律构建；国际法在中国法律体系中的地位；缔约程序法的修订；国家豁免立法；联合国国际法委员会重要议题跟踪研究，如国家官员的外国刑事管辖豁免、强行法、危害人类罪、普遍管辖权、海平面上升的国际法问题等。

在为国家重大外交决策和外交斗争提供法律支撑方面：“一带一路”法治保障；完善双边合作条约体系和区域合作法律框架；“一带一路”争端解决机制，建立新机制的可能性；用好多边条约资源服务“一带一路”建设；改革现有国际投资仲裁机制（投资者与东道国争端解决机制）；世贸组织多边贸易规则改革议程；朝鲜半岛局势及东北亚安全形势相关法律问题研究等。

在全方位参与全球治理规则制定与完善方面：全球治理与国际法治；逆全

---

① 黄惠康：《国际法的发展动态及值得关注的前沿问题》，载《国际法研究》2019年第1期；黄惠康：《关于国际海洋法前沿值得关注的十大问题》，载《边界与海洋研究》2019年第1期。

② 2019年2月25日习近平总书记主持召开的中央全面依法治国委员会第二次全体会议指出：“要加快推进我国法域外适用的法律体系建设，加强涉外法治专业人才的培养，积极发展涉外法律服务，强化企业合规意识，保障和服务高水平对外开放。”

球化与贸易保护主义。

在非传统安全领域:制订全球性全面反恐公约,民族解放运动,国家恐怖主义,打击“三股势力”;难民问题;打击跨国犯罪;国际追赃追逃,犯罪资产的追回与返还;反腐败国际合作;《禁止核武器条约》与全面核裁军进程;国际人道主义法;气候变化领域:“后巴黎”时代全球气候和环境治理,特别关注如何坚持公平原则、共同但有区别的责任原则和各自能力原则。

在海洋法领域:继续南海仲裁案的法理斗争(历史性权利、大陆国家远海群岛等);海洋法公约争端解决机制(越权侵权扩权问题);南海行为准则;国家管辖范围以外区域海洋生物多样性(BBNJ),公海保护区。

在空间法领域:完善全球空间治理法律制度;空间探索和创新全球伙伴关系;外空非军事化问题;空间资源的开发利用;外空商业化利用(私人实体对其获得的外空资源的所有权问题)。

在极地领域:南北极的保护和利用。

在网络领域:规范网络空间秩序;维护网络信息安全;制定打击网络犯罪全球法律文书等。①

(二)法律与外交相结合

这是理论联系实际的纽带,是破解学术研究与外交实际脱节的“两张皮”问题的钥匙,也是提升高端人才培养水平的良方。二者相辅相成,相互促进,有助于形成从发现问题到解决问题的完整认识链,实现从实践到理论,又从理论到实践的认知发展过程。另外,也有助于造就大批国家急需的国际法高端人才。

法律与外交相结合,知易行难。首先,要多一点马克思主义哲学思维,即辩

---

① 2019年2月28日召开的外交部第三届国际法咨询委员会首次会议确定将下列研究课题列入咨委会重点调研课题清单:(1)人类命运共同体思想在国际法各领域的应用,包括草拟《人类命运共同体国际法原则宣言》;(2)从法律角度看新时代中国特色大国外交面临的风险和挑战;(3)中美经贸摩擦及高科技领域争夺相关法律问题及应对;(4)美国单边主义制裁措施对我影响及法律应对;(5)美国域外司法执行行动的法律应对,包括所谓“长臂管辖”问题;(6)朝鲜半岛变局法律问题研究;(7)“一带一路”法治保障,包括国家争端解决机制问题;(8)我国加入全面与进步跨太平洋伙伴关系协定(Comprehensive Progressive Trans-Pacific Partnership,CPTPP)所涉法律问题;(9)“一国两制”的台湾方案;(10)“人道主义干预”回潮及相关法律问题;(11)国际恐怖主义和难民问题相关法律问题;(12)生态文明理念与国际环境法;(13)全球海洋治理新趋势及我法律主张;(14)南海地区秩序的国际法框架及《南海行为准则》谈判相关法律问题;(15)外层空间资源开发国际规则构建;(16)打击网络犯罪全球性公约的基本要素;(17)人工智能、大数据和国际法的新发展;(18)咨委会成员认为重要的其他国际法问题。

证唯物主义和历史唯物主义。历史上，著名的国际法学家多同时为哲学家、思想家。陈云同志曾经说过，“学好哲学，终身受益”。习近平总书记要求各级领导干部“努力把马克思主义哲学作为自己的看家本领”。[①] 这是因为作为科学的世界观和方法论，马克思主义哲学的辩证唯物主义和历史唯物主义探究自然、社会和人类思维发展的本质和规律，是整个马克思主义理论体系的核心，也是中国特色社会主义实践的理论基础。学好、用好马克思主义哲学，不断提高辩证思维能力，有助于我们透过现象把握事务的本质和规律，正确认识和处理各种复杂的矛盾关系，使思维的广度、深度，以及看世界的视野，产生质的飞跃，从而转化为解决问题的能力。因此，马克思主义哲学也应成为我们国际法学人的看家本领。[②]

其次，要牢固树立“法律为外交服务”的指导思想，坚持问题导向，在法律服务外交上下功夫；要强化“精品”意识，既重视数量，更注重质量，在见地“独到”、建议“管用”上下功夫；要多一点“愚公精神”，少一点智叟的知难而退，学习要刻苦，思想更要刻苦，不要赶时髦、追潮流，要敢于聚焦重点难点问题，甘于坐“冷板凳”，进行开创性攻关研究。

最后，要坚持正确的利益导向，按照“政治家办外交”和“科学办外交”的要求，讲政治、懂政策、顾大局，护利益，坚持“外交为民”和“国家利益至上”的原则，提高政治站位和政治敏锐性，最大限度地维护国家利益为出发点和落脚点，善于有效利用法律武器，切实当好外交法律顾问。在这方面，既要反对只讲政治，不重视法律的“法律虚无主义”，又要反对空谈法律，不讲政治的“法律至上主义”，要在道义、政治和法律的有机结合上下功夫，真正做到道义上有理、政治上有利、法律上有据。

理论与实践相结合、法律与外交相结合，既是外交条法调研的特点所在，也

---

① 内蒙古自治区中国特色社会主义理论体系研究中心：《习近平：把马克思主义哲学作为自己的看家本领》，载中国共产党新闻网：www. cpcnews. cn，最后访问日期：2019 年 6 月 30 日。

② “哲学”（philosophy）一词源于古希腊，在希腊文中的含义是“爱智慧”。传说阿波罗神殿的女祭司说：“苏格拉底是世界上最聪明的人。”苏格拉底很诧异，因为他觉得自己明明一无所知，为何被女祭司称赞为最聪明的人呢？于是他到处找聪明的人对话，想要证明自己并不是最聪明的。可结果他发现，那些聪明的人对他所问的问题并不能很好地回答上来。苏格拉底终于明白，他之所以被说成最聪明的人，是因为比起那些明明不知道却以为自己知道的人来说，他知道自己的无知，于是不断去追求智慧。黑格尔说：“一个民族有一群仰望星空的人，他们才有希望。”著名作家龙应台也曾说：每个人的人生就像是迷宫，充满了迷惘和彷徨。但是抬头往上看，可以看到满天的星斗。哲学，就是对于星斗的认识，如果你认识了星座，你就有可能走出迷宫，不为眼前障碍所惑。

是它的价值所在，应当不断发扬光大。

（三）把握外交条法调研的特性

学术研究与外交调研有相通之处。自古以来，做学问、写文章，都讲究“义理”“考据”“辞章”“献策”。这对外交调研同样适用。讲义理，就是立场观点要正确，经得起时间和实践的考验；讲考据，就是素材要准确，论证要合乎逻辑；讲辞章，就是文字要简洁凝练，文法要合乎规范；讲献策，就是要言之有物，提出解决问题的看法和建议。国际法学术研究成果，无论大小长短，献策最重要。现代社会，国家对学术论文和科研报告更进一步提出了国家标准，要求符合科学性、创新性、理论性和规范化。① 比如，在立论上，笔者不得带有个人好恶的偏见，不得主观臆造，必须切实地从客观实际出发，从中引出符合实际的结论；在论据上，应尽可能多地占有资料，以最充分的、确凿有力的论据作为立论的依据；在论证时，必须经过周密的思考，进行严谨的论证；笔者要有自己独到的见解，能提出新的观点、新的理论，不能只是材料的罗列，应对大量的事实、材料进行分析、研究，使感性认识上升到理性认识。学术论文还应格式得体、结构严谨、表达简明、语义确切、文字规范。这些要求对外交调研也同样适用。

与此同时，外交条法调研又有自己鲜明的特色。概言之，就是针对性、时效性、前瞻性和可操作性。一是针对性，外交条法调研的对象是国际关系和外交实践中的法律问题，属于问题导向型的应用研究，调研的目的就是要从法律的角度为我国的外交工作出谋划策，提出解决问题的方案，维护好国家的合法权益。所以，条法调研要想服务对象之所想，急服务对象之所急，围绕中心，服务大局，瞄准正在发生的外交大事、要事、难事，突出重点，紧扣主题，密切跟踪，与时俱进。当前，就是要紧紧围绕构建新型大国关系、推动构建人类命运共同体、共建“一带一路”、建设海洋强国、加强全球治理等中国特色大国外交的方方面面展开调研。

二是时效性，快速反应，及时到位。国际形势复杂多变，突发事件更是瞬息万变，外交决策和反应需要极强的时效性，常常以小时为单位，需要快速做出反应，及时提供法律意见。这在客观上要求条法调研必须符合外交工作的这一特点，除中长期战略调研外，大量的条法调研属于“短、平、快”的应急反应，以快对快，与时间赛跑。否则，不是服务“缺位”，就是成为“马后炮”或“无用功”。

---

① 谭丙煜：《国家标准〈GB7713－87 科学技术报告、学位论文和学术论文的编写格式〉宣传贯彻手册》，中国标准出版社 1990 年版。

三是前瞻性，立足当前，着眼长远。对于国际形势、国际关系和国际法的发展趋势和动态，要抓苗头，测动态，析倾向，做到心中有数，对于可能出现或发生的外交情势中的法律问题要密切跟踪，仔细研判，及时预警并提出防范和应对之策。当代外交博弈，依然是先下手为强，一旦形成势头，“后发制人”战略很难奏效。我必须深谋远虑，先声夺人，争取主动。

四是可行性，外交条法调研，重在解决问题，对策建议是其核心，必须“对症下药”，中肯、合理、管用、可操作，能够在法律上为妥善应对外交中的各种复杂局面或情势发挥重要支撑作用，为破解外交难题献计献策，为维护国家利益提供法律保障。

（四）不断提升外交条法调研的专业素养

一要有职业嗅觉，具有政治与专业敏感性，善于在纷繁复杂的事务中及时发现问题之所在及问题之实质，不断提高鉴别力与洞察力，提高捕捉课题能力。这一点在申请各类社会科学基金研究项目方面同样十分重要。以 2018 年年度国家社科基金重大研究专项立项中标项目为例，所有立项成功的项目，除申请人自身的资历和实力外，都是瞄准了国家正在推行的重大外交战略，将专业知识和国家需要有机地结合起来了。①

二要长话短说，逻辑清晰、文字简洁，“惜字如金”。当前学界写作学术论文的一个通病是，文风拖沓，篇幅冗长，下笔千言，离题百尺，洋洋洒洒，空洞无物，从概念到概念，玩文字游戏，旁征博引，但就是缺乏真知灼见。这种文风与外交条法调研格格不入。可以尝试如下办法予以改进：（1）起好标题，标题要醒目、切题，不宜太长；（2）写好导语，开头要“开门见山”“引人入胜”；（3）讲究逻辑，紧扣四层问题，依次展开：阐明事实、剖析缘由、评估影响（含对我影响）、寻求对策；（4）浓缩每段首句，朴实行文，去华丽辞藻，删多余词句。

三要养成辩证思维习惯，注重实际效果。外交条法调研一定要用好“两点论”，既要避免法律虚无主义，又不能奉行法律至上，偏离正确的政治方向。立论不要好高骛远，追求高大上的理想主义，一定要从实际出发，接地气，对策建

---

① 例如，复旦大学法学院申请的“构建人类命运共同体的国际法理论与实践创新研究”被批准立为国家社科基金重大项目，浙大光华法学院申请的“人类命运共同体理念融入国际海洋法体系研究”被批准立为“新时代海洋强国建设”重大研究专项项目，武汉大学国际法研究所申请的“‘一带一路’倡议与国际规则体系研究”被立为“一带一路”建设重大研究专项项目；武大边海院申请的“陆海经济一体化增强我国在南海维权手段和能力研究”被立为“新时代海洋强国建设”重大研究专项项目。

议要具可操作性。比如,近来构建人类命运共同体成为热门话题,就有学者到处鼓吹建立以中国为主导的各种国际组织,如建立“世界环境组织”,以打造一个“清洁美丽的世界”,建立“亚洲联盟”,构建亚洲命运共同体,等等。还有人对“联合国东迁中国”的“忽悠”趋之若鹜。此类建议表面上很光鲜、很诱人,但根本就不具有可行性。数年前,英国前首相布莱尔曾四处游说创建世界环境组织,结果是应者寥寥,无果而终。因为各国普遍对建立新的普遍性国际组织不感兴趣。

四要培养快速反应能力,积极主动,该出手时能出手。功夫在平时,要做到这一点,就要勤学慎思、厚积薄发,基础扎实,注重积累。为此,要做到“五勤”,眼勤、耳勤、口勤、手勤、脑勤,其中最关键的是要做到思想刻苦。工作学习要刻苦,思想更要刻苦。这是学问之道,也是法律与外交融合之道。

大国外交必重国际法。新时代中国外交比以往任何时候都需要国际法的融合,需要国际法学人的智力支撑。作为国际法体系的“参与者、维护者和建设者”,我们应“大力加强国际法的研究”,①“要善于运用国际法这个武器”,②“要遵循联合国宪章宗旨和原则,恪守国际法和公认的国际关系准则,在国际关系中弘扬民主、和睦、协作、共赢精神”。③“共同推动国际关系法治化,推动各方在国际关系中遵守国际法和公认的国际关系基本原则,用统一适用的规则来明是非、促和平、谋发展。”④真正实现“政治上有利、道义上有理、法律上有据”。

---

① 邓小平:《解放思想,实事求是,团结一致向前看》,载人民网:www. people. com. cn,最后访问日期:2019 年 6 月 30 日。

② 《中共中央举行国际法知识讲座　江泽民主持并讲话》,载《人民日报》1996 年 12 月 10 日,第 1 版。

③ 胡锦涛:《高举中国特色社会主义伟大旗帜,为夺取全面建设小康社会新胜利而奋斗——在中国共产党第十七次全国代表大会上的报告》(2007 年 10 月 15 日),载人民网:www. people. com. cn,最后访问日期:2019 年 6 月 30 日。

④ 习近平:《在和平共处五项原则发表 60 周年纪念大会上的讲话》,载《人民日报》2014 年 6 月 29 日,第 1 版。

第二章　中国特色大国外交之精髓

第一节　中国外交进入新时代

党的十八大以来，中国共产党以巨大的政治勇气和强烈的责任担当，推动党和国家事业发生历史性变革。2017年10月召开的党的十九大宣布：经过长期努力，中国特色社会主义进入了新时代。[①] 新时代是继续夺取中国特色社会主义伟大胜利的时代，是决胜全面建成小康社会、进而全面建设社会主义现代化强国的时代，是全国各族人民团结奋斗、不断创造美好生活、逐步实现全体人民共同富裕的时代，是奋力实现中华民族伟大复兴中国梦的时代，是我国日益走近世界舞台中央、不断为人类做出更大贡献的时代。这是我国发展的新的历史方位和新的奋斗目标。[②] 与此相对应，中国特色大国外交进入了推动构建人类命运共同体的新时代。[③]

时代是表述特定社会历史的范畴，不同社会形态、不同历史时期、不同发展阶段，形成了不同内涵的时代。中国特色社会主义进入新时代的重大判断，是重大的理

---

① 参见习近平：《决胜全面建成小康社会　夺取新时代中国特色社会主义伟大胜利——在中国共产党第十九次全国代表大会上的报告》，载《人民日报》2017年10月28日，第1版。

② 参见韩庆祥：《“新时代”的根据、标志、目标》，载中国共产党新闻网：www. cpcnews. cn，最后访问日期：2019年5月24日。

③ 参见《中国特色大国外交进入新时代》，载中国共产党新闻网：www. cpcnews. cn，最后访问日期：2019年5月22日。

论创新和实践创新。党的十九大报告深刻指出,中国特色社会主义进入新时代,意味着近代以来久经磨难的中华民族迎来了从站起来、富起来到强起来的伟大飞跃,迎来了实现中华民族伟大复兴的光明前景;意味着科学社会主义在21世纪的中国焕发出强大生机活力,在世界上高高举起了中国特色社会主义伟大旗帜;意味着中国特色社会主义道路、理论、制度、文化不断发展,拓展了发展中国家走向现代化的途径,给世界上那些既希望加快发展又希望保持自身独立性的国家和民族提供了全新选择,为解决人类问题贡献了中国智慧和中国方案。这三个"意味着",分别从中华民族发展史、世界社会主义发展史和人类社会发展史的维度,深刻揭示了中国特色社会主义不断开辟发展新境界的历史意义、时代意义和世界意义,为我们坚定中国特色社会主义道路自信、理论自信、制度自信、文化自信注入了新的思想动力。①

一、外交新时代应运而生

(一)时代背景之一:世界正经历百年未有之大变局

2019年是"五四运动"100周年、第一次世界大战结束暨巴黎和会100周年。今天,世界正在经历新一轮大发展大变革大调整,处于百年未有之大变局。

"认识世界发展大势,跟上时代潮流,是一个极为重要并且常做常新的课题。"②关于世界大势,党的十九大报告如此评判,"世界正处于大发展大变革大调整时期,和平与发展仍然是时代主题。世界多极化、经济全球化、社会信息化、文化多样化深入发展。全球治理体系和国际秩序变革加速推进。各国相互联系和依存日益加深,国际力量对比更趋平衡,和平发展大势不可逆转。同时,世界面临的不稳定性不确定性突出,世界经济增长动能不足,贫富分化日益严重,地区热点问题此起彼伏,恐怖主义、网络安全、重大传染性疾病、气候变化等非传统安全威胁持续蔓延,人类面临许多共同挑战"。③ 言词精练,含义清楚:天下虽然并不太平,但是求和平、求发展的历史潮流并没有出现根本性的变化。和平、发展、合作、共赢的时代潮流更加强劲,不可逆转。随着国际力量对比消

---

① 参见孙来斌:《深刻把握"三个意味着"的科学内涵》,载《人民日报》2017年9月20日,第7版。

② 《习近平出席中央外事工作会议并发表重要讲话》,载新华网:www.xinhuanet.com,最后访问日期:2019年6月8日。

③ 习近平:《决胜全面建成小康社会　夺取新时代中国特色社会主义伟大胜利——在中国共产党第十九次全国代表大会上的报告》,载《人民日报》2017年10月28日,第1版。

长变化和全球性挑战日益增多,加强全球治理、推动全球治理体系变革是大势所趋。①

在2018年中央外事工作会议的重要讲话中,习近平总书记首次提及"世界正处于百年未有之大变局"这一新的判断。② 同年7月25日,在南非约翰内斯堡举行的金砖国家工商论坛的讲话中,习近平总书记指出:"当今世界正面临百年未有之大变局。对广大新兴市场国家和发展中国家而言,这个世界既充满机遇,也存在挑战。"③这是"百年未有之大变局"判断首次见之于国际场合。

深刻认识"百年未有之大变局"的丰富内涵,牢牢把握变局给中华民族伟大复兴带来的重大机遇和风险挑战,是新时代开拓广阔发展空间、实现"两个一百年"奋斗目标的现实要求。概括地讲,"百年未有之大变局"主要体现在以下几个方面。④

1. 世界经济重心之变——从北大西洋转向太平洋

大变局的基础是经济重心的转移。第一次世界大战后,世界经济重心从大西洋东岸(西欧)向西岸(美国)迁移。百年后,世界经济重心正从大西洋向太平洋迁移,其覆盖范围之广、涉及人口之多,远超上次。2018年,中国、美国、日本、韩国4个太平洋地区国家的经济总量已占全球经济总量的47.75%。⑤ 从全球范围来看,传统发达国家与新兴经济体及广大发展中国家之间的差距也在不断缩小。按汇率法计算,后者的经济总量在全世界所占比重已接近40%,对世界经济增长的贡献率已经达到80%。2018年,西方七国的经济总量为388 535亿

① 参见董振瑞:《十九大报告中的"天下大势"》,载中国共产党新闻网:www.cpcnews.cn,最后访问日期:2019年5月22日。

② 习近平在会上指出:"当前,我国处于近代以来最好的发展时期,世界处于百年未有之大变局,两者同步交织、相互激荡。"

③ 习近平:《顺应时代潮流,实现共同发展——在金砖国家工商论坛上的讲话》,载《人民日报》2018年7月26日,第2版。

④ 参见高祖贵:《世界百年未有之大变局的丰富内涵》,载中国共产党新闻网:www.cpcnews.cn,最后访问日期:2019年6月8日;李杰:《深刻理解把握世界"百年未有之大变局"》,载中国社会科学网:www.cssn.cn,最后访问日期:2019年6月8日;任晶晶:《中国特色大国外交进入新时代》,载中国社会科学网:www.m.cssn.cn,最后访问日期:2019年6月8日。

⑤ 根据国际货币基金组织公布的统计数据,2018年全球经济总量84.74万亿美元,其中美国GDP20.49万亿美元,中国13.40万亿美元,日本4.97万亿美元,韩国1.61万亿美元,分别占全球经济总量的24.18%、15.82%、5.86%和1.90%。

美元，占全球经济总量的45.85%，①同期5个金砖国家的经济总量为199 998亿美元，已占全球的23.60%。② 权威机构预测，包括新兴经济体在内的发展中国家GDP总量将于2035年前后超过西方七国发达经济体。这将是历史性的巨变。

2. 世界政治格局之变——"东升西降"

大变局的本质，是国际力量对比变化，由此引发国际格局大洗牌、国际秩序大调整。第一次世界大战后，美国逐渐取代英国成为西方阵营领袖和世界秩序主导者。从第一次世界大战后的凡尔赛－华盛顿体系，到第二次世界大战后的雅尔塔体系、冷战后苏联解体，全球秩序历经数次重构，美国逐步实现独霸世界。然而，世界多极化深入发展使国际力量对比逐渐趋于平衡。以美国为首的西方发达国家的世界主导地位持续走弱，特别是美国独自掌控地区和国际局势的意愿、决心和能力明显下降，"多强"之间国际地位变化的均衡化趋势日显突出。③ 世界权力从一个中心向多个中心以及区域中心扩散，单极"梦想"渐行渐远，非西方化与多极化并行。一批新兴市场国家和发展中国家群体性崛起，数百年来西方国家（"地中海文明"）主导国际政治的情况开始发生根本性改变，国际权力在少数几个西方国家之间"倒手"的局面正在走向终结。④ 守成大国与新兴大国间的博弈加剧，"修昔底德陷阱"若隐若现。全球化进程的主要推动力量面临重组，百年来的主要领军国家丧失了推动全球化的动力，新兴经济体

---

① 美国204 940亿美元（24.18%）、日本49 719亿美元（5.86%）、德国40 003亿美元（4.72%）、英国28 286亿美元（3.34%）、法国27 752亿美元（3.27%）、意大利20 722亿美元（2.44%）、加拿大17 113亿美元（2.01%）。

② 中国134 073亿美元，印度27 167亿美元，巴西18 681亿美元，俄罗斯16 306亿美元，南非3681亿美元，分别占全球经济总量的15.82%、3.20%、2.20%、1.93%、0.43%。

③ 从主要战略力量之间的对比看，冷战结束后的失衡态势明显改变。英、法、德等国的经济总量不断提高，但在世界经济格局中的相对占比在下降；俄罗斯则在经济实力下降背景下，继续在军事力量上保持突出地位；中国和印度经济总量及其在世界经济格局中的相对占比均在上升。其中，中国处于近代以来最好的发展时期，综合国力和国际地位提高尤为显著。这不仅大大强化了世界多极化趋势，而且成为提高新兴经济体和发展中国家整体实力并使国际力量对比变得趋于平衡的重要因素。

④ 英国剑桥大学政治与国际关系学院资深研究员马丁·雅克在其名著《当中国统治世界：中国的崛起和西方世界的衰落》中写道："21世纪西方将不再占据主导地位，中国崛起改变的将不仅是世界经济格局，还将彻底动摇我们的思维和生活方式。"关铭闻：《为了中华民族的伟大复兴——从建党95年光辉历程看"三个前所未有"》，载中国共产党新闻网：www.cpcnews.cn，最后访问日期：2019年6月8日。

转而成长为继续推动全球化的新生力量，国际体系和国际秩序面临深度调整。“东升西降”对人类发展进步影响的深度、广度、力度前所未有，将深刻改变世界政治经济版图。

3. 科技与产业之变——抢占未来发展制高点

大变局的动力，是生产力的决定作用。科学技术是第一生产力。科技的发展和产业兴起是推动人类文明持续进步和世界不断前行的不竭动力。历史上每一次科技和产业革命都深刻改变了世界的发展面貌和基本格局。大国的兴衰和不同形态文明的起落都在反复演绎这个逻辑。① 当前，新一轮科技革命和产业变革方兴未艾，人工智能、区块链、量子科技等蓬勃发展，正在重构全球创新版图、重塑全球经济结构。科技竞争愈演愈烈。为保持高科技龙头优势和垄断地位，遏制新兴发展中国家的技术赶超，以美国为首的西方国家正采用极端手段打压中国的高新技术企业，手段无所不用其极；②互联网、社交媒体进一步成为推动国际变局的加速器。

4. 全球治理之变——构建更加公正合理的新秩序

大变局的关键是国际关系的制度性变革和调整。当今世界正处在大发展大变革大调整时期。一方面，世界多极化、经济全球化、社会信息化、文化多样化深入发展，和平发展潮流不可逆转，合作共赢更是大势所趋，全球治理体系和

① 16世纪以来，人类社会进入前所未有的创新活跃期，几百年里取得的科技创新成果超过过去几千年的总和。特别是18世纪以来，世界发生了几次重大科技革命，催生多次产业革命，从根本上改变了人类历史的发展轨迹。进入21世纪以来，人类社会进入又一个前所未有的创新活跃期，新一轮科技和产业革命蓄势待发，重大颠覆性技术不断涌现，科技成果转化速度明显加快，产业组织形式和产业链条更具垄断性。这对全球创新版图的重构和全球经济结构的重塑作用将变得更加突出，将给世界带来无限发展的潜力和前所未有的不确定性。

② 2018年美国在升温美中贸易摩擦的同时，还将贸易战威胁引向了高科技出口管制领域。2018年4月16日，美国商务部突然宣布对中兴公司长达7年的出口禁令，禁止美国公司向中兴销售零部件、商品、软件以及技术，理由是中兴“违反”了与美达成的协议。中兴董事长坦言，遇到了有史以来最大的危机，美出口禁令可能导致中兴立即进入休克状态。同时，在经济全球化时代，切断产业链，就等于切断了市场，切断了与全球的经济联系，势必引起巨大的连锁反应，美国供应商也在劫难逃。问题如此严重，令世人震惊。2018年12月1日，加拿大应美国当局的临时引渡请求，拘押了在加拿大温哥华转机的华为副董事长、首席财务官孟晚舟。此等霸凌行径，于法不顾，于理不合，于情不容，性质极其恶劣。中方分别向加拿大和美国政府提出严正交涉，要求对方立即对拘押理由作出澄清，立即释放被拘押人员，切实保障当事人的合法、正当权益。2019年1月29日，美国正式向加拿大提出引渡孟晚舟的请求，美加间的引渡程序正式启动。2018年12月11日，中国外交部长王毅表示：对于任何肆意侵害中国公民正当权益的霸凌行径，中方绝不会坐视不管，将全力维护中国公民合法权利，还世间公道正义！

国际秩序变革加速推进。人类有史以来首次出现以和平方式,实现新旧秩序转变和治理模式改善的前景。[①] 另一方面,世界面临的不稳定性不确定性显著增加,全球治理“赤字”加剧,发展鸿沟扩大,贫富分化日益严重,“逆全球化思潮”暗流涌动,“黑天鹅”与“灰犀牛”同行,传统安全与非传统安全交织,乱象纷呈,地区热点问题此起彼伏,恐怖主义、网络安全、重大传染性疾病、气候变化等非传统安全威胁持续蔓延,人类面临诸多共同挑战。大国关系的合作面明显下降、竞争面明显上升,而且竞争日益聚焦于重塑国际规制。国际体系的变革愈显深刻。

乱而思治,危而望安。巨大变局之下,各国都在探索世界未来发展方向,都在寻求建立对自己有利的国际政治、经济新秩序,迫切需要新思维、新理念解疑破题,走出迷局。顺应时代潮流,中国的方案是推动构建新型国际关系,构建人类命运共同体。全球事务由各国共同治理,国际规则由各国共同书写,发展成果由各国共同分享,世界命运由各国共同掌握。

(二)时代背景之二:我国社会主要矛盾发生历史性变化

中国特色社会主义进入新时代,我国社会主要矛盾已经转化为人民日益增长的美好生活需要和不平衡不充分的发展之间的矛盾。[②] 这是关系全局的历史性变化,是我国生产力水平总体提高的必然结果。一方面,人民群众在解决温饱问题和进入小康社会以后,不仅对物质文化生活提出了更高要求,而且在民主、法治、公平、正义、安全、环境等方面的要求日益增长;另一方面,我国人均国内生产总值仍处在中等收入阶段,城乡之间、地区之间发展差距仍然较大,发展

---

① 回顾历史,大变局多与血雨腥风相伴,通过惨烈战争,以战后条约体系方式定局,国际秩序的坍塌和建设疾风骤雨、大开大阖。当前大变局总体呈现改良、和平、渐进式:一是不再走大国战争老路。以中国为代表的新兴力量,通过自身发展、联合自强,实现和平崛起。二是不再以推翻旧秩序为目标。新兴力量积极利用、补充、改革、完善现有国际秩序,拓展自身利益。三是不再是单一国家崛起。以金砖国家为代表的新兴市场国家和发展中国家群体崛起,数十亿人口实现跨越式发展。

② 党的八大指出:“我国国内的主要矛盾,已经是人民对于经济文化迅速发展的需要同当前经济文化不能满足人民需要的状况之间的矛盾”。1979 年,在具有重大历史意义的理论务虚会上,邓小平指出:“我们的生产力发展水平很低,远远不能满足人民和国家的需要,这就是我们目前时期的主要矛盾,解决这个主要矛盾就是我们的中心任务。”1981 年《关于建国以来党的若干历史问题的决议》将我国社会的主要矛盾概括表述为:“在社会主义改造基本完成以后,我国所要解决的主要矛盾,是人民日益增长的物质文化需要同落后的社会生产之间的矛盾。”这一经典表述在党的十三大至十八大报告中一再获得确认。党的十七大在肯定“基本国情没有变”“社会主要矛盾没有变”的同时,提出“进入新世纪新阶段,我国发展呈现一系列新的阶段性特征”。

质量和效益还不高，实体经济还不够强，生态环境保护任重道远，民生领域还有不少短板，发展不平衡不充分的一些突出问题尚未解决，成为满足人民日益增长的美好生活需要的主要制约因素。社会主要矛盾转化的重大政治论断，是我们党对当今中国社会发展阶段性特征的科学判断，是党的十九大的一个重大理论创新成果，为决胜全面建成小康社会、夺取新时代中国特色社会主义伟大胜利指明了方向。①

改革开放 40 年来，我国的 GDP 由 1978 年的 3679 亿元增长到 2017 年的 82.7 万亿元人民币，稳居世界第二，比日本的 4.872 万亿美元多出一倍多，年均增长 9.5%，远高于同期世界经济 2.9% 左右的年均增速，占世界生产总值的比重由 1.8% 上升到 15.16%，多年来对世界经济增长贡献率超过 30%。货物进出口总额从 206 亿美元增长到超过 4 万亿美元，累计使用外商直接投资超过 2 万亿美元，对外投资总额达到 1.9 万亿美元。我国主要农产品产量跃居世界前列，建立了全世界最完整的现代工业体系，科技创新和重大工程捷报频传，基础设施建设成就显著。人民生活持续改善，中等收入群体持续扩大，贫困人口累计减少 7.4 亿人，贫困发生率下降 94.4%，建成了世界最大的社会保障体系，居民预期寿命由 1981 年的 67.8 岁提高到 2017 年的 76.7 岁，社会大局保持长期稳定。中国人民在富起来、强起来的征程上已经迈出决定性的步伐。未来只要不犯颠覆性错误，预测在 2035 年前后，中国可以超越美国成为世界第一大经济体。②

工业化快速推进，制造业产能大规模提升，在全球的份额持续扩大。1990 年我国制造业总产值占全球的比重为 2.7%，位居世界第九；2000 年上升到 6.0%，位居世界第四；2007 年达到 13.2%，位居世界第二。2010 年，中国粗钢产量 6.27 亿吨，占世界总产量的 44.3%，水泥产量 18.68 亿吨，占世界产量的 60%，电解铝 1565 万吨，占世界总量的 65%，煤炭产量 32.4 亿吨，占世界总产量的 45%。中国还为世界生产了 68% 的计算机、50% 的彩电、65% 的冰箱、80%

---

① 参见李君如：《深入理解我国社会主要矛盾转化的重大意义》，载《人民日报》2017 年 11 月 16 日，第 7 版。

② 1978 年，中国 GDP 仅 2142 亿美元，不及美国的 1/10，全国人均 GDP 仅 384 美元，全球排名倒数第七，2017 年，已上升至 9281 美元。1978 年，中国企业在世界 500 强中的排名微不足道，2018 年达到 115 家，进入前五名的就有 3 家。1978 年，全国贫困人口高达 2.5 亿，2018 年年底已降至 1660 万，2020 年将实现全部脱贫，全面建成小康社会，这将是一项历史性的成就。另外，全国已有 4 亿多人进入了中等收入群体，占全球总数的 30% 多。

的空调、70%的手机、44%的洗衣机、70%的微波炉和65的数码相机……中国制造业总产值占比进一步提高到19.8%,超过了美国的19.4%,跃居世界第一。① 此后,中国连续多年稳居世界第一。② 2018年,中国制造业产值在总量上已相当于美国、日本、德国三个制造业大国之和,并正在向高技术先进制造业转型。在原材料和主要工业产品方面,生铁、煤炭、粗钢、水泥、电解铝、化纤、平板玻璃、手机、普通集成电路板的产量均超过全球的50%,汽车、彩电、冰箱、空调等产品产量稳居世界第一。③ 2018年年底,全国移动通信用户达15.661亿户,移动电话普及率上升至112.2部/百人,移动宽带用户13.0565亿户,并且仍在快速增加。

与此同时,我国经济发展进入新常态,制造业发展面临新挑战,核心技术受制于人的状况还未根本改变,④我国科技实力正处于从量的积累向质的飞跃、点的突破向系统能力提升的重要时期,⑤"形势逼人,挑战逼人,使命逼人",习近平总书记如是说。资源和环境约束不断强化,劳动力等生产要素成本不断上升,投资和出口增速明显放缓,中低端产能过剩问题、外汇资产过剩、油气资源、

---

① 1895年至2009年,美国稳坐制造业产值全球第一的位置长达114年。英国著名经济史学家罗伯特·艾伦评论道,中国重回制造业第一的位置标志着"经济史500年周期的结束"。中国上一次成为世界最大商品生产国是1830年左右,中国在世界制造业产出中占近30%。此后,中国长期的人口增长和技术优势逐渐丧失,到1900年制造业产出占比下降到约6%。在科技创新和工业革命的支持下,先是英国,然后是美国相继成为头号制造业大国,持续长达一个半多世纪。

② 据世界银行统计,2015年全球工业产值为12.157万亿美元,其中前四名是中美日德,制造业增加值第一是中国,3.25万亿美元,占世界的27%;美国第二,2.142万亿美元,是中国的65.88%,日本是8924.76亿美元,德国是7008亿美元。按世界银行标准,中国在2015年的工业增加值超过美日的总和。到了2017年,中国的制造业增加值超过了美国、日本和德国的总和。目前,美国制造业增加值已不足中国的一半。但美日德仍是制造业强国,我国制造业仍在从制造大国向制造业强国的奋斗路上。2018年中国制造业产值264 820亿元人民币。

③ 参见国家统计局:《中国制造业总量连续多年稳居世界第一》,载人民网:www.people.com.cn,最后访问日期:2019年6月8日。

④ 我国国产芯片占有率多项为0,贸易逆差高达1600多亿美元。除了移动通信终端和核心网络设备有部分集成电路产品占有率超过10%外,包括计算机系统中的MPU、通用电子系统中的FPGA/EPLD和DSP、通信装备中的Embedded MPU和DSP、存储设备中的DRAM和Nand Flash、显示及视频系统中的Display Driver,国产芯片占有率都是0。关键元器件严重依赖进口。中兴是全球领先的综合通信解决方案提供商,中国最大的通信设备上市公司,有8万多员工,没有了美国的供应就会进入休克状态,说明美国出口禁令的杀伤力有多大,同时说明中兴对美核心技术的依赖有多高。要摆脱困境,国人当自强。

⑤ 工信部部长苗圩2018年曾为"中国制造"画像。在全球制造业中,中国还处于第三梯队,成为制造强国至少要再努力30年。从全球科技实力排名看,中国的差距也很大。

矿产资源对国外的依存度高、生态环境问题日益突出，供需关系面临不可忽视的结构性失衡，主要依靠资源要素投入、规模扩张的粗放发展模式难以为继，调整结构、转型升级、提质增效刻不容缓。必须放眼全球，加紧战略部署，创新发展模式，实施“走出去”战略。

我国社会主要矛盾的变化没有改变我国社会主义所处历史阶段的判断。党的十九大报告再次重申，我国仍处于并将长期处于社会主义初级阶段的基本国情没有变，我国是世界最大发展中国家的国际地位没有变。① 实现中华民族伟大复兴中国梦的远征，也绝非一片坦途，必然会遇到各种各样的挑战和陷阱。“修昔底德陷阱”和“中等收入陷阱”就是其中两只最大的“拦路虎”。在外交层面的表象，就是各种版本的“中国威胁论”和“中国崩溃论”。

所谓“修昔底德陷阱”（Thucydides's Trap），是美国哈佛大学知名政治学教授格雷厄姆·艾莉森（Graham Allison）近年来重新提起的一个古老命题。他借用古希腊历史学家修昔底德关于伯罗奔尼撒战争的论述，表达出新崛起的大国与守成大国必将因国家利益产生强烈冲突乃至战争的意义。② 迄今为止，“修昔底德陷阱”几乎被视为国际关系的“铁律”，并在相当程度上成为论述中美关系的主流倾向。③ 据统计，自公元1500年以来，新崛起的大国挑战现存大国的案例共有16例，其中最终以兵戎相见的就有12例。最典型的就是德国。德国统一之后，取代英国成为欧洲最大的经济体。在1914年和1939年，德国的扩张行为导致了两次世界大战。不容否认，改革开放以来，中国实现了跨越式发展，在

① 改革开放以来，我们在认识到社会主义初级阶段是我国的基本国情时，强调社会主义初级阶段的内涵是不发达的社会主义。之所以是不发达的社会主义，是因为我国的社会主义脱胎于半殖民地半封建社会，还没有完成工业化和现代化的任务，必须在社会主义条件下实现许多别的国家在资本主义条件下完成的工业化和现代化。只要这个任务没有完成，社会主义初级阶段就没有结束，我国是世界最大发展中国家的国际地位就不会改变。

② 古希腊著名历史学家修昔底德（Thucydides）在阐述公元前5世纪雅典和斯巴达两国间的战争时提出了一个命题，当一个崛起的大国与既有的统治霸主竞争时，双方面临的危险多数以战争告终。当时，海洋国家雅典已经崛起成为古希腊文明的中心，其在各方面创造的成就前所未有。但雅典的崛起导致了另一个陆地国家斯巴达的深刻恐惧。尽管斯巴达已经主导古希腊一个世纪，但对雅典崛起的这种恐惧，促使斯巴达作出各种努力来回应雅典的崛起。于是在雅典和斯巴达之间展开了一场威胁与反威胁的竞争，竞争导致对立，最后导致了战争。在长达30年的战争后，双方都衰落了。修昔底德总结道：“使战争无可避免的原因是雅典日益壮大的力量，还有这种力量在斯巴达所造成的恐惧。”

③ See Graham Allison: *Destined for War: Can America and China Escape Thucydides's Trap?*, Scribe Publications, 2017.

连续超越英国、法国、德国、日本等大国后，经济实力已稳居世界第二，与位居第一的美国的差距也在逐步缩小。中国的快速崛起已是不争的事实。中美两国之间也确实存在结构性矛盾、分歧和摩擦。因此，能否走出一条与传统大国不同的发展道路，成功跨越“修昔底德陷阱”，是中国外交必须迎接的一大挑战。破解之道，就是构建不冲突不对抗的新型大国关系，构建人类命运共同体（以下简称“双构建”）。这是中国和平崛起的必由之路。[①] 2014 年 1 月 22 日，习近平主席在接受美国《赫芬顿邮报》子报《世界邮报》创刊号专访时指出，“我们都应该努力避免陷入‘修昔底德陷阱’，强国只能追求霸权的主张不适用于中国，中国没有实施这种行动的基因。”[②]2015 年 9 月 22 日，习近平主席在西雅图欢迎宴会上的演讲中指出，“世界上本无‘修昔底德陷阱’，但大国之间一再发生战略误判，就可能自己给自己造成‘修昔底德陷阱’”。[③] 同年 9 月 25 日，习近平主席在集体会见美国国会参议院和众议院领导人时表示，“中美关系发展要防止跌入所谓大国冲突对抗的“修昔底德陷阱”，要拓展合作、管控分歧，使两国关系发展成果更多惠及两国人民和世界人民”。[④] 这些重要论述对于超越“修昔底德陷阱”，构建新型大国关系，形成互利共赢的国际合作格局，具有重要现实意义。

所谓“中等收入陷阱”，最早出现于 2006 年世界银行《东亚经济发展报告》，其基本含义是指，一个国家的人均国民收入在达到中等水平阶段后，由于不能顺利实现经济发展方式的转变，导致经济增长动力不足，最终出现经济停滞和社会动荡的一种状态。按照世界银行的最新定义，人均国民收入在 824 美元以下的国家属于低收入国家；在 825 美元至 3254 美元的国家属于中低等收入国家；在 3255 美元至 10 064 美元的国家属于中高等收入国家；超过 10 065 美元则为高收入国家。据亚洲开发银行的研究，如果一个国家进入中低收入国家行列超过 28 年未达到中高收入标准，即可认为其落入“中低收入陷阱”；进入中高收

---

① 参见臧峰宇：《治国理政新思想对“修昔底德陷阱”的超越》，载中国共产党新闻网：www.cpcnews.cn，最后访问日期：2019 年 5 月 24 日。

② 《正确认识“修昔底德陷阱”》，载新华网：www.xinhuanet.com，最后访问日期：2019 年 4 月 17 日。

③ 习近平：《在美国华盛顿州当地政府和美国友好团体联合举行的欢迎宴会上的演讲》，载新华网：www.xinhuanet.com，最后访问日期：2019 年 5 月 24 日。

④ 《习近平对世界如此说》，载《人民日报海外版》2015 年 11 月 23 日，第 8 版。

入国家行列但未能在14年内进入高收入行列，则可看作落入“中高收入陷阱”。[①] 一国发展到中低收入阶段后，通常会出现人口红利减少，劳动力成本上升，经济增长乏力，人均收入难以继续提高等普遍现象，由此可能出现两种结果：一是攻坚克难，持续发展，闯关成功，成为发达国家，如日本和韩国。二是应对不当，既无法在工资方面与低收入国家竞争，又无法在尖端技术研制方面与富裕国家竞争，经济快速发展时期积累的矛盾集中爆发，原有的增长机制和发展模式无法有效应对由此形成的系统性风险，出现贫富悬殊、环境恶化、社会动荡等严重问题，导致经济发展徘徊不前，甚至衰退，迟迟不能突破“瓶颈”进入高收入国家行列。后一种结果即落入了“中等收入陷阱”。[②] 历史上，多数发达国家是靠殖民掠夺致富的。在现代，鲜有中等收入的新兴经济体成功跻身高收入国家。阿根廷、巴西、墨西哥、南非、菲律宾等国就是典型的例子。其中，一些国家在“中等收入陷阱”中已经陷了相当长时间，如秘鲁、哥伦比亚和南非等已在“中低收入陷阱”中受困长达60余年，委内瑞拉在“中高收入陷阱”中也已超过60年。[③]

但是，“中等收入陷阱”并非宿命，而是国家在发展过程中需要迈过去的一道坎。21世纪以来，中国人均国民收入快速增长，由2000年的930美元跃升到2014年的7575美元和2018年的9630美元。不必讳言，中国同样也面临这一“陷阱”的考验。中国经济发展进入新常态，推动经济高速增长的传统动能正在弱化，经济增长面临诸如劳动力成本上升、资源环境“瓶颈”趋紧、一些领域出现资产泡沫化趋势、投资效率降低和出口增长受阻、贸易摩擦加剧等一系列现实约束。与此同时，劳动力供给减少、人口老龄化加剧等问题不期而遇。[④] 这是实现中华民族伟大复兴的又一“拦路虎”，必须稳妥应对。特别是在“新常态”下，中国经济面临持续加大的下行压力。这是一些西方媒体“唱衰中国”的主要论调。“十三五”时期是中国能否成功跨越这一陷阱的关键阶段。应对之道是，对

---

① 金立群：《中国如何跨越“中等收入陷阱”》，载《人民日报》2015年8月11日，第7版。

② 同上。

③ 按照上述亚洲开发银行的标准衡量，在1950年以来新出现的52个中等收入国家中，35个已落入“中等收入陷阱”，其中30个落入“中低收入陷阱”，5个落入“中低收入陷阱”。在这35个国家中，13个为拉美国家，11个为中东北非国家，6个为撒哈拉以南非洲国家，3个为亚洲国家（马来西亚、菲律宾和斯里兰卡），2个为欧洲国家（阿尔巴尼亚和罗马尼亚）。

④ 英国《经济学人》的一项研究显示：2001年至2008年，中国的劳动生产率增速达到11.8%，2011年至2014年为7.2%，下降趋势明显。2014年，中国劳动生产率仅相当于美国的20%，韩国的30%。未来10年，中国能否跨越“中等收入陷阱”，提高劳动生产率显得尤为重要。

内，推行供给侧结构性改革；对外，倡导共建“一带一路”。[①] 就中国而言，“中等收入陷阱”是肯定要迈过去的，关键是什么时候迈过去、迈过去以后如何更好向前发展。我们有信心在改革发展稳定之间，以及稳增长、调结构、惠民生、促改革之间找到平衡点，使中国经济行稳致远。[②]

（三）时代背景之三：中国外交的新格局和新使命

1.“三个前所未有”的科学判断

“当前中国处于近代以来最好的发展时期，世界处于百年未有之大变局，两者同步交织、相互激荡。”在一个前所未有的时代，如何在历史的关键点上抓住千载难逢的发展机遇，再现中华民族的历史辉煌，需要对当前中国所处的历史方位有清醒理性的认识、清晰准确的定位、审慎乐观的态度。习近平总书记立足于“社会主义初级阶段”的总依据，针对当前中国发展的历史方位，明确提出了“三个前所未有”科学论断。[③] 在空间与时间、世界与历史的坐标上标示出当代中国在世界发展大势与民族复兴进程中的历史方位，科学回答了我们处于什么环境、站在什么方位、面临什么挑战等一系列基本问题。[④]

（1）前所未有地靠近世界舞台中心

昔日的中国，曾站在人类社会发展的巅峰。在几千年的历史发展中，中华民族创造了悠久灿烂的中华文明，为人类做出了卓越贡献，成为世界上伟大的民族。但是，近代以后，由于西方列强坚船利炮的入侵，由于中国封建统治的腐败，中国渐渐沦为半殖民地半封建社会。由此，灾难深重的中国被排除在国际社会之外，长期处于世界边缘。1949 年中华人民共和国成立，从根本上改变了中国和世界关系的基础，为中国和其他各国建立平等互利的新型国家关系开辟了广阔道路，走上了崛起之路。1978 年，党的十一届三中全会开创和发展中国特色社会主义，中国开始从世界舞台的边缘向中心迈进。当代中国让世界刮目相看。“中国发展所产生的巨大变化是超越人类极限的”，美国前国务卿亨利·

---

① 南方日报评论员：《中国有信心有能力跨域两个“陷阱”》，载人民网：www. people. com. cn，最后访问日期：2019 年 5 月 24 日。

② 参见习近平：《在亚太经合组织领导人同工商咨询理事会代表对话会上的讲话》，载中国共产党新闻网：www. cpcnews. com. cn，最后访问日期：2019 年 6 月 8 日。

③ 参见关铭闻：《为了中华民族的伟大复兴——从建党 95 年光辉历程看“三个前所未有”》，载《光明日报》2016 年 6 月 30 日，第 1 版。

④ 参见陈羽翔、薛光远：《“三个前所未有”：当代中国历史方位的科学论断》，载国务院新闻办公室网：www. scio. gov. cn，最后访问日期：2019 年 6 月 8 日。

基辛格如是说。“中国世纪从2015年开始”，诺贝尔经济学奖得主斯蒂格兹以此作为其论文的题目。① 在全球坐标上，正在崛起的中国不但已经成为世界体系不可或缺的一部分，更是在国际舞台上扮演着至关重要的角色，成为影响世界政治经济版图变化的一个主要因素。中国与世界的关系正经历着历史性的深刻变化，开始从世界舞台的边缘向中心迈进。② 中国不再是处于世界体系边缘的旁观者，也不再是国际秩序被动的接受者，而是积极的参与者和建设者。

(2)前所未有地接近实现中华民族伟大复兴的目标

实现中华民族伟大复兴是近代以来中华民族最伟大的梦想。一代又一代的中国人逐步认识到中国的发展进步必须走变革的现代化路径，然而，农民造反的“天国梦”、洋务运动的“自强梦”、维新变法的“改良梦”、辛亥革命的“共和梦”都没获成功，中国的现代化历经挫折，艰难前行。1921年中国共产党成立，中国革命的面貌焕然一新。“我们党紧紧依靠人民，从根本上改变了中国人民和中华民族的前途命运，不可逆转地结束了近代以后中国内忧外患、积贫积弱的悲惨命运，不可逆转地开启了中华民族不断发展壮大、走向伟大复兴的历史进军，使具有5000多年文明历史的中华民族以崭新的姿态屹立于世界民族之林。”③中华人民共和国成立后，以毛泽东为代表的党的第一代领导集体为改变国家贫穷落后的面貌，实现繁荣富强的历史使命进行艰辛探索，全面确立了社会主义制度，为当代中国的一切发展进步奠定了政治前提和制度基础。改革开放以来，以邓小平为代表的党的第二代领导集体站在世界历史的高度，明确提出并不断发展了中国特色社会主义理论体系，推进社会主义现代化建设。今天，以习近平为核心的党中央正带领全国人民为实现国家富强、民族复兴、人民幸福的“中国梦”大步前进。到2021年建党100周年时，中国将全面建成小康社会，历史性地消除绝对贫困；到2035年，中国基本实现社会主义现代化；2049年将建成富强民主文明和谐的社会主义现代化国家，成为综合国力和国际影响力领先的国家。届时，中华民族将以更加高昂的姿态屹立于世界民族之林。在历史的坐标上，“今天，我们比历史上任何时期都更接近、更有信心和能力实现

① 参见关铭闻：《为了中华民族的伟大复兴——从建党95周年光辉历程看“三个前所未有”》，载中国共产党新闻网：www.cpcnews.cn，最后访问日期：2019年5月25日。

② 参见习近平：《在庆祝中国共产党成立95周年大会上的讲话》，载新华网：www.xinhuanet.com，最后访问日期：2019年6月24日。

③ 同上。

中华民族伟大复兴的目标。”①

(3)前所未有地具有实现中华民族伟大复兴的能力和信心

党的十八大明确提出,到中国共产党成立100年时实现全面建成小康社会,到新中国成立100年时建成富强民主文明和谐的社会主义现代化国家。“两个一百年”目标的确立,代表了党中央有信心也有能力带领中国人民早日实现民族伟大复兴的梦想。改革开放40年来,我国的综合国力、民族凝聚力、国际影响力不断提升。中国人民对中国特色社会主义充满“道路自信、理论自信、制度自信和文化自信”。命运由道路决定。面向未来,我们有充足的能力一扫民族复兴道路上的悲苦情绪,以更加开阔、宽厚的胸怀,更加积极、阳光的心态,去设计和实现有关未来的梦想。历史已经证明,还将继续证明,中国有能力也有信心实现民族复兴的“中国梦”。这种自信,内生于中国特色社会主义理论体系,植根于中华文化的传统积淀,彰显于改革开放的伟大实践,直接源于中国特色社会主义建设所取得的成就,具有很强的集聚、动员与感召效应,是实现民族复兴伟大中国梦的旗帜引领和动力源泉。

中国的崛起与世界历史上任何大国的崛起都是截然不同的。中国不是通过损害他国利益谋求自己的强盛,更不是实施对外扩张和掠夺来建立霸权,而是靠始终不渝地走和平发展道路来实现民族复兴的美好梦想。

2.中国外交新格局和新风格

“来而不可失者,时也。蹈而不可失者,机也。”②中华人民共和国外交历来顺时应势,与时俱进。党的十八大以来的中国特色大国外交,波澜壮阔,风生水起,令人耳目一新。外交格局出现一些重大转变。

首先,国家利益分布从集中在本土向本土和海外并重的方向转变,对外经贸合作从以贸易和引进外资为主向贸易和对外投资并重的方向转变。改革开放以来,我国同外部世界的利益融合不断加深,海外利益全方位、多层次、高速度拓展。共建“一带一路”极大地拓展了我国的国际交往与合作空间。2018年,中国大陆出境人数达1.4972亿人次,进出口贸易额超30万亿元人民币。之

① 习近平:《决胜全面建成小康社会,夺取新时代中国特色社会主义伟大胜利——在中国共产党第十九次全国代表大会上的报告》,载新华网:www.xinhuanet.com,最后访问日期:2019年6月24日。

② 习近平:《在第六轮中美战略与经济对话和第五轮中美人文交流高层磋商联合开幕式上的致辞》,载《人民日报》2014年7月10日,第1版。典出:(宋)苏轼:《代侯公说项羽辞》。原文:“臣闻来而不可使者,时也;蹈而不可失者,机也。”

后五年，预计每年进出口贸易将维持在4万亿美元以上水平，总额将超过20万亿美元。2017年年底，对外投资存量达1.8万亿美元，由2002年的全球第25位上升到第2位，5年内将超过2万亿美元。每年对外直接投资1500亿美元以上，总额7500亿美元，对"一带一路"沿线国家的投资将稳步增加。外汇储备将保持在3万亿美元以上。中资海外企业数万家，遍布全球近200个国家，数百万中国工程技术人员工作在世界各地，境外资产总额超过6.79万亿美元。"中国海外利益进入了以'一带一路'为重点，在全球开花结果的新时代"。[①] 与此同时，我国经济对外依存度居高不下，原油和铁矿石远超50%，2018年进口原油4.62亿吨，铁矿石10.6亿吨。2018年进口粮食1.08亿吨，其中大豆8803万吨，食用植物油629万吨。从国家利益角度来看，正在形成一个"海外中国"，与整体国家利益不可分割。[②] 境外国家利益保护正成为中国外交的重要课题。我国《国家安全法》第33条明确规定，"国家依法采取必要措施，保护海外中国公民、组织和机构的安全和正当权益，保护国家的海外利益不受威胁和侵害。"

其次，综合国力建设从侧重硬实力向软硬实力并重的方向转变。老子曰："天下之至柔，驰骋天下之至坚。"[③]在多极化和全球化时代，外交软实力日益成为衡量一个国家国际地位和国际影响力的重要指标。作为一个有5000多年璀璨文明的大国，中国正努力提升与经济实力相匹配的外交软实力。习近平总书记多次强调，要提升软实力，要建立中国的"道路自信、理论自信、制度自信、文化自信"。中国特色大国外交高举和平、发展、合作、共赢的旗帜，坚持正确义利观，积极推动构建新型大国关系、构建人类命运共同体，牢牢占据道义制高点。全方位参与全球治理变革，贡献中国智慧和中国方案，抢抓国际话语权。在经济实力持续大幅提升的基础上，中国特色大国外交深入展开，国际地位前所未

---

① 张君荣：《在正确义利观指导下维护中国海外利益》，载中国社会科学网：www.cssn.cn，最后访问日期：2019年6月24日。

② "境外的国家利益"是总体国家利益的重要组成部分，主要包括：海外公民侨民的人身安全及财产安全；国家在境外的政治、经济及安全利益、驻外机构和驻外公司企业的安全；对外交通运输线及运输工具安全等。

③ 老子：《道德经》第43章。原文为"天下之至柔，驰骋天下之至坚。无有入于无间，吾是以知无为之有益。不言之教，无为之意，天下希及之。"其意为，天下最柔弱的东西，腾跃穿行于最坚硬的东西中；无形的力量可以穿透没有间隙的东西。我因此认识到"无为"的益处。"不言"的教导，"无为"的益下，普天下少有能赶上它的了。

有的提升,国际影响力、感召力、塑造力进一步提高。[①] 有西方媒体刊文称,从只关注应对自身面临的挑战而不对他国构成威胁的"和平崛起",到尊重国际多元文化,几十年来,中国在将外交政策与"软实力"有效结合方面堪称世界典范。[②]

再次,国家权益空间从以陆权为主向陆权和海权、空权、网权等战略新疆域并重的方向发展。当今世界,"制海权""制天权""制网权"之争持续升温。[③] 新疆域承载人类共同命运,但也是大国竞争与博弈的新战场。习近平总书记指出:"要秉持和平、主权、普惠、共治原则,把深海、极地、外空、互联网等领域打造成各方合作的新疆域,而不是相互博弈的竞技场。"[④]我国在这些新疆域有着现实和潜在的重大国家利益,也面临着安全威胁和挑战。现实中,我国对海上战略通道的依赖与日俱增,进出口货物的90%以上要通过海上运输,其中进口原油的80%经过马六甲海峡,38%经过霍尔木兹海峡。[⑤] 顺应国际形势的新发展和国家利益的需要,中国外交着眼于国家的长远发展,建设海洋强国、空间强国、网络强国成为国家发展战略,"嫦娥奔月""雪龙探极""蛟龙探海""北斗导航""神威超算""量子通信""天眼远镜"等大国重器先后亮相。海空力量建设突飞猛进,南海岛礁建设和海外基地建设出现重大突破。我国《国家安全法》第17条规定:"国家加强边防、海防和空防建设,采取一切必要的防卫和管控措施,保卫领陆、内水、领海和领空安全,维护国家领土主权和海洋权益。"第25条规定:"国家建设网络与信息安全保障体系……维护国家网络空间主权、安全和发展利益。"第32条规定:"国家坚持和平探索和利用外层空间、国际海底区域和极地,增强安全进出、科学考察、开发利用的能力,加强国际合作,维护我国在外层空间、国际海底区域和极地的活动、资产和其他利益的安全。"

最后,外交工作的内涵和外延从更多局限在传统领域向传统领域和新兴领域并重的方向发展,对现行国际体系和秩序从以熟悉适应为主向参与适应和引

---

① 《〈大棋局〉:系列高端访谈第四期:打造中国外交"软实力"》,载新华网:www. xinhuanet. com,最后访问日期:2019年5月25日。

② 《西媒:中国堪称外交与软实力相结合的世界典范》,载消息网:www. cankaoxiaoxi. com,最后访问日期:2019年5月25日。

③ 黄惠康:《国际法的发展动态及值得关注的前沿问题》,载《国际法研究》2019年第1期。

④ 习近平:《共同构建人类命运共同体——在联合国日内瓦总部的演讲》,载《人民日报》2017年1月20日,第2版。

⑤ 郑中义等:《我国海上战略通道数量及分布》,载《中国航海》2012年第2期。

导塑造并重的方向发展。[①] 中国外交充分发挥负责任大国的作用,致力于维护全球自由贸易体系和开放型世界经济,积极参与全球治理体系改革和建设,努力推进构建新型国家关系,构建人类命运共同体,建设持久和平、普遍安全、共同繁荣、开放包容、清洁美丽的世界。推动构建人类命运共同体入宪,成为新时代中国外交的一面旗帜。树立立体式大外交理念,形成全方位、多层次、立体化的外交布局。坚持以人为本、外交为民的理念,切实维护好中国公民的海外合法权益。外交职能扩大为包括:维护国家安全、维护国家发展利益、维护中国海外利益、维护世界和平与发展。

与中国特色大国外交新格局相适应的是其崭新的风格,突出表现为以下四个方面。

(1)战略思维

“不谋全局者,不足谋一域。”[②]所谓战略思维,就是高瞻远瞩、统揽全局,善于把握事物发展总体趋势和方向。其中包括对战略格局的全局性把握,对战略态势的清醒认识,对战略资源的统筹调配,对战略手段的灵活运用,对战略伙伴的选择和培育,以及战略运筹的挥洒自如,最大限度发挥自身战略资源功效。“战略问题是一个政党、一个国家的根本性问题。战略上判断得准确,战略上谋划得科学,战略上赢得主动,党和人民事业就大有希望。”“战略思维,是邓小平同志一生最恢宏的革命气度,也永远是中国共产党人应该树立的思维方式。”[③]习近平如是说。“要树立战略思维和全球视野,站在国内国际两个大局相互联系的高度,审视我国和世界的发展,把我国对外开放事业不断推向前进。”[④]党的十八大以来,中国外交波澜壮阔的宏伟实践中充满战略智慧,展现出强烈的时代特征和深邃的战略视野,以及从容应对国际风云激荡的战略定力,开辟了中国特色大国外交的新境界。这在“中华民族伟大复兴中国梦”的宏伟愿景、“五位一体”总体布局和“四个全面”战略布局、共建“一带一路”倡议、推动构建“人类命运共同体”等一系列治国理政重大战略中可见一斑。

---

① 参见杨洁篪:《奋力开拓新时代中国特色大国外交新局面》,载《求是》2017年第23期。

② 出自(清)陈澹然:《寤言二·迁都建藩议》:“不谋万世者,不足谋一时;不谋全局者,不足谋一域。”

③ 习近平:《在纪念邓小平同志诞辰110周年座谈会上的讲话》,载《人民日报》2014年8月21日,第2版。

④ 习近平:《在中共中央政治局第十九次集体学习上的讲话》(2014年12月5日),载人民网:www.cpcnews.cn,最后访问日期:2019年5月25日。

（2）底线思维

"备豫不虞，为国常道"。[①] 中国共产党是生于忧患、成长于忧患、壮大于忧患的政党。越是取得成绩的时候，越要有如履薄冰的谨慎，越要有居安思危的忧患，这是我们党治国理政的一条重要经验。"明者防祸于未萌，智者图患于将来"。[②] 党的十八大以来，习近平总书记反复强调"底线思维"，"居安思危，思则有备，有备无患"。[③] 2019 年 1 月，习近平总书记在省部级主要领导干部专题研讨班开班式上，再次强调要坚持底线思维，增强忧患意识，提高防控能力，着力化解重大风险，保持经济持续健康发展和社会大局稳定。"面对波谲云诡的国际形势、复杂敏感的周边环境、艰巨繁重的改革发展稳定任务，我们必须始终保持高度警惕。""不忽视一个风险，不放过一个隐患。"[④]习近平总书记如是说。要常怀忧患之心，保持清醒头脑，准确判断前进道路上的各种风险挑战，未雨绸缪，及时采取应对之策，化挑战为机遇。善于运用底线思维的方法，凡事从坏处准备，努力争取最好的结果，做到有备无患，遇事不慌，牢牢把握主动权。"安而不忘危，存而不忘亡，治而不忘乱"，这是中国外交鲜明的风格。

（3）自信大气

大国外交的本质特征是自信、大气和战略定力。中国有 5000 多年文明积淀的优秀文化传统。新中国找回了民族尊严，中国特色社会主义建立起道路自信、理论自信、制度自信和文化自信。从容开放稳重自如，外交运筹更具自主性、主动性。"四个自信"是中国外交的力量之源和信念之基，体现了新时代中国的国家意志、民族精神和国际形象。[⑤] 在习近平外交思想指引下，中国特色大国外交更加自信、更加鲜明地展示出大国特色、大国风格、大国气度，使我国在复杂多变的国际格局中牢牢占据战略主动地位。[⑥] 中国经济是一片大海，而不

---

① 出自（唐）吴兢：《贞观政要 · 纳谏》，载魏征语。"备豫"意为事先防备，"不虞"指意外。"备豫不虞，为国常道"，事先防备意外之事，是治理国家的常道。

② 陈寿：《三国志 · 吴书 · 吕蒙传》，中华书局 1959 年版。

③ 李军：《把底线思维贯穿于各项工作中——学习习近平总书记关于底线思维重要论述》，载中国共产党新闻网：www.cpcnews.cn，最后访问日期：2019 年 5 月 25 日。

④ 《习近平在省部级主要领导干部坚持底线思维防范化解重大风险专题研讨班开班式上发表重要讲话》，载《人民日报》2019 年 1 月 22 日，第 1 版。

⑤ 参见杨洁篪：《以习近平外交思想为指导，深入推进新时代对外工作》，载《求是》2018 年第 15 期。

⑥ 参见杨洁篪：《深入学习贯彻习近平总书记外交思想，不断谱写中国特色大国外交新篇章》，载《求是》2017 年第 14 期。

是一个小池塘。大海有风平浪静之时，也有风狂雨骤之时。狂风骤雨可以掀翻小池塘，但不能掀翻大海。“经历了无数次狂风骤雨，大海依旧在那儿！经历了5000多年的艰难困苦，中国依旧在这儿！面向未来，中国将永远在这儿！”[①]习近平总书记如是说。自信大气在应对美国特朗普政府执意挑起的中美贸易大战中表现得淋漓尽致。[②] 2019年5月11日在美方再次出尔反尔，滥用征税手段，升级贸易摩擦之际，[③]中方庄严宣布，不会屈服于任何极限施压。对贸易战，中国不愿打、不怕打，必要时不得不打。如果有人打到家门口，我们必然奉陪到底。2019年5月14日至21日，《人民日报》连发八篇钟声署名文章，针对“美国吃亏论”等错误论调予以全面驳斥。[④]

（4）讲信重义

孔子曰：“君子义以为上”。[⑤] 孟子主张，“生亦我所欲也，义亦我所欲也；二者不可得兼，舍生而取义者也”。[⑥] 正确处理“义”和“利”是中国优秀传统文化的一个精髓，也是中华民族传承至今的道德准则，它不仅是指导个人为人处世的重要原则，也是指导国家处理国际关系的重要原则。2013年3月，习近平就任中国国家主席后首访非洲，首次提出正确义利观，并提出对非合作“真实亲诚”四字箴言。“对待非洲朋友，我们讲一个‘真’字。真朋友最可贵。中非传统友谊弥足珍贵，值得倍加珍惜。我们始终把发展同非洲国家的团结合作作为中国对外政策的重要基础。开展对非合作，我们讲一个‘实’字。中国不仅是合作共赢的倡导者，更是积极实践者。加强对非友好，我们讲一个‘亲’字。中国人民和非洲人民有着天然的亲近感。‘人生乐在相知心’要通过深入对话和实

---

① 习近平：《共建创新包容的开放型世界经济——在首届中国国际进口博览会开幕式上的主旨演讲》，载《人民日报》2018年11月6日，第1版。

② 参见《〈人民日报〉十评中美贸易战》，载人民日报海外网：www. haiwainet. cn，最后访问日期：2019年6月8日。

③ 2019年5月9日，美国政府宣布，自5月10日起，对从中国进口的2000亿美元清单商品加征的关税率由10%提高到25%。

④ 参见《人民日报八评中美贸易战　美方这些奇谈怪论可以休矣》，载至诚财经网：www. zhicheng. com，最后访问日期：2019年5月25日。

⑤ 《论语·阳货篇》。子路曰：“君子尚勇乎？”子曰：“君子义以为上。君子有勇而无义为乱，小人有勇而无义为盗。”大意为：子路说：“君子崇尚勇敢吗？”孔子说：“君子把义看作是最尊贵的。君子有勇无义就会作乱，小人有勇无义就会去做盗贼。”

⑥ 《孟子·告子上》中的《鱼我所欲也》。原文为：“鱼我所欲也，熊掌亦我所欲也。二者不可得兼，舍鱼而取熊掌者也；生亦我所欲也，义亦我所欲也，二者不可得兼，舍生而取义者也。”

际行动获得心与心的共鸣。解决合作中的问题，我们讲一个'诚'字。对出现的问题，我们应该本着相互尊重、合作共赢的精神加以妥善处理。"①"真实亲诚"四字箴言，在非洲国家中引起强烈共鸣。同年10月，在中央周边外交工作座谈会上，习近平强调，"要找到利益的共同点和交汇点，坚持正确义利观，有原则、讲情谊、讲道义，多向发展中国家提供力所能及的帮助。"②此后，习近平总书记多次表示，"在同发展中国家和周边国家发展关系时，要树立正确义利观，政治上坚持正义、秉持公道、道义为先，经济上坚持互利共赢、共同发展。对那些对我国长期友好而自身发展任务艰巨的周边和发展中国家，要更多地考虑到对方利益，不要损人利己，以邻为壑。""坚持正确义利观，永远做发展中国家的可靠朋友和真诚伙伴。""义利并举，以义为先。"在正确义利观指引下，中国外交行王道、反霸道，有原则、讲道义，守信义、重情义，义利并举，多向发展中国家提供力所能及的帮助；坚持与邻为善、以邻为伴，坚持睦邻、安邻、富邻，突出亲、诚、惠、容的理念。中国的"朋友圈"越来越大，好朋友、好伙伴越来越多。③

3. 中国外交新使命

"大道之行也，天下为公"。④ 党的十九大报告从新时代中国特色社会主义思想基本内涵与核心要义角度，站在全人类进步的高度，对新时代中国特色大国外交作出了顶层设计。"中国人民愿同各国人民一道，推动人类命运共同体建设，共同创造人类美好的未来！"⑤"我们应该凝聚不同民族、不同信仰、不同文化、不同地域人民的共识，共襄构建人类命运共同体的伟业。"⑥中国特色大国外交要推动构建新型国际关系，推动构建人类命运共同体。这是新时代中国外

① 习近平：《永远做可靠朋友和真实伙伴——在坦桑尼亚尼雷尔国际会议中心的演讲》，载人民网：www. people. com. cn，最后访问日期：2019年5月26日。

② 柴逸扉：《习近平谈中国外交：正确义利观》，载人民网：www. people. com. cn，最后访问日期：2019年6月21日。

③ 参见王毅：《坚持正确义利观，积极发挥负责任大国作用——深刻领会习近平同志关于外交工作的重要讲话精神》，载人民网：www. people. com. cn，最后访问日期：2019年6月21日。

④ 《礼记·礼运》。原文为："大道之行也，天下为公，选贤与能，讲信修睦。故人不独亲其亲，不独子其子，使老有所终，壮有所用，幼有所长，矜、寡、孤、独、废疾者皆有所养，男有分，女有归。货恶其弃于地也，不必藏于己；力恶其不出于身也，不必为己。是故谋闭而不兴，盗窃乱贼而不作，故外户而不闭，是谓大同。"

⑤ 习近平：《在中国共产党第十九次全国代表大会上的报告》，载《人民日报》2017年10月28日，第1版。

⑥ 习近平：《在上海合作组织青岛峰会上的讲话》，载《人民日报》2018年6月10日，第2版。

交追求的总目标，也向世界亮明了共同努力的大方向。

进入新时代，中国特色大国外交迎接新挑战。中华民族伟大复兴，绝不是轻轻松松、敲锣打鼓就能实现的。同样，推动构建新型国际关系和人类命运共同体，实现与世界的良性互动与合作共赢，为我国发展营造一个和平稳定的有利外部环境，这一进程也充满挑战，需要我们付出更为艰巨、更为艰苦的努力。中国决不会以牺牲别国利益为代价来发展自己，也绝不放弃自己的正当权益，任何人不要幻想让中国吞下损害自身利益的苦果。

进入新时代，中国特色大国外交将有新作为。“事要去做才能成就事业，路要去走才能开辟通途。”“为了构建人类命运共同体，我们应该锲而不舍、驰而不息进行努力，不能因现实复杂而放弃梦想，也不能因理想遥远而放弃追求。”①中国将始终不渝走和平发展道路、奉行互利共赢的开放战略，坚持正确义利观，树立共同、综合、合作、可持续的新安全观，谋求开放创新、包容互惠的发展前景，促进和而不同、兼收并蓄的文明交流，构筑尊崇自然、绿色发展的生态体系，始终做世界和平的建设者、全球发展的贡献者、国际秩序的维护者。

“只要我们咬定青山不放松，沿着中国特色社会主义道路奋勇前进，我们的国家必将日益繁荣昌盛，必将日益走近世界舞台中央，必将日益为人类作出新的更大贡献。”②展望未来，中国外交将以更加宽广的视野、更加周密务实的布局、更加淡定自信的心态、更加自觉的国际担当、更加积极主动的姿态，实现新时代外交的新突破。一是走“对话而不对抗、结伴而不结盟”的国与国交往新路，积极发展全球伙伴关系，扩大同各国的利益交汇点，推进大国协调和合作、深化同周边国家关系，加强同发展中国家团结合作；二是遵循共商共建共享原则，积极参与和引领全球治理体系改革和建设，提供新的“全球公共产品”，倡导国际关系民主化，支持扩大发展中国家在国际事务中的代表性和发言权，推动全球治理体制向着更加公正合理的方向发展；三是本着以和平合作、开放包容、互学互鉴、互利共赢为核心的丝路精神，点面结合推进“一带一路”，打造国际合作新平台，增添共同发展、共同繁荣的新动力。

---

① 习近平：《携手建设更加美好的世界——在中国共产党与世界政党高层对话会上的主旨讲话》，载《人民日报》2017年12月2日，第2版。

② 习近平：《在接见回国参加2017年度驻外使节工作会议的全体使节时的讲话》，载新华网：www. xinhuanet. com，最后访问日期：2019年5月26日。

二、新时代外交之最高法律宣示

(一)历史沿革

法律是治国之重器。“宪法是国家的根本法,是治国安邦的总章程,具有最高的法律地位、法律权威、法律效力,具有根本性、全局性、稳定性、长期性。”①宪法具有指明国家发展方向和道路的顶层设计意义。2014 年 11 月 1 日,第十二届全国人大常委会第十一次会议表决通过决定,将 12 月 4 日(现行宪法通过日)设定为“国家宪法日”。国家通过多种形式开展宪法宣传教育活动。②

中华人民共和国成立以来,我国先后制定了一部临时宪法[《中华人民政治协商会议共同纲领》(以下简称《共同纲领》)]和四部《宪法》(1954 年、1975 年、1978 年、1982 年),均有关于国家外交政策的纲领性宣示。历史总能给人以深刻启示。对各部宪法相关规定进行比较研究,可以清晰地勾勒出中华人民共和国成立 70 年来不同历史时期国家外交总政策的历史传承和深刻的时代特征。

1949 年中华人民共和国成立,世界正处于第二次世界大战后“冷战”的初始阶段,东西方两大阵营严重对峙。为了确保新生的共和国站稳脚跟,中华人民共和国成立前夕,毛泽东主席在党的七届二中全会提出了“另起炉灶”“一边倒”“打扫屋子再请客”的三大外交政策。③ 上述政策在作为临时宪法的 1949 年《共同纲领》中获得法律上的确认。《共同纲领》明确规定,“中华人民共和国联合世界上一切爱好和平、自由的国家。首先是联合苏联、各人民民主国家和各被压迫民族,站在国际和平民主阵营方面,共同反对帝国主义侵略,以保障世界的持久和平。”中华人民共和国外交政策的原则是,“为保障本国独立、自由和领土主权的完整,拥护国际的持久和平和各国人民间的友好合作,反对帝国主义的侵略政策和战争政策”。“凡与国民党反动派断绝关系,并对中华人民共和国采取友好态度的外国政府,中华人民共和国中央人民政府可在平等、互利及相互尊重领土主权的基础上,与之谈判,建立外交关系。”“对于国民党政府与外国政府所订立的各项条约和协定,中华人民共和国政府应加以审查,按其内容,

① 《中共中央关于全面推进依法治国若干重大问题的决定》(2014 年 10 月 23 日),载新华网:www. xinhuanet. com,最后访问日期:2019 年 5 月 23 日。

② 参见《全国人民代表大会常务委员会关于设立国家宪法日的决定》,载全国人大网:www. npc. gov. cn,最后访问日期:2019 年 5 月 23 日。

③ 参见《周恩来选集》(下卷),人民出版社 1984 年版,第 85 ~ 87 页;张勉励:《毛泽东在 1949 年三大外交决策中的形势判断》,载《当代中国史研究》2013 年第 5 期。

分别予以承认，或废除，或修改，或重订。”[①]1949 年通过《共同纲领》至 1954 年颁布《宪法》，是中华人民共和国外交从新民主主义向社会主义转变的过渡期。《共同纲领》所确立的外交原则、方针和政策，奏响了中华人民共和国独立自主和平外交的序曲。

1954 年《宪法》（以下简称五四宪法）是中华人民共和国第一部社会主义宪法。这是一部将毛泽东和中国共产党带领中国人民探索和创造的社会主义基本制度在最高法律层面予以明确的宪法，也是一部代表广大人民利益的、体现民主原则和社会主义原则的宪法。[②] 五四宪法在《共同纲领》的基础上，对中国的外交政策和方针作了明确规定。五四宪法序言宣示："我国同伟大的苏联、同各人民民主国家已经建立了牢不可破的友谊，我国人民同全世界爱好和平的人民的友谊也日见增进，这种友谊将继续发展和巩固。""我国根据平等、互利、互相尊重主权和领土完整的原则同任何国家建立和发展外交关系的政策，已经获得成就，今后将继续贯彻。""在国际事务中，我国坚定不移的方针是为世界和平和人类进步的崇高目的而努力。"五四宪法具有划时代的意义，开启了新中国独立自主和平外交的新时代。[③]

1975 年《宪法》（以下简称七五宪法）诞生于"文化大革命"后期，是在"左"的思想指导下形成的，是特定历史时代的产物。[④] 但在外交政策方面，则基本延续了五四宪法的精神，并有所发展。七五宪法首次完整地提出了"和平共处五项原则"，并根据国际形势的发展，首次明确提出，"中国永远不做超级大国"，反对"超级大国的霸权主义"。七五宪法规定："在国际事务中，我们要坚持无产阶级国际主义。中国永远不做超级大国。我们要同社会主义国家、同一切被压迫人民和被压迫民族加强团结，互相支援；在互相尊重主权和领土完整、互不侵犯、互不干涉内政、平等互利、和平共处五项原则的基础上，争取和社会制度不同的国家和平相处，反对帝国主义、社会帝国主义的侵略政策和战争政策，反对

---

① 《中国人民政治协商会议共同纲领》（1949 年 9 月 29 日）第 11 条、第 54 条、第 55 条、第 56 条。

② 参见李振：《毛泽东主持制定新中国第一部宪法的智慧》，载中国共产党新闻网：www.cpcnews.cn，最后访问日期：2019 年 5 月 23 日。

③ 参见李飞、许崇德等：《纪念五四宪法颁布暨全国人民代表大会成立五十周年理论研讨会纪要》，载《法学研究》2004 年第 6 期。

④ 参见周叶中：《宪法》，高等教育出版社、北京大学出版社 2005 年版，第 79 页。

超级大国的霸权主义。”“我国人民有充分的信心……对于人类作出较大的贡献。”①此前，毛泽东主席于1957年在莫斯科向全世界庄严宣布，“中国坚决主张一切国家实行和平共处五项原则”。1963年年底至1964年年初，周恩来总理出访亚洲、非洲和欧洲的14个国家，提出了我国经济援助的八项原则，把五项原则扩展到经济领域。1974年，邓小平同志在特别联大上再次强调国家之间的政治和经济关系都应建立在和平共处五项原则的基础上。1988年，邓小平同志更明确提出了以和平共处五项原则为准则，建立国际政治经济新秩序的主张。2000年，在举世瞩目的联合国千年首脑会议上，江泽民同志重申，只有遵循和平共处五项原则，严格遵行《联合国宪章》的宗旨和原则，世界各国才能真正和睦相处。2009年，胡锦涛同志在联合国提出“四用主张”：“用更广阔的视野审视安全，维护世界和平稳定；用更全面的观点看待发展，促进共同繁荣；用更开放的态度开展合作，推动互利共赢；用更宽广的胸襟相互包容，实现和谐共处。”党的十八大以来，以习近平同志为核心的党中央，对和平共处五项原则的发展不断注入新鲜血液。习近平强调，我国周边外交的基本方针，就是坚持与邻为善、以邻为伴，坚持睦邻、安邻、富邻，突出体现亲、诚、惠、容的理念。②

1978年《宪法》（以下简称七八宪法），是在“文化大革命”结束后不久制定的，虽然仍带有很深的“文化大革命”烙印，但有关外交政策的部分保持了相对的稳定性和创新发展。七八宪法在重申和平共处五项原则的基础上，写入了毛泽东主席关于“三个世界”的理论，③即“要坚持无产阶级国际主义，按照关于三个世界的理论，加强同全世界无产阶级、被压迫人民和被压迫民族的团结，加强同社会主义国家的团结，加强同第三世界国家的团结，联合一切受到社会帝国主义和帝国主义、超级大国侵略、颠覆、干涉、控制、欺负的国家，结成最广泛的国际统一战线，反对超级大国的霸权主义，反对新的世界大战，为人类的进步和

---

① 《中华人民共和国宪法》（1975年）序言第6段、第7段。

② 参见《1957年毛泽东主席在莫斯科向全世界庄严宣告》，载中国广播网：www.cny.cn，最后访问日期：2019年5月23日。

③ 1974年2月22日，毛泽东主席在会见赞比亚总统卡翁达时，提出划分三个世界的理论。毛泽东说：“我看美国、苏联是第一世界；中间派日本、欧洲、加拿大，是第二世界；咱们是第三世界。”“第三世界人口很多”，“亚洲除了日本，都是第三世界。整个非洲都是第三世界，拉丁美洲是第三世界”。1974年4月10日，邓小平在联合国大会第六届特别会议上发言，第一次向世界全面阐述了毛泽东关于三个世界划分的理论，并说明了中国的对外政策。参见邓小平：《在联合国大会第六届特别会议上的发言》，载《人民日报》1974年4月11日，第1版。

解放事业而奋斗”。可见,社会帝国主义超越帝国主义成为我国最大的外部安全威胁,反对新的世界大战成为我国外交的新目标,而加强同第三世界国家的团结,结成最广泛的国际统一战线,则成为我国新的外交战略。但总体上仍处于五四宪法以来“和平共处”外交的范畴。尽管七八宪法诞生于“文化大革命”结束后一个特定的历史转折期,常被称为“过渡性”宪法,四年后即被新的宪法所取代,“三个世界划分”的理论也不可避免地带有一些时代和历史发展的局限性,但她为中国外交顺利进入改革开放新时代铺平了道路。①

1982年《宪法》(以下简称八二宪法)是中华人民共和国的第四部宪法。八二宪法继承和发展了五四宪法的基本原则,总结了中国社会主义发展的经验,并吸收了国际经验,是一部有中国特色、适应中国社会主义现代化建设需要的根本大法。其中,外交政策部分在继承独立自主和平外交政策的基础上,作了重大的战略性调整。新的世界大战不再被认为不可避免,国家工作重心转向以经济建设为中心。② 八二宪法宣示:“中国革命、建设的成就是同世界人民的支持分不开的。中国的前途是同世界的前途紧密地联系在一起的。中国坚持独立自主的对外政策,坚持互相尊重主权和领土完整、互不侵犯、互不干涉内政、平等互利、和平共处的五项原则,发展同各国的外交关系和经济、文化交流;坚持反对帝国主义、霸权主义、殖民主义,加强同世界各国人民的团结,支持被压迫民族和发展中国家争取民族独立、发展民族经济的正义斗争,为维护世界和平和促进人类进步事业而努力。”八二宪法引领中国外交进入了改革开放的时代,并保持了相当长时间的稳定性。③

(二)推动构建人类命运共同体首次入宪

党的十八大以来,中国特色大国外交战略日臻成熟,形成全方位、多层次、立体化的外交布局;实施共建“一带一路”倡议,发起创办亚投行,设立丝路基金,举办首届“一带一路”国际合作高峰论坛、亚太经合组织领导人非正式会议、20国集团领导人杭州峰会、金砖国家领导人厦门会晤、亚信峰会、上合组织青岛峰会、中非论坛北京峰会,倡导构建人类命运共同体,促进全球治理体系变革等

---

① 参见李捷:《正确理解“三个世界”理论的历史内涵》,载中国社会科学网:www.cssn.cn,最后访问日期:2019年6月30日。

② 参见覃鸿坚:《论八二宪法对五四宪法的承继性》,载《楚天法治》2015年第5期;魏敏、罗祥文:《我国新宪法与国际法原则》,载《法学杂志》1983年第5期。

③ 参见常铁军:《“八二宪法”:中国特色社会主义民主建设的重要保障》,载《武汉大学学报》(哲学社会科学版)2012年第6期。

一系列鸿篇巨制,应运而生,我国的国际地位、影响力、感召力、塑造力前所未有的提升。①

党的十九大确立了习近平新时代中国特色社会主义思想,对国家未来发展绘制了宏伟蓝图,开启了全面建设社会主义现代化强国的新征程。中国特色大国外交站在了新的起点上。② 在此背景下,2018 年 3 月,第十三届全国人大一次会议在现行《宪法》公布施行 36 年来,首次对宪法中有关外交政策的内容进行了充实和完善。③《宪法》序言第 12 自然段在“坚持独立自主的对外政策,坚持互相尊重主权和领土完整、互不侵犯、互不干涉内政、平等互利、和平共处的五项原则,坚持反对帝国主义、霸权主义、殖民主义”(“三坚持”)的基础上,增加了“坚持和平发展道路”,“坚持互利共赢开放战略”和“推动构建人类命运共同体”三项重要内容。④ 这一修改,以载入国家根本大法的形式反映了党的十八大以来,在习近平新时代中国特色社会主义思想指导下外交理论和实践创新的主要成果,成为我国外交政策理念在国家法治上的最高宣示,也是中国外交进入推动构建人类命运共同体新时代的法律标志,使中国外交的格局更加宏大、视野更加宽阔、境界更加高远,成为新时代中国特色大国外交的一面旗帜。

三、不同时期中国外交的时代特征

综上所述,中华人民共和国外交史大体上可以分为三个时代,分别以五四宪法、八二宪法和 2018 年宪法修正案为断代标志,并分别以毛泽东外交思想、邓小平理论和习近平外交思想为理论遵循和行动指南。

守正固本,笃行致远。从 1949 年《共同纲领》、五四宪法、七五宪法、七八宪

---

① 参见王恬:《奋力开拓中国特色大国外交新局面——访外交部部长王毅》,载《人民日报》2017 年 8 月 30 日,第 6 版。

② 参见杨洁篪:《深入学习贯彻党的十九大精神,奋力开拓新时代中国特色大国外交新局面》,载《求是》2017 年第 23 期。

③ 参见张文显:《为新时代首次修宪点赞》,载《法制与社会发展》2018 年第 3 期;范进学:《2018 年修宪与中国新宪法秩序的重构》,载《法学论坛》2018 年第 3 期。

④ 现行《宪法》第 12 自然段的全文为:“中国革命、建设、改革的成就是同世界人民的支持分不开的。中国的前途是同世界的前途紧密地联系在一起的。中国坚持独立自主的对外政策,坚持互相尊重主权和领土完整、互不侵犯、互不干涉内政、平等互利、和平共处的五项原则,坚持和平发展道路,坚持互利共赢开放战略,发展同各国的外交关系和经济、文化交流,推动构建人类命运共同体;坚持反对帝国主义、霸权主义、殖民主义,加强同世界各国人民的团结,支持被压迫民族和发展中国家争取民族独立、发展民族经济的正义斗争,为维护世界和平和促进人类进步事业而努力。”

法到八二宪法，再到2018年《宪法修正案》，中国外交为世界和平和人类进步事业奋斗的外交方针始终如一；独立自主、和平共处的和平外交政策始终如一；团结一切可以团结的力量，组成广泛国际统一战线的外交战略始终如一。中国外交始终坚守公平正义，坚定维护以联合国为核心的国际体制和以联合国宪章为基础的国际秩序，坚定反对霸权主义和强权政治，始终坚持大小国家一律平等，相互尊重主权、独立和领土完整等原则和主张几十年来一脉相承。[①] 不同的是，不同时期的宪法具有鲜明的时代特征。《共同纲领》、五四宪法、七五宪法、七八宪法的时代特征是反帝、反殖、反霸、反战，核心理念是独立自主，和平共处；八二宪法的时代特征是，全球化、改革开放、交流合作，核心理念增加了和平发展主题，推动建立国际政治经济新秩序，打造和谐世界；2018年《宪法修正案》的时代特征是，民族复兴、人类进步、中国特色大国外交，核心理念进一步增加了合作共赢，构建人类命运共同体。因此，新中国不同时期外交的本质是一脉相承的，既体现了高度的连续性、稳定性、权威性，又体现了鲜明的时代性、先进性、创新性。[②]

将坚持和平发展道路写入宪法，体现了中国致力于走出一条与传统大国不同的发展道路的坚定决心；是我们党根据时代发展潮流和我国根本利益作出的战略抉择。中国人民对战争和动荡带来的苦难有刻骨铭心的记忆，对和平有着孜孜以求的追求。在长期实践中，中国提出和坚持了和平共处五项原则，确立和奉行了独立自主的和平外交政策，向世界作出了永远不称霸、永远不搞扩张的庄严承诺，强调中国始终是维护世界和平的坚定力量。中国将继续妥善处理同有关国家的分歧和摩擦，在坚定捍卫国家主权、安全、领土完整的基础上，努力维护同周边国家关系和地区和平稳定大局。中国将在国际和地区热点问题上继续发挥建设性作用，坚持劝和促谈，为通过对话谈判妥善处理有关问题作出不懈努力。

将坚持互利共赢开放战略写入宪法，体现了中国致力于同世界各国共同发展繁荣的真诚愿望；反映了中国对合作共赢这一国际社会共同愿望的深刻把握，展现了中国反对单边主义、保护主义，不搞零和博弈的坚定意志，彰显了中

---

① 参见韩冰、杜白羽：《中国外交的坚守与笃行》，载新华网：www.xinhuanet.com，最后访问日期：2019年6月8日。

② 参见王毅：《坚定不移走和平发展道路，推动构建人类命运共同体》，载《人民日报》2018年3月14日，第15版。

国作为世界和平建设者、全球发展贡献者、国际秩序维护者的进步形象。中国将坚定维护多边主义贸易规则,支持开放、透明、包容、非歧视的多边贸易体制,构建开放型世界经济;坚持共商共建共享原则,推进全球经济治理体系改革,增加发展中国家的话语权,平衡反映大多数国家的意愿和利益。

将推动构建人类命运共同体写入宪法,具有划时代的重要意义,体现了中国致力于为世界和平与发展做出更大贡献的崇高目标,反映了中国在世界大变局中的国际治理观和国际秩序观,为国际法的发展提出新的价值追求,也将为国际法的发展带来新的动力;是五千年中华优秀传统文化的弘扬创新,是对中华人民共和国60多年外交优良传统的继承和发展,是对党的十八大以来波澜壮阔外交实践的提炼升华,是中国对坚持国际法基本原则和国际关系基本准则的法律承诺,弘扬了宪章的宗旨和原则,同时也是中国倡导的和平共处五项原则在新时代的延续和创造性发展。[①] 中国将与世界各国携手合作,推动全球治理体系朝着更加公正合理的方向发展,努力建设一个持久和平、普遍安全、共同繁荣、开放包容、清洁美丽的世界。进入新时代的大国外交,将牢牢把握服务民族复兴、促进人类进步这条主线,以更远大的目标,更恢宏的格局,更开阔的胸襟,更从容的气度,把中国特色大国外交推向更高境界。

第二节　中国特色大国外交之特色

一、中国特色大国外交理念

党的十八大以来,面对错综复杂的国际形势,以习近平同志为核心的党中央发扬理论联系实际的优良作风,勇于探索,坚持内政和外交有机统一,中国特色与时代特征融为一体,不断推出新理念,采取新举措,展示新气象,在很短的时间里取得了一系列外交理论和实践的重要突破。与中国特色社会主义思想同出一源的“中国特色大国外交”的概念呼之欲出。

2013年6月27日,外交部长王毅在第二届世界和平论坛午餐会上发表演讲,首次公开宣布,当代中国正在积极探索走出一条“有中国特色的大国外交之路”,[②]引起外界高度关注。

---

① 参见张乃根:《人类命运共同体入宪的若干国际法问题》,载《甘肃社会科学》2018年第6期。

② 王毅:《人探索中国特色大国外交之路——在第二届世界和平论坛午餐会上的演讲》,载外交部网:www. fmprc. gov. cn,最后访问日期:2019年6月4日。

2014年11月28日，中央外事工作会议在北京召开，习近平总书记强调，“中国必须有自己特色的大国外交”。[①] 要在总结实践经验的基础上，丰富和发展对外工作理念，使我国对外工作有鲜明的中国特色、中国风格、中国气派。要坚持中国共产党领导和中国特色社会主义，坚持我国的发展道路、社会制度、文化传统、价值观念。要坚持独立自主的和平外交方针，坚持把国家和民族发展放在自己力量的基点上，坚定不移走自己的路，走和平发展道路，同时决不能放弃我们的正当权益，绝不能牺牲国家核心利益。要坚持国际关系民主化，坚持和平共处五项原则，坚持国家不分大小、强弱、贫富都是国际社会平等成员，坚持世界的命运必须由各国人民共同掌握，维护国际公平正义，特别是要为广大发展中国家说话。[②] “中国特色大国外交”的概念由此正式形成。[③]

中国特色大国外交建立在党的十八大以来我国外交理论和实践创新的基础之上。[④] 习近平指出，党的十八大以来，党中央统筹国内国际两个大局，在保持外交大政方针连续性和稳定性的基础上，主动谋划，努力进取，对外工作取得显著成绩。我们着眼于新形势、新任务，积极推动对外工作理论和实践创新，注重阐述中国梦的世界意义，丰富和平发展战略思想，强调建立以合作共赢为核心的新型国际关系，提出和贯彻正确义利观，倡导共同、综合、合作、可持续的安全观，推动构建新型大国关系，提出和践行亲诚惠容的周边外交理念、真实亲诚的对非工作方针。[⑤]

中国特色大国外交建立在对国际形势和时代潮流准确判断的基础之上。[⑥] 习近平强调，认识世界发展大势，跟上时代潮流，是一个极为重要并且常做常新的课题。要树立世界眼光、把握时代脉搏，要把当今世界的风云变幻看准、看清、看透，从林林总总的表象中发现本质，尤其要认清长远趋势。要充分估计国际格局发展演变的复杂性，更要看到世界多极化向前推进的态势不会改变；要

---

① 《习近平出席中央外事工作会议并发表重要讲话》，载新华网：www.xinhuanet.com，最后访问日期：2019年6月8日。

② 同上。

③ 参见曹绿：《试论中国特色大国外交的理论内涵与思想创新》，载《国际观察》2015年第6期。

④ 参见栾建章：《深入理解习近平外交思想的五个维度》，载中国共产党新闻网：www.cpcnews.cn，最后访问日期：2019年6月30日。

⑤ 参见《习近平出席中央外事工作会议并发表重要讲话》，载新华网：www.xinhuanet.com，最后访问日期：2019年6月21日。

⑥ 参见郑泽光：《新时代的中国特色大国外交》，载《国际问题研究》2018年第3期。

充分估计世界经济调整的曲折性,更要看到经济全球化进程不会改变;要充分估计国际矛盾和斗争的尖锐性,更要看到和平与发展的时代主题不会改变;要充分估计国际秩序之争的长期性,更要看到国际体系变革方向不会改变;要充分估计我国周边环境中的不确定性,更要看到亚太地区总体繁荣稳定的态势不会改变。①

中国特色大国外交建立在对中国发展战略机遇期和风险挑战的精准把握的基础之上。② 习近平强调,当今世界是一个变革的世界,是一个新机遇新挑战层出不穷的世界,是一个国际体系和国际秩序深度调整的世界,是一个国际力量对比深刻变化并朝着有利于和平与发展方向变化的世界。看世界,不能被乱花迷眼,也不能被浮云遮眼,而要端起历史规律的望远镜去细心观望。综合判断,我国发展仍然处于可以大有作为的重要战略机遇期。最大的机遇就是自身不断发展壮大,同时也要重视各种风险和挑战,善于化危为机、转危为安。③

中国特色大国外交建立在统筹谋划国内国际两个大局的发展战略的基础之上。④ 习近平总书记指出,我国已经进入了实现中华民族伟大复兴的关键阶段。中国与世界的关系在发生深刻变化,我国同国际社会的互联互动也已变得空前紧密,我国对世界的依靠、对国际事务的参与在不断加深,世界对我国的依靠、对我国的影响也在不断加深。我们观察和规划改革发展,必须统筹考虑和综合运用国际国内两个市场、国际国内两种资源、国际国内两类规则。⑤

中国特色大国外交建立在合作共赢的正确义利观的基础之上。⑥ 习近平强调,我们要坚持合作共赢,推动建立以合作共赢为核心的新型国际关系,坚持互利共赢的开放战略,把合作共赢理念体现到政治、经济、安全、文化等对外合作的方方面面。要坚持正确义利观,做到义利兼顾,要讲信义、重情义、扬正义、树

---

① 参见《习近平出席中央外事工作会议并发表重要讲话》,载新华网:www.xinhuanet.com,最后访问日期:2019 年 6 月 21 日。

② 参见《习近平外事工作会议最新讲话放 9 大信号》,载中国共产党新闻网:www.cpcnews.cn,最后访问日期:2019 年 6 月 21 日。

③ 参见《习近平出席中央外事工作会议并发表重要讲话》,载新华网:www.xinhuanet.com,最后访问日期:2019 年 6 月 21 日。

④ 参见冯维江:《新时代中国特色大国外交:科学内涵、战略布局与实践要求》,载《国际展望》2018 年第 3 期。

⑤ 参见《习近平出席中央外事工作会议并发表重要讲话》,载新华网:www.xinhuanet.com,最后访问日期:2019 年 6 月 21 日。

⑥ 参见尚伟:《正确义利观:构建人类命运共同体的价值追求》,载《求是》2018 年第 9 期。

道义。要坚持不干涉别国内政原则,坚持尊重各国人民自主选择的发展道路和社会制度,坚持通过对话协商以和平方式解决国家间的分歧和争端,反对动辄诉诸武力或以武力相威胁。①

中国特色大国外交建立在对中国特色社会主义的“四个自信”的基础之上。② 习近平总书记指出,当前和今后一个时期,我国对外工作要贯彻落实总体国家安全观,增强全国人民对中国特色社会主义的道路自信、理论自信、制度自信,维护国家长治久安。要争取世界各国对中国梦的理解和支持,中国梦是和平、发展、合作、共赢的梦,我们追求的是中国人民的福祉,也是各国人民共同的福祉。要坚决维护领土主权和海洋权益,维护国家统一,妥善处理好领土岛屿争端问题。要维护发展机遇和发展空间,通过广泛开展经贸技术互利合作,努力形成深度交融的互利合作网络。要在坚持不结盟原则的前提下广交朋友,形成遍布全球的伙伴关系网络。要提升我国软实力,讲好中国故事,做好对外宣传。③

中国特色大国外交建立在对外交战略布局精心谋划的基础之上。④ 习近平总书记就新形势下不断拓展和深化外交战略布局提出要求,强调要切实抓好周边外交工作,打造周边命运共同体,秉持亲诚惠容的周边外交理念,坚持与邻为善、以邻为伴,坚持睦邻、安邻、富邻,深化同周边国家的互利合作和互联互通。要切实运筹好大国关系,构建健康稳定的大国关系框架,扩大同发展中大国的合作。要切实加强同发展中国家的团结合作,把我国发展与广大发展中国家共同发展紧密联系起来。要切实推进多边外交,推动国际体系和全球治理改革,增加我国和广大发展中国家的代表性和话语权。要切实加强务实合作,积极推进“一带一路”建设,努力寻求同各方利益的汇合点,通过务实合作促进合作共赢。要切实落实好正确义利观,做好对外援助工作,真正做到弘义融利。要切

---

① 参见柴逸扉:《中国外交的一面旗帜(习近平治国理政关键词 40)》,载《人民日报》(海外版)2016 年 8 月 11 日,第 1 版。

② 参见杨洁勉:《中国特色大国外交理论的构建方向》,载《现代国际关系》2017 年第 3 期。

③ 参见《习近平:中国必须有自己特色的大国外交》,载人民网:www.people.cn,最后访问日期:2019 年 6 月 24 日。

④ 参见本刊评论员:《共建“一带一路”战略 开创我国全方位对外开放新格局》,载《求是》2015 年第 5 期。

实维护我国海外利益,不断提高保障能力和水平,加强保护力度。①

习近平总书记指出,全面推进新形势下的对外工作,必须加强党的集中统一领导,改革完善对外工作体制机制,强化对各领域各部门各地方对外工作的统筹协调,加大战略投入,规范外事管理,加强外事干部队伍建设,为开创对外工作新局面提供坚强保障。

习近平总书记的重要讲话,系统地阐述了中国特色大国外交的理念,是新中国外交理论和实践创新的最新成果,对我国当前和今后一个时期对外工作具有极其重要的指导意义。

2016 年 3 月,“中国特色大国外交”理念首次出现在李克强总理提交十二届人大四次会议审议的政府工作报告中。报告提出,我们将继续高举和平、发展、合作、共赢的旗帜,践行中国特色大国外交理念,维护国家主权、安全、发展利益。②

2017 年 10 月,党的十九大报告明确提出,中国特色大国外交要推动构建新型国际关系、推动构建人类命运共同体,并将坚持推动构建人类命运共同体作为新时代坚持和发展中国特色社会主义的基本方略之一。③

二、中国特色大国外交之鲜明特色

大国的历史、现实和人文禀赋决定了每一个大国都是与众不同的,每一个大国都有其自身特点,每一个大国都要走符合自身特点的发展道路。历史传承与历史遭遇、民族使命、文化禀赋、国内与国际环境客观上要求中国特色大国外交必须具有鲜明的中国特色。

(一)基本国情:最大的发展中国家

中国大国外交的特色,首先在于中国作为发展中国家的基本国情。虽然我国社会主要矛盾已经转化为人民日益增长的美好生活需要和不平衡不充分的发展之间的矛盾,按经济总量计算,中国已经成为世界第二大经济体,但“我国社会主要矛盾的变化没有改变我们对我国社会所处历史阶段的判断,我国仍处

---

① 参见《习近平出席中央外事工作会议并发表重要讲话》,载新华网:www. xinhuanet. com,最后访问日期:2019 年 6 月 21 日。

② 参见《李克强说,践行中国特色大国外交理念,维护国家主权、安全、发展利益》,载中国政府网:www. gov. cn,最后访问日期:2016 年 6 月 21 日。

③ 参见《从十九大报告读懂中国特色大国外交》,载今日中国网:www. chinatoday. com. cn,最后访问日期:2019 年 6 月 21 日。

于并将长期处于社会主义初级阶段的基本国情没有变,我国是最大的发展中国家的国际地位没有变。"①在当今中国,繁华都市和落后的乡村并存,东部发达和西部滞后同在,既有"神州"和"天宫"的航天实力,高铁的速度以及超级计算机、"中国天眼"望远镜、移动支付等领先世界,也有"靠天吃饭"、铁犁牛耕、火塘煮饭等落后生产方式存在,发展不平衡不充分是现阶段中国的基本国情和突出特征。② 这种看似矛盾的现象,世界历史上从未有过。这一基本国情要求中国的外交,首先还是要紧紧围绕国家发展这个中心,服务发展,促进发展,更加积极有效地为实现社会主义现代化和中华民族伟大复兴中国梦营造良好的外部环境,为解决各种不可持续的问题,为维护中国在世界上不断延伸的正当权益提供更为有力的保障。这一基本国情还启示我们,中国的外交应当紧紧抓住发展这把解决世界诸多问题的钥匙,更加突出互利共赢,促进共同发展。

(二)理念和道路:中国特色社会主义

中国特色大国外交植根于中国特色社会主义理念和道路。③ 理念指引方向,道路决定政策。坚持中国特色社会主义理念和道路,要求中国外交,对内,追求公平正义、共同富裕、社会和谐;对外,主持公道、捍卫公理、伸张正义,摒弃任何丛林法则,坚持大小国家一律平等,坚持反对任何形式的霸权主义,坚持推进国际关系民主化、法治化,反对以大欺小、以强凌弱、以富压贫,反对干涉别国内政。中国在当今的国际和地区热点问题上始终坚持对话谈判解决问题,反对武力至上和搞政权更迭,维护的不是一己之私,而是国际道义和国际关系基本准则。坚持这一道路和理念,还要求中国的外交必须坚定有力地为广大发展中国家仗义执言,以自己的实际行动,维护和拓展发展中国家的整体权益。

(三)文化基因:博大精深的中华文明

中国特色大国外交发端于博大精深的中华文明。这是中国外交的又一鲜明特色。一个国家和民族选择什么样的发展道路、什么样的外交政策,不仅受

---

① 习近平:《在中国共产党第十九次全国代表大会上的报告》,载新华网:www. xinhuanet. com,最后访问日期:2019 年 6 月 21 日。

② 参见韩震:《正确认识我国社会主义初级阶段的基本国情没有变的科学判断》,载中国共产党新闻网:www. cpcnews. cn,最后访问日期:2019 年 6 月 21 日。

③ 参见《王毅谈中国特色大国外交本质:推动更多国家理解和认同中国社会主义道路》,载人民网国际频道:www. world. people. com. cn,最后访问日期:2019 年 6 月 21 日。

制于特定的经济和政治因素,而且还取决于特有的历史文化传统。① 中华民族在五千年的历史长河中,形成了天下一家、世界大同的家国情怀,民胞物与、仁者爱人的人本精神,为政以德、执两用中的政治思想,兼爱非攻、亲仁善邻的和平志向,以和为贵、和而不同的和谐理念,推己及人、立己达人的待人之道。“中国不认同‘国强必霸论’,中国人的血脉中没有称王称霸、穷兵黩武的基因。”② 习近平总书记如是说。这些独具特色的东方传统价值观,源源不断地为中国外交提供着宝贵精神财富。当今世界面临的不仅是发展困局,更折射出现代文明深层次的思想文化危机。中国外交就是要大力弘扬中华文化,奉献处理当代国际关系的中国智慧,推介治国理政的中国经验,增添完善全球治理的中国方案,从而为人类社会应对21世纪的各种新型挑战提供更多有益的公共产品。以深厚文化传统为积淀的中国外交还愿意推动不同文明之间的交流对话,致力于尊重文明的多样性、发展道路的多元化,支持各国人民自主选择社会制度和发展道路,鼓励不同文明彼此包容互鉴,共同为人类进步事业做出自己的贡献。

(四)外交传承:中华人民共和国优良传统

中国特色大国外交的特色,还在于它源自中华人民共和国外交的优良传统。中华人民共和国外交走过了不平凡的历程,在实践中逐渐形成了一系列重大的外交政策主张和战略思想,包括坚持独立自主的和平外交政策,坚持和平共处五项原则,高举和平、发展、合作、共赢的旗帜,坚持走和平发展道路,推动构建人类命运共同体,等等。这些成功的外交实践和理论,是中国外交前进的动力和指南。③ 70年来,无论国际风云如何变幻,独立自主、爱好和平,始终是中国外交的两大本质特征,也构成了中国对外政策的基石。新时代,中国将坚持独立自主,坚定维护国家独立、主权和领土完整,根据事情本身的是非曲直决定自己的政策和立场,不依附、不屈从于任何外部势力,这是中国外交的风骨;中国将坚持以维护世界和平为宗旨,为推进人类和平事业发挥更积极作用,这是中国外交的担当;中国还愿虚心地倾听世界的声音,以开放包容的心态加强与外界的对话与沟通,这是中国外交的胸怀。

---

① 参见夏兴有:《中国道路的文化基因》,载光明网:www. gmw. cn,最后访问日期:2019年6月24日。

② 《习式外交的“和”文化底蕴:中国人血脉没有穷兵黩武的基因》,载中国共产党新闻网:www. cpcnews. cn,最后访问日期:2019年6月21日。

③ 参见凌胜利:《中国外交的优良传统和鲜明特色》,载《光明日报》2019年3月12日,第16版。

(五)与时代潮流:高度契合

中国特色大国外交契合于当今时代潮流和世界大势。孙中山先生曾指出:世界潮流,浩浩荡荡,顺之者生,逆之者亡。习近平总书记强调,“实现中华民族伟大复兴,必须合乎时代潮流、顺应人民意愿,勇于改革开放,让党和人民事业始终充满奋勇前进的强大动力。”①“可久者圣人之德,可大者圣人之业”。促进人类的和平与发展是一项神圣、伟大而永久的事业。② 中国特色大国外交“谋求开放创新、互惠包容的发展前景,促进合而不同、兼收并蓄的文明交流,构筑尊重自然、绿色发展的生态体系,建设持久和平、普遍安全、共同繁荣、开放包容、清洁美丽的世界,构建人类命运共同体”,与世界多极化向前推进的态势、经济全球化的发展进程、和平与发展的时代主题、国际治理体系的变革方向的时代潮流和世界大势完全一致。中国将始终做世界和平的建设者、全球发展的贡献者、国际秩序的维护者。新时代中国特色大国外交将继续发挥与时俱进的品质,勇立时代潮头,更积极有为地参与国际体系的变革与完善,不断为人类做出更大的贡献。

第三节　中国特色大国外交的行动指南

2018 年 6 月 24 日,中央在京召开全国外事工作会议。这是在世界大发展大变革大调整进入关键时期、中国特色社会主义进入新时代的大背景下召开的一次历史性会议。会议最重要的成果是确立了习近平外交思想的指导地位。这是新中国成立以来我国外交理论建设一次具有划时代意义的重大发展。③

习近平外交思想,以“十个坚持”为核心要义,明确了新时代我国对外工作的历史使命、总目标和必须坚持的一系列方针原则,深刻揭示了新时代中国特色大国外交的本质要求、内在规律和前进方向,为新时代中国特色大国外交提

① 习近平:《在中国共产党第十九次全国代表大会上的报告》,载人民网:www. people. com. cn,最后访问日期:2019 年 6 月 22 日。

② 王毅:《探索中国特色大国外交之路》,载人民网:www. people. com. cn,最后访问日期:2019 年 6 月 22 日。

③ 参见王毅:《以习近平外交思想为引领　不断开创中国特色大国外交新局面》,载《求是》2019 年第 1 期。

供了根本遵循。[①]

一、对外工作的根本保证

坚持以维护党中央权威为统领加强党对对外工作的集中统一领导。[②] 党的领导是我国宪法确定的国本,也是做好对内对外工作的根本保证。办好中国的事情,关键在党。要在错综复杂的国际形势中始终掌握主动,必须坚持外交大权在党中央,坚决维护以习近平同志为核心的党中央权威和集中统一领导,确保令行禁止、步调统一。要加强对外工作的集中统一领导和统筹协调,调动各方面力量共同参与和推动国家总体外交,形成党总揽全局、协调各方的对外工作大协同局面。中国特色大国外交的自信首先体现在党的集中统一领导的政治优势上。这是其他国家无可比拟的。

二、对外工作的历史使命

坚持以实现中华民族伟大复兴为使命,推进中国特色大国外交。[③] 这是新时代赋予对外工作的历史使命。实现中华民族伟大复兴是近代以来中华民族最伟大的梦想,实现这个梦想是中国共产党自成立以来就肩负的历史使命。做好新时代对外工作,就是要"不忘初心,牢记使命",要为全面深化改革和对外开放提供全方位、全覆盖、高质量的服务,为实现"两个一百年"奋斗目标,实现中华民族伟大复兴的中国梦营造良好外部环境。要坚持贯彻以人民为中心的外交理念,将中国发展同世界发展更好结合起来,为实现中国人民和世界人民对美好生活的向往而奋斗。

三、对外工作的总目标

坚持以维护世界和平、促进共同发展为宗旨,推动构建人类命运共同体。[④]

---

① 参见杨洁篪:《以习近平外交思想为指导 深入推进新时代对外工作》,载《求是》2018 年第 15 期。

② 党政军学民,东西南北中,党是领导一切的。党的十九大报告把"坚持党对一切工作的领导",作为新时代坚持和发展中国特色社会主义基本方略的第一条,并将其写入党章。

③ 参见马卫防、周鑫:《深刻认识和把握新时代党的历史使命》,载中国共产党新闻网:www.cpcnews.cn,最后访问日期:2019 年 6 月 22 日。

④ 参见丁明:《维护世界和平、促进共同发展是中国外交政策的宗旨》,载《当代中国史研究》2011 年第 4 期。

这是新时代对外工作的总目标。构建人类命运共同体,需要各国齐心协力,建设持久和平、普遍安全、共同繁荣、开放包容、清洁美丽的世界,同时推动建设相互尊重、公平正义、合作共赢的新型国际关系,共同走国与国交往的新路。构建人类命运共同体是目标和方向,建设新型国际关系是前提和路径。人类只有一个地球,各国共处一个世界。共同发展是持续发展的重要基础,符合各国人民长远利益和根本利益。要努力推动构建人类命运共同体,引领人类前进方向,为中国和世界开辟一条共同发展的康庄大道。

四、对外工作的根本要求

坚持以中国特色社会主义为根本,增强战略自信。[①] 这是新时代对外工作必须遵循的根本要求。“中国特色社会主义是改革开放以来党的全部理论和实践的主题,是党和人民历尽千辛万苦、付出巨大代价取得的根本成就。中国特色社会主义道路是实现社会主义现代化、创造人民美好生活的必由之路,中国特色社会主义理论体系是指导党和人民实现中华民族伟大复兴的正确理论,中国特色社会主义制度是当代中国发展进步的根本制度保障,中国特色社会主义文化是激励全党全国各族人民奋勇前进的强大精神力量。全党要更加自觉地增强道路自信、理论自信、制度自信、文化自信。”[②]“四个自信”是我们的力量之源和信念之基,体现了新时代中国的国家意志、民族精神和国际形象。中国特色社会主义道路、理论、制度、文化不断发展,为解决人类问题贡献了中国智慧和中国方案。始终高举中国特色社会主义伟大旗帜,坚定战略自信,对外工作就有了根和魂,中国特色大国外交之路就会越走越宽广。

五、对外开放与合作的管总规划

坚持以共商共建共享为原则,推动“一带一路”建设。[③] 这是我国今后相当长时期对外开放和对外合作的管总规划,也是人类命运共同体理念的重要实践平台。党的十九大报告提出,“要以‘一带一路’建设为重点,坚持引进来和走出

---

① 参见辛鸣:《着力增强战略思维能力和战略定力》,载《人民日报》2017 年 9 月 13 日,第 7 版。

② 习近平:《在中国共产党第十九次全国代表大会上的报告》,载人民网:www. people. com. cn,最后访问日期:2019 年 6 月 22 日。

③ 参见《坚持共商共建共享的全球治理观》,载《人民日报》2019 年 3 月 27 日,第 10 版。

去并重,遵循共商共建共享原则,加强创新能力开放合作,形成陆海内外联动、东西双向互济的开放格局。"这既是对长期以来我国经济开放政策实践成果的积极肯定,也为未来很长一段时间我国经济对外开放战略确定了更加明确的目标。[①] 共建"一带一路"倡议源于中国,机会和成果属于世界。要通过建设"一带一路",加强同有关国家的政策沟通、设施联通、贸易畅通、资金融通、民心相通,使共商共建共享原则进一步转化为多赢共赢的合作成果。要弘扬"丝路精神",同各国分享共同发展的机遇,开辟共同发展的前景。

六、中国外交的基本原则

坚持以相互尊重、合作共赢为基础,走和平发展道路。[②] 这是中国外交必须长期坚持的基本原则。当今世界是一个多样性的世界。"开放包容、多元互鉴是主基调,相互联系、相互依存是大潮流,和平、发展、合作、共赢是主旋律。各国应该和谐相处、平等相待、互尊互鉴、相互学习。冷战思维、阵营对抗已不符合时代要求。世界各国需要以负责任的精神同舟共济、协调行动。"[③]"世界上本无'修昔底德陷阱',但大国之间一再发生战略误判,就可能给自己造成'修昔底德陷阱'。"[④]坚持独立自主的和平外交政策,始终不渝走和平发展道路,始终不渝奉行互利共赢的开放战略,这是我们根据自身国情和根本利益作出的战略抉择。和平需要相互尊重,发展需要合作共赢。中国坚持走和平发展道路,聚精会神搞建设,一心一意谋发展,并通过自身的发展,不断为世界的和平与发展增添积极因素。其他国家也要一起走和平发展道路。要始终做世界和平的建设者、全球发展的贡献者、国际秩序的维护者。

七、新时代中国外交的重要内涵

坚持以深化外交布局为依托,打造全球伙伴关系。[⑤] 这是新时代中国外交的重要内涵。在 2014 年中央外事工作会议上,习近平总书记强调指出:"要在

---

① 参见高虎城:《积极促进"一带一路"国际合作》,载《人民日报》2018 年 1 月 19 日,第 7 版。

② 参见《正确认识"修昔底德陷阱"》,载《人民日报》2016 年 4 月 17 日,第 5 版。

③ 习近平:《共倡开放包容 共促和平发展——在伦敦金融城市政厅的演讲》,载《人民日报》(海外版)2015 年 10 月 23 日,第 2 版。

④ 《人民日报国纪评:世上本无"修昔底德陷阱"》,载《人民日报》2019 年 6 月 18 日,第 1 版。

⑤ 参见《构建中国特色全球伙伴关系网络》,载人民日报海外网:www.haiwainet.cn,最后访问日期:2019 年 6 月 22 日。

坚持不结盟原则的前提下广交朋友,形成遍布全球的伙伴关系网络。”[①]大国是关键,要推进大国协调与合作,构建总体稳定、均衡发展的大国关系框架;周边是首要,要按照亲诚惠容理念和与邻为善、以邻为伴周边外交方针,加强同周边国家睦邻友好关系;发展中国家是基础,要秉持正确义利观和真实亲诚理念,增进与发展中国家团结合作;多边是重要舞台,要积极做好多边外交工作,不断深化和完善外交布局。要打造全方位、多层次、立体化的全球伙伴关系网络,形成遍布全球的“朋友圈”。近年来,本着对话而非对抗、结伴而非结盟的思路,中国已同近100个国家和国际组织建立了不同形式的伙伴关系。[②]

八、新时代中国外交的努力方向

坚持以公平正义为理念,引领全球治理体系改革。[③] 这是新时代中国外交的重要努力方向。党的十九大报告指出:“世界正处于大发展大变革大调整时期,和平与发展仍然是时代主题”。随着世界多极化、经济全球化、社会信息化、文化多样化深入发展,各国相互联系和依存日益加深,推动全球治理体系改革是大势所趋,也是构建人类命运共同体、建设美好世界的必由之路。主权平等、公平正义是国际关系最重要的准则,也是全球治理必须遵循的首要原则。国家不分大小、强弱、贫富,都是国际社会的平等成员,都应该平等参与决策、享受权利、履行义务。[④] 当前,全球治理体系正处在深刻演变的重要阶段,全球治理日益成为我国对外工作的前沿和关键问题。要抓住契机,勇担重任,积极参与全球治理体系改革和建设,倡导国际关系民主化和法治化,支持联合国发挥积极作用,促进提高发展中国家在国际事务中的代表性和发言权,积极推动构建更加平衡、反映大多数国家意愿和利益的全球治理体系。

---

① 《习近平出席中央外事工作会议并发表重要讲话》,载新华网:www. xinhuanet. com,最后访问日期:2019年6月8日。

② 参见《中国外交布局进入新时代》,载中国共产党新闻网:www. cpcnews. cn,最后访问日期:2019年6月22日。

③ 参见《“平语”近人——习近平关于全球治理的重要论述》,载新华网:www. xinhuanet. com,最后访问日期:2019年6月22日。

④ 参见乐玉成:《为全球治理体系改革和建设不断贡献中国智慧和力量》,载《光明日报》2017年11月22日,第2版。

九、对外工作的出发点

坚持以国家核心利益为底线，维护国家主权、安全、发展利益。[①] 这是对外工作的出发点和落脚点。在庆祝建党 95 周年大会上，习近平总书记强调指出："中国不觊觎他国权益，不嫉妒他国发展，但决不放弃我们的正当权益。中国人民不信邪也不怕邪，不惹事也不怕事，任何外国不要指望我们会拿自己的核心利益做交易，不要指望我们会吞下损害我国主权、安全、发展利益的苦果。"[②]坚决维护国家核心利益，是中国外交必须坚守的底线。中国外交必须坚决维护中国共产党领导和中国特色社会主义制度，坚决捍卫国家主权、安全、领土完整，坚决遏制和打击一切形式的分裂行径，积极保障经济金融安全，有效维护海外利益。我们要不断丰富和发展维护国家利益的方式手段，有效防范和化解各种风险挑战，为改革发展和民族复兴保驾护航。国务院新闻办 2011 年 9 月 6 日发表《中国的和平发展》白皮书明确提出，"中国的核心利益包括：国家主权，国家安全，领土完整，国家统一，中国宪法确立的国家政治制度和社会大局稳定，经济社会可持续发展的基本保障。"[③]中国坚决维护国家核心利益。

十、中国外交的精神标识

坚持以对外工作优良传统和时代特征相结合为方向，塑造中国外交独特风范。[④] 这是中国外交的精神标识。民族精神在历史中积淀、传承，新的民族精神在时代大潮中孕育、发展。具有 5000 多年文明史的中华民族是爱好和平的民族，具有坚韧不拔的精神品质和天下为公的世界情怀。中华人民共和国成立以来，中国外交形成了以独立自主、和平发展、合作共赢为鲜明特色的外交传统。进入新时代，对外工作展现出与时俱进、奋发有为、开拓进取的崭新风貌，形成了一整套行之有效的战略思想和策略方法。习近平总书记在庆祝改革开放 40

---

① 参见《习近平系统阐述新时代中国特色社会主义外交思想》，载人民网：www.people.com.cn，最后访问日期：2019 年 6 月 22 日。

② 习近平：《在庆祝中国共产党成立 95 周年大会上的讲话》，载《人民日报》2016 年 7 月 2 日，第 2 版。

③ 国务院新闻办：《中国的和平发展》白皮书，载人民网：www.politics.pepole.com.cn，最后访问日期：2019 年 6 月 22 日。

④ 参见《人民日报：改革开放精神是当代中国最鲜明精神标识》，载中国青年网：www.youth.cn，最后访问日期：2019 年 6 月 22 日。

周年大会上的重要讲话中指出:“改革开放铸就的伟大改革开放精神,极大丰富了民族精神内涵,成为当代中国人民最鲜明的精神标识!”①“创新是改革开放的生命”,新时代中国外交要弘扬优良传统,不断丰富发展外交方略,把中国特色大国外交推向更高境界。

习近平外交思想中的“十个坚持”要义,既有立足全球的宏伟设计,也有求真务实的具体举措,是构建中国特色大国外交深刻的理论与实践基础,是新时代我国外交的根本遵循和行动指南,也为新形势下我国条法外交工作指明了前进方向。

在习近平外交思想指引下,中国特色大国外交实践中尊重国际法、坚持运用和发展国际法的特征将更加鲜明。当代国际法历经数百年的发展,特别是第二次世界大战结束以来在发展中国家的努力推动下,日益成为维护世界和平与推动共同发展的重要力量。国际法也已融入国际关系的方方面面,是加强全球治理、促进国际合作的基本手段。中国要实现综合国力和国际影响力领先的强国目标,就需要在更广范围、更深层次、更高水平运用国际法、积极参与引领全球治理体系改革。

新时代的中国条约法律外交将以“十个坚持”为引领全面推进。更加积极主动运用和发展国际法,以服务民族复兴、促进人类进步为主线,坚定维护国家主权、安全、发展利益,推进构建全球伙伴关系。坚持《联合国宪章》宗旨和原则、和平共处五项原则等国际法基本原则和国际关系基本准则,始终做世界和平的建设者、全球发展的贡献者、国际秩序的维护者。以推动构建人类命运共同体为根本价值追求,坚持正确义利观,推进中国国际法理论和实践创新,逐步形成符合中国自身发展需要、符合世界先进潮流的国际法观;以共商共建共享共赢为原则,积极打造“一带一路”法治合作平台和机制,为“一带一路”建设走深走实、行稳致远提供法制保障,不断开创法律外交新局面。

第四节　全方位多层次立体化的外交布局

党的十九大报告指出:党的十八大以来的 5 年,是党和国家发展进程中极不平凡的 5 年。全方位外交布局深入展开。全面推进中国特色大国外交,形成

① 习近平:《在庆祝改革开放 40 周年大会上的讲话》,载新华网:www.xinhuanet.com,最后访问日期:2019 年 6 月 22 日。

全方位、多层次、立体化的外交布局，为我国发展营造了良好外部条件。

一、周边是首要

我国幅员辽阔，周边邻国众多，且强邻环伺。邻国多，意味着现实和潜在的安全隐患就多；强邻多，则意味着现实的和潜在的挑战就大。我国位于亚欧大陆东部和太平洋西岸，地处东亚中心位置，战略区位重要，大国利益交汇，多样性突出，热点矛盾集中。各国社会制度不同，发展水平各异，各种文化、民族和宗教等聚集在我国周围。中东波斯湾、中亚、南亚次大陆、台湾海峡和朝鲜半岛这世界五大热点地区几乎都在中国周边。因此，我国周边安全环境十分复杂。

大国崛起始于周边。周边是我国安身立命之所、发展繁荣之基、必争必保必稳之地，也是中国特色大国外交启航之地，还是我国重要的外贸市场、投资目的地、能源资源主要来源地。周边不靖，国无宁日。周边治，共享太平，周边乱则难独善其身。党的十八大以来，以习近平同志为核心的党中央在保持外交大政方针延续性和稳定性的基础上，积极运筹外交全局，进一步突出周边在我国发展大局和外交全局中的重要地位，与时俱进完善周边外交战略布局，更加积极主动地稳定、经略和塑造周边。习近平总书记身体力行，出访足迹遍布周边20余国，元首外交引领与周边各国双边关系航向。在伟大实践的基础上形成了一系列重要的周边外交政策理念。[①]

2013年3月9日，时任外交部长杨洁篪在“两会”记者会上回答记者有关周边外交政策的提问时说，看形势，要看大局、看主流、看长远。当前，树欲静而风不止，中国周边环境中的复杂因素确实比以前增多了。但是，纵观全局，中国周边形势继续保持基本稳定，中国同周边国家的关系继续取得进展。政治上，中国同绝大多数周边国家建立了不同类型的战略伙伴关系，高层互访频繁，2012年就达到100多起。今后达到200起、300起也不是令人吃惊的事。邻居嘛，要多走动，越走动越亲切。经贸上，2012年中国与周边国家贸易额达到1.2万亿美元，超过了中国与欧洲、美国的贸易之和。这是以前根本无法想象的。同时，在国际金融危机的背景下，中国对亚洲经济发展增长率的贡献超过50%。俗话

---

① 参见孔铉佑：《习近平外交思想和中国周边外交理论与实践创新》，载《求是》2019年第8期。

说“邻居好，无价宝”，中方将继续坚持以邻为伴、与邻为善，坚持睦邻惠邻。①

2013 年 10 月 24 日至 25 日，中央在京召开中华人民共和国成立以来首次周边外交工作座谈会。笔者在会上亲耳聆听了习近平总书记的重要讲话，对周边外交有了新的感悟。②

习近平总书记指出：“无论从地理方位、自然环境还是相互关系看，周边对我国都具有极为重要的战略意义。思考周边问题、开展周边外交要有立体、多元、跨域时空的视角。”“审视我国的周边形势，周边环境发生了很大变化，我国同周边国家的关系发生了很大变化，我国同周边国家的经贸联系更加紧密、互动空前密切。这客观上要求我们的周边外交战略和工作必须与时俱进、更加主动。”“我国周边充满生机活力，有明显发展优势和潜力，我国周边环境总体上是稳定的，睦邻友好、互利合作是周边国家对华关系的主流。我们要谋大势、讲战略、重运筹，把周边外交工作做得更好。”③

我国周边外交的战略目标是，服从和服务于实现“两个一百年”奋斗目标，实现中华民族伟大复兴，全面发展同周边国家的关系，巩固睦邻友好，深化互利合作，维护和用好我国发展的重要战略机遇期，维护国家主权、安全、发展利益，努力使周边国家同我国政治关系更加友好、经济纽带更加牢固、安全合作更加深化、人文联系更加密切。

周边外交的基本方针是，坚持与邻为善、以邻为伴，坚持睦邻、安邻、富邻，突出体现亲、诚、惠、容的理念。发展同周边国家睦邻友好关系是我国周边外交的一贯方针。要坚持睦邻友好，守望相助；讲平等、重感情；常见面、多走动；多做得人心、暖人心的事，使周边国家对我们更友好、更亲近、更认同、更支持，增强亲和力、感召力、影响力。要诚心诚意对待周边国家，争取更多朋友和伙伴。要本着互惠互利的原则同周边国家开展合作，编织更加紧密的共同利益网络，把双方利益融合提升到更高水平，让周边国家得益于我国发展，使我国也从周边国家共同发展中获得裨益和助力。要倡导包容的思想，强调亚太之大容得下大家共同发展，以更加开放的胸襟和更加积极的态度促进地区合作。这些理

---

① 参见《杨洁篪谈周边外交政策：邻居好　无价宝》，载中新网：www. chinanews. com，最后访问日期：2019 年 6 月 23 日。

② 参见《五年来，习近平这样谈周边外交》，载新华网：www. xinhuanet. com，最后访问日期：2019 年 6 月 22 日。

③ 《习近平出席中央外事工作会议并发表重要讲话》，载新华网：www. xinhuanet. com，最后访问日期：2019 年 6 月 8 日。

念,首先我们自己要身体力行,使之成为地区更加遵循和秉持的共同理念和行为准则。

习近平总书记强调,做好新形势下周边外交工作,要从战略高度分析和处理问题,提高驾驭全局、统筹谋划、操作实施能力,全面推进周边外交。要着力维护周边和平稳定大局。走和平发展道路,是我们党根据时代发展潮流和我国根本利益作出的战略选择,维护周边和平稳定是周边外交的重要目标。要着力深化互利共赢格局。统筹经济、贸易、科技、金融等方面资源,利用好比较优势,找准深化同周边国家互利合作的战略契合点,积极参与区域经济合作。要同有关国家共同努力,加快基础设施互联互通,建设好丝绸之路经济带、21 世纪海上丝绸之路。要以周边为基础加快实施自由贸易区战略,扩大贸易、投资合作空间,构建区域经济一体化新格局。要不断深化区域金融合作,积极筹建亚洲基础设施投资银行,完善区域金融安全网络。要加快沿边地区开放,深化沿边省区同周边国家的互利合作。

要着力推进区域安全合作。我国同周边国家毗邻而居,开展安全合作是共同需要。要坚持互信、互利、平等、协助的新安全观,倡导全面安全、共同安全、合作安全理念,推进同周边国家的安全合作,主动参与区域和次区域安全合作,深化有关合作机制,增进战略互信。

要着力加强对周边国家的宣传工作、公共外交、民间外交、人文交流,巩固和扩大我国同周边国家关系长远发展的社会和民意基础。关系亲不亲,关键在民心。要全方位推进人文交流,深入开展旅游、科教、地方合作等友好交往,广交朋友,广结善缘。要对外介绍好我国的内外方针政策,讲好中国故事,传播好中国声音,把中国梦同周边各国人民过上美好生活的愿望、同地区发展前景对接起来,让命运共同体意识在周边国家落地生根。

对于本地区历史遗留的一些领土主权和海洋权益争端,中国主张在充分尊重历史事实和国际法的基础上,通过对话和谈判寻找妥善解决办法,反对采取使争议扩大化、复杂化的行动。在海洋权益争端解决之前,各方可以搁置争议,共同开发。

习近平总书记的重要讲话总揽全局,思想和内涵丰富,从战略高度强调了做好新形势下周边外交工作的重大意义,明确了周边外交的战略目标、基本方针和重点工作,对做好周边外交工作具有重要指导意义。

当前,我周边形势正处于近代以来最好时期。我国在周边占据天时、地利、人和之综合优势。我国同周边国家的经贸联系更加紧密、互动空前密切。南海形势总体趋稳趋缓，中国正以自信从容的战略定力和积极主动的外交作为守护南海和平稳定，引领地区合作共赢。“海上合作”与“制度建设”成为驱动南海形势向好发展的“双引擎”。

与此同时，我周边安全环境仍然复杂严峻。东南方向有“台独”威胁；西南、西北方向，有“三股势力”威胁；向南方向，影响南海局势再度升温的诸多消极因素并没有从根本上得到消除，“军事博弈”与“规则之争”成为南海秩序演进中的新常态；东北方向，日本政治上右倾倾向有所发展，东北亚的半岛局势仍严峻复杂。美国特朗普政府推行“美国优先”战略，视我国为主要竞争对手，对我国实施“接触与遏制”的两手战略。在经济层面，我国在产业结构、金融体制、对外经济特别是能源、资源对外依存度等方面存在的问题，以及国际竞争压力的增大，将使我国面临更严峻的经济、金融、资源、环境、信息安全等挑战。在政治层面，西方将继续对我国实行“西化”“分化”战略，在所谓民主、人权、自由、良政等问题上找麻烦。中国外交必须时刻保持清醒头脑，保持战略定力，保持忧患意识、风险意识，登高望远、居安思危，未雨绸缪，勇于和善于战胜困难和挑战，不断开创周边外交工作新局面。①

2018 年是全面贯彻党的十九大精神的开局之年，也是中国外交工作取得非凡成就的一年。我国周边外交好戏连台，周边环境出现全面向好的积极势头。中印领导人首次非正式会晤圆满成功，增进了彼此的互信和认知，引领中印关系实现健康稳定发展。中日展开一系列高层往来，回应日方希望改善两国关系的强烈意愿，推动中日关系重回正常轨道。中朝领导人年内三度会晤，传统友好迸发新活力，中韩合作呈现新气象，中日韩三边合作重现积极势头。习近平主席访问文莱、菲律宾，李克强总理出席东亚合作领导人系列会议，中国东盟关系实现提质升级，澜湄合作从培育期迈向成长期。“南海行为准则”磋商步入快车道，海上合作取得新进展，南海局势日趋稳定。以高层交往为引领，以上合组织为平台，以务实合作为纽带，我国同中亚国家关系进入新阶段，深化了中亚方向伙伴关系布局。②

---

① 参见吴德刚：《一以贯之增强忧患意识》，载《人民日报》2018 年 7 月 11 日，第 7 版。

② 参见王毅：《以习近平外交思想为引领　不断开创中国特色大国外交新局面》，载《求是》2019 年第 1 期。

二、大国是关键

历史上，世界和平在很大程度上取决于大国之间能否构建和维持和平，而大国之间尤其是新兴大国与守成大国之间由竞争走向对抗甚至冲突，似乎成为一种难以摆脱的历史宿命。作为当今最主要的新兴发展中大国，中国不相信宿命，我们有决心也有信心，通过与其他大国的共同努力来避免和打破这一所谓定律。我们的决心来自对维护世界和平与人类共同利益的责任感和使命感。我们的信心来自当今世界已今非昔比，全球化在各国之间形成了一荣俱荣、一损俱损的利益关联，不仅大大弱化大国对抗的意愿，更显著降低了彼此发生冲突和战争的风险。①

2012 年 11 月，党的十八大报告明确提出："我们将改善和发展同发达国家关系，拓宽合作领域，妥善处理分歧，推动建立长期稳定健康发展的新型大国关系。"新型大国关系由此成为中国外交战略的重要内容。

构建新型大国关系，就中国而言，涉及中美关系、中俄关系、中欧关系，及中、美、俄大三角关系，还涉及中日、中印(度)等大国关系，其中重中之重是中美关系和中俄关系。关于中美新型大国关系的内涵，习近平主席在 2013 年 6 月与时任美国总统奥巴马的庄园会晤中用三句话作了精辟概括：一是不冲突、不对抗。就是要客观理性看待彼此战略意图，坚持做伙伴、不做对手；通过对话合作、而非对抗冲突的方式，妥善处理矛盾和分歧。二是相互尊重。就是要尊重各自选择的社会制度和发展道路，尊重彼此核心利益和重大关切，求同存异，包容互鉴，共同进步。三是合作共赢。就是要摒弃零和思维，在追求自身发展时促进共同发展，不断深化利益交融格局。②

党的十八大以来，中国为构建新型大国关系采取了一系列重大外交行动。2013 年年初，习近平主席上任出访首访俄罗斯，在克里姆林宫与普京总统深入探讨了如何推进中俄全面战略协作伙伴关系，达成了广泛共识，签署了一系列重要协议，为新时期大国之间深化互信与合作树立了典范。③ 6 年来，习近平主

① 参见王存刚：《构建新型大国关系：一种理论化的解释》，载中国社会科学网：www. cssn. cn，最后访问日期：2019 年 6 月 23 日。

② 参见《如何理解习近平一再强调的中美新型大国关系？》，载人民网：www. people. com. cn，最后访问日期：2019 年 6 月 23 日。

③ 参见《中俄专家：习近平主席首访俄罗斯意义深远》，载新华网：www. xinhuanet. com，最后访问日期：2019 年 6 月 23 日。

席与普京总统互访10余次。2019年6月，习近平主席第8次访俄，共同纪念中俄建交70周年。双方发表联合声明，宣布发展中俄新时代全面战略协作伙伴关系，实现两国关系提质升级，共同开启中俄关系更高水平、更大发展的新时代。①

2013年6月8日，习近平主席与奥巴马总统在美国安纳伯格庄园举行不打领带的战略沟通，两国领导人一致同意构建中美新型大国关系，其核心内涵是不冲突不对抗，相互尊重，合作共赢。奥巴马总统表示，美国欢迎一个强大、成功、繁荣、稳定的中国，愿与中国成为平等伙伴，共同应对一系列全球性挑战。习近平主席期待中美携手合作，成为世界稳定的压舱石、世界和平的推进器。这次历史性会晤受到国际社会的普遍关注与广泛欢迎。② 2014年11月11日，习近平主席在中南海同奥巴马总统再次会晤。两人进行了著名的“瀛台夜话”。两国元首就中美关系及共同关心的重大国际和地区问题坦诚深入交换意见。习近平说：“现在中美新型大国关系的战略目标是清楚的，我们不能让它停留在概念上，也不能满足于早期收获，还要继续向前走。我们要坚持从战略高度和长远角度出发，以积水成渊、积土成山的精神，不断推进中美新型大国关系建设。”奥巴马表示，美方愿同中方共同为此作出努力。③

2017年1月特朗普就任美国总统后，“美国优先”民粹主义泛滥，单边霸凌主义思潮抬头，在事关世界前途命运的几个关键问题上，认知和行动出现严重偏差，对华战略中的负面因素有所增加。2018年以来，美国单方面挑起并且不断升级两国经贸摩擦，执意对华发动贸易战，中美双边关系出现严重波折，但总体尚可控。这充分说明构建新型大国关系的重要性和艰巨性。④

面对美方的消极动向，中方顶住压力、保持定力，既坚定维护自身正当权益，又着力稳住中美关系大局。

2017年4月7日，习近平主席访问美国，同特朗普在海湖庄园举行首次会

---

① 参见习近平：《携手努力，并肩前行，开创新时代中俄关系的美好未来——在中俄建交70周年纪念大会上的讲话》，载新华网：www.xinhuanet.com，最后访问日期：2019年5月23日。

② 参见《从跨域太平洋的握手到跨越太平洋的合作——记中国国家主席习近平同美国总统奥巴马安纳伯格庄园会晤》，载中国政府网：www.gov.cn，最后访问日期：2019年6月23日。

③ 参见《习近平奥巴马瀛台谈话内容首度曝光》，载人民网：www.people.com.cn，最后访问日期：2019年6月23日。

④ 参见华益文：《望海楼：风物长宜放眼量》，载《人民日报》（海外版）2019年6月19日，第1版；《勿谓言之不预！美方不要低估中方反制能力》，载《人民日报》2019年5月29日，第3版。

晤,两国元首建立了密切的工作关系。① 11 月 9 日,特朗普总统访华。双方就中美关系及共同关心的重要国际和地区问题广泛、深入交换意见。双方认为,中美关系事关两国人民福祉,也关乎世界的和平、稳定、繁荣。合作是中美两国唯一正确选择,共赢才能通向更好未来。双方同意继续发挥元首外交对两国关系的战略引领作用,加强两国高层及各级别交往,充分发挥 4 个高级别对话机制作用,拓展经贸、两军、执法、人文等领域交流合作,加强在重大国际和地区问题上的沟通和协调,推动中美关系得到更大发展。② 习近平主席强调,中美关系正处在新的历史起点上。中方愿同美方一道,相互尊重、互利互惠,聚焦合作,管控分歧,给两国人民带来更多获得感,给地区及世界人民带来更多获得感。特朗普表示,美中关系是伟大的关系,美中合作符合两国的根本利益,对解决当前世界重大问题也十分重要。我愿继续同习近平主席保持密切沟通,推动美中关系深入发展,促进两国在国际事务中更加密切合作。

2018 年 12 月 1 日,习近平主席与特朗普总统在 G20 布宜诺斯艾利斯峰会举行期间进行会晤,双方达成重要共识,两国要共同推进以协调、合作、稳定为基调的中美关系。③

然而,美方言而无信,出尔反尔,严重损害中美关系。2019 年 5 月 9 日,美国政府宣布,自 5 月 10 日起,对从中国进口的 2000 亿美元清单商品加征的关税税率由 10% 提高到 25%。5 月 13 日,中方反制措施出台。5 月 15 日,特朗普总统签署行政命令,宣布美国科技面临威胁,全国进入紧急状态。在此紧急状态下,美国企业不得使用对国家安全构成风险的企业所生产的电信设备,开始将矛头对准中国龙头科技企业华为,不择手段地蓄意抹黑和打压特定的中国企业。遭到中方坚决反对。中方敦促美方不要走得太远了,应当尽快改弦更张,避免中美关系受到进一步损害。④

---

① 参见《海湖庄园会晤具有特殊重要意义》,载《人民日报海外版》2017 年 4 月 10 日,第 1 版;《习近平"海湖庄园"会晤:做大中美合作蛋糕　夯实伙伴情谊》,载中国共产党新闻网:www.cpcnews.cn,最后访问日期:2019 年 6 月 23 日。

② 参见《习近平同美国总统特朗普举行会谈》,载新华网:www.xinhuanet.com,最后访问日期:2019 年 6 月 23 日。

③ 参见《习近平同特朗普会晤达成重要共识　停止加征新关税》,载新华网:www.xinhuanet.com,最后访问日期:2019 年 6 月 23 日。

④ 参见《王毅应约同美国国务卿蓬佩奥通电话》,载外交部网:www.fmprc.gov.cn,最后访问日期:2019 年 6 月 23 日。

2019年6月29日习近平主席与特朗普总统在大阪G20峰会期间举行会晤。两国元首就事关中美关系发展的根本性问题、当前中美经贸摩擦以及共同关心的国际和地区问题深入交换意见，为下阶段两国关系发展定向把舵，同意推进以协调、合作、稳定为基调的中美关系。两国元首同意，在平等和相互尊重基础上重启经贸磋商，美方不再对中国产品加征新的关税。两国经贸团队将就具体问题进行讨论。[①]

历史和现实表明，中美作为两个大国，和则两利、斗则俱伤，合作是双方唯一正确的选择。双方应按照两国元首确定的方向，在相互尊重基础上管控分歧，在互惠互利基础上拓展合作，共同推进以协调、合作、稳定为基础的中美关系。

三、发展中国家是基础

发展中国家是中国特色大国外交的坚实基础。长期以来，中国都高度重视与发展中国家的关系，支持发展中国家的发展，并在国际舞台上为发展中国家仗义执言。[②] 非洲、拉丁美洲和中东地区是中国与发展中国家外交的主要地区，其中，非洲作为发展中国家最为集中的大陆，可以称为中国外交“基础中的基础”。[③] 党的十八大以来，中国对发展中国家外交不断推进，并提出了一系列对发展中国家的新理念、新举措。[④] 在外交理念方面，习近平提出“正确义利观”“真实亲诚”等理念。在政策实践方面，中国与广大发展中国家一道，积极探索南南合作新框架，推动新兴市场国家和发展中国家在国际事务中发挥更大作用。“一带一路”倡议已经成为中国与发展中国家开展合作共赢的重要平台。

随着中国的不断发展，不少发展中国家的朋友们会问，一个不断发展强大的中国，还是不是我们之中的一员？还会不会像以前那样与我们同舟共济，携手共进？对此问题，在2018年6月中央外事工作会议上，习近平总书记强调指出：“要深化同发展中国家团结合作，推动形成携手共进、共同发展新局面。广

---

① 参见《习近平同美国总统特朗普举行会晤》，载《人民日报》2019年6月30日，第1版。

② 参见《发展中国家是中国外交的基础 非洲未来发展不可忽视》，载中国社会科学网：www. cssc. cn，最后访问日期：2019年6月23日。

③ 参见《王毅：非洲是中国外交“基础中的基础”》，载人民网国际频道：www. world. people. com. cn，最后访问日期：2019年6月23日。

④ 参见凌胜利：《中国对发展中国家外交需要精耕细作》，载人民日报海外网：www. haiwainet. cn，最后访问日期：2019年6月23日。

大发展中国家是中国在国际事务中的天然同盟军，要坚持正确义利观，做好同发展中国家团结合作的大文章。"①对于中非关系，习近平主席在2013年3月首访非洲时指出："中非关系不是一天就发展起来的，更不是什么人赐予的，而是我们双方风雨同舟、患难与共，一步一个脚印走出来的。饮水不忘挖井人。我们将永远铭记为中非关系发展披荆斩棘、呕心沥血的人们，不断从历史中汲取前进的动力。""中非从来都是命运共同体、共同的历史遭遇、共同的发展任务、共同的战略利益把我们紧紧联系在一起。""中国为非洲发展提供了力所能及的帮助，中国更感谢非洲国家和非洲人民长期以来给予中国的大力支持和无私帮助，我们在事关对方核心利益的问题上，从来都是立场鲜明、毫不含糊地支持对方。"②王毅外长指出，中国始终知道自己的根基在哪里。当曾经与我们共同争取民族独立的朋友们还未摆脱贫困时，中国感同身受；当曾经将我们抬进联合国的朋友们还在受战乱困扰时，中国同样感同身受。中国从来没有，也永远不会离开发展中国家。我们主张在同发展中国家交往中坚持义利并举、义重于利，这是中国外交得道多助的一个重要基础。我们将继续增加对发展中国家特别是最不发达国家不附加任何条件的援助，帮助他们实现自主发展和可持续发展。我要告诉发展中国家的兄弟姐妹，我们是一家人，当你们需要中国时，中国就在你们的身边。③

在习近平外交思想指引下，2018年可谓是中国外交的"南南合作年"，中拉、中阿、中非三大合作论坛相继办会，实现了中国同发展中国家集体对话机制的全覆盖。习近平主席2018年年内首次出访即前往阿联酋、塞内加尔、卢旺达、南非和毛里求斯，加强同中东、非洲国家团结合作。年底又访问阿根廷和巴拿马，引领新时代中拉关系发展。习近平主席还出席金砖国家领导人约翰内斯堡会晤，共同规划未来合作蓝图；在巴布亚新几内亚同建交太平洋岛国领导人举行会晤，掀开双方关系新篇章。在主场外交方面，6月，上海合作组织在青岛召开峰会，彰显弘扬"上海精神"主旋律，在规模、级别和成果上刷新纪录，发出构建人类命运共同体的时代强音。9月，中非合作论坛在北京召开峰会，彰显团

---

① 习近平：《努力开创中国特色大国外交新局面》，载新华网：www. xinhuanet. com，最后访问日期：2019年6月23日。

② 习近平：《在坦桑尼亚尼雷尔国际会议中心的演讲》，载新华网：www. xinhuanet. com，最后访问日期：2019年6月23日。

③ 参见王毅：《探索中国特色大国外交之路》，载人民网人民论坛：www. theory. people. com. cn，最后访问日期：2019年6月23日。

结协作主旋律，中非双方宣布构建更加紧密的命运共同体，推出以"八大行动"为核心的上百项合作举措，向世界传递了中非携手并进的强烈信号，成为中非团结合作、共同发展的一座历史丰碑。中方的一系列外交行动有力推进了中国同广大发展中国家的友谊合作，形成携手共进、共同发展新局面。

四、多边是重要舞台

多边外交在任何大国的外交中都居于重要位置，对于中国这样一个正在大踏步走近世界舞台中央的新兴大国来说，意义更加重要，是我外交总体布局中不可或缺的重要一环。多边外交的主要舞台包括以联合国为核心的联合国多边体系，如联合国大会、安全理事会、经社理事会、人权理事会、国际法院等联合国机构和世界银行、国际货币基金组织、世界贸易组织、国际原子能机构、联合国教科文组织、世界卫生组织、世界劳工组织、世界气象组织、国际民航组织等18个联合国专门机构，以及亚洲太平洋经济合作组织（Asia-Pacific Economic Cooperation，APEC）、G20峰会、亚欧会议、上合组织、东亚峰会、亚信、金砖国家等联合国体系之外的全球或区域合作机制。据不完全统计，现有政府间国际组织总数超过3500个。[①] 习近平总书记强调："要切实推进多边外交，推动国际体制和全球治理改革，增加我国和广大发展中国家的代表权和话语权。"[②]

新时代中国特色大国外交，将继续做当代国际秩序和公认国际关系准则的维护者，同时更积极有为地参与国际体系的变革与完善。全世界热爱和平的人民用生命和鲜血所构建的战后国际秩序来之不易，以《联合国宪章》为代表的国际关系准则弥足珍贵。尊重主权，反对干涉；维护和平，反对侵略；坚持对话，反对暴力；支持平等，反对强权。这些理念历久弥新，永不过时，是中国外交长期坚持的原则。我们将据此决定自己在国际事务中的立场，据此来坚定维护自身的主权、安全和发展利益。同时，我们也将与国际社会一道，继续支持联合国、二十国集团（G20）、上海合作组织、亚太经合组织、金砖国家等发挥更大作用，推进世界多极化进程，充实和完善国际治理体系。

面对不断蔓延的保护主义和逆全球化风潮，中国坚定站在历史发展进步的正确一边，高举构建人类命运共同体旗帜，坚定捍卫多边主义和自由贸易，推动

---

① 参见梁西：《国际组织法》（第4版），武汉大学出版社1998年版，第33页。

② 参见《习近平出席中央外事工作会议并发表重要讲话》，载新华网：www. xinhuanet. com，最后访问日期：2019年6月8日。

全球治理体系朝着更加公正合理的方向发展,成为世界乱象中的中流砥柱。习近平主席在 G20 领导人峰会、亚太经合组织领导人非正式会议、金砖国家领导人会晤等场合旗帜鲜明地反对保护主义和单边主义,呼吁坚定维护以联合国宪章宗旨和原则为核心的国际秩序和国际体系,坚定维护以规则为基础的多边自由贸易体制,引导有关峰会形成一系列具有开创性、引领性、机制性的成果,体现了中国作为负责任大国的有力担当,为充满不确定性的国际形势注入正能量。[①]

作为联合国安理会常任理事国,中国时刻意识到自己肩负的国际责任与义务,愿意力所能及地为解决世界上的各种问题和挑战提供更多的公共产品,发挥中国独特的积极作用。[②] 中国将坚定不移地推进朝鲜半岛无核化进程,从根本上维护半岛的和平与稳定,也希望各方相向而行,争取早日重启六方会谈。中国将继续在亚丁湾打击海盗,为重要国际航道的安全保驾护航。作为向联合国维和行动派出最多人员的安理会常任理事国,2013 年 12 月我国首次向马里派出成建制的安全维和部队,为非洲的和平与安全做出更大贡献。2018 年 9 月 24 日,中国第九批赴南苏丹(瓦乌)维和部队第二梯队 166 名官兵顺利抵达任务区,标志着中国第九批赴南苏丹维和部队全部部署到位。11 月 15 日,中国第 14 批赴苏丹达尔富尔维和工兵分队授勋仪式在中国营区举行,225 名维和官兵全部荣获联合国“和平荣誉”勋章。截至 2019 年 2 月,中国已累计派出维和官兵 3.9 万余人次,先后有 17 名军人在执行维和任务中牺牲。[③] 中国将积极贯彻习近平主席提出的解决巴勒斯坦问题四点主张,努力推进中东和平进程,将继续坚定地谴责恐怖主义,积极参与国际反恐合作,还将积极参与推动实现联合国千年发展目标,共同应对气候变化、网络安全、极地、太空等全球性问题。

“开放已经成为当代中国的鲜明标识。中国不断扩大对外开放,不仅发展

---

① 参见王毅:《以习近平外交思想为引领　不断开创中国特色大国外交新局面》,载《求是》2019 年第 1 期。

② 根据联合国大会的决议,中国承担的联合国会费以及维和行动摊款比例将从 2016～2018 年的 7.921% 大幅上升至 2019～2021 年的 12.005%,2019 年会费净额 334 726 585 美元,成为仅次于美国的全球第二大会费承担国。

③ 中国自 1990 年开始,每年向联合国派遣军事观察员执行维和任务。1992 年 4 月,中国军队向联合国柬埔寨临时权力机构派出 400 名官兵组成的工程兵大队,开创了我军派遣成建制部队参与联合国维和行动的先河。

了自己,也造福了世界","中国开放的大门不会关闭,只会越开越大"。[1] 习近平总书记的此番讲话,郑重宣示了新时代中国以自身更高水平的开放推动全球共同开放、助力各国共同发展的愿景和情怀,充分彰显出中国人民的开放品格、开放气质、开放胸襟。改革开放40年来的实践告诉我们,如果中国的发展不能为世界所分享,这种发展将难以持续。当前,中国正在努力发掘和释放自身巨大的内需潜力。预计未来5年中国将进口10万亿美元商品,对外投资5000亿美元,出境人数超过6亿,这是中国发展给世界带来的重大机遇。今后中国的对外开放将更加突出合作共赢,更加注重共同繁荣。我们不仅要打造中国经济的升级版,更要打造中国对外开放与合作的升级版。我们将结合中国自身的新型工业化、信息化、城镇化和农业现代化进程,不断拓展同世界各国的互利合作,为促进世界经济实现强劲、可持续和平衡增长做出我们的贡献。[2]

五、以人为本是宗旨

2003年10月,胡锦涛在党的十六届三中全会上正式提出了坚持以人为本的科学发展观,强调"发展为了人民、发展依靠人民、发展成果由人民共享。"[3] 这既是对改革开放以来中国经济社会发展的经验总结,也是指导中国在新时期国内建设和对外交往的战略思想。科学发展观在外交层面的体现就是以人为本外交思想的确立。[4] 2004年3月,时任外交部长李肇星在"两会"记者会上指出:"我们的外交是全中国人民的外交;新时期的中国外交贯彻着以人为本、执政为民这一宗旨。"以人为本,外交为民,这是新时期中国外交的核心理念和根本宗旨。中国外交总体布局也从传统的"四位一体"发展为当今的"五位一体"。[5]

"在你身后,有个强大的祖国!"影片《战狼2》中的这句台词,就是新时代中国特色大国外交的真实意境。党的十八大以来,以习近平同志为核心的党中

---

① 习近平:《共建创新包容的开放型世界经济——在首届中国国际进口博览会开幕式上的主旨演讲》,载《人民日报》2018年11月6日,第3版。

② 参见钟轩理:《对外开放:发展中国 造福世界》,载《人民日报》2018年11月23日,第2版。

③ 《中国共产党十六届三中全会公报》,载《人民日报》2003年10月25日,第1版。

④ 参见杨友孙:《中国"以人为本"外交理念及其发展》,载《国际问题研究》2009年第6期。

⑤ 参见金灿荣、刘世强:《论以人为本的中国外交思想》,载《外交评论》2009年第5期。

央,顺应人民对美好生活的向往,把实现人民幸福作为一切工作的出发点和归宿,不断增强人民群众的获得感,形成了坚持以人民为中心的发展思想。“人民对美好生活的向往,就是我们的奋斗目标。”中国外交坚持外交为民宗旨,认真践行以人民为中心的发展思想,积极打造海外民生工程。[①] 中国领事保护彰显外交为民。每一个海外中国公民都是中国海外利益的承载者和拓展者,他们的安全与合法权益,已经成为当代中国海外利益的重要内容和具体体现。6 年来,中国政府在也门、中非、利比亚等地,先后实施了 9 次紧急撤离中国公民行动,将总计 1.3 多万名中国公民撤离危险地区。处理了涉我境外公民遭绑架或袭击的重大案件 100 多起,受理各类领事保护救助案件 30 万余起,涉及中国公民上百万人。这是一个践行“外交为民”的大国带给自己公民的自豪与自信。如今,“12308 外交部全球领事保护与服务应急呼叫热线”(“12308”热线)已成为外交部为民服务的知名品牌。[②]

2018 年中国外交积极构建海外中国平安体系,推进领事保护与协助立法工作,加大做好游客、留学生、海外企业员工等重点人群的预防性领保工作。继续促进人员往来便利化,提升领事便民水平,上线“外交部 12308”手机 APP,大幅下调中国公民办理领事认证费用。

民惟邦本,本固邦宁。[③] “一个政党、一个政权,其前途命运取决于人心向背。”[④]人心是最大的政治。坚持以人民为中心的是对马克思主义人民群众观的继承与发展,是全心全意为人民服务根本宗旨的时代体现。国家的利益与人民的利益密不可分。中国外交只有植根人民,造福人民,才能得到人民的信任与支持,才能有人气、有底气,立于不败之地,获得前进动力。当前,中国已有 2 万多家企业遍布世界近 200 个国家,每年有上亿人次出境,据估算,到 2020 年,中国公民每年出境将达到 1.5 亿人次甚至更多。每一位远赴海外的同胞都怀揣着自己的一份梦想,他们远离故土、身处异乡,不可避免会遇到这样那样的困难

---

① 参见郭言:《“外交为民”理念彰显大国外交风范》,载中国经济网:www.ce.cn,最后访问日期:2019 年 6 月 30 日。

② 参见外交部领事保护中心:《中国领事保护彰显外交为民(砥砺奋进的 5 年)》,载人民网:www.people.com.cn,最后访问日期:2019 年 6 月 23 日。

③ 《尚书·五子之歌》。原文为:皇祖有训,民可近不可下,民惟邦本,本固邦宁。意思是:祖先早就传下训诫,人民是用来亲近的,不能轻视与低看;人民才是国家的根基,根基牢固,国家才能安定。

④ 《自觉树立和践行习近平总书记坚持以人民为中心的价值取向》,载人民网理论频道:www.theory.people.com.cn,最后访问日期:2019 年 6 月 23 日。

甚至是风险,祖国理应成为他们可以依靠的强大后盾。要通过国家的外交努力,为中国游客提供更安全的旅途,为中国留学生争取更好的教育,为中国商人营造更友善的兴业环境,为中国侨胞带去更温暖的问候,为中国商品寻找更广阔的市场,为中国在海外的劳动者创造更好的条件,帮助他们实现自己的“中国梦”。只要每一个人的“中国梦”都能实现,汇聚起来就是我们国家和民族的圆梦之时。

第三章　中华人民共和国的条约法律外交

第一节　筚路蓝缕70载

一、新中国外交条法事业序曲

外交部条约法律司是外交部建部以来历史最为悠久、平均学历最高、专业性最强的业务司局之一，肩负着为中央和外交部党委外交决策提供法律支撑的重要使命，承担着运用法律武器维护和拓展国家主权、安全、发展权益的光荣职责，使命神圣，业务广泛，在国家总体外交中的地位和作用日趋重要。为新中国外交提供国际法支撑的中国国际法学事业也获得了很大的发展。①

中华人民共和国成立后，废除或修改旧时的不平等条约成为外交领域的头等要务，中华人民共和国外交条法事业就此打开序幕。1949 年《共同纲领》第 55 条规定："对于国民党政府与外国政府所订立的各项条约和协定，中华人民共和国中央人民政府应加以审查，按其

---

① 参见宦乡：《为创建新中国的国际法学而努力》，中国国际法学会编辑：《中国国际法年刊》(1982)，中国对外翻译出版公司 1982 年版；王铁崖：《中国与国际法：历史和当代》，载王铁崖：《王铁崖文选》，中国政法大学出版社 2003 年版；曾令良：《国际法治与中国法治建设》，载《中国社会科学》2015 年第 10 期；张晓君、魏彬彬：《国际法与中国特色大国外交》，载《国际问题研究》2019 年第 1 期；何志鹏：《国际法在新时代中国的重要性探究》，载《清华法学》2017 年第 1 期；车丕照：《国际法的话语价值》，载《吉林大学社会科学学报》2016 年第 6 期。

内容，分别予以承认，或废除，或修改，或重订。"《中央人民政府外交部试行组织条例》（1949 年 10 月 1 日）规定，中央人民政府外交部掌握外交政策，外交事务，国家对外交涉及关于在外华侨及在华外侨等涉外事项。1949 年 11 月 18 日，周恩来总理兼外长批准在外交部设立条约委员会。这即是条约法律司的前身。外交部初建时内设 1 厅、6 司、2 委，共 9 个司级单位，按地区和事务性质加以划分，它们是办公厅、苏联东欧司、亚洲司、西欧非洲司、美洲澳洲司、国际司、情报司、条约委员会、外交政策委员会。条约委员会的职责为，"一、关于条约的缔结、修订和废止事项；二、关于条约的研究、解释事项；三、关于国际财政、经济、通商、贸易等研究事项"。① 条约委员会由主任委员、秘书主任、顾问、专门委员和秘书、科员组成，下设 3 个小组。首任主任委员由章汉夫兼任，②周鲠生、梅汝璈、涂允檀、陈瀚笙等知名国际法专家为顾问，刘泽荣、凌其翰、陆殿东、叶景莘、张炯伯等专家为专门委员。

1955 年，时任外交部办公厅副主任阎宝航接任条约委员会主任委员。③ 1958 年 7 月，条约委员会改称条约法律司，姚仲明为首任司长，④继任者为李恩求和甘野陶。"文化大革命"期间，外交条法工作受到严重影响，条法司多数干

---

① 外交部档案馆编：《建国初期的外交部》，世界知识出版社 2005 年版。

② 章汉夫（1905～1972 年），原名谢启泰，父亲谢仁冰是知名爱国人士。章汉夫早年入清华学校留美预备大学学习，随后任共产国际东方部研究员。1931 年自莫斯科回国后，开始从事党的地下工作。曾任广东省委宣传部长、江苏省委书记等要职。1945 年 4 月，随董必武出席旧金山联合国会议。1949 年 11 月出任外交部副部长，兼任条约委员会主任。

③ 阎宝航（1895～1968 年），字玉衡，中共地下党员，中国知名国际战略情报专家，其杰出的组织才能和交际艺术，为宋美龄、蒋介石所赏识，先后在蒋介石、张学良合办的"四维学会"，蒋介石、宋美龄倡导的"新生活运动"中担任要职。经蒋介石任命，担任军事委员会委员长行营少将参议、军事委员会政治部政治设计委员。第二次世界大战期间，他获取了国民党军事情报部门收集和密藏的有关德国将于 1941 年 6 月 22 日前后闪电进攻苏联、1941 年 11 月下旬日本即将突袭珍珠港美军基地和 1944 年夏季日本关东军在中国东北设防部署等三大国际战略情报，为世界反法西斯战争事业立下不朽功勋。1941 年 6 月 30 日，苏共中央致电中共中央，感谢中共中央提供希特勒进攻苏联的情报。电报称："由于你们提供了准确的情报，我们得以在德军进攻前宣布苏军进入紧急状态。"1995 年，世界反法西斯战争胜利 50 周年，俄罗斯总统叶利钦签署命令，把三枚卫国战争纪念章授予阎宝航和他领导下的情报人员阎明诗（阎宝航长女）、李正文。

④ 姚仲明（1914～1999 年），中华人民共和国第一代外交家。1932 年参加革命并加入中国共产党，曾任八路军山东第三支队政委、山东纵队联络部部长、八路军第一纵队联络部部长、中央党校一部和四部文教主任。解放战争期间，先后任烟台市长、潍坊市长、济南市长。1950 年 3 月调入外交战线，历任驻缅甸大使（1950～1958 年）、外交部条法司司长（1958～1961 年）、驻印度尼西亚大使（1961～1966 年）。"文化大革命"后任文化部副部长。

部下放“五七”干校劳动，番号被撤销，仅留数人组成留守小组，处理日常事务。留守人员曾短期并入礼宾司，成立“礼宾条法司”。1969年10月，重新并入领事司，成立“领事条法司”。留守小组主要研究战争法与边界问题。1972年，即中华人民共和国恢复在联合国合法席位后的第二年，原条法司部分干部从干校调回，与国际司组建成“国际条法司”。

1980年，条法司恢复独立建制，邵天任任司长，①下设4个处：一处主管双边、多边条约及南极事务；二处主管国际公法及海洋法事务；三处主管国际私法、人权法，后增加司法协助、涉港澳法律事务及诬告滥诉案；四处主管边界事务。全司总人数约50人。外交条法事业重新焕发生机。此后，随着外交和条法业务不断扩展，司内设置及人员多次调整扩充。1985年，增设五处主管国际经济法事务。1996年，增设六处，主管海洋法和极地事务。2003年，增设七处，主管综合条法调研、人权法、应对诬告等事务。2007年，为加强应对气候变化对外工作，在条法司设立外交部应对气候变化工作办公室，同时设立部气候变化谈判特别代表职位。2009年3月，经中央批准，外交部决定设立边界与海洋事务司（以下简称边海司），条法司四处整处建制及六处一半建制（涉双边海洋划界部分）划归边海司。现维持6个处的建制和80人左右的在编规模，在一些重要的驻外使馆和多边外交代表机构设立了法律参赞岗位，国内外专职条法干部队伍已超百人。条法司的历史变迁，反映了国际法在我国外交中的地位和作用的变化。从最初的3个小组到现在的6个处，从外交部的初创机构，到“文化大革命”时遭裁撤，再到恢复独立建制，最后成为中国特色大国外交的核心方面军，新中国的外交条法事业书写了筚路蓝缕、壮大发展的华彩篇章。

二、外交条法先贤

作为外交战线的一支劲旅，条法司素有忠诚爱国、勤学敬业的优良传统和

① 邵天任（1914～2012年）是中华人民共和国外交条法事业的奠基人之一。他从事外交条法工作长达50余年，1938年毕业于长春法政大学，1941年入延安抗日军政大学（抗大）学习，1946年加入中国共产党。1945年起，曾任东北民主联军总司令部秘书、哈尔滨地方法院院长、东北人民政府外事局处长等职；1950年转入外交战线，历任外交部条约委员会专员、条法司副司长，1980年8月出任条法司恢复建制后的首任司长。1982年起任外交部法律顾问（大使衔），参加相关特区基本法起草工作，为香港回归做出杰出贡献。参见黄惠康：《从戎为有匹夫志　习律长存报国心——纪念著名国际法学家邵天任同志》，载《法制日报》2012年9月11日，第11版；《〈基本法〉“大护法”邵天任》，载《人民日报》（海外版）2012年9月7日，第10版。

思行并举、追求卓越的机关文化。中华人民共和国成立70年以来，数代条法人孜孜以求、默默奉献，为国家外交事业保驾护航，成绩斐然，不但创造和积累了大量的经典案例，还造就出一批以周鲠生先生为代表的享誉世界的著名专家和条法英才。他们中既有老八路、留洋回国的旧知识分子和从旧政府起义的老外交官，也有中华人民共和国成立后培养的后起之秀。但不管其出身如何，经历如何，共同的特点是具有爱国情操、专业素养和奉献精神，历经沧桑，无怨无悔。这是中华人民共和国外交条法事业的历史底蕴和文化传承。①

2012年5月4日，为激励外交条法干部薪火相传，为国家外交条法事业建功立业，条法司在司会议室设立了“条法先贤名人墙”。首批入榜的有以下6位先贤。

周鲠生（1889～1971年），湖南长沙人。我国国际法学界泰斗。爱丁堡大学政治学博士、巴黎大学国际法学博士，教授。武汉大学创建人之一，曾任武汉大学校长。1950年起任外交部顾问，凡逾20年，就中国人民志愿军称号、1958年领海声明、和平共处五项原则的表述等重大问题建言献策，贡献卓著。1956年加入中国共产党。第一届至第三届全国人大代表、第三届全国人大法律委员会副主任委员。著作等身，其中《国际法大纲》是第一部由中国人编写的国际法专著，《国际法》则是我国国际法学界权威巨著。②

梅汝璈（1904～1973年），字亚轩，江西南昌人，无党派民主人士，著名国际法学家。芝加哥大学法学博士，先后在山西大学、南开大学、武汉大学、复旦大学等院校任教。曾任行政院院长宋子文、外交部部长王世杰助手，1946年至1948年，代表中国出任远东国际军事法庭法官，为审判和惩处日本战争罪犯做出重大贡献。中华人民共和国成立后，长期担任外交部顾问。第一届全国人大代表、法案委员会委员，第三届、第四届全国政协委员。主要著作有《远东国际军事法庭》等。③

倪征日奥（1906～2003年），江苏苏州人，著名国际法学家。东吴大学法学学

---

① 参见《外交部条约法律司党支部“铸魂”工作法》，载中共中央组织部、中央国家机关工委编：《机关支部工作法》，人民出版社2012年版，第193～207页。

② 参见黄惠康：《薪火相传　推动新时代中国国际法事业再创辉煌——在纪念周鲠生先生诞辰130周年座谈会上的发言》，载《武大国际法评论》2019年第2期。

③ 参见窦尉：《走进日记追忆梅汝璈》，载《中国档案报》2015年9月4日，第1版。

士，斯坦福大学法学博士。在远东国际军事法庭审判日本战争罪犯期间，临危受命，出任法庭中国检察处首席顾问，为严惩侵华主要战犯做出重大贡献。1956年起历任外交部条约委员会专门委员、条约法律司法律顾问、外交部法律顾问等职。1982年加入中国共产党。中华人民共和国首位联合国国际法委员会委员和国际法院法官。主要著作有《关于国家管辖豁免的理论和实践》等。①

李浩培(1906～1997年)，上海人。著名国际法学家。毕业于东吴大学，赴英留学归国后，历任武汉大学教授兼法律系主任、浙江大学教授兼法学院院长。新中国成立后，历任国务院法制局外事法规委员会专门委员、外交学院教授等职。1963年起在外交部条约法律司工作，1984年加入中国共产党。曾任外交部法律顾问，前南斯拉夫问题国际刑事法庭法官，卢旺达问题国际刑事法庭法官，国际常设仲裁法院仲裁员。主要著作有《条约法概论》等。②

邵天任(1914～2012年)，辽宁凤城人。新中国外交条法事业奠基人之一。毕业于长春法政大学，1941年参加革命，1946年加入中国共产党。1950年起从事外交工作，历任外交部条约委员会专门委员、条法司副司长、司长、外交部法律顾问、香港和澳门特别行政区基本法起草委员会委员、香港和澳门特别行政区筹备委员会委员，北京大学、外交学院兼职教授。长期参加中英关于香港问题和中葡关于澳门问题的谈判，贡献卓著，被学界尊称为《基本法》"四大护法"之一。

贺其治(1920～2005年)，江西永新人。著名国际法学家，中国空间法学的奠基人。利物浦大学哲学博士。曾任国民政府驻英国利物浦副领事。中华人民共和国成立后，历任中国国际问题研究所研究员、社会科学院研究生部教授、外交部法律顾问等职。第六届全国政协委员。1985年加入中国共产党。获国际空间法学会杰出贡献奖、国际宇航科学院社会科学卓越成就奖、国际宇航联促进空间事业特殊贡献奖。曾任联合国国际法委员会委员，国际空间法学会理事，国际宇航科学院院士、执行董事。主要著作有《外层空间法》等。

三、外交领域国家利益的忠实捍卫者——史久镛

2018年12月18日，中共中央、国务院召开庆祝改革开放40周年大会，决定对为改革开放做出杰出贡献的100位个人授予改革先锋称号，颁授改革先锋奖章。其中，外交部法律顾问、国际法院首位中国籍院长史久镛法官和原世界

---

① 参见倪征日奥:《淡泊从容莅海牙》，法律出版社1999年版，序一。

② 参见曾涛:《李浩培与百年中国国际私法学》，载《政法论坛》2007年第1期。

贸易组织争端解决机制上诉机构主席张月姣法官被分别授予“外交领域国家利益的忠实捍卫者”和“对外开放法制建设的积极实践者”荣誉称号,这既是史法官和张法官个人的崇高荣誉,也是中央高度重视加强法治建设和国际法工作的真实写照,更是对全体外交条法干部和国际法工作者的极大鞭策。①

史久镛,1926 年生于浙江宁波,1948 年上海圣约翰大学政治系毕业,后赴美国哥伦比亚大学研修法学,1951 年获国际法学硕士学位,毕业后留校从事国际法研究。1954 年回国后,长期从事国际法的教育和研究工作,1980 年进入外交部,先后担任外交部条法司法律顾问、中英联合联络小组中方首席代表处法律顾问、外交部法律顾问等职。1987 年当选联合国国际法委员会委员,1993 年 11 月当选联合国国际法院法官,2002 年连选连任,2004 年当选国际法院院长,成为该院历史上首位中国籍院长。2010 年,史久镛从国际法院卸任之际,联合国秘书长潘基文评价他“致力发挥国际法院在和平解决国际争端等领域的角色”,工作“令人敬佩”。回国后,再次出任外交部法律顾问,此后又应邀担任外交部国际法咨询委员会顾问,继续在重大法律问题上,为国家建言献策。

史久镛在外交和国际法战线辛勤耕耘 60 余年,为维护国家主权、安全、发展利益和国际公平正义做了大量工作。全程参与中英香港问题谈判,参与设计一系列具有开创意义的法律制度安排,为香港平稳过渡与顺利回归做出贡献。在任联合国国际法委员会委员和国际法院法官,特别是担任院长期间,以精湛学识、公正品格和勤勉作风履行职责,赢得国际社会和国际法学界普遍赞誉,为国家民族争光。卸任国际法院院长职务后,90 岁高龄仍积极工作,在涉外法律事务中做出突出贡献。②

四、服务改革开放新征程

习近平总书记指出,“我们应该共同推动国际关系法治化。推动各方在国际关系中遵守国际法和公认的国际关系基本原则,用统一适用的规则来明是

① 参见《中共中央　国务院关于表彰改革开放杰出贡献人员的决定》,载中国政府网:www.gov.cn,最后访问日期:2019 年 6 月 24 日。

② 参见《史久镛:外交领域国家利益的忠实捍卫者》,载新华网 www.xinhuanet.com,最后访问日期:2019 年 6 月 24 日。

非、促和平、谋发展。”①条法司是外交部条约法律工作的主管部门。根据中央赋予外交部的主要职责，条法司主要负责办理国家对外缔结双边、多边条约事务，负责国际司法合作有关事项，负责或参与处理涉及国家和政府的重大涉外法律案件，协助审核涉外法律法规草案，组织协调有关我国履行国际公约、协定工作。随着国际关系和国际法的发展，新时代中国特色大国外交的条法业务极大拓展，渗透到外交事务的方方面面，上至外层空间，下达深海洋底，大到维持和平，小到稀有物种保护。概括地说，包括如下十个大项：

（一）履行外交法律顾问职责，为总体外交提供法律支撑

外交条法工作的首要任务是围绕外交重点、难点和热点问题及外交实务中的重大法律问题开展法律调研，深入研判国际秩序和国际体系演变、我国在国际规则体系中的地位和影响，为中央外交决策和国家外交实践提供决策参考和法律支撑，努力实现“道义上有理、政治上有利、法律上有据”。其中包括：从国际法角度研判形势，撰写调研，提出建议；会签部内部外各单位涉及条法业务的各式请示、报告等公文；通过法律意见书的方式，有针对性地就外交工作中的特定法律问题研提法律意见，为外交实践提供重要法律指引；就外交部法制工作提出意见和建议等。

（二）深度参与国际立法进程，积极拓展我制度性权力

多边是条法外交的主要舞台。外交战线有一个基本判断，即国际秩序之争在根本上是规则之争。作为多边外交的重要参与方，我国应坚持多边主义，提高议题设置能力，全方位深度参与联合国及其各专门机构主持下的多边国际立法进程以及海洋、极地、外空、网络、烟控、人权、反腐败、环境保护、气候变化、打击跨国有组织犯罪等领域的国际会议和规则谈判，积极参与联合国国际法委员会、联大法律委员会、和平利用外空委员会、预防犯罪和刑事司法委员会、海牙国际私法会议等机构的工作，增进我对国际立法进程的影响，力争国际规则反映我利益需要。积极推广“中国理念”，提出“中国方案”，抢占未来国际秩序的主导权。

（三）加强和改善条约管理，提升条约管理科学化水平

条约是国际关系的基本工具和国际法的主要渊源。条约管理是条法外交的基础义务，也是核心业务。中华人民共和国成立以来，我国已累计签订双边

---

① 习近平：《在和平共处五项原则发表60周年纪念大会上的讲话》，载《人民日报》2014年6月29日，第2版。

条约25 000多项,加入国际公约500多项(含公约修正案)。最近几年,每年都新签双边条约600～700项。一方面,新条约数量不断增加;另一方面,相当一部分条约因为已履约、已过期或已失效而终止,条约管理任务十分繁重。为提升条约管理的科学化、信息化、专业化和动态化水平,外交部条法司启动并完成了条约管理数据库建设,①并着手缔约程序法实施细则的制定。加强依法行政,下大力办好中央机关条约法培训班,坚持缔约错情通报制度,提高各部门依法缔约和履约意识。稳步推进双边条约清约工作,铸牢双边合作法律基础。编撰出版双边和多边条约集。②

(四)大力推进深海远洋极地外空"蓝色外交",维护和拓展我长远利益

以建设海洋强国为统领,坚决维护国家主权和海洋权益。全力应对周边海权争议,打好钓鱼岛、黄岩岛、南海问题法律仗,挫败日本依冲之鸟礁攫取大片管辖海域的非法图谋;全面参加《联合国海洋法公约》有关机构工作,引导建立公正合理的国际海洋秩序;积极落实"人类共同继承财产"原则,大力开展国际海底工作。我国是同时在太平洋和印度洋拥有专属勘探区的海洋大国,是极少数对海底三种矿产资源提出申请的国家之一;积极参与南北极事务,大力拓展远洋渔业、海洋科研及打击海盗等领域工作。"蛟龙号"载人深潜创世界纪录,并实现深海与外空的对接。在外空领域,积极推动空间领域的国际合作和规则制定,反对外空军事化和武器化,稳妥推进外空资源和空间技术的商业应用,促进北斗导航系统的国际化。

(五)全力做好气候变化谈判和国际环境治理"绿色外交",服务国家可持续发展战略

深入参与、积极引领环境与发展领域国际规则的制定和实施。全力投入应对气候变化国际谈判和国际合作,推动气候变化南南合作,坚定捍卫"共同但有区别的责任"原则,推动建立公正合理有效的国际减排制度,为达成巴黎协定及

---

① "中华人民共和国条约数据库"已于2018年12月底上线试运行至2019年7月1日,此后将转入正式运行,免费向社会公众开放。网址:http://treaty.mfa.gov.cn。

② 外交部条法司自1957年起编辑出版《中华人民共和国双边条约集》,通常每年出版一集,收录自1949年起每年我国同外国或国际组织签订的双边条约及条约性文件;自1986年起开始不定期编辑出版《中华人民共和国多边条约集》,收录我国参加的多边国际公约。此外,还编辑出版了《双边司法协助条约集丛书》(共三集),其中,《刑事司法协助条约和移管被判刑人条约集》收录33个条约,《民商(刑)事司法协助条约集》收录35个条约,《引渡条约和打击三股势力条约集》收录38个条约。

其实施细则做出重大贡献。积极参与大气、陆地、水域污染防治相关国际公约谈判和履约,加强生物多样性、湿地、荒漠化及濒危动植物保护等领域国际合作,承办联合国《防治荒漠化公约》第13次缔约方大会,协助办好库布其国际沙漠论坛,打造环境保护和生态治理领域国际合作新亮点,努力推动建设一个清洁美丽的世界。

(六)积极开展境外追逃追赃反腐败"红色外交",服务国内反复倡廉建设

以追逃追赃和反腐败大案要案引领,拓展我对外司法执法合作。积极推进中外司法协助和引渡条约谈判,稳步构建和扩大中外司法合作网络。我国已与70多个国家签订了刑事司法方面的协定,打击跨国犯罪的国际司法合作之网正越织越密。进一步推动与有关国家的机制性双边合作,扎实做好《联合国反腐败公约》和《联合国打击跨国有组织犯罪公约》后续谈判和履约审议工作。与加拿大完成我国首个双边犯罪资产返还和分享协定谈判。协助中央追逃办开展境外追逃追赃专项行动,取得显著成效和震慑作用。2014年以来,已从120多个国家和地区追回外逃人员近6000人,追赃142.48亿元人民币。截至2019年6月底,集中公布的"百名红通人员"已归案58人,其中有多名大案要案犯罪嫌疑人,如杨秀珠、李华波、黄玉荣、赖明敏等。

(七)积极开拓"数字外交"新领域,抢抓网络空间国际秩序构建的主导权

网络秩序和安全问题日益重要。没有网络安全就没有国家安全。党的十八大报告将网络安全与粮食安全、能源资源安全并列为需要面对的国际挑战之一。近年来,我们大力加强涉网络外交工作,积极参与网络问题"伦敦进程",着力提升我国在网络空间治理方面的话语权,维护我国网络空间安全。密切跟踪研判网络空间形势发展和新动向,深入研究网络主权、网络犯罪、网络攻击、网络知识产权、网络空间国际治理等问题,妥善应对西方利用互联网自由对我国推行价值观外交。大力加强对网络空间秩序构建和规则制定的参与和影响,提出了网络主权、平衡、和平利用、公平发展和国际合作等项原则。成功启动与多个国家的双边网络安全磋商机制,牵头建立了"网络犯罪及相关网络安全国际立法部际协调机制",加强打击网络犯罪国际司法合作。

(八)精心做好涉港澳台条法工作,促进特区长期繁荣稳定和两岸关系和平发展

按"一国两制"的方针,妥善处理中外双边条约和国际公约在我国香港、澳门特别行政区的适用问题;支持香港特别行政区打造区域法律服务和纠纷解决中心,促成海牙国际私法会议在港设立亚太办事处,成功在香港和澳门两特区举办国际法进校园和交流活动，定期举行中央政府条法部门与两特区律政部门负责人年度机制化磋商，为两特区公务员培训国际法。积极探索国际习惯法认定和涉港问题的妥善解决，稳妥应对涉及中央政府事权的司法诉讼案。为两特区政府参加人权公约和反腐败公约履约审议作出适当安排。妥善处理涉台法律问题，积极开展涉台法律调研，为两岸关系和平发展提供法律服务。

（九）强化条法外交的经济内涵，服务经济发展和全面建成小康社会目标

深入研究"一带一路"相关法律问题（例如，如何搭建合作法律框架，如何用好多边条约资源，如何保障合作各方尤其是投资方的合法权益，如何妥善处理合作争议等），积极推动构建"一带一路"合作条约协议网络，全力做好"一带一路"法治保障。截至 2019 年 4 月 30 日，中国已与 131 个国家和 30 个国际组织签署了 187 份共建"一带一路"合作文件，①与沿线国家签署双边投资协定、民航协定、避免双重征税协定各 60 余项，双边银行监管协议 30 余项，司法协助、引渡和打击三股势力条约 70 余项，条约协议网络初见雏形。积极参加投资协定、税收协定、民航协定、社保协定等经贸类条约的谈判，牵头完成烟控公约议定书谈判和签署工作，积极参与并促成视听表演公约通过和签署。深入研究经贸热点问题，围绕我加入世贸组织政府采购协议开展专题研究，为谈判提供支撑。推进国家豁免立法研究，妥善应对涉我主权滥诉案和国家豁免案。

（十）着力做好条法外宣公共外交，服务外交大局

条法外宣和公共外交是我国条法外交的重要组成部分，旨在积极宣传中国的国际法治观，特别是配合中国特色大国外交的外交理念创新，在国际法治领域发出中国声音，占据国际法理论和道义的制高点，扩大国际影响力。与俄罗斯等战略合作伙伴和亚非法协等友好组织合作开展国际法制宣传和培训活动。对内，积极开展普法宣传，开设有"中国国际法前沿"网络公众号，以"傅铸"笔名发表评论，从国际法角度分析国际关系和我外交中的重点和热点问题，提高全社会的国际法治意识，加深对国家重大外交政策和举措的理解；走进机关、校园和香港、澳门特别行政区，进行国际法理论与实践宣讲活动，引导公众正确解读我外交政策，有力配合外交整体工作。加强政学结合，建立与国内高校的交流合作机制，积极推动中国国际法智库建设，协调推动国际法学界为国家外交事业服务。

---

① 《已同中国签订共建"一带一路"合作文件的国家一览》，载中国"一带一路"网：www.yidaiyilu.gov.cn，最后访问日期：2019 年 6 月 24 日。

第二节 当前条法外交领域的总体态势

一、国际法发展演变的基本态势

现存的国际秩序及规范现存国际秩序的原则、规则和机制是在第二次世界大战后形成起来的，并在包括联合国宪章在内的一系列国际法律文书中得以确立。① 它大体上包括三个方面的内容：一是关于国际社会主体结构的规定，其基本原则是：国家是国际关系和国际法的基本主体；个人和法人受其属人国法律的管辖，在国际上则受本国政府的外交保护；二是关于国家间相互关系的基本行为准则，其中最重要的是各国主权平等、互不干涉内政、禁止非法使用武力、和平解决国际争端、善意履行国际义务等基本原则；三是关于维持国际秩序的机制，主要是以联合国安理会为核心的集体安全保障机制和以自愿管辖为基础的国际司法裁判机制。

对现存国际秩序的原则、规则和机制的冲击由来已久，并且来自不同的方向，冷战结束后冲击的广度和力度有所加强，近年来更有所加剧。② 这一趋势在20 世纪末所发生的奥贾兰案、皮诺切特案、科索沃战争和东帝汶危机以及 21 世

---

① 此类法律文书主要包括：多边造法性国际公约；联合国和其他政府间国际组织或会议通过的含有法律原则的章程、宣言和决议；宣示国际关系准则的双边法律文书。前者如《联合国宪章》《国际法院规约》《维也纳外交关系公约》《维也纳领事关系公约》《维也纳条约法公约》《外层空间条约》《联合国海洋法公约》《联合国气候变化框架公约》《国际刑事法院罗马规约》《联合国反腐败公约》等；联大通过的宣言和决议有《国家权利义务宣言草案》《关于各国内政不容干涉及其独立与主权保护宣言》《关于各国依联合国宪章建立友好关系及合作之国际法原则宣言》《建立新的国际经济秩序宣言》《各国经济权利和义务宪章》；其他国际组织通过的章程和决议有《美洲国家组织宪章》《亚非（万隆）会议宣言》《非洲统一组织宪章》《欧洲关于指导与会国间关系的原则》等；在双边法律文书方面，最典型的就是中国与其他国家间承认和平共处五项原则为处理彼此间关系基础的联合声明、联合公报和双边条约，如《中华人民共和国和印度共和国关于中国西藏地方和印度之间的通商和交通协定》《中华人民共和国和美利坚合众国联合公报》《中华人民共和国和日本国和平友好条约》《中华人民共和国与俄罗斯联邦睦邻友好合作条约》《中华人民共和国和俄罗斯联邦关于促进国际法的声明》等。

② 参见黄惠康：《世纪之交国际法发展演变的动态与趋势》，载李双元主编：《国际法与比较法论丛》（第 1 辑），中国方正出版社 2002 年版；黄惠康：《当代国际法的若干发展趋势》，载《西安政治学院学报》2013 年第 4 期；黄惠康：《国际法的发展动态及值得关注的前沿问题》，载《国际法研究》2019 年第 1 期。

纪以来在中亚、中东和北非地区蔓延的“颜色革命”，[①]伊拉克、利比亚、叙利亚、也门、委内瑞拉危机等一系列重大国际事件中有较为集中的反映。

（一）国际社会的主体结构进一步多元化，以主权国家为基本主体的国际法体系受到挑战

传统国际法只调整国家间的关系，而且主要是国家间的政治关系，因此，国家被认为是国际法的唯一主体，个人和法人只是国际法的客体。[②] 第二次世界大战后，国际法的调整对象趋于多样化，以国家作为单一主体的国际社会结构开始发生变化，并一直处于发展演变之中，其总趋势是范围扩大、种类增多、数量增加。随着民族解放运动的兴起，正在争取独立的民族获得了国际法主体的资格；随着国际合作的扩大，政府间国际组织大量涌现，并被成员国赋予一定的权利能力和法律能力，其国际法律人格得到了确认，地位和作用日益增强。[③]

近期的一个趋势是：大量的非政府间国际组织、私营的跨国公司、民间团体、社交媒体以及个人开始愈来愈多地出现在国际舞台上，对政府决策的影响力明显增大。非政府实体和个人的国际法律地位问题已成为国际法理论和实践中的一个热点问题。在西方法学界，主张赋予个人和法人国际法主体资格的观点颇为流行，以英国的劳特派特和美国的杰塞普为代表。[④]

国际社会从单一结构向多元结构发展的一个重要结果是，国家至高无上的

---

① 例如，2003 年格鲁吉亚的“玫瑰革命”（“玫瑰花革命”），2004 年乌克兰的“橙色革命”（“栗子花革命”），2005 年伊拉克的“紫色革命”（选举时涂紫色墨水捺手印），2005 年黎巴嫩的“雪松革命”（雪松是黎巴嫩国树），2010 年吉尔吉斯斯坦的“黄色革命”（吉尔吉斯斯坦首都市花是黄色的迎春花），2010 年突尼斯的“茉莉花革命”（茉莉花系突尼斯国花）。在缅甸、伊朗、白俄罗斯、哈萨克斯坦等国也爆发了一定规模的“颜色革命”。

② 参见周鲠生：《国际法》（上册），商务印书馆 1976 年版，第 62 页；王铁崖主编：《国际法》，法律出版社 1981 年版，第 100 页；赵理海：《国际法基本理论》，北京大学出版社 1990 年版，第 152 页；李双元、黄惠康主编：《国际法》，中南工业大学出版社 2000 年版，第 119～125 页；邵津主编：《国际法》（第 5 版），北京大学出版社 2014 年版，第 7～10 页。

③ 有国际法学者将 19 世纪称为“国际会议的世纪”，而将 20 世纪称为“国际组织的世纪”。据不完全统计，世界上各类国际组织机构数以万计，其中重要的政府间组织就有数百个，它们中的绝大多数是在 20 世纪 50 年代之后建立的。参见梁西：《国际组织法》，武汉大学出版社 1998 年版，第 32～34 页。

④ 劳特派特在其修订的《奥本海国际法》（第 7 版）中提出，“虽然国家是国际法的正常主体，但是国家可以将个人或其他人格者视为是直接被赋予国际权利和义务的，而且在这个限度内使他们成为国际法的主体”。上述观点在詹宁斯、瓦茨修订的《奥本海国际法》（第 9 版）中保留了下来。杰塞普认为，“国际法应界定为是适用于国家相互关系中的国家以及个人与国家之间关系中的个人的法。”

地位受到一定程度的削弱和限制,国家主权受到多方面的制约,政府在国际事务中的决策能力有所降低,而国际组织、非政府实体、社交媒体以及个人的发言权则有所增大。[①]

国际社会主体结构变化的另一个重要结果是大大提升了多边外交的地位和作用。近20年来,多边外交,包括多边立法活动空前活跃,特别是出现了首脑外交的热潮,从1992年里约环境与发展首脑会议到2000年的“千年首脑会议”和安理会“五常”首脑会议,到2008年国际金融危机后的G20峰会、金砖国家峰会,各国元首频频聚会,探讨解决重大国际问题的途径和方法。[②] 多边外交的内容日趋丰富,形式日益组织化、机制化和多样化。联合国和有关国际组织主持的全球性谈判日益增多,范围越来越广泛。此外,各种区域间的、区域的和次区域的多边外交也渐成气候,而且形式多样。[③] 多边外交中的力量组合不再固定化,各国以利益为纽带组成不同的利益集团,并以此进行合作或斗争。意识形态、社会制度、宗教和文化传统、不同的经济发展水平以及对特定事项的利害关系等因素均可成为利益集团的聚合纽带,如核裁军中的核能力,气候变化谈判中的能源结构和能源政策,海洋法中的地理位置等。多边谈判的结果往往取决于集团间的力量对比状况,并且往往是斗争与妥协的产物。大国在多边外交中的作用仍举足轻重,但个别国家已难以主导多边进程。多边外交中的集团化趋势对国际立法活动产生了重大影响。

就国家而言,国家间力量对比的格局也发生了重大变化。随着东西方冷战的结束,相对平衡的两极体制宣告终结,随后出现了“一超多强”并存的新格局,多极化趋势在曲折中前行;全球发展失衡,国家间的贫富差别加大,“发展鸿沟”

---

① 参见周毅之:《全球化进程中的国家主权原则和公民与政府的合作关系》,载《政治学研究》2001年第3期;任卫东:《全球化进程中的国家主权:原则、挑战及选择》,载《国家安全研究》2005年第6期;刘健、蔡高强:《全球化进程中国家主权的让渡与维护》,载《湘潭大学学报》(哲学社会科学版)2012年第4期。

② 参见《王毅谈中国元首外交:有其他交往无法替代的重要作用和战略价值》,载环球网:www.huaiqiu.com,最后访问日期:2019年6月25日。

③ 如亚太经合组织、亚欧首脑会议、中非合作论坛、中国—拉共体合作论坛(中拉论坛)、东盟与中国(“10+1合作”)及与中、日、韩间的“10+3会议”、中国—东盟澜沧江—湄公河合作(澜湄合作)、中、俄、哈、吉、塔间的“上海五国会议”和上海合作组织等。

加深，实质上的不平等加剧。[①] 这也是一些国家频频发生社会动荡和爆发“颜色革命”的其中一个深层次原因。[②] 世界处于百年未有之大变局。在新的国际格局下，强大的国家图谋扩张，新兴国家奋力崛起，弱小国家竭力自保，由此演绎出国际关系的新篇章。扩张与反扩张、限制与反限制、遏制与反遏制已成为当代国际关系的主要特征之一，并集中体现在有关国际新秩序的斗争之中。

另一个值得注意的新动向是，在是非判断的价值取向上出现了强调以人为本的人本主义倾向，[③]个人在国际法上的地位趋于提高。国家与其国民的关系，特别是在人权领域的关系，已不再是完全属于一国国内管辖的事项，它也是国际社会关注的事项。保护人权的国际立法成为国际立法的一个优先领域。[④] 在涉及国家与个人的关系时，国际舆论和道义判断的天平往往向处于弱势的一方（个人）倾斜。联合国安理会关于科索沃问题的一系列表决结果从一个侧面反映了这一动向。[⑤] 当道义与法律（合理与合法）之间出现尖锐矛盾时，在道义上占先的一方一定会据此挑战现有的法律规章。在“人道主义干涉合法”“人权高于主权”的论争中，可以清楚地看到这种挑战。[⑥]

---

① 2018 年全球经济总量 84.74 万亿美元。经济合作与发展组织（OECD）34 个成员国，人口总量约占全球人口总量的 18%，经济总量则占比则高达 70% 多，其中美日德英法意加七国集团占比达 45.85%。虽然由于中国、印度等新兴国家的快速发展一定程度上降低了西方国家的占比优势，但发达国家与发展中国家之间总体上的“发展鸿沟”仍在进一步加大，除去金砖五国的 GDP 总量（占全球的 23.60%），160 多个发展中国家的 GDP 总量占比不及全球的 6%。人均 GDP 的差距已从 20 世纪 80 年代初期的 43 倍扩大到现今的约 60 倍。在发达国家中，人均 GDP 最高的已超过 10 万美元（卢森堡，11.40 万美元）；北欧五国人均 GDP 均在 4.9 万美元以上，其中挪威、冰岛已超 7 万美元；西方七国集团人均 GDP 均在 3 万美元以上，最高的美国达 6.26 万美元，最低的意大利也有 3.42 万美元。2000 年，被联合国列入世界最不发达国家名录的国家有 48 个之多，比 1971 年的 25 国增加了近 1 倍，其中非洲 33 个，亚洲 9 个，太平洋地区 5 个，加勒比海地区 1 个。

② 参见《王毅：当今世界存在三个方面的赤字问题》，载国际在线网 www.cri.cn，最后访问日期：2019 年 6 月 25 日。

③ 参见曾令良：《现代国际法的人本化发展趋势》，载《中国社会科学》2007 年第 1 期；何志鹏：《全球化与国际法的人本主义转向》，载《吉林大学社会科学学报》2007 年第 1 期；张晓京：《论国际法的人本主义理念》，载《湖北社会科学》2006 年第 11 期。

④ 2000 年 5 月 25 日，联合国秘书长科菲·安南致函各国领导人，提请与会的各国领导人利用“千年首脑会议”的特殊机会，在会议期间表明其对国际法律框架的支持，并继续致力于该框架的建设，并提交了一份据称体现联合国主要目标的 25 项核心条约的清单，其中人权类公约有 14 项，占清单条约总数的 56%。

⑤ 安理会 1998 年 3 月 21 日第 1160（1998）号决议，1998 年 9 月 23 日第 1199（1998）号决议，1998 年 10 月 24 日第 1203（1998）号决议，1999 年 5 月 14 日第 1239（1999）号决议等。

⑥ 参见甄延：《“人道主义干涉”于法不容》，载《人民日报》1999 年 6 月 21 日，第 4 版。

（二）强权政治和霸权主义对现行国际关系准则的冲击加剧，维护还是削弱国家主权成为国际新秩序之争的首要问题

1. 对主权平等和不干涉内政原则的冲击

对主权平等和不干涉内政原则的冲击主要来自肆意干涉他国内政的强权政治和霸权主义。西方利用其国际话语权优势，在国际媒体、联合国和其他国际论坛，操纵国际舆论，强力造势，企图将西方价值观抬高到“人类价值观”的地位，并推行狭隘人权观，将个体人权置于集体人权之上，置于发展权之上，偏执人权的国际性而否定人权的内政属性，大搞所谓的“人权外交”，为改变或修改现有法律准则作舆论准备。20 世纪末的科索沃危机为西方推销其主张提供了一个机会。[①] 于是，种种旨在限制或削弱国家主权的谬论纷纷出笼，即所谓的“人权高于主权”“人权无国界”“人道主义干涉合法”“主权有限论”“主权过时论”“联合国宪章过时论”。而鼓吹人权至上霸权主义的“克林顿主义”和推行单边主义先发制人的“布什主义”则将干涉主义政策诉诸美国的国家外交实践。

当前，人权问题已成为国际法上的一个突出问题和南北斗争的一个焦点。近 20 年来，国际政治、经济、社会、安全各领域几乎时时处处有人权问题的出现，国际关系中的这种人权化趋势极大地改变了国际机制的议程和活动。联合国即是一面镜子。最近的几任联合国秘书长均突出强调人权问题在联合国议程中的重要性。[②] 1992 年 12 月联合国在索马里的维和行动则为在联合国旗帜下进行所谓的“人道主义干涉”开创了先例。[③] 而 2010 年的科特迪瓦维和战争，虽有联合国安理会的授权，但在实施过程中明显超越授权，引发争议。

2. 对禁止非法使用武力及和平解决争端原则的冲击

在遵循禁止非法使用武力及和平解决国际争端原则方面，在西方国家的实践中存在两种矛盾的倾向，扩大与限制并存：一方面，扩大本国在国际关系中“合法”

---

① 参见钱文荣：《人道主义干预与国家主权——科索沃战争的教训》，载《和平与发展》2000 年第 3 期。

② 1991 年，时任联合国秘书长德奎利亚尔宣称：目前一个日益上升的认识是，不得干涉基本上属于国家内部管辖事务的原则，不能被用来庇护大规模地、有系统地、不受惩罚地违反人权的行为。1992 年，新任秘书长加利更直接了当地表示：主权绝对论的时代一去不复返了。在 1999 年科索沃危机中，时任秘书长安南则多次公开表示支持所谓的“人道主义干涉”。

③ 在联合国 60 多年的维和史上，索马里维和行动开创了数个“第一”：第一次未经目标国政府同意，即派维和部队进驻目标国执行人道主义使命；安理会第一次将《联合国宪章》第七章下的权力扩大到对纯粹的人道主义危机采取行动；第一次未与国内冲突中的有关各派别事先谈判，便对一国国内政治机构进行改造。

使用武力的范围;另一方面,则限制他国在本国境内合法使用武力的权利。

(1)主张"人道主义干涉合法"的"新炮舰主义"抬头。西方列强频频使用武力或武力威胁强力推行其外交政策,科索沃战争、利比亚战争、叙利亚战争即是明证。最新的例子是,美西方对委内瑞拉国内局势的肆意干涉。[①] 暗中扶植支持反对派,煽动或加剧社会动乱,在"人道主义"的旗号下对执政当局实施制裁,扬言军事干预,并诉诸联合国安理会,这是美西方人道主义干预的惯用手法。

(2)以打击国际恐怖主义为名而使用武力。1998 年 8 月,美国因驻肯尼亚和坦桑尼亚大使馆遭受恐怖主义袭击而轰炸了据称与恐怖袭击事件有关联的阿富汗和苏丹。2000 年 12 月,又以阿富汗塔利班支持恐怖主义头目本·拉登为由,促使联合国安理会通过了制裁塔利班的决议,要求塔利班限期交出拉登,并于 2001 年 10 月 7 日,发动了长达 13 年的阿富汗战争。[②] 除美国外,其他一些国家也曾以打击国际恐怖主义为由,对有关国家威胁使用武力。如 1998 年 10 月,土耳其以叙利亚长期支持和庇护反对土耳其政府的库尔德工人党首领奥贾兰为由,以大兵压境对叙利亚进行了最后通牒式的武力威胁,要求叙利亚政府引渡奥贾兰并停止支持库尔德工人党。结果,奥贾兰被迫离开了叙利亚。[③]

值得注意的是,在反对国际恐怖主义问题上,国际社会正在形成某种程度的共识,即无论出于何种政治目的,任何形式的恐怖活动都是非法的,政治犯不引渡的原则不适用于恐怖主义罪犯。[④] 在实现民族自决权的斗争方式问题上,主张采取和平方式的"非暴力观"更趋流行。制定反对恐怖主义的国际公约得

---

① 2018 年 5 月 20 日委内瑞拉在内部纷争加剧的背景下提前举行全国大选,反对党领导人瓜伊多质疑大选结果,并自行宣告当选。委国局势在美西方干预下更趋紧张。2019 年 1 月 26 日,联合国安理会应美国要求召开紧急会议讨论委内瑞拉局势。美西方指责马杜罗政府违宪,要他下台,重新举行大选。俄罗斯则针锋相对指责美国制造动荡,图谋推翻委合法政府。中俄等国呼吁遵守国际法和不干涉内政原则。美国提议安理会对委内瑞拉局势发表关注声明,15 个安理会成员国中获 9 国支持,2 国弃权,中俄等 4 国反对。美国的提议无疾而终。但美国对委内瑞拉的干预仍在疯狂进行之中。美俄展开激烈较量。

② 联合国安理会 2000 年 12 月 19 日第 1333(2000)号决议,2001 年 12 月 20 日第 1368 号决议。

③ 安国政主编:《世界知识年鉴》(1999/2000),世界知识出版社 1999 年版,第 13 页。

④ 1999 年 10 月 19 日,安理会一致通过第 1269(1999)号决议。决议"谴责一切恐怖主义行为",呼吁各国不庇护、不资助恐怖主义分子,加强反对恐怖主义的国际合作。决议还首次要求联合国秘书长在其工作报告中强调防止和打击威胁国际和平与安全的恐怖活动的必要性。

到各国普遍支持。[①] 这一趋势将对反对国际恐怖主义的国际立法产生重大影响。

各国在反恐问题上仍存在错综复杂的矛盾和斗争。美国在反恐问题上一直持双重标准,对不追随美国的国家随意乱扣"恐怖主义国家"的帽子,动辄实施制裁,甚至出动武力进行打击。发展中国家认为,解决恐怖主义的根本出路在于消除霸权主义和强权政治,主张打击恐怖主义活动的对应措施应在遵守公认的国际法准则的前提下进行,不能打着反恐的幌子,为所欲为,干涉别国内政。

(3)"预先自卫合法论"旧调重弹。1999 年以来,围绕所谓的朝鲜核导威胁,日本政府高层官员多次公开宣称日本有权对敌国基地进行先发制人的攻击,并且认为这是合法行使"自卫权"。[②] 北约对南斯拉夫的军事打击的一个所谓法律根据也是预防科索沃危机威胁地区和平与安全。多年来,在以巴暴力冲突中,以色列一方也多次以"预先自卫"为由袭击巴勒斯坦目标。

(4)联合国维持和平行动向"缔造和平"方向演变。冷战结束以来,在美英等国家的推动下,联合国安理会扩大了授权使用武力的范围,并越来越多地介入一国的内部冲突。维和行动的性质和任务也有所改变,出现了用武力"缔造和平"的倾向。在长期维和实践中逐步形成起来的指导维和行动的三项基本原则(当事国的同意;除自卫外不得使用武力;严守中立)均有所突破。例如,1991 年联合国"科伊观察团"的建立未曾获得当事国伊拉克方面的同意;在某些维和行动中,武力的使用不再限于自卫,甚至出现了滥用武力的情况;在索马里和波黑维和行动中,维和部队不同程度地卷入了驻在国的内部冲突。[③] 1992 年联合国索马里维和行动开创了援引《联合国宪章》第七章使用武力进行"人道主义干涉"的先例。安理会对热点问题的干预越来越多地冠以人道主义目的。萨尔瓦多、安哥拉、莫桑比克、利比里亚、卢旺达、布隆迪、塞拉利昂、刚果(金)、前南斯

---

① 1996 年联合国大会重新设立了反恐特委会,加紧拟订有关公约。关于《制止恐怖主义爆炸的国际条约》和《制止向恐怖主义提供资助的国际公约》已分别于 1997 年和 1999 年获得通过。目前有关反恐的国际公约已达 12 项,涉及多个领域,包括反对核恐怖主义在内的一些新公约正在草拟之中。

② 1999 年 4 月,日本防卫厅长官野吕田芳在日本众议院安全保障委员会会议上表示:"从法理上来说,即使在我国没有遭受实际损失的时候,我国也可以行使自卫权,攻击敌人的基地。"朝鲜 2009 年 4 月 5 日发射卫星后,日本自民党内"先发制人"的讨论再次活跃。参议员本一太表示:"考虑拥有应对敌方威胁的抑制,是执政党政治家的责任。"5 月 25 日朝鲜举行核试验次日,时任日本首相麻生太郎强调,日本"先发制人"策略具有无可争议的合法性。他声称,"从法理上允许进行(先发制人)攻击,这是从昭和 30 年代就有了的(定论)。"

③ 参见李双元、黄惠康主编:《国际法》,中南工业大学出版社 2000 年版,第 560 ~ 579 页。

拉夫、东帝汶、科特迪瓦等，莫不如此。这既反映了冷战后一国内部冲突对国际和平与安全的威胁加大，也反映出西方利用安理会机制主导“干预”的意图。

此外，西方国家试图将禁止在国际关系中禁止非法使用武力及和平解决国际争端的原则扩大适用于一国的内部争端或冲突，从而限制他国为维护国家主权和领土完整，反对民族分离主义，而在本国境内合法使用武力的权利，以达到削弱、遏制、分化、分裂对手的战略目的。如美英在伊拉克和利比亚两国领土内设立所谓的“禁飞区”，北约强迫南斯拉夫联盟武装力量撤出科索沃，西方对俄罗斯联邦对车臣非法武装的军事行动的干预等。

3. 对善意履行国际义务原则的冲击

善意原则寓于一切法律规则之中，一向被认为是国际法律秩序的基础。[①]依据现行国际法原则，凡有效之条约对其各当事国有拘束力，必须由各该国善意履行。条约当事国不得援引其国内法规定为理由而不履行条约。联合国会员国在《联合国宪章》下之义务与其依任何其他国际协定所负之义务有冲突时，其在《联合国宪章》下之义务应居优先。

对善意履行国际义务原则的冲击主要来自美国，突出表现为对待条约义务的“双重标准”和狭隘利己主义。具体表现形式大致有如下三种：其一，对于其他国家，美国总是强调应无条件遵守和履行条约义务，并常常以执法者自居，动辄使用制裁手段和其他强制手段，强迫他国履行条约义务；对于本国，则常常以维护国家利益为由明目张胆地从事违反条约义务的行为，如违反 1972 年《反弹道导弹条约》的规定，研制和发展所谓的“国家导弹防御系统”（National Missile Defense System，NMD）。其二，将其国内立法置于别国法律、国际条约或约定之上，扩大本国法的域外效力，推行所谓的“长臂管辖”，如臭名昭著的“赫尔姆斯—伯顿法”以及 1977 年《美国海外反腐败法》（Foreign Corruption Practices Act，FCPA）和 2002 年关于会计和公司治理一揽子改革的《萨班斯—奥克斯利公司治理法案》（Sarbanes-Oxley Act）等。[②] 其三，通过制定国内法或采取行政措施，逃避其在国际法上的国家义务和责任，例如，美国国会通过国内立法，限制《禁止化学武器公约》规定的视察制度对美国化武生产设施的实施。又如，特朗普政府公开阻挠和威胁国际刑事法院（International Criminal Court，ICC）对美国

---

① 参见许光建主编：《联合国宪章诠释》，山西教育出版社 1999 年版，第 33～36 页。

② 参见神华研究院：《美国“长臂管辖”法下的十大经典案例》，载搜狐网：https://m.sohu.com，最后访问日期：2019 年 6 月 25 日。

在阿富汗的战争罪调查。①

2001 年 1 月小布什政府上台后，美国片面追求狭隘国家利益的实用主义和单边主义倾向进一步加剧，对一些重大多边议程的立场比克林顿政府有所倒退。从拒绝批准业已签署的《京都议定书》《全面禁核试条约》《国际刑事法院罗马规约》，威胁退出作为国际战略力量平衡基石的《反弹道导弹条约》，在最后时刻单方面阻挠通过历经 6 年多艰苦谈判达成的加强《禁止生物武器公约》的议定书草案，到支持美国国会通过禁止与国际刑事法院合作的法案，在短短的几个月时间里，美国新政府在国际社会共同关心的一些重大问题上采取了一系列有悖于多边努力的单边行动。②

然而，相较于 2017 年 1 月上台的特朗普政府，小布什政府的单边主义行径只能说是"小巫见大巫"。特朗普政府在上台后的一系列"退群"行动，再次让全世界领略了美国的任性和霸道。③

（三）国际法的调整范围不断扩大，执行机制和拘束力得到了加强，国际法出现了逐步趋"硬"的势头

演变中的国际关系本身也在不时提出改变的要求，对现行国际关系准则的

---

① 2016 年 11 月，ICC 检察官办公室发布报告说，除塔利班及其组织分支、阿富汗政府军实施了战争罪行外，美国驻阿富汗军队和中央情报局也犯有酷刑、虐待等战争罪行。2017 年 11 月 3 日，ICC 检察官本苏达宣布，已向法庭申请对阿富汗武装冲突中可能发生的战争罪行启动调查。2018 年 9 月 10 日，美国总统国家安全事务助理博尔顿在一次演讲中公开表示，若 ICC 针对美国、以色列或者其他盟国展开调查，美国不会"坐视不管"，将采取禁止 ICC 有关人员入境、冻结其在美资产、依据美国法律对其起诉等手段应对。此语一出，全球哗然。参见《美国威胁阻挠国际刑事法院对美在阿富汗的战争罪调查》，载新华网：www. xinhuanet. com，最后访问日期：2019 年 6 月 25 日。

② 例如，美国的温室气体排放占全球总排放量的 1/4，美国拒绝批准《京都议定书》，使减少全球温室气体排放的国际努力严重受挫；美国不批准《国际刑事法院罗马规约》，制定禁止与国际刑事法院合作的法案，在一定程度上对建立国际刑事法院的进程产生了迟滞效应；美国政府将其参与联合国维和行动与免受国际刑事法院管辖问题挂钩，直接影响美国参与维和行动，导致安理会采取维和行动的能力被削弱；美国对几项重要的军控和裁军条约的消极态度，对国际社会的相关努力产生了负面影响。

③ 特朗普政府推行"美国优先"的单边主义外交政策，"退群"成瘾。2017 年 1 月 23 日宣布退出跨太平洋伙伴关系协定；6 月 1 日，宣布将退出应对气候变化的《巴黎协定》；10 月 12 日，决定退出联合国教科文组织，2018 年年底生效；12 月 2 日，退出《全球移民协议》。进入 2018 年，"退群"仍在继续。5 月 8 日，单方面宣布退出伊核协议。6 月 19 日，退出联合国人权理事会。10 月 3 日，退出《维也纳外交关系公约关于强制解决争端之任择议定书》。10 月 17 日宣布，即日起启动退出万国邮政联盟的程序。在未来一年内，美国将在万国邮政联盟内部就新规则进行双边或多边谈判；如不能达成协议，美国将退出万国邮联。2019 年 8 月 2 日，正式宣布退出美俄间的《中导条约》。美国还宣布要退出联合国《武器贸易条约》。特朗普还不止一次地威胁要退出世界贸易组织。

发展产生影响。世界各国的相互依存不断加深,人类共同关心的事项日益增多,国家的主权和利益越来越多地超越了地缘意义,以现代高新科技为先导的经济全球化对国际法的影响亦日趋明显。新的法律问题层出不穷,有关电子商务、信息传播、金融安全、网络安全、防范和打击高科技犯罪的法律问题受到各国的高度重视,相关的国际立法势在必行。

从法律上看,国际法既为国家创设权利,也为国家设定义务。在国家每每因缔结国际协定而享受该协定所赋予的权利和利益的同时,也必然因此承担了相应的国际义务,从而使自己的主权受到一定的限制或制约。权利和义务是相对称的,大凡国际协定,均是如此。

顺应国际交往扩大,国家间相互依存关系加深的客观需要,并且在国际政治多极化和经济全球化等多重因素的作用下,国际法治得到了逐步加强。

1. 由于科学技术的发展,生产力的提高,人类的生存空间和活动天地极大地扩展,国际法的调整范围和领域也随之不断扩大,调整对象不断增多,外层空间的探索和利用、海洋资源开发,原子能利用,军备控制和裁军、跨国犯罪的预防和惩治,全球环境保护等一系列新的领域进入了国际法的调整范围,可以说,上至外空,下达洋底,大到维持全球和平,小到稀有物种保护,无所不包。国际法调整范围的扩大,意味着国际管辖范围的扩大,国际管转事项的增多,其必然结果是国际法将越来越多地涉足原来由国内法专属管辖的领域和事项,国际管辖与国内管辖的范围与界限更趋复杂。

2. 国际法调整范围的扩大,极大地促进了国际规则的制定活动。近 30 年来,在国际法的各个领域缔结了数以百计的多边公约,①双边条约更是不计其

① 例如,《禁止或限制使用某些被认为具有过分伤害力或滥杀滥伤作用的常规武器公约(和议定书)》(1980 年)、《联合国海洋法公约》(1982 年)、《禁止酷刑和其它残忍、不人道或有辱人格的待遇或处罚公约》(1984 年)、《关于国家和国际组织间或国际组织相互间条约法的维也纳公约》(1986 年)、《儿童权利公约》(1989 年)、《联合国气候变化框架公约》(1992 年)、《生物多样性公约》(1992 年)、《关于禁止发展、生产、储存和使用化学武器及销毁此种武器的公约》(1993 年)、《保护联合国及有关人员安全公约》(1994 年)、《联合国关于在发生严重干旱和/或荒漠化的国家特别是在非洲防治荒漠化的公约》(1994 年)、《全面禁止核试验条约》(1996 年)、《联合国气候变化框架公约京都议定书》(1997 年)、《国际水道非航行使用法公约》(1997 年)、《制止恐怖主义爆炸的国际公约》(1998 年)、《国际刑事法院罗马规约》(1998 年)、《制止向恐怖主义提供资助的国际公约》(1999 年)、《联合国打击跨国有组织犯罪公约》(2000 年)、《网络犯罪公约》(2001 年)、《联合国反腐败公约》(2003 年)、《联合国国家及其财产管辖豁免公约》(2005 年)、《制止与国际民用航空有关的非法行为的公约》(2010 年)、《视听表演北京条约》(2012 年)、《巴黎气候变化协定》(2016 年)等。

数,从而使国际法规范(“游戏规则”)总量大幅度增加,导致新的法律制度、原则和规则的不断产生。而每一项新的国际法律制度、原则和规则的产生,都意味着国家需承担新的国际法律义务。

3. 国际法的执行机制和拘束力逐步强化。国际法曾被一些学者称为“软法”,甚至有人否认国际法的法律性质,认为国际法不是真正的法律,而是所谓的“国际实在道德”,其中主要的根据就是国际法的强制力不如国内法,在国家的国际法权利受到侵犯时,受害国主要是依靠本国或盟国的力量,来捍卫自己的合法权益。① 冷战结束以来,特别是近年来,这种情况有了很大的改变,国际法出现了逐渐趋“硬”的势头。突出表现在以下几个方面:

(1)加强了履行条约义务的监督核查机制和争端解决机制。新近缔结的军控、环保、贸易、人权等领域的一些条约,都规定有较为严格的核查、监督、报告、评审、违约制裁等执法机制,并常伴以强制性履约措施。②

(2)加强了违约惩治的力度,国际制裁成为强迫履约的一种重要手段。由于现行的国际“游戏规则”多是在西方的主导下形成的,西方乐意借助强力保证这些规则得到实施。近年来,西方频频使用贸易禁运等双边制裁措施或利用多边制裁机制,强迫他国按照对其有利的“游戏规则”行事。在所谓维护“国际法治”的旗号下,利用合法手段,达到自己的政治目的,已成为西方在新世纪建立对其有利的国际新秩序的一个重要手段。③

(3)国际性司法裁判机制趋于加强,国际性司法机构趋于增多。除联合国国际法院外,又陆续建立了国际海洋法法庭、前南斯拉夫国际刑事法庭、卢旺达国际刑事法庭、国际刑事法院,在区域一级,还有欧洲人权法院、美洲人权法院等。越来越多的条约规定了以司法手段解决争端的义务和程序,主权国家接受

---

① 参见李双元、黄惠康主编:《国际法》,中南工业大学出版社2000年版,第7~8页。

② 例如,《禁止酷刑公约》《消除种族歧视公约》《儿童权利公约》《防止荒漠化公约》《核安全公约》等一系列国际公约均规定有缔约国定期向公约组织或缔约国大会递交国家履约报告并接受审查的制度;《禁止化学武器公约》《全面禁核试条约》等公约规定有严格的现场核查制度。

③ 作为由安理会建立的特设国际司法机构,前南斯拉夫国际刑事法庭(以下简称前南刑庭)实质上是西方解决前南斯拉夫问题的一个辅助工具。1998年科索沃危机爆发后,在西方的操纵下,前南刑庭的政治工具作用得到了加强。1999年5月,为配合北约对南联盟的军事行动,前南刑庭起诉了包括米洛舍维奇在内的五名南联盟时任领导人并发出了国际逮捕令,其后又拘捕了若干名波黑塞族高层官员。2001年南联盟政局突变后,前南刑庭一再要求南联盟新政府引渡米洛舍维奇。但在北约轰炸科索沃的问题上,前南刑庭却以证据不足为由拒绝对北约的有关行为展开调查,对美国轰炸我国驻南联盟大使馆一事也只援引了美方有关“误炸”的解释。

国际司法机构管辖的压力增大，在人权、环境、海洋法领域尤其明显。国际性司法机构的增多，在一定程度上反映了国际社会对国际司法裁判信心的加强，反映出国际司法在维护国际法律秩序中地位和作用的提高。

(4)普遍司法管辖权趋于扩大，对侵犯人权的追诉趋于国际化。最新的趋势是将所谓侵犯人权的罪行列入普遍司法管辖的范围，并限制了司法豁免的适用范围。① 英国司法机关拘禁智利前总统皮诺切特，启动引渡的司法程序，开创了对前国家元首在职时的公职行为进行追诉的先例；②前南斯拉夫国际刑事法庭检察官对米洛舍维奇总统等南联盟领导人下达国际逮捕令，开创了对现任国家领导人的公职行为进行刑事追诉的先例。③ 西方国家对柬埔寨审判原红色高棉领导人的干预也是西方将普遍司法管辖扩大到人权问题的图谋。④ 对他国内政的干涉手段，已从政治施压、经济制裁、武力干涉，发展到通过国际司法机制追究行为人的刑事责任。

---

① 1992年美国制定了《酷刑受害者保护法》。该法规定：无论有关的酷刑和任意处死发生在何处，美国联邦法院都有管辖权。该法将1789年美国《外国人侵权诉讼法》授予外国人民事诉讼权利的范围从一般性的民事侵权案扩展到了侵犯人权的案件，从而在法律上为美国法院介入“人权诉讼”敞开了大门，也为各种“政治难民”和反政府势力利用美国司法程序进行反对本国政府的图谋提供了便利。1992年以来，美国联邦法院已受理并裁判了数十起针对外国政府高级官员的民事诉讼。如2000年8月10日，美国纽约曼哈顿联邦法院缺席判决前波黑塞族领导人卡拉季奇向1992年波黑内战期间受到强奸和酷刑的波黑妇女赔偿7.45亿美元。但绝大多数判决未能执行。

② 应西班牙法官加尔松等人的要求，智利前总统皮诺切特于1998年10月在伦敦就医时被英国警方拘留。加尔松指控皮诺切特在任期间杀害了数百名西班牙人，拟将其引渡到西班牙受审。智利政府为维护国家司法主权，多次与英国和西班牙交涉，要求英国放皮诺切特回国，并由智利本国司法机关审理皮案。有关的引渡程序进行了16个月，2000年3月2日，皮氏最后以健康原因获准回国。

③ 1999年5月，前南刑庭检察长阿尔伯尔决定起诉时任南联盟总统的米洛舍维奇及其他4位南联盟高级官员并发出了国际逮捕令。此后，以美国为首的西方国家出于明显的政治目的一直不遗余力地推动对米氏等南联盟领导人的国际审判。2001年6月29日，南联盟塞尔维亚共和国政府决定将米氏引渡到海牙前南国际刑事法庭受审。前南刑庭指控米氏犯有战争罪和反人类罪，但米氏认为前南刑庭是“错误的法庭”，对其指控是“错误的指控”。

④ 为实现西方的人权战略，美国等西方国家极力推动建立国际法庭审判原民柬领导人，遭到柬埔寨政府的坚决反对。但迫于压力，柬政府最终同意建立有外国法官参加的混合法庭。2001年8月，柬埔寨国会通过了《关于在柬埔寨法院设立起诉民柬时期罪行的特别法庭的法案》，正式启动了审判前民柬领导人的司法程序。

二、晚近国际法发展的最新动态

当今世界正经历第二次世界大战以来未有之大变局，乱象纷呈，国际法作为国际关系和国际秩序“稳定器”的作用更趋重要。当前，从国际法的角度看，国际形势有以下五个特点。

（一）全球治理体系和国际秩序变革加速推进，制度性权力和未来秩序主导权之争成为大国博弈的主战场

全球治理体系变革进入关键阶段，以英国“脱欧”和美国“退群”为代表，“黑天鹅”与“灰犀牛”同行，传统安全与非传统安全交织，恐怖主义、难民危机、网络安全等非传统安全问题更趋突出，发达国家内部逆全球化民粹主义思潮暗流涌动，单边保护主义政策抬头，撬动了新一轮国际战略格局的调整。冷战结束以来，以相对稳定的中美俄欧双边和三边关系为机轴的大国关系、以世界贸易组织规则为核心的国际贸易体系、以美俄核裁军为基础的国际军备控制体系、以《联合国气候变化框架公约》及其《巴黎协定》为指引的应对气候变化机制、以联合国安理会为核心的集体安全体制等重大国际关系和国际机制，受到了不同程度的冲击，全球治理面临重大挑战。① 以我国为代表的新兴大国主动引导全球治理体系变革取得新的进展。党的十八大以来，习近平主席多次就参与全球治理作出指示，要求提高我国参与全球治理的能力，包括规则制定能力、议程设置能力、舆论宣传能力、统筹协调能力。我国成为推动国际秩序调整和治理体系变革的重要力量，同时面临新的挑战。② 人类命运共同体理念在国际上获得积极反响，我国成功主办 G20 杭州峰会，引导《巴黎协定》快速生效，为我国引领“后巴黎时代”全球气候和环境治理打下基础。“一带一路”、亚投行的倡议和机制走深走实，我国在全球治理中的影响力、引导力得到制度化的稳固和拓展。同时，以菲律宾南海仲裁案为标志，我国面对他国施压设限的法律战也日益突出。在外空、深海、极地、网络等新兴领域，我们也深入参与各项国际进程，积极运筹规则的博弈。

未来，国际法作为国际秩序主导权之争仍将在国际关系的各个领域深入发展。国际法学者和法律外交实践者要坚持以公平正义为理念，积极参与全球治

---

① 参见秦亚青：《全球治理失灵与秩序理念的重建》，载《世界经济与政治》2013 年第 4 期。

② 参见于军、王发龙：《全球治理的制度困境与中国的战略选择》，载《行政管理改革》2016 年第 11 期。

理体系改革和建设，倡导国际关系民主化和法治化。既要从战略层面提出用好国际法服务大国外交的思路、建议，也要从微观层面就国际法的前沿问题提出中国方案，将我国提出的全球治理、国际法治理念转化为国际法领域的具体立场、主张。

（二）国际竞争从传统陆地疆域向包括海洋、极地、外空、网络在内的新疆域拓展的态势愈发明显，海洋领域规则制定和实施持续走深走实，外空国际治理提上重要议事日程

国家管辖范围以外区域生物多样性养护和可持续利用问题、公海保护区、深海基因、大陆架和专属经济区划分、国际海底资源开发、极地治理、海平面上升等前沿问题以及争端解决机制问题受到各国高度重视。涉及海域管辖、岛礁归属、大陆架划界等海上热点问题多发频发，且呈常态化、多边化、司法化之势，国际海底资源勘探开发竞争激烈，极地形势更趋复杂。我国在涉海方面面临的挑战有所增加。[①]

在外空领域，外空全球治理问题受到重视，各国纷纷提出外空规则新倡议，涉及外空探索与和平利用、外空资源的商业化开发利用、外空环境治理以及外空法律制度等多个方面。外空问题的逐渐增多使外空治理日益迫切。中国是空间大国，在外空国际治理中既有重要利益，也具有举足轻重的影响。[②] 当前，在联合国框架下有两项重要的工作值得关注和研究，一是空间资源的开发利用问题；二是联合国外空委员会未来工作方向。[③] 2018 年是首次联合国外空会议召开 50 周年，6 月 22 日至 29 日，联合国在维也纳举办隆重的纪念活动，包括召开联合国外空会议 50 周年高级别会议（UNISPACE + 50）。会议通过的成果文件采纳了中国提议，呼吁“在和平利用外空领域加强国际合作，以实现命运共同体愿景，为全人类谋福利与利益”。[④] 会议决定将完善全球空间治理法律制度等

---

① 参见黄惠康：《国际海洋法前沿值得关注的十大问题》，载《边界与海洋研究》2019 年第 1 期。

② 参见黄惠康：《建设和平、发展、合作、法制的外层空间》，载中国国际法学会主办：《中国国际法年刊》（2011 年），世界知识出版社 2012 年版，第 568 ~ 570 页；黄惠康：《世纪之交空间法的回顾与展望》（上），载《中国航天》2000 年第 9 期；黄惠康：《世纪之交空间法的回顾与展望》（下），载《中国航天》2000 年第 10 期；凌胜利：《太空治理与中国的参与战略》，载《国际问题研究》2015 年第 3 期；夏春利：《外空国际法治现状与前景》，载《北京航空航天大学学报》（社会科学版）2014 年第 1 期。

③ 《“空间 2030”议程与全球外层空间活动治理》，联合国文件 A/AC. 105/1166，2017 年 12 月 13 日。

④ 《命运共同体理念写入联合国外空会议成果文件》，载新华网：www. xinhuanet. com，最后访问日期：2019 年 6 月 30 日。

七大优先主题和空间经济、空间社会、进入空间机会和空间外交等四大支柱,作为外空委员会未来工作的规划。这将对外空国际治理产生深远影响。

21世纪是海洋世纪,外空国际治理也将深入推进。中国确定了海洋强国和空间强国发展战略。新的形势要求我国国际法学界紧密跟踪海洋法、空间法的最新理论与实践发展,不断提高运用国际法服务建设海洋强国和空间强国目标的能力,丰富和强化我国海洋和空间权益主张的法理依据,在人类命运共同体思想的指引下,努力推动构建更加公平合理的国际海洋和空间法律秩序。

(三)网络空间战略地位不断上升,在国际议程中的位置加速前移,制网权之争已悄然拉开帷幕①

各方围绕网络技术、网络空间治理、网络安全和规则制定展开激烈较量。一方面,信息技术、智能技术和网络技术发展方兴未艾,新一轮社会化互联网技术革命正在酝酿;另一方面,网络国际治理严重滞后。大国在网络空间的军力角逐不断升级,网络战风险增加;网络安全、信息安全危机四伏,网络攻击事件愈演愈烈,网络犯罪尤其是网络金融诈骗多发高发;网络领域渗透与反渗透、垄断与反垄断国际斗争日趋复杂;网络领域发展不平衡、规则不健全、秩序不合理等问题亟待解决。② 网络空间安全事关各方重大利益,已成为集政治、外交、安全、法律、经济和文化等多重因素于一体的重大战略问题。③ 美国、俄罗斯、英国等国都建立了专门的涉网机构。以美国为首的西方国家与中俄等新兴国家阵营对垒的态势日渐清晰。双方围绕网络自由与网络主权、网空军事化与网络和平利用、技术垄断与公平参与这几对矛盾展开博弈。核心的一点是抢抓网络技术和网络空间秩序的主导权。在网络领域,我国既有难得的历史机遇,也面临较为严峻的挑战。各国应在相互尊重、相互信任的基础上,加强对话合作,推动

---

① 17~18世纪各大国争夺制海权,19~20世纪争制空权,有学者认为,21世纪,谁能主导网络空间,谁就能主导整个世界。托夫勒曾预言:"谁控制了信息,谁控制了网络,谁就控制了世界。"参见[美]阿尔温·托夫勒、海蒂·托夫勒:《创造一个新的文明——第三次浪潮的政治》,上海三联书店1996年版,第31页。

② 我国受境外网络攻击、黑客攻击的数量和规模前所未有,受网络窃取、网络监听形势严峻,特别是斯诺登揭露美国的全球监听计划——"棱镜"计划,不仅威胁个人的隐私与数据安全,更是对国家主权的大范围和深层次的侵犯。

③ 习近平总书记指出:"没有网络安全就没有国家安全,没有信息化就没有现代化。""互联网让世界变成了地球村,推动国际社会越来越成为你中有我、我中有你的命运共同体。"参见《中央网络安全和信息化领导小组第一次会议召开 习近平发表重要讲话》,载中央网信办网:http://www.cac.gov.cn/2014-02/27/c_133148354.htm,最后访问日期:2018年12月14日。

互联网全球治理体系变革,共同构建和平、安全、开放、合作的网络空间,建立多边、民主、透明的全球互联网治理体系。①

(四)气候变化谈判进入转折期,各方加紧谋划未来全球环境治理体制

经各方共同努力,2015 年巴黎气候大会达成历史性的《巴黎协定》,并快速生效,"巴厘路线图"谈判进程终结硕果。然而,美国特朗普政府推行"逆全球化"的"美国优先"政策,宣布将退出《巴黎协定》,对全球气候治理带来一定冲击,但《巴黎协定》将继续有效,国际合作应对气候变化的势头依然强劲。当前重点是继续合作落实《巴黎协定》,推动协定有效运行。经过各国的共同努力和艰苦谈判,2018 年 12 月 16 日,在波兰卡托维兹闭幕的联合国气候变化大会成功通过《巴黎协定》实施细则,细则谈判如期收官。② 卡托维兹会议是全球气候治理进程的重要节点,开启全球合作应对气候变化的新时代。同时,《巴黎协定》的落实工作仍然任重道远,在减缓、适应、资金等方面面临不少挑战。"独行快,众行远。"面对气候变化全球挑战,各国应认真贯彻公平、"共同但有区别的责任"和"各自能力"等基本原则,不断凝聚政治共识,携手合作,促进全球绿色、低碳和可持续发展。

2017 年以来,在法国总统马克龙的推动下,法国积极倡议制定《世界环境公约》。经过多轮磋商,第 72 届联合国大会于 2018 年 5 月 10 日通过了题为"迈向《世界环境公约》"的程序性决议,就是否制定《世界环境公约》作出分步走的程序性授权和安排:请联合国秘书长就国际环境法治存在的问题和不足向 2019 年第 73 届联大提交技术报告;在联合国大会设立特设工作组,审议上述报告并视情讨论一项国际文书的范围、指标和可行性,并于 2019 年上半年向联合国大会提出建议,包括召开政府间会议通过国际文书等。这项决议的通过,标志着国际环境法领域的"造法"努力取得了阶段性进展。未来发展值得继续关注。

---

① 在 2015 年第二届国际互联网大会上,习近平提出了全球互联网治理的"四项原则":尊重网络主权、维护和平安全、促进开放合作、构建良好秩序。为了共同构建网络空间命运共同体,习近平还提出了"五点主张":第一,加快全球网络基础设施建设,促进互联互通。第二,打造网上文化交流共享平台,促进交流互鉴。第三,推动网络经济创新发展,促进共同繁荣。第四,保障网络安全,促进有序发展。第五,构建互联网治理体系,促进公平正义。参见《习近平出席第二届世界互联网大会开幕式并发表主旨演讲》,载中央网信办网:http://www.cac.gov.cn/2015-12/16/c_1117480642.htm,最后访问日期:2018 年 12 月 14 日。

② 参见《联合国气候变化卡托维兹会议达成〈巴黎协定〉实施细则》,载外交部条法司公众号:中国国际法前沿,2018 年 12 月 17 日,最后访问日期:2019 年 6 月 26 日。

(五)国际法成为对外斗争和扩大国际影响的重要抓手

近年来,围绕西亚北非局势、伊朗核问题、朝鲜半岛局势、安理会改革、南海争议、中美贸易战等热点和难点问题,相关各方均十分注重以法律为抓手谋划应对之策、抢占道义高地,国际博弈中的法律战更趋激烈。2018年以来,伊朗向国际法院起诉美国重启对伊制裁,巴勒斯坦向国际法院起诉美国将驻以色列使馆搬到耶路撒冷,美国以退出《维也纳外交关系公约关于强制解决争端之任择议定书》予以回应;毛里求斯推动联合国大会请求国际法院就查戈斯群岛案发表咨询意见;乌克兰就俄罗斯在刻赤海峡冲突中扣押乌军舰事启动《联合国海洋法公约》附件七的强制仲裁程序。即使特朗普政府大肆推行单边主义贸易保护措施,表面上也打着维护世贸组织"公平"贸易体制的旗号,并娴熟地玩弄"法律牌"。法理之争成为塑造国际秩序、赢得制度性权力的重要方面,特别是中小国家越来越重视利用国际司法和仲裁程序谋利或造势。国际立法、国际司法对国际关系的影响不断上升,外交与法理愈加密不可分。

一个值得关注的新动向是,中小国家在国际舞台上联合发声、发挥影响,甚至联手向大国提出挑战的趋势在发展。前者如,51个小岛国在联合国大会第六委员会(法律委员会)联合提议,请联合国国际法委员会审议海平面上升对小岛国的影响问题;非洲联盟成员集体要求请国际法委员会审议"普遍管辖权"问题;后者如,在众多中小国家的强力推动下,联合国大会通过了《禁止核武器条约》,迎来安理会"五常"发表联合声明,集体反对,这在联合国历史上十分罕见;在联合国大会关于提请国际法院就涉及查戈斯群岛的两个问题出具咨询意见的决议表决中,安理会"五常"中无一赞成票,不是反对,就是弃权,这也十分罕见;在2017年11月举行的国际法院法官选举中,竞选连任的英国籍法官格林伍德意外地在6选5的竞选中败给了来自索马里、巴西、黎巴嫩和印度等国的候选人,成为唯一一个出局者。1946年国际法院成立以来,英国首次在该法院丧失法官席位。此前,在2016年11月举行的联合国国际法委员会换届选举中,法国提名的候选人福特教授竞选连任失败,英国和俄罗斯候选人以本区域最低得票当选,险遭淘汰。

我国是联合国安理会常任理事国和最大的发展中国家,正在日益走近世界舞台的中央,在当今国际社会居于十分重要而独特的地位。要深入分析世界转型过渡期国际形势和国际法发展演变的规律和动态,准确把握历史交汇期我国外部环境的基本特征,善用法律手段应对和化解发展过程中面临的各种风险挑战。要坚持维持世界和平、促进共同发展的外交宗旨,坚持独立自主的和平外交政策，始终不渝走和平发展道路，始终不渝奉行互利共赢的开放战略，以深化“四位一体”外交布局为依托，积极推动建设相互尊重、公平正义、合作共赢的新型国际关系，构建人类命运共同体。要大力弘扬正确义利观，在同发展中国家交往中坚持义利并举、义重于利，不断增进与发展中国家的团结合作。这是中国特色大国外交得道多助的重要基础，在新时代应不断发扬光大。要积极参与全球治理体系改革和建设，倡导国际关系民主化和法治化，推动国际秩序朝更加公正合理的方向发展。

三、对国际法发展演变趋势的几点初步认识

国际秩序和国际法在很大程度上是现实政治力量对比的产物，尤其是在国际社会中占主导地位的政治力量对比的产物，因而是发展变化的。在力量对比相对平衡时，现行秩序得以维护，此时，维持现状成为国际关系的主导趋势；但在力量对比严重失衡或出现新兴的政治力量时，力量强大的一方或新兴的一方就会相应地提出变革的要求，现存的秩序就会受到挑战，此时，国际关系的主导趋势将由维持现状转向寻求变革，而变革要求能否实现以及能在多大程度上实现则仍取决于有关各方力量的对比。

冷战结束以来国际法发展演变的原因复杂多样，但其主因是国际关系发生了重大变化。以美国为首的西方力图倚实力优势，强力推行其价值观和法律观，通过创设、修改和更新国际“游戏规则”，并强化国际法的执行机制，扩大国际法的管辖范围，限制和削弱国家主权，建立起对西方更为有利的国际秩序。新兴大国的快速群体崛起，引发了在 21 世纪建立什么样的国际新秩序的大论争。有关各方正为此展开激烈的角逐。与此同时，科学技术和经济全球化的发展，国际交往的扩大，国家间相互依存关系的加深，在客观上也要求对现行国际法进行必要的补充和修订。现行国际秩序及国际法将不可避免地将有所调整。

但主权国家仍是国际社会的基本主体，和平与发展仍是当今国际关系的主流，多极化仍是世界总的发展趋势，虽然西方在总体力量对比上仍占有优势，但它还不可能为所欲为，中国、俄罗斯及广大发展中国家可以发挥重要的制约作用。因此，现存国际秩序的基本法律框架尚不会发生根本的动摇，主权平等、互不干涉内政、和平解决国际争端等现行的国际关系准则亦不会失去法律效力，因而不存在全盘否定或彻底变革现存国际秩序和国际关系准则的问题。

未来的国际新秩序将是对现存秩序的某些调整。调整的重点是国内管辖

与国际管辖的范围,而调整的总趋势是,国家与国际"双重管辖"或"交叉管辖"的领域和范围将有所扩大,在某些领域,国家管辖范围将有所缩小,而国际法的管辖范围将相应地有所扩大和加强。在上述调整过程中,对国家主权,特别是弱小国家的主权的限制或制约将会增多,个人的国际地位将进一步提高;大国、强国将极力为自己留下更多的行动空间和自由,大国关系互动及大国外交将更趋活跃;西方将力图主导国际立法和执法进程,在国际安全问题上,则愈来愈多地扮演"世界警察"的角色。一方面,充分运用联合国宪章的特别授权,利用安理会的机制,进行合法干预;另一方面,在必要时,绕开安理会,另搞一套,甚至走上复活"逆全球化"单边主义的老路。

近期及未来相当长的一段时期内,国际法的发展演变将主要围绕国际新秩序问题展开,核心或焦点是国际"游戏规则"的制定和实施。从法律的角度看,国际秩序归根结底是一个规矩问题,即所谓的"无规矩不成方圆"。国际秩序与国际法密不可分。一方面,国际力量对比的格局和重大的国际事件将直接或间接地影响国际"游戏规则"的形成或改变;另一方面,新的"游戏规则"的形成,包括现行规则的修正或改变,将使演变中的国际关系在法律上得以确立和巩固,从而形成新的国际法律秩序。因此,当前有关国际新秩序的斗争将更多地在法律上体现出来,国际人权斗争也将越来越多地渗透到国家的内政和司法领域。

随着国际关系和国际法的发展演变,国际法在国际关系中的地位和作用将趋于加强,并对国内法产生更直接的影响。在国际社会,国家愈来愈重视运用国际法来维护自己的权益。在一国内部,国家在制定国内法时则需要更多地考虑国际法因素。但目前并不存在真正意义上的"主权让渡"问题。国家在平等和自愿的基础上承担国际法义务是国家主权的体现。一国加入联合国或其他国际组织,缔结双边或多边条约,就要根据所参加的组织的规章,或所缔结条约的规定承担相应的义务,就要在某些方面限制自己的权力和行动自由。如联合国会员国有义务执行安理会依《联合国宪章》第七章作出的决议。又如,《禁止化学武器公约》的缔约国在任何情况下均不得发展、生产、以其他方式获取、储存或保有化学武器,或者直接或间接向任何一方转让化学武器。这种建立在自愿基础上并以条约为根据的限制并不违背主权原则,因而是一种合法限制。

但是,违反国家主权原则,干涉他国内政的"新干涉主义"的情况则完全不同。各种各样的"新干涉主义",虽然标签不同,提法不一,但实质内容都是一样的,即形式上都表现为一方对他方的限制;本质上都属于强者对弱者的干涉,带有强烈的强权即公理的色彩，具有随意性和选择性；目的都是要按照干涉国的价值观改造被干涉国的政治和法律体制。对于这种单向的、非自愿的、强权式的对国家主权的限制，必须给予坚决的反对。

国家与人民、主权和人权不是相互对立的，也不应将其对立起来。一方面，国际社会以国家为基本主体，而主权是国家的根本属性，是国家的固有权利。国家主权原则是现代国际法最基本的原则，是现代国际法和国际关系的基石。严格遵守主权原则，是促进人权事业健康发展的重要保障。处理国家之间、国际组织与国家之间有关人权问题的分歧同样应适用国家主权原则。另一方面，人权是受法律承认和保护的人的基本权利和自由。尊重人权已成为国际社会的普遍信念和共同追求的目标。各国依据本国所缔结或参加的国际公约负有促进尊重和保护人权的责任和义务。尊重和保护人权既是国家的主权行为，也是国家的神圣职责。因此，不能以一方的淡化、削弱或放弃为前提和代价来加强另一方。如果将两者对立或割裂，那么两者都不可能得到真正的维护与尊重。

第三节　外交前沿值得关注的国际法问题

当前在条法外交和国际法领域，一些重大的前沿法律问题值得学界给予特别关注和深入研究。

一、人类命运共同体与国际法

推动构建人类命运共同体，是习近平外交思想的核心和精髓，是党的十八大以来中国外交的重大理论创新成果。① 准确把握人类命运共同体思想的国际法内涵，积极探索在国际治理的各具体领域融入命运共同体思想，既是推进新时代中国特色大国外交的必然要求，也是中国国际法学界的共同使命。②

下一阶段，应积极推动通过具体国际规则体现和落实上述理念，使其真正落

---

① 参见闻言：《坚持推动构建人类命运共同体　努力建设一个更加美好的世界——学习习近平〈论坚持推动构建人类命运共同体〉》，载《人民日报》2018 年 10 月 31 日，第 6 版。

② 为做好人类命运共同体的国际法阐释和宣介，外交部于 2018 年 1 月启动了“人类命运共同体与国际法”专项课题研究。课题组由联合国国际法委员会委员、外交部国际法咨询委员会主任委员黄惠康担任总召集人，成员包括：江国青、张乃根、何志鹏、余敏友、张辉、易显河、秦天宝、黄志雄等国际法专家。课题组于 2019 年年初发表了阶段性研究成果《人类命运共同体的国际法构建》，载《武大国际法评论》2019 年第 1 期。

地生根，并焕发持久生命力。详见本书第十章“人类命运共同体的国际法构建”。

二、“一带一路”法治保障

“一带一路”是我国今后相当长时期对外开放和对外合作的管总规划，也是人类命运共同体的重要实践平台，法治保障是其中的重要一环。建立起一整套符合“一带一路”实际需要的条约和法律规则网络，不仅将为“一带一路”建设提供稳定的制度环境，还将为我国深度参与和引领全球治理提供重要保障。[①]

一是条约网络的构建。当前“一带一路”条约网络构建工作已经起步并已初具雏形，但还存在不少短板。双边条约覆盖的国家和领域还不全面，我国的一些双边投资、税收等经贸条约因为缔结时间比较早，还不太适应“一带一路”发展的新形势，需要升级换代。在多边条约的领域，我国参加的部分条约没有得到其他缔约方的有效落实，如《中国入世议定书》第15条。还有一些重要的多边条约，我国还没有加入，如世贸组织的《政府采购协定》、海牙国际私法会议的《选择法院协议公约》等。还有一些公约正在制定之中，如海牙国际私法会议的《承认与执行外国民商判决公约》正在制定之中。如何用好已有多边条约和机制，深入参与制定新公约新机制，需要加强研究。

二是风险防范机制。推进“一带一路”建设，一方面，要加强贸易投资、资源能源、金融、物流等领域的合作；另一方面，也要借助法律手段积极构建多层次、多渠道的风险防范机制。与“一带一路”建设相关的法律问题相当复杂。沿线参与国法律制度各不相同，法律文化传统各异，法治发展水平参差不齐。这些国家的法律规则不同，不仅表现在基础设施建设、贸易与投资管理、能源开发、区域合作、劳动用工、环境保护、税收金融等领域，还表现在公司、合同、侵权、知识产权等私法方面。如果不清楚其中的规律和要求，就有可能给参与合作的相关国家或企业带来预料不到的法律风险。有效应对这些风险和挑战的一个重要环节就是立足各国现实情况，将相关政策问题法律化。利用法律的正式性、

① 2018年7月2~3日，外交部与中国法学会在北京联合举办“一带一路”法治合作国际论坛。论坛主题为“共建‘一带一路’：规则与协调”，议题涉及“一带一路”理念与国际法治、“一带一路”规则体系和条约法律保障、“一带一路”法律交流与合作、“一带一路”与国际争端解决等。“一带一路”沿线及参与国家高级别法律官员、法官、国际组织官员、国际法学界代表及国内外知名律师和专家学者等约300人参会。2019年4月25日，第二届“一带一路”国际合作高峰论坛“廉洁丝绸之路”分论坛在京举办。分论坛以“共商共建共享廉洁丝绸之路”为主题，由中央纪委国家监委主办、外交部协办。来自30多个国家和国际组织的150余名官员及专家学者与会。

稳定性、可预测性等特质克服政治和商业决策中的不确定性。这个法律框架应遵循相互礼让的国际法原则，尊重当事人选择可适用法律的自由，发生法律冲突时选择相应规则来解决。

目前，"一带一路"参与国相互交往的法律制度还不完善。比如，一些国家还不是世界贸易组织成员，其有关法律、政策不受世界贸易组织关于国际贸易仲裁制度的约束。同时，"一带一路"参与国还存在"法律制度过剩"问题，即一些国家不仅存在大量双边协调合作机制，还建立了一些国际组织。这些国际合作机制和国际组织在相关国际交往中发挥着重要作用，同时也在"一带一路"参与国中形成了机制叠加的网络。应设法推动现有机制相互包容。特别是在不同机制之间搭建沟通和衔接平台，防止不同机制彼此冲突。在此基础上，推动建立区域经济合作架构和新的合作机制，为"一带一路"参与国的深度合作创造条件。

三是争端解决机制。在"一带一路"国际合作推进过程中，必然会出现各种分歧，产生各种争端，需要高效、公正、便捷的争端解决机制，这样才能保障"一带一路"建设健康有序地推进。① 总体说来，有两种可能的选择：第一，用好现有的争端解决机制；第二，在充分调研的基础上考虑设立新的争端解决机制。考虑到"一带一路"聚焦经济领域的合作，国家、公民、法人等不同主体间争端都可能存在，往往需要区分情况分类施策。关于公民法人等主体间的争端，争端解决机制主要是由当事方自主选择，工作的重点应该是提升我国的司法仲裁机构的吸引力和竞争力，让当事方更愿意选择在我国解决争端。关于国家与外国投资者的争端，我们国家对外签订投资协定，很多是规定将这类争端提交国际投资争端解决中心（International Center for Settlement of Investment Disputes，ICSID）等国际机构来仲裁。有关实践的案例以及我国专家被指定为仲裁员的情况现在还不多见。为了维护"一带一路"建设中我国大量的对外投资，有必要增强这方面的影响力。可以考虑结合当前国际投资争端机构改革的一些新的动向来研究建立新的争端解决机制的可能性。从长远看，在"一带一路"建设

① 2019年5月24日，由北京理工大学和中国贸促会合作共建的国际争端预防和解决研究院在北京揭牌。该研究院以"一带一路"建设的法律需求为导向，旨在为行业企业提供高水平的风险预防和争端管控方案；为社会提供有关国际争端预防和解决的高层次人才培养；为相关国际组织和国家提供高质量的智库支持；为学界提供开放的学术交流和国际合作平台。研究院聘请了40名专家担任专家咨询委员会委员，北理工校长张军、贸促会会长高燕、世贸组织上诉机构原主席张月姣共同担任咨委会主任委员。

中,可以尝试建立一套新的多边制度。在这种多边制度中,各参与国按照自己承诺的统一规则行事,承担义务并享有权利,从而提高这一宏大倡议的稳定性与法治化水平。

三、《禁止核武器条约》与全面核裁军进程

核武器是悬在人类头上的“达摩克利斯之剑”,从长远看,应该全面禁止并最终彻底销毁,实现无核世界。① 迄今,国际社会已先后缔结《禁止在大气层、外层空间和水下进行核武器试验条约》(1963 年)、《不扩散核武器条约》(1968 年)、《全面禁止核试验条约》(1996 年)等国际公约,多边核不扩散法律体制总体稳定牢固,但近年来国际核裁军领域,有核国家与多数无核国家间在如何进一步推进核裁军的问题上矛盾十分突出。2016 年 10 月,奥地利、墨西哥等国推动第 70 届联合国大会通过决议,要求就禁止核武器谈判、制定一项具有法律约束力的文书。② 2017 年 3 月该谈判进程正式启动,有 130 多个国家参加,其中绝大多数是亚非拉国家。主要有核国及多数北约国家均未参加。③ 2017 年 7 月 7 日,联合国大会以 122 票赞成通过了《禁止核武器条约》(Nuclear Weapon Ban Treaty),要求全世界各国立刻停止几乎所有与核武器相关的活动,比如,研发、制造、生产乃至持有。包括中国在内的安理会五个常任理事国拒绝参与投票。此公约涉及复杂的法律问题。主要包括核武器在现行国际法是否合法,不扩散核武器条约规定的核裁军谈判义务的范围,禁核武条约对非缔约国的效力,对核不扩散机制的冲击,及对核有关行业的实体和个人的影响等。联系到 2014

---

① 习近平:《共同构建人类命运共同体——在联合国日内瓦总部的演讲》(2017 年 1 月 18 日),载人民网:www. people. com. cn,最后访问日期:2019 年 6 月 30 日。

② 在表决中,美俄英法四个国家投了反对票,中国、印度、巴基斯坦投了弃权票。

③ 外交部发言人指出,中方充分理解相关国家希望早日实现无核武器世界的愿望,但应坚持在现有多边裁军机制下处理,另起炉灶、破坏协商一致原则可能只会适得其反。所以,中方决定不参加谈判。中国外交部重申,“尽管不参与谈判,中方坚定支持最终全面禁止和彻底销毁核武器的立场没有改变”。参见《2016 年 10 月 28 日外交部发言人陆慷主持例行记者会》,载外交部网:https://www. fmprc. gov. cn/web/fyrbt_673021/t1411135. shtml,最后访问日期:2018 年 12 月 14 日;《2017 年 3 月 20 日外交部发言人华春莹主持例行记者会》,载外交部网:https://www. fmprc. gov. cn/web/fyrbt_673021/t1447096. shtml,最后访问日期:2018 年 12 月 14 日。

年马绍尔群岛在国际法院起诉拥核国家案,[①]表明核裁军中的法律因素日益突出。2018 年 10 月 29 日,中俄美法英 5 国发表声明,共同反对《禁止核武器条约》。声明强调,5 国一直在按照 1968 年《核不扩散条约》对核武器进行削减。该条约在防止核武器的威胁扩散到全球方面发挥了重要作用,极大控制了核战争的风险,还给民用核技术提供了重要的框架,造福了人类。5 国一致强调,实现一个"无核武器"的世界是各国共同的目标,只要这不会损害世界的安全。声明表示,"恰是在这样的前提下,我们反对《禁止核武器条约》"。理由是,"我们坚信只有考虑国际安全形势,一步步来,才是实现一个无核武器世界的最佳办法"。声明进一步阐述了《禁止核武器条约》的几个硬伤,例如忽视了国际安全形势和地区的挑战,也没有增加各国间的互信与透明,甚至还会给《核不扩散条约》的执行带来阻碍和困难。因此,5 国表示,"我们不会支持、签署或批准《禁止核武器条约》。该条款不会对我们的国家产生任何法律强制效力……我们也希望考虑支持该条款的国家可以认真考虑这会给世界和平和安全带来的影响"。[②]

四、朝鲜半岛相关法律问题

朝鲜半岛问题是东西方冷战的产物。受冷战后国际失衡局势的影响,2006 年以来,朝鲜致力于强力推进核导计划,[③]引发美日韩和国际社会强烈反应。美加大了对朝军事威慑,半岛局势急剧恶化,几乎走到战争边缘。安理会十次通过对朝制裁决议,一次比一次严厉。中方对半岛局势有重大战略关切,[④]并画出

---

① See Obligations concerning Negotiations relating to Cessation of the Nuclear Arms Race and to Nuclear Disarmament (Marshall Islands v. United Kingdom) , International Court of Justice, https://www. icj-cij. org/en/case/160(last visited December 14 ,2018).

② "Joint Statement by China, France, Russian Federation, United Kingdom and United States", The Ministry of Foreign Affairs of the Russian Federation, http://www. mid. ru/en_GB/maps/cn//asset_publisher/ WhKWb5DVBqKA/content/id/3384609#flag-popup(last visited December 14 ,2018).

③ 冷战后国际形势的发展,特别是萨达姆、卡扎菲等政治强人的悲催下场,坚定了朝鲜领导人拥核自保的决心。面对国际谴责和制裁压力,不屈不挠,2006 年起,10 年内进行了三次核试验。金正恩接班后,坚持拥核自保政策,并加大了投入,爆炸当量逐步升级。与此同时,导弹计划也在屡射屡败中顽强推进。

④ 中朝双边关系具有战略意义。1961 年《中朝友好合作互助条约》第 2 条规定:"缔约双方保证共同采取一切措施,防止任何国家对缔约双方的任何一方的侵略。一旦缔约一方受到任何一个国家的或者几个国家联合的武装进攻,因而处于战争状态时,缔约另一方应立即尽其全力给予军事及其他援助。"

了“无核”“不乱”“不战”三条“红线”:坚决反对朝鲜拥核,也不允许韩国或日本拥核;坚决反对颠覆朝鲜合法政府,确保半岛和平稳定;坚决反对任何武力解决方案,绝不允许在中国家门口动武。中方坚定致力于实现朝鲜半岛无核化、维护朝鲜半岛和平稳定,坚持通过对话协商解决问题。提出“双暂停”和“双轨并进”倡议:朝鲜暂停核导活动,美韩也暂停大规模军演,逐步建立互信、化解危机;实现半岛无核化和建立半岛和平机制,同步推进。

2018 年以来,朝鲜半岛形势风云变幻。2018 年 4 月朝韩首脑发表《为实现半岛和平、繁荣和统一的板门店宣言》,6 月朝美首脑新加坡会晤,开启政治解决进程。目前,朝韩、美朝双边、中朝韩美各相关方正在协力推动半岛问题的政治和法律解决进程。①

半岛问题涉及众多复杂的国际法问题,其中包括:

(1)停和机制转换以及缔结和平协定问题。② 和平协定涉及一系列复杂的国际法问题,比如,中方是否有权成为新的和平协定的当事方?如何看待我国在和平协定谈判中的法律地位?我国不仅是当年朝鲜战争的主要参战方,还是 1953 年《朝鲜军事停战协定》的主要缔约方,当然有必要参与和平机制构建。③实际上,我国作为半岛和平机制进程重要参与方的地位得到了国际社会的充分

---

① 2018 年元旦金正恩宣布,朝鲜已完成“国家核武力建设的历史大业”。4 月 20 日,朝鲜宣布停止核试验和洲际弹道导弹发射。4 月 27 日,朝韩实现首脑会晤,双方发表《实现朝鲜半岛和平、繁荣与统一板门店宣言》,就推动构建持久和平机制、改善南北关系、缓和军事紧张状,及确立半岛无核化共同目标等问题达成一些初步共识。6 月 12 日,朝美在新加坡举行首脑会谈,双方签署美朝峰会联合声明:美国和朝鲜将致力于建立全新的朝美关系,以满足两国人民对于和平与美好生活的向往;美国和朝鲜将共同努力建设一个能令朝鲜半岛保持持久稳定与和平的机制;朝方再次确认 2018 年 4 月 27 日签署的板门店宣言的内容,将致力于朝鲜半岛的全面无核化;美国和朝鲜将致力于寻回战时俘虏和失踪人员的遗体,并会立刻将那些已经确认的遗体送回国。2019 年 2 月 27 ~ 28 日,朝美领导人在越南河内举行第二次会晤,会晤未取得任何实质性成果。2019 年 6 月 30 日,朝美领导人在位于朝韩非军事区的板门店会面,双方同意重启对话。

② 1953 年《朝鲜军事停战协定》确定了半岛无限期停战的状态。根据国际法,交战双方停战后,一般还需要通过缔结和平协定等形式,从法律上正式结束战争状态并恢复和平。朝韩《板门店宣言》宣称,将积极推动韩朝美三方或韩朝美中四方在 2018 年年内举行会谈,协商宣布结束战争状态,将停战协定转换为和平协定,构建持久巩固的和平机制。如果接下来美朝首脑会晤后续工作也能取得成果,半岛形势继续向好发展,则缔结和平协定问题是绕不开的。

③ 《朝鲜军事停战协定》第 62 条规定,该协定在“未为双方政治层面和平解决的适当协定中的规定所明确代替以前,继续有效”。上述规定表明《朝鲜军事停战协定》各缔约方同意将来以和平协定取代《朝鲜军事停战协定》,而这种取代涉及《朝鲜军事停战协定》中规定的国际权利义务的变更,《朝鲜军事停战协定》当事方当然有必要参与和平机制构建。

认可，包括1954年朝鲜战争各参战方参加的“日内瓦会议”以及与和平机制紧密交织的半岛无核化问题六方会谈进程等。

（2）半岛无核化问题。半岛问题的关键在于如何实现无核化，核心问题是通过何种政治方案解决这一问题。除政治方案外，还需要法律解决方案。例如，该法律文件的形式、签署方、执行监督和争议解决机制，与联合国安理会的关系以及朝鲜重新加入“核不扩散”体系等一系列问题，都需要深入研究。①

（3）安理会系列涉朝决议问题。② 朝鲜弃核，半岛建立和平机制，涉及“朝鲜战争”“联合国军”及强制制裁的诸多安理会决议，包括被视为“联合国军”存在的“法律基础”的安理会1950年第82号、第83号、第84号决议应该如何处理的问题，重要而复杂，需要深入研究。为推进半岛问题政治解决进程，增进相关各方的互信，“联合国军”应适时解散，安理会制裁决议应逐步放松，乃至最终完全取消。

（4）ICC程序。2010年12月6日，ICC检察官奥坎波（Luis Moreno-Ocampo）宣布，依据投诉，已对朝鲜启动初步审查程序，以判定朝鲜在2010年3月“天安号事件”和11月“延坪岛炮击事件”中是否存在严重违反国际人道法的行为。这是ICC继对苏丹总统发出逮捕令，对肯尼亚展开危害人类罪调查后，再次插手地区紧张局势，凸显其政治化倾向，使本已严峻的半岛局势增添新的复杂因素，受到众多质疑。③ 8年来，法院的“初步调查”一直悬而未决。半岛局势转圜后，与ICC刑事追诉相关的法律问题值得关注。ICC对朝鲜的初步审查程序应尽快终止。

---

① 世界上有很多无核区。无核一般意义上指的是无核武器。美方认为，“朝鲜半岛无核化”指的是“在朝鲜半岛既没有核武器计划，也没有能转变成核武器计划的核计划”。在朝方看来，半岛无核化，意味着：(1)韩国也不能有核武器及核计划；(2)驻韩美军不能有核武器；(3)美国军舰和军用飞机不能携带核武器进入。“无核化”的范围不仅包括整个朝鲜半岛陆地，还包括有关领海和领空。

② 朝鲜战争前后，联合国安理会曾经扮演过重要角色，通过了多个涉及朝鲜的决议。从2006年至今，安理会还专门针对朝核问题陆续通过了18个对朝制裁决议，其中包括10个重要的决议。这些决议一方面对朝施加了严厉制裁措施，另一方面也对包括我国在内的联合国会员国施加了义务。

③ 朝鲜不是《国际刑事法院罗马规约》缔约国，但由于“犯罪发生地”韩国是缔约国，一旦检察官认定需进一步调查，法院就有可能对朝鲜行使管辖权。与此同时，联合国大会于2014年12月18日连续第10年投票通过有关朝鲜人权问题的决议案，敦促安理会将朝鲜人权状况移交ICC处理，并以反人类罪审判朝鲜最高领导人金正恩。有116个国家投票支持，中俄等20国反对，另有53国弃权。

五、国际法院查戈斯群岛咨询意见案

查戈斯群岛位于毛里求斯东北方向大约750公里的印度洋西南海域。1965年毛里求斯被迫向英国殖民当局割让查戈斯群岛(以下简称查岛)。次年英国把主岛迪戈加西亚租给美国建空军基地。① 2017年6月22日,第71届联合国大会以94票赞成、15票反对、65票弃权的表决结果,通过了由毛里求斯推动非洲组国家提出的71/292号决议,②提请国际法院就涉及查戈斯群岛的两个问题出具咨询意见:(1)在查戈斯群岛与毛里求斯分裂的情况下,毛里求斯1968年独立时非殖民化进程是否已经完成;(2)英国继续管理查岛有何法律后果。这是一个政治上很敏感的问题,既牵涉非殖民化进程中的历史纠葛,又有双边领土主权争端特征,还涉及国际法院的咨询管辖权。从联大决议投票情况看,安理会“五常”国家中除英国、美国投反对票外,其余全部投了弃权票。③ 这种情况比较少见。反对和弃权的国家加起来,和赞成的国家数量比,基本上一半对一半。可见,各国在法院应否发表咨询意见的问题上分歧严重。国际法院启动咨询程序,并邀请各国提交书面意见。毛里求斯及其支持方认为非殖民化是联大职权,国际法院有权应联大请求发表咨询意见。英国、美国等国则认为查岛问题本质上属于毛里求斯和英国之间的双边争端,根据“当事国同意原则”,未经当事另一方(英方)的同意,不能诉诸国际法院。毛里求斯在道义上获得众多发展中国家同情,声势不容小觑。此外,查岛问题涉及英美重大利益,两国势必运用国际政治和法律领域的软硬实力,全力阻止国际法院发表对其实质不利的意见。如何处理,确实是对国际法院智慧的一大考验。

鉴于此案涉及重要的国际法问题,中国政府高度关注,于2018年3月1日向国际法院提交书面意见。④ 中方表示,中国始终坚定支持联合国非殖民化进

① 英国2016年与美国续签主岛迪戈加西亚租用协议,租期延续至2036年。

② “Request for an Advisory Opinion of the International Court of Justice on the Legal Consequences of the Separation of the Chagos Archipelago from Mauritius in 1965”, Resolution Adopted by the General Assembly on 22 June 2017, A/RES/71/292.

③ 中国代表在投票后的解释性发言中表示,“中方坚定支持非殖民化进程,理解毛里求斯在非殖民化问题上的立场。过去一段时间,有关国家为通过协商谈判解决查戈斯群岛问题作出努力。中方对上述谈判未能取得进展感到遗憾,呼吁有关国家本着真诚态度,继续通过双边协商谈判,争取尽快妥善解决查戈斯群岛问题”。

④ 《中国就“查戈斯群岛咨询意见案”向国际法院提交的书面意见》(全文),载外交部条法司公众号:中国国际法前沿,2018年9月9日,最后访问日期:2019年6月30日。

程，充分理解和支持毛里求斯在非殖民化问题上的正当合理诉求；同时，中国希望国际法院在为联合国大会履行非殖民化职责提供法律指引的同时，对纯属国家间的争端，切实维护和适用“当事国同意原则”。2018 年 9 月 3 日至 6 日，国际法院在海牙举行了口头程序，听取双方当庭陈述，两军对垒，阵营分明，观点对立，交锋激烈。① 从各方提交的书面意见和口头陈述看，中方的主要观点得到各方的肯定和认同。②

2019 年 2 月 25 日，国际法院以 13∶1 的压倒性多数就查岛案发表咨询意见，③认定英国 1965 年将查岛从毛里求斯分离“构成国际不法行为”，毛里求斯的非殖民化进程尚未合法完成，英国应尽快结束对查岛的管理，各国应协助联合国大会尽快实现毛里求斯的非殖民化；同时强调，法院仅就非殖民化问题发表意见，并不裁决双边领土争端。④

2019 年 5 月 22 日，联合国大会以 116 票对 6 票通过一项决议，⑤要求英国尊重国际法院的咨询意见，承认毛里求斯对查岛拥有主权，结束在查岛的“非法殖民统治”，限时 6 个月把这一群岛的主权移交给非洲东部岛国毛里求斯。决议呼吁各国政府“不要承认、支持或怂恿”群岛现有“非法殖民政府”。英国代表辩称，英国自 1814 年起对英属印度洋领地、即查岛持续拥有主权。英方不承

---

① 毛里求斯、英国、南非、德国、阿根廷、澳大利亚、巴西、美国、印度、以色列、肯尼亚、尼日利亚、塞尔维亚、泰国等 22 个国家和非洲联盟出庭陈述。鉴于中方已在书面意见中全面阐述了中方的核心主张和关切，中国决定不参加口头程序。和中方有类似关注和持类似立场的俄罗斯、法国、韩国等国也未参加口头程序。See“Legal consequences of the separation of the Chagos Archipelago from Mauritius in 1965（Request for Advisory Opinion）”，International Court of Justice，https://www.icj-cij.org/en/case/169（last visited December 14，2018）.

② 毛里求斯积极评价中国“承认国际法院在履行联合国非殖民化职能方面发挥重要作用”，并表示同意中国主张的“法院的咨询意见不应触及纯属双边领土主权争端”立场。英国、德国认为中国在维护“当事国同意原则”方面“表达了重要关切”。

③ 此案中，除澳大利亚籍法官因任职前曾参与查岛仲裁案而回避外，在程序问题上，12 名法官认为发表咨询意见并不违反“当事国同意原则”，美国和斯洛伐克籍法官反对；在实体问题上，有 13 名法官认为毛里求斯尚未完成非殖民化进程，英方应结束对查岛的管理，各国应协助联大尽快完成毛非殖民化，仅有美国籍法官独家反对。

④ 《国际法院发表查戈斯群岛案咨询意见，毛里求斯非殖民化问题有定论》，载外交部条法司公众号：中国国际法前沿，2018 年 9 月 9 日。最后访问日期：2019 年 6 月 26 日。

⑤ 表决结果显示，联合国 193 个会员国中，116 个投赞成票，56 国弃权，英国、美国、澳大利亚、匈牙利、以色列和马尔代夫等 6 国反对。15 个国家没有参加表决。

认毛里求斯的主权主张,不准备归还这一群岛。[①]

围绕查岛问题的外交博弈仍在继续,国际法院的咨询意见虽然没有法律拘束力,但对于非殖民化问题、习惯国际法的证据、领土争议解决、国际法院咨询管辖权等重要法律问题具有深远的政治和法律意义,后续进展情况值得进一步跟踪研究。

六、国际司法机构与国际法的解释和适用

国际司法机构,特别是联合国国际法院,一直被许多国家视为公平正义的化身,在国际法的解释与适用中发挥重要作用,不仅决定有关争端个案的解决,也在很大程度上影响国际法的发展方向,一直是大国博弈和争夺的重要阵地。近年来,国际性司法裁判机制趋于加强。越来越多的条约规定了以司法手段解决争端的义务和程序,主权国家接受国际司法机构管辖的压力增大,在人权、环境、海洋法领域尤其明显。国际海洋法法庭和其他第三方争端解决机构或机制在受理、审理国家间涉海争端时出现了严重的"扩权和滥权"问题。[②]"国家主权与全球治理""不干涉内政与保护的责任""国内管辖与国际管辖"三组矛盾激烈折冲对撞。国际管辖的范围在扩展,"国内和国际混合管辖区域"在增多,深刻影响国家决策空间和行为模式。[③] 而国际法院、国际刑事法院、联合国海洋法法庭、欧洲人权法院、美洲人权法院等国际或区域司法机构,越来越多地直接或间接地介入了一些国际热点问题或敏感问题。争权、扩权、滥权倾向日趋明显。[④] 2018 年 9 月,国际刑事法院裁定对于《罗马规约》非缔约国缅甸的国民,就其主要行为发生在缅甸境内但行为效果及于孟加拉国的罪行确立管辖权,引发争议;2019 年 5 月,国际刑事法院在约旦上诉案中,否认时任苏丹总统

---

① 参见《联合国通过决议:"是时候消除非洲最后一块英国殖民地了"》,载《人民日报》海外网:www. haiwainet. cn,最后访问日期:2019 年 6 月 26 日。

② 参见钟声:《仲裁庭扩权滥权严重损害国际法治》,载《人民日报》2016 年 5 月 11 日,第 3 版。

③ 黄惠康:《当代国际法的若干发展趋势——在西安政治学院军事法系成立 20 周年学术报告会上报告》,载《西安政治学院学报》2013 年第 4 期。

④ 总体而言,在相当长时间内,美欧国家将继续保持国际司法领域的优势主导地位。我国对国际司法机构的影响力,碍于诸多原因同主要大国相比还有较大差距,与我们自身国际地位也不相称。

巴希尔的外国刑事管辖豁免，广受学界诟病。[①] 甚至联合国大会都有了建立具有独立刑事侦查权的辅助机关的冲动。[②] 因此，有必要结合国际形势与我国发展现状，提高我国在国际司法活动中的影响力。

七、条约履约机构和缔约国大会扩权动向

条约履约机构等具有一定准司法或监督职能的机构，也不同程度地出现了扩权倾向。主权的人本化趋势和人权保护的政治化倾向进一步加强，消除所谓的“有罪不罚”的呼声日高，道义天平明显向个人倾斜。“政治问题法律化”“法律问题政治化”，“国内问题国际化”“国际问题国内化”，这是法律与政治相互作用、相互影响的必然结果，也是各国抢占国际新秩序制高点的博弈在法律上的必然反映。对他国内政的干涉手段，已从政治施压、经济制裁、武力干涉，发展到通过国际司法机制追究行为人的刑事责任。

自 2009 年联合国人权高专启动有关改革进程以来，人权条约机构监督职责不断强化，工作的选择性和政治化倾向日益严重。我国是联合国六项主要人权条约的缔约国，涉及经济社会文化权利、反对种族主义、禁止酷刑、妇女、儿童和残疾人权利等重要领域，人权机构改革进程中的扩权动向，对我们应对履约工作有重要影响。[③] 环境类条约缔约国会议也有类似趋势。《联合国防止荒漠化公约》缔约国会议决定，在公约框架下就全球土地退化问题建立工作组，这可能会超出公约规定的防治荒漠化目标的适用范围。《濒危野生动植物种国际贸易公约》的管辖范围应该是进出口贸易，但是公约缔约方会议以保护濒危野生动植物为由，对缔约国国内贸易措施也提出要求。这些条约履约机制或者缔约国大会的扩权趋势，既是各领域国际治理日益加强的结果，也对有关国际规则和制度的确定性产生一定冲击，长远来看对国际法治会产生影响。

---

① 参见贾桂德：《当前国际法形势和我国外交条法工作——在中国国际法学会 2019 年学术年会上的主旨报告》，载外交部条法司公众号：中国国际法前沿，2019 年 5 月 23 日，最后访问日期：2019 年 6 月 30 日。

② 参见朱利江、杨承甫：《论联大设立叙利亚“国际公正独立机制”的不法性》，载《武大国际法评论》2017 年第 5 期。

③ 我国是下列人权公约的缔约国：《经济、社会及文化权利国际公约》《消除一切形式种族歧视国际公约》《禁止酷刑和其他残忍、不人道或有辱人格的待遇或处罚公约》《消除对妇女一切形式歧视公约》《儿童权利公约》《残疾人权利公约》《儿童权利公约关于买卖儿童、儿童卖淫和儿童色情制品问题的任择议定书》《儿童权利公约关于儿童卷入武装冲突问题的任择议定书》。

八、全球海洋治理法律问题

当前,在全球海洋治理领域,人类正面临来自自身和自然两个方向的双重挑战,需要各国携手合作、妥善应对,共同确保海洋和人类社会的可持续发展。就海洋法而言,关于建立更加公正合理的海洋秩序,国家管辖范围以外区域生物多样性养护和可持续利用问题,公海保护区问题、在他国专属经济区内的军事活动问题、岩礁和低潮高地的法律地位问题、大陆架和专属经济区划界的新动向、第三方争端解决机制问题、国际海底资源开发规章、南极和北极的国际治理以及"南海仲裁案"的后续法律问题,都值得进行深入研究。[①] 详见本书第五章第三节。

2017 年 5 月 14 日,中国国际法学会撰写的《南海仲裁案裁决之批判》(中英文版)一书正式出版。该书在 2014 年 12 月 7 日管辖权问题政府立场文件、2015 年以来我国政府系列声明以及 2016 年 6 月 10 日中国国际法学会关于管辖权裁决批驳文章的基础上,对仲裁庭的最终裁决从法律上作出了全面批驳,主线更加鲜明,理据更加扎实,论证更加深入,论述更加清晰,对维护我国领土和海洋权益、捍卫国际法治具有重要学术意义。应该说,这本书的出版是国内外期盼已久的。这份研究报告是集体智慧的结晶,列名的就有 80 人,还有很多幕后工作者,代表了中国国际法学界的正义之声和最高水平。

我国应对"南海仲裁案"的政治、外交与法律斗争已告一段落,但不会一劳永逸地终结。中国与东盟国家就"南海行为准则"的磋商还在进行之中,仲裁案裁决的法律影响及后续走向问题仍不可小觑,需要密切关注,相关的法律问题也值得继续深入研究。美西方和个别南海声索国仍会伺机发难或捣乱,国际法学界也会不时就相关法律问题发表评论或意见。笔者认为,我国不宜再主动发起南海仲裁案法律问题之公开论战,但对于个别南海声索国重燃南海问题司法化的可能图谋应保持警惕,并始终保持政治和外交上的高压态势。对于学界的学术探讨则可保持平常心,只要不是有意在政治上与我国为敌,可以不与其论争,我国学者也可以自由参与学术研讨,增信释疑。

九、人工智能武器的法律问题

人工智能被认为是当前最具革命性的技术革新,是人类正在经历的第四次

---

① 参见黄惠康:《关于国际海洋法前沿值得关注的十大问题》,载《边界与海洋研究》2019 年第 1 期。

工业革命的核心动力之一。[①] 正如世界知识产权组织(World Intellectual Property Organization,WIPO)2019年1月31日发布的《技术趋势2019:人工智能》报告所述,"人工智能是新的数字疆域,将会对世界产生深刻影响,改变我们的生活和工作方式"。[②] 人工智能快速发展,相关伦理要求和法律规范不能滞后,否则后患无穷。从国际法角度,目前突出的问题和最急迫的任务是要防止人工智能被无限制地运用于军事领域。有关问题已在联合国、亚非法律协商组织以及红十字国际委员会等多个国际平台受到热议。目前讨论的焦点集中于人工智能武器(自主武器)与国际人道法的关系,即武装冲突法和国际人道主义法在人工智能武器领域的适用问题。[③] 这与早期国际人道主义是否适用于网络空间问题的争论有相似之处,相关的讨论催生了关于国际人道主义法适用于网络空间的《塔林手册》。

当前国际讨论主要集中在国际人道主义法的三大问题上:一是"区分"原则。国际人道主义法要求在武装冲突中区分战斗员和平民,区分军事目标和民用物体,战时不得故意攻击平民和民用物体。人工智能能否符合"区分"原则?二是"比例"原则。国际人道主义法还要求平衡军事必要和人道要求,确保对平民或民用物体所造成的不可避免的附带伤亡或损害,与预期军事利益相比不得过分,要求尽可能将附带伤亡限制在最小范围内。人工智能能否符合"比例"原则?三是"马尔顿斯条款"(Martens Clause)。[④] 任何新武器均需遵守"人道原则"和"公众良心",即使现有条约并无明文规定。这是国际人道法有120年历史的兜底条款。国际法院在1996年"威胁使用或使用核武器的合法性"咨询意见中指出,"马尔顿斯条款"是应对快速演进的军事技术的有效方式。这一条款如何适用于人工智能武器化成为关注焦点。

---

① 参见《人工智能在军事领域的发展现状及应用前景》,威远编译,载搜狐网:https://m.sohu.com,最后访问日期:2019年6月26日。

② 《世界知识产权组织发布〈2019技术趋势——探究人工智能报告〉》,载国家知识产权局网:www.xjipo.gov.cn,最后访问日期:2019年6月26日。

③ 参见《人道卫士还是潘多拉魔盒?人工智能武器引发的人道法问题受热议》,载外交部条法司公众号:中国国际法前沿,2019年4月8日,最后访问日期:2019年6月26日。

④ "马尔顿斯条款",指1899年和1907年海牙《陆战法规和惯例公约》中前言部分第9段,源于1899年海牙和会小组委员会主席俄国代表马尔顿斯的一项声明。其内容为:"在颁布更完整的战争法规之前,缔约各国认为有必要声明,凡属他们通过的规章中所没有包括的情况,居民和交战者仍应受国际法原则的保护和管辖,因为这些原则是来源于文明国家间制定的惯例、人道主义法规和公众良知的要求。"

对于上述问题,国际社会就人工智能武器化是否合法展开了跨学科的激烈辩论。支持方认为,人工智能武器有强大的军事目标识别能力和定量分析优势,能更好实现“区分”原则,不但符合国际人道法要求,而且有助于促进人道法,减少武装冲突对平民的伤害,能够更有效地保护战争受难者,降低人员伤亡和战争损失。因此是未来武器发展的方向。反对方则认为,战场环境复杂多变,人工智能无法对人的行为、意图等进行全面评估,也无法在人道保护和军事必要性间进行衡量取舍。人道主义法的核心是评估军事必要性,人道保护和军事必要性之间的衡量与取舍是价值判断,而这恰恰是人工智能难以完成的任务。人工智能武器还面临一系列严重的道德伦理问题,赋予机器对人类的生杀大权不但会产生巨大客观风险,也是对人类尊严的践踏,应当被限制或禁止。

目前,各国政府在《关于某些特定常规武器公约》框架下成立政府专家组就相关问题进行讨论,并取得一些基本共识,比如,国际人道法完全适用于自主武器;人类仍须对武器系统的使用决定负责;应确保对发展、部署和使用任何新武器进行问责等。但人工智能武器所涉国际法问题,包括是否应就人工智能武器制定国际公约的问题,尚未取得明显进展。未来人工智能武器的发展何去何从,如何设计有关国际法律制度,值得国际法学界研究。

十、构建中国特色国际法学体系

随着综合国力和国际地位提升,中国越来越多地担任国际规则的引领者和塑造者。国际社会高度关注中国的国际法治观,我们参与国际规则的博弈也需要以中国的国际法治观为引领。为此,我们要配合中国特色大国外交理论和实践的发展需要,打造和完善中国特色国际法治观,从理论和实务的角度深入研究人类命运共同体等重大外交思想,推动国际法理论创新符合中国国际法治观的对外宣示,还要做好机制体制创新。

新时代中国特色大国外交正日益走近世界舞台中央。我们要推进建设相互尊重、公平正义、合作共赢的新型国际关系,构建人类命运共同体。这都要求我们更加重视国际法,坚定推进国际法治,努力开创国际法学研究的新局面。

第四章　独立自主的和平外交

第一节　集体安全理念与中国的安全观

和平与安全问题对人类至关重要。人类自始生活在充满安全威胁的环境之中。创立一个使各国人民都能无所恐惧地生活的新的世界秩序仍是人类面临的一项头等重要的任务,也是构建人类命运共同体的基石。安全与安全保障不可分离。只要存在对安全的威胁,就需要安全保障。集体安全保障,是传统国际法向现代国际法发展的一个重要标志,也是当前国际政治生活中的一个重要问题。联合国的首要宗旨是“维持国际和平及安全;并为此目的:采取有效集体办法,以防止且消除对于和平之威胁,制止侵略行为或其他和平之破坏;并以和平方法且依正义及国际法之原则,调整或解决足以破坏和平之国际争端或情势”。中国外交奉行独立自主的和平外交政策,把维护世界和平、促进人类进步作为自己的神圣使命,并为此作出了不懈的努力。① 中国

① 1949 年《共同纲领》确立的新中国外交政策原则是,“为保障本国独立、自由和领土主权的完整,拥护国际的持久和平和各国人民间的友好合作,反对帝国主义的侵略政策和战争政策。”1954 年我国《宪法》规定:“在国际事务中,我国坚定不移的方针是为世界和平和人类进步的崇高目的而努力。”2018 年修订后的 1982 年《宪法》宣示:“中国坚持独立自主的对外政策,坚持互相尊重主权和领土完整、互不侵犯、互不干涉内政、平等互利、和平共处的五项原则,坚持和平发展道

始终是维护世界和平的中坚力量,通过争取和平国际环境发展自己,又以自身发展维护和促进世界和平。中国外交不认同"国强必霸论"。有着5000多年历史的中华文明崇尚和平,深信"国虽大,好战必亡"。[①]党的十九大报告提出,"和平与发展仍然是时代主题","中国将坚持走和平发展道路","中国无论发展到什么程度,永远不称霸,永远不搞扩张"。这是迈向强国之路的中国向全世界的庄严宣示。

一、从个别安全向集体安全的过渡

人类渴望和平,但战争从未间断。迄今为止的人类数千年的文明史在某种意义上可以说是一部充满血与火的战争史。[②]

人类对战争的认识在相当长时间里是矛盾和滞后的。虽然,在各个历史时期,都有一些哲人对战争持坚决的否定态度,如古代中国的老子、墨子、古罗马的卢克莱修,中世纪的"正义战争"理论的倡导者,以及近代的和平主义者,但是,在20世纪以前,占主导地位的认识是赞同战争或认为战争是不可避免的。[③]

与上述认识水平相适应,在法律上,虽然,一国领域内公民之间的暴力抗争早已被法律禁止。[④]但在国际社会,作为国家间的一种暴力状态的战争,在直到1919年《国际联盟盟约》,甚至1928年《非战公约》订立之前的数千年间,在法律上一直被认为是国家的自然职能,是国家实现基于国际法的或自称基于国际法的权利主张的一种自助手段,甚至是用以否定和改变以现行国际法为依据的

路,坚持互利共赢开放战略,发展同各国的外交关系和经济、文化交流,推动构建人类命运共同体;坚持反对帝国主义、霸权主义、殖民主义,加强同世界各国人民的团结,支持被压迫民族和发展中国家争取民族独立、发展民族经济的正义斗争,为维护世界和平和促进人类进步事业而努力。"

① 贾秀东:《和平与发展仍然是时代主题》,载中国网:www. china. com. cn,最后访问日期:2019年6月26日。

② 马克思曾指出,"暴力是每一个孕育着新社会的旧社会的助产婆"。资本主义产生的历史,"是用血与火的文字载入世界编年史的"。

③ 参见[苏]莫基切夫主编:《政治学说史》,中国社会科学出版社1979年版,第40页、第43页、第76页。

④ 例如,历史上最早的成文法典《乌尔拉姆法典》就已规定,伤害旁人的肢体、器官,应受处罚。《汉谟拉比法典》更具体规定了对侵犯人身罪的刑罚。参见陈盛清:《外国法制史》,北京大学出版社1987年版,第2页、第13~14页。

权利的合法工具。① 传统国际法正是以各国有为执行或反对法律权利的目的而进行战争的无限权力为特征的。

在上述政治及法律状态下，直至第一次世界大战结束后，国家的安全保障主要依"个体"或"个体联盟"的方式进行的，术语上常称为"个别安全保障"。这种安全保障以战争自由、军备自由、结盟自由和中立自由为主要持征。

由于当时国际法允许以战争作为解决国际争端的手段，比较强大的国家就乐于奉行"丛林法则"，以武力来推行其国家政策，以致战祸绵绵。面对战争的威胁，为了保障自身的安全，各国首先求助于本国的资源，进行扩军备战，以求获得对可能的或假想的敌国的军事优势，或至少保持力量对比的"均势"。当单一国家的力量不足以抗衡外来威胁时，受威胁的国家就竭力寻求与同样威胁的国家结盟或寻求强大国家的保护。处于特定战争冲突之外的国家则具有保持中立的自由，并得随时改变中立地位。

个别安全保障体制在敌对双方力量保持相对平衡之时尚能够维持暂时的武装和平。但历史一再证明，发展的不平衡是绝对的规律。因此，自保与结盟均不可能维持普遍持久的国际和平。军备自由必然导致军备竞赛，结盟则形成了集体对抗。当同盟间的平衡破坏后，战争就不可避免，终至爆发了第一次世界大战。

第一次世界大战的爆发，再次表明个别安全保障既不能维持世界和平，也不足以确保国家安全。于是以此为契机，人类历史上第一个普遍性安全组织——国际联盟应运而生。国际联盟的建立是人类安全保障史上的重大转折。虽然，国联因未能防止第二次世界大战的爆发而破产，但以集体安全作为国际和平的新的保障方式已经确立。在第二次世界大战的废墟上，人类重建了经过改进的集体安全保障——联合国集体安全保障体制。这一新体制已运行 70 多年，对于战后国际和平与安全的维持功不可没，但也留下了一些值得总结的经验教训。②

二、集体安全保障理念

集体安全保障，简称集体安全，系指以维持国际和平及安全为宗旨，以"天

---

① ［英］劳特派特修订：《奥本海国际法》（下卷第一分册），王铁崖、陈体强译，商务印书馆 1981 年版，第 129 页。

② 参见黄惠康：《联合国宪章下的集体安全保障》，载王铁崖主编：《中国国际法年刊》(1996)，中国对外翻译出版公司 1997 年版，第 63 ~65 页。

下一家”的整体安全理念为理论基础，以对使用武力实行国际法律管制为核心，以集体强制力为后盾，以普遍性国际安全组织为存在形式的安全保障体制。就目前而言，集体安全就是指以《联合国宪章》为核心的集体安全保障体系。它具有如下特征：

1. 集体安全所要保障的不是个别国家或若干国家的安全，而是普遍的和平和各国的安全。它没有特定的或假想的敌国，从根本上否定“集团对立”，排斥以一个同盟反对另一个同盟的传统的安全保障方式。国际社会的全体成员都应受到免受非法侵害的法律保护。《国际联盟盟约》宣称，以“增进国际间合作并保持其和平与安全”为宗旨，《联合国宪章》则进一步规定，联合国的首要宗旨是“维持国际和平及安全”。从只维持单一国家或若干国家的单独安全到维持普遍和平及安全这种目的上的重大转折，是集体安全与个别或同盟安全的首要区别。

2. 实现上述转折的理论基础是对战争的新认识和世界整体和平的新理念。19 世纪以来，社会生产力以前所未有的高速度向前发展，由此带来的是交通的便利和武器的改良。前者使人类的生存空间大大“缩小”，国家间关系日趋密切；后者使战争的破坏性和残酷性更加惨不堪言。战争不再只关涉交战国和战斗员，而是关系到人类本身的生存与发展。这就在客观上提出了从“世界一体”的角度来预防战争的紧迫要求。集体安全保障正是建立在国际和平不可分割的认知基础之上，并通过国际联合来实现维持和平的任务。

3. 集体安全的核心是对在国际关系中使用武力实行法律管制。具体来说，就是通过国际社会的共同约定，接受原则，确定规章，限定合法使用武力的条件，禁止非法诉诸战争或使用武力。在集体安全体制下，战争权不再是国家的一项固有权利，任何违反集体安全义务而使用武力的行为均属非法，均在禁止之列。

4. 对使用武力的国际法律管制是有集体强制力作为后盾的。违反集体安全义务的行为，将依其对国际和平的威胁程度分别受到外交的、经济的乃至军事的制裁。缺乏强制实施法律的机制是近代国际社会的一大特征。在这一点上，集体安全意味着一种突破。[1] 首先，集体安全作为一个整体的力量能够对任

---

① 正如一些国际法学者所指出的，对和平之威胁采取迅速有效的集体行动的承诺通常可以使破坏和平的倾向消灭在萌芽之中。See A. LeRoy Bennett, *International Organizations: Principles and Issues*, 3rd edition, Prentice-Hall International, 1984, p. 134.

何潜在的侵略国构成相当的威慑力。其次，在实际发生侵略行为之时，承担集体安全义务的所有其他国家均有义务给予遭受侵略的一方以援助，而对侵略国则不得给予支持，这是又一种威慑。最后，作为维持或恢复和平的最后手段，集体安全具有直接对和平的破坏者或侵略者实施强制措施的能力。

5. 集体安全是与建立普遍性国际安全组织联系在一起的，国际组织是集体安全体制的存在形式。集体安全组织的机构、职权、活动程序、成员国的义务及相互关系，均依组织宪章予以规定。在由主权国家组成的国际社会里，不可能设想建立一个“世界政府”或其他形式的超国家机构来实施集体安全保障。集体安全与国际组织相结合恰当地反映了集体安全的性质，即建立在主权国家自我约束和相互约束基础上的国际联合。集体安全保障的能力和效率在很大程度上取决于国家间合作的诚意。

集体安全保障制度的主要内容包括：(1)关于维持国际和平及安全的一般原则；(2)关于集体安全义务的规则，包括使用武力的法律规则；(3)关于制止威胁和平、破坏和平及侵略行为的规则和程序；(4)关于集体安全组织的构成、职权及运作机制的规则。这些原则和规则是《联合国宪章》的核心内容，其中主要包括宪章第一章宗旨和原则，第二章会员，第四章大会，第五章安全理事会，第六章争端之和平解决，第七章对于和平之威胁和平之破坏及侵略行为之应付办法，第八章区域办法，第十六章杂项条款和第十七章过渡安全办法。

维持国际和平的任务是一项宏大的系统工程，涉及国际关系的各个方面。集体安全只是这项伟大工程中的一个组成部分，它的有效运作除自身的因素之外，还取决于其他各方面的条件的配合与补充。例如，和平解决国际争端、联合国维持和平行动以及裁军等，虽非集体安全的本体，但与国际和平的保障密切相关。经济和社会发展对维持人类持久和平的重要性也日见显著。

三、中国的新安全观

中国倡导的共同、综合、合作、可持续的安全观是一种新型的集体安全观。当前，国际安全格局正在发生冷战结束以来最深刻复杂的变化。“世上没有绝对安全的世外桃源”，没有一个国家能够凭一己之力谋求自身绝对安全，也没有一个国家可以从别国的动荡中收获稳定。面对这种局面，沉湎于热战或冷战思维，搞弱肉强食、穷兵黩武和对立对抗，有违时代潮流。“单则易折，众则难摧。”中国主张，各国走和平发展道路，树立共同、综合、合作、可持续的安全观，共同营造公道正义、共建共享的安全格局。①

讲共同,就是要倡导人类命运共同体意识,尊重和保障每一个国家的安全。这是集体安全的目的。安全应当是普遍的、平等的、包容的。不能一个国家或一部分国家安全而其他国家不安全,更不能牺牲别国安全谋求自身的所谓绝对安全。实现共同安全就要恪守联合国宪章的宗旨和原则,尊重各国自主选择社会制度和发展道路,尊重并照顾各方合理安全关切。

讲综合,就是要统筹安全与发展、传统安全和非传统安全,通盘考虑安全问题的历史经纬和现实状况,多管齐下、综合施策,协调推进世界安全治理。

讲合作,就是世界各国共谋和平、共护和平、共享和平。通过对话合作,增进战略互信,以和平方式解决争端,携手建设持久和平、共同繁荣的和谐世界。

讲可持续,就是要坚持发展和安全并重,以实现持久和平;聚焦发展主题,积极改善民生,缩小贫富差距,不断夯实安全根基。有效降低安全成本,实现持久和平,并在此基础上实现可持续发展,这是可持续安全观的核心价值。②

中国坚定地支持集体安全的理念,支持联合国集体安全体制的有效运作。习近平主席在2015年庆祝联合国成立70周年联大一般性辩论中指出,70年前,我们的先辈经过浴血奋战,取得了世界反法西斯战争的胜利,翻过了人类历史上黑暗的一页。这一胜利来之不易;70年前,我们的先辈以远见卓识,建立了联合国这一最具普遍性、代表性、权威性的国际组织,寄托人类新愿景,开启合作新时代。这一创举前所未有;70年前,我们的先辈集各方智慧,制定了《联合国宪章》,奠定了现代国际秩序的基石,确立了当代国际关系基本准则。这一成就影响深远。我们要营造公道正义、共建共享的安全格局。“弱肉强食是丛林法则,不是国与国相处之道。穷兵黩武是霸道做法,只能搬起石头砸自己的脚。”“要摒弃一切形式的冷战思维,树立共同、综合、合作、可持续安全的新观念,充分发挥联合国及其安全理事会的核心作用,通过和平解决国际争端和强制性行动双轨并举,化干戈为玉帛。”中国人民的梦想同世界各国人民的梦想息息相通。中国将始终做世界和平的建设者,全球发展的贡献者,国际秩序的维

---

① 参见刘江永:《可持续安全观是照亮世界和平的一盏明灯——深入学习习近平同志关于树立共同、综合、合作、可持续安全观的重要论述》,载《人民日报》2017年3月16日,第7版。

② 参见《习近平谈和平发展:让人类命运共同体建设的阳光普照世界》,载人民网:www.people.com.cn,最后访问日期:2019年6月28日。

护者,坚定走和平发展道路,永不称霸,永不扩张,永不谋求势力范围。中国决定设立为期 10 年、总额 10 亿美元的中国—联合国和平与发展基金,支持联合国工作,促进多边合作事业;中国将加入新的联合国维和能力待命机制,率先组建常备成建制维和警队,并建设 8000 人规模的维和待命部队;中国决定在未来 5 年内,向非洲联盟提供总额为 1 亿美元的无偿军事援助,支持非洲常备军和危机应对快速反应部队建设。①

第二节　联合国的集体安全体制

一、联合国集体安全体制的政治基础

联合国集体安全保障的起源,从奠定政策基础的意义上可以追溯到第二次世界大战初期反法西斯国家阐明战争目的和战后秩序设想的一系列政策性宣言。②

1942 年元旦,正在对轴心国侵略者作战的 26 个国家的代表,在华盛顿签订了《联合国家宣言》(Declaration by the United Nations),从而向建立新的普遍性安全组织迈出了一大步。1943 年 10 月 30 日,中英美苏《四国普遍安全宣言》(Moscow Declaration on General Security),进一步发展了在战后建立一个普遍安全组织的思想和愿望,③并于 1944 年秋草拟了《联合国宪章草案》。1945 年旧金山制宪会议通过了《联合国宪章》。《联合国宪章》于 1945 年 10 月 24 日生效,联合国宣告正式成立,人类新的普遍性集体安全体制也遂告诞生。作为联合国的发起国、创始国和第一个在《联合国宪章》上签字的国家,中国为联合国的诞生做出了历史性贡献。

联合国集体安全体制是在第二次世界大战期间反轴心国中占核心地位的

---

① 参见习近平:《携手构建合作共赢新伙伴　同心打造人类命运共同体——在第七十届联合国大会一般性辩论时的讲话》,载新华网:www. xinhuanet. com,最后访问日期:2019 年 6 月 27 日。

② 2013 年 8 月 14 日,美英《大西洋宪章》宣称:"待纳粹暴政被最后毁灭后,两国希望重建和平,使各国俱能在其疆土以内安居乐业,并使全世界所有人类悉有自由生活,无所恐惧,也不虞匮乏的保证。""两国相信世界所有各国,无论为实际上或精神上的原因,必须放弃使用武力。倘国际间所有国家继续使用陆海空军军备,致在边境之外实施侵略威胁,或有此可能,则未来和平势难保持。两国相信,在广泛而永久的普遍安全制度建立之前,此等国家军备的解除,实属必要。同时,两国当赞助与鼓励其他一切实际可行的措施,以减轻爱好和平人民对于军备之沉重负担。"

③ 四国政府宣称:"有必要在尽速可行的日期,根据一切爱好和平国家主权平等的原则,建立一普遍性的国际组织,所有这些国家无论大小,均得加入未会员国,以维持国际和平及安全。"

大国,在战时合作的基础上建立起来的。由于这一特殊的历史背景,加上反法西斯国家希望加强国际社会的组织化程度,使国际关系具有新的凝聚力以克服国联的缺陷,“大国一致”原则(the principle of unanimity of great powers)从一开始就被设想为联合国的建立和有效运作的基础。[①]《联合国宪章》在联合国的组织结构、安理会的组织、职权、表决程序、过渡安全办法以及宪章的批准、修正等问题上,使“大国一致”原则具体化和法律化,其中包括:安理会对维持国际和平与安全负有主要责任;中国、法国、英国、美国和苏联(俄罗斯)“五大国”在安理会拥有常任席位,并在非程序性事项上享有“否决权”;宪章的批准和修订,必须经安理会各常任理事国的同意。

对于“大国一致”原则,多数中小国家出于对这些大国在反法西斯战争中的决定性作用的承认,以及对它们能在战后继续为维持世界和平多承担一点责任的希望,在一定程度上表示了容忍和接受的态度。尽管如此,在旧金山制宪会议期间,围绕“大国一致”的具体形式和内容的争论仍然相当激烈,但所有修正案均遭到“五大国”的坚决反对。[②] 这也为日后关于安理会的改革问题埋下伏笔。

“大国一致”成为宪章原则意义重大而深远。其一,“五大国”在联合国的特殊地位被固化和永久化。只要“五大国”中的任何一个不愿放弃既得的特殊权利和地位,它们就可以永远予以保持;同样,如果它们中的任何一国不赞成增加常任理事国的席位,常任席位也将只能由“五大国”拥有。其二,“大国一致”成为联合国的基石,集体安全体制的有效运作在很大程度上取决于“五大国”能否取得协调一致。

然而,这也正是它的弱点所在。因为,尽管人们期望大国在战后能继续并长期保持和谐和一致,诸大国也一再如此允诺,但是,这实际上是不可能的。实践已清楚地证实了这一点。联合国成立不久,东西方就陷入了长达近半个世纪

---

① 正如苏联外长莫洛托夫所指出的,联合国组织的基本的和原则的要素就是“否决权”。拒绝大国一致的原则,实际上就是等于取消联合国机构,因为这一原则乃是联合国的基础。参见黄惠康:《国际法上的集体安全制度》,武汉大学出版社1990年版,第67~68页。

② 当时,美英苏等大国认为,各成员国主权平等并不意味着所有成员国将在本组织具有同等的政治上的重要性。只有那些在本组织中负有同等责任的国家,才能在本组织中享有同等的权利,而且若是某一国家在本组织中不负有其他国家所担负的责任和它们所承担的那些义务,这种国家也就不可能要求在本组织中享有与这些国家同等的权利。因此,各大国,主要是美英苏三国,基于自身战略和利益的考虑,从在反法西斯战争中起主导地位这一现实出发,极力要在战后世界的政治生活中继续保持特殊的地位。参见[苏]克里洛夫:《联合国史料》(第1卷),中国人民大学出版社1955年版,第29~35页。

的冷战。以美国为首的北大西洋公约组织与以苏联为首的华沙条约组织两军对垒,在政治、经济、军事、外交各领域展开了全方位争斗,安理会成为外交博弈的主战场,双方在涉及集团利益的问题上频频使用“否决权”。冷战结束后,安理会的运作环境有所改善,但大国间的矛盾仍不时爆发。截至 2019 年 6 月,联合国安理会 5 个常任理事国合计行使“否决权”282 次,其中,苏联/俄罗斯 133 次(苏联 110 次、俄罗斯 23 次),美国 81 次,英国 34 次,法国 20 次。① 中国是安理会常任理事国中行使“否决权”次数最少的国家,总共仅 14 次(中华民国 1 次,中华人民共和国 13 次)。②

任何国际组织的形态都不可能超越同时代国际关系的现实。国际联盟是这样,联合国也是这样。充分认识联合国集体安全体制的政治基础,可以帮助人们正确理解联合国在维持国际和平与安全领域中的成就和失败,启发人们寻求完善这一体制的办法和途径。

二、联合国宪章下的集体安全义务

联合国的首要目的是要在战后维持普遍持久的国际和平。这一目的在《联合国宪章》的序言及第 1 条中得到了充分的体现。为此,该宪章为联合国会员国和非会员国设定了如下基本义务。

---

① 参见《联合国安理会常任理事国在公开会议上所投的否决票》,载联合国安全理事会网:https://www.un.org,最后访问日期:2019 年 6 月 30 日。1946 年 2 月 16 日,原苏联在叙利亚、黎巴嫩问题的安理会决议表决中首次投下反对票,开启首度行使“否决权”的历史。美国于 1970 年首次就罗德西亚危机行使“否决权”,并于 1972 年单独行使“否决权”,以阻挠通过制裁以色列的议案。冷战期间,美国和苏联为了各自的战略利益,频繁使用“否决权”否决对方集团提出的议案。据统计,历史上大部分的“否决权”都是苏联行使。苏联解体后,美国一度是行使“否决权”最频繁的国家。随着俄罗斯的复苏,在叙利亚问题上与美国相左,再度成为行使“否决权”最频繁的国家。2011 年以来,仅在叙利亚问题上,俄罗斯就投了多达 12 次否决票。

② 1955 年 12 月 13 日,中华民国否决蒙古人民共和国申请加入联合国。1971 年中华人民共和国恢复联合国合法席位后,中国行使“否决权”总共仅 13 次。1972 年 3 月 25 日否决孟加拉国(原东巴基斯坦)申请加入联合国;1972 年 9 月 10 日否决英、法等国对索马里、几内亚、南斯拉夫三国反对以色列侵略叙利亚、黎巴嫩的决议草案的修正案草案;1997 年 1 月 10 日否决关于向危地马拉派遣联合国军事观察员的决议草案;1999 年 2 月 25 日否决关于同意联合国驻马其顿预防性部署部队延期半年的决议草案,因为该国曾频繁于海峡两岸之间建交断交。2007 年 1 月 12 日否决针对美国和英国提出的有关缅甸问题的决议草案;2008 年 7 月 11 日否决美国、英国提出的关于津巴布韦问题的决议草案;2011 年 10 月 4 日,2012 年 2 月 5 日、7 月 19 日,2014 年 5 月 22 日,2016 年 12 月 5 日,2017 年 2 月 28 日,先后 6 次否决美英法等国提出的关于叙利亚问题的决议草案。2017 年 2 月 28 日,否决了美国提出的关于委内瑞拉问题的决议草案。

(一)禁止非法使用武力或武力威胁

《联合国宪章》明确规定禁止战争,并将这一禁令扩大到使用武力或武力威胁。《联合国宪章》第 2 条第 4 款规定:“各会员国在其国际关系上不得使用威胁或武力,或以与联合国宗旨不符之任何其他办法,侵害任何会员国或国家之领土完整或政治独立。”《联合国宪章》序言也提出,将力行容忍,彼此以善邻之道,和睦相处……接受原则,确立方法,以保证非为公共利益,不得使用武力。这样,《联合国宪章》不但重申了 1928 年《非战公约》提出的禁止以战争作为推行国家政策工具的国际法原则,而且否定了一切违反宪章的非和平方法的合法性。除了依《联合国宪章》第 51 条行使合法自卫权和《联合国宪章》授权的集体安全行动之外,任何在国际关系中使用武力威胁、武装干涉、武装进攻或占领的行为,都是违反国际法的,都在被禁止之列。①

(二)和平解决国际争端

在禁止战争、禁止非法使用威胁或武力的前提下,《联合国宪章》把和平解决国际争端确定为联合国组织和各会员国应予遵循的一项基本原则。其第 2 条第 3 款规定:各会员国应以和平方法解决其国际争端,避免危及国际和平、安全及正义。其第 1 条第 1 款将“以和平方法且依正义及国际法之原则,调整或解决足以破坏和平之国际争端”定为实现“维持国际和平及安全”宗旨的主要手段之一。为贯彻和平解决国际争端的原则,《联合国宪章》以专章规定了解决争端的和平方法、程序和安理会及大会的职权等有关事项。

和平解决国际争端和禁止非法使用武力两项原则,互为照应,构成联合国会员国最基本的集体安全义务。

(三)集体协助

在联合国集体安全体制下,各会员国依《联合国宪章》把维持国际和平及安全的主要责任授予安全理事会,并同意安理会于履行此项责任下的职务时,即系代表各会员国。《联合国宪章》第 25 条要求各会员国依宪章规定接受并履行安理会的决议。安理会依《联合国宪章》第七章作出的决议对全体会员国均具有拘束力。各会员国应通力合作,彼此协助,以执行安理会所决定的办法。《联

---

① 原国际法院院长史久镛认为,禁止使用武力原则是战后国际秩序的基石,应严格按照《联合国宪章》精神对该原则进行解释。以“预防性自卫”“人道主义干预”等为借口扩大禁止使用武力原则的例外,是对宪章原则的曲解。参见史久镛:《国际法上的禁止使用武力》,载《武大国际法评论》2017 年第 6 期。

合国宪章》第 2 条第 5 款也明确规定,对于联合国依本宪章规定而对于任何国家正在采取防止或执行行动时,各会员国对该国不得给予协助。集体协助义务是从作为和不作为两个方面来加以措辞的。在联合国与正在受到联合国制裁的国家之间,各会员国无"中立"可言。①《联合国宪章》第 103 条规定,"联合国会员国在本宪章下之义务与其依任何其他国际协议所负之义务发生冲突时,其在本宪章下之义务应居优先"。

上述义务,对非联合国会员国也是有效的。《联合国宪章》第 2 条第 6 款特别规定:本组织在维持国际和平及安全之必要范围内,应保证非联合国会员国遵行上述原则。② 此项规定在联合国成立之初,曾发挥重要作用。时至今日,鉴于联合国会员国的空前普遍性,《联合国宪章》第 2 条第 6 款的实际作用已变得非常有限,但仍具有积极意义。③

三、联合国集体安全的职能划分

《联合国宪章》将集体安全保障职能,按不同的性质分别授予安理会和大会。它们之间的相互关系以及各自的管辖权的范围和权限,均由《联合国宪章》明确予以规定。

《联合国宪章》第 24 条第 1 款规定:"为保证联合国行动迅速有效起见,各会员国将维持国际和平及安全之主要责任,授予安全理事会,并同意安理会于履行此项责任下之职务时,即系代表各会员国。"《联合国宪章》第六章、第七章、第八章及第十二章详细规定了授予安理会履行上述"主要责任"的特定权力。

对于争端的解决,安理会得促请争端当事国用和平方法加以解决;可以调查任何争端或可能引起国际摩擦的任何情势,以断定争端的性质;对于其继续存在足以危及国际和平与安全的争端或情势,可以在任何阶段建议适当的调查

---

① 参加旧金山制宪会议的法国代表团曾建议对《联合国宪章》第 2 条第 5 款增加一项内容,禁止会员国援引其中立地位以逃避对受侵略之害的会员国的互助义务。这项修正案未被正式接受,因为《联合国宪章》已经确认了促使提出修正案的思想。参见[法]卢梭:《武装冲突法》,中国对外翻译公司 1987 年版,第 296 页。

② 《联合国宪章》的这项规定的法律基础及法律效力曾存在争议。但随着联合国会员国覆盖全球以及联合国成立以来的实践,包括集体协助在内的联合国基本原则已被广泛接受为习惯国际法,具有了普遍适用的效力,此等争议已不复存在。参见[英]施瓦曾伯格:《从国际司法角度看联合国的各项原则》,载《国外法学》1973 年第 3 期。

③ 参见许光建主编:《联合国宪章诠释》,山西教育出版社 1999 年版,第 53 ~ 55 页。

程序或方法,并在一定条件下提出解决条件的建议。① 在维持和平与制止侵略方面,安理会应断定和平之威胁,和平之破坏或侵略行为是否存在。为维持或恢复和平,得决定采取武力的或非武力的强制措施。为防止情势恶化,得促请关系当事国遵行安理会所认为必要或适宜之临时办法。除此之外,安理会还应负责拟定军备管制方案,在属于战略性的地区行使联合国的托管职能;提出建议或决定应采取的措施,以执行国际法院的判决;同大会平行选举国际法院法官,向大会推荐新会员国和联合国秘书长,向大会建议终止会员国的权利或开除会员国。

与此同时,大会在集体安全方面的职权,按照不侵犯和不妨碍安理会履行其主要责任的原则下予以确定。《联合国宪章》第 12 条明确规定:当安理会对于任何争端或情势,正在执行宪章所赋予该会的职务时,大会非经安理会请求,对于该项争端或情势,不得提出任何建议。第 11 条也规定:凡对于需要采取行动之各该项问题,应由大会于讨论前或讨论后提交安理会。除了这些限制外,大会的职权仍然是相当广泛的。

依《联合国宪章》第 10 条和第 11 条的规定,大会得讨论宪章范围内的任何问题或事项,或关于宪章所规定任何机关的职权;并得除上述限制外,向会员国或安理会或兼向两者提出各该问题或事项的建议;得考虑关于维持国际和平及安全之合作的普遍原则,包括军缩及军备管制之原则,并得向会员国或安理会或兼向两者提出对于该项原则的建议;得讨论任何会员国或安理会或非会员国依宪章规定向大会所提关于维持和平及安全的任何问题,并除上述第 12 条所规定的限制外,向会员国或安理会或兼向两者提出各该问题的建议。《联合国宪章》第 14 条进一步规定,在不违背《联合国宪章》第 12 条规定的前提下,大会对于其所认为足以妨碍国际间公共福利或友好关系之任何情势,无论其起源如何,包括由违反本宪章所载之联合国宗旨及原则而起之情势,得建议和平调整办法。

《联合国宪章》的上述规定表明了大会和安理会在联合国集体安全体制中的地位和作用。大会作为一个有普遍代表性的机构,主要起一个“世界论坛”的作用,而安理会则是一个“行动的机关”。② 因此,大会具有比安理会广泛的职权范围,但在原则上,只有安理会才有权决定强制性集体安全行动。另外,除安

① 但对于和平解决国际争端的各事项的决议,作为争端当事国的安理会常任理事国不得投票,即无“否决权”。

② 梁西:《现代国际组织》,武汉大学出版社 1984 年版,第 134 ~ 135 页。

理会专属管辖的事项外,在许多问题或事项上,安理会和大会需要进行平行合作和相互协调。联合国集体安全体制的有效运作,除了需要在安理会保持“大国一致”之外,安理会与大会之间的配合协作也是重要的因素。

四、和平的威胁、破坏及侵略行为的应付办法

根据20世纪两次世界大战的深刻教训,《联合国宪章》高度重视强制手段在维持或恢复国际和平,制止侵略行为方面的作用。《联合国宪章》第1条第1款明确提到,为了达到“维持国际和平及安全”的目的,而采取有效之集体措施,以防止和消除对和平之威胁,制止侵略行为或其他破坏和平的行为。为此,《联合国宪章》第七章具体规划了对于和平之威胁、和平之破坏及侵略行为的应付办法。

(一)和平之威胁、和平之破坏及侵略行为之断定

《联合国宪章》第39条规定:安理会应断定任何和平之威胁、和平之破坏或侵略行为之是否发生,并应作成建议或抉择依第41条及第42条规定之办法,以维持国际和平及安全。该条是《联合国宪章》第七章中的一个关键性条款,它既是以和平方法解决国际争端到以强制手段维持或恢复和平之间的连结条款,又是《联合国宪章》关于和平之威胁、和平之破坏及侵略行为之应付办法的诸项规定中的基础条款,因而被认为是联合国集体强制行动的法律基础。

安理会在《联合国宪章》第39条下负有断定需要采取集体强制行动的前提情况是否存在的专属职责,以及享有决定采取武力的或非武力的制裁措施的专属权力。同时,本条的规定又使安理会在选择处理危及国际和平的严重局势的方法方面,具有较大的活动余地。对于安理会来说,有三种方式可以选择:依《联合国宪章》第36条或第37条提出关于和平解决争端的建议;促请各当事方遵行安理会认为必要或合宜之临时办法;或决定采取严格意义上的集体制裁措施。

一个重要的问题是,《联合国宪章》第39条授予安理会作出和平之威胁、和平之破坏或侵略行为是否存在的专属权力,但并未对此种断定的对象作任何定义或提供断定的指导原则。一些国家曾对此表示过疑虑。他们担心在某些情况下,大国为避免采取强制措施,对侵略行为视而不见。因而提议在《联合国宪章》中载明侵略定义,以提供一个判断标准。但是多数国家的代表则认为,没有必要用某种方式来限制安理会处理问题的自由。结果审议《联合国宪章》第七

章的专门委员会以 22 票对 12 票否决了上述提案。然而，自联合国成立以来，侵略定义一直是集体安全体制中一个重要而又颇有争议的问题。①

1974 年 12 月 14 日，联合国大会以协商一致通过对“侵略”的定义。② 该定义规定：侵略是指一个国家使用武力侵犯另一个国家的主权、领土完整或政治独立，或以本定义所宣示的与《联合国宪章》不符的任何其他方式使用武力。这一界定把侵略限于武装的侵略行为，而没有提及武力威胁的问题，尽管纽伦堡判决曾判定在一定的场合，例如，受害国在战争实际爆发之前因受威胁而被迫投降的场合，使用武力之威胁即构成侵略；同样，通过将侵略限于“武力”的使用，定义还有意回避了其他形式的强制，如领土兼并和扩张，政治干涉和颠覆以及经济控制和掠夺等行为。一些评论家认为，这是侵略定义的一项“重大缺陷”，因为这些侵略形式正是现代国际生活中西方大国推行侵略扩张政策的主要表现形式。

（二）防止形势恶化之临时办法

在联合国集体安全体制下，以强力保障国际和平应该是最后诉诸的手段。在涉及国际和平及安全之维持的许多场合，虽然争端已发展到大规模武装冲突的程度，且构成了对国际和平的实际威胁或破坏，但又不宜或尚不必立即依《联合国宪章》第 41 条或第 42 条采取集体强制行动，或者因缺乏实施集体强制的条件而难以采取强制行动。为此，《联合国宪章》特在以和平方法解决国际争端和以强制手段维持或恢复国际和平之间设计了一种称为“临时办法”（provisional measures）的过渡措施。《联合国宪章》第 40 条规定：为防止情势之恶化，安理会在依第 39 条规定建议或决定办法以前，得促请关系当事国遵行安理会所认为必要或合宜之临时办法。此项临时办法并不妨碍关系当事国之权利、要求或立场。安理会对于不遵行此项临时办法之情形，应予以适当注意。这项规定的立法意旨是清楚的，即防止情势的恶化。安理会在依本条行动时，重点是要求当事各方尽快结束军事冲突，以防止已十分严峻的局势进一步恶化。因此，《联合国宪章》第 40 条下的临时办法具有预防的性质。

《联合国宪章》第 40 条并未给“临时办法”下一定义或对此种办法的种类

---

① 参见黄惠康：《国际法上的集体安全制度》，武汉大学出版社 1990 年版，第 220～233 页。

② 自 1951 年起，联大开始审议侵略定义问题。在其后的 24 年间，大会先后成立了 4 个特别委员会来详尽研究，最终于 1974 年 12 月 14 日通过了载有侵略定义的第 3314（XXIX）号决议。定义全文参见王铁崖等编：《国际法资料选编》，法律出版社 1982 年版，第 16～19 页。

和范围作出限定，这给予安理会较大的自由裁量权。一切形式的办法，只要安理会认为是为防止事态的恶化所必需的或合宜的，并符合不妨碍关系当事国的权利、要求或立场这一条件，安理会都可以采取。在旧金山制宪会议上，曾提出过临时办法的若干种形式，例如，停止军事冲突；从特定地区撤离武装部队；接受某种形式的国际政治安排；终止因敌对行动而采取的报复性措施等。20 世纪 50 年代发展起来的"联合国维和行动"也可归入临时办法的范畴。①

关于依《联合国宪章》第 40 条作出的安理会决议是否具有拘束力的问题，在理论上存在一些分歧。一种意见认为，《联合国宪章》第 40 条"促请关系当事国遵行"这一规定的效力位于"建议"(《联合国宪章》第六章)和"决定办法"(《联合国宪章》第 41 条或第 42 条)之间。它给予安理会自由选择的权力。依第 40 条作出的"促请"(call upon)，可以仅是一项建议，也可以是一项有拘束力的决定。一些学者进一步推断，如果安理会表明它的决议是建议性的，那此项决议就不是强制性的，但如安理会有相反表示，此项决议就应视为是必须执行的。概言之，《联合国宪章》第 40 条下的决议的法律效力取决于安理会的意向。②

上述观点是值得商榷的。从政治上说，为了尽快结束武装冲突，缓和紧张局势，人们倾向于把安理会依《联合国宪章》第 40 条作出的关于临时办法的决议视之为是有拘束力的，而一些冲突当事国遵行了安理会指示的临时办法这一事实则加强了这种倾向。但就《联合国宪章》第 40 条本身所具有的法律效力而言，不能说上述主张是能够成立的，因为《联合国宪章》第 40 条"促请关系当事国遵行……临时办法"与"此项临时办法并不妨碍当事国之权利、要求或立场"一句是不可分割的，其逻辑结论必然是，安理会在《联合国宪章》第 40 条下作出的决议不具有强制执行的效力。③

(三)维持或恢复国际和平之强制办法

1. 非武力的强制办法

《联合国宪章》第 41 条规定：安理会"得决定所应采武力以外之办法，以实

---

① 参见黄惠康：《论联合国维持和平部队的法律基础》，载《中国社会科学》1987 年第 4 期。

② 参见黄惠康：《国际法上的集体安全制度》，武汉大学出版社 1990 年版，第 99～100 页。

③ 美国代表团在关于旧金山制宪会议结果致总统的报告中指出：《联合国宪章》第 40 条下的临时办法是要求争端当事国根据安理会的建议予以遵行的，因而不能视为是初步制裁。参见美国国务院第 2349 号公告，第 92 页。

施其决议,并得促请联合国会员国执行此项办法。此项办法得包括经济关系、铁路、海运、航空、邮、电、无线电及其他交通工具之局部或全部停止,以及外交关系之断绝”。在这方面,安理会可以自由决定是否应采取此项强制措施,如果是,哪一种或哪一些办法应被采用。

《联合国宪章》第 41 条的规定应与第 39 条配合适用。为实施安理会的决议而采取武力以外之强制措施的决定应以依第 39 条作出的已存在“和平之威胁、和平之破坏或侵略行为”的断定的基础之上。① 在实际应用中,曾有国家提出,第 41 条的规定显然表明,第 39 条所指的“和平之威胁”既包括紧迫的威胁,也包括潜在的威胁。如果第 40 条仅指向前一种威胁,那它将失去实际的意义。但这种观点在安理会未被一般接受。②

本条列举了一些不涉及使用武力的办法,但非全部列举。它并不排斥使用其他未被列出的“武力以外”的其他办法。在所列举的诸种办法中,似乎也不存在强制程度的强弱问题,或依次递进使用的问题。所有这些办法,均可由安理会作出抉择。

安理会依《联合国宪章》第 41 条作出的采取集体强制措施的决定具有拘束力。各会员国依《联合国宪章》第 25 条的规定,有义务履行安理会的决定。此项义务不因有关国家的国内立法是否授权各该国家采取某种措施而受影响。在这一点上,联合国各会员国有义务使本国的法律适应依宪章所承担的义务。一种可能的矛盾是,联合国会员国在《联合国宪章》下执行安理会实施非武力制裁决定的义务与它们已缔结或参加的国际条约(如商务条约、邮政条约)的义务之间的冲突。在这种情况下,根据《联合国宪章》第 103 条的规定,宪章下的义务应居优先。

2. 武力的强制办法

如果安理会认为《联合国宪章》第 41 条所规定的办法不足以或已证明为不足以维持或恢复国际和平时,《联合国宪章》第 42 条授权安理会采取必要之空海陆军行动。此项行动得包括联合国会员国之空海陆军示威、封锁及其他军事

---

① 劳特派特认为,安理会依《联合国宪章》第 41 条作出促请联合国会员国执行它所决定采取的武力以外的强制措施,只能根据《联合国宪章》第 39 条所规定的那种断定对和平的威胁、和平的破坏或侵略行为的存在的宣告而提出。[英]劳特派特修订:《奥本海国际法》(下卷第一分册),王铁崖、陈体强译,商务印书馆 1981 年版,第 121 页。

② See Louis B. Sohn, *Cases on United Nations Law*, Brooklyn: Foundation Press, 1967, pp. 291 – 320.

举动。这是联合国集体安全体制最后诉诸的和平保证手段，也是最有力的威慑手段。安理会依第 42 条作出的武力制裁的决定，要求各会员国忠实地予以履行。就使用武力制裁的决定权归属于集体安全组织本身以及其决定对本组织所有会员国都有拘束力而言，联合国的体制的确前进了一大步。

《联合国宪章》第 41 条以及第 42 条都是第 39 条的具体运用。就强制性的程序而言，第 42 条下的武力之强制办法与第 41 条下的非武力的强制办法显然是不同的，但对于安理会的抉择权来说，第 42 条与第 41 条并非递进关系，而是一种并列关系。安理会在行使《联合国宪章》第 39 条授予职权方面有相当大的活动余地。为了维持或恢复国际和平与安全，安理会得决定采用其中一种强制办法，或同时采用两种办法，或先采用非武力的办法，然后视需要再决定采用武力的办法。

依《联合国宪章》第 42 条作出的采取必要之空海陆军行动的决定的实施需要一个必要的条件，即武力行动所需之军队、便利及协助的有效提供。没有这一条件，安理会的决议就无法实施。这一重要事项由《联合国宪章》第 43 条作了原则性规定。

（四）维持国际和平及安全所必需的军队、协助及便利

依《联合国宪章》第 43 条第 1 款的规定，各会员国力求对于维持国际和平及安全有所贡献起见，担任于安理会发令时，并依特别协定，供给为维持国际和平及安全所必需之军队、协助及便利，包括过境权。① 另依第 45 条和第 46 条的规定，为使联合国能采取紧急军事办法，会员国应依特别协定将其本国空军部队为国际共同强制行动随时供给调遣。武力使用计划应由安理会以军事参谋团的协助决定。军事参谋团在安理会的权力之下，对于受该会支配的任何军队，负战略上的指挥责任。只要安理会与会员国之间签订了上述特别协定，一支由会员国依特别协定提供的军事分遣队并置于安理会统率下的联合国军即可建立，一俟安理会的决定，可随时执行《联合国宪章》第 42 条下的武力的强制办法，以维持或恢复国际和平。②

---

① 建立一支以维持国际和平为宗旨的国际军队的观念远比联合国的历史悠久。14 世纪以来的形形色色的和平计划或方案中有不少包含着类似的思想，国际联盟的设计者也作过努力，但并无任何实例可循。

② 1944 年 6 月 15 日，美国总统罗斯福表示：我们的目标并不是建立一个拥有本身警察武力并具有强制权力的其他设施的超级国家。为共同行动所必需的武力，一定要以条约为基础来使用。参见美国国务院公布《战时文件》第 2126 号。载[苏]克里洛夫：《联合国史料》（第 1 卷），中国人民大学出版社 1955 年版，第 27 页。

由于会员国向联合国供给为维持国际和平必需的军队须依“特别协定”，特别协定的缔结就成为建立联合国军的关键步骤。遗憾的是，由于安理会常任理事国未能就特别协定实质条款，包括联合国军的组织和指挥的指导原则达成一致，缔结特别协定的程序从未启动。① 其后果十分严重，作为联合国集体安全体制最有力的工具的联合国部队一直付诸阙如；而这一后果又进一步影响《联合国宪章》第42条的实施。② 由于没有可供使用的武力手段，联合国集体安全体制的实际能力和作用受到严重削弱。

五、安理会集体强制决议的实施

依《联合国宪章》第48条第1款的规定，执行安理会为维持国际和平及安全之决议所必要之行动，应由联合国全体会员国或由若干会员国担任之，一俟安理会之决定。这项规定增加了在实施安理会采取强制办法决议的具体安排上的灵活性。根据本条隐含的意思，安理会不仅可以只要求某些会员国采取行动，还可以指示一些会员国从事某些行动，而让另一些会员国从事其他的行动。但是，无论采取何种具体方式，依《联合国宪章》第48条第2款的规定，安理会关于采取集体强制的决议应由会员国以其直接行动及经其加入为会员国之有关国际机关之行动履行之。

《联合国宪章》第49条要求联合国各会员国通力合作，彼此协助，以执行安理会所决定的办法。这条规定不但重申了《联合国宪章》第1条第5款规定的原则，而且进一步使会员国承担彼此合作与协助的义务。这项义务在解决联合国会员国及非会员国因执行安理会决议而引起特殊经济困难时，具有特殊的意义。

《联合国宪章》第50条进一步规定，安理会对于任何国家采取防止或执行办法时，其他国家，无论其是否为联合国会员国，遇有此项办法的执行而引起特殊经济问题者，应有权与安理会会商解决这一问题。安理会如认为需要采取特别措施，得依《联合国宪章》第65条促请经社理事会予以协助，还可以依第49

---

① 依《联合国宪章》第43条第3款的规定，上述特别协定应以安理会之主动，尽速议定。此项协定应由安理会与会员国或由安理会与若干会员国之集团缔结之，并由签字国各依其宪法程序批准之。

② 在实践中，在需要使用武力的强制手段维持或恢复国际和平时，安理会曾援引《联合国宪章》第七章，授权联合国会员国使用武力，如安理会于1990年11月29日通过第668号决议，授权联合国会员国与科威特政府合作，采取一切必要措施贯彻安理会关于伊科争端的第660号决议，以恢复海湾地区的和平与安全。

条决定会员国应采取的措施。[①]

目前,联合国大会"宪章和加强联合国作用特别委员会"(以下简称宪章特委会)正隔年审议"执行宪章中有关援助因实施宪章第七章的制裁而受到影响的第三国的规定"的议题。一些国家建议设立一个信托基金,以便从财政上援助受影响的第三国。信托基金由联合国会员国的摊款和自愿捐款构成。但这一建议遭到了发达国家的反对。中国政府认为,联合国在解决该问题上应负有首要责任,建议参考1998年专家组报告(A/53/312)尽快制定一套办法,以评估预防性措施或执行措施对第三国造成的后果,并积极探讨向第三国提供国际援助的可行性措施,包括建立基金和常设磋商机制等。目前情况下,可通过多渠道的财政安排或经济援助等方式,尽量减轻第三国所受的损失。中国政府希望特委会能尽早在此问题上取得积极成果。[②] 但宪章特委会一直未能就此达成协议。因此,如何更好地解决联合国成员国因执行安理会制裁决议而产生的特殊经济困难,仍是一个需要继续予以关注的问题。

我国作为联合国安理会常任理事国,重视依据宪章义务执行安理会决议,并形成了一套行之有效的执行安理会制裁决议的办法。具体做法为:就内地而言,在安理会通过制裁决议后,外交部向中央各部委、各直属机关、各省、自治区、直辖市人民政府外事办公室发出通知,要求其采取措施执行安理会决议。[③] 相关中央部门和省级人民政府根据外交部通知要求,在各自管辖范围内采取相应的执行措施。[④] 就我国香港和澳门特别行政区而言,外交部向两个特别行政

---

① 在安理会决定对南罗得西亚实行经济制裁期间,安理会曾于1973年呼吁所有国家和联合国系统的所有机构,立即对赞比亚提供技术、财政和物质援助,以便赞比亚能够保持正常交通流量并加强赞比亚彻底执行对南罗得西亚的强制性制裁的能力。参见《联合国手册》(第9版,中译本),中国对外翻译出版公司1981年版,第312~313页。

② 参见《中国代表在第66届联大六委关于"联合国宪章和加强联合国作用特别委员会报告"议题的发言》(2011年10月6日),中国国际法学会主办:《中国国际法年刊》(2011),世界知识出版社2012年版,第553~554页。

③ 例如,2001年10月17日,外交部《关于执行联合国安理会第1267号和1333号决议对有关个人和实体实施金融制裁的通知》(外发〔2001〕20号)。2002年9月17日,外交部《关于联合国安理会制裁阿富汗委员会将"东突厥斯坦伊斯兰运动"列入受制裁实体名单的通知》(外发〔2002〕25号)。

④ 例如,2008年1月1日,海关总署转发外交部《关于执行联合国安理会第1803号决议的通知》(署法发〔2008〕200号);2005年2月6日,商务部、海关总署、国家质检总局发布2005年第4号公告宣布:"为执行联合国安理会2004年12月21日通过的第1579号决议,根据《中华人民共和国对外贸易法》,决定自2004年12月21日至2005年12月21日,禁止进口原产于利比里亚的所有原木和木材制品。自2004年12月21日至2005年6月21日,禁止进口原产于利比里亚的钻石。"

区政府发出通知,要求其执行安理会决议。在我国香港特别行政区,特别行政区行政长官在接到外交部通知后根据香港特别行政区《联合国制裁条例》制订规例实施安理会决议。在我国澳门特别行政区,特别行政区行政长官接到外交部通知后,在《澳门特别行政区政府公报》公布实施安理会决议。中国实施安理会制裁决议的情况,由外交部按照决议要求,向联合国安理会提交执行情况报告。上述做法属于政府行政措施,目前还缺乏国内立法的法律支撑。适当时应由全国人大常委会审议通过专门的国内立法予以保障。①

在联合国制裁问题上,中国一贯主张谨慎使用制裁,必须以用尽和平解决的所有手段为前提,一旦安理会决定实施制裁,各国均有义务严格执行。中国支持改进联合国制裁机制,设立严格标准,加强针对性,设立明确时限,并尽可能减少制裁引发人道主义危机和对第三国的影响。各制裁委员会应定期评估制裁造成的人道主义影响。国际社会应帮助发展中国家加强执行制裁的能力。②

中国政府认为,制裁不是目的,而只是手段,不能指望单靠制裁解决问题,并坚决反对美西方利用制裁推行其强权政治和霸权主义的图谋,曾连续多次否决美英法等国针对叙利亚问题的决议草案。在朝核问题上,中方强调,对朝制裁不应对朝平民产生不利人道影响,不影响正常经济活动与合作、粮食援助和人道援助,不影响驻朝外交使团活动,并重申维护朝鲜半岛和东北亚和平与稳定,呼吁以和平、外交和政治方式解决问题,支持恢复六方会谈,还强调有关各方应当采取措施降低半岛紧张局势。中方希望全面、平衡地执行安理会各项涉朝决议,推进半岛有关问题和平解决。③

六、禁止使用武力之例外——自卫权

自卫作为国家的一项主权权利久已存在,而且常常被称为国家的"自然权

---

① 参见陈一峰:《安理会决议在中国的执行机制初探》,载中国国际法学会主办:《中国国际法年刊》(2012),法律出版社2013年版,第333~354页;黄风:《联合国安理会金融制裁措施的国内法实施程序》,载《法学》2006年第4期;黄瑶、庄瑞银:《中国执行联合国安理会制裁决议的现状与前景》,载《现代国际关系》2018年第4期。

② 参见《中国关于联合国改革问题的立场文件》,载外交部网:www. fmprc. gov. cn,最后访问日期:2019年6月28日。

③ 参见《安理会通过对朝鲜新制裁决议,中国外交部这样回应》,载外交部网:www. fmprc. gov. cn,最后访问日期:2019年6月27日。

利”。在传统国际法上,由于缺乏对使用武力的法律管制,国家拥有诉诸战争的绝对权利,故自卫作为使用武力的合法根据除了在道义上具有某种意义外,在法律上并不重要。[①] 然而,20 世纪以来,随着对国家使用武力的权利的法律限制逐步加强直到最终废止,自卫作为使用武力的合法根据的重要性遂日益突出,以致其确切的含义及其适用范围已成为当代国际法上的一个重要问题。

《联合国宪章》第 51 条规定:联合国任何会员国受武力攻击时,在安理会采取必要办法,以维持国际和平及安全以前,本宪章不得认为禁止行使单独或集体自卫之自然权利。会员国因行使此项自卫权而采取之办法,应立即向安理会报告。此项办法于任何方面不得影响该会按照本宪章随时采取其所认为必要行动之权责,以维持或恢复国际和平及安全。这项规定清楚地表明,与 1928 年《非战公约》不同,《联合国宪章》明确限定了行使自卫权的条件,自卫权的行使必须满足宪章规定的条件。这些条件有:

自卫必须是而且只能是对已经实际发生的武力攻击进行的反击。首先使用武力攻击他国,即构成对他国的领土完整和政治独立的侵犯。这是被侵犯国得以使用武力予以反击的合法根据。“受武力攻击”是联合国会员国得行使自卫权的首要条件和唯一合法理由,任何其他情况下的所谓“自卫”都是非法的。[②]

自卫权只有在安理会采取必要办法,以维持国际和平及安全以前才得行使。可见,在联合国集体安全保障体制下,自卫只是一种临时的紧急救助办法。而且,虽然当事国得对武力攻击是否已实际发生首先作出自我判断,也得决定自卫的办法或措施,但这种判断在事后必须服从于安理会的判断。当事国已采取的自卫措施能否继续执行,也完全取决于安理会的决定。当安理会的判断或采取的措施与当事国的判断或措施相冲突时,安理会的判断或措施具有优先的地位。《联合国宪章》第 51 条最后一句的意义就在于此。

当事国所采取的自卫措施或办法必须立即向安理会报告。相对于上述两个条件来说,此项条件可以说是程序性的。

自卫权的行使还必须遵守“相称性原则”,即武力反击的规模及强度应适当。自卫的目的是击退外来的武力攻击,而不得进一步作为实施权利的工具,或发展为武力报复。一国以一场大规模的战争对抗邻国侵犯其边境安全的武

① See I. Brownlie, “The Use of Force in Self-defence”, British Yearbook of International Law, 1961, p. 183.

② 参见史久镛:《国际法上的禁止使用武力》,载《武大国际法评论》2017 年第 6 期。

力攻击,显然是过度的。这一原则久已在一般国际法中确立,并且应被视为包含在自卫的概念之中。[①] 虽然《联合国宪章》第51条并未明示提到“相称性”问题,但是在联合国体制下,“相称性原则”应更严格地予以遵守。自卫权在《联合国宪章》中作为使用武力的一般禁令的例外这一事实,要求使许可使用的武力至最低之必要限度。

由此可见,《联合国宪章》并不是无条件地保留了习惯法上的自卫权,而是把它纳入了联合国的集体安全体制,并依联合国的宗旨和原则对自卫权作了实质性的限制。以自卫权作为使用武力为合法的根据,必须符合《联合国宪章》第51条所规定的各项条件。将自卫权的行使限于对一国的生存权利即领土完整的武力侵犯的情况,体现了普遍禁止使用武力的原则精神。[②]

七、集体安全的未来

在第二次世界大战的废墟上建立起来的联合国集体安全体制,一方面,在设计上吸取了国际联盟失败的经验教训,因而有了很大的进步;另一方面,作为特定历史时期国际关系的产物,它又不可能超越时代的局限,因而不可避免地带有某些缺陷。

毫无疑问,与国际联盟相比,联合国的集体安全体制在许多方面有了重大的发展,在下列各点上,表现尤为突出:

1. 实现了对在国际关系中使用武力的法律管制。《联合国宪章》关于禁止使用“武力威胁”和“武力”的各项规定,比起国联盟约关于“战争延期发动”的规定,有了质的飞跃。《联合国宪章》对于国家从事战争和使用武力的权利的态度,已从国联盟约的有条件限制发展为一般性的禁止,而且,禁止的范围也从所谓的“正式战争”扩大为“使用武力威胁或武力”。这项义务的确立,连同和平解决国际争端的义务,是集体安全制度发展史上的一项重大突破。

2. 强化了联合国在以强制手段维持或恢复国际和平方面的职能。为此,建立了安理会这一中枢机关,并授予它维持国际和平及安全之主要责任及相应的权力。在对和平的威胁者、和平之破坏者即侵略者进行集体制裁的问题上,也采取了与国际联盟不同的做法,改分权的决策体系为集中统一的体制。对和平之威

---

① See I. Brownlie, “The Use of Force in Self-defence”, British Yearbook of International Law, 1961, pp. 229 – 232.

② 参见史久镛:《国际法上的禁止使用武力》,载《武大国际法评论》2017年第6期。

胁、破坏或侵略行为是否存在的判断权被排他地授予安理会；安理会作出的集体制裁决议，对世界各国均具有拘束力。这就大大提高了集体安全的组织化程度。

3. 改善了集体安全体制的运作机制。在机构设置上，由于贯彻了职能分工的精神，联合国各主要机关，尤其是大会和安理会，各自具有明确的职权范围，既有分工，又有合作。这就有效地克服了国联体制中联盟大会与行政院职权重叠、互相牵制的弊病。此外，在表决制度上，采用了多数表决制。大会和安理会的所有决议，除安理会常任理事国保有对安理会非程序事项的决议的"否决权"外，均采用多数或特定多数的表决程序。与国联会员国普遍享有"否决权"的表决制相比，是一项有意义的发展。

4. 增强了集体安全体系的普遍性。联合国的会员国几乎包括了世界上所有的国家。相比之下，国联始终缺乏一个世界性安全组织所必须具有的普遍性。加之国联盟约规定了"自动退出"程序，严重削弱了国联的稳定性。《联合国宪章》则有意排除了此类规定，以保证会员国在集体安全体制下长期合作。在活动范围上，联合国的体制已从国联侧重于欧洲的范围扩展到了全世界，并适用于非联合国会员国，从而使联合国的安全体系真正具有了普遍性。

但是，这个看起来设计得很好的体制，也存在一些带有时代特征的缺陷。

首先，"大国一致"作为联合国赖以存在和有效运作的基础，要求"五大国"自觉带头遵守宪章义务，不在国际关系中使用武力威胁或武力，在履行宪章授予的责任时不得掺杂大国利己主义，还要求"五大国"能够自始至终保持目的和行动的一致；但实践证明，要做到这一点是极为困难的。正是由于这一关键原因，受战后新的国际政治形势的影响，投入运行的联合国集体安全体制在一些重要方面没有能够达到《联合国宪章》的设计要求，或者没有发挥应有的作用。例如，由于"五大国"之间的原则分歧，《联合国宪章》第 43 条规定的特别协定一直未能缔结，由此直接影响到执行武力之集体措施的联合国部队的建立；某些大国，多次违反《联合国宪章》禁令，非法使用武力，侵犯他国的主权、独立和领土完整，而集体安全在此等情况下是不可能有所作为的；冷战期间，东西方对立，旧式军事同盟复现，北约和华约两大军事同盟在欧洲形成对峙，并且竭力在世界其他地区争取盟友和争夺霸权，从而出现了集团政治，而集体安全在涉及两大军事集团的成员或盟友时，对于有关的大国来说，国际和平的价值观念往往让位于集团利益至上的利己主义，美英等国一再使用"否决权"庇护应受集体制裁的前南非白人种族主义政权和以色列，苏联怂恿越南侵略柬埔寨就是明证。战后许多危及国际和平及安全的情势都能看到大国争斗的影子，即使在当下,叙利亚战争背后也充满美俄间的大国博弈和中东地缘政治。

其次,与任何国际条约一样,《联合国宪章》也存在一个解释问题。在不存在一个有权威的解释机关的情况下,各国得从各自得立场、政策和利益出发,对《联合国宪章》有关条款作出解释。这是长期以来,各国在诸如《联合国宪章》第 2 条第 4 款禁止使用威胁或武力原则的确切含义及适用范围,侵略的法律定义,行使自卫权的条件,使用武力的合法例外等一系列涉及基本的集体安全义务的问题上,存有严重分歧而又长期得不到统一的重要原因之一,也为一些非法使用武力的国家在宪章中寻找所谓的"合法根据"留下了口实。

无疑,上述不利因素对于联合国集体安全体制产生了有害影响,但是国际关系中的另一些有利因素对上述有害因素起到了一定程度的制约或抵销作用,其中包括:

世界整体和平的集体安全观念比以往任何时候都深入人心,人心思和已成为一种不可抗拒的世界潮流。而人类命运共同体观念的提出,也将进一步加强这一潮流。世界各国对武力使用之禁令的法律上的义务感,在相当程度上弥补了集体制裁的不足。

20 世纪 60 年代发展起来的不结盟运动有效地遏制了旧式对抗性军事结盟的蔓延,使东西方两大军事同盟的对峙主要限于欧洲。冷战结束后,世界多极化趋势深入发展,以中国为代表的新兴发展中大国群体崛起,大大加强了有利于维护国际和平的力量。

战后历次地区性的战争和武装冲突,主要发生在发展中国家。虽然总能找到大国的影子,但在大国尚未形成直接对峙的情况下,安理会仍有可能对应采取的行动达成一致。

由此可见,尽管有这样那样的缺陷和问题,对联合国集体安全体制持完全否定的态度是没有根据的。集体安全在经历了两次世界大战后,已显示出生命力,在可预见的将来,尚不可能有其他的安全保障方式能够取而代之。它对维持国际和平与安全的积极作用仍然是不可低估的。它为国际社会规定了使用武力的行为规范,这些规范在绝大多数场合得到了绝大多数国家的遵守;在大国未直接卷入的情况下,安理会对若干威胁国际和平及安全的地区性争端、情势或事件作出了有效的反应,制止或冷却了绝大多数突发性的战争和大规模武装冲突,避免了冲突的不断升级或国际化,如在两伊战争、中东战争、印巴冲突等实例中所发生的那样;它在保障被压迫民族的民族自决权和维护新独立国家的主权、独立和领土完整方面也做出了积极的贡献,从而有助于普遍和平的维持。尤其值得注意的是，随着国际紧张局势趋于缓和，联合国集体安全体制的有效性有了较大的提高。

人类一直在竭力挖掘自己的聪明才智，以实现和平之崇高理想。冷战的结束以及由此带来的国际紧张局势的缓和，为完善联合国集体安全体制提供了难得的历史机遇。当前应重申并坚决贯彻宪章的宗旨和原则，总结经验教训，研究改进集体安全的运作机制和效力，其中包括安理会常任理事国在履行宪章所赋予责任上的合作。

从更广泛的意义上说，集体安全的辅助机制，特别是和平解决国际争端和裁减军备，应得到相应的改善；阻碍全球进步的不合理的国际经济旧秩序，应予以改革；对人类战争观有重大影响的世界文化基础，应有较大发展。人类已经在这些方面取得了进展，并将继续朝着建立一个更公正、更民主、更进步的世界的方向发展。

第三节　关于和平与安全问题的中国立场

一、关于国际形势和联合国的作用

2015 年 9 月，习近平主席首次到访联合国总部，在出席纪念联合国成立 70 周年系列峰会的讲话中，深刻阐述了中国对当前国际形势和联合国作用的立场和观点。习近平主席指出："世界格局正处在一个加快演变的历史进程之中。和平、发展、进步的阳光足以穿透战争、贫穷、落后的阴霾。世界多极化进一步发展，新兴市场国家和发展中国家崛起已经成为不可阻挡的历史潮流。经济全球化、社会信息化极大解放和发展了社会生产力，既创造了前所未有的发展机会，也带来了需要认真对待的新威胁新挑战。""和平、发展、公平、正义、民主、自由，是全人类的共同价值，也是联合国的崇高目标。目标远未完成，我们仍须努力。当今世界，各国相互依存、休戚与共。我们要继承和弘扬联合国宪章的宗旨和原则，构建以合作共赢为核心的新型国际关系，打造人类命运共同体。"①习近平主席强调："环顾世界，和平与发展仍然是当今时代的两大主题。要解决好各种全球性挑战，包括最近发生在欧洲的难民危机，根本出路在于谋求和平、实现发展。"②

---

① 习近平：《携手构建合作共赢小伙伴　同心打造人类命运共同体——在第 70 届联合国大会一般性辩论时的讲话》，载中国新闻网：www.chinanews.com，最后访问日期：2019 年 6 月 28 日。

② 习近平：《谋共同永续发展　做合作共赢伙伴——在联合国发展峰会上的讲话》，载新华网：www.xinhuanet.com，最后访问日期：2019 年 6 月 28 日。

近年来,中国政府每年在联合国大会期间发布中方立场文件,表明中国政府对当前国际形势及主要国际和地区热点问题的原则立场。[①] 2015 年 9 月 21 日,中国还发布了《关于联合国成立 70 周年的立场文件》。[②] 该立场文件指出,联合国是世界反法西斯战争胜利的成果,承载着各国人民对和平与发展的殷切期望。70 年来,作为最具代表性和权威性的政府间国际组织,联合国依靠和平与安全、发展、人权三大支柱,为促进人类进步事业发挥着不可替代的重要作用。70 年后的今天,《联合国宪章》并没有过时。国际社会不仅应当重温宪章精神,还应当结合当今时代潮流和实际需要,不断丰富宪章的内涵,赋予其新的生机和活力。

立场文件强调,国际社会要以纪念联合国成立 70 周年为重要契机,回顾历史,维护世界反法西斯战争胜利成果,展望未来,早日实现宪章所描绘的愿景。联合国会员国要捍卫宪章宗旨和原则,实践共同、综合、合作、可持续安全的理念,推进全球发展合作,推动国际关系的民主化和法治化,构建以合作共赢为核心的新型国际关系,共同打造人类命运共同体。作为安理会常任理事国,中国一直倡导并支持联合国在国际事务中发挥核心作用,支持对联合国包括安理会进行必要、合理的改革,增强其权威和效率,增强其应对新威胁、新挑战的能力,更好履行《联合国宪章》赋予的职责。

对于当前国际形势和国际社会面临的多重威胁和挑战,中国政府主张,国际社会应该凝聚共识,携起手来,共同应对新威胁和新挑战,为维护世界和平、促进共同发展、加强全球治理作出积极努力。

1. 各国要坚定支持多边主义。从历史维度看,多边主义符合世界多极化、经济全球化发展大势,是不可逆转的时代潮流。从现实维度看,全球性挑战需要全球性应对,坚持多边主义是根本之道。我们应共同反对单边主义和保护主义,积极倡导共商共建共享,努力实现双赢、多赢、共赢。

2. 各国要自觉遵守国际规则。各国应捍卫联合国宪章宗旨和原则及其他国际关系基本准则,尊重各国独立、主权和领土完整,尊重各国自主选择的社会

---

① 例如,《第 73 届联合国大会中方立场文件》(2018 年 8 月 30 日),《第 68 届联合国大会中方立场文件》(2013 年 9 月 9 日),《第 66 届联合国大会中国立场文件》(2011 年 9 月 9 日),载外交部网:https://www.fmprc.gov.cn,最后访问日期:2019 年 6 月 30 日。

② 参见《中国关于联合国成立 70 周年的立场文件》(全文),载《人民日报》2015 年 9 月 22 日,第 22 版。

制度和发展道路，推动构建相互尊重、公平正义、合作共赢的新型国际关系，构建人类命运共同体。国家不分大小、强弱、贫富，都是国际社会平等一员，都应该平等参与国际规则制定。要继续推进全球经济治理改革，提高新兴市场国家和发展中国家代表性和发言权，维护发展中国家发展空间。

3. 各国要共同维护多边体系。联合国是多边主义的重要象征和成功实践。各国应支持联合国在国际事务中发挥积极作用，团结并引领世界各国实现持久和平与发展繁荣。各国应维护以世界贸易组织为核心、以规则为基础的多边贸易体制及其核心价值和基本原则，提升贸易投资自由化便利化水平，构建开放型世界经济，推动全球化朝着更加开放、包容、普惠、共赢方向发展。

4. 中方支持联合国秘书长古特雷斯推动联合国和平安全、发展、内部管理三大领域改革的努力，希望改革有助于联合国在和平安全领域发挥更大作用，加强落实 2030 年可持续发展议程的能力，并提高内部管理水平和运行效率。改革进程应公开、透明，充分听取会员国意见，特别是高度重视并解决发展中国家的诉求和关切。

5. 国际社会应坚持政治解决热点问题的大方向，加强预防性外交，支持联合国斡旋和调解工作，反对军事威胁和单边制裁。安理会作为国际集体安全机制的核心，对维护国际和平与安全负有首要责任。各国都应维护安理会权威和作用，在事关国际和平与安全的重大问题上，不能绕开安理会行事。

二、关于全球性国际安全问题

（一）打击恐怖主义

“国际恐怖主义是人类公敌。反恐是各国的共同义务，既要治标，更要治本。要加强协调，建立全球反恐统一战线。”①中国支持打击一切形式的恐怖主义。当前，全球恐怖活动多发频发态势并未根本扭转，国际反恐形势依然复杂脆弱。应对恐怖主义威胁仍是全球安全治理的突出难题。国际社会应按照《联合国宪章》的宗旨和原则，继续加强反恐合作。打击恐怖主义需要综合治理、标本兼治，充分发挥联合国及安理会的主导作用，全面落实安理会相关决议及联合国《全球反恐战略》。联合国及其安理会应在国际反恐合作中发挥中心协调作用，不断凝聚共识，加强统筹协调，推动国际反恐形成更大合力。反恐不能搞双重标准，更

① 习近平：《共同构建人类命运共同体——在联合国日内瓦总部的演讲》，载新华网：www.xinhuanet.com，最后访问日期：2019 年 6 月 28 日。

不能把恐怖主义与特定国家、民族和宗教挂钩。当前,国际反恐合作的重点应包括打击网络恐怖主义、恐怖融资、极端思想传播、恐怖分子跨境流通等方面。

中国也是恐怖主义的受害国。以“东突厥斯坦伊斯兰运动”(“东伊运”)为首的“东突”恐怖势力长期策划、煽动对中国政府和人民的暴力恐怖行为,打击“东突”恐怖势力是国际反恐斗争的重要组成部分。中国将继续积极参与国际反恐合作,与各国一道共同反对包括“东突”在内的国际恐怖势力。

(二)联合国维和行动

“和平是人类共同愿望和崇高目标。联合国维和行动为和平而生,为和平而存,成为维护世界和平与安全的重要途径。维和行动给冲突地区带去信心,让当地民众看到希望。”“中国主张恪守维和基本原则,继续坚持联合国宪章和哈马舍尔德原则。联合国安理会决议应该得到完整执行,任何国家不能越权行事。要完善维和行动体系,维和行动既要同预防外交、建设和平纵向衔接,也要同政治斡旋、推进法治、民族和解、民生改善等横向配合。要提高快速反应水平,为和平争取机会,为生命赢得时间。要加大对非洲的帮扶,支持非洲国家提高自身维和维稳能力,以非洲方式解决非洲问题。”习近平主席在 2015 年 9 月 28 日联合国维和峰会上如是说。[①] 这是中国元首首次在国际舞台就联合国维和行动发表重要意见。

中国参加联合国维和行动已经 25 年,成为维和行动主要出兵国和出资国。[②]

---

① 参见《习近平出席联合国维和峰会并发表讲话》,载新华网:www. xinhuanet. com,最后访问日期:2019 年 6 月 29 日。

② 自 1990 年参加联合国维和行动以来,截至 2018 年 5 月,中国累计派出维和军事人员 3.7 万余人次,17 名中国军人牺牲在维和一线。目前,2507 名中国军人正在执行联合国 7 个任务区和联合国维和行动部执行任务,其中包括 13 支维和分队的 2419 名维和官兵以及 88 名军事观察员和参谋军官。1990 年,中国向联合国停战监督组织派遣了 5 名军事观察员,这是中国军人首次参加联合国维和行动。1992 年 4 月,中国第一支“蓝盔”部队——军事工程大队赴柬埔寨执行任务。1997 年 5 月,中国表示原则同意参加联合国“维和待命安排”。1999 年,中国政府正式宣布派遣维和警察参与联合国维和行动。2000 年 1 月,中国首次派遣 15 名民事警察到东帝汶执行联合国维和任务。2001 年 12 月,中国正式成立国防部维和事务办公室,统一协调和管理中国军队参与联合国维和行动的工作。2002 年 1 月,中国正式参加联合国维和行动第一级待命安排机制。2003 年 4 月,中国首次派遣一支由 175 人的工兵连和 43 人的医疗分队组成的维和部队赴刚果(金)参加联合国维和行动。2003 年 7 月,中国决定向利比里亚派遣一个包括运输连、工兵连和医疗分队在内的共 550 人的维和部队。2004 年 10 月 17 日凌晨,中国维和警察防暴队 95 人乘联合国专机,前往海地执行联合国维和任务。参见《维护和平的大国担当——中国参加联合国维和行动 28 周年记事》,载新华网:www. xinhuanet. com,最后访问日期:2019 年 6 月 29 日。

习近平主席宣布:"为支持改进和加强维和行动,中国将加入新的联合国维和能力待命机制,决定为此率先组建常备成建制维和警察,并建设8000人规模的维和待命部队。中国将积极考虑应联合国要求,派更多工程、运输、医疗人员参与维和行动。今后5年,中国将为各国培训2000名维和人员,开展10个扫雷援助项目。今后5年,中国将向非盟提供总额为1亿美元的无偿军事援助,以支持非洲常备军和危机应对快速反应部队建设。中国将向联合国在非洲的维和行动部署首支直升机分队。中国—联合国和平与发展基金的部分资金将用于支持联合国维和行动。"

联合国维持和平行动是国际社会可以支配使用的一个重要手段,目的是促进国际和平与安全。① 1988年,联合国维持和平部队荣获诺贝尔和平奖,维持和平的作用自此得到公认。尽管《联合国宪章》并没有对维持和平事宜作出具体构想,自联合国1948年首次尝试维和手段,在中东地区设立了联合国停战监督组织,至2018年的30年间,联合国总共实施了70多个维持和平行动。自20世纪90年代起,中国逐渐成为联合国维和行动的中坚力量。②

《中国关于联合国成立70周年的立场文件》指出,联合国维和行动是缓解地区冲突、维护集体安全的有效手段,维和行动应坚持"维和三原则",③尊重当事国主权和意愿,避免干预当事国主权范围内的事务。中方支持联合国维和行动与时俱进,在会员国广泛共识基础上进行合理必要改革,使维和行动更好地维护当事国稳定,协助当事国推进政治进程。维和授权应现实可行,坚持政治优先,目标明确,重点突出,并根据形势发展灵活调整。维和行动应获得充足资

---

① 维持和平行动及其部署事宜由安全理事会授权,并须事先征得东道国政府同意,通常也须征得其他有关各方的同意。维和人员可能包括军事人员和警察以及文职人员。维和行动可能由军事观察特派团或维持和平部队或两者联合组成的人员执行。军事观察特派团由不配备武器的官员组成,其任务主要是监督协议或停火协定的执行情况。维和部队的士兵手中虽有武器,但多数情况下只能用于自卫。维持和平行动所需的军事人员由会员国自愿提供,并得到会员国的资助。联合国根据维和预算方案对会员国的资助能力进行评估,并根据该预算方案的一个标准额度对派遣部队的会员国实行补偿。

② 参见王京武:《中国是联合国维和行动的中坚力量》,载《解放军报》2013年10月11日,第4版。

③ "维和三原则"是时任联合国秘书长哈马舍尔德提出的指导联合国维持和平行动的三项原则,因此又称"哈马舍尔德原则"。原则一:同意原则,即维和行动必须征得有关各方的一致同意才能实施;原则二:中立原则,即维和行动不得妨碍有关当事国之权利、要求和立场,行动中需保持中立,不得偏袒冲突中的任何一方;原则三:自卫原则,即维和部队之携带轻武器,只有自卫时方可使用武力。

源,同时提高资源使用效率,并保障维和行动机构和人员安全。中方支持不断改进和完善维和行动,使维和行动更好地维护当事国稳定,协助当事国推进政治进程。

(三)信息和网络安全

网络空间是人类共同的活动空间,其繁荣稳定事关国际和平、安全与发展,是当前全球治理的重要新疆域。"互联网快速发展,给人类生产生活带来深刻变化,也给人类社会带来了一系列新机遇新挑战。互联网发展是无国界、无边界的,利用好、发展好、治理好互联网必须深化网络空间国际合作,携手构建网络空间命运共同体。""中国愿同国际社会一道,坚持以人类共同福祉为根本,坚持网络主权理念,推动全球互联网治理朝着更加公正合理的方向迈进,推动网络空间实现平等尊重、创新发展、开放共享、安全有序的目标。"①

中方认为,网络空间前途命运应由各国共同掌握。各方应遵守以《联合国宪章》宗旨和原则为基础的国际法和国际关系基本准则,尊重他国主权,反对网络战和网络军备竞赛,反对利用网络干涉他国内政、侵犯公民隐私、损害他国利益,确保网络空间用于促进社会经济发展、国际和平稳定和人类福祉。当务之急是在联合国框架下,坚持和平、主权、共治、普惠原则,制定各方普遍接受的网络空间国际行为准则,以及打击网络犯罪和网络恐怖主义国际法律文书,共同构建和平、安全、开放、合作、有序的网络空间,建立多边、民主、透明的互联网国际治理体系。国际法在网络空间的适用,应结合网络空间特殊性、国家实践和实际能力由各国深入探讨,逐步形成共识。中方高度重视联合国在网络安全领域的重要作用,以建设性态度深入参与联合国框架下网络相关进程。中方将继续支持联合国在维护国际网络安全、构建网络空间秩序、制定网络空间国际规则等方面发挥主渠道作用。

(四)难民和移民问题

"当前,难民数量已经创下第二次世界大战结束以来的历史纪录。危机需要应对,根源值得深思。如果不是有家难归,谁会颠沛流离?联合国难民署、国际移民组织等要发挥统筹协调作用,动员全球力量有效应对。中方决定提供2亿元人民币新的人道援助,用于帮助叙利亚难民和流离失所者。""恐怖主义、难民危机等问题都同地缘冲突密切相关,化解冲突是根本之策。当事各方要通过

---

① 习近平:《在第三届世界互联网大会开幕式上的视频讲话》,载国家网信办网:www. cac. gov. cn,最后访问日期:2019 年 6 月 28 日。

协商谈判，其他各方应该积极劝和促谈，尊重联合国发挥斡旋主渠道作用。”①

中方认为，导致难民问题产生的原因错综复杂，其根源是地区不稳定和发展不平衡。中方主张应继续本着综合施策、标本兼治的理念应对难民问题。既要加大对难民的人道主义援助力度，缓解难民困境，又要消除地区冲突等产生难民的根源，关闭产生大规模难民的阀门，同时还要推动实现共同发展，为难民返乡创造良好条件。中方希望《难民问题全球契约》能为国际社会应对难民问题发挥重要作用，愿同各方一道，继续为国际难民保护事业贡献力量。

中方主张本着发展眼光全面、客观地看待移民问题，充分发挥移民对发展的积极促进作用，加强国际合作，共享全球移民带来的发展红利。应帮助移民融入当地社会，消除对移民的歧视与排外，携手打击偷渡、人口贩运等涉移民犯罪，并本着标本兼治、综合治理的理念应对被动移民问题。中方支持各国根据各自国情及承担的国际法义务执行《移民问题全球契约》，愿同各国一道，继续推动改善移民领域全球治理。

（五）关于核武器和生化武器

中国一贯主张最终全面禁止和彻底销毁核武器，始终坚持自卫防御的核战略，采取高度稳定的核政策，恪守不首先使用、不对无核武器国家和无核武器区使用或威胁使用核武器等承诺，始终将核力量维持在国家安全需要的最低水平。

中方主张以实现普遍安全为根本目标，维护日内瓦裁军谈判会议等现有多边裁军机制的权威性和有效性，坚持平衡推进和协商一致原则，并确保各国的平等、广泛参与。中方支持国际社会推动降低核武器戒备状态的努力，反对研发低当量核武器等可能降低核武器使用门槛的消极举措，愿同各方一道努力，减少核战争风险，维护全球战略平衡与稳定。

《不扩散核武器条约》是战后国际安全体系的重要组成部分，是国际核不扩散与核裁军体系的基石，对维护世界和平与安全发挥了重要作用。国际社会应全面、平衡推进条约核裁军、核不扩散与和平利用核能三大支柱，维护和加强条约权威性、普遍性和有效性，反对双重标准和实用主义。尚未加入条约的国家应尽快以无核武器国家身份加入。裁谈会是谈判“禁产条约”的唯一适当场所，中方支持裁谈会协商一致达成全面、平衡的工作计划，以便据此开展实质性工

① 习近平：《共同构建人类命运共同体——在联合国日内瓦总部的演讲》，载新华网：www.xinhuanet.com，最后访问日期：2019年6月28日。

作，包括根据“香农报告”(CD/1299)及其所载授权，谈判一项非歧视的、多边的、可国际有效核查的“禁产条约”。

中方一贯尊重和支持有关国家根据本地区实际情况，在自行协商、自愿协议的基础上建立无核武器区或无大规模杀伤性武器区的努力，已签署并批准所有开放签署的无核武器区条约议定书。

中方支持不断增强《禁止化学武器公约》和《禁止生物武器公约》的有效性、权威性和普遍性。中方对有关化武拥有国和遗弃国未能按《禁止化学武器公约》规定的时限完成化武销毁表示遗憾，敦促有关国家根据缔约国大会和执理会有关决议要求，加大投入，在有关决定和销毁计划确定的时限内尽早完成销毁；禁化武组织应对包括遗弃化武在内的销毁进程进行有效监督。中方支持禁化武组织严格按照公约规定，在调查处理指称使用化武事件方面发挥应有作用；呼吁通过对话弥合分歧，合作应对化武使用构成的威胁。中方愿与《禁止化学武器公约》缔约国共同推动公约审议大会取得积极成果。中方愿本着开放、务实的精神，与《禁止生物武器公约》缔约国共同推动缔约国会取得积极成果，继续推动公约在消除生物武器威胁、防止生物武器扩散、促进生物科技和平利用等方面发挥重要作用。

三、关于地区热点问题

(一)朝鲜半岛局势

2019年6月20日至21日，习近平总书记应邀对朝鲜进行国事访问，这是他担任中国最高领导人之后首次访朝，为半岛政治对话进程注入新动力。在朝鲜半岛问题上，中国一直秉持负责任大国担当，始终坚持半岛无核化、坚持维护半岛和平稳定、坚持通过对话协商解决问题，并为此积极劝和促谈，为巩固半岛对话缓和势头、推进半岛问题政治解决进程发挥了积极的建设性作用。习近平总书记同金正恩委员长围绕如何看待当前半岛局势、如何维护半岛对话进程进行了深入坦诚的交流。[①] 习近平总书记指出，半岛局势关乎地区和平稳定，对话解决半岛问题是正确选择，要从战略高度和长远角度来准确把握形势走向，切实维护半岛和平稳定，为政治解决半岛问题，实现地区长治久安积累和创造条件。习近平总书记积极评价一年多来朝方为实现半岛无核化、重新开启半岛问

---

① 参见《习近平对朝鲜进行国事访问成果丰硕 影响深远》，载中国政府网：www.gov.cn，最后访问日期：2019年6月28日。

题政治解决进程作出的努力，强调中方愿同朝方及有关方加强沟通和协调，共同推动半岛问题对话协商取得进展，为地区和平稳定与发展繁荣做出积极贡献。金正恩表示将保持耐心，管控好半岛局势，维护半岛和平稳定，为朝鲜发展营造良好外部环境。希望有关方同朝方相向而行，探索符合各自合理关切的解决方案，推动半岛问题政治解决进程取得新进展。

2019 年 4 月 12 日，外交部发言人陆慷在例行记者会上表示，中方希望看到半岛的对话势头能够保持并且深入地推进下去。“延续朝鲜半岛对话缓和势头，推动和谈进程不断取得进展，符合各方共同利益，国际社会对此有着普遍的期待。中方希望并支持有关各方坚持对话解决问题的正确方向，加强接触，按照一揽子、分阶段、同步走的思路，能够相向而行，尊重和照顾彼此合理关切，努力缩小分歧，扩大共识，共同推动半岛无核化和半岛问题的政治解决进程。”①

（二）阿富汗问题

阿富汗局势事关国际和地区的和平与稳定，也事关国际反恐斗争的顺利进行。近年来，阿富汗在政治和解与经济重建方面取得了积极进展，同时仍面临一些困难和挑战。要实现一个和平、稳定、独立、发展的阿富汗，还需要阿富汗自身和国际社会共同作出努力。

2014 年 10 月 31 日阿富汗问题伊斯坦布尔进程第四次外长会在北京举行。② 李克强总理在致辞中提出中方解决阿富汗问题的五点主张：坚持“阿人治阿”；推进政治和解；加快积极重建；探索发展道路；加强外部支持。③ 阿富汗政要和学者认为，这五点主张有利于阿富汗问题的早日解决，有利于地区和平稳定，展现了中国作为负责任大国的担当。④

中国坚定支持阿富汗和平重建与发展，鼓励阿富汗在促进地区经济融合和互联互通方面发挥更大作用，愿在“一带一路”框架下扩大同阿富汗的务实合

---

① 《特朗普表示愿与金正恩三度会面　中方表示希望看到对话势头保持并推进》，载中央广电总台国际在线网：www.news.cri.cn，最后访问日期：2019 年 6 月 28 日。

② 伊斯坦布尔进程成立于 2011 年，是目前唯一由地区国家主导的涉阿富汗地区合作机制。本次会议是中方首次承办涉阿大型国际会议，也是阿富汗新政府成立后举行的首个重要涉阿国际会议，伊斯坦布尔进程的 14 个地区成员国、16 个域外国家、12 个地区和国际组织的外长或代表与会。

③ 参见《李克强提出解决阿富汗问题的五点主张》，载中国政府网：www.gov.cn，最后访问日期：2019 年 6 月 28 日。

④ 参见《阿富汗学者积极评价中国解决阿富汗问题五点主张》，载中国新闻网：www.chinanews.com，最后访问日期：2019 年 6 月 28 日。

作。中方一贯坚定支持“阿人主导,阿人所有”的和解进程,认为实现广泛包容的政治和解是解决阿富汗问题的唯一出路,呼吁阿富汗塔利班早日参与和解进程。希望国际社会加强协调配合,形成合力,为阿政府与塔利班早日重启和谈创造良好外部条件。

(三)巴勒斯坦问题

“巴勒斯坦问题是中东和平的根源性问题。中国人民历来富有正义感和同情心。我们呼吁有关各方遵守国际共识、公正处理巴勒斯坦有关问题,不要给地区埋下更多冲突祸根。我们支持召开新的巴勒斯坦问题国际会议,支持探索创新中东促和机制,以‘两国方案’和‘阿拉伯和平倡议’为基础,推动巴以和谈尽快走出僵局。”①

2017 年 7 月 6 日,在同巴勒斯坦总统阿巴斯举行会谈时,习近平主席提出解决巴勒斯坦问题的四点主张:第一,坚持巴勒斯坦独立建国、巴以两国和平共处这一正确方向。建立以 1967 年边界为基础、以东耶路撒冷为首都、拥有完全主权的独立国家是巴勒斯坦人民不可剥夺的权利,也是解决巴勒斯坦问题的关键。同时,以色列的生存权和合理安全关切也应该得到充分尊重。第二,将谈判作为实现巴以和平的唯一途径。巴以双方应该顺应时代潮流,坚持走和谈之路,互谅互让,相向而行。当务之急是在停建定居点、停止针对无辜平民的暴力活动、解除对加沙地带封锁、妥善解决在押巴勒斯坦人问题等方面采取切实措施,为重启和谈创建必要条件。巴勒斯坦内部实现全面和解有助于重启并推进巴以和谈。第三,坚持“土地换和平”等原则不动摇。有关各方应该在“土地换和平”原则、联合国有关决议、“阿拉伯和平倡议”等既有成果基础上,全面推进中东和平进程向前发展。第四,国际社会应该为推进和平进程提供重要保障。国际社会有关各方应该增强责任感和紧迫感,秉持客观公正立场,积极劝和促谈,并加大对巴勒斯坦人力资源培训、经济建设等方面的援助。② 2018 年 7 月举行的中阿合作论坛第八届部长级会议开幕式上,习近平主席重申中方在巴勒斯坦问题上的原则立场并宣布对巴援助新举措。中方会继续为推动解决巴勒

① 习近平:《携手推进新时代中阿战略伙伴关系——在中阿合作论坛第八届部长级会议开幕式上的讲话》,载中国政府网:www. gov. cn,最后访问日期:2019 年 6 月 28 日。

② 参见《习近平提出中方关于解决巴勒斯坦问题的四点主张》,载人民网:www. people. com. cn,最后访问日期:2019 年 6 月 28 日。

斯坦问题作出不懈努力。①

（四）叙利亚问题

叙利亚问题只能通过政治和外交途径解决，采用军事手段是没有出路的。中方支持日内瓦和谈，支持联合国发挥斡旋主渠道作用，落实好安理会第2254号决议，通过包容性的政治对话，找到符合叙利亚实际、兼顾各方合理关切的政治解决方案。在此过程中，叙利亚的主权、独立、统一和领土完整应当得到尊重和维护。反恐是解决叙问题的重要方面，国际社会应加强反恐合作，坚持统一标准，坚决打击所有被安理会列名的恐怖组织。②

停火止暴是推进叙利亚问题政治解决的重要保障，有关各方均应采取实际行动，改善地面形势，为对话和谈营造有利外部条件。叙利亚有关各方应支持和配合联合国及其人道救援机构的行动，为缓解叙利亚人道局势提供帮助。国际社会还应坚持统一标准，加强协调，共同打击叙利亚境内所有被安理会列名的恐怖组织。

在2018年4月27日举行的欧盟、联合国叙利亚问题国际会议上，中国政府叙利亚问题特使解晓岩大使强调，中方一贯反对在国际关系中动辄使用武力。有关方面应在国际法框架内，通过对话协商解决问题。国际社会应继续加强沟通协调，妥善管控风险，避免局势复杂化，避免冲突激化、扩大化。

解晓岩强调，中方坚决反对使用化武，支持禁化武组织派调查组赴叙，对疑似化武事件进行全面、公正、客观调查，得出经得起历史检验的可靠结论。在此之前，各方不能预判结果。要坚持在对话和谈判基础上推进政治进程，形成可持续的政治解决方案：一是尊重叙利亚主权、独立和领土完整；二是叙利亚人民自主决定国家未来；三是联合国发挥斡旋主渠道作用。叙利亚有关各方应在联合国主导的日内瓦和谈框架下抓紧组建宪法委员会，尽快推动政治进程取得进展。国际社会应相向而行，形成合力。叙利亚问题发展至今，牵涉域内外多方利益，寻求解决方案也需充分协商，兼顾各方关切，通过对话解决分歧。阿斯塔纳对话会、索契叙利亚全国对话会等一切有助于推动政治解决的促和平台都应得到支持，其成果应为日内瓦和谈增添动力。国际社会还应继续向叙利亚人民

---

① 参见习近平：《携手推进新时代中阿战略伙伴关系——在中阿合作论坛第八届部长级会议开幕式上的讲话》，载中国政府网：www.gov.cn，最后访问日期：2019年6月28日。

② 参见《马朝旭阐述中国在叙利亚问题上的立场》，载新华网：www.xinhuanet.com，最后访问日期：2019年6月28日。

提供人道主义援助，积极支持叙利亚重建进程。[①]

（五）伊拉克问题

20世纪80年代以来，伊拉克一直遭受战争和社会动荡的困扰。先是长达8年的两伊战争（1980～1988年），然后是1990年8月入侵科威特战争和由此导致的第一次海湾战争。2003年3月20日，美国以伊拉克藏有"大规模杀伤性武器"为由，绕开联合国安理会，发动第二次海湾战争。2004年6月，伊拉克临时政府在美国扶植下成立，重建工作逐步开始，但前途漫漫。长期社会动荡滋生恐怖主义，"伊拉克和大叙利亚伊斯兰国"（Islamic State of Iraq and al Sham，ISIS）异军突起，伊拉克又陷入了与伊斯兰国的三年苦战。战争使极度衰弱的伊拉克经济再次受到重创。如何使伊拉克经济尽速恢复正常运转，并重新走上稳定发展之路成为战后重建的一大挑战。伊拉克官员估计，重建伊拉克将耗资超过880亿美元，其中住房是一个特别迫切的优先事项。目前仍有大约250万名伊拉克人因战争而流离失所。伊拉克规划部长朱马里表示，重建伊拉克将使伊拉克恢复希望，而恢复伊拉克的稳定也是稳定本地区和全世界。[②]

当前，伊拉克国家和平、稳定与重建正处于关键阶段。中方支持伊拉克政府在推进政府机构改革、促进民族和解、缓和人道局势和推动经济发展等方面所作积极努力，欢迎伊拉克人民反恐斗争取得重大进展。2018年11月13日，中国常驻联合国代表马朝旭就伊拉克和平、稳定与重建问题提出三点主张：[③]第一，应坚持伊拉克问题政治解决的大方向。伊拉克各方应在宪法框架内，通过对话解决分歧，促进民族和解，实现国家持久和平与安全。国际社会应切实尊重伊拉克主权、独立、统一和领土完整，支持联合国斡旋，为实现包容性的政治解决提供建设性帮助。第二，应继续支持伊拉克打击恐怖主义。有关各方应加强反恐合作，统一标准，打击所有被安理会列名的恐怖组织，坚决遏制恐怖势力和恐怖活动回流和蔓延势头。第三，应积极推动伊拉克恢复经济和加快重建。伊政府应加快国家重建进程，充分发挥资源优势，推动经济发展，提升公共服务能力，改善人民生活水平。国际社会应继续向伊拉克提供支持和帮助，缓解伊

---

① 参见《中国坚持政治解决叙利亚问题立场》，载光明网：www. gmw. cn，最后访问日期：2018年8月15日。

② 参见《伊拉克重建前路漫长，美国不同意给资金保障》，载凤凰军事网 www. news. ifeng. com，最后访问日期：2019年6月29日。

③ 参见《中方支持任何有助于推动伊拉克问题政治解决进程的努力》，载中国日报网：www. chiandaily. com. cn，最后访问日期：2019年6月29日。

拉克人道主义局势，帮助伊拉克恢复经济，为伊拉克国家重建创造良好环境。中方支持任何有助于推动伊拉克问题政治解决进程和打击恐怖主义的努力，将一如既往参与伊拉克经济重建，并继续提供力所能及的帮助。

（六）也门问题

位于阿拉伯半岛的也门，从2015年开始陷入内战，难以自拔。[①] 交战一方是现任总统哈迪领导的也门政府及其盟友南方运动，总部设在亚丁，另一方是反政府的胡塞武装组织及其盟友前总统萨利赫。对立的两个集团及其支持者各自宣称代表也门政府，背后各有国际势力支持。2015年4月11日，以沙特为首的多国联军军事介入也门内战。内战演变升级为一场大规模地区局部战争。2015年4月14日，联合国安理会以14票赞成、1票弃权通过第2216号决议，重申支持也门统一、主权、独立和领土完整，呼吁有关各方尽快就停火达成一致，明确要求也门各方通过协商对话和平解决分歧。决议要求所有成员国立即采取必要措施，对胡塞武装相关个人和实体实施武器禁运，并促请所有成员国特别是也门邻国检查所有运往也门的货物。中国投了赞成票，俄罗斯在投票中弃权。[②] 在联合国积极斡旋下，交战双方于2018年12月13日在瑞典斯德哥尔摩达成停火协议，但军事冲突仍未完全停止。随后，安理会一致通过决议，支持也门政府和胡塞武装达成的协议，并授权联合国秘书长组建并派遣一支先遣队，促成并监督双方立即落实协议。[③]

中方认为，政治解决是实现也门持久和平的唯一途径。中方敦促也门各方停止敌对行动，在联合国安理会有关决议、海合会倡议及其实施机制、也门全国对话会议成果文件基础上，尽快恢复谈判，达成兼顾各方核心关切的解决方案。国际社会应积极支持并配合联合国斡旋努力，推动也门早日实现和平、安全与稳定。中方对也门人道局势感到担忧，希望冲突各方应采取措施，确保也门人道援助通道安全和畅通，防止也门人道局势进一步恶化。

2019年1月9日，中国代表在安理会关于也门问题的公开会上表示，有关各方应切实落实也门和谈协议，严格落实荷台达停火协议，推进持续、有效的对

---

① 参见《也门，怎一个乱子了得》，载中国社会科学网：www.cssn.cn，最后访问日期：2019年6月29日。

② 参见《联合国安理会决议对也门胡塞武装实施武器禁运》，载中国新闻网：www.chinanews.com，最后访问日期：2019年6月29日。

③ 参见《联合国监督也门执行停火协议　也门问题特使：双方基本遵守协议》，载环球网：www.huanqiu.com，最后访问日期：2019年6月29日。

话谈判进程，并继续发挥联合国的斡旋主渠道作用。中方注意到秘书长提议在也门设立特派团，以促进并监督协议落实，愿就设立该特派团问题同各方保持沟通。希望秘书处在设立特派团具体安排上加强同安理会成员协商，同时充分考虑和尊重当事国和地区国家意见。国际社会应加大对也门人道主义援助，不断改善人道状况，满足民众基本需求，继续为谈判创造良好条件。也门各方要同联合国加强合作，切实保障在也门国际人员的安全。①

（七）利比亚问题

2011 年，以美国为首的北约国家在"人道主义干预"的幌子下军事介入利比亚内乱，利比亚为此付出了约 2 万人死亡、数万人流离失所的惨痛代价。战后，利比亚持续陷入动荡之中。派系争斗、冲突不断、恐怖肆虐、民不聊生。2016 年 4 月，时任美国总统奥巴马在卸任前公开承认，其任内的"最大的错误"是"没能对军事介入利比亚之后的情况做规划"。②

中方在利比亚问题上坚持四点原则：一是尊重和维护利主权、独立和领土完整；二是继续推动利各派通过对话化解分歧；三是国际社会应加大反恐力度，支持地区国家在反恐、打击有组织犯罪上发挥积极作用；四是照顾地区国家合理安全和发展关切。中方赞赏并支持联合国主导的斡旋利比亚问题的努力。国际社会在斡旋解决利比亚问题时应注重"双轮驱动"，既要努力推进利国内政治进程，也要合力反恐，防止极端恐怖势力在利比亚死灰复燃。在推进利政治进程过程中，真正体现"利人所有，利人主导"原则，早日实现利比亚和平稳定。中方一直积极支持并参与联合国主导的国际斡旋努力，向利比亚及周边邻国提供力所能及的人道主义援助。中方愿继续同地区伙伴一道，共同推进利比亚问题的政治解决。③

2019 年 4 月，利比亚内乱加剧。首都的黎波里周边爆发军事冲突，已经造成包括平民在内的大量人员伤亡，难移民和流离失所者不断增加，恐怖主义活动呈现抬头之势，破坏利比亚政治、安全、经济、社会等各方面稳定和发展，并向萨赫勒、地中海沿岸等地区外溢。安理会于 5 月 21 日举行利比亚问题公开会。

---

① 参见《中国代表呼吁有关各方切实落实也门和谈协议》，载中国政府网：www. gov. cn，最后访问日期：2019 年 6 月 29 日。

② 《"错误"轻描淡写！利比亚现状照出西方干涉狰狞面目》，载《人民日报》海外网：www. haiwai. com，最后访问日期：2019 年 6 月 29 日。

③ 参见《外交部表态：中方在利比亚问题是坚持四点原则》，载中华网：www. china. com，最后访问日期：2019 年 6 月 29 日。

中国代表对利比亚局势发展表示严重关切,呼吁国际社会加大对利比亚问题的关注,共同努力推动利比亚问题尽早解决。①

中方始终认为,利比亚问题必须通过政治途径加以解决。国际社会应尊重利比亚主权、独立和领土完整。有影响力的国家应积极发挥作用和施加影响,推动利比亚各方化解分歧,加强互信,为实现停火、恢复政治对话提供建设性帮助。中方支持在联合国主导下积极推动利比亚问题政治解决进程,支持古特雷斯秘书长和其利比亚问题特别代表的斡旋努力,支持非盟等区域组织积极发挥作用,希望各机制充分发挥自身优势,加强协调配合。在继续执行利比亚制裁的同时,应注意规避制裁对利比亚平民和第三国产生负面影响,不应损害利比亚国家整体利益及人民的正常生活和人道需求。中方愿同国际社会一道,共同为利比亚实现长治久安作出积极努力。

(八)伊朗核问题

伊朗核问题由来已久。20 世纪 50 年代后期,在美国等西方国家的支持核帮助下,伊朗开始了核能开发活动。1980 年美伊断交后,美国多次指责伊朗以"和平利用核能"为掩护秘密发展核武器,并对其采取"遏制"政策。2005 年 8 月,伊朗新总统内贾德在联合国演讲时强调,伊朗有权研发核能。次年 2 月,伊朗宣布恢复铀浓缩活动。美国、以色列等国作出强烈反应。2006 年 6 月,中美俄英法德 6 国开始与伊朗就解决伊朗核问题展开磋商,并从此形成机制。2006 年 7 月 31 日,安理会通过首个涉及伊朗核问题的第 1696〔2006〕号决议,要求伊朗全面持续暂停所有浓缩铀相关活动,并恢复与原子能机构的合作。安理会于同年 12 月 23 日通过第 1737〔2006〕号决议,开始对伊朗施加制裁措施。之后 4 年间,安理会共通过 6 份决议,逐渐加大针对伊朗的制裁压力。② 2013 年 9 月,鲁哈尼总统上台后,伊朗开始与六国认真谈判,几经波折,最终于 2015 年 7 月达成伊核问题全面协议——《联合全面行动计划》。根据协议,伊朗承诺限制其

---

① 参见《中方呼吁坚持政治解决利比亚问题》,载人民网国际频道:www. world. people. com. cn,最后访问日期:2019 年 6 月 29 日。

② 参见徐一峰:《联合国安理会关于伊朗核问题的决议发展史论》,载《和田示范专科学校学报》(汉文综合版)2011 年第 2 期。

核计划，国际社会解除对伊制裁。[①] 2015 年 7 月 20 日，安理会一致通过了核可《联合全面行动计划》的第 2231〔2015〕号决议。国际社会对达成伊核协议普遍表示欢迎，但以色列强烈不满。这为日后形势生变埋下伏笔。2017 年特朗普政府上台后，不断对伊核协议提出质疑。2018 年 5 月 8 日美国单方面宣布退出伊核协议，并重启对伊制裁。2019 年 5 月 8 日，伊朗宣布，由于美国单方面制裁日益加重，伊朗将暂停执行伊核协议部分内容，包括限制浓缩铀和重水储量、阿拉克反应堆改造等。

2019 年 6 月 26 日，安理会召开公开会再次审议伊核问题，听取关于伊核问题全面协议及安理会第 2231〔2015〕号决议执行情况的报告。安理会成员国就此展开激烈辩论。[②] 俄罗斯代表涅边贾称，美国退出伊核协议并试图单方面制裁继续执行协议的其他各方，严重破坏国际社会解决伊核问题的努力。伊核问题必须通过政治手段而非军事讹诈解决，美国加强在伊朗周边区域军事存在的行为会引发严重后果。英国代表皮尔斯称，只要伊朗仍全面遵守伊核协议，英方将尽一切努力支持协议存续。法国代表德拉特表示，各方必须维护伊核协议，否则国际防扩散体系将受到严重影响；伊朗违反协议的行为必须停止。美国代表乔纳森·科亨则称，伊朗不仅违反伊核协议，还以重启核计划来威胁国际社会。美国明确表示愿同伊朗对话，但不会放任挑衅行为，将采取一切手段制止伊朗"恶行"。伊朗代表马吉德·拉万奇称，伊朗在美国退出伊核协议后坚持执行协议规定。协议其他各方应采取措施确保协议的存续，否则就要和美国一同承担所有可能的后果。关于弹道导弹问题，拉万奇表示伊朗研制的导弹不能运载核弹头，不违反伊核协议和安理会决议。

中方认为，伊朗核问题全面协议是业经联合国安理会核可的多边协定，具有国际法效力，对维护国际核不扩散体系、维护中东地区和平稳定至关重要，所

---

① 根据协议，伊朗重申在任何情况下都不会寻求、开发和获得任何核武器；伊朗在《不扩散核武器条约》框架下拥有和平利用核能的权利，国际原子能机构人员可以进入伊朗境内进行核查；待原子能机构核实伊朗核计划的和平利用性质后，联合国、美国以及欧盟将解除对伊朗的经济和金融制裁；若伊朗在未来 10 年内违反协议，联合国将重新对其进行制裁。

② 根据报告，国际原子能机构近期再度确认，伊朗遵守了伊核协议中核原料及核能利用等方面的规定。但英法等国近期指伊朗研制弹道导弹、向中东国家和非国家行为体转让武器，违反伊核协议和安理会 2231 号决议的有关规定。报告指出，联合国方面在也门等国发现伊朗制导弹、无人机等武器装备，但无法确认转让是否发生在安理会 2231 号决议生效之后。参见《联合国安理会审议伊核问题》，载中国新闻网：www.chinanews.com，最后访问日期：2019 年 6 月 29 日。

有各方都有义务认真执行。维护全面协议的完整性和严肃性,有助于维护国际核不扩散体系及中东和平稳定,符合国际社会的共同利益。中方希望有关各方从长远和大局出发,坚持政治外交解决方向,使全面协议得以继续执行下去。近期中东局势持续紧张升级,形势发展令人担忧,中方呼吁有关各方保持冷静、克制,坚持通过对话协商解决争端,避免任何使局势升级的行动。中方将继续秉持客观、公正和负责任态度,致力于维护和执行全面协议。

(九)苏丹达尔富尔问题

达尔富尔位于苏丹西部,面积50万平方公里,人口400多万,区内居民主要是黑人与阿拉伯人,多信仰伊斯兰教。20世纪70年代严重旱灾发生前,该地区各部族基本能和平共处。此后,在资源争夺中爆发了激烈的暴力冲突和族群对立。2003年2月,"苏丹解放军"和"正义与公平运动"发动了反政府的武装斗争。当地阿拉伯族群和来自邻国的武装分子联合组成一个结构松散的民兵武装组织"金戈威德"。双方矛盾不断激化,造成上万人死亡,近百万人流离失所。苏丹政府在镇压反政府武装力量的过程中,向金戈威德民兵组织提供了武器和资金,遭到美西方严厉指责。苏丹政府认为,达尔富尔问题属于苏丹内政,反对把该问题国际化,反对联合国直接干预该地区问题,反对把战争罪犯提交国际法庭审判。自2004年起,在非洲联盟调停下,苏丹政府与反政府武装开始谈判,先后于2004年4月8日和11月9日达成《恩贾梅停火协定》和《阿布贾议定书》,并于2005年1月9日在肯尼亚内罗毕签署《全面和平协定》。

联合国安理会于2004年6月开始审议达尔富尔问题,先后通过了第1547号、第1556号、第1564号、第1574号、第1585号和第1588号决议,要求苏丹政府和达尔富尔反政府武装在非盟协调下尽快停止武装冲突,和平解决争端。2005年3月24日,安理会通过1590号决议,认定苏丹局势继续对国际和平与安全构成威胁,决定设立联合国苏丹特派团(联苏特派团),任期最初为6个月。2007年7月31日,安理会通过第1769号决议,授权在达尔富尔地区部署联合国和非洲联盟驻达尔富尔联合特派团(联非达团),以支持执行和平协议,并保护平民、联合国人员和国际人道救援人员安全。① 联非达团是目前联合国第二大维和部队,最多时拥有1.6万多名军事人员和警察。此后,安理会多次延长联非达团任期。2019年6月27日,安理会一致通过第2479〔2019〕号决议,决定

① 参见《联合国安理会第1769号决议》,载联合国安理会网:https://www.un.org/securitycouncil,最后访问日期:2019年6月29日。

将联非达团任期延长4个月至10月31日。①

中国支持达尔富尔问题的政治解决，主张应充分发挥联合国、非盟、苏丹政府“三方机制”的主渠道作用，平衡推进维和部署和政治谈判的“双轨”战略。中方对苏丹政府为维护达尔富尔地区和平稳定、推进政治进程所作的努力表示赞赏，欢迎苏丹政府与“解放与正义运动”签署和平协议，呼吁各方积极通过开展全国对话，推进达尔富尔和平进程并最终实现政治解决。国际社会应继续通过双多边渠道向达尔富尔地区提供帮助，帮助苏丹改善达尔富尔人道和安全局势，早日实现该地区的和平、稳定与发展。

中国为推动苏丹达尔富尔问题的解决作出了自己的努力。中国向达尔富尔地区提供了1.8亿元人民币人道和发展援助，向非盟和联合国信托基金分别提供了230万美元和100万美元捐款。中国还积极参与联合国苏丹特派团、联合国/非盟达尔富尔特派团的维和行动。中国将继续为苏丹问题的妥善解决作出自己的努力。

（十）索马里问题

索马里位于非洲东部，面积63万多平方公里，人口1500多万，曾是英国殖民地，于1960年独立。1969年，索马里军队司令西亚德发动军事政变成为国家最高领导人，并在苏联支持下连续执政22年之久。1991年，苏联解体。西亚德后援断绝，各种反政府武装迅速崛起，大规模内战爆发，西亚德兵败流亡海外，三年后在尼日利亚去世。此后，索马里陷入无政府状态，军阀混战，民不聊生，并在亚丁湾海域滋生了大规模的海盗，成为人类公害。

1992年12月，联合国安理会决定组织一项名为“恢复希望行动”的维和行动。索马里各派军阀不满联合国的干预，对维和部队采取伏击行动，造成数十人伤亡。1993年8月，安理会授权维和部队采取一切必要措施，搜查和抓捕袭击事件的主谋“索马里联合大会”领导人艾迪德。经时任联合国特使、美国退役将军乔纳森·豪请求，美国总统克林顿决定增派特种兵参与抓捕行动。1993年10月3日，美军在首都摩加迪沙开始行动，但出师不利，陷入艾迪德部队的重围，美军遭受重大损失，死19人，伤79人，2架直升机被击落，3架被击伤。索马里一方也死伤惨重，估算在1000人上下。摩加迪沙之战在美国引起一片哗然，舆论一致抨击美国政府出兵索马里。国际上的批评也不绝于耳，认为美国的所

① 参见《联合国安理会延长驻达尔富尔维和部队任期》，载新华网：www.xinhuanet.com，最后访问日期：2019年6月29日。

作所为超出了“人道主义使命”的范畴。克林顿政府最终认识到索马里问题只能寻求政治解决，决定撤回美军。1995 年 3 月 2 日，联合国安理会决定将维和部队撤出索马里。这标志着历时 27 个月、耗资 20 多亿美元的维和行动以失败告终。由于美军的鲁莽行动，联合国既未实现在索马里组建一个民主政府的目标，也未实现各部族的和解，却使 100 多名维和士兵和近万名索马里人丧生。[①]

一方面，联合国撤出后，军阀混战依旧，国家处于四分五裂状态。各派军阀打打停停，经过不断分化组合，逐渐形成索马里兰、邦特兰、拉汉文兰和摩加迪沙四分天下的格局。另一方面，国际社会的调停努力也在持续进行之中。2002 年 10 月，东非政府间发展组织（伊加特）在肯尼亚召开第 14 次索马里全国和解会议，于 2004 年 2 月 23 日通过索马里《过渡宪章》。同年 10 月，索马里选出过渡联邦总统，建立过渡联邦政府。2012 年 8 月，索马里全国制宪大会通过《索马里联邦共和国临时宪法》，11 月，索马里成立了内战爆发以来首个正式政府。2017 年 2 月，穆罕默德在联邦议会两院联席会议上当选索马里新总统。2013 年 6 月 3 日，安理会根据联合国秘书长的建议，设立由秘书长特别代表领导的联合国索马里援助团（联索援助团），初步任期为 12 个月，任满后酌情予以延长。2019 年 3 月 27 日，安理会一致通过第 2461 号决议，决定将联索援助团的任期延长到 2020 年 3 月 31 日。[②]

索马里问题久拖不决，海盗问题严重影响国际航运安全，中国对此深表关注。中方赞赏索马里和平重建进程取得积极进展，支持索马里联邦政府为推进政治和解、恢复经济和改善民生所作努力。同时，索马里实现持久和平和国家重建仍面临严峻挑战。国际社会应在尊重索马里政府主导权基础上继续帮助其推进过渡计划，加强治理和安全能力建设，支持其打击极端反政府组织。中方支持联合国索马里援助团和非盟驻索马里特派团继续根据授权加强履职，支持联合国及国际社会向非索团提供可预测、稳定、持续的资金支持，支持地区国家向索提供人道主义等帮助。中方愿同国际社会共同努力，为索马里实现和平、稳定与发展做出新的贡献。

---

① 参见《索马里战争》，载百度百科：https://m.baidu.com，最后访问日期：2019 年 6 月 29 日。

② 参见《安理会决定延长联合国索马里援助团任期》，载新华网：www.xinhuanet.com，最后访问日期：2019 年 6 月 29 日。

第四节　从国际法看晚近武力干预事件

20世纪末以来，世界乱局频生，武力干预事件时有发生。西方国家先后对南联盟、阿富汗、伊拉克、利比亚、叙利亚等国动武，俄罗斯与格鲁吉亚发生武装冲突，澳大利亚出兵东帝汶，沙特应邀出兵巴林，并对也门局势进行武力干预。在国际格局深刻调整的背景下，武力干预问题再度成为各国关注的焦点。

一、近20年来的十大武力干预事件

（一）科索沃战争

20世纪90年代，东欧剧变，南联盟解体，科索沃民族主义运动兴起，种族矛盾日益尖锐，内战爆发。1999年3月24日至6月10日，以美国为首的北约依其"新战略"，未经安理会授权，以南斯拉夫科索沃地区出现"种族清洗"为借口，凭借绝对优势的空中力量和高技术武器，对南联盟发动了持续78天的空中军事打击，造成了1800人死亡，6000多人受伤，众多基础设施被毁，经济损失高达2000亿美元，南联盟最终被迫屈服，同意将军队撤出科索沃。① 1999年6月10日，安理会通过1244号决议，决定派遣联合国民事特派团和国际维和部队入科索沃。② 科索沃名义上仍属于南斯拉夫领土，但实际上处于国际托管之下，并最终于2008年2月单方面宣布独立。科索沃战争造成前南领土分裂和人道主义灾难，至今仍广受谴责。③

（二）阿富汗战争

"9·11"事件后，美英以"反恐自卫"名义于2001年10月7日发动了针对基地组织和塔利班政权的阿富汗战争。时任美国总统布什向世界宣布，美军要在阿富汗打一场样式很特殊的"持久自由"反恐怖战争，以彻底消灭制造"9·11"事件的幕后黑手及其同盟者塔利班武装。同年12月20日，安理会一致通过第1386号决议，授权组建国际安全援助部队（International Security Assistance

---

① 1999年3月24日，北约秘书长索拉纳在布鲁塞尔宣布，由于"最后外交努力"失败，以"保护人权"之名，对南联盟发动了代号为"盟军"的空袭行动。

② 1999年6月10日，联合国安理会以14票赞成、1票弃权（中国）通过了由西方七国和俄罗斯提交的关于科索沃问题的第1244号决议。表决之前，南联盟开始从科索沃撤军，北约宣布暂停对南联盟的空袭。

③ 参见杨凤海：《关于科索沃战争的几点思考》，载《理论视野》1999年第4期。

Force,ISAF)。[①] 但阿富汗战事并不如预期,美西方深陷其中,欲罢不能。2006年起,塔利班和基地组织东山再起,在阿富汗境内频频发动恐怖袭击。反恐任重道远。2011 年 5 月 1 日,本 · 拉登被美军击毙。2014 年 12 月 29 日,在耗时 13 年之久、逾 2000 名美军死亡、开支上万亿美元之后,时任美国总统奥巴马宣布,阿富汗战争正式结束,但仍将有大批美军驻扎阿富汗,于 2015 年 1 月 1 日起进行北约"坚定支持"行动,主要任务是培训阿富汗国家安全力量、提供咨询和协助。至今,阿富汗局势依然严峻复杂。[②]

(三)伊拉克战争

2003 年 3 月 20 日,美英借口萨达姆政权拥有大规模杀伤性武器为由,绕开安理会,对伊拉克发动了推翻萨达姆政权的战争。2004 年 6 月,美占领当局向伊拉克临时政府移交权力。2006 年 11 月 5 日,萨达姆被判绞刑。至 2011 年 12 月 15 日美国战斗部队撤出伊拉克,伊战历时近 9 年,导致超过 10 万伊拉克人死亡,留下一个遭到毁坏的国家和数以万计的孤儿寡母。美方也损失惨重。伊战导致美军逾 9000 名官兵丧生,56 000 人受伤。这场战争因未经安理会授权而受到谴责,被认为是一场有争议的非法战争,还导致全球范围的反战大游行。俄罗斯、中国、阿拉伯联盟、不结盟运动等多个国家和国际组织明确表示反对,法国、德国等一些西方国家也对战争提出了异议。反对战争者认为这是一场美国为争夺石油资源而发动的战争,而所谓的大规模杀伤性武器的情报被证明是编造的。[③] 迫于国内外压力,奥巴马政府宣布将于 2011 年年底前从伊拉克撤出全部战斗部队。2011 年 12 月 18 日,美军全部撤出。

(四)澳大利亚等国出兵东帝汶协助平息内乱

2006 年 4 月,独立不久的东帝汶发生严重种族暴力冲突,约 600 名反叛的军人和警察与忠于政府的军人作战,法律与秩序失控。[④] 东帝汶政府试图以武

---

① 安理会决定,根据《联合国宪章》第七章采取行动:(1)按照 2001 年 12 月 5 日关于在阿富汗重建永久政府机构之前的临时安排的《波恩协定》附件一的设想,授权成立国际安全援助部队,为期 6 个月,协助阿富汗临时当局在喀布尔及其周围地区维持安全,以便阿富汗临时当局以及联合国人员能够在安全环境中工作。(2)吁请会员国向国际安全援助部队提供人员、装备和其他资源。(3)授权参加国际安全援助部队的会员国采取一切必要措施履行任务。中国代表在表决时投了赞成票。

② 参见《中国代表呼吁促进阿富汗和解》,载新华网:www. xinhuanet. com,最后访问日期:2019 年 6 月 30 日。

③ 参见《外媒:伊拉克战争教训深刻 未来战争要更加谨慎》,载环球网:https://m. huanqiu. com,最后访问日期:2019 年 6 月 30 日。

④ 参见李辉:《东帝汶骚乱的背后》,载《世界知识》2006 年第 12 期。

力控制局势,但力不从心,遂请求澳大利亚等国援助。澳大利亚于5月25日向东帝汶派出维和部队,稍后葡萄牙、新西兰和马来西亚也派出少量维和人员,帮助东帝汶政府平息了骚乱。澳大利亚总理霍华德用“异常危险”来形容东帝汶局势,并称澳军将试图使交战的双方分开,解除他们的武装,以便创造一个足够安全的环境来进行对话,结束冲突。国际社会对澳大利亚等国出兵东帝汶的合法性未提出质疑。2006年8月25日,安理会一致通过第1704号决议,感谢和完全支持澳大利亚、葡萄牙、新西兰和马来西亚政府应东帝汶政府的请求,部署国际安全部队和为恢复和维持东帝汶的安全开展的活动,并决定向东帝汶派遣联合国综合特派团,取代澳大利亚等国协助维护东帝汶局势稳定。2000年1月,应联合国要求,中国政府向东帝汶过渡行政当局派遣了15名民事警察。这是中国政府首次派出民事警察执行联合国维和任务。①

(五)俄罗斯—格鲁吉亚战争

俄格战争发生于2008年8月8日至18日,是俄罗斯和格鲁吉亚两国为争夺南奥塞梯的控制权而爆发的战争。苏联解体后,俄罗斯与格鲁吉亚就南奥塞梯和阿布哈兹独立问题新仇旧恨交织,龃龉不断。② 2008年8月7日,格鲁吉亚军队以闪电战攻占南奥塞梯首府。随后,格军开始袭击驻格俄罗斯维和部队,打死俄军维和士兵数十人,打伤数十人。8月8日,时任俄罗斯总统梅德维杰夫召集紧急国家安全会议,作出将格军逐出南奥塞梯的决定。俄罗斯随即以保护侨民(南奥塞梯居民多数拥有俄罗斯国籍)及特殊利益为名出兵干预,以“闪电战”回击“闪电战”,海陆空网全维出击,给格及支持格鲁吉亚的以美国为首的北约一个措手不及,迅速结束战争。俄格战争造成格军215人死亡,1469人受伤,4人失踪;俄军74人死亡,171人负伤,19人失踪,约1600名南奥塞梯平民死亡。在国际调停下,格鲁吉亚和俄罗斯分别于2008年8月15日和16日在停火协议上签字。8月18日,俄罗斯开始撤军,并于26日承认南奥塞梯和阿布哈兹独立。8月28日,格鲁吉亚宣布与俄罗斯断交。9月10日,俄罗斯与南奥塞梯建立正式外交关系。随后,俄罗斯与南奥塞梯和阿布哈兹达成双边协议,继续

---

① 参见牛仲君:《中国参与东帝汶维和的原因及立场分析》,载《外交评论》(外交学院学报)2007年第2期;《难忘东帝汶“维和岁月”》,载新浪新闻网:www. sina. com. cn,最后访问日期:2019年6月29日。

② 参见陈宪良:《俄罗斯与格鲁吉亚关系的变化及走势》,载《俄罗斯东欧中亚研究》2008年第5期。

陈兵两地。俄格边境至今形势紧张。

（六）利比亚战争

自2011年2月起，源于突尼斯的动乱蔓延至利比亚，卡扎菲政权武力镇压反政府势力，内战爆发，反对派在利东部成立“过渡民族委员会”。卡扎菲一意孤行，失道寡助，在国际上日趋孤立。2月26日，安理会一致通过决议制裁利比亚，包括冻结卡扎菲家族财产，对其本人及其亲属实行全球旅行禁令。3月12日，阿盟举行会议，投票呼吁联合国在利比亚设立禁飞区，只有叙利亚和阿尔及利亚投票反对。3月15日，政府军对反对派大本营班加西的攻势胜利在望。3月17日，在阿拉伯联盟、美英法等国的推动下，联合国安理会以10票赞成，5票（中俄印巴南）弃权的结果通过第1973号决议，在利比亚设立禁飞区。3月18日，卡扎菲宣布接受安理会决议，立即停止所有军事行动。但随即便武力进攻反对派。3月19日，法国率先空袭利比亚，美英紧随。在美西方的支持下，反对派在军事上频频得手。3月27日，反对派连下四城，28日逼近首都。6月27日，国际刑事法院以危害人类罪对卡扎菲、二子赛义夫以及情报部门负责人赛努西发布了逮捕令。卡扎菲由此成为继苏丹总统巴希尔之后的第二位遭到ICC通缉的在位领导人。经过半年酣战，8月21日，反对派攻入首都，卡扎菲去向不明。10月9日，利比亚执政当局攻入卡扎菲家乡苏尔特市，10月20日，卡扎菲死于枪杀。卡扎菲政权灭亡。

利比亚战争原本是利比亚国内不同部落和不同派别的争斗而引发的内战，但由于美西方国家的军事介入发展为西方国家与利比亚的国际武装冲突。对于以美国为首的西方国家超越安理会授权过度动武，谋求利比亚政权更迭，并造成大量平民伤亡，不少国家和媒体表达了关注。中国、俄罗斯、印度、巴西、南非及一些非洲国家对西方对利比亚的军事干预持批评立场，对国际刑事法院将政治问题司法化也提出质疑。①

“后卡扎菲时代”的利比亚群雄割据，各种地方势力崛起，伺机在这片刚刚平息战火的土地上圈地为王，其中就包括极端组织“伊斯兰国”（Islamic State，IS）。联合国2015年10月初发布的报告估计，约有300万名利比亚人受到冲突影响，占其总人口的1/2。来自利比亚的难民与来自叙利亚等地的难民，共同催生了

① 参见李伯军：《从军事打击利比亚看国际干预的法律标准》，载《法治研究》2011年第7期。

威胁欧洲稳定的史上最大难民潮。[①] 时至今日，欧洲还在为难民危机头疼。[②]

（七）沙特等国出兵巴林

2011 年 3 月，巴林国内什叶派抗议者与逊尼派国王阿勒哈利法之间的冲突升级，引发大规模暴力冲突。为平息内乱，巴林政府请求海合会成员国派军协助。这是保护海湾阿拉伯国家合作委员会成员免受侵略的军事联盟。2011 年 3 月 14 日，沙特和阿联酋根据海合会共同安全合作协议出兵巴林，巴林内乱局势渐趋稳定。沙特等国的到来，标志着自阿拉伯世界爆发动荡浪潮以来，外来国家首次干涉别国的内部骚乱。[③] 沙特不希望其邻国陷入政治动荡，同时也是维护自身利益。如果什叶派人口占多数的巴林陷入埃及式的民众暴动，可能会影响拥有丰富石油资源、居住着许多什叶派教徒的东部省份。美西方国家对沙特等国出兵予以支持或至少默认，对外表态认为不构成侵略，但表面上要求冲突双方保持克制。

（八）科特迪瓦"维和"战争

自 2002 年 9 月起，科特迪瓦因种族冲突陷入内战。西非经济共同体部队和法国部队出面干预，获安理会认可。2004 年 2 月 27 日安理会一致通过第 1528〔2004〕号决议，决定成立联合国科特迪瓦行动（联科行动），负责监督冲突各方签署的停火协议，解除武装战斗人员，保护平民免遭暴力，向人道行动提供支助等任务。[④] 2010 年 11 月底科特迪瓦总统选举结束后，时任总统巴博和前总理瓦塔拉均宣布获胜并分别宣誓就任总统。科特迪瓦出现了两位总统分庭抗礼的乱局，并引发社会动荡和武装冲突。联合国、非盟、欧盟等国际组织表示承认瓦塔拉当选总统，但巴博拒绝下台。西共体、非盟等国际组织多次出面斡旋都无果而终，遂中止科的成员国资格，并督促巴博承认选举失败，尽快向当选总统瓦塔拉移交权力。联合国秘书长和安理会也多次发表声明。但科特迪瓦内战难以平息。2011 年 3 月 28 日开始，瓦塔拉的武装对巴博控制的南部地区发起总攻，并长驱直入包围了经济首都阿比让。3 月 30 日，安理会一致通过第 1975 号决议，决议"强烈谴责科特迪瓦暴力升级"，敦促科特迪瓦各政治团体

---

① 参见张维为：《欧洲难民危机与"普世价值"的困境》，载《求是》2016 年第 4 期。

② 参见《欧洲还在为难民危机头疼》，载《人民日报》（海外版）2019 年 2 月 19 日，第 10 版。

③ 参见《沙特"入侵"巴林震动欧美》，载中国网：www. china. com. cn，最后访问日期：2019 年 6 月 30 日。

④ 参见《背景资料：联合国 1528（2004）号决议（设立联科行动）》，载观察者网：https://m. guancha. cn，最后访问日期：2019 年 6 月 29 日。

"尊重民众意愿和选举结果";决议要求巴博"立即下台",决定限制巴博夫妇及巴博的3个主要助手出行,冻结他们的资产;要求科特迪瓦立即停止暴力,决定采取"任何必要措施保护受暴力威胁的平民……阻止(武装人员)使用重型武器"。4月4日,联合国秘书长潘基文发表声明说,他已下令联科行动"采取必要措施",以阻止巴博及其部队对平民使用重型武器的行为。他称联合国行动是"出于自卫和保护平民"的目的。同一天,法国总统府发表公报称,法国部队应联合国要求,参加了联科行动的军事行动,以解除巴博部队的重型武器。在联合国维和部队和法国的武装干预下,4月11日,巴博及其夫人在阿比让被俘缴械投降。联合国驻科特迪瓦特使表示,巴博将为其犯下的罪行接受审判。2016年4月,安理会通过决议,决定2017年6月30日结束联科行动。① 2017年6月29日,联合国秘书长古特雷斯通过发言人发表声明,欢迎联科行动结束任务。他赞赏科特迪瓦人民和政府为结束危机和冲突付出的努力,赞赏各方为科特迪瓦和平进程所做贡献,缅怀该维和行动部署13年来牺牲的150名维和人员。②

(九)叙利亚战争

2018年4月7日,叙利亚首都大马士革东郊杜马镇发生疑似化学武器袭击事件。美西方认定此系叙利亚政府所为,但叙政府坚决否认。4月14日,美国联合英国和法国,对叙利亚发动空袭,并称空袭是为了"惩罚或报复叙利亚政府使用化学武器的行为",以震慑叙利亚政府,防止其再次使用化学武器。英国政府还公布了其司法大臣的法律意见,声称空袭叙利亚属于必要的"人道主义干预",是为了缓解叙利亚日益严重的人道危机。然而,从现行国际法的原则和规则来判定,美国、英国、法国此次单边动武明显违反国际法。中国、俄罗斯坚持认为,应由联合国派出相关机构调查,然后再惩治凶手。

(十)也门战争

也门地处沙特的南边,扼守着红海和阿拉伯海亚丁湾的窄口曼德海峡。自2011年西亚北非发生严重政治动荡以来,也门也深陷其中,并爆发内战。2011年1月,要求总统萨利赫下台的游行示威演变为流血冲突。4月,海合会提出调

---

① 参见《联合国安理会解除对科特迪瓦12年的制裁 明年撤维和部队》,载观察者网:https://m.guancha.cn,最后访问日期:2019年4月29日。

② 参见《联合国本月底结束驻科特迪瓦维和部队任务》,载新华网:www.xinhuanet.com,最后访问日期:2019年6月29日。

解协议，萨利赫多次表示同意，但均未践行。5 月 23 日开始，首都萨那发生大规模冲突，数千人死伤。11 月 23 日，萨利赫签署调解协议，同意将权力移交给副总统哈迪。哈迪上台后，以逊尼派穆斯林为主体的“改革集团”成为过渡政府的重要组成部分，而什叶派胡塞武装与前总统萨利赫的支持者联合，多次与逊尼派发生武装冲突。2013 年 3 月，过渡政府开始举行全国和解对话，并着手修改宪法。各党派于 2014 年 1 月达成共识，也门政体将从单一制转变为复合制，国家将由 6 个联邦州组成。但胡塞组织坚持将也门分为南北两个联邦州，并要求取得北部联邦州的控制权。胡塞武装也因此与政府再次发生武装冲突。2014 年 7 月 30 日，也门政府宣布削减燃油补贴，引发大规模游行示威。胡塞组织借机要求解散内阁，建立由学者组成的专家型政府。2014 年 9 月，胡塞武装夺取萨那控制权。2015 年 1 月，胡塞武装占领总统府，软禁了总统哈迪和总理巴哈。2 月 21 日，哈迪逃离萨那，前往南部重镇亚丁并在亚丁恢复行使总统职权。3 月 24 日，胡塞武装在也门南部大举进攻政府军和支持哈迪的部落武装，部落武装溃败，政府军大部分士兵缴械投降，哈迪政府国防部长被俘。亚丁告急。

2015 年 3 月 25 日，也门政府呼吁阿拉伯国家对也门实施紧急军事干预。2015 年 3 月 26 日起，以沙特为首的阿拉伯国家对也门进行了大规模集体军事干预。当时，受伊朗支持的也门什叶派胡塞反政府武装已推进到临时首都亚丁，在执政的哈迪政府请求下，海合会决定出兵干预。沙特、埃及、摩纳哥、约旦、苏丹、科威特等 10 国参与，加上也门和表态要提供后勤和情报援助的美国，12 国介入了这场中东乱局。① 胡塞武装指责沙特等国采取的军事行动违反国际法。伊朗也表示反对，称“沙特主导的空袭行动破坏也门主权”。“入侵是危险举动，违背了尊重其他国家主权的国际责任。这一举动将导致恐怖主义和极端主义在中东地区蔓延。”目前，胡塞组织仍控制着包括首都萨那在内的大片领土。沙特联军与胡塞武装的战争陷入胶着状态。这场战争引发了严重的人道主义危机，数万平民死伤，并导致霍乱大范围流行。在也门全国 2900 万人口中，有 1800 万人面临食品短缺，其中超过 800 万人面临严重食品短缺。

二、关于武装干预问题的合法性争论

纵观 20 年来的各种武装冲突事件，虽然动武的目的不一，形态各异，但有

---

① 参见罗英杰：《代理人战争：大国博弈的产物》，载《世界知识》2015 年第 9 期。

以下共性：都是大国对弱小国家动武；动武目的都出于大国的特定政治需要，而非为攫取领土等传统侵略目的；动武一方均未公然否认"禁止使用武力"原则，但千方百计寻求合法外衣，辩称动武属于该原则的例外，或是寻求安理会授权，或是声称"自卫"或"应他国邀请"以排除非法性；动武方多首先寻求安理会的"授权"，具有利用安理会机制主导"干预"的明显意图。

根据《联合国宪章》，各国不得在国际关系中使用武力或以武力相威胁。只有在两种例外情况下使用武力才是合法的：一是安理会依宪章授权采取的集体安全行动；二是会员国依《联合国宪章》第51条行使单独或集体自卫权，多年来，在美西方国家的实践中出现了两种矛盾的倾向：一方面，限制他国在本国境内合法使用武力的权利，试图将禁止非法使用武力原则扩大适用于一国的内部争端或冲突；另一方面，极力扩大本国在国际关系中"合法"使用武力的范围，如鼓吹各种形式的干涉主义。近年来，西方又精心打造"保护的责任"，试图在保护人权与尊重主权之间找平衡，虽然得到一些发展中国家和区域组织的支持，但仍被不少国家质疑为"人道主义干预"的翻版。①

根据现行国际法和国际社会的普遍反映，在上述10例武力干预事件中，阿富汗战争、澳大利亚等出兵东帝汶以及沙特等出兵巴林和也门4例，因有安理会的授权或系东道国的请求，一般认为是合法的。而利比亚战争和科特迪瓦和战争，虽有安理会的授权，但在实施过程中明显有超越授权之嫌，合法性问题存有争议。特别是美西方将"倒卡"作为对利比亚动武的直接目的，构成对利比亚内政的不法干涉。至于科索沃战争、伊拉克战争、俄格战争和叙利亚战争4例，因缺乏令人信服的法律依据，特别是均未获得安理会的授权，被多数国家认为是非法的。

以美英法空袭叙利亚为例，首先，此次空袭叙利亚既未获安理会授权，3国也未受到来自叙利亚的"武力攻击"，不存在任何意义上的"自卫"问题。3国对叙利亚动武是对国际法上禁止使用武力原则的公然践踏。②

为了给使用武力寻找合法性和正当性，美英法三国声称，对叙利亚空袭是为了"惩罚或报复叙利亚政府使用化学武器的行为"，以震慑叙利亚政府，防止

---

① 参见邱美荣、周清：《"保护的责任"：冷战后西方人道主义介入的理论研究》，载《欧洲研究》2012年第2期。

② 参见《外交部：美英法对叙动武违反国际法基本原则》，载央广网：www.cny.cn，最后访问日期：2019年6月29日。

其再次使用化学武器。英国政府还公布了司法部长有关法律意见,声称空袭叙利亚属于必要的“人道主义干预”,以缓解日益严重的人道危机。但这两项理由能成为空袭叙利亚的国际法依据吗？答案是否定的。

的确,使用化学武器是严重的国际不法行为,但这并不构成他国使用武力进行惩罚或报复的合法理由。使用化学武器的行为应根据包括《禁止化学武器公约》在内的国际法加以调查并追究责任,参与其中的有关个人也应承担刑事责任。但即使证实叙政府使用了化学武器,对这种违法行为采取武力报复的手段并不是国际法所允许的选项。1970 年联合国大会《关于各国依联合国宪章建立友好关系及合作之国际法原则之宣言》(以下简称《国际法原则宣言》)明确强调,“各国皆有义务避免涉及使用武力之报复行为”。国际法院在 1994 年核武器合法性问题咨询意见及 2003 年石油平台案判决中均明确指出,使用武力进行报复是非法的。此次 3 国炮制所谓“惩罚或报复使用化学武器行为”的理由,在禁止化学武器公约组织进入叙利亚调查前就实施武力打击,无非是为其单边动武行为寻找合法外衣,企图盖上一层法律的“遮羞布”而已。但法理昭昭,这只能使 3 国动武的非法性欲盖弥彰。

英国祭出“人道主义干预”能成为其动武的合法理由吗？答案也是否定的。缓解叙利亚人道危机,需要通过包容性政治对话、降低军事冲突。国际社会应为此创造有利条件,而不是火上浇油、加剧冲突。借口“人道主义干预”摒弃禁止使用武力的基本原则早为广大发展中国家所唾弃。77 国集团峰会于 2000 年 4 月发表声明指出:“所谓的人道主义干涉权在《联合国宪章》和国际法一般原则中找不到任何法律依据。”此次英国重弹“人道主义干预”的老调,充分说明其在国际法上已辩无可辩,非法性暴露无遗。再者,2005 年联大通过世界首脑会议成果文件确立了“保护的责任”,其适用范围限于在联合国框架下“保护人民免遭灭绝种族、战争罪、族裔清洗和危害人类罪之害”。国际社会在履行“保护的责任”时,应以外交等和平手段为主,在例外情况下通过武力履行该责任须获得安理会的明确授权。

此次美英法 3 国对叙利亚动武不得不让人联想起西方国家对伊拉克、阿富汗、利比亚等其他国家使用武力的种种“前科”。无论其宣称的理由多么冠冕堂皇,破坏禁止使用武力原则的后果只能是受难国家民不聊生。单边动武的“恶花”不可能结出和平安宁的善果,相反只会将人类再度拖入弱肉强食的丛林法则社会。正因如此,我们每个人都应保持警惕,捍卫被削弱的国际法基本原则和国际关系基本准则,维护《联合国宪章》的宗旨和原则,确保各国主权、独立和领土完整得到有效的保障,人类社会的和平安宁才得以永续。

三、对武力干预问题发展演变的几点认识

人类渴望和平,但战争从未间断;国际法禁止非法使用武力,但为大国强国预留了对外动武的法律空间;主权平等、不干涉内政等现行国际法准则维持了第二次世界大战后70多年的国际和平,但不时受到强权政治的冲击;西方大国反对他国使用武力,但涉及其自身利益时,对外动武从不含糊。这既是国际关系现实的反映,也是国际法的局限。

国际秩序和国际法在很大程度上是现实政治力量对比的产物。冷战后,国际力量对比严重失衡,对现行国际法原则、规则和机制的冲击加大。以美国为首的西方依仗实力优势,力图强行推行其价值观和法律观,建立起对西方更为有利的国际秩序。由此引发了在21世纪建立何种国际秩序的博弈,有关各方正在为此展开激烈角逐。

为服务自身利益,大国普遍倾向于对禁止使用武力作灵活解读,扩大解释自卫权是其主要切入点。“9·11”事件后,美成功推动安理会认定“反恐”属于自卫,并获授权对基地组织和塔利班动武,发动了阿富汗战争。《联合国宪章》原本将自卫限于针对“实际发生的武装攻击”,美要求扩大为“即将发生的攻击”,提出“先发制人”战略,并据此发动了伊拉克战争。俄罗斯在对格鲁吉亚动武后,将“保护冲突地区俄罗斯国民以及俄罗斯特殊利益”作为“自卫”的理由。维护和坚持原则讲的是道义,曲解并利用例外凭借的是实力。在相当长的历史时期内,这一局面不会根本改观。

近年来的武力干预事件,既有西方国家推行“人道主义干预”服务自身战略的因素,也在一定程度上反映了冷战后国际安全新形势的特点。发展中国家内乱频发,影响邻国、周边地区乃至更广范围的和平与安全,客观上需要国际社会有力介入。这为西方国家干预提供了理由。从索马里、利比里亚、海地到东帝汶等,到处均有西方借机干预的影子。在西方的推动下,安理会也逐步扩大了授权使用武力的范围,并愈来愈多地介入一国的内部冲突,出现了用武力“缔造和平”的倾向。与此同时,发展中国家也开始通过区域机制干预本地区热点问题,如西非共同体干预科特迪瓦内战等;《非洲联盟宪章》规定对成员国内部人道危机可进行集体干预。

在国际格局深刻调整的背景下,以利比亚和科特迪瓦事件为代表,“保护的

责任”得以付诸实践,虽然尚未被国际社会接受为一项法律原则,但其作为新的法律理念,成为武力干预的新依据。1999 年科索沃战争后,单方面“人道主义干预”曾引发联合国大会的激烈辩论,受到发展中国家的强烈反对,难以为继。西方国家转而精心炮制“保护的责任”概念,推动写入 2005 年联合国首脑会议成果文件。近期在利比亚、科特迪瓦危机中,安理会均明确援引“保护平民”为由授权武力干预,被西方欢呼为“保护的原则”的首次实践。这一新的发展对国际法禁止使用武力规则带来深刻复杂的影响。“保护的责任”程序上明确要求需经安理会授权,这有利于牵制强权国家单边黩武政策,但“保护平民”的人道理由如得到地区国家支持,将构成强大的政治和道义压力,势必会对安理会决策形成制约,此外,也极易被西方国家利用。

2016 年 1 月 10 日,美国国务院解密了部分前国务卿希拉里的邮件。邮件称,卡扎菲执政时,利比亚政府持有 143 吨黄金储备,卡扎菲欲借此创建一个泛非货币,与现行的美元系统相对抗。邮件还显示,利比亚巨大的石油产量,也是美国军事干涉利比亚内政的原因。[①] 但是,西方在把卡扎菲赶下台的时候,争相宣布这是“民主的胜利”,但始终没提黄金、石油这些真实的原因。

---

① 参见《希拉里解密邮件:美国为黄金和石油军事干预利比亚》,载观察者网:https://m.guancha.cn,最后访问日期:2019 年 6 月 29 日。

第五章　向海兴国“蓝色外交”

第一节　伏波万里　向海兴国

海洋是生命的摇篮、资源的宝库、五洲的通道、国家安全的屏障，也是国际政治、军事和外交博弈的舞台。①自 1492 年地理大发现以来，世界上共出现过 9 个全球性大国，即葡萄牙、西班牙、荷兰、英国、法国、俄罗斯、德国、日本和美国。这些国家在成为全球大国时，无一例外都是当时的海洋强国。1450 年，葡萄牙开启世界大航海时代，最先逐鹿全球，成为世界霸主；1530 年，西班牙继承航海精神，取代葡萄牙成为头号强国；1640 年，西班牙陷入混乱，“海上马车夫”荷兰称霸世界；1720 年，荷兰东印度公司衰落，法国开始崛起，与英国陆海争霸，双雄鼎立；1815 年，拿破仑遭遇滑铁卢，英国开始工业革命，凭借海上霸权成就“日不落”帝国；俄罗斯从争夺出海口起家，最终成为濒临三大洋的庞大帝国；德国虽是内陆型国家，但在 19 世纪末崛起之时，海上实力可与英国匹敌；日本明治维新之后开始崛起，始终以海洋

① 回顾人类经济社会的发展历程，我们不难发现，“面向海洋”开启了人类近现代文明的新篇章，从“地理大发现”到经济全球化，从“耕海牧渔”到“海洋资源勘探开发”，从“舟楫之便”到“极地深海科学考察”，近 500 年来人类经济社会的快速发展，很大程度上得益于对海洋的认识和利用。时至今日，海洋对各国的影响越来越深远，各国对海洋的需求和依赖也越来越强。

立国;1919 年,第一次世界大战结束,巴黎和会召开,美国正式问鼎世界。所有的全球性大国均为海洋强国,这绝非历史的偶然。以史为鉴知兴替,在当今时代,要实现中华民族的伟大复兴,必须高度重视和大力发展海洋事业。

一、我国的海洋环境

我国是陆海兼备的大国,也是世界上边界线最长、邻国最多、边界情况最复杂的国家之一。我国陆地边界与 14 国接壤,海上与 8 国相邻或相向,[①]东南两面濒临黄海、东海和南海以及西北太平洋,内地沿海省市自治区达 11 个,大陆海岸线自鸭绿江口到北仑河口,长达 1.8 万多公里,沿海有面积大于 500 平方米的海岛 7300 多个,主张管辖的海域面积约 300 万平方公里。我国已与缅甸、尼泊尔、朝鲜、蒙古、巴基斯坦、阿富汗、俄罗斯、老挝、哈萨克斯坦、吉尔吉斯斯坦、塔吉克斯坦和越南等 12 个邻国签订了边界条约,与这些国家的陆地边界问题已全部解决。[②] 海洋方面,我国确立了专属经济区和大陆架制度,与越南达成了北部湾划界协定。但我国与邻国的海域划界和岛屿归属面临复杂严峻的形势。

从地理位置上看,我国属于海洋地理"相对不利国",[③]虽然东、南两面临海,并濒临太平洋,但渤海、黄海、东海和南海均为半闭海,不直接面向大洋,在我与浩瀚的太平洋之间还有源于东西方冷战的所谓"第一岛链"和"第二岛链"的阻隔;[④]我国可主张的管辖海域面积仅 300 万平方公里,位列全球 20 强之

---

① 从北向南依次是朝鲜、韩国、日本、菲律宾、马来西亚、文莱、印度尼西亚、越南八国。

② 1949 年中华人民共和国成立时,几乎与所有周边邻国都有边界争议。从 20 世纪 60 年代起,我国本着相互尊重、平等协商和互谅互让原则,在尊重历史的基础上,通过友好谈判,先后与除印度和不丹以外的所有陆上邻国签署了边界条约或协定,妥善解决了历史遗留的边界问题,正式划定了边界。这是国际关系史上一个了不起的伟大成就。

③ 《联合国海洋法公约》第 70 条规定:"地理不利国"是指其地理条件使其依赖于开发同一分区域或区域的其他国家专属经济区内的生物资源,以供应足够的鱼类来满足其人民或部分人民的营养需要的沿海国,包括闭海或半闭海国在内,以及不能主张有自己的专属经济区的沿海国。根据该定义,中国不属于法律意义上的"海洋地理不利国",但由于所处的海洋地理位置不佳,国内学者多认为我国属于"海洋地理相对不利国"。参见邢望望:《海洋地理不利国问题之中国视角再审视》,载《太平洋学报》2016 年第 1 期。

④ 第一岛链是指位于西太平洋,北起日本群岛、琉球群岛,中接台湾岛,南至菲律宾、大巽他群岛(东南亚马来群岛)的链型岛屿带。位于朝鲜半岛南方的韩国有时也被视为第一岛链的一部分。美国的麦克阿瑟将军曾将第一岛链称为"不沉的航空母舰"。第二岛链指以关岛为中心,由日本的小笠原群岛、硫磺群岛和美国的马里亚纳群岛组成。

后。[1] 可以说,我国近海发展的空间较为有限、难度较大。

历史上,我国的外患主要来自西北内陆方向,传统上有“重陆轻海”的思想。虽然,中国古代就有“历心于山海而国家富”的海洋思想,[2]而郑和从1405年开始七下西洋,船队规模和技术装备在当时都处于世界前列,载入了世界航海史册。[3] 但这段辉煌历史十分短暂,对外海的探索就此止步。明王朝的绝大多数时期实施闭关锁国政策,朱元璋明令“片板不许入海”,禁止同海外贸易。[4] 海禁政策在清代继续实施。为防范郑成功反攻大陆,顺治十二年(1655年),清廷下令沿海省份“无许片帆入海,违者立置重典”。鸦片战争后,清廷仍奉行闭关锁国政策。长期以来,我国海上力量和海洋事业并不发达,海权意识亟待加强。

二、我国海洋维权的总体形势

在当代,随着国家利益空间拓展,各国对海洋、极地、外空、网络等“新疆域”的权利和利益争夺也日益加剧。[5] 我海洋工作面临着我海洋利益持续拓展期、国际海洋秩序深度调整期、不同国家间海洋利益磨合期“三期叠加”的总体形势。

---

① 全球海域管辖面积最大的前六位国家依次为美国、澳大利亚、印度尼西亚、新西兰、加拿大、俄罗斯。我国近邻日本,其陆地领土面积不足40万平方公里,不及我陆地领土面积的4%,但管辖海域面积却有400多万平方公里,名列世界第七。

② 远古时代,沿海先民依山傍河面海而居,“行舟楫之便,兴渔盐之利”,留下了遍布沿海地区的贝丘遗址,以及龙山文化遗址、百越文化遗址、河姆渡文化遗址等与海洋文化相关的文化遗产;周秦以后的漫长历史岁月中,沿海先民以涉海生活、生产实践为题材,创造了丰富多彩的神话、诗歌、绘画、民俗等,形成了包括海神文化、海洋渔文化、航海文化、盐文化等传统海洋文化遗产。

③ 郑和下西洋是明代永乐、宣德年间的一场海上远航活动,首次航行始于永乐3年(1405年),末次航行结束于宣德八年(1433年),共计七次。由于使团正使由郑和担任,且船队航行至婆罗洲以西洋面(明代所谓“西洋”),故名。郑和下西洋是中国古代规模最大、船只和海员最多、时间最久的海上航行,也是15世纪末欧洲的地理大发现的航行以前世界历史上规模最大的一系列海上探险。然而,关于郑和船队的航海目的、航行范围等史实以及对七次航行的评价,仍存在争议。

④ 元末明初,日本封建诸侯割据,互相攻伐。在战争中失败了的封建主,组织武士、商人、浪人(倭寇)到中国沿海地区进行武装走私和抢劫骚扰。对此,洪武年间,明太祖朱元璋开始实施海禁政策。洪武三年(1370年),“罢太仓黄渡市舶司”,洪武七年(1374年),撤销自唐朝以来就存在的负责海外贸易的福建泉州、浙江明州、广东广州三市舶司,中国对外贸易遂告中止。洪武十四年(1381年),朱元璋“以倭寇仍不稍敛足迹”,又下令“禁频海民私通海外诸国”。洪武二十三年(1390年),朱元璋再次发布“禁外藩交通令”。洪武三十年(1397年),禁止中国人下海通番。禁海政策虽在一定程度上起到了自我保护的作用,但严重阻碍了对外交流发展。

⑤ 参见黄惠康:《国际法的发展动态及值得关注的前沿问题》,载《国际法研究》2019年第1期。

其一，中华人民共和国成立以来，特别是改革开放以来，我国的海上利益在不断延伸拓展之中。进入21世纪后，我国更是进入了建设海洋强国的新时代。我国创造并保持了多项世界第一的纪录：远洋贸易船队总吨位世界第一，公海捕鱼船队总吨位世界第一，海洋渔获量世界第一，并且还在不断创造新的世界第一。

其二，自1982年《联合国海洋法公约》颁布实施以来，新的国际海洋法律秩序和海洋国际治理深度调整和发展，带来许多新秩序构建过程中难免的摩擦乃至冲突。涉及海域管辖、岛礁归属、大陆架划界等海上热点问题多发频发，且呈常态化、多边化、司法化之势，国际海底资源勘探开发竞争激烈，极地形势更趋复杂。我国在涉海方面面临的挑战有所增加。

其三，20世纪70年代起，随着海洋科技的快速发展以及第三次联合国海洋法会议谈判的步步深入，各国把更多的眼光投向了海洋，而大国则率先向深海远洋极地进军。国际竞争从传统陆地疆域向包括海洋和极地在内的新疆域拓展的态势日趋明显。沿海国之间、沿海国与内陆国、发达国家与发展中国家以及不同利益集团之间的海洋利益需要调整、磨合和适应。在此大背景下，我国周边海权争议增加或升温并不稀奇。

从国际格局角度讲，我国的周边海洋形势总体趋稳。中国正以自信从容的战略定力和积极主动的外交作为，守护周边和平稳定，引领地区合作共赢。在中国与东盟国家的共同努力下，“海上合作”与“制度建设”成为驱动南海形势趋缓向好发展的“双引擎”，“南海行为准则”案文磋商取得进一步的阶段性成果。但是，我周边海洋仍面临较为复杂严峻的形势。①

1. 岛屿主权争端错综复杂

岛屿主权归属和海域划界问题，特别是东海钓鱼岛和南海南沙群岛问题攸关我国主权和安全，在我国外交战略中具有重要地位。美国出于其全球战略，加强在亚太的军事存在，加大对我国的防范和牵制，加紧在我国周边投棋布子，公然插手南海问题，加剧了南海问题的国际化趋势。这是我国在维护海洋权益方面面临的国际政治态势。在东海，日本至今非法占据我国钓鱼岛，并拒绝与我谈判“搁置争议，共同开发”问题。在南海，虽然大多数岛礁在我国手中，包括

---

① 参见丁铎：《岁末回顾：2018年南海形势盘点》，载人民日报海外网：www.haiwainet.cn，最后访问日期：2019年6月8日。

东沙群岛、西沙群岛和中沙群岛的全部，但南沙群岛的实际控制情况对我国不利。① 在南海，4 国（中国、越南、菲律宾、马来西亚）5 方（加我国台湾地区）实际占有；5 国（加文莱）6 方有领土要求；6 国（加新加坡）7 方主张经济权益。现多数南沙岛礁被外方侵占（越南占 29 个，菲律宾占 8 个，马来西亚占 5 个，而我国仅实控 8 个，含台湾地区占 1 个）。② 此外，越南对我国西沙群岛，菲律宾对我国中沙群岛中的黄岩岛提出领土主权要求。近年来，这些国家进一步加强对所占岛礁及其附近海域的控制。同时，美国等西方国家打着“航行自由”旗号，一直在我周边海域从事军事活动，制造紧张局势和摩擦，③“中国威胁论”不时抬头。

2. 海域划界问题日显突出

我国周边有四大海区，除内海渤海外，黄海、东海和南海，都与周边国家存在不同程度的争议，其中又以钓鱼岛归属和南海争议最为复杂、最为突出。《联合国海洋法公约》在法律上赋予了各沿海国拥有 12 海里领海、24 海里毗连区、200 海里的专属经济区和大陆架和海洋权利，极大地拓展了各沿海国管辖海域范围。我周边邻国相继提出各自的海域权利主张，并颁布相关国内法律。根据我国《领海及毗连区法》和《专属经济区和大陆架法》，我国建立了领海、毗连区、专属经济区和大陆架法律制度，拥有从领海基线起 12 海里领海、领海外 12 海里毗连区，领海基线起 200 海里专属经济区，领海外全部自然延伸的大陆架

---

① 大量史实证明中国是最早发现并命名南沙群岛的国家，也是最早对南沙群岛进行实际管辖的国家。中国历代政府还对南沙群岛进行了一系列持续和有效的政府行为。依据《开罗宣言》《波茨坦公告》，中国于 1946 年从日本收复南沙群岛，同时以一系列法律程序向全世界宣告中国恢复行使对南沙群岛的主权，包括举行接收仪式和派兵驻守，绘制南沙群岛地图，重新命名南沙群岛及其群体和个体的名称，编写和出版最早的南沙群岛地理位置。

② 中国实际控制岛礁 8 个：永暑礁、赤瓜礁、东门礁、南薰礁、渚碧礁、华阳礁、美济礁、太平岛（中国台湾地区实控）。越南占据南沙岛礁 29 个：鸿庥岛、南威岛、景宏岛、南子岛、敦谦沙洲、安波沙洲、染青沙洲、中礁、毕生礁、柏礁、西礁、无乜礁、日积礁、大现礁、六门礁、东礁、南华礁、舶兰礁、奈罗礁、鬼喊礁、琼礁、广雅滩、蓬勃堡、万安滩、西卫滩、人骏滩、奥南暗沙、金盾暗沙、李准滩。马来西亚占据南沙岛礁 5 个：弹丸礁、光星仔礁、南海礁、榆亚暗沙、簸箕礁；菲律宾占据南沙岛礁 8 个：马欢岛、南钥岛、中业岛、西月岛、北子岛、费信岛、草沙岛、司令礁。文莱对南通礁有领土要求。

③ 2001 年 4 月 1 日发生了震惊中外的中美南海撞机事件。当时，美国派遣 EP－3 侦察机在中国海南岛附近海域上空侦察，与执行监视和拦截任务的中国海军军机在中国专属经济区（海南岛东南 70 海里处）相撞，中国战斗机坠毁，飞行员王伟跳伞下落不明，而美国军机未经许可迫降海南岛陵水机场。撞机事件的责任完全在美方。经过紧张政治角力，事件以美国向中方递交“关于美国军用侦察机撞毁中国军用飞机的致歉信”，中国释放涉事 24 名机组人员、拆卸涉事侦察机，由美国租用第三国大型运输机运回而告终。

（至少188海里）。由于自然地理方面的原因，我国与周边邻国之间的海上距离都不超过400海里，海域管辖权主张相互重叠，从而引发涉及领海及毗连区、专属经济区和大陆架等海域划界争端。2000年12月25日，我国与越南就北部湾划界达成协议，这是我国迄今唯一一个海洋划界案例。[①] 由于涉及岛屿主权归属争议，海域划界问题短期内难以解决。[②]

3. 海洋资源争夺激烈，海上摩擦频频发生

南海海域资源十分丰富。20世纪60年代，在南海盆地发现大量石油和天然气资源，地质储量有数百亿吨之巨，被誉为“第二个波斯湾”。[③] 海洋生物种类繁多，数量也很大，是我国海洋渔业最大的传统热带渔场。加之南沙海域自古是海上交通要冲，地处太平洋至印度洋航线的必经之地，扼马六甲海峡咽喉，其海洋战略位置之重要以及海洋资源之丰富，无疑是周边国家与我争夺海洋权益的根本原因。新海洋法制度建立以来，各国均加强了对海洋资源的管理和利用。就海上渔业而言，随着周边邻国相继建立200海里专属经济区制度，我国传统渔业利益受到严重影响，在南海的正常渔业和资源调查及科考活动也经常受到干扰。[④] 我国周边大陆架的矿产资源争夺日趋激烈。早在1974年，韩国与日本就签订了东海大陆架共同开发协定。在南海，菲律宾、马来西亚、文莱、印度尼西亚、越南等国积极进行油气资源的勘探开发活动，一部分油气井进入了

---

① 北部湾是中越两国陆地和中国海南岛环抱的一个半闭海，面积约12.8万平方公里。中越两国在北部湾既相邻又相向。历史上，两国从未划分过北部湾。20世纪60年代以前，中越双方只按各自宣布的领海宽度行使管辖权，湾内的资源共享共用，一直相安无事。20世纪70年代以来，随着现代海洋法律制度的发展，中越两国划分北部湾领海、专属经济区和大陆架的问题呈现出来。经过20多年的艰苦谈判，终于于2000年年底达成原则协议。参见《中越北部湾划界协定情况介绍》，载外交部网：www. fmprc. gov. cn，最后访问日期：2019年6月17日。

② 在领海和毗连区方面，中国和越南在北部湾曾存在权利主张重叠区，两国通过谈判于2000年年底达成了划界协定。在专属经济区和大陆架方面，中韩在黄海和东海存在权利主张重叠区；中韩朝三国在黄海海域划界问题上存在敏感复杂关系；中日在东海和太平洋存在权利主张重叠区。由于中日双方不认可对方的领海基线，专属经济区和大陆架划界无从确定；中越在南海存在权利主张重叠区域。两国除北部湾已经划定界限外，北部湾口外和南海其他海域尚未划界；菲律宾、马来西亚、文莱、印度尼西亚和越南五国主张的专属经济区和大陆架与我国“九段线”内海域出现重叠。由于我国未明确“九段线”内海域的法律属性，因此划界问题尚未提上日程。

③ 参见《这片海域被称为“第二个波斯湾”》，载人民日报海外网：www. haiwainet. cn，最后访问日期：2019年6月17日。

④ 参见邱昌情：《中国与周边国家的渔业纠纷及其对中国周边外交的影响》，载《社会主义研究》2013年第6期。

我国"断续线"内。[1]

在我国与邻国的陆地边界争端基本得到解决后，岛屿主权争端、海域划界争端和对海洋资源的争夺将日益凸显。

对于我国与周边邻国间的海洋划界争端，我国政府一贯主张，有关国家应按照国际法，包括《联合国海洋法公约》确定的法律原则和制度，通过双边谈判予以解决。[2] 对于中日钓鱼岛主权归属问题，邓小平同志在实现中日邦交正常化之际主张将这一问题放一放，等时机成熟时，通过谈判解决，以免影响两国关系发展大局。[3] 在南沙群岛问题上，我国提出了"主权属我、搁置争议、共同开发"的思路。中国政府将坚定地维护我海洋权益，同时努力通过谈判和平解决与邻国的海域划界争议。[4]

三、我国的海洋发展战略

在中华人民共和国70年发展历程中，我们的海洋观念和海洋政策处于不断地发展变化之中。改革开放以来，我国海洋事业步入了快速发展的历史新阶段，[5]海洋利益持续拓展，海洋渔业、远洋运输、海底采矿和极地科研四大远洋事业不断发展，公海捕捞量、港口吞吐量、海运船队规模等均进入世界前列。

党的十八大首次以党代会报告的方式将建设海洋强国提升为国家战略，明确规定，我国将始终不渝地走和平发展道路，坚决维护国家主权、领土完整、安全和发展，坚决维护国家海洋权益。我国"将提高海洋资源开发能力，发展海洋经济，保护海洋生态环境，建设海洋强国"。习近平总书记强调指出，"21世纪，人类进入大规模开发利用海洋的时期。海洋在国家经济发展格局中的作用更加重要，在维护国家主权、安全、发展利益中的地位更加突出，在国家生态文明建设中的角色更加显著，在国际政治、经济、军事、科技竞争中的战略地位也明

---

① 参见黄少婉：《南海油气资源开发现状与开发对策研究》，载《理论观察》2015年第11期。

② 参见国务院新闻办：《中国坚持通过谈判解决中国与菲律宾在南海的有关争议》白皮书，新华社，2016年7月13日。

③ 参见徐敦信：《"共同开发"是邓小平的锦囊妙计》，载人民网：www.people.cn，最后访问日期：2019年5月27日。

④ 参见闻航：《完整理解邓小平解决海洋争端的战略思想》，载中国共产党新闻网：www.cpcnews.cn，最后访问日期：2019年6月30日。

⑤ 参见刘霏：《改革开放以来中国的海洋战略思想》，载《社科纵横》2012年第4期。

显上升”。[1] 党的十九大报告进一步明确要求“坚持陆海统筹，加快建设海洋强国”。这是着眼国家整体和长远发展的重大战略决策。[2]

发展海洋事业，不仅要建设强大的海军，也要发展海洋科技和海洋经济，不仅要重视近海，更要经略远洋。

为拓展我海洋权益、全面适应新的国际海洋秩序，我国于 1982 年签署、1996 年批准了《联合国海洋法公约》。[3] 在国内立法方面，全国人大常委会先后颁布了《海洋环境保护法》(1982 年)、《领海与毗连区法》(1992 年)、《专属经济区和大陆架法》(1998 年)、《海域使用管理法》(2001 年)、《石油天然气管道保护法》(2010 年)、《深海海底区域资源勘探开发法》(2016 年)等涉海法律，国务院制定了《海洋石油勘探开发环境保护管理条例》(1983 年)、《海洋倾废管理条例》(1985 年)、《海洋观测预报管理条例》(2012 年)等行政法规，建立了中国的基本海洋法律制度。

我国涉海“蓝色外交”以建设海洋强国为统领，坚决维护国家主权和海洋权益，积极参与海洋国际治理，推动构建公正合理的国际海洋秩序。其主要工作包括以下几个方面：

1. 妥善运筹周边涉海外交

全力应对周边海权争议，打好钓鱼岛、黄岩岛、南海问题法律仗，挫败日本依冲之鸟礁攫取大片管辖海域的非法图谋。坚持与周边海上邻国通过谈判协商和平解决争端、推进双边务实合作。2000 年，我国与越南签订了北部湾划界协定和渔业合作协定，2002 年，我国与东盟国家达成《南海各方行为宣言》(2002 Declaration on the Conduct of Parties in the South China Sea，DOC)，2011 年，我国与越南签订《关于指导解决中越海上问题基本原则协议》。自 2018 年

---

① 习近平：《进一步关心海洋认识海洋经略海洋，推动海洋强国建设不断取得新成就——在中共中央政治局第八次集体学习时的讲话》，载新华网：www.xinhuanet.com，最后访问日期：2017 年 5 月 27 日。

② 参见王宏：《海洋强国建设助推实现中国梦》，载《人民日报》2017 年 11 月 20 日，第 7 版。

③ 1996 年 5 月 15 日，第八届全国人大常委会第十九次会议决定，批准《联合国海洋法公约》，同时声明：(1)按照《联合国海洋法公约》的规定，中华人民共和国享有 200 海里专属经济区和大陆架的主权权利和管辖权。(2)中华人民共和国将与海岸相向或相邻的国家，通过协商，在国际法基础上，按照公平原则划定各自海洋管辖权界限。(3)中华人民共和国重申对 1992 年 2 月 25 日颁布的《领海及毗连区法》第 2 条所列各群岛及岛屿的主权。(4)中华人民共和国重申：《联合国海洋法公约》有关领海内无害通过的规定，不妨碍沿海国按其法律规章要求外国军舰通过领海必须事先得到该国许可或通知该国的权利。

起，“南海行为准则”（South China Sea Code of Conduct，COC）磋商步入“快车道”，海上合作取得新进展，南海局势日趋稳定。此外，我国还与日本、韩国、印度尼西亚等周边国家建立了双边海洋磋商或合作机制，与日本、韩国达成渔业协定。在“中美撞机”、美国等在我专属经济区开展军事测量、我国渔民被抓扣等周边涉海案件中，我国充分利用国际法，妥善维护我国海洋权益和海外利益。

2. 全面参加《联合国海洋法公约》有关机构工作，维护和拓展我国海洋权益

我国深入参与国际海底制度的非正式磋商，支持通过《关于执行1982年12月10日〈联合国海洋法公约〉第十一部分的协定》，从而开启了对《联合国海洋法公约》普遍接受的进程。① 我国全程参与了国际海底管理局和国际海洋法法庭筹备委员会的工作，参加了历届《联合国海洋法公约》缔约国会议，深入参与审议《联合国海洋法公约》设立机构工作情况、选举相关机构成员及讨论海洋法热点问题，积极推举专家竞选国际海洋法法庭法官和大陆架界限委员会委员，并推荐法律官员到联合国秘书处法律部和国际海底管理局秘书处工作，为维护国际海洋秩序贡献力量。

3. 积极落实“人类共同继承财产”原则，大力开展国际海底工作

1991年我国成为国际海底管理局和国际海洋法法庭筹备委员会登记的第五个先驱投资者。1996年成为国际海底管理局成员，全面参与管理局各项工作。我国充分利用《联合国海洋法公约》赋予的权利，推动国际海底资源勘探规章反映我利益关切，及时提出矿区申请，稳步推进国际海底资源勘探开发。② 目前我国已分别在东北太平洋和西南印度洋获得总面积为7.5万平方公里多金

---

① 1994年7月28日，在联合国海洋法大会的框架下，联合国大会通过了《关于执行1982年12月10日〈联合国海洋法公约〉第十一部分的协定》（以下简称1994年执行协定），7月29日，中国常驻联合国代表李肇星大使代表中国政府在协定上签字。1994年11月16日《联合国海洋法公约》生效。1994年执行协定第4条规定：本协定通过后，任何批准、正式确认或加入《联合国海洋法公约》的文书应即表示同意接受本协定的拘束。中国全国人大常委会于1996年5月15日批准了《联合国海洋法公约》。

② 地球表面有大约3.6亿平方公里的海域。这些海域按照其不同的法律地位，分成国家管辖海域、公海和国际海底。其中，国家管辖海域之外的深海海床、洋底及其底土即“国际海底”。国际海底蕴藏着极其丰富的资源，目前已发现的主要资源有金属结核、钴结壳、硫化物等矿产，以及“可燃冰”、油气等能源，其中包括33个储量超过5亿桶的深水巨型油田，预计未来全球油气总储量的40%将来自水深超过400米的深海区域；“可燃冰”储量大约相当于所有煤炭和常规石油天然气总量的3倍。根据《联合国海洋法公约》，国际海底区域及其资源是人类共同继承财产，任何国家不应对区域及其资源主张或行使主权或主权权利，由国际海底管理局代表全人类行使。

属结核矿区和总面积为1万平方公里的多金属硫化物矿区。[①] 2012年7月27日,我国又率先提交了富钴结壳勘探矿区申请,面积约3000平方公里。该申请于2013年7月19日获得海底管理局理事会的核准,我国遂成为较早在两大洋拥有3个具有专属勘探权和优先开采权的国际海底资源矿区的国家。[②] 我国深海载人潜器"蛟龙号"成功完成了7000米级海试,[③]增强了我国从事大洋事业的装备和技术能力。2019年7月15日,北京先驱高技术开发公司提交的多金属结核勘探区计划获得国际海底管理局批准。这是我国在国际海底区域获批的第五块专属勘探区,也是目前离我国港口最近的勘探区。该勘探区位于西太平洋国际海底区域,面积约7.4万平方公里。[④]

4. 积极参与北极事务,拓展我国远洋利益

近年来,国际社会对北极事务关注度增加,北极国家纷纷加强北极战略规划,非北极国家也加大对北极事务的参与。我国在北极有科研、航运、气候变化、资源利用等利益关切,积极开展与包括北极国家在内的各方的互利合作,深度参与国际海事组织关于《极地水域作业船舶强制性守则》谈判制定工作,为北极地区的和平、稳定和可持续发展做出贡献。[⑤] 中国自2007年起作为临时观察员参与北极理事会活动。经过多年努力,2013年5月15日,北极理事会部长级会议一致同意中国作为永久观察员加入北极理事会。[⑥]

---

① 2011年7月19日,国际海底管理局(海管局)理事会核准由中国大洋协会提出、我国政府提供担保的国际海底区域多金属硫化物勘探矿区申请,使我国成为第一个在国际海底区域获得多金属硫化物矿区的国家。2011年11月18日,我国主管部门与海管局正式签署勘探合同。

② 为了规范深海海底区域资源勘探、开发活动,推进深海科学技术研究、资源调查,保护海洋环境,促进深海海底区域资源可持续利用,维护人类共同利益,第十二届全国人大常委会于2016年2月26日通过了《深海海底区域资源勘探开发法》,自2016年5月1日起施行。

③ 2012年6月,我国"蛟龙"号载人潜水器7000米级海试获圆满成功,创造了国际上同类载人潜水器新的深潜纪录,实现我国深海科技的重大突破。

④ 参见《中国在国际海底区域再获专属勘探区》,载新华网:www.xinhuanet.com,最后访问日期:2019年7月16日。

⑤ 2018年1月27日,国务院新闻办发表《中国的北极政策》白皮书。这是中国政府在北极政策方面发表的第一步白皮书。白皮书指出,北极问题具有全球意义和国际影响,中国是北极事务的重要利益攸关方。

⑥ 北极理事会1996年成立于加拿大渥太华,迄今只包括加拿大、丹麦、芬兰、冰岛、挪威、俄罗斯、瑞典和美国8个创始国。其宗旨是保护北极地区环境,促进该地区在经济、社会等方面的持续发展,探讨相关各国在北极的行为准则。法国、德国、荷兰、波兰、西班牙和英国6个非北极国家最先成为北极理事会的正式(永久)观察员国。正式观察员不具投票权,但在北极议题上有发言权。2013年中国、韩国、日本、欧盟等14个实体获得永久观察员地位。

5. 大力拓展远洋渔业、海洋科研及打击海盗等领域工作

按照《"十三五"全国远洋渔业发展规划》，深入推进远洋渔业规范有序发展，深入参与国际渔业治理。① 我国外交和渔政等有关部门积极参与联合国粮农组织(Food and Agriculture Organization of the United Nations，FAO)、世界贸易组织(World Trade Organization，WTO)、南极海洋生物资源委员会(Commission for the Conservation of Antarctic Marine Living Resources，CCAMLR)、南方蓝鳍金枪鱼保护委员会(Commission for the Conservation of Southern Bluefin Tuna，CCSBT)、国际捕鲸委员会(International Whaling Commission，IWC)、中西太平洋渔业委员会(Western and Central Pacific Fisheries Commission，WCPFC)、亚太渔业委员会(Asia-Pacific Fisheries Commission，APFIC)、南太平洋区域渔业管理组织委员会(South Pacific Regional Fisheries Management Organization，SPRFMO)等国际组织和区域渔业组织有关国际渔业规则的制订与实施，积极参与 WTO 渔业补贴谈判。大力加强远洋渔业管理，认真履行负责任国家义务，坚决打击"非法的、不报告的和不受管制的"(Illegal、Unreported、Unregulated，IUU)等违法违规渔业活动。② 我国的海洋科考工作投入力度不断加大，多次派"大洋号""向阳红号""东方红号""海洋号""实验号""科学号""雪龙号"系列科学考察船赴公海及他国专属经济区进行科考活动。③ 我国海军也远赴亚丁湾打击海盗，为维护国际海上通道安全做出贡献。④

---

① 《2018 年全国渔业渔政工作要点》，载农业部渔政局网：www. yyj. moa. gov. cn，2018 年 2 月 24 日，最后访问日期：2019 年 6 月 30 日。

② IUU 捕捞活动时近年来国际渔业管理领域的最重要议题之一。全球各渔业组织已普遍将采取港口国措施作为打击 IUU 渔业活动的一项重要手段，要求其成员国采取相应措施履行国际义务。2019 年 1 月 15 日，农业农村部办公厅下发《关于将我加入的相关区域渔业管理组织公布的非法、不报告和不受管制渔船纳入我渔港布控范围的通知》。

③ 我国已服役的海洋科考船有 50 多艘，科考船数量全球第一，性能也位居世界前列。一批更为先进的海洋科考船正在建造之中。其中，新型极地科考破冰船"雪龙二号"于 2019 年投入使用。在建的"东方红 3 号"是国内功能最完善、各型综合指标最先进的综合海洋科考船，将成为我国远洋科考的"旗舰"。

④ 参见黄惠康：《军舰护航打击索马里海盗法律依据和司法程序安排》，载《中国海商法年刊》2011 年第 1 期。

6. 积极倡导促进公正合理的海洋秩序，深化国际海洋合作，推动全球海洋治理

我国政府一贯主张，以《联合国海洋法公约》为法律基础和框架，平衡海洋的科学保护和合理利用，科学合理地划分国家管辖海域和国家管辖范围以外海域的权益，妥善处理沿海国、船旗国与内陆国的利益，并依据《联合国宪章》的宗旨和原则以及包括《公约》在内的国际法和平解决海洋争端，维护海洋和平安宁。① 在这一理念指导下，我国积极参与国际海洋法律制度发展，积极引导国际海洋秩序朝公正合理的方向发展。中方高度赞赏大陆架界限委员会为平衡处理沿海国合法权益和国际社会整体利益做出的积极贡献，支持委员会继续按照《联合国海洋法公约》及其议事规则履行职责，确保有关划界案审议的质量和专业性；积极支持国际海底管理局的工作，努力促进发展中国家有效、全面地参与国际海底事务；重视和支持国际海洋法法庭在和平解决海洋争端、维护国际海洋秩序和推广海洋法方面发挥重要作用。② 我国深入参与每年的联合国大会关于海洋和海洋法决议磋商，积极提案、宣传我国海洋法领域的政策主张；全程参加"全球海洋环境报告与评估经常性进程"建章立制工作，推动承办有关区域研讨会，发挥我国在亚太区域的主导作用；③妥善应对海洋保护区、深海基因资源等热点问题的讨论。面对全球海洋治理的严峻挑战，中方提出了四点合作倡议：继续推动构建基于海洋合作的伙伴关系，增进全球海洋治理的平等互信；继续推动蓝色经济合作，促进海洋产业健康发展；继续推动海洋生态文明建设，共同承担全球海洋治理责任；继续推动海上非传统安全合作，共同营造和谐安全

---

① 参见黄惠康：《构建公正合理的海洋秩序，坚定维护我国的海洋权益——在纪念联合国海洋法公约开放签署30周年纪念会议上的主旨讲话》，载中国国际法学会主办：《中国国际法年刊》(2012)，法律出版社2013年版，第643~647页。

② 参见中国代表李保东大使在第67届联合国大会全会关于"海洋和海洋法"议题的发言，载外交部网：www. fmprc. gov. cn，最后访问日期：2019年6月9日。

③ 2002年12月12日联合国大会通过第57/141号决议，要求联合国秘书长就海洋环境现状全球报告和评估经常程序的方式拟订建议，由此开启了"全球海洋环境报告与评估经常性进程"。2012年2月21~23日，中国外交部、国家海洋局代表中国政府与联合国在海南省三亚市共同举办"全球海洋环境报告与评估经常性进程"东亚及东南亚海区研讨会。笔者在研讨会开幕致辞中，重申了中国关于建立和谐海洋秩序的主张及对海洋环境评估和保护的重视，呼吁各国共同努力，促进海洋的和平、安全、开放，平衡海洋的科学保护和合理利用，实现国际社会成员的共同发展和互利共赢。

的地区环境。①

在新形势下，我国持续发展海洋事业，既需要继续以综合国力、科技实力为基础，同时也离不开法律保障。要不断提高运用国际海洋法服务我建设海洋强国奋斗目标的能力，尤其需要不断丰富和强化我国海洋权益主张的法理依据，紧密跟踪国际上有关国际海底资源开发、外大陆架划界、公海生物资源管理、海洋争端解决等方面的最新理论与实践，有效服务于建设海洋强国的目标。

第二节　迎接挑战　维我海权

近年来，受国际大环境影响，我国周边不太平静。中日钓鱼岛问题、中菲黄岩岛问题、“南海仲裁案”、中越南海争议问题、美国等域外势力介入等问题密集升温，南海问题司法化倾向凸显。② 我国海域维权形势面临严峻挑战。

在不同海区与不同国家发生海上争端，看似彼此没有什么关联，但如果“登高”俯瞰，就会发现，这些事件并不孤立，也并非“突然”。它实际上反映了亚太地区格局在发生着重大而深刻的演变，包括海上利益格局、中美博弈格局、地区安全格局、区域合作格局等，都被撬动了。此种演变，从深层次上看，与当今时代潮流、世界力量消长、大国战略调整等全球因素密切相关。其中的一个重要动因，就是中国的快速崛起。③ 对于这些变化，美国、日本等西方国家不太适应。④ 周边一些小国则有些担忧，怕中国强大后称霸。我国在海上要走出去，要从第一岛链、第二岛链走向深蓝，美国和一些周边国家就图谋联手把我国“堵回来”，形成矛盾和对立。

---

① 参见王宏：《深化亚太海洋合作，推动全球海洋治理——在美国弗吉尼亚大学海洋法和海洋政策中心第42届年会(北京)上的主旨演讲》，载光明网：www. gmw. cn，最后访问日期：2019年5月27日。

② 参见金永明：《论海洋法解决南海问题争议的局限性》，载《国际观察》2013年第4期；曹群：《南海争端司法化中的美国因素》，载《当代世界》2015年第8期。

③ 2002年我国海洋产业总值为9050. 29亿元人民币，占国内生产总值的3. 8%；2012年，增加至50 087亿元，占国内生产总值的9. 6%；2018年进一步增至83 415亿元，占国内生产总值的9. 3%。参见自然资源部《2018年中国海洋经济统计公报》，2019年4月11日。

④ 根据国际货币基金组织2019年5月31日公布的统计资料，2018年全球经济总量为84. 74万亿美元，其中美国GDP20. 49万亿美元，中国13. 41万亿美元，日本4. 97万亿美元，分别占全球经济总量的24. 18%、15. 82%、5. 86%。2018年日本的GDP已不足中国的40%。中日两国经济总量的差距将持续拉大。

对于周边海上这些问题，不但要“登高”，还要“望远”，要着眼长远，坚信时和势都在我们这一边，战略态势和力量消长的变化对我国有利。① 中国崛起，从陆地走向海洋，从浅蓝走向深蓝，这是大势所趋，谁也挡不住。同时，也要居安思危。中国崛起的过程必将充满艰难险阻，矛盾和摩擦在所难免。历史上大国崛起没有不付出代价的。我们现在探讨新兴大国与守成大国建立新型关系，就是要避免重蹈传统大国崛起的老路，以最小的代价实现中华民族的复兴。认清这一点，我们就可以坦然地面对挑战，冷静观察、沉着应对，巧于周旋，谋定而动，稳立潮头。

一、钓鱼岛问题

2012 年 4 月，日本极右翼政客、时任东京都知事石原慎太郎宣称东京都政府将购买“钓鱼岛”，并高调发起募捐活动。7 月，日本政府提出所谓的“国有化”计划。9 月 8 日，时任国家主席胡锦涛在韩国首尔出席亚太经合组织领导人非正式会议时，就中日关系和钓鱼岛问题向时任日本首相野田佳彦郑重指出，“近来，中日关系因钓鱼岛问题面临严峻局面。在钓鱼岛问题上，中方立场是一贯的、明确的。日方采取任何方式‘购岛’都是非法的、无效的，中方坚决反对。中国政府在维护领土主权问题上立场坚定不移。日方必须充分认识事态的严重性，不要作出错误的决定，同中方一道，维护中日关系发展大局”。然而，日本政府不顾中方一再严正交涉，于 2012 年 9 月 10 日宣布“购买”钓鱼岛及其附属的南小岛和北小岛，实施所谓“国有化”。9 月 10 日当天，中国外交部严正声明，日本政府的所谓“购岛”完全是非法的、无效的，丝毫改变不了日本侵占中国领土的历史事实，丝毫改变不了中国对钓鱼岛及其附属岛屿的领土主权。中华民族任人欺凌的时代已经一去不复返了。中国政府不会坐视领土主权受到侵犯。中方强烈敦促日方立即停止一切损害中国领土主权的行为，不折不扣地回到双方达成的共识和谅解上来，回到谈判解决争议的轨道上来。如果日方一意孤行，由此造成的一切严重后果只能由日方承担。

钓鱼岛及其附属岛屿自古以来就是中国的神圣领土，有史为凭、于法有据。1895 年，日本在甲午战争末期，趁清政府败局已定，非法窃取钓鱼岛及其附属岛屿。随后，日本强迫清政府签订不平等的《马关条约》，割让“台湾全岛及所有附

---

① 参见杨洁篪：《以习近平外交思想为指导　深入推进新时代对外工作》，载《求是》2018 年第 15 期。

属各岛屿”。第二次世界大战结束后，根据《开罗宣言》和《波茨坦公告》，中国收回日本侵占的台湾、澎湖列岛等领土，钓鱼岛及其附属岛屿在国际法上业已回归中国。历史不容翻案。

1951年，日本同美国等国签订片面的“旧金山和约”，将琉球群岛交由美国管理。1953年，美国琉球民政府擅自扩大管辖范围，将中国领土钓鱼岛及其附属岛屿裹挟其中。1971年，日美两国在“归还冲绳协定”中又擅自把钓鱼岛等岛屿列入“归还区域”。中国政府对日美这种私相授受中国领土的做法从一开始就坚决反对，不予承认。日本政府所谓“钓鱼岛是日本的固有领土，日中之间不存在需要解决的领土争端”的主张，完全罔顾史实和法理，是完全站不住脚的。

1972年中日邦交正常化和1978年缔结和平友好条约谈判过程中，两国老一辈领导人着眼大局，就“钓鱼岛问题放一放，留待以后解决”达成重要谅解和共识。① 中日邦交正常化的大门由此开启。

日本政府“购岛”后，我国政府采取了一系列坚决有力的反制措施。通过国家领导人公开表态、多渠道高级别外交交涉等方式，明确表达了反对日本政府“购岛”的严正立场；通过发表外交部声明、公布钓鱼岛及其附属岛屿的临海基点基线、在中央电视台发布钓鱼岛及周边海域气象预报及海洋环境预报等举措，强化了我国对钓鱼岛的主权宣示；②通过开展常态化巡航等措施，进一步显示了我国在钓鱼岛及其附近海域的实际存在，日本所谓对钓鱼岛的“事实掌控”已被打破。③ 中方维护钓鱼岛领土主权的决心坚定不移。上述反制措施受到了社会各界的欢迎和支持。

---

① 根据英国档案馆2012年12月30日解密的1982年9月20日英日首相会谈记录，时任日本首相铃木善幸在会见英国首相撒切尔夫人时称，日中双方就钓鱼岛归属问题达成谅解和共识，同意“维持现状”。铃木首相的上述表态印证了中方的一贯立场，中日实现邦交正常化和缔结和平友好条约时，两国老一辈领导人着眼大局，就妥善处理这一问题达成重要谅解和共识。参见《中日曾在钓鱼岛问题上达成谅解和共识》，载新华网：www. xinhuanet. com，最后访问日期：2019年6月30日。

② 《中华人民共和国外交部声明》，2012年9月10日；国务院新闻办《钓鱼岛是中国的固有领土》白皮书，2012年9月；《中华人民共和国政府关于钓鱼岛及其附属岛屿领海基线的声明》，2012年9月10日，载中国政府网：www. gov. cn，最后访问日期：2019年6月30日。

③ 2019年1月5日中国海警舰艇编队进入我钓鱼岛领海内巡航，拉开了中国海警2019年在钓鱼岛领海内巡航的序幕。5月20日，中国海警舰艇编队再次在我钓鱼岛领海内巡航，这是中国海警2019年第14次常态化巡航钓鱼岛领海。《中国海警船编队今日在我钓鱼岛领海内巡航》，载观察者网：www. guancha. cn，最后访问日期：2019年6月9日。

在中日间这场严肃的政治外交斗争中，法理斗争发挥了重要的作用。以钟声名义发表的《日本“先占”钓鱼岛实为窃取》《联合国不是日本挑战国际秩序的舞台》等署名文章，牢牢抓住日本政府“购岛”标的物的原始不法性，否定了其“购岛”的法律基础。①

在“购岛”事件中，日方极力回避国际法上的领土主权问题，而是大谈特谈其国内法上的土地所有权转让问题，企图借此掩盖“购岛”的非法本质。根据国际法，领土的取得和变更必须遵循特定的规则，争议领土的归属往往通过当事国间的平等谈判来解决。日本非法侵占钓鱼岛，自知理亏，不愿与我国讨论钓鱼岛归属的国际法问题，甚至不承认双方存在领土争议。日方打出“国内法”这张牌，反复强调在日本法上，土地所有权可“依法”交易。政府“购岛”是“合法”的民事行为，旨在偷梁换柱，为其“购岛”披上“合法”外衣。问题是，无论是国际法还是国内法，权利的有效行使都必须以权利的合法取得为前提。土地买卖也不例外。日本非法侵占钓鱼岛，根据“非法行为不产生权利”（*Ex injuria jus non oritur*）的古老法律规则，其在非法侵占期间的所谓“购岛”之举自然是非法的、无效的。

中国政府始终重视发展中日关系。② 推进中日战略互惠关系符合两国和两国人民的根本利益。2015 年 4 月 22 日，习近平主席在雅加达应约会见日本首相安倍晋三时指出，处理中日关系的大原则，就是要严格遵循中日四个政治文件的精神，确保两国关系沿着正确方向发展。历史问题是事关中日关系政治基础的重大原则问题。希望日方认真对待亚洲邻国的关切，对外发出正视历史的积极信息。我们愿同日方加强对话沟通，增信释疑，努力将中日第四个政治文件中关于“中日互为合作伙伴、互不构成威胁”的共识转化为广泛的共识。③ 2015 年 8 月 14 日日本战败 70 周年之际，日本政府以内阁决议的形式通过了“战后七十周年谈话”（安倍谈话），安倍随后在记者会上发表了这一谈话。谈话包含了“侵略”“殖民统治”“深刻反省”“道歉”等表述。

因钓鱼岛“购岛”风波而跌入低谷的中日关系，在几经波折后，以中日邦交

---

① 钟声：《联合国不是日本挑战国际秩序的舞台》，载《人民日报》2012 年 9 月 24 日，第 3 版；钟声：《日本“先占”钓鱼岛实为窃取》，载《人民日报》2012 年 9 月 21 日，第 3 版。

② 参见林昶：《我国领导人高度重视中日关系》，载国际在线网：http://news.cri.cn，最后访问日期：2019 年 6 月 9 日。

③ 参见《习近平 8 年来关于中日关系的 27 次重要论述》，载中新网：www.chinanews.com，最后访问日期：2019 年 6 月 9 日。

正常化45周年和《中日和平友好条约》缔结40周年为契机，逐步出现了改善的势头。2017年以来，习近平主席在多双边场合多次会晤安倍首相，李克强总理同安倍实现互访，推动中日关系实现重回正轨。① 在政治上，双方确认彼此互为合作伙伴、互不构成威胁、共同维护多边贸易体制等重要共识；在务实合作上，重启经济高层对话，积极推动第三方市场合作和财金合作取得积极成果，并同意建立双边创新对话合作机制；在人文领域，交流互动升温，双向人员往来超过千万人次，社会舆论和民意环境较前有所改善，两国政府还制定了今后五年开展3万人规模青少年互访交流计划，并把2019年确定为“青少年交流促进年”。

但双方在钓鱼岛问题上的僵持和较量将持续较长时间。我们的方针是以“两手对两手”，在坚定维护我主权和海洋权益的同时，坚持维权与维稳并举，妥善处理敏感问题，加强风险管控，保持各领域交流合作，推动两国关系稳定改善发展。

二、黄岩岛问题

黄岩岛地处南海东北部，是中沙群岛中唯一露出水面的岛礁，②扼中国经南海出入太平洋之“口门”，在南海航线中起着承上启下、中间枢纽的重要作用，是联系中国、日本、朝鲜、韩国、俄罗斯远东以及通向马来群岛、印度洋、中东、欧非等地的交通要道，是维护国家安全和海洋权益的重要战略支撑点，被誉为南海上一颗璀璨的明珠。黄岩岛海域渔业资源也十分丰富，是中国的传统渔场。

2012年4月10日，菲律宾海军舰艇非法闯入黄岩岛海域，无理袭扰、抓扣在此正常作业的中国渔民和渔船，制造了全球瞩目的黄岩岛对峙事件，导致中

---

① 2018年10月12日，中日双方同时宣布，应国务院总理李克强邀请，日本首相安倍晋三将于10月25～27日对中国进行正式访问。中方表示，日本是中国重要近邻。在双方共同努力下，中日关系改善势头持续加强。此访是日本首相时隔7年正式访华，正值中日和平友好条约缔结40周年重要节点。访问期间，中国领导人将同安倍首相举行会见会谈，就改善发展中日关系及共同关心的国际和地区问题交换意见。双方还将举行纪念中日和平友好条约缔结40周年招待会和首届中日第三方市场合作官民论坛。参见中国外交部发言人陆慷2018年10月12日新闻发布会答记者问。

② 黄岩岛为一环形礁盘，低潮时数以百计岩礁突出海面，高潮时仅西北角的北岩和东南端的南岩出露，面积共约10平方米，环礁周缘长55公里，其内部形成一个面积约130平方公里、水深10～20米的潟湖。潟湖东南端有一个“通道”与外海相连，俗称“口门”。口门为宽外窄，宽200～500米，中型渔船可以进入。礁盘浅水区域面积广阔，是天然的避风良港。

菲双边关系降至1975年建交以来的“冰点”。[①]

(一)黄岩岛自古以来就是中国的领土

中国对南海诸岛的主权是历史上确定的。[②] 国际社会早已广泛承认包括黄岩岛在内的南海诸岛是中国领土。1997年以前,包括菲律宾在内,没有任何国家曾经反对或质疑过中国对黄岩岛的主权。根据直至2011年菲律宾政府出版的官方地图,黄岩岛在菲律宾领土界线以外。菲律宾官方也一直明确表示,黄岩岛不在菲领土主权范围以内。[③]

(二)黄岩岛对峙事件之由来

从1997年5月开始,菲律宾流露出侵占黄岩岛的企图。[④] 2009年菲律宾修订领海基线法并将黄岩岛列入其领土范围。这些行动遭到了中方的坚决反对和严正交涉。

2012年4月10日,12艘中国渔船在黄岩岛潟湖内正常作业时,菲律宾海军巡逻舰堵住潟湖出口。菲方武装人员随后登上4艘渔船对中国渔民进行问话,肆意搜查拍照,并胁迫中国渔民在其所谓“执法文书”上签字,态度野蛮粗暴。[⑤] 中方即向菲方提出严正交涉和强烈抗议,要求菲方立即停止一切侵权行动,撤离非法滞留在黄岩岛海域的所有船只。同时,我国派遣正在附近执行任务的渔政海监船赶赴事发海域,对我国渔船和渔民实施现场保护。为保证我国渔船渔

---

① 参见马钟成:《中菲黄岩岛对峙的实质与中国外交新时代》,载《环球财经》2012年第6期。文章认为,黄岩岛对峙事件,“小气候”是2011年以来中菲南海矛盾的激化;“中气候”是2009年以来,美国从中东逐步抽身,战略重心东移,加大对亚太地区的军力部署和政治经济干预;“大气候”是1991年苏联解体以来,中美从1971年开始的近40年关系逐步缓和、合作日益加强的“甜蜜期”已彻底结束,遏制、围堵、打压中国成为美国最重要的战略意图之一。

② 中国早在13世纪的元朝就对包括黄岩岛在内的南海海域进行了天文和地理方位测量。1935年,中国政府水陆地图审查委员会审定公布的南海诸岛132个岛礁沙滩,黄岩岛位列其中,作为中沙群岛的一部分列入中国版图。中华人民共和国成立后,中国政府多次派科考队到黄岩岛进行科考,并于1994年在岛上建了水泥纪念碑。1994年以来,先后四次批准无线电爱好者登岛进行无线电探险活动。参见孔令杰:《中菲关于黄岩岛领土主权的主张和依据研究》,载《南洋问题研究》2013年第1期。

③ 《黄岩岛自古以来就是中国的领土》,载百度文库:https://m. baidu. com,最后访问日期:2012年4月26日。

④ 当时中国无线电运动协会组织的中美日无线电探险队登上黄岩岛进行无线电探险活动期间,菲律宾多次出动军舰和军用飞机进行跟踪、监视和干扰。菲律宾两位众议员公然搭乘菲海军舰艇登上黄岩岛,在岛上竖旗立碑,并对中方人员进行拦堵和恫吓。

⑤ 中国渔民被菲律宾军人扒去上衣在甲板上暴晒的照片,一经公布便成为中国各大媒体和网站的头条新闻,引发全国性声讨。

民安全,4 月 13 日我国渔船全部安全离开黄岩岛潟湖。

黄岩岛事件发生后,中方一直表示将坚持通过外交协商解决当前事态,但菲方不但没有认识到问题的严重性,反而一再采取激化矛盾的行动,不断扩大事态。①

为防止菲方进一步挑衅,中方公务船继续对黄岩岛海域保持警戒,并依照中国法律对渔船进行管理,提供服务,为中国渔民在自己的传统渔场的生产作业提供良好的环境。中菲双方在黄岩岛海域形成严重的对峙局面,持续时间长达两个多月。②

(三)菲律宾对黄岩岛的主权诉求于法不容

菲律宾在黄岩岛问题上的立场前后不一,自相矛盾。所谓的主权依据,在国际法上根本站不住脚。③

1. 黄岩岛处于菲领土范围之外。菲律宾领土组成和范围是由一系列国际条约确定的,其中无一涉及黄岩岛,也无任何条约将黄岩岛纳入菲领土范围。1898 年《美西巴黎条约》、1900 年《美西华盛顿条约》和 1930 年《英美条约》(以下简称三条约)等明确规定了菲律宾领土界限西限以东经 118 度为界,黄岩岛在此范围之外。1935 年菲律宾宪法、1947 年《美菲一般关系条约》、1952 年《菲美军事同盟条约》、1961 年 6 月 17 日菲律宾《关于领海基线第 3046 号法令》和 1968 年菲律宾《关于领海基线的修正令》等国际条约和菲律宾国内法律都先后重申了三条约的法律效力,再次明文确认了菲律宾领土范围,菲领海基点和基线均未包括黄岩岛。1981 年、1984 年菲律宾出版的地图也都将黄岩岛标绘在菲领土界限之外。上述事实充分证明,黄岩岛处于菲律宾领土范围之外,根本不是菲领土。

2. 所谓"新依据"难以成立。黄岩岛事件后,菲方提出所谓的"新依据",称

① 菲方大搞"麦克风"外交,众多高官频频发表措辞强硬的言论,煽动国民情绪,鼓励并组织菲民众和海外菲侨进行反华游行,菲律宾外长甚至公开鼓励菲退伍军官到黄岩岛登礁插旗。菲方还极力推动东盟国家和美国等域外国家"选边站队",刻意将菲美联合军演等与黄岩岛事件挂钩,高调渲染紧张局势。

② 2012 年 6 月 16 日,菲律宾外长德尔罗萨里奥表示,由于天气状况日趋恶劣,阿基诺总统已在 6 月 15 日晚下令两艘在"帕纳塔格礁"(黄岩岛)海域的菲方船只撤离,返回港口。菲总统府 6 月 17 日宣布,等到天气状况好转,总统办公室以及其他 5 个机构将重新评估是否再度将政府舰船部署到"帕纳塔格礁"(黄岩岛)海域。黄岩岛对峙事件暂告结束。

③ 参见钟声:《中国对黄岩岛的领土主权拥有充分法理依据》,载《人民日报》2012 年 5 月 9 日,第 3 版。

“菲律宾自独立以来就对黄岩岛实施了有效占领和有效管辖”,还指责中国对黄岩岛的主权只是“历史性主张”,而非历史性权利。事实是,中国对黄岩岛的发现、利用、命名和有效管辖自13世纪始延续至今,从未中断,远远早于菲律宾独立。菲律宾在1997年以前从未对中国政府对黄岩岛行使主权管辖和开发利用提出过任何异议,并且还多次表示黄岩岛在菲领土范围之外。菲律宾驻德国大使比安弗尼多在其1990年2月5日致德国无线电爱好者迪特的信中,明确表示“据菲律宾国家地图和资源信息部提供的信息,黄岩岛不在菲领土主权范围以内”。在1994年10月18日菲律宾国家地图和资源信息部及1994年11月18日菲律宾业余无线电协会向美国业余无线电协会出具的文件中,均确认“菲领土边界和主权是由1898年12月10日巴黎条约第三款所规定,黄岩岛位于菲领土边界之外”。

3.“专属经济区说”有违“陆地支配海洋”。菲律宾以“黄岩岛位于菲主张的200海里专属经济区内”为由,提出对黄岩岛的领土要求。所谓的“专区说”违背国际法中“陆地支配海洋”的基本原则,是对《联合国海洋法公约》的滥用和曲解。沿海国对专属经济区的主权权利和管辖权是从领土主权派生出来的,专属经济区制度并不涉及岛屿归属。《联合国海洋法公约》允许沿海国建立200海里专属经济区,但沿海国无权因此而损害他国的固有领土主权。菲律宾的海洋管辖权范围应以不损害中国对黄岩岛的领土主权为限,更不能以主张自己的海洋管辖权为由而吞并中国领土黄岩岛。

4.非法行为不产生权利。菲律宾依据黄岩岛过去曾是菲美军事演习靶场而声称对该岛拥有管辖权,这更是不值一驳。菲律宾和美国过去未经中方允许在中国领土设置靶场是完全非法的。非法行为不能产生权利,这是国际法的基本原则。此外,美军在海外的军事基地很多,在世界许多地方进行过军事演习、训练,美国不能够、也从来没有依此提出过领土主权要求。

5.“地理邻近说”并非主权依据。菲律宾宣称黄岩岛离菲律宾最近(黄岩岛东距吕宋岛125海里),因而归属菲律宾。但“地理邻近说”并不是取得领土主权的国际法依据,岛屿的主权归属并非由地理位置决定。国际法和国际实践早已认定“地理邻近”不是解决领土归属的国际法原则。世界上一个国家的部分领土距其本土较远而距其他国家更近的情形比比皆是。

总之,菲方对黄岩岛的任何权利要求都是非法、无效的,将黄岩岛问题提交国际法庭的图谋更是无理挑衅。黄岩岛是中国的固有领土,中国对黄岩岛拥有无可争辩的领土主权。菲应该回到承认和尊重中国对黄岩岛的领土主权的原来立场上来。

（四）有效反制，妥善应对

黄岩岛事件发生后，中方展开了有理、有利、有节、有效的反制行动。外交上，通过各个层级和渠道及时并持续对菲方提出严正交涉；通过扎实有效的反制措施，逐步推进黄岩岛维权工作，始终占据道义制高点，不给域外势力介入的口实和机会。同时，在国际层面有效遏制菲方将黄岩岛事件国际化的图谋。在海上，主要采取民事执法和维权手段，切实强化我方在黄岩岛海域的行政执法和实际管控，有力和有效地捍卫了我国家主权。在法理和舆论方面，我们也展开了卓有成效的工作，有力地配合了我外交斗争和现场博弈。

经过多方斗争和工作，菲方从高调示强逐步趋向缓和。2012 年 6 月 16 日，菲方从黄岩岛海域撤离了所有船只。此后，我多艘公务船继续在黄岩岛海域保持警戒。6 月 21 日，中国宣布建立地级三沙市，政府驻西沙永兴岛，管辖西南中沙群岛的岛礁及其海域，并在随后数月间采取了落实三沙设市的一系列行政、司法、军事举措。此番较量，我方展示了维护领土主权的坚定决心，强化了对黄岩岛海域的管辖，黄岩岛维权斗争取得了重要阶段性成果。[①] 在黄岩岛问题上，我国政府的应对充分体现了有理、有利、有节、有效，实现了政治上有利、道义上有理、法律上有据的目标，对于妥善应对南海问题具有一定的借鉴意义。

三、中菲“南海仲裁案”

（一）“南海仲裁案”是一出政治闹剧

黄岩岛对峙事件告一段落后，菲律宾阿基诺三世政府执意与中国对抗的政策并未改变。在美国等域外势力高调介入和操弄下，菲律宾政府背信弃义，仗势生非，于 2013 年 1 月炮制出“南海仲裁案”这一政治闹剧；[②]而西方国家在美

---

① 有西方外交界和媒体人士将中方应对黄岩岛对峙事件的成功做法概括为“黄岩岛模式”，其要点是“民间先行，舆论跟进，外交强硬，行政执法为主，军事威胁为盾，兼施经济制裁，并恃强分化东盟”。

② 2013 年 1 月 22 日，菲律宾正式向联合国海洋法法庭提请针对中国的“仲裁”。海洋法法庭时任庭长柳井俊二在接受菲方仲裁请求后，于 2013 年 5 月组成由 5 名“专业人士”组成的临时仲裁庭，托马斯·A. 门萨任临时仲裁庭主席。菲方指派国际海洋法法庭法官、德国人吕迪格·沃尔夫鲁姆在仲裁庭中代表菲律宾；由于中方不参与仲裁，因此剩余 4 人均由柳井俊二指派。2015 年 7 月 7 日，仲裁庭首次举行听证会，并于 10 月 29 日作出管辖权和可受理性问题的裁决。2016 年 7 月 12 日，做出“最终裁决”，判菲律宾“胜诉”。

国的鼓噪和带领下群起而攻之，多边逢会必谈南海，为菲律宾加持，西方媒体则推波助澜，炒作渲染，企图置中国于“孤立”境地。可谓来势汹汹。这是彻头彻尾的政治挑衅，我国当然不会接受，多措并举，重拳出击。这既是捍卫中国领土主权和海洋权益的必要之举，也是维护国际法尊严和地位、践行国际法的正义之举。①

我国在外交、军事、法理、舆论上展开坚决斗争，合纵连横，釜底抽薪，坚决捍卫我领土主权和海洋权益。截至 2016 年 7 月 12 日，有 90 多个国家、230 多个党派、多个国际组织以及众多知名人士对我国立场表达了解和支持，联合国、国际法院、国际海洋法法庭、国际常设仲裁法院纷纷声明，撇清与“南海仲裁案”的关系。② 4 年奋战，“南海仲裁”终成为一场“竹篮打水”的闹剧。

应对是全方位的，其中，法律战是斗争基础和关键一环。持续有效的庭外法律斗争，可谓有声有色有效。

其一，外交部受权发表政府立场文件，阐明临时仲裁庭没有管辖权的立场和理据，为我国“不接受、不承认、不参与”的“三不”政策主张奠定法理根基。2015 年 7 月 7 日，中国外交部发表声明，不承认临时仲裁法庭对此案的司法管辖权，也拒绝接受菲律宾任何形式有关此案的和解建议。10 月 30 日外交部重申，南海仲裁案仲裁庭就有关问题的裁决是无效的，对中方没有拘束力。2016 年 7 月 12 日临时仲裁庭仲裁裁决出笼当天，外交部发布《中华人民共和国外交部关于应菲律宾共和国请求建立的南海仲裁案仲裁庭所作裁决的声明》《中华人民共和国政府关于在南海的领土主权和海洋权益的声明》，鲜明有力地表达了坚定捍卫南海权益的决心和法律立场，受到主要国家和国际舆论的重视，公认具专业水准。同日，中国国防部发言人表示中国军队将坚定不移捍卫国家主权、安全和海洋权益，坚决维护地区和平稳定，应对各种威胁挑战。中国空军航空兵赴南海常态化战斗巡航。7 月 12 日，习近平主席在会见欧洲理事会主席图斯克和欧盟委员会主席容克时强调，南海诸岛自古以来就是中国领土。中国在南海的领土主权和海洋权益在任何情况下不受所谓菲律宾南海仲裁案裁决的

---

① 参见 2016 年 7 月 13 日中国国务院新闻办《中国坚持通过谈判解决中国与菲律宾在南海的有关争议》白皮书，载中国政府网：www. gov. cn，最后访问日期：2019 年 6 月 9 日。

② 2016 年 7 月 13 日，联合国官方微博声明，“常设仲裁法院”与联合国没有任何关系。联合国国际法院也发表声明指出，国际法院作为完全不同的另一机构，自始至终未曾参与“南海仲裁案”。

影响。中国不接受任何基于该仲裁裁决的主张和行动。中国一贯维护国际法治以及公平和正义,坚持走和平发展道路。中国坚定致力于维护南海和平稳定,致力于同直接有关的当事国在尊重历史事实的基础上,根据国际法,通过谈判协商和平解决有关争议。① 7 月 13 日,国务院新闻办发表《中国坚持通过谈判解决中国与菲律宾在南海的有关争议》白皮书,②重申中国在南海问题上的一贯立场和政策。

其二,学界积极配合,主动发声,用法律语言清晰准确诠释中方立场。中国国际法学会发表长篇批驳文章,③引述大量国际司法判例和权威国际法学家著作,全面深入揭露仲裁庭管辖权裁决在认定事实和适用法律方面的谬误,并组织撰写《南海仲裁案裁决之批判》(中英文双语),④为外交斗争提供了强有力的法理支撑。

其三,推动与俄罗斯联合发表《关于促进国际法的声明》,系统阐明促进国际法的正义立场。中俄两国重申:全面遵守《联合国宪章》、1970 年《国际法原则之宣言》所反映的国际法原则。两国遵循和平共处五项原则。国际法原则是构建以合作共赢为核心的公正合理的国际关系、打造人类命运共同体、建立平等和不可分割的安全与经济合作共同空间的基石。两国共同认为,主权平等原则对国际关系的稳定至关重要。各国在独立、平等的基础上享有权利,并在相互尊重的基础上承担义务和责任。各国享有平等地参与制定、解释和适用国际法的权利,并有义务善意履行和统一适用国际法。重申和平解决争端原则,并坚信各国应使用当事方合意的争端解决方式和机制解决争议,各种争端解决方式均应有助于实现依据可适用的国际法以和平方式解决争端的目标,从而缓解紧张局势,促进争议方之间的和平合作。这一点平等适用于各种争端解决类型和阶段,包括作为使用其他争端解决机制前提条件的政治和外交方式。维护国际法律秩序的关键在于,各国应本着合作精神,在国家同意的基础上善意使用

---

① 参见《习近平会见欧洲理事会主席图斯克和欧盟委员会主席容克》,载《人民日报》2016 年 7 月 13 日,第 1 版。

② 参见国务院新闻办:《中国坚持通过谈判解决中国与菲律宾在南海的有关争议》白皮书,载新华网:www. xinhuanet. com,最后访问日期:2019 年 5 月 27 日。

③ 参见中国国际法学会:《菲律宾所提南海仲裁案仲裁庭的裁决没有法律效力》,载新华网:www. xinhuanet. com,最后访问日期:2019 年 6 月 9 日。

④ 参见中国国际法学会:《南海仲裁案裁决之批判》(中英文),外文出版社 2018 年版。

争端解决方式和机制,不得滥用这些争端解决方式和机制而损害其宗旨。[①] 中俄专门就国际法问题发表联合声明,体现了联合国安理会的两大常任理事国对国际法的坚定承诺,彰显了两国继承、创新和发展国际法的积极作为,也表达了两国在和平解决争端等方面的共同关切。

2016 年 9 月 8 日,第十一届东亚峰会和第二十六届东盟峰会在老挝万象举行。李克强总理在东亚峰会的讲话中,阐述了中国政府对南海仲裁案的原则立场。“中方不接受、不参与仲裁等第三方解决程序,是在行使国际法也是《联合国海洋法公约》赋予的权利。”“南海有关争议应由直接当事方通过谈判协商和平解决。”[②]会后,会议主席国老挝发表主席声明。声明积极评价 25 年来中国—东盟关系发展取得的巨大成就,强调维护南海和平稳定的重要性,欢迎中国和东盟国家外长通过《关于全面有效落实〈南海各方行为宣言〉的联合声明》,欢迎中方就“南海行为准则”磋商提出的“四点愿景”。声明展现了各方致力于全面有效落实 2002 年《南海各方行为宣言》、推进“南海行为准则”磋商、共同维护南海和平稳定的坚定决心和积极意愿。[③] 至此,“南海仲裁案”在东盟地区正式“翻篇”。2016 年 6 月 30 日杜特尔特就任菲律宾第 16 任总统。10 月 18 日杜特尔特访华,中菲关系转圜,“南海仲裁案”在中菲两国间“翻篇”。[④] 2016 年 12 月 22 日,王毅外长在接受《人民日报》记者年终专访时指出,我们对菲律宾前政府提起的所谓南海仲裁案予以坚决回击,有效揭露了临时仲裁庭越权、扩权甚至滥权的非法行径,让阴谋和谎言无处遁形,让事实和真相大白于天下,推动南海问题重新回到直接当事国对话协商解决的正确轨道,有力维护了国家主权,维护了民族尊严,维护了地区稳定。[⑤] 外媒纷纷评论,中国在南海问题上赢得了重大外交胜利。

---

① 参见《中华人民共和国和俄罗斯联邦关于促进国际法的声明》,载外交部网:www. fmprc. gov. cn,最后访问日期:2019 年 5 月 28 日。

② 李克强:《在第十一届东亚峰会上的讲话》(2016 年 9 月 8 日),载新华网:www. xinhuanet. com,最后访问日期:2019 年 5 月 28 日。

③ 《中国 – 东盟建立对话关系 25 周年纪念峰会发表主席声明》,载中国新闻网:www. chinanews. com,最后访问日期:2019 年 5 月 28 日。

④ 2016 年 7 月 14 日,菲律宾新总统杜特尔特表示,他拟派前总统拉莫斯作为特使前往中国,协助开启菲律宾和中国在南海问题上的谈判。12 月 17 日,杜特尔特表示,他将搁置南海仲裁裁决,不会向中方强加任何东西,菲律宾不准备对抗中国。

⑤ 参见《王毅总结 2016 年外交:中国成世界乱局“稳定器”》,载《人民日报》2016 年 12 月 22 日,第 3 版。

2018年5月18日中国与东盟国家达成了"南海行为准则"框架。此后将进入"准则"单一磋商文本草案的审读。2018年11月14日,第21次中国—东盟领导人会议在新加坡举行。中方领导人在会上正式提出3年内完成"南海行为准则"磋商的愿景,体现出中国愿同东盟国家共同维护南海和平稳定的诚意、决心和信心。[①] 这些外交努力将有助于进一步完善本地区的规则体系,有利于我们更好地运筹周边关系、进一步化解仲裁裁决对我国的不利影响。

(二)公道自在人心

2016年7月12日,"南海仲裁案"最终裁决结果出笼。所谓"裁决",政治偏向鲜明露骨,法律适用牵强附会,事实认定漏洞百出,刻意全盘否定中方合法权利,挑战国际法基本准则,损害国际海洋法律制度的严肃性和完整性,冲击以《南海各方行为宣言》为基础的地区规则,损害南海地区的和平与稳定。对此等显失公允的裁决,有识之士直呼"跌破眼镜"。太平岛"由岛变礁",更是匪夷所思。正如荷兰兹瓦特教授所言,仲裁庭的裁决在东亚必将被视为"毒树之果",无法得到认可和支持。[②] 美国国务院前法律顾问索费尔也一针见血地指出,此案"有百害而无一益"。[③]

美国原本期望借仲裁案给中国扣上"违反国际法""改变现状""以大欺小"等大帽子,还扬言要"孤立"中国,然而应者寥寥。即使在菲律宾,也有越来越多的人认识到,仲裁案是"美国利用菲律宾达成自己目的的阴谋"。[④] 这再次印证"得道多助,失道寡助",公道自在人心。[⑤]

1. 当今世界之道,在于和平、发展、合作、共赢

这是时代潮流。国际争端解决之道,在于公正合法、和平解决。在和平解

---

① 《外交部:"南海行为准则"磋商取得重要进展》,载国际在线网:www. cri. cn,最后访问日期:2019年5月28日。

② Tom Zwart and Ruikun Sun, "*Why the Tribunal Dealing with the South China Sea Dispute Should Step Aside to Make Way for a Negotiated Settlement*", Utrecht University Culture and Human Rights Blog, May 15, 2016.

③ "*South China Sea tribunal has no legal validity*", July 12, 2016, http://europe. chinadaily. com. cn/world/2016 - 06/27/ content_25872421. htm.

④ 菲律宾前教育部副部长安东尼奥·瓦尔德斯表示,南海仲裁案临时仲裁庭看似仲裁菲律宾与中国的争端,实际整件事情由美国操控。菲律宾政治评论员赫尔曼·劳雷尔、前众议员萨图尔·奥坎波、政治分析人士塞尔索·凯因莱特也都认为"南海仲裁案"是美国阴谋。

⑤ 参见黄惠康:《南海风云 公道自在人心》(Dao Inhabits People's Hearts),载新华社环球网:www. huanqiu. com,最后访问日期:2019年6月9日。

决的大原则下，国际法赋予各国自主选择争端解决方式方法的权利。各国应本着合作精神，在国家同意的基础上，善意使用，不得滥用。中国坚定不移奉行独立自主和平外交政策，倡导人类命运共同体意识，反对冷战思维和零和博弈，反对以强凌弱，不称霸、不搞扩张，不觊觎他国权益，不嫉妒他国发展，不信邪也不怕邪，不惹事也不怕事。在领土问题和海洋划界争议上，中国主张由直接当事国通过双边友好协商谈判解决，从不接受任何第三方争端解决方式，不接受任何强加于中国的争端解决方案。

2. 美国之失道，在于贪图霸权和危险的“帝国思维”

美国的全球目标是谋求“领导世界”，南海问题是美国维护地区霸权地位，对中国进行战略牵制的重要抓手。在菲律宾单方面提起和推进南海仲裁案的前前后后，美国的“深度参与”几乎无处不在。美国表面上佯称“中立不介入”，骨子里却唯恐南海不乱，明里暗地为阿基诺三世政府出谋划策，出钱出力，并在国际上“拉帮结伙”，大肆炒作，为仲裁案造势张目。

美国总是以“世界法官”自居，喜欢把国际法挂在嘴边。但历史和现实一再表明，美国对待国际法，总是对人不对己，合则用，不合则弃。美国口口声声维护“海洋法治”，却为一己私利迄今未批准加入《联合国海洋法公约》；口口声声要求中国接受仲裁裁决，却忘了自己在与尼加拉瓜的国际法院诉讼中，不仅中途撤出庭审，拒绝执行判决，而且撤回了接受国际法院强制管辖的声明；口口声声反对南海军事化，自己却频繁地派遣军机、军舰到南海地区挑衅滋事，炫耀武力。

越来越多的国家已经看清，美国的插手往往会让事情变得更糟。今天的阿富汗、伊拉克、利比亚，无一例外地落入了美国的干预陷阱，留下了一个又一个贻害地区的“烂摊子”。难怪菲律宾新任总统杜特尔特上任伊始即坦言：“伊拉克及其他西亚北非国家流血冲突的祸根就是美国的干涉政策。”①希腊科孚市市长科斯塔指出，“美国及其盟国声称要在伊拉克、阿富汗、叙利亚等国建立民主政权，这是一派胡言，是借此掩盖他们想要控制伊拉克资源的企图。”②如此失道，岂能指望“一呼百应”。

---

① “*Philippine president blames US for Middle East violence*”，July 12，2016，http://bigstory.ap.org/article/dfabc1ec34d749a3ae1914b4w23674bc/philippine-president-blames-us-uk-middle-east-violence.

② “*Greek mayor slams U. S. for launching Iraqi war，behavior in South China*”，July 12，2016，http://newscontent.cctv.com/ NewJsp/news.jap? fileId = 364807.

3. 菲律宾前任政府之失道,在于背信弃义、仗势生非

菲中本是友好邻邦,然而近年来却因南海问题特别是"南海仲裁案"饱受困扰。阿基诺三世政府甘愿充当美国"亚太再平衡"战略的马前卒,在南海问题上倒行逆施、背信弃义,公然走上了与中国对抗的歧途。先是蓄意挑起"黄岩岛事件",继而变本加厉,单方面提起所谓强制仲裁并强行推进,还图谋绑架东盟,疯狂炒作,妄图抹黑中国,"以小欺大",并指望通过"一纸裁决"获取非法利益。其目的是恶意的,行为是违法的。

一是在明知领土问题不属于《联合国海洋法公约》调整范围,海洋划界争议已被中国有关声明排除的情况下,刻意将有关争议包装成单纯的《联合国海洋法公约》解释或适用问题。二是侵犯了中国作为《联合国海洋法公约》缔约国享有的自主选择争端解决程序和方式的权利。中国早在2006年即根据《联合国海洋法公约》第298条发表声明,将涉及海洋划界、历史性海湾或所有权、军事和执法活动等方面的争端排除出《联合国海洋法公约》强制争端解决程序。作出同样声明的还有30多个国家。三是违反中菲两国达成并多年来一再确认的通过谈判解决南海有关争议的双边协议。四是违反与中国及其他东盟国家在《南海各方行为宣言》中共同作出的由直接有关当事国通过谈判解决有关争议的承诺。

阿基诺三世政府自以为聪明,但岂能蒙蔽得了世人的眼睛。柬埔寨首相洪森指出,"南海仲裁案"是"国际政治框架内最糟糕的政治勾结"。"域外国家为了自身利益将南海搅浑,域内国家则最终要承担一切后果与损失。"①菲律宾《旗帜报》专栏作家罗德·卡普南指出,阿基诺三世执政6年,积极追随美国"重返亚太"政策,肆意误导菲民众,煽动对邻国的敌意。在南海问题上,"菲律宾人是在替美国火中取栗"。② 南海局势出现紧张,对于地区乃至全球安全都是巨大隐患。菲方应迷途知返,与中方相向而行,及时回到和平谈判的正确轨道上来。

4. 仲裁庭之失道,在于政治操纵、违法不公

仲裁庭之失道首先在于其仲裁庭组成是纯粹政治操作的结果。日本在其中扮演了"操盘手"的角色。仲裁的灵魂是自愿和公正,但在美日和国际海洋法

① "Cambodia not to support arbitration court's decision over South China Sea:PM", July 2016, http://www.chinadaily.com.cn/world/2016-06/28content_25889328.htm.

② Rod Kapunan, "Inciting to war with China", the Standard, May 14, 2016.

法庭时任日籍庭长柳井俊二的操弄下,[①]仲裁庭组成可谓“奇葩”。5 名仲裁员中有 4 名来自欧洲,1 名长期居住在欧洲,对亚洲文化、南海问题经纬缺乏最基础的了解。一个鲜为人知的内幕更能国际揭示仲裁庭组成的“暗箱操作”。2013 年 4 月组建仲裁庭时,柳井最初任命斯里兰卡籍资深外交官平托出任庭长。平托因夫人系菲律宾籍而特地征询争端双方的意见,并得到菲方的首肯。但稍后当平托在履职时流露出仲裁庭对本案无管辖权的裁决倾向后,引起美日菲的严重担忧,菲律宾遂貌似公正地要求柳井撤换平托。5 月,平托被迫辞职。柳井另行任命了新庭长。

仲裁庭之失道更体现在仲裁庭为一己私利而滥权。国际法专家普遍认为,仲裁庭对领土主权和海洋划界问题没有管辖权。正如前美国国务院法律顾问索费尔所指出的那样:“南海仲裁案事关主权争端,这个案件从一开始就不应该立案,更何况审理和裁决。”“国际法也是有边界的。突破这个边界就是对国际法的冒犯和滥用。”根据《联合国海洋法公约》第 298 条规定,仲裁庭无权调解或仲裁领土主权和海洋划界纠纷,特别是在争端一方以书面声明的形式拒绝接受此类强制程序之后。索费尔也认为,“仲裁庭无视中方的合法要求,片面接受菲律宾的强制仲裁要求,这不是遵守国际法,而是践踏国际法”。[②] 然而,仲裁庭无视菲律宾提起仲裁事项的实质是领土主权和海洋划界问题,错误解读中菲对争端解决方式的共同选择,错误解读《南海各方行为宣言》中有关承诺的法律效力,恶意规避中国根据《联合国海洋法公约》第 298 条作出的排除性声明,有选择性地把有关岛礁从南海诸岛的宏观地理背景中剥离出来并主观想象地解释和适用《联合国海洋法公约》。其行为和裁决严重背离国际仲裁一般实践,完全背离《联合国海洋法公约》促进和平解决争端的目的及宗旨,严重损害《联合国海洋法公约》的完整性和权威性,严重侵犯中国作为主权国家和《联合国海洋法公约》缔约国的合法权利,是显失公允和不合法的,在国际法上开创了一个恶劣先例。

仲裁庭之失道还在于仲裁员广受诟病的职业操守。在这场自导自演的“闹

---

① 柳井俊二在日本外交部门工作 40 多年,曾任日本外务省次官和驻美大使,2005 年成为国际海洋法庭法官,2011 年至 2014 年担任国际海洋法庭庭长。他被认为是日本右翼鹰派人物的代表,是日本首相安倍晋三设立的私人咨询机构“安全保障法制基础再构筑恳谈会”的主席。

② 《南海仲裁有百害而无一利——访美国国务院前法律顾问亚伯拉罕·索费尔》,载人民网:www.people.com.cn,最后访问日期:2016 年 7 月 12 日。

剧”中，仲裁员和专家证人的“变脸”表演实在让人咂舌。他们对本案有关问题的意见与他们以专家身份曾经发表过的观点和意见自相矛盾，庭内庭外，判若两人。就以仲裁员阿尔弗雷德·松斯为例。这位荷兰知名海洋法教授公开发表的学术意见认为，在两国存在重叠海域主张的情况下，相关岛礁的法律地位和海洋权利问题不能脱离海洋划界争端而独立出现，它们构成海洋划界不可分割的组成部分。然而，在“南海仲裁案”关于管辖权的裁决中，包括松斯在内的5名仲裁员不顾中菲南海争端的根源和实质是岛礁主权及海洋划界之争的基本事实，强行以全体一致的方式裁定仲裁庭对菲律宾关于黄岩岛、美济礁等南沙争议岛礁的法律地位问题的诉求享有管辖权。这显然与松斯本人一贯的学术观点相悖。再以专家证人克里夫·斯库菲尔德为例。其证词与其学术观点截然不同。就同一个问题，斯库菲尔德用同样的资料、理由进行论证，但在仲裁庭内外的结论却完全相反。这不禁让人质疑，难道有偿服务就可以放弃职业操守吗？

事实胜于雄辩。菲律宾阿基诺三世政府单方面提起仲裁违背国际法，仲裁庭对此案没有管辖权，仲裁庭自行扩权、越权、滥权作出的裁决违法无效，中国不接受、不参与仲裁，不承认、不执行仲裁裁决，理所当然，合理合法。

四、周边涉外渔业问题

改革开放以来，我国近海渔业和远洋渔业都有了跨越式的大发展，捕捞总量和水产品贸易量均跃居世界前列。① 另据统计，截至2016年年底，全国远洋渔业企业162家，比2010年增长46%；远洋渔船近2900艘(含在建渔船)，作业船数比2010年增长66%。2017年远洋渔业产量208.62万吨，占海水产品产量的6.28%，比2010年增长83%。作业海域涉及42个国家(地区)的管辖海域和太平洋、印度洋、大西洋公海以及南极海域。其中，公海作业渔船1329艘，占世

① 2017年全社会渔业经济总产值达24 761.22亿元，其中渔业产值12 313.85亿元。渔业产值中，海洋捕捞产值1987.65亿元，海水养殖产值3307.40亿元。全国渔业人口1931.85万人，渔业从业人员1359.39万人，渔民人均纯收入18 452.78元。全国水产品总产量6445.33万吨，其中，养殖产量4905.99万吨，捕捞产量1539.34万吨，全国水产品人均占有量46.37公斤。海洋捕捞(不含远洋)产量1112.42万吨，占海水产品产量的33.49%。2017年年末渔船总数94.62万艘、总吨位1082.36万吨。据海关统计，我国水产品进出口总量923.65万吨、总额324.96亿美元，水产品贸易顺差98.04亿美元。参见农业农村部渔业渔政管理局等编制：《2018中国渔业统计年鉴》，载中国水产频道：www.fishfirst.cn，最后访问日期：2019年6月30日。

界公海作业渔船的6%,产量132万吨,占世界公海渔业产量的12%,船数和产量均居世界前列。[①]

与此同时,我国周边和远洋渔业的发展环境日趋严峻复杂。[②] 国际海洋渔业管理正在发生重大变革。保护海洋生态环境、可持续资源利用、负责任渔业管理、打击IUU渔业活动等成为国际社会关注焦点,被联合国列为重要议题;世界贸易组织框架下的渔业补贴谈判紧密进行,生产性政府补贴被高度关注;全球所有公海基本纳入区域渔业管理,管理要求日益严格;沿海国资源环境保护意识不断增强,合作成本不断提高,合作范围和合作方式不断拓展。

就周边而言,我国与相关国家的渔业摩擦和渔业纠纷也呈增加之势,周边渔业形势较为复杂严峻。

一是一些周边国家与我国在主权和海洋权益上的斗争趋于尖锐,影响了我国正常的渔业生产,如日本在钓鱼岛12海里内非法抓扣我国渔船渔民,越南在我国西沙群岛海域干扰我国渔民作业。

二是涉外渔业事件多发。近年来,我国渔船渔民被周边国家袭击、抓扣事件增多,我国在有关海域作业成本提高,风险增大。据不完全统计,2006年至2012年,被南海周边国家武力袭击、抓扣和抢劫的我国渔船数量达180多艘,其中20多艘渔船和324名渔民被抓扣,13名渔民被打死打伤,直接经济损失数亿元。个别国家还时常就渔业纠纷大做文章,甚至高调交涉,导致国家关系紧张。[③] 党的十八大以来,随着海洋强国战略的推进,情况有所改善,但涉外渔业事件仍时有发生,对我国周边外交造成影响。[④]

三是我国渔船渔民违规进入他国管辖海域,特别是朝韩敏感水域捕鱼的情况仍不时发生,如无证捕鱼、一证共用、船牌套牌、越界捕捞、超量捕捞、群体抗拒执法等。[⑤] 韩国对我国违规在韩朝敏感水域及韩方管辖海域作业渔民采取

---

① 参见《"十三五"全国远洋渔业发展规划》,载农业部渔政管理局网:www. yyj. moa. gov. cn,最后访问日期:2019年6月9日。

② 参见胡庆松等:《我国渔船现状及发展策略》,载《渔业现代化》2016年第4期。

③ 参见刘锋:《化解渔业纠纷为何这么难?》,载环球网:www. huanqiu. com,最后访问日期:2019年5月28日。

④ 参见邱昌情:《中国与周边国家的渔业纠纷及其对中国周边外交的影响》,载《社会主义研究》2013年第6期。

⑤ 至2016年年底,我国沿海各地渔政机关累计取缔2.1万艘涉渔"三无"船舶,全国共清理违规渔具近90万张(顶)。参见农业部于康震副部长在全国渔业渔政工作会议上的讲话(2017年1月18日),载见农业农村部网:www. moa. gov. cn,最后访问日期:2019年6月9日。

“以罚代管”措施，动辄处以高额罚款，引发多起我国渔民与韩海警冲突事件。2016 年发生了严重的对我国渔船暴力执法事件。

四是我国海上维权和执法管理能力相对薄弱，在发生涉外渔业事件时，难以做到及时反应和对我渔民生命财产安全进行有效保护。中华人民共和国成立以来，我国海上执法体制一直存在分散和多头管理的问题，根据海洋资源和海洋产业类型，分别由不同的陆上部门管辖。改革开放后，我国的海洋管理工作开始主要由国家海洋局负责，但仍存在多支执法力量，海监、海警、渔政、海事、海关缉私分别隶属于国家海洋局、公安部、渔业局、海事局、海关总署及交通运输部，形成“五龙”治海的局面。2013 年全国人大审议通过的《国务院机构改革和职能转变方案》是我国海上执法管理体制改革的一个里程碑，多个海上执法力量整合，统一成立中华人民共和国海警局，并重新组建国家海洋局，由国土资源部管理。①

做好周边涉外渔业工作，关键是要坚持“三个维护”：维护我国主权包括海洋权益；维护我渔民生命财产安全；维护周边稳定大局。这是我国处理周边涉外渔业问题的重要指针。② 具体而言，应做好以下几个方面的工作：

1. 强化大局意识，统一思想。从“三个维护”出发，坚定维护我国渔民合法权益和生命财产安全，防范和减少渔业摩擦，避免发生重大侵渔突发事件。加大政策扶植力度，着力解决我国在周边海洋渔业生产、渔政护渔、渔业合作等方面遇到的实际问题和困难。

2. 加强对渔业生产的管理和对渔民的法制教育，防止我国渔船渔民违规进入他国管辖海域和敏感水域捕鱼，完善渔政巡航方式。继续以“零容忍”态度依法查处违规远洋渔业行为，完善远洋渔业“黑名单”制度，严厉打击 IUU。

3. 解放思想，拓宽思路，探讨和推动以合作方式妥善处理我与周边邻国的渔业纠纷。稳妥开展周边渔业协定的谈判与执行，做好周边协定水域作业渔船管理工作。深入推进渔业走出去，服务“一带一路”建设。积极参与区域渔业管理组织事务和多边渔业谈判，推进远洋渔业合作，展现负责任渔业大国形象。

4. 加强对我国实控海域，特别是西沙海域的渔业管理，坚决遏制、打击外国

---

① 参见周华伟、张童：《以中国海警局的设立为视角，论完善我国海上统一行政执法制度》，载《水运管理》2013 年第 8 期。

② 参见农业农村部办公厅：《2019 年渔业渔政工作要点》，载农村农业部网：www.moa.gov.cn，最后访问日期：2019 年 5 月 28 日。

渔船的非法侵渔活动。继续大力加强应急处置和渔政及海警能力建设,对内形成国内相关部门和省(区)间的联动机制,对外建立与有关国家之间的热线联系,以便控制事态,力避冲突升级。

经过多年努力和多措并举,我国周边渔业形势已有较大改观,涉外渔业纠纷频发的态势已得到有效遏制。

第三节 国际海洋法前沿法律问题

当今世界正处于大调整大变革大发展的关键时期。在国际海洋法领域,一些重大的前沿法律问题值得学界给予特别关注和深入研究。

一、在海洋国际治理中融入人类命运共同体思想

推动构建人类命运共同体,不是"另起炉灶",也不是推倒重构。在海洋领域,要在《联合国海洋法公约》的基础上构建更加公正合理的国际海洋法律秩序,造福于全人类。

1982 年《联合国海洋法公约》是国际海洋法律制度发展的重要里程碑。制定公约的第三次联合国海洋法会议是历史上参加国家最多、开会时间最长的一次外交会议。几乎所有的发展中国家都参加了此次会议。它是发展中国家反对海洋霸权、维护和扩展海洋权益的一次重要实践。中国政府代表团本着支持发展中国家的正义要求、反对海洋霸权、维护我国合法海洋权益的精神全程参加了会议,发挥了重要作用。这是中华人民共和国在联合国恢复合法席位和权利后所参加的第一个重大多边国际立法活动。

自《联合国海洋法公约》缔结以来,得到各国的广泛接受,被公认为海洋法领域的宪章性条约。截至 2018 年 12 月 31 日,有缔约国 168 个。① 我国政府主管部门对公约的基本评价是,它确立了现代海洋秩序的基本法律框架。《联合国海洋法公约》设立的国际海底管理局、国际海洋法法庭和大陆架界限委员会三大机构虽然也存在这样那样的问题,但总体运作情况良好,其国际声誉和影

---

① 最新一个缔约国是阿塞拜疆,2016 年 6 月加入。尚未加入公约的国家有阿富汗、安道尔、不丹、布隆迪、中非、哥伦比亚、朝鲜、萨尔瓦多、厄立特里亚、梵蒂冈、伊朗、以色列、哈萨克斯坦、土库曼斯坦、利比亚、列支敦士登、秘鲁、卢旺达、圣马力诺、南苏丹、叙利亚、塔吉克斯坦、土耳其、吉尔吉斯斯坦、阿联酋、美国、委内瑞拉等 27 国。

响力明显增强,为维护公正、合理的国际海洋秩序提供了重要保障。[①]《联合国海洋法公约》的多数规定是习惯国际法规则的编纂,具有普遍拘束力,无论对缔约国还是非缔约国均能适用。例如,美国虽未签署公约,但克林顿、小布什、奥巴马三届政府均支持加入《联合国海洋法公约》,并一直将《联合国海洋法公约》的主要制度视为习惯国际法。[②] 因此,国内外一些学者在讨论应对中日钓鱼岛争端和中菲南海仲裁案问题时,对《联合国海洋法公约》进行否定性评判,并主张中国应退出《联合国海洋法公约》的观点,[③]是不足为取的,甚至是有害的。

由于国际形势的变化以及海洋法领域出现的新情况、新问题,《联合国海洋法公约》所存在的一些缺陷和不足逐渐为各方关注。比如,《联合国海洋法公约》对某些问题缺乏规定,有些规定则比较原则,有些甚至本身就很模糊,难以直接和明确地用于规范和解决新问题。但是,《联合国海洋法公约》毕竟是代表大国和小国,沿海国与内陆国以及地理不利国等利益各方妥协平衡所达成的"一揽子"国际法律文件,具有权威性。《联合国海洋法公约》的全面性和原则性也为各方充分利用和进一步发展《联合国海洋法公约》留有了空间。这既使《联合国海洋法公约》在相当长时间内可以作为国家间相互合作的法律基础或框架,又反映了它的生命力。对于《联合国海洋法公约》,我们不仅着眼《联合国海洋法公约》本身,还要着眼于《联合国海洋法公约》条文的解释适用问题,用我国丰富的国家实践为《联合国海洋法公约》条款的解释和适用做出建设性贡献。

当前,全球海洋治理问题受到国际社会高度重视。随着人类对海洋资源的大规模开发利用,污染排放、过度捕捞、滥采资源等一系列不合理不可持续的行为频发,给海洋生态带来了巨大的压力。海上安全风险也呈上升态势,特别是非传统安全威胁日益突出。台风、海啸等严重自然灾害多发;溢油、危险化学品

---

① 参见黄惠康:《构建公正合理的海洋秩序,坚定维护我国的海洋权益——在联合国海洋法公约开放签署30周年纪念会议上的主旨发言》,载中国国际法学会主办:《中国国际法年刊》(2012),法律出版社2013年版,第643~647页。

② 美国积极推动并主导了1982年《联合国海洋法公约》的谈判,谈判结果总体满足美方关切。但里根政府认为公约第十一部分国际海底区域制度不符合美国利益,拒绝签署公约。同时,英国、德国、日本等具有深海采矿实力的大国也对海底区域制度表示不满。1994年,在联合国海洋法会议的框架下,谈判制定了《关于执行公约第十一部分的协定》,对区域制度做出实质性修改,排除了美国参加公约的障碍。美国于1994年7月29日签署了《关于执行公约第十一部分的协定》,并于1995年12月4日签署、1996年8月21日批准《执行1982年联合国海洋法公约有关养护和管理跨界鱼类种群和高度洄游鱼类种群的规定的协定》,但迄今仍未加入1982年公约。

③ 马英杰等:《联合国海洋法公约退出机制及我国的考量》,载《太平洋学报》2013年第5期。

泄露等海上突发事故增多;海盗、非法捕鱼等事件屡见不鲜。在这些危机面前,任何一个国家和地区都不能独善其身,需要各国携手合作、守望相助,共同确保海洋和人类社会的可持续发展。在人类命运共同体思想的指引下,积极推动深化国际海洋合作,加强和完善全球海洋治理,构建更加公正合理的海洋法律秩序,是当前国际法学界的一项重要任务。

二、国家管辖范围以外区域生物多样性养护和可持续利用问题

按照《联合国海洋法公约》的规定,各国在公海均享有航行、捕鱼、科学研究等方面的自由,但其未对公海生物遗传资源作出明确规定。① 因而,占据地球表面积近一半的公海,受困于法律规定的空白与国际治理的缺失,正遭受着过度捕捞、深海资源无序开发以及渔业捕捞纠纷等的威胁。制定一份具有法律约束力的公海及国际海底区域生物遗传资源管理协定,就成为当前全球海洋治理中的当务之急。

BBNJ 国际协定被视为《联合国海洋法公约》框架下的第三份执行协定,② 有关谈判也是当前海洋法领域最重要的立法进程。2005 年,联合国大会决定就 BBNJ 问题开展研究。协定谈判进程于 2015 年正式启动。③ 2018 年 4 月召开了政府间大会组织会议。为推动谈判,会议决定政府间大会应竭力以“协商一致”方式就是否通过协定案文等实质性事项作出决定,但也不排除“协商一致”宣告失败时通过 2/3 多数投票表决。会议决定暂不急于搞出“零案文”,而是先由政府间大会主席准备一份简明文件,列出协定谈判的重要问题、主要分歧及有关背景等,尽早向各方散发。

首次政府间会议于 2018 年 9 月 4 日至 17 日在纽约联合国总部举行,来自

---

① 《联合国海洋法公约》第七部分,第 86 条至第 120 条,对公海制度作了规定,其中仅有第 119 条涉及公海生物资源的养护。1958 年《公海公约》也未涉及公海生物遗传资源的养护和管理问题。

② 公约框架下的第一份执行协定是 1994 年《关于执行公约第十一部分的协定》,第二份执行协定是 1995 年《执行 1982 年联合国海洋法公约有关养护和管理跨界鱼类种群和高度洄游鱼类种群的规定的协定》。目前,1994 年协定有缔约国 150 个,1995 年协定有缔约国 89 个。

③ 谈判预备委员会于 2017 年 7 月完成两年期工作计划,向联大提出了一份包括协定实质性要素建议的报告。该建议包括两份清单,一份列出各方意见趋同的内容,另一份列出各方仍具较大分歧的事项。第 72 届联大于同年 12 月决定将 BBNJ 国际协定谈判正式转入政府间大会阶段,从 2018 年 9 月到 2020 年上半年先安排四次会议,继续聚焦海洋遗传资源及其惠益分享、海洋保护区等划区管理工具、环境影响评价、能力建设和海洋技术转让等议题。

120多个国家和近70个国际组织的代表出席。会上,各方对于生物遗传资源的获取与惠益分享、海洋保护区的管理模式、海洋环境影响评价的决策与监督等协定涉及的原则和立场问题,意见分歧尖锐,谈判未取得实质性进展。可以预见,这将是又一场“马拉松式”的艰苦谈判。①

中国代表在本轮政府间会议一般性发言中提出了4点主张:(1)BBNJ国际文书谈判应以协商一致为原则,应避免采取投票方式决定有关事项。(2)应以公约为依据,不能偏离公约的原则和精神,不能破坏公约建立的制度框架,不能与现行国际法以及现有的全球、区域和部门的海洋机制相抵触。(3)应以维护共同利益为目标,既要维护各国的共同利益,特别是顾及广大发展中国家的利益,也要维护国际社会和全人类的整体利益,致力于实现互利共赢的目标。(4)BBNJ国际文书制度设计应以合理平衡为导向,在各方和各种利益之间建立合理平衡,不能厚此薄彼。

目前阶段,BBNJ国际协定的谈判主要涉及下列五大问题:

1. 海洋遗传资源

对海洋遗传资源的法律属性,发达国家主张适用公海自由原则,发展中国家主张适用人类共同继承财产原则。还有一些国家比如南非在寻找第三条道路,提出在公海适用公海自由原则,在国际海底区域则适用人类共同继承财产原则。

2. 海洋保护区的划区管理工具

核心问题是BBNJ国际协定有关海洋保护区的制度安排与现有的一些法律文书和机制之间的关系。有三种主要的观点:一是“全球框架”,新的国际文书可以直接设立海洋保护区,制定全球标准和指南,要求区域或者是部门性的机构参考和遵守;二是“区域主导”,新的国际文书仅制定一些标准和指南,不能对现有的区域和部门机构发号施令;三是“混合模式”,即海洋保护区主要由区域或部门机构来设立和管理,但新的国际文书可以对区域或部门机构进行全球的监督。

3. 环境影响评价

各方已一致同意,以《联合国海洋法公约》第206条为基础设计有关影响环境评价的制度安排,主要问题是环评由谁来主导,环评之后是不是允许开展相

---

① 参见伊民:《BBNJ养护与可持续利用协定政府间谈判开启》,载《中国海洋报》2018年9月11日,第4版。

关海洋活动的最终决策权又属于谁。有观点强调国家来决策和主导,也有主张由全球性的机构来审查和决策。

4. 能力建设和技术转让

目前讨论较多的是促进信息交流和分享,如何在 BBNJ 国际协定建立类似《生物多样性公约》和政府间海洋学委员会的相关制度和安排。

5. 跨领域问题

多数国家认为,新的国际文书有必要设立缔约国会议、秘书处、争端解决机制等,特别是争端解决机制,要强调优先适用谈判磋商和通过当事方一致同意的第三方程序解决。

2018 年 10 月 16 日至 17 日,由中国自然资源部第三海洋研究所和海洋发展战略研究所共同主办的"国家管辖范围以外区域海洋生物多样性养护与可持续发展国际研讨会"在厦门召开。联合国秘书长海洋特使、联合国大会 BBNJ 政府间会议主席、中国、美国、俄罗斯、日本、瑞士、韩国、新加坡、南非、阿根廷、埃及、印度尼西亚等 15 国外交部代表以及国内外 100 多位专家学者参加。这是 BBNJ 新国际文书进入政府间谈判后的第一次国际性研讨会,与会专家和代表就海洋遗传资源、划区管理工具、环境影响评价等议题作了 21 个专题报告,并就关键问题展开了深入讨论。①

BBNJ 国际协定谈判是当前海洋法领域最重要的谈判,涉及重大的国家利益,许多法律问题值得深入研究。

三、公海保护区问题

20 世纪 90 年代以后,沿海国逐渐完成了国家管辖范围以内的海域确权。随着海洋环境和海洋资源问题的不断出现,国际社会的关注点开始从国家管辖以内海域扩展到国家管辖以外海域的制度修改和调整上。在 BBNJ 受到重视的同时,公海保护区问题也开始进入人们的视阈。2002 年可持续发展世界峰会、2003 年世界保护区大会以及 2006 年第八届《生物多样性公约》缔约方大会等国际会议均明确提出了"建立公海保护区"的议题。② 2003 年 1 月 15 日至 17

① 与会代表的主要观点参见《国家管辖范围以外区域海洋生物多样性养护与可持续发展国际研讨会专家观点集萃》,载《中国海洋报》2018 年 10 月 24 日,第 4 版。

② 根据 2002 年约翰内斯堡世界可持续发展峰会执行计划,各国同意根据国际法和科学信息,建立海洋保护区,包括到 2012 年建立有代表性的保护区网络。

日,国际自然与自然资源保护联合会(International Union for Conservation of Nature,IUCN)、世界保护区委员会(World Commission on Protectecl Areas, WCPA)、世界野生动物基金会(World Wide Fund and Nature,WWF)在西班牙马加拉联合举办"关于公海保护区专家研讨会"。经专家工作组讨论,会议确定了6个自然条件适合且具有政治可行性的公海保护区候选区。2008年《生物多样性公约》缔约方第九次大会通过了《确定公海水域和深海环境中需要加以保护的具有重要生态或生物意义的海域的科学准则》和《建立包括公海和深海环境在内的代表性的海洋保护区网的选址的科学指导意见》,对建立公海保护区具有重要的科学指导意义。

1999年,法国、意大利与摩洛哥3国建立了地中海派拉格斯海洋保护区。① 2009年11月,南极海洋生物资源养护委员会设立了南奥克尼群岛南大陆架海洋保护区。该保护区位于南极半岛西部的凹形区域内,面积约94 000平方公里,覆盖了南大洋的大片区域,是世界上第一个完全位于国家管辖以外的公海保护区。2010年9月,《保护东北大西洋海洋环境公约》缔约国部长级会议设立了大西洋中央海脊海洋保护区。② 2016年10月,南极海洋生物资源养护委员会决定在南极罗斯海设立海洋保护区,总面积约155万平方公里,是目前世界上最大的公海保护区,分为基本保护区、特别研究区和磷虾研究区。在保护区内,禁止捕鱼35年。这是该领域最新的也是最重要的进展。③ 此外,德国还

---

① 1976年《地中海防止污染公约》于1995年6月修订为《保护地中海海洋环境和沿海区域公约》,同时通过了《特殊保护区域议定书》,适用于整个地中海区域。据此,1999年11月25日法国、意大利和摩纳哥在罗马签署了《建立地中海海洋哺乳动物保护区协议》,共同建立了地中海派拉格斯海洋保护区。

② 2008年,《保护东北大西洋海洋环境公约》的15个缔约国代表承诺,保护大西洋中央海脊最为脆弱、资源丰富但同时也还有很多区域未曾开发的部分。其中,30万平方公里的海脊地区和之上的洋面被宣布为海洋保护区域。大西洋中脊查理·吉布斯断裂带海洋保护区连同周边的米尔恩海隆(Milne)、阿泰尔海山(Altair)、安蒂阿泰尔海山(Antialtair)和约瑟芬海山(Josephine)以及亚速尔群岛公海以北大西洋中脊等6个海洋保护区,组成了大西洋第一个国家管辖海域以外公海海洋保护区网络。这些保护区自2011年4月12日起生效。

③ 提案最早由美国和新西兰在2012年联合提出,遭到在相关海域有较多科考和渔业活动的俄罗斯的反对,中国、日本、韩国、智利、阿根廷、挪威等国也对提案的科学依据等问题提出质疑,当年未获通过。中国作为重要的利益方,始终和提案国保持密切的沟通。2013年,提案国对保护区方案做了修改,大幅度缩小了保护区范围。在满足中方的关切之后,我国未阻碍提案的通过。2016年10月28日,由24个国家和地区以及欧盟的代表组成的南极海洋生物资源养护委员会在澳大利亚霍巴特签署建立罗斯海保护区的协定。

提议在南极威德尔海建立约 280 万平方公里的保护区,目前相关工作正在推进之中。除南极外,BBNJ 也涉及海洋保护区的问题。

目前,各国普遍关注的相关法律问题有,设立公海保护区对于非缔约方的效力,"适应性"保护方法,现有国际机构设立的保护区或划区管理工具,海洋空间规划,禁止性保护与合理利用的关系等。在我国,公海保护区问题的法律研究已有一定的基础,[①]但尚需深入,并密切跟踪相关理论与实践的发展。

四、在他国专属经济区内的军事活动问题

《联合国海洋法公约》关于专属经济区制度的相关规定是双方妥协的产物。一方面,沿海国在专属经济区内对自然资源的勘探开发行使主权权利,对建造和使用人工设施、海洋科学研究、海洋环境保护和保全行使管辖权,而其他国家,无论是沿海国还是内陆国,则享有"航行和飞越的自由、铺设海底电缆和管道的自由",以及利用诸如"船舶和飞机的操作及海底电缆和管道的使用"或者和这些自由有关的海洋及其他国际合法用途的自由。[②] 但公约未对一国在他国专属经济区内的军事活动作出明确规定。在此背景下,一国是否有权在他国专属经济区从事军事演习和军事测量等活动。换言之,沿海国在专属经济区内是否享有对外国军事活动的管辖权,在国际法上一直存在争议。2009 年 3 月 8 日,美国"无暇号"海洋测量船闯入中国专属经济区事件,更引起了中美两国间的外交纠纷。[③]

---

① 如范晓婷:《公海保护区的法律与实践》,海洋出版社 2015 年版;姜丽等:《公海保护区问题初探》,载《海洋开发与管理》2013 年第 9 期;姜丽等:《关于我国建立公海保护区问题的探讨》,载《环境与可持续发展》2013 年第 5 期;桂静等:《国家管辖以外海洋保护区的现状及对策分析》,载《中国海洋法学评论》(中英文版)2011 年第 1 期;白佳玉、李玲玉:《北极海域视角下公海保护区发展态势与中国因应》,载《太平洋学报》2017 年第 4 期;曹惠钦:《公海保护区国际实践的法律问题研究》,兰州大学 2017 年硕士研究生学位论文;何志鹏、李晓静:《公海保护区谈判中的中国对策研究》,载《河北法学》2017 年第 5 期;史晓琪、张晏瑲:《公海保护区与公海自由制度的关系及发展进路研究》,载《中国海商法研究》2017 年第 1 期。

② 在联合国第三次海洋法会议期间,关于一国在他国专属经济区内的自由和权利的公约第 58 条,是根据苏联、美国等海洋大国的主张制定的,虽然曾遭到广大发展中国家强烈反对,但最终保留了下来。

③ 参见管建强:《美国无权擅自在中国专属经济区进行"军事测量"——评"中美南海摩擦事件"》,载《法学》2009 年第 4 期。

发展中国家多主张外国军舰在其专属经济区内从事军事活动必须获得批准,以巴西为代表。巴西在签署公约时声明:"公约的条文并没有授予其他国家未经提前通知和获得沿海国的同意时,在专属经济区内擅自执行军事任务,尤其是使用武器或爆炸物的行为。"①而发达的海洋强国则以捍卫"海洋自由"为由予以抵制。比如,意大利在签署公约时发表了针锋相对的声明:"沿海国在专属经济区并不享有剩余权利。尤其是沿海国的权利和管辖权不包括(外国)进行军事行动时需要事先通知或许可。"②美国虽未加入海洋法公约,但承认并实施了专属经济区制度。美方主张,除海洋法公约明确规定由沿海国行使的主权权利和专属管辖权外,专属经济区等同于"国际水域",适用公海自由原则。和平军事活动为国际法所允许,外国军舰可在沿海国专属经济区内自由活动。

鉴于《联合国海洋法公约》未能满足其安全关切,一些国家通过国内立法对他国在本国专属经济区内的军事活动加以限制。据不完全统计,至少有 30 多个国家通过国内法或政府声明等方式,对外国军舰进入本国专属经济区活动作出了限制。③

对于在沿海国专属经济区内进行军事测量是否属于海洋科研,是否应受沿海国管辖,海洋法公约也没有作出具体规定,实践中存在争议。近年来,美国"鲍迪奇号""黑森号""无暇号"等军事测量船多次进入我国专属经济区进行测量和抵近军事侦察活动。这些活动以收集情报为主要目的,对我国国家安全构成威胁。我国就此采取了相应的管制措施,并向美方提出了严正交涉。美方辩称,军事测量是航行自由的一部分,不属于一般海洋科研,因此不需要征得沿海国事先同意。2009 年 3 月"无暇号"事件发生后,一些美国学者认为,美国军舰在专属经济区进行例行航行是历史性的权利;《联合国海洋法公约》已经授予了

① George V. Galdorisi and Alan G. Kaufman, "Military Activities in the Exclusive Economic Zone: Preventing Uncertainty and Defusing Conflict", *California Western International Law Journal* 32, 2002, pp. 258 - 267.

② Ibid, pp. 276 - 277.

③ 例如,巴西在其国内立法中明确规定,"在专属经济区内,只有在巴西政府许可的条件下,外国政府方可采取军事行动,尤其是使用武器或爆炸物";印度在宣布批准公约时声明,外国在印度专属经济区和大陆架进行军事活动必须获得印度的同意;马尔代夫 1976 年通过法律,只承认外国军舰在其专属经济区内享有无害通过权;马来西亚也主张外国未经许可不得在马专属经济区内进行军事演习;朝鲜 1977 年宣布东海岸之外 50 海里和西海岸专属经济区为军事安全区,任何外国船舶和飞机在安全区内的航行和飞越必须征得朝鲜的同意。

美国在外国专属经济区内航行自由的权利;美国已经和一些国家签订了双边条约,这些条约中肯定了美国在他国专属经济内有航行自由权;专属经济区内沿海国的权利仅限于经济性和资源性的权利;根据不禁止即许可的原则,只要海洋法中没有禁止外国在专属经济区内进行军事活动,则美国船舶就有权在他国专属经济区内自由航行,不受沿海国的限制。因此,"无暇号"在中国的专属经济区内享有完全的航行自由,中国的执法船舶不应干预"无暇号"自由航行的权利。[①] 此等辩解,我国不予认可。

我国在批准《联合国海洋法公约》时明确声明,外国军舰在通过我国领海时必须获得我国政府批准,但声明未提及外国在我国专属经济区内从事军事活动的问题。我国《专属经济区和大陆架法》也未对此作出明确规定,仅在第 11 条中原则性规定,"任何国家在遵守国际法和中华人民共和国的法律、法规的前提下,在中华人民共和国的专属经济区享有航行、飞越的自由"。实践中,我国一贯坚持在专属经济区内的军事测量活动属于海洋科研,应受沿海国管辖。外国军舰在专属经济区内进行航行不是历史性的权利,更没有得到习惯国际法的认可。沿海国在专属经济区内享有安全利益,未经沿海国的许可,他国不得借军事测量为名在沿海国的专属经济区内从事危害其国家安全的活动。这种军事测量活动不仅与《联合国海洋法公约》中"和平利用海洋"的宗旨相悖,而且也不在"海洋自由"之列,中国可以对此进行必要的拦截。[②] 需要指出的是,中国政府并非绝对排除外国军舰在专属经济区的航行权,而是要求外国军舰和政府船舶在通过专属经济区时,遵守中国的法律,尊重中国的安全利益,不得从事可能威胁中国安全的活动。

中国拥有广阔的专属经济区,专属经济区内的安全关系到我国的整体安全。可以预见,发展中国家与发达国家之间,特别是中美之间,围绕他国在沿海国专属经济区内从事军事活动的合法性和管辖权问题的法律争论将会持

---

① See John C. Meyer, "The Impact of the Exclusive Economic Zone on Naval Operations", *Naval Law Review* 42, 1992, p. 244; Raul (Pete) Pedrozo, "Preserving Navigational Rights and Freedoms: The Right to Conduct Military Activities in China's Exclusive Economic Zone", *Chinese Journal of International Law* 9, 2010, pp. 11 – 16; Jonathan G. Odom, "The True 'Lies' of the Impeccable Incident: What Really Happened, Who Disregarded International Law, and Why Every Nation (Outside Of China) Should Be Concerned", *Michigan State Journal of International Law* 18, 2010, p. 442.

② 参见郑雷:《论中国对专属经济区内他国军事活动的法律立场——以"无暇号"事件为视角》,载《法学家》2011 年第 1 期。

续存在,美国在我专属经济区进行军事测量和抵近侦察活动也不会停止。为应对和解决此类争端,依法维护我国正当的安全权益,相关的法律研究应予以加强。

五、岩礁的法律属性问题

依《联合国海洋法公约》第八部分第121条规定的岛屿制度,岛屿是四面环水并在高潮时高于水面的自然形成的陆地区域,原则上与其他陆地领土一样享有领海、毗连区、专属经济区和大陆架;不能维持人类居住或其本身经济生活的岩礁则不应有专属经济区和大陆架。但《联合国海洋法公约》并未规定岩礁的定义及其与一般岛屿的区别,"维持人类居住或其本身的经济生活"这一标准始终难有公认的解释,地质构造、面积、自然状况等因素均无法作为判定岩礁的依据,国家实践并不一致,也缺乏国际司法和仲裁案例。因此,岩礁问题至今仍是海洋法上的一大盲点和难点。

岩礁与一般岛屿的差别关系到数十万平方公里海域及其资源的归属,在国家间海域和大陆架划界过程中,往往成为当事方争论的焦点。即使在不涉及海域或大陆架划界问题时,确定某个海洋地物属于岩礁还是一般岛屿也会引发争议。在相当长一段时间内,有关岩礁法律属性的讨论虽有不同解释,但主要限于学术层面,并非热门话题。2008年以来的"冲之鸟礁案"使这一问题迅速升温,并进入了外交领域,引起国际社会广泛关注。

冲之鸟礁属于日本,是孤悬于西太平洋上的一块岩礁,①高潮时仅有两块总面积不足10平方米的岩石露出水面。尽管国际上对岩礁尚无统一的判定标准,但多数国际法专家认为冲之鸟礁显然"不能维持人类居住或其本身的经济生活",不应拥有专属经济区和大陆架。因此,该岩礁12海里领海以外的区域应属于公海和国际海底。然而,日本为扩大自身管辖范围,从20世纪80年代起投入巨资对冲之鸟礁进行加固和改造,并将该礁划归东京都小笠原村,注册户籍、设置邮编和电话区号,还补贴日本渔民到此打鱼,以显示冲之鸟礁可"维持人类居住或其自身经济生活"。日本不仅以冲之鸟礁为基点主张200海里专属经济区和大陆架,而且在其于2008年11月向大陆架划界委员会提交的外大

① 冲之鸟礁位于东经136度05分,北纬20度25分,在东京南偏西约1730公里、冲绳东南约1070公里、关岛西北约1200公里。退潮时东西长4.5公里、南北长1.7公里,涨潮时,只有两块礁石露出水面,即东露岩(日本称"东小岛")和北露岩(日本称"西小岛"),面积分别为$1.6m^2$和$6.4m^2$。

陆架划界案中，部分区块依据冲之鸟礁主张47万平方公里的专属经济区和约25.5万平方公里的200海里以外大陆架。按照海洋法公约规定，如果大陆架界限委员会认可日本外大陆架划界案，日方即可在此基础上划定有确定性和拘束力的大陆架外部界限，从而借委员会之手，使其涉冲之鸟礁非法主张披上“合法外衣”。

对此，多个国家提出异议。中国与韩国分别向大陆架划界委员会提交了反对照会，强调冲之鸟礁不应拥有专属经济区和大陆架，否则将侵占属于“人类共同继承财产”的国家海底区域，损害国际社会的整体利益。[①] 围绕冲之鸟礁案，中韩等国与日本展开了为期4年的外交和法律斗争。2012年4月19日，大陆架划界委员会第29届会议作出决定，在冲之鸟礁地位问题解决前，推迟对日方外大陆架案中以冲之鸟礁为基点主张九州—帕劳海岭南部区块的审议。5月15日，委员会公布了会议主席声明。声明表示，委员会对与南九州—帕劳洋脊区块有关的内容采取行动的提案进行表决。该提案没有得到2/3多数票的支持：委员会16个成员中，5票赞成，8票反对，3票弃权。九州—帕劳区块是日本向大陆架界限委员会申请的7个区块中唯一的一个以冲之鸟礁为基点的区块。委员会推迟审议该区块，即从实质上否定了日本主张冲之鸟礁为“岛”，并以冲之鸟礁为基点扩大日本海底资源开发和专属经济区的计划。日方图谋未能得逞，但并未放弃其非法主张。[②] 2013年7月，我国科考船在冲之鸟礁附近海域活动，日方向我国提出外交交涉。我国回应称，中国科考船系在公海航行，与日本无关。

冲之鸟礁案引发的关于海洋法岛屿制度中的岛屿与岩礁的法律地位的争议，在我国海洋法学界引起强烈反响，一批研究成果相继问世。2013年菲律宾

---

① 2016年5月24日，中国外交部新闻发言人重申，依据其自然地理状况，冲之鸟礁高潮时露出水面的面积不足10平方米，有人形象地将它比作不过两张床大小。日方以区区两张床大小的岩礁，非法主张近70万平方公里的管辖海域，未免心太贪，胃口太大，这是对公海和国际海底区域的大面积侵蚀，是对国际社会整体利益的严重损害。

② 2012年4月27日，日本外务省于收到委员会对其划界案审议的当天发表声明，虽承认委员会尚未对南九州——帕劳洋脊区块作出建议，但强调委员会已认可位于冲之鸟礁北侧的四国海盆区块。日本媒体广泛报道，并妄称委员会已经认可冲之鸟是“岛”。但是，事实是，委员会认为四国海盆区块系基于日本其他陆地领土的外大陆架，与冲之鸟礁无关。

非法炮制“南海仲裁案”后，学界有关岩礁法律问题的研究进一步深入。① 专家学者围绕仲裁庭的管辖权和实体问题，对仲裁庭的所谓“裁决”，包括“南沙群岛中没有任何一个高潮地物属于有完全资格的岛屿”的认定，进行了有理有据的批驳，为我国外交斗争提供了法律支撑。

“冲之鸟礁案”和“南海仲裁案”，从国家实践的角度凸显岩礁的法律属性问题在海洋法公约建立的岛屿制度中的重要性和敏感性，相关问题值得进一步深入研究。

六、低潮高地的法律地位问题

与岩礁法律属性相关联的还有低潮高地的法律地位问题。低潮高地的概念是在20世纪中叶以后才得以确立的。此前，低潮高地曾被视为岛屿的一类。1958年《领海与毗连区公约》首次以公约条款形式确立了现代海洋法意义上的低潮高地概念。该公约第11条规定：“（1）称低潮高地者谓低潮时四面围水但露出水面而于高潮时淹没之天然形成之陆地。低潮高地之全部或一部位于距大陆或岛屿不超过领海宽度之处者，其低潮线得作为测算领海宽度之基线。（2）低潮高地全部位于距大陆或岛屿超过领海宽度之处者，其本身无领海。”1982年《联合国海洋法公约》基本上沿袭了1958年《领海与毗连区公约》的规定。依《联合国海洋法公约》第13条的规定，低潮高地是在低潮时高于水面但高潮时没入水中的自然形成的陆地，因此它不属于《联合国海洋法公约》第121条所述的岛屿，不能拥有领海、毗连区、专属经济区和大陆架。但如果低潮高地的全部或部分处于沿海国陆地或岛屿的领海之内，则该低潮高地可作为领海

---

① 如贾宇：《“冲之鸟礁”涉及的法律问题》，载《海洋开发与管理》2009年第3期；金永明：《岛屿与岩礁的法律要件论析——以冲之鸟礁问题为研究视角》，载《政治与法律》2010年第12期；薛桂芳：《岩礁应拥有多大的海域?》，载《中国海洋法学评论》2011年第1期；黄瑶、卜凌嘉：《论海洋法公约岛屿制度中的岩礁问题》，载《中山大学学报》（社会科学版）2013年第4期；张骁天：《日本低潮线和离岛保全的相关法律制度研究》，载《国际法研究》2015年第4期；丘君、柳文华：《冲之鸟礁是否应有大陆架？——200海里以外大陆架划界案中无居民岛礁的对比研究》，载《中国海洋法评论》2014年第2期；张湘兰、樊懿：《国际法公约下的岛礁之辨》，载《中国海商法研究》2013年第1期；张卫彬：《联合国海洋法公约中“岩礁”的演进解释与南沙群岛问题》，载《法律科学》（西北政法大学学报）2017年第5期；高健军：《南海仲裁案中的领土主权问题——以菲律宾的第4项和第5项诉求为例》，载《太平洋学报》2017年第3期；黄靖文：《南海仲裁案所涉低潮高地诉求的管辖权问题——评析本案管辖权的可受理性裁决》，载《国际法研究》2016年第3期；白续辉：《解读岩礁问题的“东南亚特色”：以学者观点为视角》，载《东南亚研究》2014年第3期。

基线。

问题是,《联合国海洋法公约》或其他国际条约均没有规定低潮高地是否具有领土地位。此外,对于界定低潮高地自然属性的潮汐基准面的选择、低潮高地是否可以被占领以及海洋的自然变迁对低潮高地法律地位的影响这三个重要问题,上述两公约也未给出明确的规则。相关的国家实践和国际司法判例也不统一。① 历史上,英国以及斯堪的纳维亚国家曾将临近海岸的低潮高地视为岛屿。在1930年国际联盟召集的第一次国际法编纂会议上,仍有一些国家将低潮高地视为岛屿,因而构成沿海国领土的一部分。时至今日,南沙群岛中的一些被南海申索国占领的低潮高地还被有关申索国视为其领土。加勒比海地区也有类似情况。在2012年"尼加拉瓜—哥伦比亚划界案"判决之前,国际法院或国际仲裁庭曾在几个案件中涉及低潮高地的法律地位问题,但均以各种理由回避对该问题的判定。比如,在"英法大陆架案"中,仲裁庭依"禁止反言"原则判定埃迪斯通礁可以作为划界的基点,但对埃迪斯通礁是否具有领土属性的问题避而不谈。在2001年的"卡塔尔—巴林海洋划界与领土问题案"中,国际法院对于"吉塔特杰拉代"是低潮高地还是岛屿的界定,也完全回避了潮汐基准面的选择问题"。法院判决指出:国际条约和习惯法均未规定低潮高地能否作为领土,因而无法对该问题作出明确判定。根据海洋法,沿海国对其领海拥有主权,因而对其领海内的低潮高地也有主权。② 在2007年"尼加拉瓜—洪都拉斯案"和2008年"马来西亚—新加坡白礁岛案"的判决中,国际法院仅重复援引了"卡塔尔—巴林案"判决中的结论。③ 总体而言,国际条约对低潮高地是否可以作为领土的问题保持沉默,国家实践也未形成允许或禁止将低潮高地作为领土的习惯法规则。正如日本学者田中所指出的,当出现有关界定低潮高地的争端时,国际法院和法庭可能会面临"法律不明"的风险。④

然而,2012年,尼加拉瓜—哥伦比亚海域划界和领土问题案的判决出现了

---

① 参见包毅楠:《低潮高地的法律地位辨析》,载《上海大学学报》(社会科学版)2016年第4期。

② See Case Concerning Maritime delimitation and Territorial Questions Between Qatar and Bahrain (Qatar v. Bahrain) (Merits) [2001], ICJ Reports 40, p. 99.

③ 参见包毅楠:《低潮高地的法律地位辨析》,载《上海大学学报》(社会科学版)2016年第4期。

④ See Yoshifumi Tanaka, *Low-Tide Elevations in International Law of the Sea: Selected Issues*, Ocean Yearbook 2006, pp. 196 – 197.

明显的转折。在该案判决中，国际法院首次明确提出了"低潮高地不能被占有"的论断。法院指出：国际法上非常明确的是，岛屿无论多小都可以被占有。相反地，低潮高地不能被占有。"尽管沿海国对于位于其领海之内的低潮高地拥有主权，因为沿海国对领海本身拥有主权。"①但围绕低潮高地法律地位的争论并未因此而停止。我国有学者认为，低潮高地能否被一国视为其领土，不是有关《联合国海洋法公约》的解释或适应的问题，也不属于联合国海洋法法庭管辖的范围，而应根据规范领土主权问题的一般国际法予以确定。②

国际法院既然在2001年"卡塔尔—巴林划界案"及此后的"尼加拉瓜—洪都拉斯案"和"马来西亚—新加坡白礁岛案"等多个案例中认定，国际条约和习惯法均未规定低潮高地能否作为领土，因而无法对该问题作出明确判定，其在2012年"尼加拉瓜—哥伦比亚划界案"判决中认定低潮高地不具领土地位时，理应从国际条约和习惯法两方面举出相应的依据，但法院未对此进行任何具体说明，而是武断地认定"低潮高地不能被占有"，"在国际法上非常明确"。这一结论难以令人信服。国际法院的这一判决能否适用于历史上遗留的低潮高地主权问题，以及该判决对今后的相关国家实践将起到何种影响，尚难确定，需要进一步跟踪研究。

七、大陆架和专属经济区划界的新动向

大陆架和专属经济区的划界原则一直存在较大分歧。1958年《大陆架公约》规定，海岸相向或相邻的两国，其大陆架疆界应由这些国家之间的协定予以确定；在无协定的情形下，除根据特殊情况另定疆界外，应由中间线或等距离线予以决定。这项规定后被称为"中间线原则或等距离原则"。但是国际法院在1969年"北海大陆架划界案"中并未采用适用"中间线原则"，而是采用了公平原则，③法院认为，"那种认为等距离必然是大陆架基本学说的思想是错误的"，等距离概念不具有内在必然性、优先性。在1977年"英法大陆架划界"仲裁案

---

① Territorial and Maritime Dispute Case (Nicaragua v. Columbia) (Judgment), [2012], ICJ Reports 624, pp. 642 - 643.

② 参见高健军：《南海仲裁案中的领土主权问题——以菲律宾的第4项和第5项诉求为例》，载《太平洋学报》2017年第3期。

③ 国际法院在1969年2月20日以11票对6票判定：等距离的划界方法并不是必须遵守的，也没有在一切情况下都必须遵守的其他单一划界方法；划界应考虑到一切有关的情况，依照公平原则，通过协议来划定，使构成当事国陆地领土的自然延伸部分的大陆架归其所有。

中,仲裁庭表示,“等距离规则不是在习惯法不是一项在习惯法上也可适用的规则……在习惯法上,划界的根本原则是,在没有协议的情况下,边界应依公平原则予以决定”。[①] 为了实现公平划界的目的,等距离或任何其他方法,都可被单独或联合运用。划界方法的适宜性,由每个案件独特的地理或其他有关情况决定。

20 世纪 70 年代,在发展中国家争取 200 海里海洋权运动的推动下,专属经济区制度被广为接受,其划界问题与大陆架问题交织。在第三次联合国海洋法会议期间,“公平原则集团”和“中间线/等距离线集团”围绕海洋划界规则的争执导致海洋法公约的谈判久拖不决。最后双方达成妥协,形成了关于专属经济区划界和大陆架划界的《联合国海洋法公约》第 74 条和第 83 条。该两条规定的内容完全相同。[②] 据此,在涉及海岸相邻或相向国家之间大陆架或专属经济区划界主张重叠或冲突的情况下,划界需要当事方在国际法的基础上进行协商,通过协议或者国际司法判决或仲裁裁决等形式,寻求公平解决。解决之前可达成临时性安排。临时性安排不损害各自立场,不影响最终谈判结果。

上述划界规定只是原则性的规定,即在国际法的基础上通过协议公平解决。公约并未对使用什么划界方法作出具体规定,无论何种方法,只要能达到公平的结果,都可以成立,并且实际上也只有能够导致公平结果的划界方法才能为当事国所接受。

半个世纪以来,专属经济区或大陆架划界成为海洋法中的一个热点问题,相关的理论和实践一直在逐步演进之中,出现了一些值得重视的新动向,引起

---

① “Case concerning the Delimitation of the Continental Shelf between the United Kingdom of Great Britain and Northern Ireland, and the French Republic”, in United Nation, Report of International Arbitral Awards, Vol. XVIII, para. 82.

② 《联合国海洋法公约》第 74 条和第 83 条规定:(1)海岸相向或相邻国家间专属经济区/大陆架的界限,应在《国际法院规约》第 38 条所指国际法的基础上以协议划定,以便得到公平解决。(2)有关国家如在合理期间内未能达成任何协议,应诉诸第 15 部分所规定的程序。(3)在达成第 1 款规定的协议以前,有关各国应基于谅解和合作的精神,尽一切努力作出实际性的临时安排,并在此过渡期间内,不危害或阻碍最后协议的达成。这种安排不妨害最后界限的划定。(4)如果有关国家间存在现行有效的协定,关于划定专属经济区或大陆架界线的问题,应按照该协定的规定加以决定。

了我国国际法学界的高度关注，并已取得一些研究成果①：

一是根据“陆地统治海洋”和“陆地通过海岸统治海洋”的原则，地理因素（海岸之间相互关系，海岸线形状、长度、海岸外是否存在岛屿等）在划界中一直起着主导作用，并且构成划界应予考虑的最重要的有关情况，不同的地理因素在划界中的作用正朝着具体化、规范化、明确化的方向发展。

二是专属经济区制度的建立对大陆架法律制度产生了冲击，200 海里距离标准削弱了海底地质和地貌因素作为划界有关情况的重要性。在 1985 年“利比亚和马耳他划界案”以后的大陆架划界案中，国际法院反复表达了一个重要观点，即考虑到专属经济区制度业已建立及其所适用的 200 海里标准这一因素，在相向海岸之间距离不足 400 海里的情况下，大陆架划界可不再考虑有关划界区域的海底地质和地貌因素。对于自然延伸原则，国际法院一方面抽象肯定，确认它仍然构成权利基础；另一方面却具体否定，否认它可以在划界中产生作用。这一观点颠覆了大陆架和专属经济区两种法律制度之间原有的逻辑顺序和主次关系。

三是各国划界实践和国际司法实践中，多倾向于用一条线同时划分大陆架和专属经济区，而忽视大陆架划界与专属经济区划界在性质上并不完全相同的事实。本来，两国间的大陆架分界线和专属经济区分界线完全可以是两条线，因为沿海国主张大陆架的权利基础有自然延伸和 200 海里距离两个标准，而专属经济区的权利基础仅是公约规定的 200 海里距离标准。正是基于上述不同的权利基础，两国在专属经济区和大陆架的划界中完全可以依据划界海域的所有客观情况，区别对待大陆架和专属经济区划界，实现划界的公平结果。但在实践中，受专属经济区制度的影响以及出于管理等方面的考量，划界的结果往

---

① 国内学界已有一批研究成果，其中包括：史久镛：《国际法院判例中的海洋划界》，载《法治研究》2011 年第 12 期；黄瑶、廖雪霞：《国际海洋划界司法实践的新动向——2012 年孟加拉湾划界案评析》，载《法学》2012 年第 12 期；黄瑶、廖雪霞：《国际法院海洋划界的新实践——2014 年秘鲁诉智利案评析》，载《国际法研究》2014 年第 1 期；盛红生：《论国际海洋划界中的“公平原则”》，载《江西社会科学》2012 年第 3 期；于金星、张新军等：《典型国际海洋划界案例相似性研究》，载《海洋测绘》2013 年第 4 期；张华：《国际司法裁决中的海洋划界方法论解析》，载《外交评论》（外交学院学报）2012 年第 6 期；张卫彬：《海洋划界的趋势与相关情况规则——黑海划界案对我国海域划界的启示》，载《华东政法大学学报》2010 年第 2 期；张卫彬：《公平原则及相关情况规则探讨——兼析中国东海大陆架划界基本主张》，载《当代亚太》2010 年第 1 期；匡增军：《2010 年俄挪北极海域划界条约评析》，载《东北亚论坛》2011 年第 5 期；邱文弦：《孟加拉湾划界案对我国未来海域划界之启示》，载《法学评论》2016 年第 2 期。

往是用同一条线划分专属经济区和大陆架。

四是划界步骤逐渐清晰化,划界结果具有一定的可预测性:第一步,划出一条临时性的中间线;第二步,适用公平原则,考虑所有有关情况,特别是划界区域的特殊地理情况,例如,海岸线长度比例,海岸外是否存在岛屿等,对临时性的中间线进行适当调整;第三步,以公平原则为指导,对经过调整的分界线进行检验,在此基础上形成最终的分界线。如此划定的专属经济区和大陆架界限绝大多数都得到了当事国的接受。

我国是陆海兼备的大国,海上与8国相邻或相向。我国与邻国的大陆架和专属经济区划界仍面临复杂严峻的形势。如何在公平原则的基础上,①划定我国与海岸相邻或相向国家间的大陆架和专属经济区界限,是一个需要国际法学界持续关注的问题。

八、第三方争端解决机制问题

与国际或区域司法机构越来越多地直接或间接地介入国际热点或敏感问题的趋势相一致,②《联合国海洋法公约》框架下的争端解决机制也出现了一些值得关注的新动向。国际海洋法法庭和其他第三方争端解决机构或机制在受理、审理国家间涉海争端时的"争权、扩权、滥权"倾向日趋明显。一是越权,暴露出越权管辖的倾向,其管辖范围超出了有关公约的解释和适用的争端。二是侵权,侵犯当事方优先自主选择程序的权利,有关的司法仲裁机构在确定管辖权时认为最低限度的交换意见就可以满足《联合国海洋法公约》第283条规定的义务的要求,而忽略了《联合国海洋法公约》第286条规定的尊重当事方自选程序的优先性。三是扩权,《联合国海洋法公约》并没有规定国际海洋法法庭全庭拥有咨询管辖权,但法庭擅自扩大了这一权力,遭到很多国家的质疑。③ 上述

---

① 我国在批准1982年《联合国海洋法公约》时声明:"中华人民共和国与海岸相向或相邻的国家,通过协商,在国际法的基础上,按照公平原则划定各自海洋管辖权界限。"1998年《专属经济区和大陆架法》规定:"中华人民共和国与海岸相邻或者相向国家关于专属经济区和大陆架的主张重叠的,在国际法的基础上按照公平原则以协议划定界限。"

② 参见黄惠康:《国际法的发展动态及值得关注的前沿问题》,载《国际法研究》2019年第1期。

③ 参见钟声:《仲裁庭扩权滥权严重损害国际法治》,载《人民日报》2016年5月11日,第3版;丁洁琼、张丽娜:《国际海洋法法庭管辖权发展趋势审视与探究》,载《太平洋学报》2017年第6期;卢芳华:《试析国际海洋法法庭的咨询管辖权》,载《学理论》2013年第14期。

新动向在"南海仲裁案"中有明显的表现,但不仅局限于该仲裁案,这是涉及整个海洋法公约争端解决机制的问题。相关问题值得继续深入研究。近期,尤其要关注国际海洋法法庭"巴拿马诉意大利'诺斯塔'号案"①,国际法院"索马里诉肯尼亚案",②"东帝汶与澳大利亚强制调解案"③的最新发展。同时,"南海仲裁案"的后续法律问题也需要继续予以关注。

2018 年 3 月 6 日,澳大利亚外长毕晓普与东帝汶副总理佩雷拉在纽约联合国总部签署了新的海上边界条约。至此,澳大利亚与东帝汶长达十余年的海上划界争端得以解决。这既是双方通过《海洋法公约》从仲裁走向调解,最终就海洋划界和共同开发油气资源达成共识的结果,同时也是公约框架内以调解机制解决争端的首次成功尝试。

九、国际海底资源开发规章的制定问题

国际海底管理局自 1994 年成立以来,根据《联合国海洋法公约》所确定的国际海底基本制度和组织职能、特别是管理国际海底区域资源的职能,相继制定了相关探矿和勘探规章。④ 随着国际海底资源开发提上议事日程,国际海底管理局(以下简称海管局)于 2011 年启动国际海底资源开发规章的制定工作。2017 年 8 月,在海管局第 23 届会议期间,秘书处首次公布了开发规章草案。各方对此反应积极,共向海管局提交 55 份书面评论意见,其中 19 份由国家提交。2018 年 3 月,海管局第 24 届会议召开了第一期理事会会议,专门讨论开发规章问题。各方在开发规章制定所涉开采矿区申请制度、企业部独立运作、担保国责任、惠益分享、缴费机制、环境保护等问题上的观点和立场仍然存在较大差异。⑤ 2018 年 7 月 23 ~ 27 日举行的海管局第 24 届大会继续讨论相关问题。

中国代表在发言中指出:当前,国际海底事务仍处于从勘探向开发过渡的

---

① 国际海洋法法庭决定自 2018 年 9 月 10 日起对本案实质问题开始进行口头程序。See International Tribunal for the Law of the Sea, Case No. 25, June 30, 2019, https://www. itlos. org/en/cases/list-of-cases/case-no - 25/#c2823.

② 参见"Maritime Delimitation in the Indian Ocean (Somalia v. Kenya), Summary of the Judgment of 2 February 2017",载《中国海洋法评论》(中英文版)2017 年第 1 期。

③ 参见杨文澜:《联合国海洋法公约下强制调解第一案——"东帝文与澳大利亚强制调解案"述评》,载《国际法研究》2018 年第 3 期。

④ 参见中国大洋协会办公室:《国际海底区域资源探矿和勘探规章》,海洋出版社 2016 年版。

⑤ 参见国际海底管理局第 24 届会议第一期理事会会简报,载中国常驻国际海底管理局代表处网:http://China-isa. jm. china-embassy. org/chn/,最后访问日期:2018 年 12 月 20 日。

关键阶段。各方正就深海矿产资源开发规章进行深入而热烈的讨论，不少问题已达成共识，同时还有许多问题需要进一步研究和探讨。中方始终认为，开发规章涉及采矿、法律、技术、环境等多个领域，不能一蹴而就，其制定须遵循“充分讨论、协商一致”原则，在具备坚实的事实和科学依据基础上循序推进。开发规章本身应全面、完整、严格地遵守《联合国海洋法公约》和 1994 年《关于执行〈联合国海洋法公约〉第十一部分的协定》；应当体现全人类利益、担保国及其承包者利益之间的合理平衡以及深海开发利用与深海环境保护之间的合理平衡。开发规章的核心目标是落实“人类共同继承财产”原则，作为该项原则关键要素的惠益分享应该在开发规章中作出规定。此外，企业部独立运作对于发展中国家参与“区域”内活动具有特殊意义，开发规章应对此作出安排。根据《联合国海洋法公约》，海管局有义务采取措施，确保海洋环境不受“区域”内活动可能的有害影响。区域环境管理计划作为一种积极的划区管理工具，是海管局在战略层面采取的重要环保措施。中方认为，开发规章应对区域环境管理计划这一重要环保事项作出具体规定；区域环境管理计划的设立需要海管局的引领和承包者之间的合作；有关标准应与拟议中的 BBNJ 国际协定谈判相协调。①

关于草案结构问题，中方认为，惠益分享是人类共同继承财产原则的重要内容和体现，制定国际海底区域内资源开发规章，不能将惠益分享排除在外。深海采矿的收益和分享是密不可分的，两者最好同时在一个法律文件中予以规范，单纯地强调深海采矿收益，而不讨论其分享问题，在逻辑上是有欠缺的，在结构上也是不完整的，不利于人类共同继承财产原则的落实。

关于开发规章草案第七部分、第八部分，中方代表表示，中国政府坚持草案在规定特许权使用费的同时，增加特许权使用费与盈利分享相结合的制度，以为承包者提供更多选择，并就缴费率、缴费范围、特许权使用费率等具体问题提出建设性意见。

关于国家立法问题，中方强调，国家对“区域”活动的立法行动，关乎国际海底制度在国家层面的落实。中国作为担保国，一贯致力于努力健全和完善相关国内立法，积极履行相关国际义务，并支持国际海底管理局推进国家立法数据

---

① 参见中国代表团团长在海管局第 24 届会议大会“秘书长报告”议题下的发言，2018 年 7 月 24 日，载常驻国际海底局代表处网：http://China-isa. jm. china-embassy. org/chn/，最后访问日期：2018 年 12 月 20 日。

库建设以及开展相关研究。①

就学术界而言,可就开采矿区申请基本制度、环境保护的程序和标准制定、承包者缴费机制、担保国责任、资源开发惠益分享等问题积极开展研究,为我国参与开发规章制定建言献策。

十、南极的国际治理

南极大陆是世界上发现最晚的大陆,98%的面积北冰雪覆盖,素有“白色大陆”之称。南极地区地理位置和生态环境极为特殊,对全球气候变化和人类生存发展具有重要影响。四周有太平洋、大西洋、印度洋,形成一个围绕地球的巨大水圈,呈完全封闭状态,是一块远离其他大陆、与文明世界完全隔绝的大陆,至今没有常住居民。

20世纪初,英国、法国、挪威、澳大利亚、新西兰、智利、阿根廷等国分别对南极提出领土要求。美国、苏联不承认任何国家对南极的领土主张,同时保留本国对南极提出领土要求的权利。1948年,英国提出与提出领土主张的其他7国共管南极,遭到苏联、阿根廷等反对。1956年,新西兰提议各国放弃南极领土主张,交联合国托管,印度也提议将南极问题纳入联大议程,以确保南极仅被用于和平目的。美国反对联合国介入南极事务。于1958年召集苏联、英国、法国、澳大利亚、新西兰、挪威、比利时、日本、阿根廷、智利、南非等11个在南极从事过实质性科考的国家在华盛顿就南极共管方案进行谈判,并于1959年12月1日签署了《南极条约》。

《南极条约》冻结了各国对南极的领土主权要求,规定南极只用于和平目的,确立了南极科考自由原则,建立了《南极条约》协商会议,作为各协商国共同管理南极事务的国际机制,从而开启了人类合作协商南极事务的新时代。② 只

---

① 参见中国代表团在国际海底管理局第24届会议上就开发规章草案的各次发言,载中国常驻国际海底局代表处网:http://China-isa. jm. china-embassy. org/chn/,最后访问日期:2018年12月20日。

② 20世纪初,英、法、挪、澳、新西兰、智利、阿根廷等国分别对南极提出领土要求,美国、苏联不予承认,并保留权利。1948年,英国提出共管建议,遭到苏联、阿根廷等反对。1956年,新西兰提议各国放弃南极领土主张,交联合国托管,印度也提议将南极问题纳入联大议程,以确保南极仅被用于和平目的。美国反对联合国介入南极事务,于1958年召集苏联、英国、法国、澳大利亚、新西兰、挪威、比利时、日本、阿根廷、智利、南非等11个在南极从事过实质性科考的国家在华盛顿就南极共管方案进行谈判,并于1959年12月1日签署了《南极条约》。

有在南极开展实质性科研活动的国家才能成为协商国,在协商会议享有决策权。[①] 起始,南极治理主要体现在对南极的资源管理和环境保护两方面。20世纪七八十年代,南极条约体系迅速发展,重点推进对南极生物和非生物资源的管理。南极条约协商国先后缔结了《南极海豹保护公约》(1972年)、《南极海洋生物资源养护公约》(1980年)、《南极矿产资源活动管理公约》(1988年)、《关于环境保护的南极条约议定书》(1991年)等一系列公约、议定书以及相关决定和措施,形成南极条约体系。以1991年《关于环境保护的南极条约议定书》为标志,南极国际治理重心转向环境管理。此后,南极区域管理和保护措施、规范南极科研、旅游和生物勘探等人类活动,应对气候变化带来的环境挑战等逐步成为加强南极治理的主要议题。

中国是南极国际治理的重要参与者、南极科学探索的有力推动者、南极环境保护的积极践行者。中国于1983年6月加入《南极条约》,1985年10月获得南极条约协商国地位,1994年加入《关于环境保护的南极条约议定书》,2006年加入《南极海洋生物资源养护公约》,成为南极条约协商会议及其南极环境保护委员会、南极海洋生物资源养护委员会等重要南极机制成员,参与相关机制和框架下的项目与合作。中国坚持以南极条约体系为基础,平等协商、一致决策,努力推动南极治理体系朝着更加包容、理性、合作的方向发展。[②]

南极条约体系至今已走过60年的发展历程。60年来,南极治理不断面临新的挑战。全球气候变暖、海洋环境污染等问题对南极的影响日趋明显;随着人类探索和利用南极的能力和需求不断增加,人类在南极活动也日益广泛和多元,南极的经济社会价值越来越受到关注,南极旅游、生物勘探等新型活动纷纷

---

① 截至2018年10月,南极条约缔约国共53个,其中,澳大利亚、阿根廷、比利时、智利、法国、日本、新西兰、挪威、南非、英国、美国、俄罗斯、波兰、德国、巴西、印度、中国、乌拉圭、意大利、瑞典、西班牙、芬兰、秘鲁、韩国、荷兰、厄瓜多尔、保加利亚、乌克兰等29国享有协商国地位。

② 2017年5月22日,国家海洋局发布《中国的南极事业》。报告指出,自1984年派出首次南极考察队以来,中国的南极事业从无到有,由小到大,在南极基础建设、文化宣传、科学研究、环境保护、可持续利用、全球治理、国际交流与合作等领域均取得了重要成就:初步建成南极考察基础设施体系;大力开展南极文化宣传和科普教育;持续提升南极科学研究水平;有效保护南极环境和生态系统;积极参与南极全球治理;广泛开展国际交流与合作。中国长城站、中山站与周边邻国站点在交通运输、物资支持、医疗援助、人员培训等工作方面保持经常性的互助合作。"雪龙"号考察船和"雪鹰601"固定翼飞机发扬国际人道主义精神,多次参与南极救助行动。

兴起，给南极治理带来新的压力。① 如何有效应对这些挑战，是南极治理中无法回避的重要议题。为此，中方在 2017 年 5 月在北京召开的第 40 届南极条约协商会议上提出如下五点倡议：

一是坚持以和平方式利用南极，构建人类命运共同体。南极的和平与稳定，是人类在南极开展一切活动的根本前提。要始终牢记并遵守《南极条约》关于“南极应永远专为和平目的而使用”的宗旨，维护和促进南极的持久和平与安全稳定。这符合各国和国际社会的整体利益。各国要进一步增强政治互信，强化责任共担，加强对话协商，包容互鉴、共商对策、共谋出路，共同应对南极面临的问题和挑战，推动南极事业健康、包容发展。

二是坚持遵守南极条约体系，完善以规则为基础的南极治理模式。应继续在条约体系框架下推进南极治理。要坚持协商一致原则，充分发挥南极条约协商会议的决策和统筹协调作用。根据南极形势变化，不断完善南极各领域的国际规则制定。还要关注南极条约体系框架之外的相关国际规则制定，加强南极治理机制与其他相关国际机制的协调与互动。

三是坚持平等协商互利共赢，把南极打造成国际合作的新疆域。在未来南极治理中，应继续坚持平等协商、合作治理，依托现有多双边机制框架和平台，进一步拓展南极合作领域和范围。通过具体合作项目促进国际合作的长期化、稳定化和机制化，努力提升合作层次，落实合作成果，为有效进行南极治理提供服务和保障，使南极保护和利用惠及全人类。

四是坚持南极科学考察自由，进一步夯实保护和利用南极的科学基础。着力加强科研规划和能力建设，提高探索和认知能力，重点关注全球气候和环境变化的影响，以及新兴和未知领域的研究。加强对南极变化和发展规律的认识，促进科学与决策互动，为更好地保护和利用南极提供坚实的科学基础。

五是坚持保护南极自然环境，维护南极生态平衡和实现南极永续发展。在探索和利用南极过程中，应不断探索统筹协调南极各领域问题的科学方案，高度重视南极生态环境保护。要把握好南极保护与利用的合理平衡，实现南极绿色和永续发展，更好地发挥和利用南极在推动人类科学进步、经济发展和文化

① 南极旅游飞速发展给南极环境和南极治理带来的挑战日益突出，主要南极活动大国在南极旅游相关重要问题上分歧严重。南极条约协商会议关于南极旅游问题的讨论近十年来一直无实质性进展。

传承方面的潜力和价值。①

关于南极的保护与利用,中方进一步主张,应正确认识和看待南极保护与利用的关系。加强保护是和平利用南极的基本前提,合理利用是发挥南极价值的题中之意,平衡兼顾是南极国际治理的基本理念。在未来南极治理中,要坚持南极保护与利用兼顾,切实做到在保护中利用南极,在利用中保护南极;要坚持以规则为基础,加强保护与利用的法律制度。坚持现有南极条约体系,包括“冻结”南极矿产资源开发等制度,同时因应形势变化,针对南极旅游、生物勘探等新问题和新挑战,探讨制定相应的法律规范和监督机制,不断完善南极治理法律框架;坚持以科研为先导,夯实保护与利用的科学基础;坚持以合作为支撑,实现保护与利用的相互促进。②

第四节 “蓝色外交”新疆域—北极事务

一、北极的自然状况和形势变化

北极具有特殊的地理位置。③ 北极事务没有统一适用的单一国际条约,它由《联合国宪章》《联合国海洋法公约》《斯匹次卑尔根群岛条约》(以下简称《斯约》)等国际条约和一般国际法予以规范。北极与南极最大的不同是北极为陆地包围海洋,而南极为海洋包围陆地。④ 北冰洋沿岸国拥有内水、领海、毗连区、专属经济区和大陆架等管辖海域,北冰洋中还有公海和国际海底区域。

北极域外国家在北极不享有领土主权,但依据《联合国海洋法公约》等国际条约和一般国际法在北冰洋公海等海域享有科研、航行、飞越、捕鱼、铺设海底电缆和管道等权利,在国际海底区域享有资源勘探和开发等权利。此外,《斯匹

---

① 第40届南极条约协商会议于2017年5月23日~6月1日在北京举行。国务院副总理张高丽出席开幕式并发表题为“坚持南极条约原则,共谋人类永续发展”主旨讲话。

② 参见张业遂:《共担南极治理责任、再谱保护利用新篇——在“我们的南极:保护与利用”特别会议上的主旨发言》,载《中国国际法实践案例选编》,世界知识出版社2018年版,第196~199页。

③ 地理上的北极通常指北极圈(约北纬66度34分)以北的陆海兼备的区域,总面积约2100万平方公里。在国际法语境下,北极包括欧洲、亚洲和北美洲的毗邻北冰洋的北方大陆和相关岛屿,以及北冰洋中的国家管辖范围内海域、公海和国际海底区域。

④ 北极的大陆和岛屿面积约800万平方公里,有关大陆和岛屿的领土主权分别属于美国、俄罗斯、加拿大、丹麦、挪威、冰岛、芬兰、瑞典等8个国家,其中前5国为北冰洋沿岸国家。北冰洋是世界四大洋中最小最浅最冷的一个,海域面积约1200万平方公里;相关海洋权益根据国际法由沿岸国和各国分享。

次卑尔根群岛条约》缔约国有权自由进出北极特定区域,并依法在该特定区域内平等享有开展科研以及从事生产和商业活动的权利,包括狩猎、捕鱼、采矿等。

当前,北极自然环境正经历快速变化。[①] 一方面,北极冰雪融化不仅导致北极自然环境变化,而且可能引发气候变暖加速、海平面上升、极端天气现象增多、生物多样性受损等全球性问题。另一方面,北极冰雪融化可能逐步改变北极开发利用的条件,为各国商业利用北极航道和开发北极资源提供机遇。北极的商业开发利用不仅将对全球航运、国际贸易和世界能源供应格局产生重要影响,对北极的经济社会发展带来巨大变化,对北极居民和土著人的生产和生活方式产生重要影响,还可能对北极生态环境造成潜在威胁。在处理涉北极全球性问题方面,国际社会命运与共。

二、北极的战略意义

北极地区是亚、欧和北美大陆的战略要冲,是"世界军事制高点"。[②] 当前,出于地缘政治考虑,俄罗斯与美西方国家间猜疑依旧,分别加强在北极的武装力量部署,北冰洋其他沿岸国也随之加强在北极"排兵布阵"。

北极地区能源、矿产和生物资源丰富,被称为"地球尽头的中东"。石油、天然气储量分别占世界储量的25%和45%。北极煤炭储量占世界储量的9%。北冰洋半数以上陆架区水域深度不超过50米,便于大规模开采。北极地区还富有金、铀、钻石等稀有矿产资源。北极海域富集鳕鱼、红鱼、磷虾等,是世界最大的生物蛋白库之一。

北极地区交通潜力巨大,可能成为"国际海运新命脉"。北极地区存在诸多潜在国际航道:一是横穿加拿大北极群岛、连接大西洋和太平洋的西北通道;二是经俄罗斯北部水域连接大西洋和太平洋的北海航线;三是加拿大丘吉尔港至

① 据观测,过去30多年间,北极地区温度上升,使北极夏季海冰持续减少,北冰洋海冰面积减少了9%。据科学家预测,北极海域可能在21世纪中叶甚至更早出现季节性无冰现象。

② 第二次世界大战期间,北冰洋通道成为同盟国抗击纳粹德国的重要战略依靠,西方的援助物资有相当大一部分是通过北冰洋运进苏联。冷战期间,北冰洋变成了美苏对抗的最前线,成为战机和导弹攻击对方的首选路线。双方都在北冰洋沿岸部署了大量陆基导弹发射场,使北极成为全球洲际导弹布设密度最大区域之一。北冰洋为潜艇提供了特殊隐蔽条件,加强了潜艇在大国战略竞争中的作用。北冰洋冰层之下,美苏潜艇较量激烈。冷战结束后,俄大多数先进战略核潜艇隐藏在北冰洋坚冰之下,美在阿拉斯加则部署了首个反导系统。

俄罗斯摩尔曼斯克的北冰洋桥。这些航线可以将绕道苏伊士运河或巴拿马运河连接欧洲、东北亚和北美海上航线的航程与航期缩短40%以上。

北极具有重大科研意义。北极独特的地理位置、自然环境,决定了它在科学研究中的重要地位,成为多领域科学研究的重要场所。目前,北极正经历着大气、海洋、陆地、生态的重要和快速变化过程,将对北半球产生重大影响。因此,北极还是"全球变化的指示器"。

随着北极自然条件变化的加速,北极战略价值进一步凸显。北极能源、资源的开发以及北极航线的贯通将带动北极地区的人类活动和经济发展,改变现在的能源资源供应、世界海洋交通和国际贸易格局,也将对中国的经济带来更多发展机会。各方围绕北极问题利益进一步交融,相关矛盾也纵深发展。有关国家围绕北极问题既有合作,又有争夺。而其核心是抢占北极规则制定的主导权和资源开发、航道利用的先机,争取在未来北极事务中的主动地位。①

三、北极治理的法律框架和合作机制

(一)适用于北极的国际法规则

1. 一般国际法

北极是陆地包围海洋,大陆和岛屿的领土主权属有关北极国家。北极国家之间以及他们与非北极国家的关系受到一般国际法的调整,包括《联合国宪章》等国际条约在内的公认国际法准则。比如,北极国家之间的岛屿主权争端,如加拿大和丹麦的汉斯岛主权争端,需要按照有关国际法加以解决。

2.《联合国海洋法公约》

以《联合国海洋法公约》为代表的当代海洋法制度,包括其所涉及的海域划界、海洋环境保护、航行、海洋科研等各方面制度及对沿海国和其他国家的权利义务的规定,已成为处理各种北极海上活动所应遵循的基本法律规范。除美国外,北极各国均参加了《联合国海洋法公约》。美国在实践中也将《联合国海洋法公约》中的诸多规则视作习惯国际法予以遵守。北极理事会承认《联合国海洋法公约》构成北极的重要法律框架之一。

3.《斯约》

斯匹次卑尔根群岛是挪威的属地,位于巴伦支海北部,面积约6.2万平方

---

① 参见武志星:《北极:下一个全球博弈中心》,载中国海洋发展中心网:www.aoc.ouc.edu.cn,最后访问日期:2019年5月28日。

公里,具有重要科考价值和矿产、油气、渔业资源的开发潜力。1920年《斯约》承认挪威对该地区充分和完全的主权,并明确了各缔约国国民自由进入、平等经营的权利,形成独特的法律制度。① 任何法律规则都有演变的过程,《斯约》在制订时是明确的,但在演变过程中却产生了新问题。例如,各缔约国可自由进入和平等经营的范围问题。《斯约》诞生时只有领海的概念,还不存在专属经济区和大陆架制度,各缔约国可自由进入斯匹茨卑尔根群岛的岛屿和领海是毫无疑问的,但《联合国海洋法公约》确立专属经济区和大陆架制度后,欧盟等主张斯约的各缔约国在专属经济区和大陆架上也是享有自由进入和平等经营权的,挪威等则无法接受,目前这种争议还在持续。

4. 国际环境公约

《联合国气候变化框架公约》等适用于北极地区的国际环境公约也属于北极法律框架的重要组成部分。

5. 极地航行规则

根据丹麦、挪威、美国等建议,国际海事组织(International Martime Organization, IMO)于2009年启动制定具有法律约束力的《极地水域船舶航行安全规则》,内容涉及航行于北极的船舶建造、装备、航行、环境保护及损害控制等内容。② 2014年5月20日,在经历了数年的磋商后,IMO海安会批准了《极地水域船舶航行安全规则》,该规则将适用于船舶重量超过500吨的所有客轮和货轮。

(二)涉北极国际机制

目前,存在诸多专门讨论北极问题的区域性政府间组织或论坛、非政府组织和次区域机制,较为主要的有:

1. 北极科研合作机制

国际北极科学委员会(The International Arctic Science Committee, IASC)是目前最具影响的北极科研合作组织,1990年8月28日成立于加拿大雷索柳特,

① 1920年2月9日,挪威、美国、英国、爱尔兰、丹麦、法国、意大利、日本、荷兰和瑞典等18个国家在巴黎签署《斯匹次卑尔根群岛条约》,以后又有比利时、保加利亚、埃及、芬兰、德国、希腊、沙特、摩洛哥、罗马尼亚、南斯拉夫、瑞士、阿富汗、阿尔巴尼亚、奥地利、捷克、匈牙利、葡萄牙、委内瑞拉、苏联等国加入。中国于1925年加入。

② 一些沿岸国企图借守则制定扩大对航行船舶的管辖,而非北极国家则将此作为参与北极制度建设进程的重要抓手。各国存在的主要分歧为:航行规则的适用对象是否包括渔船、科考船等;沿岸国管辖权的范围,是否可以强制引航等;环保规则是否应制定严格的环保规则以降低航行中的环保风险。

旨在通过提供科学建议和基金的方式鼓励和支持北极科研。委员会为非政府组织,但有明显政府色彩,成员仅限国家级科学机构,现有18个机构成员,在挪威奥斯陆设有常设办事机构。我国家海洋局极地办于1996年加入。

2. 北极区域合作机制

北极理事会是涉北极最重要的区域政府间组织,成立于1996年,从讨论北极环境与可持续发展问题到开始涉及航运、能源等领域。8个北极国家为正式成员,萨米理事会等6个北极原住民组织是永久参与者,非北极国家、政府间组织和非政府组织可作为观察员参与理事会活动。部长级会议是理事会决策机构,每2年召开1次。在没有部长级会议的年份召开副部长级会议。高官会是理事会执行机构,每年召开2次例会,负责执行部长级会议决定,审查北极监测与评估、动植物保护等6个工作组工作进展。

3. 北极次区域合作机制

(1)北冰洋五国会议。2008年5月27~29日,美国、俄罗斯、挪威、加拿大、丹麦5个北冰洋沿岸国外长在格陵兰的伊卢利萨特召开首次北冰洋会议,通过《伊卢利萨特宣言》,明确《联合国海洋法公约》适用于北冰洋,承诺有序地解决北冰洋潜在冲突,并主张五国在北冰洋环境保护方面发挥核心作用。2010年加拿大再次召集北冰洋5国外长会议。5国普遍希望会议可以在北冰洋沿岸国陆地和海洋划界问题上起到积极协调作用。此外,北冰洋5国还多次召开专家会议,讨论北极渔业等问题。冰岛、芬兰、瑞典被五国排除在外,强烈不满,坚持由北极8国通过北极理事会讨论北极问题。北冰洋5国会议迄未形成正式机制。

(2)巴伦支海欧洲北极理事会,成立于1993年1月,成员包括挪威、瑞典、丹麦、芬兰、冰岛(北欧五国)、俄罗斯和欧盟委员会,美国、加拿大、英国、德国、法国、意大利、荷兰、波兰和日本为观察员。理事会宗旨是缓解俄罗斯与西方国家在巴伦支海地区的对峙,加强经济、环保和科技合作。在理事会框架下,北欧国家与俄签署多边计划,为俄罗斯安全处置存放于该地区的军用、民用核设施和核废料提供技术和设备援助。

4. 全球性机制

(1)大陆架界限委员会。委员会是《联合国海洋法公约》设立的审议200海里外大陆架划界申请的权威机构,沿岸国根据委员会建议确定的外大陆架界限具有确定性和拘束力。近几年,俄罗斯、挪威、丹麦已向大陆架界限委员会提出北极外大陆架划界申请。加拿大正在积极收集数据,准备提出申请。委员会已经完成挪威划界案的审议。美国虽尚未加入《联合国海洋法公约》,但也在积极开展外大陆架调查，根据其目前的调查情况，美国在北冰洋下的外大陆架面积比两个加利福尼亚州还大。

（2）国际海事组织（International Martime Organization，IMO）。为协调各国北极航行安全法规，IMO 从 1993 年开始制订极地水域航行国际法律文书。2002 年，IMO 通过《北极冰封水域船只航行指南》，2009 年通过适用于南北两极的《极地冰封水域船只航行指南》。两指南为建议性质，不具法律约束力。2014 年国际海事组织制定了具有法律约束力的《极地水域船舶航行安全守则》。

四、中国与北极的关系

中国是北极事务的重要利益攸关方。[①] 中国在北冰洋公海、国际海底区域等海域和特定区域享有《联合国海洋法公约》《斯约》等国际条约和一般国际法所规定的科研、航行、飞越、捕鱼、铺设海底电缆和管道、资源勘探与开发等自由或权利。中国是联合国安理会常任理事国，肩负着共同维护北极和平与安全的重要使命。中国是世界贸易大国和能源消费大国，北极的航道和资源开发利用可能对中国的能源战略和经济发展产生巨大影响。中国的资金、技术、市场、知识和经验在拓展北极航道网络和促进航道沿岸国经济社会发展方面可望发挥重要作用。中国在北极与北极国家利益相融合，与世界各国休戚与共。

1. 中国参与北极事务由来已久

1925 年，中国加入《斯约》，正式开启参与北极事务的进程。1996 年，中国成为国际北极科学委员会成员国，中国的北极科研活动日趋活跃。2004 年，中国在斯匹次卑尔根群岛的新奥尔松地区建成“中国北极黄河站”。借助船站平台，中国在北极地区逐步建立起海洋、冰雪、大气、生物、地质等多学科观测体系。[②] 2013 年，中国成为北极理事会正式观察员。近年来，中国企业开始积极

---

① 中国在地缘上是“近北极国家”，是陆上最接近北极圈的国家之一。北极的自然状况及其变化对中国的气候系统和生态环境有着直接的影响，进而关系中国在农业、林业、渔业、海洋等领域的经济利益。同时，中国与北极的跨区域和全球性问题息息相关，特别是北极的气候变化、环境、科研、航道利用、资源勘探与开发、安全、国际治理等问题，关系世界各国和人类的共同生存与发展，与包括中国在内的北极域外国家的利益密不可分。

② 从 1999 年起，中国以“雪龙”号科考船为平台，成功进行了多次北极科学考察。截至 2018 年年底，中国在北极地区已成功开展了 9 次北冰洋科学考察和 15 个年度的黄河站站基科学考察。2018 年 7 月 20 日，中国第 9 次北极科学考察队搭乘“雪龙”号极地科考船赴北冰洋开展科考，历经 69 天，于 9 月 26 日返回上海母港，取得多项重要科考成果。

探索北极航道的商业利用。中国的北极活动已由单纯的科学研究拓展至北极事务的诸多方面,涉及全球治理、区域合作、多边和双边机制等多个层面,涵盖科学研究、生态环境、气候变化、经济开发和人文交流等多个领域。

我国在参与北极事务时,也会面临一些挑战,其中一个主要挑战为:某些北极国家有一定的排外倾向,不愿域外国家分享北极开发的蛋糕,担心我国参与北极事务挑战其主导权。例如,2011年北极理事会部长级会议曾通过抬高接纳观察员的标准,阻碍我国等非北极国家尽早获得永久观察员地位;北极国家、地区环保意识强,为防止北极开发影响北极脆弱的生态,在航运和能源开发等方面均设置了环境、安全高标准,我国参与资源航运开发,需要适应这些高标准;美与俄、加对"北方航道"和"西北航道"法律地位、北极航道的管理制度争议严重,航道管辖权问题尚未解决,我国利用航道还存在一些困难。[①]

作为一个正在崛起,对北极又存在利益的域外大国,我国参与北极事务需实现2011年首次极地考察工作会议提出的"三个相适应"的目标,即与我国大国地位相适应、与我国国家发展战略相适应、与维护我国国家权益和安全相适应。[②] 我国北极工作目前仍处于起步阶段,备受各方关注。我国参与北极事务需要准确把握北极利益格局和法律秩序,找准切入点,统一思路。在实践的基础上,我国已形成关于参与北极事务的一些基本思路。概括说,就是"三个坚持""三个避免",既不越位,也不缺位:[③]

(1)坚持以《联合国海洋法公约》等国际法为基础处理北极问题,避免北极国家垄断跨区域事务。《联合国海洋法公约》对不同海域中沿海国管辖权和其他国家科研、航行等权利的规定比较平衡,提供了非北极国家参与北极事务的法律依据,为我国维护和拓展北极利益提供了有利的法律框架。在《联合国海洋法公约》之外,由IMO等多边机制讨论北极航运等跨区域问题,为非北极国家参与相关决策提供了平台。

(2)坚持尊重北极国家的主权、主权权利和管辖权,避免挑战北极国家主导

---

① 参见贾桂德、石午虹:《对新形势下中国参与北极事务的思考》,载《国际展望》2014年第4期。

② 2011年6月21日,国家海洋局在京召开首次极地考察会议,国土资源部部长徐绍实传达时任中共中央政治局常委、国务院副总理李克强的重要批示。参见《极地考察工作会议》,载《海洋开发与管理》2011年第6期。

③ 参见《外交部副部长:北极事务,中国"不越位,不缺位"》,载央视网:www.cctv.com,最后访问日期:2018年1月26日。

权。我们深知主权的含义,反对域外国家介入南海争议的解决,反对南海问题国际化。处理北极问题,应从我国独立自主和平外交政策出发,统筹考虑我国主权及周边海洋问题,推己及人,尊重北极国家的主权,不挑战其主权权利和管辖权。

(3)坚持推动关于北极科研、环保、可持续发展等低敏感领域的国际合作,避免直接卷入北极国家之间的争端。从我国作为非北极国家的定位看,我国参与北极事务离不开与北极国家的合作。我们应立足于增进互信,谋篇布局,夯实基础,从低敏感领域逐步开展平等、互利的务实合作。推动建立互信、互动的合作伙伴关系,完善非北极国家可以充分参与的合作机制,符合有关各方的共同利益。

2. 对外倡导合作伙伴关系

北极既有区域问题,也有跨区域问题。这是北极国家与非北极国家关系的客观基础,也是非北极国家参与北极事务的重要前提。《联合国海洋法公约》等国际法体现了非北极国家参与北极航运、科研等活动的权利,体现了北极事务的跨区域性。虽然部分北极国家对非北极国家参与北极事务怀有疑虑,但北极国家有与非北极国家共同研究、解决气候变化、航运等跨区域问题的客观需要。同时,北极事务的一个基本面是北极地区基本上位于北极国家管辖范围之内,与北极国家保持并发展良好的合作关系是非北极国家参与北极事务的必然选择。中方一直倡导在北极国家与非北极国家间建立互尊、互信、互助、互利的合作伙伴关系。承认和尊重彼此权利是北极国家与非北极国家合作的法律基础;相互理解、相互信任是北极国家与非北极国家合作的政治保障;共同研究和解决跨区域问题是北极国家与非北极国家合作的主要方向;北极的和平、稳定和可持续发展是北极国家与非北极国家合作的共同目标。

五、中国关于北极问题的政策主张

2018 年 1 月 26 日,国务院新闻办发表《中国的北极政策》白皮书,全面介绍了中国参与北极事务的政策目标、基本原则和主要政策主张。① 中国的北极政策目标是认识北极、保护北极、利用北极和参与治理北极,维护各国和国际社会

① 《中国的北极政策》白皮书全文约 9000 字,由前言、正文和结束语三部分组成。白皮书以中、英、法、俄、德、西、阿、日等 8 个语种发表,由人民出版社、外文出版社分别出版,在全国新华书店发行。

在北极的共同利益，推动北极的可持续发展。为了实现上述政策目标，中国本着“尊重、合作、共赢、可持续”的基本原则参与北极事务。

1.不断深化对北极的探索和认知

探索和认知北极是中国北极活动的优先方向和重点领域。中国积极推动北极科学考察和研究。中国尊重北极国家对其国家管辖范围内北极科考活动的专属管辖权，主张通过合作依法在北极国家管辖区域内开展北极科考活动，坚持各国在北冰洋公海享有科研自由。中国积极开展北极地质、地理、冰雪、水文、气象、海冰、生物、生态、地球物理、海洋化学等领域的多学科科学考察；积极参与北极气候与环境变化的监测和评估，通过建立北极多要素协同观测体系，合作建设科学考察或观测站、建设和参与北极观测网络，对大气、海洋、海冰、冰川、土壤、生物生态、环境质量等要素进行多层次和多领域的连续观测。中国致力于提高北极科学考察和研究的能力建设，加强北极科考站点和科考船只等保障平台的建设与维护并提升其功能，推进极地科学考察破冰船的建造工作等。

2.保护北极生态环境和应对气候变化

中国坚持依据国际法保护北极自然环境，保护北极生态系统，养护北极生物资源，积极参与应对北极环境和气候变化的挑战。

中国始终把解决全球性环境问题放在首要地位，认真履行有关国际条约的义务，承担环境保护责任；积极参加北极环境治理，加强北极活动的环境影响研究和环境背景调查，尊重北极国家的相关环保法规，强化环境管理并推动环境合作。海洋环境是北极环境保护的重点领域；支持北冰洋沿岸国依照国际条约减少北极海域陆源污染物的努力，致力于提高公民和企业的环境责任意识，与各国一道加强对船舶排放、海洋倾废、大气污染等各类海洋环境污染源的管控，切实保护北极海洋环境。

中国重视北极可持续发展和生物多样性保护，开展全球变化与人类活动对北极生态系统影响的科学评估，加强对北极候鸟及其栖息地的保护，开展北极候鸟迁徙规律研究，提升北极生态系统的适应能力和自我恢复能力，推进在北极物种保护方面的国际合作。

中国一贯高度重视气候变化问题，已将落实“国家自主贡献”等应对气候变化的措施列入国家整体发展议程和规划。中国致力于研究北极物质能量交换过程及其机理，评估北极与全球气候变化的相互作用，预测未来气候变化对北极自然资源和生态环境的潜在风险，推动北极冰冻圈科学的发展。

3.依法合理利用北极资源

中国一贯主张，开发利用北极的活动应遵循《联合国海洋法公约》《斯约》等国际条约和一般国际法，尊重北极国家的相关法律，并在保护北极生态环境、尊重北极土著人的利益和关切的前提下，以可持续的方式进行。中国尊重北极国家依法对其国家管辖范围内海域行使立法权、执法权和司法权，主张根据《联合国海洋法公约》等国际条约和一般国际法管理北极航道，保障各国依法享有的航行自由以及利用北极航道的权利。中国愿依托北极航道的开发利用，与各方共建“冰上丝绸之路”。

中国尊重北极国家根据国际法对其国家管辖范围内油气和矿产资源享有的主权权利，尊重北极地区居民的利益和关切。中国致力于加强与北极国家的清洁能源合作，推动与北极国家在清洁能源开发的技术、人才和经验方面开展交流，探索清洁能源的供应和替代利用，实现低碳发展。

中国在北冰洋公海渔业问题上一贯坚持科学养护、合理利用的立场，支持就北冰洋公海渔业管理制定有法律拘束力的国际协定，支持基于《联合国海洋法公约》建立北冰洋公海渔业管理组织或出台有关制度安排。中国致力于加强对北冰洋公海渔业资源的调查与研究，适时开展探捕活动，建设性地参与北冰洋公海渔业治理。中国坚持保护北极生物多样性，倡导透明合理地勘探和使用北极遗传资源，公平公正地分享和利用遗传资源产生的惠益。

中国支持和鼓励企业与北极国家合作开发北极旅游资源，积极倡导低碳旅游、生态旅游和负责任旅游，推动北极旅游业可持续发展。中国坚持在尊重北极地区居民和土著人的传统和文化，保护其独特的生活方式和价值观，以及尊重北极国家为加强北极地区居民能力建设、促进经济社会发展、提高教育和医疗水平所作努力的前提下，参与北极资源开发利用。

4.积极参与北极治理和国际合作

中国主张构建和完善北极治理机制，积极参与北极国际治理，坚持维护以《联合国宪章》和《联合国海洋法公约》为核心的现行北极国际治理体系，努力在北极国际规则的制定、解释、适用和发展中发挥建设性作用，维护各国和国际社会的共同利益。中国主张稳步推进北极国际合作。加强共建“一带一路”倡议框架下关于北极领域的国际合作，坚持共商、共建、共享原则，重点开展以政策沟通、设施联通、贸易畅通、资金融通、民心相通为主要内容的务实合作。中国高度重视北极理事会在北极事务中发挥的积极作用，认可北极理事会是关于北极环境与可持续发展等问题的主要政府间论坛。中国主张在北极国家与域外国家之间建立合作伙伴关系。

5. 促进北极和平与稳定

中国主张和平利用北极,致力于维护和促进北极的和平与稳定,保护北极地区人员和财产安全,保障海上贸易、海上作业和运输安全。中国致力于加强与北极国家在海空搜救、海上预警、应急反应、情报交流等方面的国际合作,妥善应对海上事故、环境污染、海上犯罪等安全挑战。作为负责任的大国,中国愿本着“尊重、合作、共赢、可持续”的基本原则,与有关各方一道,共同认识北极、保护北极、利用北极和参与治理北极,为北极的和平稳定和可持续发展做出贡献。

第六章　应对气候变化"绿色外交"

第一节　应对气候变化刻不容缓

"万物各得其和以生，各得其养以成。"①中华文明历来强调天人合一、尊重自然，人与自然和谐共生。走向生态文明新时代，建设美丽中国，是实现中华民族伟大复兴的中国梦的重要内容。2012 年，党的十八大把生态文明建设纳入中国特色社会主义事业"五位一体"总体布局，首次把"美丽中国"作为生态文明建设的宏伟目标。党的十八大通过的《中国共产党章程（修正案）》，将"中国共产党领导人民建设社会主义生态文明"写入党章，作为行动纲领；党的十八届三中全会提出加快建立系统完整的生态文明制度体系；党的十八届四中全会要求用严格的法律制度保护生态环境；党的十

---

① 《荀子·天论》第 3 段。原文："列星随旋，日月递炤，四时代御，阴阳大化，风雨博施。万物各得其和以生，各得其养以成。不见其事而见其功，夫是之谓神。皆知其所以成，莫知其无形，夫是之谓天。唯圣人为不求知天。"意思是：天上的恒星相伴旋转，日月交替照耀，四季轮流，阴阳二气化生万物，风雨普施万物。万物得阴阳形成的和气而产生，得风雨的滋养而成长。看不见阴阳化生万物的过程而只见其成果，可谓神妙。人们都知道阴阳已经生成的万物，却没有人知道它那无影无踪的生成过程，这就叫作天。并非圣人不知天，而是不奢求尽知天的一切。

八届五中全会提出“五大发展理念”,[①]将绿色发展作为“十三五”乃至更长时期经济社会发展的一个重要理念,成为党关于生态文明建设、社会主义现代化建设规律性认识的最新成果。党的十九大报告进一步提出“积极参与全球环境治理,落实减排承诺”“为全球生态安全作出贡献”。

气候变化是人类在21世纪面临的最紧迫挑战之一,是当前国际环境治理领域的热点和焦点问题。[②] 气候变化谈判,是南北矛盾和发展问题的斗争焦点,大国外交博弈的新战场,全球聚焦,全民关注。2009年以来,应对气候变化“绿色外交”跌宕起伏,从纽约到哥本哈根,从坎昆到巴黎,气候变化谈判步步深入,终结硕果。中国政府始终以积极、建设性姿态参与其中,携手构建合作共赢、公平合理的气候变化国际治理机制。[③]

一、气候变化是一个不容置疑的事实

气候与人类密不可分。人们关心日常的天气变化和天气预报,但除专业人员外,并不太在意长期的气候变化。气候是大气物理特征的长期平均状态,通俗地讲,指某一地区多年天气状况的综合。[④] 与天气不同,气候具有稳定性。按照《联合国气候变化框架公约》(United Nations Framework Convention on Climate Change,UNFCCC)的定义:“气候变化(climate change)是指除在类似时期内所观测的气候的自然变异之外,由于直接或间接的人类活动改变了地球大气的组成而造成的气候变化。”[⑤]气候变化的原因可能是自然的内部进程,或是外部强迫,或者是人为地持续对大气组成成分的改变。

---

① 党的十八届五中全会于2015年10月26~29日在北京举行。全会强调,实现“十三五”时期发展目标,破解发展难题,厚植发展优势,必须牢固树立并切实贯彻“创新、协调、绿色、开放、共享”的发展理念。

② 胡锦涛:《携手应对气候变化挑战——在联合国气候变化峰会开幕式上的讲话》(2009年9月22日)。这是中国国家元首第一次在联合国讲坛上就气候变化问题阐述中方立场。胡锦涛指出:全球气候变化深刻影响着人类的生存和发展,是各国共同面临的重大挑战。当前,在共同应对气候变化方面应坚持以下几点:第一,履行各自责任是核心;第二,实现互利共赢是目标;第三,促进共同发展是基础;第四,确保资金技术是关键。

③ 参见习近平:《携手构建合作共赢、公平合理的气候变化治理机制——在气候变化巴黎大会开幕式上的讲话》,载新华网:www. xinhuanet. com,最后访问日期:2019年5月28日。

④ 根据宋高承《事物纪原·正朔历数·气候》记载,《礼记·月令》注曰:“昔周公作时训,定二十四气,分七十二候,则气候之起,始于太昊,而定于周公也。”

⑤ 《联合国气候变化框架公约》第1条第2款。

全球正在变暖是一个不争的事实,尽管相关的科学研究仍需要进一步深入和持续开展。[①] 总体而言,人类对气候变化问题的认识,经历了漫长和逐步深化的发展过程。20 世纪 60 年代以来,随着科学技术的发展,人类开始关注大气环境以及全球气候系统的变化,世界气象组织(World Meteorological Organization,WMO)和有关科研机构加强了对全球大气和气候环境的观测和研究,对气候变化的科学认知逐步加深。1988 年建立的政府间气候变化专业委员会(Intergovernmental Panel on Climate Change,IPCC)[②]在经过长期的观测、调查、实验和分析评估后认定,18 世纪中叶工业革命以来,全球气候正经历一次以变暖为主要特征的显著变化。进入 21 世纪,全球变暖的趋势还在加剧。IPCC 2007 年第四次评估报告指出,1906 ~ 2005 年全球平均气温上升了 0.56 ~ 0.92℃,海平面约上升了 0.17 米。1995 年,IPCC 第二次评估报告(Second Assessment Report)称,在多种温室气体排放情景下,预估全球平均气温在 2100 年前将升高 1.1 ~ 6.4℃,海平面将相应上升 0.09 ~ 0.88 米。变化之快是过去 1 万年所没有的。IPCC 2018 年 10 月 8 日发布的《全球升温 1.5℃特别报告》(IPCC Special Report on the Impact of Global Warming of 1.5℃)进一步指出,受人类活动影响,全球平均温度比工业化前已上升 1℃。照此趋势,气温升温将在 2030 ~ 2052 年达到 1.5℃。[③]

作为气候变化国际谈判的科学咨询机构,IPCC 汇集了世界上相关领域的数千位科学家,以科学评估报告的形式收集、整理和汇总全世界在气候变化领域的最新研究成果,向各国政府提出科学评价和政策建议。IPCC 评估报告被公认为代表了迄今国际科学界对气候变化问题最权威、最全面的认识,提高了

---

① 参见黄惠康:《与国际社会携手应对气候变化》,载《今日中国》(中文版)2010 年第 11 期;肖风劲等:《气候变化对我国农业的可能影响及适应性对策》,载《自然灾害学报》2006 年第 1 期;任小波、曲建升等:《气候变化影响及其适应的经济学评估——英国“斯特恩报告”关键内容解读》,载《地球科学进展》2007 年第 7 期。

② IPCC 由联合国环境规划署和世界气象组织始建于 1988 年,旨在为决策者定期提供针对气候变化、其影响和未来风险的科学评估,并提出适应和减缓战略。IPCC 现有 195 个成员国。自成立以来,IPCC 已编写了五套多卷册评估报告,除发布了五份综合评估报告外,还就特别专题发布特别报告,诸如关于航空、气候变化的区域影响、技术转让、排放情景、土地利用、土地利用变化与林业、二氧化碳捕获与封存,以及有关保护臭氧层与全球气候系统之间的关系。IPCC 和美国前副总统戈尔共同荣获 2007 年诺贝尔和平奖,以表彰他们在气候变化方面的贡献。

③ 参见冯丽妃:《IPCC 发布全球升温 1.5℃特别报告》,载《中国科学报》2018 年 10 月 9 日,第 2 版。

全球对气候变化问题的科学认知,也是国际社会制定应对之策的重要依据,对推动气候变化国际谈判进程尤为重要。尽管有关气候变化的科学研究还存在许多的不确定性,①尤其是变化的缘由,但全球变暖已经是一个不争的科学事实。世界气象组织 2008 年曾宣布,1998 ~ 2007 年是有记载以来最暖和的 10 年。根据 2014 年 11 月 2 日发布的 IPCC 第五次评估报告的综合报告,人类对气候系统的影响是明确的,而且这种影响在不断增强,在世界各个大洲都已观测到种种影响。如果任其发展,气候变化将会增加对人类和生态系统造成严重、普遍和不可逆转影响的可能性。报告指出,“在北半球有可能做此项评估的地方,1983 年至 2012 年可能是过去 1400 年里最热的 30 年”。

2018 年 11 月 22 日,世界气象组织发布 2017 年度全球大气温室气体公报(总第 14 期)。公报采用的大气温室气体浓度数据来自世界气象组织全球大气观测网(Global Atmosphere Watch, GAW)、全球大气气体先进试验(Advanced Global Atmospheric Gases Experiment, AGAGE)等。公报称全球大气主要温室气体浓度继续突破有仪器观测以来的历史纪录。② 二氧化碳、甲烷和氧化亚氮的浓度分别达到 405.5 ± 0.1ppm(ppm 为摩尔比浓度 10 : 6,即百万分之一)、1859 ± 2ppb(ppb 为摩尔比浓度 10 : 9,即十亿分之一)、329.9 ± 0.1ppb。2016 ~ 2017 年大气二氧化碳浓度增幅约 2.2ppm。③ 2017 年全球大气甲烷和氧化亚氮浓度也达到了新的高度,2016 ~ 2017 年增幅分别达 7ppb 和 0.9ppb。根据美国国家海洋大气局(National Oceanic and Atmospheric Adminstration, NOAA)的温室气体指数分析结果,2017 年由大气长寿命温室气体引起的辐射强迫相比

---

① 根据《文汇报》2012 年 10 月 15 日报道,英国气象局公布的一项研究显示,1997 年年初和 2012 年 8 月相比,全球气温并无明显变化。有气候专家承认,科学界用来预测气候变化的计算机程序有严重缺陷。报告指出,全球气温由 1880 年至今上升 0.75℃,但根据全球 3000 个监测站的资料,全球气温在近 15 年来是零变化。上一次气温上升周期要追溯到 1980 年至 1996 年。

② 世界气象组织自 2006 年起,每年度发布一期《WMO 温室气体公报》。温室气体主要包括《京都议定书》限排的二氧化碳(CO_2)、甲烷(CH_4)、氧化亚氮(N_2O)、六氟化硫(SF_6)、氢氟碳化物(HFCs)、全氟化碳(PFCs),以及《蒙特利尔议定书》限排的部分卤代温室气体。

③ 根据世界气象组织 2016 年度全球大气温室气体公报,2016 年二氧化碳浓度相对 2015 年出现大幅上升,增幅达 3.3ppm,比过去 10 年平均增长高 50%(约 2.2ppm/年),主要与 2015 ~ 2016 年厄尔尼诺事件导致的热带地区干旱及森林大火等的排放有关。2017 年排放增幅相比 2015 ~ 2016 年明显降低。

1990 年上升了约 41%，而这其中二氧化碳的贡献超过 82%。①

二、气候变化不利于人类的生存和发展

虽然对于气候变化趋势的科学认知还存在一定程度的不确定性，但绝大多数科学家断言，气候变化是人类面临的巨大环境风险。全球气候持续变暖已经并将继续对人类赖以生存的自然生态系统和人类千百年来所创造的经济社会系统带来严重影响。② 如可能引发冰川消融、海平面上升、永久冻土层融化、自然生态系统受损、珊瑚礁死亡、台风肆虐、热浪频袭、干旱洪涝此起彼伏、极端气候事件频发、增加传染病等一系列负面影响。全球气候变暖影响人类的生存、发展和各国的利益，深度触及农业和粮食安全、水资源安全、能源安全、生态安全、公共卫生安全。③ 党的十九大报告将“气候变化与恐怖主义、网络安全、重大传染性疾病”并列为人类面临的四大全球性共性问题。发展中国家抗灾能力弱，气候变化对广大发展中国家的不利影响尤为严重。海平面上升，使至少 70 个国家受到直接影响，特别危及众多欠发达的小岛国。这些国家可能遭受海水入侵，海滩和海岸侵蚀，土地恶化，海水倒灌和洪水加剧，港口受损等严重危害。个别小岛国甚至可能面临被淹没的威胁，造成大量“气候难民”。④ 发达国家也难以幸免于难。据报道，1995 年芝加哥热浪导致 500 多人死亡，2018 年 9 月日本遭受 25 年来最强台风（“飞燕”）袭击；美国中东部地区遭受 30 年来最强大飓风（“佛罗伦斯”）的破坏性打击，北卡罗来纳州、南卡罗来纳州、弗吉尼亚州

---

① 参见《2018 年中国气候公报及 2017 年中国温室气体公报发布会》，载国务院新闻办公室网：www. scio. gov. cn，最后访问日期：2019 年 5 月 31 日。

② IPCC 主席李会晟（韩国经济学家、首尔大学教授）指出，2018 年《IPCC 全球升温 1.5℃特别报告》由来自 40 个国家的 91 位作者和评审编写，引用了超过 6000 篇科学文献，全球数千名专家和政府审稿人为其贡献了力量。IPCC 第一工作组联合主席翟盘茂指出，《特别报告》释放的一个强烈信息是更多的极端天气、海平面上升、北极海冰减少以及其他变化已经让我们目睹了全球升温 1℃的后果。参见冯丽妃：《IPCC 发布全球升温 1.5℃特别报告》，载《中国科学报》2018 年 10 月 9 日，第 2 版。

③ 气候变暖，可能会增加降雨并增加植物的光合作用，延长生长季节，使一些地区更加适合农业耕作。但全球气温和降雨形态的迅速变化，可能使世界许多地区的农业和自然生态系统无法适应或不能很快适应，使其遭受很大的破坏性影响，造成大范围的森林植被破坏和农业灾害。

④ 2018 年 1 月 31 日，密克罗尼西亚联邦政府在联合国大会法律委员会（第六委员会）提议将“海平面上升的法律影响”作为联合国国际法委员会的一项专题列入委员会的长期工作方案。这一提案在联大六委获得多数成员国的支持，并获得了国际法委员会的积极响应。国际法委员会第 70 届会议决定将“与国际法有关的海平面上升问题”列入委员会长期工作方案。

和马里兰州进入紧急状态,30 多人死亡,经济损失达数百亿美元。20 世纪 80 年代,保险业同气候有关的索赔是 140 亿美元,1990 ~ 1995 年增加到 500 亿美元。从北到南,从北极到赤道,人类已开始实实在在地感受到气候变化带来的不利影响。生物多样性受到有史以来最为严重的威胁。近年来,我们所亲身感受到的多发极端天气事件就是最好的佐证。2015 年联合国《2030 年可持续发展议程》(第 14 段)特别指出:“气候变化是当今时代的最大挑战之一,它产生的不利影响削弱了各国实现可持续发展的能力。”无疑,气候变化将放大对自然和人类系统的现有风险,并产生新的风险。

三、当前全球气候变暖的主要原因是人类活动

科学界和国际社会的主流观点认为,工业革命以来人类活动造成的温室气体累积是造成当前全球气候变暖的主要原因。这一判断在 IPCC 五次评估报告中逐步得到确认。IPCC 1990 年第一次评估报告称,“近百年气候变化可能是自然波动,或人为活动,或两者共同影响的结果”。1995 年第二次评估报告指出,“人类活动对地球气候和气候系统的影响已经可以被检测出来”。2001 年第三次报告表示,“有新的、更坚实的证据表明,人类活动与全球气候变暖有关”。2007 年第四次报告强调,人类活动很可能是气候变暖的主要原因,并将这种可能性从 2001 年的约 66% 提升到 90% 以上。2014 年 11 月第五次评估报告的综合报告确认,世界各地都在发生气候变化,而气候系统变暖是毋庸置疑的。自 20 世纪 50 年代以来,许多观测到的变化在几十年乃至上千年时间里都是前所未有的。相比之前的评估报告,本报告更为肯定地指出一项事实,即温室气体排放以及其他人为驱动因子已成为自 20 世纪中期以来气候变暖的主要原因。人类对气候系统的影响是明确的,而且这种影响在不断增强,在世界各个大洲都已观测到种种影响。如果任其发展,气候变化将会增强对人类和生态系统造成严重、普遍和不可逆转影响的可能性。①

科学研究显示,气候变化有其自身的规律可循,历史上地球也曾经历了多次变暖和变冷,而每一次变化都必然带来生物系统的进化或退化,甚至是灭绝,如 4.4 亿年前奥陶纪末期的气候变冷导致 85% 的物种灭绝,6500 万年前白垩纪末期发生的第五次物种大灭绝导致陆地霸主恐龙的灭绝。但本次气候变化完

① 中国气象局:《IPCC 发布第五次评估报告的综合报告》,载中国气象局网:www. cma. gov. cn,最后访问日期:2019 年 6 月 30 日。

全不同于单纯自然的规律性变化，人类活动在其中起了决定性的作用。[①] 工业革命以来，人类活动，特别是发达国家在工业化过程中无节制使用化石能源，并长期维持高耗能的生活方式，大幅增加了大气中温室气体(Greenhouse Gas，GHG)的浓度，由此增强了自然温室效应，引起地球表面和大气持续升温。据估算，自1750年以来，全球累计排放了1万多亿吨二氧化碳，其中发达国家排放约占80%。[②] 1750年大气中的二氧化碳浓度为280ppm，2005年增加到379ppm。[③] 发达国家至今仍维持远高于发展中国家的人均排放。[④] 以气候变化统计第二个百年起点的2006年为基准，当年世界人均二氧化碳排放量为4.27吨/年，发达国家人均排放高达约11吨/年，而发展中国家平均人均排放仅约2吨/年。2009年涵盖全球185个国家和地区的二氧化碳排放指数研究报告显示，澳大利亚人均排放20.58吨，美国人均排放19.58吨，成为全球人均二氧化碳最多的2个国家。此外，就全球累计排放量而言，人均历史碳排放总量最多的国家是英国和美国，人均二氧化碳历史排放量约达1100吨/人，而中国和印度的人均历史排放水平仅分别为66吨/人和23吨/人。英国和美国保持了中国世界纪录协会全球人均碳排放总量最多的世界纪录。[⑤] 因此，完全可以说，发达国家是当前全球气候变暖的始作俑者，而广大发展中国家则是最大的受害者。出于历史、道义和法律的责任，在应对气候变化的国际合作中，发达国家必须率先减排，并以资金和技术帮助发展中国家适应气候变化。

---

① 1979年2月在日内瓦召开的第一次世界气候大会指出，如果大气中二氧化碳含量保持当时的增长速度，则气温的上升到20世纪末将达到“可测量”的程度，到21世纪中叶将出现显著的增温现象。这是人类历史上第一次就温室效应带来的全球升温作出判断。

② 从工业革命到1950年，发达国家排放的二氧化碳排放量，占全球累计排放量的95%。1950~2000年，发达国家碳排放量已占到全球的77%。而1904~2004年，中国二氧化碳排放量只占全球的8%。

③ 在气象学上，“ppm”是英语part per million的缩写，表示百万分之几，指溶质的浓度。280ppm即百万分之二百八十。

④ 1990年8月，IPCC发布第一次气候变化科学评估报告。报告主要结论有两点：第一，人类活动导致的温室气体排放，正在使大气中温室气体浓度显著增加，从而增强了地球温室气体效应，如对人类活动导致的温室气体排放不加控制，到21世纪末地球温度将升高2~5℃；第二，发达国家近200年工业化进程中大量消耗化石能源是导致温室气体排放增加的主要原因。

⑤ 《全球10项碳排放世界记录都有哪些国家?》，载易碳家网：www.tanjiaoyi.com，最后访问日期：2019年5月28日。

四、应对气候变化是人类共同的事业

科学研究还显示，气候变暖具有全球性特征，非一地或一国之问题，也非单纯的气候问题或环境问题。这是人类在21世纪面临的一大共同挑战。气候变化无国界。无论温室气体是从哪儿排放的，其造成的后果是一样的。所有国家都会相互影响。面对全球变暖，没有哪个国家能够独善其身，免于气候变化的影响，也没有哪个国家可以凭借一己之力予以应对。1985年11月，WMO和联合国环境规划署（United Nations Environment Programme，UNEP）邀请各国科学家在奥地利菲拉赫举行会议。会议提出，温室气体的累积极有可能导致显著的气候变化，预测21世纪前50年全球温度上升将超过人类历史上任何时期，并建议WMO和UNEP考虑推动就气候变化问题制定一项新的国际公约。① 应对气候变化刻不容缓。为了人类的共同利益和子孙后代的福祉，各国特别是发达国家必须立即采取行动，通过进一步加强国际合作，携手应对气候变化。1992年《联合国气候变化框架公约》开宗明义："本公约各缔约方，承认地球气候的变化及其不利影响是人类共同关心的事项"，"决心为当代和后代保护气候系统"。2015年《巴黎协定》重申：承认气候变化是人类共同关注的问题，这体现了世界各国面对气候变化采取全球行动的坚定决心。习近平主席2015年11月30日在巴黎出席气候变化巴黎大会开幕式的讲话中强调："应对气候变化是人类的共同事业。让我们携手努力，为推动建立公平有效的全球应对气候变化机制、实现更高水平全球可持续发展、构建合作共赢的国际关系作出贡献。"②

自20世纪70年代起，气候变化问题日益成为国际多边议程的重点，有关国家分别召开了一系列高级别会议讨论。例如，1988年6月多伦多会议、1989年11月荷兰德维克大气污染和气候变化部长级会议以及1990年11月日内瓦第二次世界气候大会部长级会议，均强调应立即采取措施应对气候变化，呼吁准备并通过一项关于气候变化问题的公约。1988年12月6日，第43届联合国大会根据马耳他的建议通过"为人类当代和后代保护全球气候"的第43/53号决议。决议明确提出，气候变化是人类共同关心的问题，决定在全球范围内对气候变化问题采取必要和及时的行动，要求IPCC对气候变化的科学认识等开

---

① John W. Zillman, "A History of Climate Activities", *WMO Bulletin* 3, 2009, p. 145.

② 习近平：《携手构建合作共赢、公平合理的气候变化治理机制——在气候变化巴黎大会开幕式上的讲话》，载《人民日报》2015年12月1日，第2版。

展全面评估，并就未来应对气候变化国际公约的要素等重要问题提出评审意见。自此，国际社会开始着手制订应对气候变化的国际公约。

第二节　气候变化国际治理任重道远

从20世纪70年代气候变化问题进入人类视野，到1992年《联合国气候变化框架公约》诞生，为国际合作应对气候变化奠定法律基础，历时20年；从1992年《联合国气候变化框架公约》到2015年12月12日公约第21次缔约方大会196个缔约方在巴黎一致通过《巴黎协定》，开启气候变化国际治理新进程，又经过了20余年。然而，美国特朗普新政府推行"逆全球化"的"美国优先"政策，宣布将退出《巴黎协定》，对全球气候治理带来一定冲击。① 但《巴黎协定》将继续有效，国际合作应对气候变化的势头依然强劲。2018年12月16日在波兰卡托维兹闭幕的联合国气候变化大会成功通过《巴黎协定》实施细则，细则谈判如期收官。同时，《联合国气候变化框架公约》及其《巴黎协定》的落实工作仍然任重道远，在减缓、适应、资金等方面面临不少挑战。应对气候变化，任重道远。②

一、艰难的谈判进程

自20世纪70年代起，国际社会开始关注气候变化问题。1972年6月5～16日，联合国在瑞典斯德哥尔摩举行首次人类环境会议，113个国家和地区的1300名代表出席。会议的目的是要促使各国政府和人民注意人类活动正在破坏自然环境，并给人类生存和发展造成了严重的威胁。会议于6月16日通过了《联合国人类环境会议宣言》（Declaration of United Nations Conference on Human Environment）以及《行动计划》，呼吁各国政府和人民为维护和改善人类环境，造福全体人民，造福子孙后代而共同努力。此次会议开创了人类社会环境保护事业的新纪元，是人类环境保护史上的一座里程碑。同年10月，第27

---

① 根据《巴黎协定》第28条规定，签署国在协议生效三年之后才能提出申请退约，并在提出申请一年之后退出申请才能生效。《巴黎协定》的生效时间为2016年11月4日，因此，美国在2019年11月4日后才能正式提出退约申请，并在一年后生效。美国有效退约的时间最早为2020年11月4日。

② 参见《气候谈判话中国——外交部历任气候变化谈判代表讲述谈判历程》，载《世界知识》2019年第5期。

届联合国大会决定把每年的6月5日定为“世界环境日”(World Environment Day)。①

1972年12月15日,联合国大会决议建立环境规划署,作为联合国统筹全球环保工作的组织。1973年1月,UNEP正式成立,总部设在肯尼亚内罗毕,每年通过联合国经济和社会理事会报告工作。1979年2月,世界气象组织在日内瓦召开第一次世界气候大会,会议通过了《世界气候大会宣言》,制订了一项完整的世界气候计划,从而揭开了全球气候变化研究的序幕。② 1988年12月,联合国第43届大会通过了“为人类当代和后代保护全球气候”的43/53号决议,气候变化问题逐渐成为全球外交热点问题。同年,世界气象组织和联合国环境规划署联合成立了IPCC。IPCC于1990年、1995年、2001年、2007年、2014年先后五次发布评估报告,并于2018年10月8日发布了《全球升温1.5℃特别报告》③,为应对气候变化国际谈判提供了科学依据和重要推力。

1989年5月25日,UNEP理事会通过决定,要求UNEP执行主任与WMO总干事,在IPCC工作及有关国际会议结论的基础上,为气候问题的框架公约谈判作准备,并尽快启动相关谈判。UNEP和WMO随即开始相关准备工作,并于当年11月17日致函各国外长,就未来气候变化公约要素征询各国政府意见。同年12月22日,第44届联大通过“关于联合国环境和发展会议”的第44/228号决议,决定在巴西举行联合国环境与发展会议;确认该会议应在加强各国和国际努力以促进各国持久无害环境发展的前提下,拟订各种战略和措施,终止和扭转环境恶化的影响。

1990年8月,IPCC拟定并公布《气候变化框架公约可能要素》;9月,UNEP和WMO共同召集制定气候变化框架公约预备会;12月,联大再次通过“为人类

① 联合国环境规划署在每年6月5日选择一个成员国举行“世界环境日”纪念活动,发表《环境现状年度报告书》,表彰“全球500佳”。并根据当年的世界主要环境问题及环境热点,有针对性地制定“世界环境日”主题。2019年“世界环境日”由中国主办,活动主题为“蓝天保卫战,我是行动者”,主场活动设在杭州。

② 中国派出了一个四人代表团与会。团长为中国气象学会副理事长谢义炳,成员来自中央气象局、北京大学和中国科学院。

③ 2014年11月2日,IPCC在哥本哈根发布由800多位科学家参与编写的第五次评估报告的《综合报告》。此前,IPCC还先后发布了《自然科学基础》《影响、适应和脆弱性》《减缓气候变化》等单行报告。综合报告指出:人类对气候系统的影响是明确的,而且这种影响在不断增强,在世界各大洲都已观测到种种影响。如果任其发展,气候变化将会增强对人类和生态系统造成严重、普遍和不可扭转影响的可能性。这是有史以来最全面的气候变化评估报告。

当代和后代保护全球气候”的第45/212号决议，决定建立政府间谈判委员会（Intergovernwental Negotiating Cowmittee，INC），并于1991年2月正式启动《联合国气候变化框架公约》（Uaited Nations Framework Convention on Climate Change，UNFCCC）的谈判进程。历经15个月的五轮艰难谈判，该公约于1992年5月9日在联合国总部通过。①

1992年6月3日至14日，在巴西里约热内卢召开了联合国环境与发展会议（United Nations Conference on Environment and Development，UNCED）。这是继1972年斯德哥尔摩联合国人类环境会议之后，环境与发展领域中规模最大、级别最高的一次国际会议。② 会议确立了要为子孙后代造福、走人与自然协调发展的道路，并提出了可持续发展战略。会议通过了《关于环境与发展的里约热内卢宣言》《21世纪议程》《关于森林问题的原则声明》。《联合国气候变化框架公约》连同《联合国保护生物多样性公约》一并在大会期间开放签署，并于1994年3月21日生效。截至2018年12月31日，共有包括我国在内的197个国家（含欧盟）成为《联合国气候变化框架公约》的缔约方。③ 我国于1992年6月11日签署并于1993年5月7日批准了《联合国气候变化框架公约》。公约自1994年3月21日起对中国生效，并适用于中国澳门特别行政区，自2003年5月5日起适用于中国香港特别行政区。

《联合国气候变化框架公约》采用“框架公约”的法律形式，规定了预防原则、共同但有区别的责任原则、可持续发展原则，为国际气候治理打下了法律基础。应该说，采用框架公约形式符合气候变化谈判的性质以及先易后难、循序渐进的谈判思路。在人类对气候变化的认知尚待深化的情况下，可以确保法律的稳定性和可预期性，避免朝令夕改，并有助于谈判取得阶段性重要成果。具体的量化义务和技术细节问题留待各国进一步谈判磋商。④

---

① 在投票表决时，沙特、埃及、科威特、阿曼、伊朗、保加利亚、捷克斯洛伐克、土耳其、马来西亚等国对公约部分内容持保留态度。

② 该会议有183个国家和70个国际组织的代表参加，102位国家元首或政府首脑到会讲话。时任中国国务院总理李鹏应邀出席了首脑峰会，国务委员宋健率中国代表团参加了部长级会议。2002年10月，为纪念联合国环发大会10周年，联合国在南非召开环境会议，时任国务院总理朱镕基出席会议并讲话。

③ 《联合国保护生物多样性公约》现有缔约方196个，含我国和欧盟。

④ 中国代表团在谈判伊始就旗帜鲜明地提出了制定“框架公约”的主张，强调“鉴于目前对气候变化和全球变暖现象还需进一步观察和研究，还存在相当的不确定性，不宜在公约中匆忙规定具体限控指标”。中国的立场得到“77国集团”的支持。

《联合国气候变化框架公约》确立了应对气候变化的最终目标，即将大气中的温室气体含量稳定在一定水平，防止人为活动对气候系统造成危险的干扰，[①]并将发达国家和发展中国家之间“共同但有区别的责任原则”确定为基本原则。各缔约方均有义务采取预防行动对付气候变化，但发达国家对气候变化负有历史和现实的责任，所以应承担主要义务。当前积聚在大气中人为排放的温室气体主要来自发达国家自工业革命以来的排放，而且目前它们以占全球22%的人口，排放了世界60%的CO_2；而发展中国家的排放总量和人均排放都很低，它们的首要任务是发展经济、消除贫困。《联合国气候变化框架公约》对此予以肯定，并要求发达国家在20世纪末将其温室气体排放量降低到1990年的水平。

《联合国气候变化框架公约》没有为发达国家规定量化的减排义务。为了落实《联合国气候变化框架公约》的原则和规定，在《联合国气候变化框架公约》框架下，气候变化谈判继续推进。1995年4月，《联合国气候变化框架公约》第一次缔约方会议（Conference of Parties 1，COP1）通过了“柏林授权”，开始了为发达国家规定具体减排义务的谈判进程。经过两年半的艰苦谈判，《京都议定书》（Kyoto Protocol）于1997年12月11日在第三次缔约方会议（京都会议）上通过。[②] 世界进入温室气体减排时代。

《京都议定书》确定了发达国家自上而下的减排模式，为附件1国家（发达国家）规定了有法律约束力的量化减排义务，而没有为发展中国家规定减排或限排义务。它规定发达国家应在2008～2012年（“第一个承诺期”结束时）将CO_2、甲烷等六种受控的温室气体排放比其1990年水平平均减少5.2%，并为每个发达国家规定了具体的减排指标，例如：日本、加拿大6%，美国7%，欧盟8%（各成员国具体的指标由它们协商确定，这被称为“欧盟气泡”，其中葡萄牙、希腊、西班牙等国家不仅不减还可增加排放）；但俄罗斯、乌克兰、新西兰为零减排，澳大利亚可以增加排放8%，冰岛增排10%。

《京都议定书》还规定了“联合履行”（Joint Implementation，JI）、“清洁发展

① 《联合国气候变化框架公约》第2条规定，“将大气中温室气体的浓度稳定在防止气候系统受到危险的认为干扰的水平上。这一水平应当在足以使生态系统能够自然地适应气候变化、确保粮食生产免受威胁并使经济发展能够可持续进行的时间范围内实现”。

② 《京都议定书》于1998年3月16日至1999年3月15日开放签署，共有84国签署。《京都议定书》于2005年2月16日生效。截至2018年12月，《京都议定书》有192个缔约方。我国于1998年5月29日签署并于2002年8月30日核准《京都议定书》。《京都议定书》于2005年起适用于我国香港特别行政区，2008年1月14日起适用于我国澳门特别行政区。

机制”(Clean Development Mechanism,CDM)和“排放贸易”(Emission Trading,ET)三种域外减排的灵活机制。即发达国家可以通过这三种机制在本国以外取得减排的抵销额,从而以较低成本实现减排目标。《京都议定书》没有具体规定这三机制的规则,制定什么样的规则正成为后续谈判的焦点问题之一。

在1999年11月《联合国气候变化框架公约》第五次(波恩)缔约方会议上,在欧盟的推动下,会议决定应在2000年第六次缔约方会议前完成“三机制”“遵约程序”等重要议题的谈判,以促使《京都议定书》于2002年前生效。《京都议定书》设定了严苛的生效条件,即需要55个公约缔约方批准,且其中附件1国家缔约方1990年温室气体排放量之和占全部附件1国家缔约方1990年温室气体排放总量的55%。然而,到2000年5月22日为止,完成《京都议定书》国内批准程序的主要是一些小岛国,还没有任何一个附件1国家和较大的发展中国家批准。主要原因在于落实《京都议定书》的具体规则尚未制订出来,而且美国国内批约形势不妙。

由于当时美国一国的温室气体排放量即占全世界的24%(占附件1国家的36.1%),因此美国批准与否是一个关键性因素。但从美国在谈判中的表现看,它根本不愿真正进行国内减排,而是千方百计地曲解《京都议定书》的一些规定,以避免承担义务。① 另外,美国一贯的策略是将它批准《京都议定书》和新兴发展中大国,特别是中国、印度、巴西等承诺承担减、限排义务挂钩。南北之间在这个问题上的斗争自《京都议定书》诞生以来一直没有停止过。

为使《京都议定书》生效并实现真实的减排,必须解决三个大问题:汇的利用、“三机制”的运行规则和遵约机制。在这些问题上,由欧盟之外的其他发达国家组成的“伞型国家集团”(Umbrella Group),包括美国、日本、加拿大、澳大利亚、新西兰、挪威、俄罗斯、乌克兰等国,②与欧盟存在尖锐的矛盾。③ 矛盾的根源在于美国等伞型集团国家对化石燃料的依赖很大,国内减排成本太高,难以完成减排指标;而欧盟国家经济发展对能源消费的依赖已减少,在环境技术上领先美国等国,减排压力较小,在政治上又可就此向美施压。以“77国集团

---

① 当时,美国处于克林顿政府时期,美国参议院进行了意向性批约投票,结果以95:0的投票结果排除了批约的可能。

② “伞型国家集团”是气候变化谈判中的一个特殊利益集团,因其成员在地球上的发布形状而得名。从地图上看,该集团成员国家的分布很像一把“伞”,也象征地球环境“保护伞”。

③ 《京都议定书》没有明确排除利用“汇”吸收CO_2的作用来帮助实现减排义务的可能。这一漏洞为美国等国提供了逃避实质性减排的借口,也成为后续谈判中的一大争议问题。

加中国”为代表的发展中国家对这些问题的科学和战略研究大大逊于美欧，因此难以提出科学上有力的见解。为了向发达国家施压，争取实现真正的减排，发展中国家倾向于在这些问题上采取严格的规定，因此和欧盟的立场比较接近。

在汇的利用问题上，美国、日本、加拿大、澳大利亚、新西兰等国企图采用对己有利的汇的计算方法，抵销其减排指标，这样表面上完成了减排指标，而事实上减少了应承担的减排义务。然而，这并非真实的减排，一旦得逞，会使《京都议定书》在事实上作废。这一立场遭到欧盟和发展中国家的强烈反对，也遭到民间环境组织的围攻。

在“三机制”的运行规则上，南北之间、北北之间都存在许多分歧。根本性分歧是利用“三机制”帮助实现减排义务有无数量上的限制？美国主张没有，按它的解释，高达99%的减排指标都可以在海外实现，这实际上取消了“三机制”对国内减排行动的“补充”作用。欧盟和发展中国家对此强烈反对。

在“遵约程序”问题上，关于最为要害的违约后果问题，美国等主张采用“借”的办法，即这个承诺期完不成减排指标，就从下一个承诺期的排放指标中减去本承诺期多排的数量。这种寅吃卯粮的做法实际上是允许无限期地拖延履行义务，因而遭到强烈反对。此外在遵约机构的组成问题上，发展中国家和发达国家也存在严重矛盾。

这些根本性问题未能达成协议，直接导致了2000年11月在荷兰海牙举行的《联合国气候变化框架公约》第六次缔约方会议未达成预期成果，进而导致《京都议定书》迟迟未能生效。①

2001年10月，《联合国气候变化框架公约》第七次缔约方会议在摩洛哥马拉喀什举行，经过艰苦谈判，会议通过了《马拉喀什协定》，达成了有关《京都议定书》履约问题的“一揽子”高级别政治决定，为《京都议定书》附件一所规定的缔约方批准《京都议定书》铺平了道路。在美国退出《京都议定书》的情况下，《马拉喀什协定》稳定了国际社会对应对气候变化行动的信心，朝具体落实《京都议定书》迈出了关键一步。② 2005年2月16日，《京都议定书》终于在通过近

① 会议期间，美国坚持要大幅度减少它的减排指标，会议因此陷入僵局。大会主办方不得不宣布会议延期，但最终仍无果而终。

② 由于美国1990年温室气体排放量占附件一国家的36.1%，在其拒绝批准的情况下，第二个55%的要求非常难达到，除非所有其他附件一国家全数批准，其中俄罗斯至关重要。俄罗斯因占附件一国家17.4%的排放量而持有《京都议定书》生死的一票。在欧盟与俄罗斯双边磋商达成交换条件后，俄罗斯终于2004年11月递交了批准书。

8 年后正式生效。截至 2018 年 12 月,《京都议定书》有 192 个缔约方。

《京都议定书》生效后,围绕如何落实公约和《京都议定书》的规定,气候变化国际谈判继续进行。谈判的重点是促进公约和《京都议定书》的全面有效实施,特别是敦促发达国家切实兑现其承诺和义务。但由于美国小布什政府因国内政治需要拒绝批准《京都议定书》,并于 2001 年 3 月最终退约,加之一些发达国家缔约方对其历史责任认识不足,《联合国气候变化框架公约》和《京都议定书》的履约效果不甚理想,①气候变化国际谈判进程更是举步维艰。

二、复杂的谈判议题

气候变化问题表面上是一个环境保护问题,但归根结底是发展问题,实际上隐含着发达国家之间以及发达国家和发展中国家之间的经济、贸易及环保技术的竞争问题。鉴于各国尚未找到成本较低的应对气候变化的办法,故欧盟率先主张通过减少或限制各国温室气体的排放来减缓全球升温的幅度和速度,这一主张被国际社会所接受,成为气候变化谈判的主轴。然而,减排势必对各国煤、石油等化石燃料的消费水平以及经济和社会发展产生重大影响。因此,广大发展中国家强烈主张,除减缓外,适应(气候变化)的问题也同等重要。适应问题与资金和技术转让问题密不可分。于是,减缓、适应、资金、技术转让和能力建设遂成为气候变化谈判的主要议题。

气候变化谈判主要是围绕减缓和适应而展开的博弈。② 谈判有四大核心议题:一是减缓,包括减少温室气体排放的长期目标;二是适应,包括农业和森林问题;三是资金;四是技术转让和能力建设。对于发达国家来说,主要是减缓问题,即要在《京都议定书》第一承诺期(2008 ~ 2012 年)到期前,确定其在第二承诺期进一步减排的幅度和指标。只有大幅减少温室气体的排放,才能减缓全球变暖的速度和幅度。与此同此,发达国家还要拿出足够的资金和环境友好技术,帮助发展中国家适应气候变化的负面影响。至于发展中国家,也要在可持续发展的框架下,积极参与应对气候变化的努力。谈判遇到的主要困难是,发达国家履行其道义责任、历史责任和法律责任的政治意愿不够强。这是谈判多

① 除美国外,加拿大由于无法完成《京都议定书》规定的减排指标,于 2011 年 12 月退出了《京都议定书》;日本、俄罗斯和新西兰则宣布不参加 2012 年后的第二承诺期。

② 2007 年气候变化巴厘会议为“巴厘路线图”谈判设定了五大议题,即共同愿景、减缓、适应、资金、技术转让和能力建设,合称“巴厘行动计划”。

年未取得预期进展的主要原因。[①] 2008 年国际金融危机、气候变化在科学上的某些不确定性以及美国的消极态度等主客观原因也在一定程度上影响了发达国家应对气候变化的意愿,使矛盾更加复杂尖锐。焦点集中在减缓(控制和减少温室气体排放)、适应(提供资金和技术转让)等核心问题上。[②]

在减排问题上,发达国家主张,各国均应承担减排的义务,削减二氧化碳排放。发展中国家主张应对气候变化的同时,维持发展中国家的生存权和发展权。欧洲的发达国家极力主张制定限制和削减二氧化碳排放的具体措施,要求在公约中规定限控排放总目标;美国作为当时最大的温室气体排放国反对制定国别减排指标。俄罗斯由于在苏联解体后经济大幅下滑对立即限制或削减温室气体排放态度消极。日本提出了"允诺加审评"的概念,要求各国就限制温室气体排放作出单方面的允诺,由国际专家组对各国的允诺定期进行审评。能源需求量大的发展中国家在采取减排措施互动问题上存在困难和关切。产油国担心其石油生产与出口受到严重影响。热带雨林国家反对制定伐木与造林的具体指标限制。小岛国等少数发展中国家由于排放量低且宜受气候变化不利影响而支持欧盟。

在提供资金与技术支持问题上,发展中国家主张资金与技术支持是应对气候变化的必要条件,发达国家应提供现有发展援助以外新的、额外资金帮助发展中国家应对气候变化,建立新的资金机制,并以优惠、非商业性条件向发展中国家转让最新节能减排技术。美国、日本等发达国家反对提供新的资金。欧洲不反对出资但不希望设立新的资金机构。同时,发达国家反对强制性技术转让安排。

三、多元化的利益格局

围绕应对气候变化这一主题,发达国家与发展中国家两大阵营针锋相对;以英法德为核心的欧盟集团、以美国为首的伞型国家集团、"77 国集团加中国"

---

① 参见黄惠康:《通往德班之路:气候变化谈判前景展望》,载《外交季刊》2011 年第 2 期。

② IPPC 2018 年特别报告强调,如将全球变暖限制在 1.5℃而非 2℃或更高的温度,将可避免一系列气候变化所造成的影响。例如,到 2100 年,如将全球变暖限制在 1.5℃而非 2℃,全球海平面上升将减少 10 厘米。随着全球升温 1.5℃,珊瑚礁将减少 70% ~90%,而升温 2℃珊瑚礁则将消失殆尽。报告发现,将全球变暖限制在 1.5℃亟待在土地、能源、工业、建筑、交通和城市方面进行"快速而深远的"转型。其中,到 2030 年,全球二氧化碳(CO_2)排放量需要比 2010 年的水平下降大约 45%,到 2050 年左右达到"净零"排放。这意味着需要通过从空气中去除 CO_2 来平衡剩余的排放。

三股力量相互制衡;南北矛盾、北方矛盾(发达国家之间的矛盾)、南方矛盾(发展中国家的内部矛盾)、大国矛盾等四对矛盾纵横交错。其中南北矛盾是主要矛盾,贯穿于气候变化谈判的全过程和各领域。南北两大阵营内部也有矛盾和分歧,如发达国家阵营中的美欧矛盾,发展中国家阵营中的小岛国集团和产油国集团间的不同诉求,而中国、印度、巴西、南非四个新兴经济体国家组成了在气候变化谈判领域有重要影响力的“基础四国”(BASIC),但不是独立的谈判集团,而是“77 国集团加中国”的组成部分。①

20 世纪 90 年代初气候变化框架公约开始谈判时,国际格局正经历巨变。东西方冷战的两极格局已瓦解,全球化和多极化趋势显现,经济发展不平衡特点突出。人权、裁军、发展、环境、气候变化等问题在国际议程中的位置前移。斗争与合作成为发达国家与发展中国家关系的主线。以美国、日本以及当时的欧共体为代表的发达国家经济居于支配和主导地位,数量众多的发展中国家居于次要和附属地位,与发达国家间的“发展鸿沟”巨大。随着经济全球化趋势加速,发达国家从自身利益出发,开始重视与发展中国家的合作。与此同时,发达国家与发展中国家间的贸易摩擦日益增多,环境保护和气候变化成为发达国家与发展中国家关系中的新问题。发达国家认为,发展中国家正在进行的工业化对气候变化构成了新的现实威胁。而从能源结构和排放增长趋势看,绝大多数发展中国家经济发展依靠以煤炭为主的传统化石能源,加之煤炭的利用效率偏低,未来排放总量将快速增加。发展中国家则认为,发达国家历史上工业化及由此形成的资源消耗性生产方式和生活方式造成环境恶化,对气候变化负有历史责任。应对气候变化不应牺牲发展中国家消除贫困和发展经济的优先需要。②

《联合国气候变化框架公约》的谈判正是在如此复杂的背景下展开的。气候变化国际治理问题涉及面广、难度大,关系能源结构和经济结构的调整与改变,能源利用效率的提高,触及经济和社会发展的根基。温室气体排放的限控,对于技术先进、财力雄厚的发达国家尚有负担过重之虞,对于正致力于工业化

---

① 参见王文涛等:《全球气候变化与能源安全的地缘政治》,载《地理学报》2014 年第 9 期;何一鸣、原萍:《联合国气候谈判中的国家利益驱动》,载《中国海洋大学学报》(社会科学报)2010 年第 4 期;高小升:《伞型集团国家在后京都气候谈判中的立场评析》,载《国际论坛》2010 年第 4 期。

② 参见《气候谈判话中国——外交部历任气候变化谈判代表讲述谈判历程》,载《世界知识》2019 年第 5 期。

的发展中国家,特别是其中的能耗大国来说更是难上加难。因此,发展中国家的特殊利益和合理关切必须在谈判中得到照顾。然而,以美国为首的发达国家一方面不愿承担应有的责任和义务,包括向发展中国家提供充足的资金援助和技术转让,还企图把套、压发展中国家,特别是新兴发展中大国承担减排或限排义务作为推卸或转嫁自身减排义务的一种重要政策工具,甚至将施加强制性减排义务作为阻碍新兴发展中大国快速发展的一种手段。中国、印度以及巴西、南非等发展中大国是其施压的主要对象,而中国则首当其冲。此外,由于发达国家不履行《联合国气候变化框架公约》规定的向发展中国家提供资金和技术的义务,南北之间在此问题上的矛盾斗争十分激烈。因此,在某种意义上,气候变化谈判也是南北之间围绕生存权和发展权进行的斗争。我国作为一个人口众多、经济快速增长的发展中国家,在可预见的将来,能源需求将会不断增加;由于自然条件所限,我国能源结构以煤为主;节约能源、提高能效、开发新能源等措施可供挖掘的潜力有限。因此,就我国而言,在相当时期内难以承担强制性量化减排义务。在 1997 年京都会议上,我国代表团团长陈耀邦向全世界郑重宣布,我国在气候变化问题上的原则立场是,在达到中等发达国家水平之前,中国不会承担减排或限排温室气体义务。这一立场在以后的历次会议上一再被重申。①

四、谈判进程中的政治博弈

自 1990 年起,气候变化国际谈判进程历经 20 多个年头。在科学认知与外交谈判相互促进的过程中,国际社会达成了 1992 年《联合国气候变化框架公约》和 1997 年《京都议定书》等里程碑式文件,奠定了应对气候变化的法律基础。与此同时,气候变化问题也逐渐超越科学问题和环境问题的范畴,上升为国际政治议程的焦点,究其原因,气候变化从本质上来说是一个跨领域、综合性的发展问题,关涉各国政治、经济、科技乃至军事等各方面利益,已成为国际政治博弈的新领域和各国、特别是大国角逐国际秩序主导权的新切入点。②

气候变化谈判启动以来,一直体现为发展中国家和发达国家两大阵营的较量。1992 年里约环发大会为融合两大阵营利益而提出了“共同但有区别的责任”,成为《联合国气候变化框架公约》和《京都议定书》的建基原则。20 多年

---

① 参见张海滨:《中国与国际气候变化谈判》,载《国际政治研究》2007 年第 1 期。

② 参见黄惠康:《通往德班之路:气候变化谈判前景展望》,载《外交季刊》2011 年第 2 期。

来,尽管国际政治、经济形势发生了很大变化,但南北两大阵营的基本格局和界限并没有改变,中国、印度、巴西、南非等新兴大国的发展中国家属性也没有根本改变。一些发达国家为转移谈判焦点、转嫁减排责任,试图否定发达国家与发展中国家的差别,模糊南北界限,否定“共同但有区别的责任”原则,这既不符合当前国际关系的现实,也为气候变化谈判制造了巨大障碍。因此,正视发达国家和发展中国家在气候变化问题上不同的历史责任和现实能力,努力寻求公正合理的权利和责任划分方案,对于气候变化国际谈判能否成功至关重要。

气候变化问题牵动大国关系调整。在气候变化谈判中,各谈判力量逐渐形成了欧盟、“伞型集团”和“77 国集团加中国”三足鼎立的基本格局。由于处于不同的发展阶段和具有不同的利益诉求,不同国家或国家集团对谈判议题有不同的立场和主张是正常的、无可厚非的。但气候变化是人类面临的共同挑战,而国际合作是应对这一挑战的唯一出路。各国在谈判中应同舟共济,遵循联合国多边机制的基本原则,本着对人类共同利益负责和合作与妥协的精神,积极建设性地参与谈判,显示最大的合作诚意与灵活。国际社会真诚希望,各个谈判集团能继续其在坎昆开始的良性互动,共同推动气候变化谈判取得成功。

应对气候变化国际合作并非“零和”游戏,经济竞争力与应对气候变化也并非当然对立。只要本着公正、透明原则,合理照顾各方关切,国际社会仍有可能弥合分歧,找到各方利益的汇合点。发达国家应拿出政治诚意,对其巨额历史累计排放和当前的高人均排放承担起责任,尽快转变其不可持续的生产、消费模式,加大减排力度,并切实向发展中国家提供资金、技术援助,共同提高国际社会应对气候变化的能力。从这个角度来说,气候变化谈判的历史使命不仅在于解决温室气体减排问题,更在于能否拓展国际合作空间,将各方矛盾的焦点化为合作的亮点,推动国际关系迈向新的水平。

五、积极推进谈判进程

2007 年 12 月,在印度尼西亚巴厘岛召开的《联合国气候变化框架公约》和《京都议定书》缔约方大会(巴厘会议)经过艰苦谈判,决定启动具有里程碑意义的“公约 +《议定书》”双轨制的“巴厘路线图”谈判,并成立两个特设工作组。公约工作组主要谈公约的全面实施,《京都议定书》工作组主要谈《京都议定书》附件 1 国家第二承诺期的减排指标,以确定 2012 年后的国际减排安排。谈判原计划于 2009 年 12 月哥本哈根会议达成有法律拘束力的协议,但由于各方分歧严重，谈判进程被迫延期。在中方的积极参与和推动下，哥本哈根会议达成了一份无法律拘束力的政治协议，即《哥本哈根协议》，确保气候变化谈判进程继续向前推进。[①] 2010 年坎昆会议达成《坎昆协议》，确认并细化了《哥本哈根协议》内容，确立了应对气候变化国际合作大框架。[②] 最终历尽 7 年艰苦谈判，2012 年，多哈会议通过了《京都议定书》多哈修正案，就发达国家 2013 年至 2020 年的减排作出安排，结束了“巴厘路线图”谈判。第二承诺期从 2013 年 1 月 1 日开始，同意加入第二承诺期的有欧盟、挪威、瑞士、澳大利亚等 38 个缔约方。整体减排量为，到 2020 年在 1990 年基础上至少减排 18％。[③]

2007 年气候变化巴厘会议在“巴厘路线图”的谈判过程中，各方开始酝酿制定一个 2020 年后的实施、适用于所有缔约方的新的法律文书。2011 年，公约第 17 次缔约方大会在南非德班举行。会议决定建立“加强行动德班平台特设工作组”（德班平台），负责在公约下谈判制定一个适用于所有缔约方的《京都议定书》、法律文书或各方同意的具有法律拘束力的成果。有关谈判应于 2012 年启动，最迟在 2015 年完成，并于 2020 年开始实施。由此开始了长达 4 年的《巴黎协定》的谈判历程。经 2013 年华沙会议、2014 年利马会议，最终在 2015 年 12 月巴黎会议上达成协议。[④] 作为最大的发展中国家和温室气体排放大国，中国积极建设性的参与，为《巴黎协定》的达成做出的重要贡献。2014 年 11 月，时任美国总统奥巴马访华期间，中美发表《气候变化联合声明》。2015 年 9 月

---

① 时任国务院总理温家宝出席了 2009 年 12 月 18 日举行的哥本哈根气候变化会议领导人会议，发表了题为《凝聚共识、加强合作，推进气候变化历史进程》的讲话。中方的积极参与是气候变化谈判进程能够继续推进的重要因素。参见汪光焘：《哥本哈根气候变化会议与中国的贡献》，载《求是》2010 年第 3 期。

② 2010 年 11 月 29 日至 12 月 11 日，《联合国气候变化框架公约》第 16 次缔约方会议暨《京都议定书》第 6 次缔约方会议在墨西哥坎昆举行。这是 2009 年哥本哈根会议之后联合国气候变化谈判的又一次重要会议，具有承上启下的作用。经艰苦谈判，来自 194 个国家的代表最终达成了被称为“坎昆协议”的一系列决议。坎昆协议反映了目前各方所能达成的最大共识，但未实质性解决诸如《京都议定书》第二承诺期等谈判中的核心问题。

③ 日本、俄罗斯、新西兰拒绝加入；加拿大退出了《京都议定书》。

④ 谈判进程十分艰辛。巴黎会议第一周密集磋商后形成的“巴黎成果草案”（包括一份 21 页的协议草案和一份 22 页的缔约方大会决议草案），仍包含了 567 个方括号和 68 项选择案文。从气候变化谈判开始伊始就一直存在的减缓、适应、共同但有区别的责任、资金等核心议题上的矛盾和分歧尚待最终消弭。在会议第二周最后冲刺阶段，各国代表通宵达旦“连轴转”，多边谈判与双边磋商同步举行，最终在会议延期一天后，达成了共识。12 月 12 日，公约 200 个缔约方一致通过了《巴黎协定》。当大会主席、法国外长法比尤斯敲槌宣布协定通过的那一刻，全场爆发出雷鸣般的掌声。

和11月，中国分别与法国、美国达成《中美元首气候变化联合声明》和《中法元首气候变化联合声明》，就“共同但有区别的责任”原则、透明度和盘点等谈判关键问题达成重要共识。2015年12月，习近平主席不但亲自出席巴黎会议，还在会议开幕式上发表了“携手构建合作共赢、公平合理的气候变化治理机制”的讲话。在谈判最后时刻，习近平主席还亲自与美国、法国领导人通电话，就谈判关键问题交换意见。巴黎大会后，联合国秘书长及美、法等多国领导人都称赞中国为达成《巴黎协定》所发挥的重要领导力。①

2016年11月4日《巴黎协定》正式生效。在通过不到一年即正式生效，《巴黎协定》成为历史上生效最快的多边国际条约之一。联合国秘书长潘基文在联合国总部举行的庆祝活动上表示：“今天，我们创造了历史——人类共同努力应对气候变化挑战的历史，因为《巴黎协定》正式生效了。全球气温已上升到了一个制高点，我们此时迎来了这一全球性气候协定的生效，这是历史性的一天。”“全球共同应对气候变化决心已下，关键在于行动。”②同日，习近平主席致信潘基文秘书长，对《巴黎协定》生效表示祝贺。习近平强调，《巴黎协定》开启了全球合作应对气候变化新阶段。中国坚持创新、协调、绿色、开放、共享的发展理念，将大力推进绿色低碳循环发展，采取有力行动应对气侯变化。中方对下阶段全球气候治理进程充满信心，愿同各方加强沟通合作，为构建合作共赢、公正合理的全球气候治理机制做出贡献。

总结近半个世纪气候变化谈判的基本脉络，大体上经历了四个阶段：从20世纪70年代至1994年《联合国气候变化框架公约》正式生效，是国际合作应对气候变化的建章立制时期；1995～2012年为《京都议定书》的谈判暨第一承诺期；2013～2020年为《议定书》第二承诺期；2020年之后为《巴黎协定》全球气候变化国际治理新时期。

六、气候变化谈判最新进展

2015年巴黎大会后，气候变化国际治理的重点转入合作落实《巴黎协定》，最重要的任务之一是就协定的实施细则开展谈判。后续细则谈判由多项议题

---

① 参见谢玮：《气候变化巴黎大会：不仅敲警钟，还要分任务》，载人民网：www. pepole. cn，最后访问日期：2019年6月9日。

② 《联合国举行活动庆祝〈巴黎协定〉正式生效》，载新华网：www. xinhuanet. com，最后访问日期：2019年6月9日。

组成,这些议题谈判工作分别在《巴黎协定》特设工作组、公约附属履行机构、附属科技咨询机构等不同机构下开展,于 2016 年 5 月正式启动。2017 年 10 月,在摩洛哥马拉喀什举行了《联合国气候变化框架公约》第 22 次缔约方大会,并召开了《巴黎协定》首次缔约方会议,马拉喀什会议对《巴黎协定》后续谈判作了具体安排,计划于 2018 年 12 月在波兰卡托维兹举行的《联合国气候变化框架公约》第 24 次缔约方会议期间完成。

此外,根据 2015 年巴黎大会有关决定,2018 年各缔约方还要举行一次促进性对话,以盘点各方在争取实现《巴黎协定》长期目标方面的进展情况,并为各国准备"国家自主贡献"提供信息。这个对话被命名为"塔拉诺阿对话"(Talanoa Dialogue),又称"2018 促进性对话"。① 2019 年气候变化多边进程中另一个关注点是,如何在 2020 年之前扩大各国的气候目标和实施行动。《联合国气候变化框架公约》秘书处执行秘书埃斯皮诺萨敦促尚未批准《京都议定书》第二承诺期修正案的国家尽快批准。这份修正案对发达国家在 2012 ~ 2020 年的减排承诺作出要求。截至 2019 年 5 月 8 日,已有 128 个国家批准了多哈修正案。该修正案将在获得另外 16 国(共 144 国)批准后生效。

2017 年以来,在法国总统马克龙亲自推动下,法国在全球积极倡议制定《世界环境公约》,通过学界提出公约示范草案文本,并在联合国主题峰会等场合宣介造势,争取各方支持。2018 年 1 月,法国在联大提出关于制定《世界环境公约》的程序性决议草案,之后展开多轮非正式磋商,几度修改决议草案,最终提交联大。2018 年 5 月 10 日,第 72 届联大以投票方式通过了题为"迈向《世界环境公约》"的第 A/RES/72/277 号程序性决议,就是否制定《世界环境公约》作出分步走的程序性授权和安排:请联合国秘书长就国际环境法和国际环境文书存在的问题和不足于 2018 年向第 73 届联大提交技术报告,并授权在联大设立特设工作组,审议上述报告和可能的应对方案,并于 2019 年上半年向联大提出建议,包括召开政府间会议通过国际文书等。② 这项决议的通过,标志着法国在国际环境法领域的"造法"努力取得了阶段性进展。2018 年 9 月特设工作组进程

---

① "塔拉诺阿"是斐济语,意为不要互相指责,要相互信任,以集体利益为重。2017 年气候变化会议主席国斐济呼吁,各国在谈判中发扬"塔拉诺阿"精神。因此,"塔拉诺阿"对话的意义在于促进巴黎协定后续细则谈判进展。

② 中国等 143 个国家投了赞成票,美国、俄罗斯、菲律宾、叙利亚、土耳其 5 国投了反对票,还有白俄罗斯、伊朗、马来西亚、尼加拉瓜、尼日利亚、沙特、塔吉克斯坦 7 国投了弃权票。

正式启动,2019年1月和3月召开了2次工作组实质会议。下一步如何发展,还要看工作组的进程及其结论和建议。① 2019年3月26日在国家主席习近平访法期间,中法发表《关于共同维护多边主义、完善全球治理的联合声明》。声明多项内容涉及气候变化和国际环境治理。声明指出:两国将继续努力,共同支持“迈向《世界环境公约》”特设工作组根据联大决议授权开展工作,保持密切沟通,以改善国际环境法及其执行。

在航海领域的行业减排也有新的进展。国际海事组织于2018年4月在英国伦敦通过了国际海运温室气体减排初步战略,对海运行业应对气候变化行动作出总体安排。这是全球海运业首次为应对气候变化制定温室气体减排目标,向国际社会传递出海运业加快向低碳转型的强有力信号。

2018年12月15日深夜,联合国气候变化卡托维兹大会顺利闭幕。大会如期完成了《巴黎协定》实施细则谈判,通过了“一揽子”全面、平衡、有力度的成果,全面落实了《巴黎协定》各项条款要求。据中国代表团介绍,经过艰难谈判,与会各方就《巴黎协定》关于自主贡献、减缓、适应、资金、技术、能力建设、透明度、全球盘点等内容涉及的机制、规则基本达成共识,并对下一步落实《巴黎协定》、加强全球应对气候变化的行动力度作出进一步安排。大会成果体现了公平、“共同但有区别的责任”、各自能力原则,考虑到不同国情,符合“国家自主决定”安排,体现了行动和支持相匹配,为协定实施奠定了制度和规则基础。大会成果传递了坚持多边主义、落实《巴黎协定》、加强应对气候变化行动的积极信号,彰显了全球绿色低碳转型的大势不可逆转,提振了国际社会合作应对气候变化的信心,强化了各方推进全球气候治理的政治意愿。②

---

① 2018年9月5~7日,“迈向《世界环境公约》”特设工作组组织会议在纽约联合国总部召开,100多个国家派代表参会。会议集中就工作组实质会议的会期、频率、议程及资金支持等程序性事项进行讨论并作出框架性安排。2019年3月18~20日,特设工作组第二次实质性会议在肯尼亚内罗毕举行。各方一致认为,工作组进程应保持开放、包容、透明,遵循协商一致原则;工作组不能削弱、破坏现有国际环境法体系、进程及治理结构;应进一步加强联合国环境规划署、联合国环境大会在国际环境治理中的地位和作用;应继续提升各领域环境条约及其机构间的协同效应,增强整体效率及有效性。但各方对国际环境法的“不足”及解决思路仍存在分歧。工作组进程将于5月20~22日召开第三次实质性会议,讨论并形成拟提交联大的“工作建议”。

② “这次会议的成功标志着多边主义的胜利,标志着多边机制是有效的。”中国气候变化谈判代表团团长解振华会后接受媒体采访时作出了这样的评价。

中国为卡托维兹气候会议的成功做出了重要贡献,受到与会各方的高度赞赏。① 会前,习近平主席在2018年20国集团领导人布宜诺斯艾利斯峰会上指出:“气候变化是事关人类前途命运的一个重大挑战,需要我们携起手来共同应对。11月30日,中国、法国、联合国共同举行了有关活动,重申落实《巴黎协定》的坚定承诺,发出了推动应对气候变化国际合作的强烈信号。我们应该继续本着构建人类命运共同体的责任感,为应对气候变化国际合作提供政治推动力。”11月30日,中国外长王毅与法国外长勒德里昂、联合国秘书长古特雷斯于11月30日在20国集团峰会期间举行了气候变化问题三方会议。会议发表新闻公报,重申合作应对气候变化的坚定承诺和决心。三方强调,气候变化关乎人类前途命运,国际社会应携起手来,促进低碳社会建设和可持续发展。

第三节 气候变化国际治理的基本原则

《联合国气候变化框架公约》《京都议定书》《巴黎协定》凝聚了多年来国际气候变化艰苦谈判所取的重要成果,凝聚了各方的广泛共识,是国际社会应对气候变化的法律基础和行动指南。

一、“共同但有区别的责任”

“共同但有区别的责任”原则(以下简称“共区原则”)是国际环境法领域的一项基本原则。② 这一原则认为,地球生态系统具有整体性,应对全球环境问题

---

① 《联合国气候变化框架公约》秘书处执行秘书帕特里夏·埃斯皮诺萨(Patricia Espinosa)女士表示,“人们越来越认识到中国正在努力减少排放,使其成为清洁技术的领导者,真正能够与世界不同国家分享他们的良好经验”。上届气候大会主席国斐济总理姆拜尼马拉马说:“我非常感谢中国和其他国家比如印度在南南合作中吸引全球目光、应对气候变化所发挥的领导作用。无论是通过提供清洁能源,现代基础设施,节能还是增加人力资源,这一合作能帮助更好地应对气候威胁。”美国前副总统阿尔·戈尔表示,中国在可再生能源领域的投资和融资在全球领先,且已完成或超过了自身设定的可再生能源发展目标。目前,全球60%左右的太阳能电池产自中国,中国还投资了电动汽车、风力发电等一系列项目。欧盟气候行动与能源委员卡涅特对中国记者说:“中国对本轮气候大会做出了基础性的贡献。中方代表展示了灵活性,起到了桥梁的作用,是达成共识的关键人物。”参见韩琳:《联合国气候变化卡托维兹大会通过巴黎协定实施细则》,载中国网讯:www.noblecn.com/NewsDetail/871743.h.,最后访问日期:2019年6月9日。

② 参见边永民:《论共同但有区别的责任原则在国际环境法中的地位》,载《暨南学报》(哲学社会科学版)2007年第4期;李杨勇:《论共同但有区别责任原则》,载《武汉大学学报》(哲学社会科学版)2007年第4期。

是各国的共同责任;同时,由于各国对导致全球环境问题的责任和处理能力不尽相同,各国应承担的责任和义务是有区别的。发达国家在历史上是全球环境恶化的主要责任者,因此,发达国家在处理全球环境问题方面应承担更多责任。发达国家在资金、技术方面都具有较强能力,应为发展中国家应对气候变化提供支持。

在气候变化公约谈判中,“共区原则”首先出现在1990年9月召开的第二次世界气候大会部长级会议宣言磋商中。[①] 当时,发达国家提出的宣言草案提出,各国均应限制和减少温室气体排放,“77国集团加中国”则认为,公平原则和“共区原则”应是任何气候变化全球对策的基础。经过长期谈判和发展中国家的艰苦争取,《联合国气候变化框架公约》最终写入并全面体现了“共区原则”。

《联合国气候变化框架公约》各缔约方承认,地球气候的变化及其不利影响是人类共同关心的问题,承认气候变化的全球性要求所有国家根据其共同但有区别的责任和各自的能力及其社会和经济条件,尽可能开展最广泛的合作,并参与有效和适当的国际应对行动。《联合国气候变化框架公约》第3条第1款进而明确规定,“各缔约方应当在公平的基础上,并根据它们共同但有区别的责任和各自的能力,为人类和后代的利益保护气候系统。因此,发达国家缔约方应当率先应对气候变化及其不利影响。”根据此项原则,发达国家应对其历史累积排放和当前的高人均排放负责,改变不可持续的生活方式,大幅减少排放,同时向发展中国家提供资金和转让技术,帮助发展中国家提高应对气候变化的能力。这是发达国家在公约下必须承担的法律义务。

1997年,《京都议定书》通过为其附件1缔约方(发达国家和经济转轨国家)设定温室气体强制减排目标等具体法律措施和手段,将“共区原则”具体化,是对该原则的重要发展和贡献。

在《京都议定书》之后的气候变化谈判进程中,特别是在2008年国际金融危机和《京都议定书》规定的2012年“第一承诺期”结束后,关于发达国家和发展中国家的“两分法”分类,以及仅为发达国家规定强制性量化减排义务的模

---

① 在中国代表团提交的《关于气候变化国际公约》草案前言中,提出了“国际社会在对付气候变化问题上有共同但有分担的责任”,这是后来《联合国气候变化框架公约》中“共区责任”原则的雏形。

式,遭到发达国家越来越激烈的反弹,[①]发展中国家内部的立场也趋于分化。“共区原则”的内涵在实践中逐步演变。其中,“共同”因素趋于强化,而“区别”的内涵逐步从绝对的发达国家和发展中国家“两分法”向根据各自国家能力的“具体区分”转变,历史责任意识逐渐淡化,现实责任意识更受重视,应对气候变化的“责任”主体逐步扩大,“巴厘行动计划”要求发展中国家在得到“三可”支持的基础上开展“三可”的国家自主减排行动。[②] 发展中国家从原先不承担量化减排责任转向需承担一定的责任。2015 年《巴黎协定》则要求所有缔约方在公平、“共同但有区别的责任”和各自能力原则指引下,参与应对气候变化行动,提交应对气候变化“国家自主贡献”。[③]

二、充分考虑发展中国家的发展

“应对气候变化,涉及全球共同利益,更关乎广大发展中国家发展利益和人民福祉。在应对气候变化过程中,必须充分考虑发展中国家的发展阶段和基本需求。”[④]国际社会应重视发展中国家困难处境,倾听发展中国家声音,尊重发展中国家诉求,切实履行在资金、技术和能力建设等方面的承诺。这是应对气候变化的一项重要原则。这一原则在《联合国气候变化框架公约》《京都议定书》《巴黎协定》《联合国2030 可持续发展议程》等一系列国际公约或国际文书中得到了确认。

---

① 其中一个重要的背景是,温室气体排放格局发生重大变化。发达国家作为一个整体,温室气体排放呈下降趋势,而中国等新兴经济体经济快速发展,温室气体排放大量增加。2010 年中国超过日本成为世界第二大经济体,2014 年中国超过美国成为全球最大温室气体排放国。

② “三可”指,温室气体排放要“可测量”(measurable)、“可报告”(reportable)、“可检验”(verifiable)。“巴厘行动计划”规定:对发达国家减排行动、向发展中国家提供资金、技术实行“三可”。《哥本哈根协议》规定:发展中国家只有得到国际支持,才需接受“三可”评审;发展中国家采取自主减排行动,由其国内测量、报告和核查,其结果将通过国家通报的形式向国际社会报告,并在“确保国家主权受到尊重”的前提下,接受国际性“磋商”和“分析”。

③ 巴黎协定在前言和正文中都提到“共同但有区别的责任和各自能力,考虑不同国情”,同时也提到“认识到公约所述的发展中国家缔约方的具体需要和特殊情况,尤其是那些易受气候变化不利影响的发展中国家缔约方的具体需要和特殊情况”。这种表述是发达国家与发展中国家妥协的产物。一方面,“共区原则”这一基本原则在巴黎协定中得到了体现;另一方面,新的“一揽子”表述也给予各国重新解读该原则的空间。一些国家认为,巴黎协定下的“共区原则”,是基于“不同国情”的区别,而不再是发达国家和发展中国家的“两分”。

④ 胡锦涛:《携手应对气候变化挑战——在联合国气候变化峰会开幕式上的讲话》,载《人民日报海外版》2009 年 9 月 24 日,第 1 版。

对于发展中国家来说，由于历史累积排放量小，人均排放量低，当前的首要任务依然是要发展经济，消除贫困。因此，在应对气候变化的过程中，国际社会理应充分考虑发展中国家的发展权和发展空间。如果不顾历史事实、历史责任，不考虑不同国家的不同发展阶段，借气候变化问题不适当地，也就是说过早、过激、过高地要求发展中国家同发达国家一样承担量化的减排义务，从而限制发展中国家的发展，限制发展中国家实现工业化、现代化，显然是不客观的，也是有失公允的。①

注意到历史上和目前全球温室气体排放的最大部分源自发达国家；发展中国家的人均排放仍相对较低；发展中国家在全球排放中所占的份额将会增加，以满足其社会和发展需要，《联合国气候变化框架公约》第3条第2款规定，“应当充分考虑发展中国家缔约方尤其是易受气候变化不利影响的那些发展中国家缔约方的具体需要和特殊情况，也应当充分考虑到那些按本公约必须承担不成比例或不正常负担的缔约方特别是发展中国家缔约方的具体需要和特殊情况。”发展经济、消除贫困是发展中国家当前压倒一切的优先任务；与此同时，发展中国家在发展经济的过程中，也要采取积极的适应和减缓气候变化的措施。而发展中国家能在多大程度上有效履行公约规定的义务则取决于发达国家履行有关资金和技术转让义务的程度。

在《联合国气候变化框架公约》下，发展中国家仅承担一般义务，而且这些义务的履行还取决于发达国家履行支持义务的情况，并且要考虑经济发展和消除贫困是发展中国家的最优先需要。《联合国气候变化框架公约》同时认可发展中国家为满足其社会和发展需要，其在全球排放中所占的份额将会增加。

《巴黎协定》在设计2020年后的国际减排安排时，在坚持“共区原则”的同时，对发展中国家的需要也给予特殊考虑。在关于“国家自主贡献”第4条中明确规定，“体现其共同但有区别的责任和各自能力，考虑不同国情”（《巴黎协定》第3款），并规定发达国家在减排中的带头作用《巴黎协定》（第4款），向发展中国家缔约方提供支助（《巴黎协定》第4款），以及最不发达国家和小岛屿发展中国家可编制和通报反映他们特殊情况的关于温室气体频排放发展的战略、计划和行动（《巴黎协定》第6款）。

① 参见马凯：《不应借气候变化问题限制发展中国家的发展》，载中国网：www. china. com. cn，最后访问日期：2019年5月30日。

三、可持续的发展

1987 年,布伦特兰委员会(Brundtland Commission)①向联合国大会提交《我们共同的未来》(Our Common Future)研究报告,首次正式提出“可持续发展”(sustainable development) 概念,并将其定义为满足当代的需要,且不危及后代满足其需要的能力的发展。1992 年巴西里约热内卢联合国环境与发展大会上,176 个国家的代表一致同意将可持续发展作为国际社会的根本目标。2015 年,联合国通过了《2030 年可持续发展议程》。“可持续发展原则”将深刻影响人类的未来发展。②

气候变化既是环境问题,也是发展问题,但归根结底是发展问题。因此,应以统筹兼顾的方式把应对气候变化行动与社会和经济发展协调起来。应对气候变化的政策和措施应适合各国的具体情况,并应融合国家发展计划。可持续发展既是应对气候变化的目标,也是有效手段。各国应在可持续发展的框架下,统筹考虑经济发展、消除贫困、保护环境、实现发展和应对气候变化,特别是要充分考虑发展中国家实现持续经济增长和消除贫困的正当的优先需要,确保发展中国家发展权的实现。应对气候变化的政策和措施还应讲求成本效益,确保以尽可能低的费用获得全球效益。

《联合国气候变化框架公约》丰富了“可持续发展原则”的内涵。《联合国气候变化框架公约》第 2 条规定:“将大气中温室气体的浓度稳定在防止气候系统受到认为干扰的水平上。这一水平应当在足以使生态系统能够自然地适应气候变化、确保粮食生产免受威胁并使经济发展能够可持续地进行的时间范围内实现。”这一规定反映了可持续发展概念的核心。《联合国气候变化框架公约》第 3 条第 4 款规定:“各缔约方有权并且应当促进可持续发展”。这体现了发展权以及改变不可持续的生产和消费模式的义务。《京都议定书》提出的温室气体灵活减排措施,如联合履约、清洁发展机制以及排放权交易,也被视为追求可持续发展的创新措施。

---

① 布伦特兰委员会系联合国 1983 年设立的世界环境与发展委员会(World Commission on Environment and Development,WCED),其主席是挪威前首相、世卫组织前总干事格罗·哈莱姆·布伦特兰(Gro Harlem Brundtland)。该委员会的宗旨是解决日益关注的“关于人类环境和自然资源加速恶化而造成经济和社会发展的后果”。

② 参见张晓玲:《可持续发展理论:概念演变、维度与展望》,载《中国科学院院刊》2018 年第 1 期。

在环境与发展问题上，虽然"可持续发展"已被确定为基本原则，但对于如何在实践中贯彻，发达国家与发展中国家始终存在矛盾。发展中国家主张，发展和消除贫困是其第一要务，消除贫困是实现可持续发展的必不可少的条件。在公约谈判中，中国代表团一直强调，要正视环境保护与经济发展间的关系，由于大多数发展中国家仍以摆脱贫困作为经济发展的目标，发展中国家经济仍处于满足人民最基本需求的发展阶段。因而就发展中国家而言，提高现有发展水平是其有效参与应对气候变化行动的必要前提，应承认采取治理气候变化对策要以保障适当水平为前提，保护气候的措施应充分考虑发展中国家的特殊情况与需要，保证发展中国家合理的能源消耗，不应损害发展中国家的发展权益。而一些发达国家却存在借环境保护，限制发展中国家经济发展的倾向。最终，《联合国气候变化框架公约》序言段重申，应当以统筹兼顾的方式把应对气候变化的行动与社会和经济发展协调起来，以免后者受到不利影响，同时充分考虑发展中国家实现持续经济增长和消除贫困的需要。

四、预防优先，减缓与适应并重

"预防原则"首先体现在 1992 年 6 月联合国环境与发展大会通过的《里约环境与发展宣言》中。该宣言提出，"为了保护环境，各国应根据能力，广泛适用预防措施。遇有严重或不可逆转损害威胁时，不得以缺乏科学充分确实证据为理由，延迟采取符合成本效益的措施防止环境恶化"。该原则包括两个方面：一是预防环境损害（principle of prevention）；二是预防环境风险（precautionary principle）。《联合国气候变化框架公约》包括的预防原则主要指预防环境风险。风险预防原则一般在不作为困难导致非常严重或不可挽回的后果时，予以适用。

在传统法律原则中，限制措施通常建立在对特定行为将产生严重危害后果的确切判断的基础之上，如缺乏科学上的确定性，就不宜采取限制措施。但对于气候变化、物种灭绝等生态环境问题，科学上明确确定环境风险较为困难，而相关风险一旦出现，其负面影响可能是难以逆转的。随着人类环境保护意识不断增强，预防原则逐渐被世界各国所接受，虽然在公约谈判之初，部分国家曾以气候变化问题的不确定性质疑限制和减少温室气体排放措施的必要性。[①]

---

① 中国代表团从一开始就坚定支持在公约中写入"预防原则"。

经过各方反复磋商，最终《联合国气候变化框架公约》在序言中写入“承认在气候变化的预测中，特别是在其时间、幅度和区域格局方面，有许多不确定性”，同时在《联合国气候变化框架公约》第 3 条第 3 款中明确规定，“各缔约方应采取预防措施，预测、防止或尽量减少引起气候变化的原因，并缓解其不利影响。当存在造成严重或不可逆转的损害的威胁时，不得以科学上没有完全的确定性为由推迟采取措施”。减缓和适应气候变化是应对气候变化的两个最重要的组成部分，应当予以同等重视。减缓是一个相对长期、艰巨的任务，而适应则更为现实、紧迫，对发展中国家尤为重要。资金和技术是实现减缓和适应气候变化必不可少的手段和保障，发达国家切实兑现向发展中国家提供资金、技术转让和能力建设支持是发达国家在公约框架下应尽的义务，也是发展中国家有效应对气候变化的重要保障。“预防原则”在气候变化国际治理法律体系中获得确立，展现了人类在应对气候变化问题上的前瞻性，有力地推动了各方及时采取措施应对气候变化这一共同挑战。

上述四项基本原则是气候变化国际治理体系的核心和基石，它明确了应对气候变化是人类共同关心的事项，界定了发达国家和发展中国家在应对气候变化中应承担的不同责任和义务，应当长期坚持。

第四节　应对气候变化：中国在行动

一、中国应对气候变化的政策与行动

气候变化问题是当今人类社会面临的最严峻挑战之一。这一命题对中国不仅具有理论意义，更是严峻的现实。中国充分认识气候变化问题的严重性和紧迫性，本着对本国人民和人类长远发展高度负责的精神，积极、主动应对气候变化，坚定不移地走可持续发展道路，采取了一系列强有力的政策措施，其投入之巨，成效之大，毫不逊色于任何发达国家。党的十九大报告进一步将应对全球气候变化放在更加突出的位置，提出将大幅降低能源消耗强度和二氧化碳排放强度作为约束性指标，有效控制温室气体排放，树立绿色、低碳发展理念，加快建设资源节约型、环境友好型社会。[①] 这不仅是中国政府对气候变化问题的回答，更凸显了中国政府对未来发展模式的战略性选择，其意义已超出气候变

① 参见张应航：《十九大报告关于生态文明建设的三个创新》，载中国共产党新闻网：www.cpcnews.cn，最后访问日期：2019 年 6 月 16 日。

化这一范畴。

中国是世界上遭受气候变化不利影响最为严重的国家之一。中国气象局的观测结果显示,中国近百年来(1908~2007年)地表平均气温升高了1.1℃,自1986年以来已经历了21个暖冬,2007年是自1951年有系统气象观测以来最暖的一年。2017年,全国平均气温10.39℃,较常年偏高0.84℃,为1951年以来第三高值。近50年来,我国降水分布格局发生了明显变化,高温、干旱、强降水等极端气候事件有频率增加、强度增大的趋势。近30年来,我沿海海表温度上升了0.9℃,沿海海平面上升了90毫米。我国未来的气候变暖趋势仍将进一步加剧。①

2019年1月22日,中国气象局发布《2018年中国气候公报》。2018年,全国平均气温(10.1℃)较常年偏高0.5℃。高温日数多,东北及中东部地区高温极端性突出;从我们历史高温变化来说,2018年高温天数仅次于2017年,主要高温发生在南方、长江到华南地区。另外罕见的是,东北地区一般来说高温较少,但2018年发生了高温天气。在全国范围内,还发生了一系列的阶段性干旱事件。春季到夏季出现了春夏连旱,盛夏时候出现了伏旱,主要在江南地区。

关于中国温室气体浓度监测与分析,中国气象局在WMO/GAW框架下,协调中国区域的温室气体及相关微量成分高精度观测,所用的方法、标准、流程均与国际接轨。目前中国气象局有7个温室气体地面观测本底站,分别为青海瓦里关、北京上甸子、浙江临安、黑龙江龙凤山、湖北金沙、云南香格里拉和新疆阿克达拉。其中,青海瓦里关站是WMO/GAW全球31个大气本底站之一。2017年,青海瓦里关站观测的二氧化碳、甲烷和氧化亚氮的浓度分别上升至407.0±0.2ppm、1912±2ppb、330.3±0.1ppb,均高于同期全球平均水平,尤其是甲烷浓度明显高于全球平均。2017年我国北京上甸子、浙江临安、黑龙江龙凤山站3个区域本底站温室气体浓度也出现上升,二氧化碳平均浓度分别为416.0±1.8ppm、419.5±1.9ppm、415.6±0.8ppm。② 另根据卫星遥感监测数据,2017年全球和中国陆地区域年平均大气CO_2浓度分别达402.2±2.8ppm和405.0±3.0ppm。相比2016年,增长2.2ppm和2.6ppm。与过去8年(2010~

① 《中国气象局发布〈中国气象公报〉(2017年)和〈中国温室气体公报〉(2016年)》,载中国海洋与气候变化信息网:www.cocc.net.cn,最后访问日期:2019年6月9日。

② 参见中国气象局:《中国温室气体公报(2017年)》,载国务院新闻办公室网:www.scio.gov.cn,最后访问日期:2019年5月31日。

2017 年)的全球和中国区域年平均绝对增量(2.2ppm 和 2.4ppm)基本持平。①

回顾应对气候变化的历程,可以发现:我国低碳绿色发展的进程是在外部压力和内生动力共同作用下推进的,是与我们对气候变化的科学认知及积极参与气候变化国际谈判的进程同步的。在这一历史过程中,我们逐步认识到:低碳绿色发展是世界大趋势,选择可持续发展战略是突破国内经济发展环境约束的必然,依靠投资扩张和外向型经济发展模式难以为继。2009 年以来,我国二氧化碳排放量、化学需氧量、消耗臭氧层物质排放量均超过美国位居世界第一。② 对此问题,我们应客观公正地看。不仅要看当前,也要看历史,不仅应看总量,更要看人均,还要看长远。自 1750 年以来,全球累计排放了 1 万多亿吨二氧化碳,其中发达国家排放约占 80%。1904～2004 年,中国化石燃料燃烧二氧化碳累计排放量约占世界同期的 8%,人均累计排放量居世界第 92 位。2011 年我国人均排放量是 6.68 吨,OECD 国家人均排放是 11.22 吨,美国是 19.31 吨。因此,所谓的中国"气候威胁论"是不能成立的。无论从道义上还是法律上,中国都应享有发展经济所必需的排放权。但是,认识到气候变化问题的严重性和紧迫性,作为一个负责任的大国,中国应坚定地走可持续发展之路,主动采取自主减缓行动,为应对气候变化这一人类共同挑战做出自己不懈的努力和贡献。

积极应对气候变化,对统筹国际国内两个大局、促进经济社会可持续发展具有十分重要的现实意义。中国正处在工业化、城镇化快速发展阶段,面临发展经济、消除贫困、改善民生、保护环境、应对气候变化等多重挑战。积极应对气候变化,努力控制温室气体排放,提高适应气候变化的能力,不仅是中国保障经济安全、能源安全、生态安全、粮食安全以及人民生命财产安全,实现可持续发展的内在要求,也是深度参与全球治理、打造人类命运共同体、推动全人类共

---

① 参见中国气象局:《中国温室气体公报(2017 年)》,载国务院新闻办公室网:www.scio.gov.cn,最后访问日期:2019 年 5 月 31 日。

② 根据国际能源署《2010 能源统计年鉴》提供的数据,2008 年美国二氧化碳排放总量为 55.95 亿吨,中国为 65.5 亿吨。根据世界银行数据库的综合数据,2011 年美国二氧化碳排放总量为 60.16 亿吨,我国为 89.79 亿吨。另据我国非政府环保组织易碳家统计数据,2016 年中国二氧化碳排放量为 103.57 亿吨。第二位至第十位分别为:美国 54.14 亿吨;印度 22.74 亿吨;俄罗斯 16.17 亿吨;日本 12.37 亿吨;德国 7.98 亿吨;伊朗 6.48 亿吨;沙特阿拉伯 6.01 亿吨;韩国 5.92 亿吨;加拿大 5.57 亿吨。数据源于《全球各国碳排放量排行榜》,载易碳家网:www.tanjiaoyi.com,最后访问日期:2019 年 5 月 31 日。

同发展的责任担当。在全球排放空间受限的情况下，我国已不能像发达国家工业化时期一样无限制排放温室气体。作为负责任的大国，必须本着对中华民族和全人类长远发展高度负责的精神，把积极应对气候变化、控制温室气体排放作为经济社会发展的一项长期任务放在特殊重要的位置，努力抢占国际道义制高点，为我国经济社会发展营造良好的外部环境。

在相当长的一个历史时期，我国仍将是一个发展中国家，发展经济、消除贫困、改善民生仍将是我国压倒一切的优先任务。未来我国仍需要合理的排放空间。因此，我国应理直气壮地坚持我国应有的发展权利和排放空间，拒不接受任何强制性绝对减排义务。但是，在发展经济时，再也不能走“高耗能、高排放、高污染”，以及“先污染、后治理”的传统工业化道路，而必须走以环境友好、资源节约、土地集约、创新驱动为主要特征的新型工业化和城镇化道路。转变生产方式，低碳是关键。节能减排、发展低碳经济是我实现可持续发展的内在要求。当前，我国粗放型发展方式尚未根本改变。我国人均能源资源不足，石油、天然气人均剩余探明可采储量分别是世界平均水平的 7.7% 和 7.1%，即使储量相对丰富的煤炭，也只有世界平均水平的 63%，石油对外依存度已超过 50%。在加快推进我国工业化和现代化的过程中，如果不加快建设资源节约型、环境友好型社会，不大幅度降低能源资源消耗强度，经济发展难以持续，实现全面建设小康社会的目标就会落空。这就要求我们要抓住应对全球气候变化的契机，变挑战为机遇，加快经济发展方式转变，切实提高我国的可持续发展水平。

积极应对气候变化也是抢占未来竞争制高点、提高国际竞争力的必然选择。当今世界，科技创新正孕育新突破，发展节能环保产业和低碳技术已成为国际经济科技竞争的新领域。在应对国际金融危机过程中，世界各国特别是发达国家纷纷出台政策，投入巨额资金，加大对节能环保、可再生能源和低碳技术的支持力度，努力抢占未来经济科技竞争制高点。这些趋势对我国的发展具有重要的影响，必须妥为应对。

正是基于对应对全球气候变化问题重要性和紧迫性的认识，我国政府把积极应对气候变化作为国家经济社会发展的重大战略，把绿色低碳发展作为生态文明建设的重要内容，采取了一系列行动，为应对全球气候变化做出了重要贡献。1992 年 6 月 11 日，联合国环境与发展大会在巴西里约开幕，公约开放签署，李鹏总理代表中国签署了公约。1992 年 11 月 7 日，全国人大常委会决定批准公约，中国成为公约的首批缔约方。此后，中国始终以发展中大国的身份建设性参与后续谈判，积极维护发展中国家的发展权益和共同利益，为达成《京都议定书》《巴厘路线图》《哥本哈根协议》《坎昆协议》《巴黎协定》发挥重要作用。胡锦涛主席出席了2009年联合国气候变化纽约峰会，温家宝总理出席了2009年哥本哈根会议，李克强总理同法国总统共同出席2015年中法气候与绿色经济北京论坛，习近平主席出席了2015年气候变化巴黎会议。国家领导人如此密集地亲自参与气候变化国际议程，在我国外交史上绝无仅有，足见气候变化问题的重要性。

1998年，我国成立了国家气候变化对策协调小组，作为部门间的议事协调机构。2007年，升格成立国家应对气候变化领导小组，由国务院总理任组长。2007年6月，国务院发布了《中国应对气候变化国家方案》，明确了到2010年国家应对气候变化的指导思想、具体目标、基本原则、重点领域及政策措施。方案提出：到2010年我国单位GDP能源消耗比2005年下降20%，可再生能源利用量在一次能源供应结构中的比重提高到10%，全国森林覆盖率提高到20%。我国是第一个制定"国家方案"的发展中国家。科技、农业、林业、海洋等部门也相继制定了应对气候变化部门行动方案。2008年起，各地方也开始启动省级应对方案的编制工作，并陆续发布实施。自2008年起，我国每年发表《中国应对气候变化的政策与行动》白皮书，全面阐述积极应对气候变化的立场，介绍应对气候变化的新进展。2009年11月26日，国务院正式对外宣布控制温室气体排放的行动目标，决定到2020年，单位GDP二氧化碳排放比2005年下降40%～45%、非化石能源占一次能源消费的比重达到15%左右、森林面积比2005年增加4000万公顷、森林蓄积量增加13亿立方米。这是我国对国际社会的庄严承诺，也是对全球应对气候变化的重大贡献。

2010年10月18日，党的十七届五中全会通过的《中共中央关于制定国民经济和社会发展第十二个五年规划的建议》，在论及制定"十二五"规划纲要的指导思想时，明确提出要将"坚持把建设资源节约型、环境友好型社会作为加快转变经济发展方式的重要着力点"，要求深入贯彻节约资源和保护环境基本国策，节约能源，降低温室气体排放强度，发展循环经济，推广低碳技术，积极应对气候变化，促进经济社会发展与人口资源环境相协调，走可持续发展之路。该建议还进一步把积极应对全球气候变化作为完成"十二五"时期经济建设主要任务的一大举措，要求把大幅降低能源消耗强度和二氧化碳排放强度作为约束性指标，有效控制温室气体排放，坚持共同但有区别的责任原则，积极开展应对气候变化国际合作。

2013年，中国发布《国家适应气候变化战略》，将适应气候变化的要求纳入国家经济社会发展的全过程。2014年，发表《国家应对气候变化规划（2014～2020年）》。2015年6月，向联合国提交《强化应对气候变化行动——中国国家自主贡献》文件，提出于2030年左右使二氧化碳排放达到峰值并争取尽早实现。

习近平主席2015年11月30日在气候变化巴黎会议讲话中指出，过去几十年来，中国经济快速发展，人民生活发生了深刻变化，但也承担了资源环境方面的代价。鉴往知来，中国正在大力推进生态文明建设，推动绿色循环低碳发展。中国把应对气候变化融入国家经济社会发展中长期规划，坚持减缓和适应气候变化并重，通过法律、行政、技术、市场等多种手段，全力推进各项工作。中国可再生能源装机容量占全球总量的24%，新增装机占全球增量的42%。中国是世界节能和利用新能源、可再生能源第一大国。

面向未来，中国将把生态文明建设作为"十三五"规划重要内容，落实创新、协调、绿色、开放、共享的发展理念，通过科技创新和体制机制创新，实施优化产业结构、构建低碳能源体系、发展绿色建筑和低碳交通、建立全国碳排放交易市场等一系列政策措施，形成人和自然和谐发展现代化建设新格局。中国在《强化应对气候变化行动——中国国家自主贡献》中提出将于2030年左右使二氧化碳排放达到峰值并争取尽早实现，2030年单位国内生产总值二氧化碳排放比2005年下降60%～65%，非化石能源占一次能源消费比重达到20%左右，森林蓄积量比2005年增加45亿立方米左右。虽然需要付出艰苦的努力，但我们有信心和决心实现我们的承诺。

党的十九大报告提出，必须坚持人与自然和谐共生，树立和践行绿水青山就是金山银山的理念，坚持节约资源和保护环境的基本国策，向对待生命一样对待生态环境，形成绿色发展方式和生活方式，坚定走生产发展、生活富裕、生态良好的文明发展道路，建设美丽中国，为人民创造良好生产生活环境，为全球生态安全做出贡献。

二、中国应对气候变化的巨大成就

应对气候变化，中国在行动。中国政府紧紧围绕"十一五""十二五""十三五"应对气候变化目标任务，通过调整产业结构、优化能源结构、节能提高能效、控制非能源活动温室气体排放、增加碳汇等，在减缓气候变化方面取得了积极成效。

1. 经济结构调整取得积极进展

通过遏制高耗能、高排放行业过快增长、加快淘汰落后产能,促进服务业和高新技术产业快速发展等政策措施,推动了产业结构优化升级。“十二五”期间全国累计淘汰炼铁产能9089万吨、炼钢9486万吨、电解铝205万吨、水泥(熟料及粉磨能力)6.57亿吨、平板玻璃1.69亿重量箱。产业结构优化取得明显进展。2005年至2010年,服务业增加值占国内生产总值比重由40.3%提高到43%,2015年首次突破50%,至50.2%,2018年进一步提高到52.2%,超过第二产业11.5%,成为我国第一大产业。全年最终消费对经济增长的贡献率达76.2%,成为推动经济增长的主动力。①

2. 节能减排取得明显效果

2010年单位国内生产总值能耗比2005年累计下降19.1%,相当于少排放二氧化碳14.6亿吨以上。“十一五”期间我国以能源消费年均6.6%的增长支撑了国民经济年均11.2%的增速,能源消费弹性系数由“十五”时期(2001~2005年)的1.04下降到0.59,缓解了能源供需矛盾。“十二五”期间煤炭消费年均增速2.6%,较“十一五”低4.9%。全国6000千瓦及以上火电机组每千瓦时平均供电标准煤耗累计下降18克。2015年煤炭消费量39.6亿吨,同比下降3.7%。“十二五”期间,中国能源活动单位国内生产总值二氧化碳排放下降20%,超额完成下降17%的约束性目标,为实现2020年比2005年下降40%~45%的目标奠定了坚实基础。2015年,全国能源消费总量43亿吨标准煤,同比增长0.9%,“十二五”期间年均增速3.6%,较“十一五”低3.1%。2018年,全年能源消费总量46.4亿吨标准煤,比上年增长3.3%。煤炭消费量增长1%,原油消费量增长6.5%,天然气消费量增长17.7%,电力消费量增长8.5%。煤炭消费量占能源消费总量的59%,比上年下降1.4%;天然气、水电、核电、风电等清洁能源消费量占能源消费总量的22.1%,上升1.3%。全国万元国内生产总值能耗比上年下降3.1%,全国万元国内生产总值二氧化碳排放下降4%。

3. 能源结构逐步优化

2010年,清洁能源利用量占一次能源消费总量提高到10%,2013年提高到15.5%,2018年进一步提高到22.1%。水电装机容量、核电在建规模、太阳能热水器集热面积均居世界第一,风机装机跃居世界第二。我国不断提升天然气利

---

① 2019年2月28日,国家统计局公布《2018年国民经济和社会发展统计报告》,载国家统计局网:www.stats.gov.cn,最后访问日期:2019年6月30日。

用规模和水平,2015 年年天然气在能源消费总量中的比重接近 6%。2015 年年底,全国全口径发电装机容量 15.25 亿千瓦,其中水电 3.20 亿千瓦、核电 2717 万千瓦、并网风电 1.3075 亿千瓦、并网太阳能发电 4218 万千瓦,比 2010 年分别增长了 0.5 倍、1.5 倍、3.4 倍和 164 倍,带动非化石能源消费比重提高了 2.6 个百分点。2015 年,水电、核电、风电、太阳能发电等非化石能源发电量占全国发电总量的 27.0%,2018 年进一步增加到 39.78%。2018 年年末,全国发电装机容量 189,967 万千瓦,比上年年末增长 6.5%。其中,火电装机容量 114,367 万千瓦,增长 3.0%;水电装机容量 35,226 万千瓦,增长 2.5%;核电装机容量 4466 万千瓦,增长 24.7%;并网风电装机容量 18,426 万千瓦,增长 12.4%;并网太阳能发电装机容量 17,463 万千瓦,增长 33.9%。

4. 森林碳汇显著增加

据估算,1980～2005 年中国造林活动累计净吸收二氧化碳约 30.6 亿吨,减少毁林排放 4.3 亿吨二氧化碳,有效增强了森林碳汇的能力。“十二五”期间全国共完成造林 4.5 亿亩、森林抚育 6 亿亩,分别比“十一五”增长 18%、29%,森林覆盖率提高到 21.66%,森林蓄积量增加到 151.37 亿立方米,已提前实现到 2020 年增加森林蓄积量的目标,成为同期全球森林资源增长最多的国家。全国森林植被总碳储量由第七次全国森林资源清查(2004～2008 年)的 78.11 亿吨增加到第八次(2009～2013 年)清查的 84.27 亿吨。2015 年,全国草原综合植被盖度达到 54%,较 2011 年提高 3 个百分点。截至 2015 年年底,累计落实禁牧休牧面积 15.3 亿亩,落实草畜平衡面积 25.6 亿亩,划定基本草原 35.3 亿亩。2018 年,全年完成造林面积 707 万公顷,其中人工造林面积 360 万公顷,占全部造林面积的 50.9%。森林抚育面积 852 万公顷。截至 2018 年年底,国家级自然保护区 474 个。新增水土流失治理面积 5.4 万平方千米。①

三、应对气候变化国际合作

中国政府从中国人民和人类长远发展的根本利益出发,始终坚持以积极、建设性态度参与气候变化谈判和国际合作,推进形成公平合理、合作共赢的全球气候治理体系,与国际社会共同促进全球绿色低碳转型与发展路径创新,与各方一道共同建设人类美好家园。

---

① 参见《2018 年国民经济和社会发展统计报告》,载国家统计局网:www. stats. gov. cn,最后访问日期:2019 年 6 月 30 日。

我国科技界积极参与了世界气候研究计划(World Climate Research Programme, WCRP)、国际地圈——生物圈计划(International Geosphere-Biosphere Programme, IGBP)、国际全球环境变化人文因素计划(International Human Dimensions Programme on Global Environmental Change, IHDP)、国际生物多样性计划(An International Programme of Biodiversity Science, DIVERSITAS)、地球系统科学联盟(Earth System Science Partnership, ESSP)、全球气候观测系统计划(Global Climate Observing System, GCOS)、地球观测组织(Group on Earth Observations, GEO)等国际大科学计划,与全球碳捕集和封存研究院等相关组织举办碳捕集、利用与封存技术现场研讨会和实施考察活动,为全球应对气候变化的科学研究做出了贡献。

在政府层面,本着"互利共赢、务实有效"的原则,积极参加和推动与各国政府、国际机构的务实合作。继续积极开展与世界银行、亚洲开发银行、全球环境基金会等多边机构的合作;参加由联合国基金会、全球清洁炉灶联盟秘书处召开的"全球清洁炉灶联盟"相关会议;参加气候变化框架公约下的绿色气候基金、适应基金、技术执行委员会等相关会议;参与全球甲烷行动倡议、国际区域气候行动组织(R20)等多边组织的活动等。我国先后与美国、加拿大、澳大利亚、日本、法国等主要发达国家建立了气候变化磋商交流机制;①与德国在"国际气候倡议框架"下开展涵盖城市区域低碳经济、建筑节能改造、气候融资、交通需求管理等领域的合作;与英国在适应气候变化、碳市场、低碳发展、碳捕集利用和封存等方面开展务实合作;推进同欧盟、加拿大、日本、澳大利亚等的政策经验交流及碳市场、能效、低碳城市、适应气候变化等领域务实合作,加强同发达国家低碳技术联合研发。近年来,气候变化问题还是我国与外国领导人高层互访及国际峰会的重要议题之一。2014 年 11 月,奥巴马总统访华期间,两国元首发表《中美气候变化联合声明》,宣布了各自 2020 年后应对气候变化行动和目标。2015 年 5 月,中国与印度发表《中印气候变化联合声明》,6 月与欧盟发表《中欧气候变化联合声明》,9 月和 11 月,中美、中法分别达成《中美元首气候变化联合声明》《中法元首气候变化联合声明》。

我国应对气候变化的国际合作并不局限于与发达国家的合作。作为发展

① 2003 年中加(拿大)《关于加强气候变化对话与合作的联合声明》、2005 年中欧《中欧气候变化联合声明》、2008 年《中澳气候变化联合声明》、2008 年《中日气候变化联合声明》、2009 年《中美气候、环境和能源合作谅解备忘录》,分别建立了中加、中欧、中澳、中日、中美双边气候变化磋商机制。

中国家阵营的一员，中国政府高度重视与77国集团和其他发展中国家的沟通与合作，发起建立了中非应对气候变化伙伴关系，①与印度、巴西、南非等发展中大国建立了定期气候变化部长级磋商机制，积极维护发展中国家的共同利益和团结。特别值得一提的是，多年来，中国政府认真落实气候变化领域南南合作政策承诺，支持发展中国家特别是最不发达国家、内陆发展中国家、小岛屿发展中国家应对气候变化挑战，向它们提供力所能及的帮助。自2015年起，中国进一步加大南南合作力度。2015年9月，习近平主席在由中国和联合国共同举办的南南合作圆桌会议上宣布，未来5年中国将向发展中国家提供100个生态保护和应对气候变化项目，其项目实施已取得阶段性进展。2015年11月，习近平主席在巴黎会议上宣布设立200亿元人民币的“中国气候变化南南合作基金”，并启动“十百千”项目，即在发展中国家开展10个低碳示范区、100个减缓和适应气候变化项目及1000个应对气候变化培训名额的合作项目，目前已制定项目实施方案并陆续启动实施。此外，中国还向联合国捐赠了600万美元资金，用于支持联合国秘书长推动气候变化南南合作。

2018年9月，中非合作论坛北京峰会通过《关于构建更加紧密的中非命运共同体的北京宣言》，宣言在合作应对气候变化部分宣称：我们呼吁在2018年《联合国气候变化框架公约》第24次缔约方大会上达成《巴黎协定》实施细则。我们根据第22次缔约方大会上通过的《关于气候和可持续发展的马拉喀什行动宣言》，重申将坚定不移地共同应对气候变化问题。我们决定将坚持环境友好，合作应对气候变化，保护海洋生物多样性，加强海洋科学研究，发展蓝色经济，构筑绿色发展的全球生态体系，保护好人类赖以生存的家园，为小岛屿国家发展创造更好条件。呼吁发达国家尽快落实承诺，在资金、技术转让、加强能力建设方面支持非洲国家应对气候变化和保护环境。

习近平主席在巴黎气候大会上强调，巴黎协议不是终点，而是新的起点。作为全球治理的一个重要领域，应对气候变化的全球努力是一面镜子，给我们思考和探索未来全球治理模式、推动建设人类命运共同体带来宝贵启示。

---

① 在2009年中非合作论坛第四届部长级会议上，中方倡议建立中非应对气候变化合作伙伴关系，不定期举行高官磋商，并在气象监测、新能源开发利用、沙漠化防治、城市环境保护等领域加强合作。中方在会议通过的《中非合作论坛沙姆沙伊赫行动计划（2010～2012年）》中表示，支持非方关于应对气候变化的合理诉求，包括发达国家应向非洲提供更多资金支持和加大必要技术转让力度的要求，并愿进一步加强在气候变化领域的合作。

其一,我们应该创造一个各尽所能、合作共赢的未来。对气候变化等全球性问题,如果抱着功利主义的思维,希望多占点便宜、少承担点责任,最终将是损人不利己。巴黎大会应该摒弃“零和博弈”狭隘思维,推动各国尤其是发达国家多一点共享、多一点担当,实现互惠共赢。

其二,我们应该创造一个奉行法治、公平正义的未来。要提高国际法在全球治理中的地位和作用,确保国际规则有效遵守和实施,坚持民主、平等、正义,建设国际法治。发达国家和发展中国家的历史责任、发展阶段、应对能力都不同,共同但有区别的责任原则不仅没有过时,而且应该得到遵守。

其三,我们应该创造一个包容互鉴、共同发展的未来。面对全球性挑战,各国应该加强对话,交流学习最佳实践,取长补短,在相互借鉴中实现共同发展,惠及全体人民。同时,要倡导和而不同,允许各国寻找最适合本国国情的应对之策。

应对气候变化是人类共同的事业。让我们携手努力,为推动建立公平有效的全球应对气候变化机制、实现更高水平全球可持续发展、构建合作共赢的国际关系做出贡献!

第七章　追逃追赃反腐败"红色外交"

第一节　概　　述

一、"红色外交"永远在路上

腐败犯罪,损害社会公平正义、影响经济健康发展,危及国家长治久安,是困扰人类社会发展的一颗毒瘤。与腐败作斗争,是世界各国面临的严峻挑战,也是国际司法执法合作的重要内容。习近平总书记强调:"要搭建追逃追赃国际合作平台。加大交涉力度,突破一批重点个案,使企图外逃分子丢掉幻想、望而却步。要加快与外逃目的地国签署引渡条约、建立执法合作。要继续推动在20国集团、亚太经合组织、《联合国反腐败公约》等多边框架下加强追逃追赃国际合作。""要加强对国际规则和国际组织情况的研究,深入了解和掌握有关国家的相关法律和引渡、遣返规则。要及时了解和掌握国际反腐败最新动态,提高追逃追赃工作的针对性。"①以境外追逃追赃反腐败国际合作为核心内容的"红色外交"是中国特色社会主义大国外交的重要组成部分。反腐败没有休止符,"红色外交"永远在路上。

在我国合作共赢开放战略不断推进,对全球经济参

---

① 2014年10月9日,在十八届中央政治局常委会第七十八次会议上关于加强反腐败国际追逃追赃工作的讲话,参见《习近平谈海外反腐:让腐败分子在海外永无"避罪天堂"》,载中国共产党新闻网:www.cpcnews.com,最后访问日期:2019年4月5日。

与度不断加深，中外交流日趋频繁便利，腐败、贩毒、洗钱等犯罪多发、高发、频发的大背景下，我国国内各类犯罪嫌疑人(特别是腐败分子)外逃现象呈持续多发态势，对外追逃追赃反腐败司法执法合作任务日趋繁重。2011 年，中国人民银行总行的一份关于“腐败资产外逃”的调研报告曾引起社会各界和媒体高度关注。该报告引述中国社会科学院的调研资料披露：从 20 世纪 90 年代中期以来，外逃的党政干部、公安、司法干部和国家事业单位、国有企业高层管理人员，以及驻外中资机构外逃、失踪人员数目高达 16 000 ~ 18 000 人，携带款项达 8000 亿元人民币。① 虽然这一评估的准确性未得到官方权威机构的认可，但可以说从一个侧面反映出腐败犯罪问题的严重性。来自官方的公开资料可以佐证。截至 2019 年 6 月 27 日(中央追逃办成立 5 周年)，2015 年“天网行动”启动以来，中央追逃办共从 120 多个国家和地区追回外逃人员 5974 人，其中党员和国家工作人员 1425 人，追回赃款 142.48 亿元人民币。②《中国经济周刊》整理汇总最高人民检察院历年提交全国人大的工作报告中的数据显示，自 2000 年年底最高人民检察院会同公安部组织开展追逃专项行动以来，至 2011 年，全国各级检察机关共抓获在逃职务犯罪嫌疑人 18 487 名，其中附有公开数据的 2005 年、2007 年、2009 年、2010 年、2011 年 5 年共缴获赃款赃物金额达 541.9 亿元人民币。③ 我国在国际刑警组织的有效“红色通缉令”一直处于高位，仅在美国一国，列入中美执法合作联合联络小组追逃工作组重点追逃名单的就有 130 多人。据报道，2003 年 9 月 29 日，《联合国打击跨国有组织犯罪公约》生效，在随后的国庆“黄金周”，中国执法机关共抓捕 115 名企图外逃的涉腐败犯罪嫌疑人，其中仅 9 月 30 日晚至 10 月 1 日晚，就有 51 名贪官在企图外逃时被捕。④

党的十八大以来，以习近平同志为核心的党中央以“零容忍”态度严格依法惩治腐败，坚持有腐必反、有贪必肃，“老虎”“苍蝇”一起打，坚定不移把党风廉政建设和反腐败斗争引向深入。2014 年 1 月 14 日，习近平总书记在中央纪委十八届三次全会上强调，“国际追逃工作要好好抓一抓，各有关部门要加大交涉

---

① 参见《聚焦中国打击外逃贪官行动系列之一：中国和外国缔结的引渡条约一览》，载人民网：www.people.com，最后访问日期：2019 年 4 月 5 日。

② 参见《中央追逃办五周年：“百名红通”已有 58 人归案》，载中新网：www.chinanews.com，最后访问日期：2019 年 6 月 30 日。

③ 参见姚冬琴：《最高检：12 年抓 18487 个在逃贪官 5 年缴获 541 亿》，载《中国经济周刊》2012 年 6 月 6 日。

④ 同上。

力度，不能让外国成为一些腐败分子的‘避罪天堂’。腐败分子即使逃到天涯海角，也要把他们追回来绳之以法，5年、10年、20年都要追，要切断腐败分子的后路”。[①] 2014年3月28日，最高人民检察院下发《关于进一步加强追逃追赃工作的通知》。通知强调，各级检察机关要把追逃追赃工作放到与办案工作同等重要的位置来对待，无论犯罪嫌疑人逃到哪里，也无论逃了多长时间，都要坚持不懈地将他们缉捕归案，绝不允许任何人逍遥法外。通知要求各级检察机关对本地区所有立案后犯罪嫌疑人在逃的案件，进行一次全面彻底清理，摸清底数，建立和完善在逃职务犯罪嫌疑人信息数据库。[②]

2014年10月，中央反腐败协调小组国际追逃追赃工作办公室（以下简称中央追逃办）成立。中央追逃办由中央纪委、最高人民法院、最高人民检察院、外交部、公安部、安全部、司法部、人民银行等成员单位组成，中央纪委国际合作局作为办事机构，承担具体工作。中央追逃办的主要职责是：组织拟订国际追逃追赃政策建议和工作计划，研究国际追逃追赃工作中的重要问题；汇总掌握党员和国家工作人员外逃信息；组织协调重点个案追逃追赃工作，推动突破大案要案；推动成员单位加强追逃追赃国际合作，建立和拓展追逃追赃国际网络；统筹协调国内国外资源，推动解决国际追逃追赃工作中的重点难点问题；协调、督促成员单位做好追逃追赃案件的线索初核、信息报告、立案调查、对外合作等工作。在地方层面，全国31各省（区、市）和新疆生产建设兵团也都成立了省一级追逃办。[③]

2015年4月，中央追逃办部署开展针对外逃腐败分子的年度“天网”专项行动，持续至今。“天网”行动由多个专项行动组成，分别由中央组织部、最高人民检察院、公安部、人民银行等单位牵头开展。中央组织部重点对领导干部违规办理和持有证照情况进行清查处理，并对审批、保管环节负有责任人员进行追责；最高检牵头开展职务犯罪国际追逃追赃专项行动，重点抓捕潜逃境外的职务犯罪嫌疑人。公安部牵头开展“猎狐”专项行动，重点缉捕外逃职务犯罪嫌疑人和腐败案件重要涉案人；人民银行会同公安部开展打击利用离岸公司和地

① 《习近平谈海外反腐：让腐败分子在海外永无“避罪天堂”》，载中国共产党新闻网：www.cpcnews.com，最后访问日期：2019年5月28日。

② 参见最高人民检察院：《制定下发的重要文件》，载最高人民检察院网：www.spp.gov.cn，最后访问日期：2019年6月30日。

③ 参见《认识一下中央追逃办》，载中国共产党新闻网：www.cpcnews.cn，最后访问日期：2019年6月30日。

下钱庄向境外转移赃款专项行动,重点对地下钱庄违法犯罪活动,利用离岸公司账户、非居民账户等协助他人跨境转移赃款等进行集中打击。

2015年4月22日,中央追逃办会同国际刑警组织中国国家中心局,集中公布了针对100名涉嫌犯罪的外逃国家工作人员、重要腐败案件涉案人等人员的"红色通缉令"("百名红通人员"),向国际社会和外逃犯罪嫌疑人员释放天网恢恢,疏而不漏的强烈信号。境外追逃追赃,"虽远必追、虽久必追"。[①] 截至2019年6月30日,"百名红通人员"已归案59人,[②]其中有多名大要案犯罪嫌疑人,如杨秀珠、李华波、黄玉荣、赖明敏等。归案方式以劝返自首为主。[③] 对此,中纪委网站发布评论文章称,正义从来不会缺席。

党的十九届中央纪委三次全会强调,要深度参与反腐败国际治理、一体推进追逃防逃追赃工作。[④] 2019年1月28日,中央追逃办制定"2019年追逃防逃追赃工作要点",正式启动"天网2019行动"。[⑤] 针对部分外逃人员提前将赃款转移到境外的问题,中央追逃办将2019年确定为"追赃工作年",并印发专项行动工作方案。要求全国纪检监察机关自2019年4月1日至12月31日深入开展职务犯罪国际追逃追赃专项行动。一方面要求对外逃人员在国内外动产、不动产,依法应冻尽冻,应受尽收,努力实现赃款在境内"藏不住、转不出";另一方面推动与多国建立涉案赃款查找、冻结、返还合作机制,力争赃款在境外"找得到、追得回"。[⑥]

二、追逃追赃反腐败国际司法合作

境外追逃追赃反腐败是国际司法合作的重要内容。我国以追逃追赃和反腐败大案要案引领,大力拓展国际司法执法合作,稳步构建和扩大合作网络。

---

① 《中国发布"红色通缉令",全球通缉100名外逃人员》,载人民网:www. people. com,最后访问日期:2015年4月22日。

② 2019年6月29日,外逃18年的"百名红通人员"、职务犯罪嫌疑人刘宝凤回国投案自首并积极退赃。这是开展"天网行动"以来第59名归案的"百名红通人员"。

③ 参见《本周连续两名"百名红通人员"归案　大量案件细节曝光》,载中国共产党新闻网:www. cpcnews. cn,最后访问日期:2019年6月10日。

④ 参见《中国共产党第十九届中央纪律检查委员会第三次全体会议公报》,载《人民日报》2019年1月14日,第1版。

⑤ 《"天网2019"行动正式启动》,载《人民日报》2019年1月29日,第4版。

⑥ 《从4个关键词看2019年全国追逃防逃追赃工作新布局》,载搜狐网:http://m. sohu. com,最后访问日期:2019年6月10日。

截至2018年12月，我国已对外缔结引渡条约55项、刑事司法协助条约64项、民商事司法协助条约20项，初步建立了覆盖全球各大洲主要国家的追逃追赃法律网络。我国与美国、加拿大、瑞士、澳大利亚、新西兰、马来西亚等国以及欧盟、东盟等区域联盟建立了司法执法合作机制，务实推进双边司法合作。扎实做好《联合国反腐败公约》和《联合国打击跨国有组织犯罪公约》后续谈判和履约审议工作。与加拿大签订了《关于分享和返还被追缴资产的协定》。强力推进境外追逃追赃专项行动，取得了显著成效，起到了震慑作用。[①] “天网”专项行动和“猎狐”专项行动得到了各国警方和司法机关的理解和支持。

2018年10月26日，全国人大常委会通过《国际刑事司法协助法》。同日，全国人大常委会还通过了《刑事诉讼法》修正案，其中新增第五编第三章缺席审判程序，明确规定：对于贪污贿赂犯罪案件，犯罪嫌疑人、被告人在境外，监察机关公安机关移送起诉，人民检察院认为犯罪事实已经查清，证据确实、充分，依法应当追究刑事责任的，可以向人民法院提起公诉。人民法院进行审查后，对于起诉书中有明确的指控犯罪事实，符合缺席审判程序适用条件的，应当决定开庭审判。《国际刑事司法协助法》和《刑事诉讼法》修正案的出台，为中国开展对外司法协助提供必要的法律依据，将有助于境外追逃追赃反腐败国际合作的开展。

第二节 追逃追赃国际合作的基本原则

境外追逃追赃反腐败国际合作，直接涉及各国的主权和司法制度，除需遵循国际法和国际关系的基本准则外，还需遵循符合司法执法合作特点的原则。

一、主权原则

国家间开展司法执法合作必须相互尊重主权，以当事国的同意为前提。[②]

---

① 参见《全国公安机关持续深化境外追逃追赃“猎狐”专项行动》，载中国公安部网：www.mps.gov.cn，最后访问日期：2019年2月22日；《公安部启动“猎狐2019”专项行动 重点瞄准互联网金融案件》，载中国公安部网：www.mps.gov.cn，最后访问日期：2019年2月22日。

② 2011年10月5日发生的“湄公河惨案”造成13名中国船员遇害，案件涉及中国、老挝、缅甸、泰国四国。10月31日，四国在北京举行了湄公河流域执法安全合作会议，在平等互利、相互尊重主权的基础上，决定就“10·5”案展开联合调查，彻底查清案情，缉拿惩治凶手，正式建立四国湄公河流域执法安全合作机制。在该机制框架下，2012年4月“10·5”案主犯糯康从老挝被递解回国，2013年5月被依法判处死刑。

合作的内容和方式不得损害合作他方的主权、安全利益，也不得侵犯他国司法和执法机关在其领土内的专属权力。在司法和执法合作中，各国对于有损本国主权的合作请求有权予以拒绝，且一般无须作具体解释。一国警方或其他执法机关未经他国同意不得进入该国领土单方面执法，也不得干涉他国司法执法程序和内部事务。[①]

国际司法执法合作中的主权原则在我国国内立法、条约和实践中均有体现。我国《引渡法》第3条第2款规定："引渡合作，不得损害中华人民共和国的主权、安全和社会公共利益。"我国对外缔结的所有刑事司法合作条约均规定了相互尊重国家主权的原则。在国际司法合作实践中，我高度重视维护国家主权和司法管辖权。[②] 2012年10月颁布的《国际刑事司法协助法》第3条规定："中华人民共和国和外国按照平等互惠原则开展国际刑事司法协助。""国际刑事司法协助不得损害中华人民共和国的主权、安全和社会公共利益，不得违反中华人民共和国法律的基本原则。""非经中华人民共和国主管机关同意，外国机构、组织和个人不得在中华人民共和国境内进行本法规定的刑事诉讼活动，中华人民共和国境内的机构、组织和个人不得向外国提供证据材料和本法规定的协助。"

《联合国反腐败公约》第4条规定：缔约国应以符合各国主权平等和领土完整以及不干涉内政原则的方式，履行其按本公约所承担的义务；本公约任何规定概不赋予缔约国在另一国领域内行使管辖权和履行该另一国本国法律规定的专属于该国机关的职能的权利。《联合国打击跨国有组织犯罪公约》《联合国禁止非法贩运麻醉药品和精神药品公约》均有类似规定。

就连常设的ICC，其建立和运作也是建立在国家主权平等的基础之上的。《国际刑事法院罗马规约》序言第十段强调："根据本规约设立的国际刑事法院对国内刑事管辖权起补充作用。"其第一条进而规定："本法院为常设机构，有权

---

① 《联合国打击跨国有组织犯罪公约》第4条就保护缔约国主权作出明确规定："一、在履行其根据本公约所承担的义务时，缔约国应恪守各国主权平等和领土完整原则和不干涉别国内政原则。二、本公约的任何规定均不赋予缔约国在另一国领土内行使管辖权和履行该另一国本国法律规定的专属于该国当局的职能的权利。"

② 2010年9月，中国船长詹其雄和船员在钓鱼岛海域作业时，遭日本执法船只驱赶阻截，发生碰撞。2011年12月、2012年4月，日本法务省两次根据《中日刑事司法协助条约》向我国提出司法协助请求，均遭我方拒绝。我国有关部门退回了日方请求书并向日方表示强烈不满，重申我国对钓鱼岛的主权。

就本规约所提到的、受到国际关注的最严重犯罪的个人行使其管辖权，并对国家刑事管辖权起补充作用。”其第12条关于法院行使管辖权的先决条约之第1项即，“一国成为本规约缔约国”。也就是说，《罗马规约》对于非缔约国无效。其第17条进一步明确规定：“考虑到序言第十段及第一条，在下列情况下，本法院应断定案件不可受理：1. 对案件具有管辖权的国家正在对该案件进行调查或起诉，除非该国不愿意或不能够切实进行调查或起诉；2. 对案件具有调查权的国家已经对该案进行调查，而且该国已决定不对有关的人进行起诉，除非作出这项决定是由于该国不愿意或不能够切实进行起诉；3. 有关的人已经由于作为控告理由的行为受到审判，根据第二十条第三款，本法院不得进行审判。”①

二、法治原则

法治原则主要体现在两个方面：一是刑事司法的基本原则，如“双重犯罪”“可引渡犯罪”“政治犯不引渡”“已决犯不引渡”“被缺席判决的人不引渡”等普遍适用的原则，分别体现了刑事司法中的“罪刑法定”“一事不二理”“正当程序”“特定规则”“诉讼时效”等重要原则，在国际司法执法合作中需获得充分尊重。② 引渡和刑事司法协助一般以请求涉及的犯罪根据被请求国法律也构成犯罪为前提，这即“双重犯罪”原则。③ 这是因为根据罪刑法定原则，被请求国无法对根据本国法律不构成犯罪的行为采取刑事强制措施。引渡合作也需符合可引渡犯罪原则，引渡所涉及的犯罪必须是可引渡的犯罪，即引渡的犯罪应当达到一定的严重程度（被判处一定刑罚），从而值得对其开展引渡合作。④ 二是对犯罪嫌疑人、被告人或被判刑人的正当权利的保障。在刑事司法协助和引渡中，如果被请求方有充分理由相信，提出请求是基于某人的种族、性别、宗教、政

① 王少华：《国际刑事法院司法合作的基本原则》，载《政法学刊》2016年第2期。

② 《国际刑事法院罗马规约》第20条规定：“一罪不二审”。除规约规定的例外情况外，“本法院不得就本法院已经据以判定某人有罪或无罪的行为审判该人。”“已经被法院判定有罪或无罪的人，不得因该犯罪再由另一法院审判。”“已经由另一法院审判的人，不得因同一行为受本法院审判”。规约第三编在刑法的一般原则下，列明了“法无明文不为罪”“法无明文者不罚”“对人不溯及既往”等基本原则。

③ 例如，2012年7月，英国就两中国籍公民在英国种植大麻117株向我国提出司法协助请求，希中方协助调查银行账号、房产登记等信息。根据我国法律规定，非法种植大麻数量不满5000株的，不构成犯罪。我外交部据此复照英方，不提供协助。

④ 在黄海勇引渡案中，秘鲁《刑事诉讼法》规定，如引渡申请基于的事实在秘鲁不构成犯罪，或者依秘鲁法律，不应当判处最高1年或者1年以上徒刑的，应予以拒绝。

治观点或国籍等原因对其起诉或处罚,或该人在诉讼地位中的地位会因上述原因而受到损害,则应当拒绝提供协助。如果被请求引渡人在请求国曾经遭受或者可能遭受酷刑或者其他残忍、不人道或者有辱人格的待遇或者处罚的,也应当拒绝引渡。① 2011 年 12 月,中国公民刘强出于对日本拒绝反省侵略历史的义愤,在日本东京向日本靖国神社门柱投掷燃烧物,后前往韩国。2012 年 1 月 8 日,刘强在首尔向日本驻韩国大使馆投掷燃烧瓶被捕,并被韩国法院判处有期徒刑 10 个月。2012 年 5 月,日本以刘强涉嫌“纵火罪”,依《日韩引渡条约》向韩方提出引渡请求。中国则要求将刘强遣返回国。此案在中、日、韩三国引起广泛关注。韩国一些和平团体在法院外集会示威,要求当局拒绝向日本引渡刘强。2013 年 1 月 3 日,韩国首尔高等法院就此案作出裁决,以日方对刘强的指控具有政治动机为由,拒绝了日方的引渡请求。② 刘强随即获释,并于 1 月 4 日回国。

在引渡实践中,晚近的一个趋势是,越来越多国家的法律为引渡设定了一些人权标准,如不得向保留死刑的国家引渡犯罪嫌疑人,或不得将有可能被判处死刑或执行死刑的犯罪嫌疑人引渡给请求国等。在赖昌星案、黄海勇案、杨秀珠案等重大追逃案中,加拿大、秘鲁、荷兰等被请求国法律均规定,对于可能被判处死刑的被请求引渡人,在请求国作出不判处死刑的保证之前,应当拒绝引渡。③ 例如,秘鲁《刑事诉讼法》明确规定:被请求引渡人在请求引渡国可能

---

① 1793 年《法国宪法》规定:“法国给予为争取自由而从本国逃亡到法国的外国人以庇护。”这是关于庇护政治犯的立法的开端,也为政治犯不引渡原则的形成奠定了基础。1833 年,比利时制定了第一个禁止引渡政治犯的法令。此后,在欧洲国家间订立的引渡条约中,大都有政治犯不引渡的规定。这样,政治犯不引渡就逐渐被欧洲国家所普遍接受。现今已成为各国公认的国际司法合作基本原则之一。《中国西班牙引渡条约》第 3 条规定,应当拒绝引渡的理由包括:被请求方认为,引渡请求所针对的犯罪是政治犯罪。为此目的,恐怖主义犯罪和双方均为缔约国的国际公约不认为是政治犯罪的行为均不视为政治犯罪。

② 刘强的外祖母杨英,原名李南英,生于平壤,1942 年被日军抓到中国做慰安妇,战争结束后留在中国。刘强在庭审时表示,自己向靖国神社放火完全是出于对日本军国主义分子反人类罪行的抗议和示威。法院裁决指出,罪行的对象是靖国神社,其在法律上虽是宗教团体的财产,但其也是祭祀主导日本对外侵略战争的战犯们的象征性场所。刘强为了政治上的大义,犯下了罪行,两者具有有机关联性。

③ 2005 年《中华人民共和国和西班牙王国引渡条约》是首个包含“死刑不引渡”原则的中外引渡条约。其第 3 条规定:“根据请求方法律,被请求引渡人可能因引渡请求所针对的犯罪被判处死刑,除非请求方作出被请求方认为足够的保证不判处死刑,或者在判处死刑的情况下不执行死刑”,被请求方“应当拒绝引渡”。

被判处死刑，并且请求国未提供不对其判处死刑承诺的情况下，秘鲁应当拒绝引渡。因此，在境外追逃工作中，如何妥善处理犯罪嫌疑人依法可能判处死刑的问题，成为请求国与被请求国之间一个棘手的法律问题。这一问题将在本章第三节中加以详细讨论。

根据我国《引渡法》，外国向我国提出的引渡请求必须同时符合下列条件，才能准予引渡：(1)引渡请求所指的行为，依照中国法律和请求国法律均构成犯罪；(2)为了提起刑事诉讼而请求引渡的，根据中国法律和请求国法律，对于引渡请求所指的犯罪均可判处1年以上有期徒刑或者其他更重的刑罚；(3)为了执行刑罚而请求引渡的，在提出引渡请求时，被请求引渡人尚未服完的刑期至少为6个月。对于引渡请求中符合前款第1项规定的多种犯罪，只要其中有一种犯罪符合前款第2项的规定，就可以对上述各种犯罪准予引渡。

外国向中国提出的引渡请求，有下列情形之一的，应当拒绝引渡：(1)根据中国法律，被请求引渡人具有中国国籍的；(2)在收到引渡请求时，中国的司法机关对于引渡请求所指的犯罪已经作出生效判决，或者已经终止刑事诉讼程序的；(3)因政治犯罪而请求引渡的，或者中国已经给予被请求引渡人受庇护权利的；(4)被请求引渡人可能因其种族、宗教、国籍、性别、政治见解或者身份等方面的原因而被提起刑事诉讼或者执行刑罚，或者被请求引渡人在司法程序中可能由于上述原因受到不公正待遇的；(5)根据中国或者请求国法律，引渡请求所指的犯罪纯属军事犯罪的；(6)根据中国或者请求国法律，在收到引渡请求时，由于犯罪已过追诉时效期限或者被请求引渡人已被赦免等原因，不应当追究被请求引渡人的刑事责任的；(7)被请求引渡人在请求国曾经遭受或者可能遭受酷刑或者其他残忍、不人道或者有辱人格的待遇或者处罚的；(8)请求国根据缺席判决提出引渡请求的。但请求国承诺在引渡后对被请求引渡人给予在其出庭的情况下进行重新审判机会的除外。

外国向中国提出的引渡请求，有下列情形之一的，可以拒绝引渡：(1)中国对于引渡请求所指的犯罪具有刑事管辖权，并且对被请求引渡人正在进行刑事诉讼或者准备提起刑事诉讼的；(2)由于被请求引渡人的年龄、健康等原因，根据人道主义原则不宜引渡的。

另外，请求国的引渡请求应当向中国外交部提出。

三、合作原则

合作原则是《联合国宪章》确立的国际关系基本准则之一。《联合国宪章》

第1条第3款规定了联合国的第3项宗旨,即在解决经济、社会、文化和人道主义方面的国际问题中进行国际合作,促进人权和基本自由。① 将促进国际合作确立为联合国的四大宗旨之一,对于战后建立一个稳定的国际秩序具有深远的意义。由中国倡导的"和平共处五项原则"充分体现了《联合国宪章》规定的国际合作原则。② 习近平总书记指出:"和平共处五项原则生动反映了联合国宪章宗旨和原则,并赋予这些宗旨和原则以可见、可行、可依循的内涵。和平共处五项原则中包含4个'互'字、1个'共'字,既代表了亚洲国家对国际关系的新期待,也体现了各国权利、义务、责任相统一的国际法治精神。"③联合国大会于1970年一致通过《国际法原则宣言》,④将"各国依照宪章彼此合作之义务"确立为国际法的基本原则。宣言重申"维持国际和平及安全、发展国际友好关系及合作,乃系联合国之基本宗旨"。"各国不问在政治、经济及社会制度上有何差异均有义务在国际关系之各方面彼此合作,以期维持国际和平与安全,并增进国际经济安定与进步、各国之一般福利、及不受此种差异所生歧视之国际合作。""为此目的,(a)各国应与其他国家合作以维持国际和平与安全;(b)各国应合作促进对于一切人民人权及基本自由之普遍尊重与遵行,并消除一切形式之种族歧视及宗教上一切形式之不容异己;(c)各国应依照主权平等及不干涉原则处理其在经济、社会、文化、技术及贸易方面之国际关系;(d)联合国会员国均有义务依照宪章有关规定采取共同及个别行动与联合国合作。"

国际追逃追赃具有很强的政治性,将合作原则确定为国际司法执法合作的基本原则,具有重要的现实意义。合作原则要求各国在相互尊重主权和平等互利的基础上,在各自法律允许的范围内,最大限度地便利国际合作,鼓励各国为

---

① 在1944年敦巴顿橡树园会议上,与会国意识到,建立一个普遍性国际组织,维护国际和平与安全不是唯一的宗旨,而要争取一个和平、稳定的国际环境,仅仅考虑如何解决国际争端、制止侵略、消除对和平的威胁,显而易见是不够的。为了在最终的意义上建立一个和平、安定的世界,联合国应当致力于加强各成员国之间的合作,以解决它们所面临的共同的国际问题。参见许光建等:《联合国宪章诠释》,山西教育出版社1999年版,第22页。

② 参见赵建文:《和平共处五项原则与〈联合国宪章〉的关系》,载《当代法学》2014年第6期。

③ 习近平:《弘扬和平共处五项原则,建设合作共赢美好世界——在和平共处五项原则发表60周年纪念大会上的讲话》,载《人民日报》2014年6月29日,第2版。

④ 第25届联合国大会1970年10月25日第2625(XXV)号决议。

促进合作而克服法律障碍。[①] 近年来,为促进国际司法执法合作,合作原则开始在有关国际司法合作的国际公约和双边条约中有更具体的体现,对被请求方拒绝提供合作的理由和条件作出了一些合理限制。例如,不得以银行保密为理由拒绝刑事司法协助;不得以仅涉及财税犯罪为由拒绝引渡合作;不得将恐怖主义犯罪或其他出于政治动机实施的普通犯罪认定为"政治犯罪"而拒绝引渡,在拒绝引渡本国公民的情况下,应提交主管机关考虑起诉等。

为促进各国刑事司法合作,在不涉及强制措施的合作中酌情放宽对"双重犯罪"的要求已呈趋势。国际社会承认该原则的例外情形,鼓励在特定条件下弹性适用。《联合国打击跨国有组织犯罪公约》规定在文书送达、证据方面的司法协助,请求国可在其认为适当时酌情提供协助,而无论该行为是否符合"双重犯罪"要求。[②]《联合国反腐败公约》规定被请求缔约国以并非"双重犯罪"为理由拒绝提供协助时,应在符合其法律制度基本概念的情况下提供不涉及强制性行动的协助。[③]

尽管如此,由于各国的法律和司法体系存在重大差异,加之受请求国与被请求国主权国家之间的双边关系、利益衡量、政治互信程度等因素的影响,国际司法合作有待深化和加强。在我境外追逃追赃实践中,具体个案能否获得成功,在相当程度上仍受制于被请求国提供合作的政治意愿。

第三节　境外追逃合作的主要方式

境外缉捕逃犯,需要通过国际司法执法合作。国际合作缉捕逃犯的方式主

① 菲律宾时任总统阿基诺三世2014年10月21日在马尼拉外国记者协会年会上称,只要在菲律宾境内发现中国外逃贪官及其资产,只要中国政府提出需要菲方配合,菲律宾政府都愿意提供帮助。就追捕外逃贪官,此前美国、加拿大等国均表示愿提供一定程度的协助。澳大利亚警方同意与中国警方开展合作。但作为公开表态支持中国海外反腐的外国国家元首,阿基诺总统是第一位。

② 2000年11月15日第55届联合国大会通过的《联合国打击跨国有组织犯罪公约》第1条开宗明义:"本公约的宗旨是促进合作,以便更有效地预防和打击跨国有组织犯罪。"

③ 2003年10月31日第58届联合国大会审议通过联合国反腐败公约特委会核准的《联合国反腐败公约》,公约于2005年12月14日生效。我国于2005年10月27日批准加入。这是联合国历史上第一个用于指导国际反腐败斗争的国际公约,对预防腐败、界定腐败犯罪、反腐败国际合作、非法资产追缴等问题进行了法律上的规范,对各国加强国内反腐行动、提高反腐成效、促进反腐国际合作具有重要意义。该公约将"促进和加强各项措施,以便更加高效而有力地预防和打击腐败;促进、便利和支持预防和打击腐败方面的国际合作和技术援助,包括在资产追回方面;提倡廉正、问责制和对公共事务和公共财产的妥善管理"确立为公约的三大宗旨。

要有:引渡、遣返或驱逐出境、警务合作、劝返、异地追诉五种。[①]

一、引渡

引渡是国家间移交逃犯最重要、最正式的司法合作方式,也是主权色彩最浓厚、程序最为复杂的合作方式。一般由一国通过外交或司法合作途径,向外国政府提出引渡请求,外国行政和司法机关根据其法律和有关国际条约审查引渡请求,确认符合规定后,再移交逃犯。引渡逃犯是国家的主权行为,国家没有向外国引渡逃犯的当然法律义务。国家间的引渡关系通常建立在条约关系或互惠关系的基础之上。美国、英国、加拿大等普通法系国家,传统上通常只向已订有引渡条约的国家引渡逃犯,这在法律上称为"条约前置主义";[②]法国、德国等国则允许在互惠基础上向外国引渡逃犯。由于"条约前置主义"严重限制了引渡的合作范围,不仅实行"条约前置主义"的国家只能向数目有限的缔约国提供引渡合作,而且他们向非缔约国提出的引渡请求也往往因不符合互惠原则而遭到拒绝。在此形势下,原来严格采取"条约前置主义"的一些国家,如英国、新西兰、加拿大、印度、南非等,开始通过修改国内立法放弃或一定程度上变通这一传统政策立场,但仍有一些英美法系国家坚持"条约前置主义",例如,斐济、津巴布韦、斯里兰卡、纳米比亚等。[③] 在欧洲国家中,荷兰是少有的坚持"条约前置主义"的国家。我国《引渡法》第 3 条规定:"中华人民共和国和外国在平等互惠的基础上进行引渡合作。引渡合作,不得损害中华人民共和国的主权、安全和社会公共利益。"

现代引渡制度已有 100 多年历史,并已形成了一些为各国普遍接受的原则,如"政治犯不引渡""军事犯不引渡"等,中国等许多国家还坚持"本国国民

---

① 参见《境外追逃国际合作的五种主要方式》,载中国社会科学网:www. cssn. cn,最后访问日期:2019 年 4 月 5 日。

② "条约前置主义"这一术语首见于韩国国际法学家李万熙教授的著作《引渡与国际法》,参见[韩]李万熙:《引渡与国际法》(中文版),法律出版社 2002 年版,第 11 页。

③ 英国曾经是典型的"条约前置主义"国家。英国 1988 年《刑事司法法》对本国的引渡制度进行了重大修改,随后,又于 2003 年颁布了新版《引渡法》,再次对引渡制度进行重大的框架性改革,明确允许在无双边条约关系的情况下开展引渡合作。先于英国放弃"条约前置主义"的国家是新西兰。新西兰《1999 年引渡法》规定,对于新西兰与之缔结引渡条约的国家,可以根据本法执行该国提出的引渡请求。参见黄风:《国际引渡合作规则的新发展》,载《比较法研究》2006 年第 3 期。

不引渡"。[①] 在程序方面,各国通常规定引渡先由法院审理并作出初步决定,然后由行政机关(如政府首脑或者外交部长、司法部长等)作出是否引渡的最终决定。被请求引渡人可以反对引渡,并聘请律师为其辩护。实践中,行政机关在作出引渡决定时往往会重点考虑国家关系、人权政策等政治方面的因素。在国际引渡实践中,英美法系国家强调属地管辖权,多允许向外国引渡本国公民,而大陆法系国家在坚持属地管辖的同时也注重属人管辖,一般不允许向外国引渡本国公民。

自1993年与泰国签订首个引渡条约以来,我国已与俄罗斯、白俄罗斯、乌克兰、哈萨克斯坦、吉尔吉斯斯坦、乌兹别克斯坦、蒙古、罗马尼亚、保加利亚、柬埔寨、韩国、秘鲁、南非、菲律宾、老挝、阿联酋、立陶宛、巴基斯坦、突尼斯、西班牙、意大利、法国等55个国家缔结了双边引渡条约,与美国、加拿大、日本、巴西、澳大利亚等64个国家缔结了刑事司法协助条约,初步建立了有一定规模的引渡合作网络。[②] 2000年,我国《引渡法》颁布实施,明确了对外开展引渡合作的原则、程序和主管部门,解决了对外作出量刑追诉承诺等问题,对促进中外引渡合作的规范化发挥了重要作用。

自20世纪90年代以来,我国已成功从外国引渡回逃犯和其他犯罪嫌疑人260多人。早期最著名的引渡案例包括1990年从日本引渡劫机犯罪嫌疑人张振海案,[③]以及2009年从阿尔巴尼亚引渡回来的沈磊案。[④] 近年来,从欧洲等西方国家以及非洲和拉丁美洲等地区的成功引渡案例趋于增加。例如,2016年3

---

① 1834年法国和比利时引渡条约首次在国际引渡合作中规定了"本国国民不引渡"原则。我国《引渡法》第8条规定:外国向中国提出引渡请求,如被请求人具有中国国籍,应当拒绝引渡。

② 参见《我国对外缔结司法协助及引渡条约情况》,载外交部网:http://www.mfprc.gov.cn,最后访问日期:2019年6月8日。

③ 1989年12月16日,中国公民张振海劫持中国民航981航班,飞机降落在日本福冈。我国于1990年2月12日根据1971年《关于制止危害民用航空安全的非法行为的公约》(蒙特利尔公约)向日本提出引渡请求,并派出专门工作组赴日工作。同年4月,东京高等法院、日本法务省先后作出同意将张振海引渡回国的决定。4月28日,张振海被引渡回国。1990年7月,张振海被法院判处有期徒刑8年。

④ 2009年,涉案金额近1亿元人民币的特大金融诈骗案件主犯之一沈磊被成功引渡回中国。沈磊畏罪潜逃后,中国警方随即通过国际刑警组织对其发布红色通缉令。2009年6月19日,阿尔巴尼亚警方在该国机场将沈磊截获。因为中国和阿尔巴尼亚签署有引渡条约,中方随即正式向阿提出引渡请求。经阿法院判决并完成全部司法程序,阿司法部决定将沈磊从阿尔巴尼亚引渡回中国。10月15日,中国警方将其押解回国。早期的引渡案例还有:2001年12月陈满雄、陈秋园案(泰国),2006年6月玉山江案(乌兹别克斯坦),2007年袁同顺案(日本)等。

月从意大利引渡回逃匿12年之久的犯罪嫌疑人赵某;2015年9月从西班牙引渡回犯罪嫌疑人丁某;2016年9月,从法国引渡回犯罪嫌疑人陈某。这是中意、中西、中法引渡条约生效以来,中国与意大利、西班牙、法国间首例成功引渡逃犯案例。[①] 2016年7月,潜逃18年之久的走私犯罪嫌疑人黄海勇从秘鲁引渡回国。这是我国首次从拉美国家成功引渡犯罪嫌疑人的案例。[②] 2018年5月4日,5名涉嫌非法吸收公众存款犯罪的犯罪嫌疑人姬某、温某、李某、董某、马某从韩国引渡回国。这是近年来一次性引渡逃犯较多的国际执法合作案例。2019年7月3日,中国警方将该案的主犯赵某从法国引渡回国。这是我国首次针对一起经济犯罪案件从两个不同的国家引渡逃犯,也是“猎狐行动”第三次成功从法国引渡犯罪嫌疑人。[③] 2019年8月17日,我国成功从巴西引渡回一名潜逃10年之久的涉黑犯罪主要嫌疑人董某。这是巴西首次向我国引渡犯罪嫌疑人。[④]

近年来,引渡开始应用于中外联合打击跨国有组织犯罪的执法合作中。2019年6月7日,94名冒充公检法机关工作人员实施电信网络诈骗的我国台湾地区犯罪嫌疑人被我国公安机关从西班牙引渡回国。至此,历时近3年的中国—西班牙警方联合打击跨境电信网络诈骗犯罪“长城行动”取得重大战果,西班牙依《中西引渡条约》分批共向我方引渡了225名犯罪嫌疑人,其中我国台湾地区犯罪嫌疑人218名。这是我国首次从欧洲大规模引渡电信网络诈骗犯罪嫌疑人。[⑤]

黄海勇案

深圳亨润国际实业公司总经理、武汉丰润油脂报税仓库有限公司董事长黄

① 2010年中意引渡条约,2015年12月13日生效;2005年中西引渡条约,2007年4月4日生效;2007年中法引渡条约,2015年7月17日生效。

② 参见《跌宕起伏的黄海勇引渡案》,载民主与法制网:www.mzyfz.com,最后访问日期:2019年4月8日。

③ 《中国警方再次从法国引渡经济犯罪嫌疑人》,载中新网:www.chinanews.com,最后访问日期:2019年7月5日。

④ 《中国警方成功从巴西引渡一名潜逃十年的涉黑犯罪主要嫌疑人》,载央视网:www.cctv.com,最后访问日期:2019年8月2日。

⑤ 参见《西班牙将94名中国台湾电信诈骗嫌疑人移交大陆》,载人民日报海外网:www.haiwainet.cn,最后访问日期:2019年6月16日。

海勇涉嫌走私普通货物罪,偷逃税款7.17亿元人民币,于1998年8月经我国香港特别行政区潜逃至美国,后投奔在秘鲁经商的弟弟。2001年6月,我国通过国际刑警组织对黄海勇发布红色通报,在全球范围内进行缉捕。后来发现黄海勇在秘鲁曾有过入境记录,公安机关立即向国际刑警组织秘鲁国家中心局提出执法合作请求。2008年10月27日,当黄海勇从美国回到秘鲁查韦斯国际机场时,被秘鲁国际刑警成功抓获。11月14日,我国根据2001年签署的《中秘引渡条约》,通过外交途径向秘鲁提出了引渡黄海勇的请求,获得秘鲁方面初步认可。①

为抗拒引渡,黄海勇聘请了秘鲁最著名的律师,诬称其被引渡回中国会面临死刑问题和所谓的"人权"问题,几乎用尽了所有法律手段:将案件两度上诉至秘鲁最高法院、两度上诉至秘鲁宪法法院,然后又申诉至美洲人权委员会,后被美洲人权委员会提交给美洲人权法院,案件被拖入旷日持久的法律战。在此过程中,对黄海勇的引渡工作曾经面临极大困难,秘鲁宪法法院和美洲人权委员会都曾作出不利于引渡的裁判,使引渡程序几度中止、搁置。

中秘两国政府合作打击犯罪的决心从未动摇,坚持不懈推进引渡程序。2015年9月16日,美洲人权法院正式作出判决,驳回了黄海勇的主要诉求。2016年5月23日,秘鲁政府决定向中国引渡犯罪嫌疑人黄海勇。同年7月14日,中秘两国有关执法部门在秘鲁引渡交接文件。7月17日,黄海勇被我国押解小组经古巴、俄罗斯,最终成功引渡回国。

黄海勇是我国首次从拉美国家成功引渡的犯罪嫌疑人,为我国今后处理国际人权司法机构审理涉华引渡案件积累了宝贵经验,为我国在拉美地区开展引渡执法打下良好基础,对国际追逃追赃工作具有重要意义。②

二、遣返或驱逐出境

遣返和驱逐出境的方式通常用于处理非法移民。目前是境外追逃的常用方式之一。因引渡的条件较为严格,程序复杂,成功率低,各国执法机关(警方、移民当局等)有时也将遣返或"驱逐出境"用于移交逃犯,因为潜逃至外国的犯

---

① 在秘鲁,对外国引渡请求是由司法部门和行政部门实行双重审查。根据秘鲁《刑事诉讼法》第二编引渡的相关规定,引渡事务由司法部牵头处理,外交部组成的官方委员会提交报告后,由政府通过部长理事会作出最终决定。但是,在政府作出上述决定之前,必须听取最高法院刑事庭的意见,只有在最高法院作出同意引渡的咨询性裁决后,政府才能决定引渡。

② 参见《跌宕起伏的黄海勇引渡案》,载民主与法制网:www.mzyfz.com,最后访问日期:2019年6月30日。

罪嫌疑人绝大多数都会涉及违反入境国移民法规的问题。采取遣返、驱逐出境这两种措施的前提是,犯罪嫌疑人违反了所在国家的移民法,如非法入境、非法滞留、虚假申报或其他违反移民法的行为。① 一国在接到移交逃犯请求后,首先认定该逃犯系非法移民,或以其他理由取消其居留资格,然后驱逐出境,交给逃犯的本国,从而达到变相引渡的目的,常被称为引渡的替代措施。② 例如,英国曾多次请求美国移交北爱尔兰共和军成员,美国因受"政治犯不引渡"等法律原则的限制,难以向英国引渡这些人员,美国执法部门就采用"驱逐出境"方式将数名北爱尔兰共和军成员移交英方处理。

外交实践中,我国在向外国遣返逃犯时有时也采用"驱逐 + 移交"的方式。③ 美籍公民弗格森·纳坤于2011年因抢劫罪被法院判刑8年6个月,缓刑9年6个月。2014年10月,弗格森潜逃。2015年5月,国际刑警组织对其发布"红色通报"。2017年2月,该犯潜逃至中国广州,美方向中国警方提出协商请求。2017年8月25日,应美国执法部门请求,中国警方在广州白云国际机场将美籍严重暴力犯罪"红通"逃犯弗格森移交美方,由美国司法部警员押解回国。同年10月16日,我国警方在上海浦东国际机场将另1名美籍"红通"逃犯移交美方。这是2017年10月4日首轮中美执法及网络安全对话结束后,两国执法部门开展追逃追赃合作取得的最新成果。

与引渡相比,驱逐出境是国家之间追逃合作的一种非正式方式,做法灵活,限制较少,但缺乏明确的法律根据,实践中常会因国内政治因素或舆论的干预而难以实施,有时还被指责为双方执法机关规避司法程序的"内部交易"。但在实践中,如有关国家间尚未缔结引渡条约,或者由于种种原因不便启动引渡程

---

① 如美国法律规定,已入境的外国人可因以下理由被驱逐:有违反移民法规的行为,包括非法入境,用欺诈手段获得居留资格,入境后有刑事罪行等。

② 专家认为,可以通过吊销有关人员的合法旅行证件、证明有关人员犯有严重罪行等手段,设法使该人不能在躲藏地国家获得合法的居留地位或者剥夺已获得的居留地位,从而达到将其遣返回国的目的。

③ 1996年2月,美国通过外交途径请我国协助缉捕并移交在我国境内治病的缅甸毒品犯罪嫌疑人李家振,我国政府要求美方作出互惠承诺。美方表示,由于国内法限制,无法作出互惠承诺。经征求缅甸政府意见,考虑到中美关系,我国在时任国务院副总理钱其琛访美前夕,采用变通方式,将李家振驱逐出境,在机舱口与美方完成交接。

序时,遣返和驱逐不失为实际可行的追逃方式。[①] 我国在对外追逃国际合作中,时常采取遣返和驱逐出境等引渡替代措施,并有一些成功案例。[②] 如赖昌星案、余振东案、许超凡案等。

赖昌星案

1996~1998年,厦门远华集团董事长赖昌星伙同他人在厦门关区大规模走私、行贿,涉案金额高达500多亿元人民币,偷逃税款超过300亿元人民币,严重破坏了我国正常的经济秩序,给国家造成巨大经济损失。赖昌星于1999年8月潜逃至加拿大。因为中加间尚无引渡条约。我方遂向加方提出将赖昌星遣返回中国的正式请求。赖昌星先是提出“难民”申请,因在中国涉嫌严重犯罪,其申请经过冗长司法程序于2005年9月被加拿大最高法院终审裁定驳回,对赖昌星的遣返程序随即启动。在我国政府的不懈努力下,经过2006年、2011年两次遣返前风险评估,加方最终于2011年7月23日将赖昌星遣返回中国。这是中华人民共和国成立以来最受关注、最为曲折、历时最长的跨国追逃大案。2012年5月18日,厦门中级人民法院判处赖昌星犯走私罪、行贿罪,两罪并罚,判处无期徒刑,剥夺政治权利并没收个人全部财产。[③]

三、警务合作

通过各国警方间建立的双边警务合作机制或渠道,不经过本国法律规定的正式司法程序和手续,直接将潜逃至本国的他国犯罪嫌疑人移交给其所属国,或允许对方执法机关在本国境内实施抓捕行动,或两国警方合作开展抓捕行动。我国与周边友好国家间的警务合作常采取此种合作形式。在缉捕外逃犯罪嫌疑人时,我国与有关国家和地区广泛建立的执法安全合作机制的优势得到

---

① 1988年,北京某国企干部费某涉嫌诈骗,案发后逃往日本。经与日本政府协商,日方提出变通处理办法。即中方吊销费某的护照,日本再对其采取强制离境措施。1989年2月,日本以此种方式将费某移交给我方。日方同时强调,此案为外务省应中方请求设计的特殊合作方式,不构成先例。

② 2008年8月,诈骗两单位养老保险金2425万元人民币的邓心志被遣返回中国,成为从加拿大成功遣返的首个中国外逃经济犯罪嫌疑人。

③ 参见《赖昌星一审被判无期徒刑 并处没收个人全部财产》,载人民网:www. people. com. cn,最后访问日期:2019年6月10日。

了充分发挥。2011 年 2 月,经菲律宾政府同意,我国公安部派特别工作组赴菲律宾办理"11·30"跨国电信诈骗案,直接参与抓捕行动,就地展开审讯,并将 24 名中国籍犯罪嫌疑人直接押解回国。在近几年的"猎狐"和"天网"专项行动中,警务合作成为我国与周边国家司法执法合作的重要形式,成效显著,上千名外逃经济犯罪嫌疑人因此落入法网。[①] 2019 年 6 月 26 日,因涉嫌电信诈骗,68 名中国嫌犯被柬埔寨当局遣返,这是柬埔寨移民当局警察与中国警方的联合行动。2014 年至今,柬埔寨已遣返超 1500 名涉嫌电信诈骗和经济犯罪的中国嫌犯。[②]

"9·28"特大跨国电信诈骗案

2011 年 9 月 28 日,公安部统一指挥中国 10 省区市公安机关,派出 8 个特别工作组,与印度尼西亚、柬埔寨、菲律宾、越南、泰国、老挝、马来西亚、新加坡东盟 8 国警方采取集中统一行动,成功摧毁了两个特大跨国跨两岸电信诈骗犯罪集团,抓获犯罪嫌疑人 828 名,其中中国大陆籍犯罪嫌疑人 532 名,中国台湾地区籍犯罪嫌疑人 284 名,其他国家犯罪嫌疑人 12 名;捣毁拨打诈骗电话、转账洗钱、开卡取款和诈骗网络平台等犯罪窝点 162 处,缴获银行卡、电脑、手机、网络平台服务器等一大批作案工具和赃款,破获电信诈骗案件 1800 余起,涉案金额 2.2 亿元人民币。[③]

国际警务合作也可借助国际刑警组织(International Criminal Police Organization,INTERPOL)的渠道进行。INTERPOL 是协调各国警方合作的国际组织,总部设在巴黎,成员遍布全球。在缉捕逃犯方面,国际刑警组织总部可以根据各国中心局提供的通缉通报,向其他成员国发出"红色通缉令",要求协助查控、缉捕逃犯。这种合作地域广、速度快,对在全球范围内缉捕逃犯有良好的

① 据公安部信息,仅在"猎狐 2014"专项行动中,全国公安机关共向境外派出 70 余个工作组,从 69 个国家和地区成功抓获外逃经济犯罪嫌疑人 680 名,其中缉捕归案 290 人,投案自首 390 人,相当于 2013 年全年抓获总数的 4.5 倍。

② 《柬埔寨遣返 68 名电信诈骗中国嫌犯近 5 年已遣返超 1500 人》,载新浪新闻:https://news.sina.cn,最后访问日期:2019 年 6 月 30 日。

③ 参见《9·28 特大跨国电信诈骗案》,载百度百科:www.baidu.com,最后访问日期:2019 年 6 月 30 日。

实际效果。但是，在根据“红色通缉令”逮捕逃犯后，国际刑警组织不能直接安排引渡或以其他方式移交逃犯，有关国家之间仍需按照本国法的引渡或其他程序，决定是否移交逃犯。

四、劝返

即借助刑事政策的力量，采用各种方式和途径，对外逃人员开展攻心战，说服他们自愿回国投案自首，以达到追逃目的。我国刑法历来体现宽严相济的刑事政策，自首者可依法从轻或减轻处罚。对于外逃犯罪嫌疑人，投案自首同样可以获得从宽处理的机会。这为劝返奠定了坚实的政策和法律基础。2014 年 10 月 10 日，最高人民法院、最高人民检察院、公安部、外交部联合发布《关于敦促在逃境外经济犯罪人员投案自首的通告》，凡 2014 年 12 月 1 日前投案自首的，可以依法从轻或者减轻处罚。[①] 2018 年 8 月 23 日，国家监察委员会、最高人民法院、最高人民检察院、公安部、外交部联合发布《关于敦促职务犯罪案件境外在逃人员投案自首的公告》宣布：职务犯罪案件境外在逃人员自本公告发布之日起至 2018 年 12 月 31 日前自动投案，如实供述自己罪行，可以依法从轻或者减轻处罚。其中，有效挽回被害单位、被害人经济损失，积极退赃的，可以减轻处罚；犯罪较轻的，可以免除处罚。[②]

“劝返”对于境外追逃而言，往往能够收到一举三得的效果。对于办理案件的刑事司法机关来说，劝返的成功意味着追逃目的的实现，并彰显政策威力；对于逃犯躲藏地国家来说，外国逃犯自愿回国接受审判有助于节省为开展国际合作或者国内法律程序而需花费的资源；对于面临围追堵截的外逃人员来说，自愿回国投案自首可以获得法律许可的最大限度的宽大处理。2010 年，赖昌星走私集团主犯之一王泰成自澳大利亚回国自首。2011 年 9 月和 12 月，在遣返压力下，受我国政府宽大政策感召，中国银行高山案犯罪嫌疑人李东虎、李东哲、高山先后回国自首。

劝返作为具有中国特色的引渡替代手段，在境外追逃中正发挥越来越重要的作用。来自最高检反贪污贿赂总局的数据显示，2013 年我国检察机关从境外

---

① 参见《关于敦促在逃境外经济犯罪人员投案自首的通告》，载外交部网：www. fmprc. gov. cn，最后访问日期：2019 年 6 月 9 日。

② 参见《关于敦促职务犯罪案件境外在逃人员投案自首的公告》，载外交部网：www. fmprc. gov. cn，最后访问日期：2019 年 6 月 9 日。

追捕归案16名贪污犯罪嫌疑人中,有12人系劝返主动回国投案自首的。而在公安部“猎狐”专项行动中,至2014年12月4日,从60个国家和地区缉捕428名境外在逃人员,其中涉案金额1000万元以上的141人,潜逃10年以上的32人。2014年10月10日《关于敦促在逃境外经济犯罪人员投案自首的通告》发布后,各地充分利用政策,不断加大劝返力度,期限内共有332人投案自首。2014年12月,潜逃美国两年半的辽宁省凤城市委原书记王国强,从美国回国向纪检监察机关投案自首,成为近10年来首个从美国主动投案的腐败犯罪嫌疑人。2015年,在18名落网“红通”人员中,有7人是投案自首,其中包括潜逃美国13年之久的“红通”4号犯罪嫌疑人黄玉荣。2016年,在15名落网人员中有11人属于投案自首。2016年11月16日,潜逃海外13年之久的“百名红通人员”头号犯罪嫌疑人杨秀珠回国投案自首。

中央追逃办2017年5月10日首次集中公布已归案“百名红通人员”后续工作进展情况,彰显中国反腐透明度、自信度,也对外逃人员传递出强有力的信号。① 截至2017年5月8日,已归案的40名“百名红通人员”的处理均已进入司法程序,其中,已作出判决的15名,作出不起诉决定的2名,撤案1名,法院已审理但尚未宣判的9名,移送审查起诉或正在侦查的13名。从已公布的情况来看,一个显著的特点是,经劝返选择回国的均依法获得从轻或减轻处罚。如被劝返回国的“百名红通人员”张大伟,因在调查期间如实供述犯罪事实,积极退缴全部赃款,经法院判决,免于刑事处罚。相反,被缉捕归案的则依法从重处罚,被判处3~15年的有期徒刑。其中,李华波、付耀波、张清曌3人被判处无期徒刑。这体现了宽严相济的追逃追赃政策。

2019年5月29日,在中央追逃办统筹协调下,经云南纪委监委不懈努力,“百名红通人员”、外逃职务犯罪嫌疑人肖建明主动回国投案并积极退赃。这是第58名归案的“百名红通人员”。② 肖建明系云南锡业集团有限责任公司原董事长、云南省人大财政经济委员会原副主任委员(正厅级),涉嫌受贿罪,2012年12月外逃。2014年7月,云南省人民检察院以涉嫌受贿罪对肖建明立案侦查,同年8月决定逮捕。2015年2月,国际刑警组织对其发布红色通缉令。

---

① 《中央追逃办首次集中公布“百名红通”归案人员后续进展》,载《人民日报》2017年5月11日,第4版。

② 参见《“百名红通人员”肖建明回国投案 系第58名归案人员》,载央视网:www.cctv.com,最后访问日期:2019年6月9日。

高　山　案

2003年11月至2004年8月，中国银行哈尔滨河松街支行行长高山，伙同北京世纪绿洲投资有限公司董事长李东哲、李东虎兄弟涉嫌票据诈骗、侵占、诈骗贷款等犯罪，涉案金额10.4亿元人民币。高山等三人于2004年12月底逃往加拿大。2007年2月16日，加拿大警方在温哥华以违反移民法为由逮捕高山夫妇，并于2月23日，以“在中国犯有严重刑事罪行”和“非法滞留”为由逮捕了李东哲、李东虎。2月27日，加拿大难民法庭正式拒绝了李东哲、李东虎二人的难民申请。2011年9月和12月，在遣返压力下，受我国宽大政策感召，李东哲、李东虎先后自加拿大回国自首。2012年8月9日，高山在已获加拿大永久居民身份、有条件长期抗拒和拖延遣返的情况下，放弃“难民”身份申请回国自首。2014年9月12日，哈尔滨中级人民法院判处高山有期徒刑15年，判处李东哲无期徒刑，判处李东虎有期徒刑25年。①

五、异地追诉

这是引渡的另一种替代方式。即在构成“双重犯罪”的情况下，由中国主管机关向逃犯躲藏地国家的司法机关提供该逃犯触犯该外国法律的犯罪证据，由该外国司法机关依据本国法律对其实行缉捕和追诉，并在刑满后予以遣返。此种追逃方式特别适用于某些携款外逃的犯罪嫌疑人。如果我国与逃犯发现地国家因某些法律上的障碍尚无法开展正式的引渡合作，也不具备遣返、劝返的可能性，则可以考虑采用异地追诉方式，向该外国执法和司法机关提供自己所掌握的相关犯罪的证据材料，促请并支持配合该国主管机关以洗钱犯罪、违反移民法犯罪等理由在当地对其实行拘捕、开展刑事追诉活动并且追缴被非法转移到当地的犯罪所得，从而改变该人的法律地位，剥夺他的居留资格，截断他的经济来源，创造将其递解回国的条件，或者营造迫使其接受遣返的环境。

异地追诉是引渡的另一种替代手段。中国银行开平支行特大贪污案和李华波案的追逃过程中，异地追诉发挥了重要的作用。

---

① 参见《“高山案”一审公开宣判》，载黑龙江法院网：www.hljcourt.gov.cn，最后访问日期：2019年6月30日。

中国银行开平支行案

1992 年至 2001 年,中国银行开平支行行长余振东伙同前任行长许超凡和许国俊等人贪污挪用巨额公款,总额达 4.85 亿美元,并在案发后经我国香港特别行政区潜逃美国。2001 年 11 月 5 日,我国根据《中美刑事司法协助协定》请美方就此案向中方提供协助。经双方密切合作,2001 年 12 月,美方没收了余振东转往美国的部分赃款,并于 2002 年 12 月将余振东拘留。2003 年 9 月美国将所没收的赃款返还中国。我方多次请求美国政府遣返余振东,经反复做工作,美法院最终在认可中方不判处死刑和不超过 12 年有期徒刑的承诺的基础上,责成美国国土安全部完成有关遣返程序。余振东于 2004 年 4 月 16 日被美方遣返。2005 年 8 月 16 日,江门市中级人民法院判处余振东有期徒刑 12 年。许超凡、许国俊拒绝被遣返,于 2009 年 5 月被美国法院分别判处有期徒刑 25 年和 22 年。两人的配偶余英怡、邝婉芳各获刑 8 年。2015 年 9 月 24 日邝婉芳被强制遣返回国。2018 年 7 月 11 日,外逃 17 年的许超凡从美国被强制遣返回国。随后他贪污挪用的 20 多亿元资金也被追回。许超凡案是我国在西方发达国家实现异地追诉、异地服刑后强制遣返重要职务犯罪嫌疑人的第一起成功案例。许国俊在刑满后也将被强制遣返。①

李华波案

李华波系原江西省鄱阳县财政局经建股股长,涉嫌侵吞 9400 多万元公款,于 2011 年 1 月 29 日携妻女潜逃至新加坡。2011 年 2 月 23 日,我警方通过国际刑警组织发布“红色通缉令”。由于我国与新加坡之间没有双边引渡条约,双方虽为《联合国反腐败公约》的缔约国,但根据新加坡法律,《联合国反腐败公约》不能直接作为引渡的法律依据,给中方及时将李华波追逃归案造成法律障碍。此案最后采取异地追诉的方式加以解决。2011 年 3 月,李华波在新加坡被新加坡警方逮捕,并以洗钱罪被起诉。为配合新方起诉,应新方请求,我方相关人员于 2012 年 11 月就逃犯在中国境内的犯罪事实和相关问题赴新加坡出庭作证。

---

① 参见《历时 17 年　追逃从未停歇——许超凡被强制遣返背后》,载新华网:www.xinhuanet.com,最后访问日期:2019 年 6 月 30 日。

李华波被新加坡法院以洗钱罪判处有期徒刑15个月。2015年1月30日,李华波的妻子带着两个女儿回国投案自首。同年5月9日,"百名红通人员"公布后17天,李华波被遣返回国,成为百名"红通人员"中第二个落网者。①

总之,缉捕逃犯的各种国际合作形式都有一定的法律条件和程序,但这些合作能否取得成功,从根本上讲取决于有关国家,特别是逃犯所在国家,是否有合作的诚意。为此,一方面,我国有关部门应从保障改革开放顺利进行、保障我国的社会稳定和经济安全的战略高度,积极开展与外国合作缉捕逃犯的工作;另一方面,对西方国家出于政治因素不愿在缉捕逃犯方面与我国有效合作的情况,也应有清醒的认识和充分的预估。

在缉捕逃犯的国际合作方面,我国仍面临许多困难。目前,我国犯罪嫌疑人潜逃的主要目的地是欧美西方国家,这些国家出于社会制度和意识形态等方面对我国的偏见和敌意,不愿在缉捕逃犯方面与我国开展有实效的合作,已先后多次拒绝我国提出的引渡请求,对我国提出的缔结双边引渡条约的建议也反应消极。目前仅有西班牙、葡萄牙、法国、意大利4个西方国家与我国缔结了引渡条约。澳大利亚于2007年9月与我国签署引渡条约,但至今未予批准。我国与西方国家追逃合作多采取个案合作的方式,但合作成功率较低,不足以对潜逃国外的犯罪分子起到震慑作用。

第四节 境外追逃的法律问题

赖昌星遣返案历时12年、黄海勇引渡案历时8年,历经加拿大和秘鲁两国国内所有的相关法律程序,堪称新中国成立以来最为复杂的境外追逃案件。赖、黄两案涉及大量跨国追逃的法律问题、政治因素和政策问题,虽然追逃方式和适用的法律有所不同,赖昌星案遵循的是遣返程序,适用的是加拿大移民和难民法律,②黄海勇案走的是引渡程序,适用的秘鲁的引渡

---

① 参见《李华波案追逃追赃工作纪实》,载中国共产党新闻网:www.cpcnews.cn,最后访问日期:2019年6月30日。

② 在赖昌星案中,加拿大方面是因赖昌星有骗取中国香港特别行政区护照、在中国有非政治性犯罪的行为,以违反加拿大《移民和难民法》为由,通过相关法律程序确定赖昌星不具备加拿大法律规定的难民资格,因而不能继续在加拿大居留,从而决定将其遣返回中国。

法律,[①]但其中均涉及死刑问题、酷刑问题、人权保护和外交承诺问题,这些带有共性的法律问题,值得研究总结。

一、境外追逃最大的法律障碍

(一)死刑问题

国际社会在死刑存废问题上的争执由来已久。总的来看,废除和限制使用死刑的国家呈增加趋势。根据2008年联合国秘书长关于死刑问题的报告,截至2008年年底,完全废除死刑的国家有95个,比1988年的35个国家增加了近3倍;废除对所有普通犯罪死刑的国家有10个(这些国家只保留军事犯罪和特别状态下犯罪的死刑);46个国家事实上废除了死刑(法律上保留死刑,但长期不实际执行)。已废除死刑的国家通常都在法律中规定,禁止向被请求引渡人可能被判处死刑的情况下,向外国引渡逃犯。死刑犯不引渡,已成为国际引渡合作中较为普遍适用的一项新原则。即使在保留死刑的国家间签订的引渡条约,也常有禁止引渡死刑犯的类似条款,如美泰引渡条约第6条。我国属于保留死刑的国家。因此,在国际追逃合作中,不可避免地涉及如何处理死刑的问题,并且,死刑问题常常成为我国有效追逃的一大障碍。[②]

在黄海勇案中,死刑问题是黄海勇能否被顺利引渡的关键,也是黄海勇方面赖以对抗引渡的主要凭借,更是秘鲁司法机关、美洲人权委员会和美洲人权法院关注的重点问题之一。2009年1月26日,黄海勇的弟弟提交了一份人身保护令申请,来反对秘鲁最高法院的裁决,声称这是对他哥哥生命权和人身健康的侵害;指责中国的引渡请求以"恶意和隐蔽"的方式没有附上关于中国《刑法》第151条的相关翻译,而该条款包含了对走私罪的死刑适用。根据秘鲁《刑事诉讼法》第517条的规定,如果被请求引渡人在引渡后可能被判处死刑,并且请求国未提供不对其判处死刑的保证,秘鲁应当拒绝有关的引渡请求。2月10

---

① 《中秘引渡条约》于2001年11月5日签署,2003年4月5日生效。该条约第1条规定,双方有义务根据本条约的规定,应对方请求,相互引渡在一方境内发现的被另一方通缉的人员,以便对其进行刑事诉讼或者执行刑罚。中秘两国拥有良好的外交关系且签订了双边引渡条约,本以为引渡黄海勇不会有很大问题,但这一历时近8年的案件却是一波三折,跌宕起伏。

② 最早的案例有彭建钦案。彭建钦是广州远洋公司驾驶员,1987年9月,其驾驶的天岭号轮船停靠汉堡港时,彭氏因内部争执,将同船一船员打死。联邦德国警方将彭拘捕。我向德方提出引渡请求,对方要求我国作出不对彭判处死刑的承诺。此后,我国多次遇到外方要求我方作出不判处或不执行死刑的承诺。

日，秘鲁引渡和囚犯移管委员会发布了关于引渡请求的报告，指出确实没有收到关于中国《刑法》第151条的相关译文。因此，有必要获得相关译文，而且中国必须提供相应的外交承诺，即保证不对黄海勇判处死刑。两天后，秘鲁利马第56刑事法院下令暂时中止引渡程序。秘鲁司法部公诉人对此提出了上诉。10月2日，秘鲁最高检察院的检察官通知最高法院：不赞成最高法院同意引渡黄海勇的第一次咨询性裁决。12月15日，秘鲁最高法院常设刑事法庭进行公开审理，宣布撤销之前作出的裁决，并通知双方当事人就中国的外交照会提供论据。2010年1月27日，秘鲁最高法院常设刑事法庭发布了第二次咨询性裁决，决定仍然接受中国针对黄海勇逃税和贿赂行为的引渡请求，认为引渡黄海勇不会导致对其适用死刑。同时，秘鲁最高法院不同意关于洗钱行为的引渡请求，因为它不符合秘鲁《刑事诉讼法》规定的双重犯罪原则。随后，秘鲁宪法法院受理了黄海勇的律师提出的上诉申请，并于2010年5月24日作出判决，认为中国提供的外交承诺不足以充分确保对黄海勇不适用死刑，秘鲁政府不得向中国引渡黄海勇。面对宪法法院的不利判决，秘鲁政府和司法机关并没有放弃，继续寻求采用宪法法院未禁止的方式实现与中国的引渡合作。为此，一直维持着对黄海勇的引渡羁押和限制人身自由措施。

实践中，遇有外方要求我国不判处死刑的，本着务实合作的精神，个案处理、一案一报。在部分案件中，根据引渡需要，经中央批准，我们向外国作出了不判处死刑的承诺。在1993年请求澳葡当局向我国引渡杀人嫌疑犯杨沃亮案中，首次以外交照会方式作出不判处死刑的承诺。在1993年引渡诈骗犯罪嫌疑人刘熙绪案、1994年引渡毒品犯罪嫌疑人李振华案中，我国也向被请求方（澳葡当局）作出了不对被请求引渡人判处死刑和无期徒刑的承诺。

但在2000年我国《引渡法》出台前，我国对外作出不判死刑承诺缺乏明确的法律依据，具体做法也不尽一致。我国《引渡法》第50条对此作出了具体规定：“被请求国就准予引渡附加条件的，对于不损害中华人民共和国主权、国家利益、公共利益的，可以由外交部代表中华人民共和国政府向被请求国作出承诺。对于限制追诉的承诺，由最高人民检察院决定；对于量刑的承诺，由最高人民法院决定。”“在对被引渡人追究刑事责任时，司法机关应当受所作出的承诺的约束。”2018年《国际刑事司法协助法》第11条也规定：“被请求国就执行刑事司法请求附加条件，不损害中华人民共和国主权、安全和社会公共利益的，可以由外交部作出承诺。被请求国明确表示对外联系机关作出的承诺充分有效的，也可以由对外联系机关作出承诺。对于限制追诉的承诺，由最高人民检察院决定;对于量刑的承诺,由最高人民法院决定。”“在对被涉案人员追究刑事责任时,有关机关应当受所作出的承诺的约束。”

在赖昌星案中,经中央批准,2007 年 2 月,我方以外交照会方式明确向加方承诺,赖昌星遣返回国后不会被判处死刑。[①] 这一承诺,在日后的双边磋商中,多次得到重申。2011 年我国《刑法修正案(八)》取消了走私普通货物罪的死刑。行贿罪本无死刑。赖昌星归案后不会被判处死刑的问题在刑法上已彻底解决。

除个案外,在双边引渡条约谈判中,也时常遇到外方要求在条约中规定,死刑不引渡的例外。我方对此问题较为谨慎,一直努力避免在条约中作出明示规定。主要的处理方式有以下几种:

1. 条约中不作规定,只在会谈纪要中反映双方的谅解。比如,与白俄罗斯谈判时,对方建议写入死刑不引渡条款。经充分协商,白方同意不在条约中规定相关内容,但在会谈纪要中载明,对于被请求引渡人可能根据请求方法律被判处死刑的问题,双方在条约执行中如遇此问题,将具体商定引渡的条件。

2. 采用比较模糊的措辞,既满足对方的关注,也不出现我方关注的死刑字眼。如对方坚持,则在会谈纪要中对具体含义加以说明。如《中国与罗马尼亚引渡条约》规定,“可以拒绝引渡的情况”包括“同意引渡将与被请求方法律的一些基本原则相抵触”。会谈纪要中说明,该规定与各自法律关于死刑问题规定有关。

3. 对刑罚标准作出限定。为体现缔约另一方对死刑问题的关注,将可引渡犯罪的刑罚标准限定为徒刑,同时规定,准予引渡不能损害本国主权、安全、公共秩序或与本国法律的基本原则相抵触,包括被请求方法律所禁止的刑罚种类的执行。2010 年《中国与意大利引渡条约》就采取了此种模式。

4. 明确规定死刑不引渡原则。2005 年 11 月签署的《中国与西班牙引渡条约》是首个明确规定死刑不引渡原则的双边引渡条约。条约在“应当拒绝引渡的理由”项下规定,“根据请求方法律,被请求引渡人可能因引渡请求所针对的犯罪被判处死刑的,应当拒绝引渡;除非请求方作出被请求方认为足够的保证

---

① 2007 年 2 月 13 日,中纪委副书记干以胜在新闻发布会上表示,赖昌星是被国际刑警组织通缉的刑事犯罪逃犯。我国已承诺不判处赖昌星死刑,包括不判处他死刑立即执行和缓期执行,这个法律规定是非常明确的。中国于 1988 年批准通过了禁止酷刑国际公约,郑重承诺禁止一切形式的酷刑。干以胜强调,说赖昌星回国以后会被判处死刑和受到虐待,是没有任何根据的。

不判处死刑，或者在判处死刑的情况下不执行死刑”。这是一项重要的突破，体现了与时俱进和灵活性，有利于与更多西方国家缔结引渡条约。而《引渡法》第50条已为我在引渡合作中对外作出量刑、追诉方面的承诺提供了法律依据。2007年3月签署的《中国与法国引渡条约》、2007年9月签署的《中国与澳大利亚引渡条约》也作出了相同的规定。今后可能被更多的引渡条约所效仿。

（二）酷刑问题

第二次世界大战以来，防止酷刑和不人道待遇在国际司法合作中日益受到重视。1984年《禁止酷刑及其他残忍、不人道或有辱人格的待遇或处罚公约》（以下简称《酷刑公约》）第3条规定，缔约国如果有充分理由相信某人将在另一国遭受酷刑，则不得将该人驱逐、交还或者引渡给该国。这一规定对国际追逃合作产生了重要影响。公约缔约国纷纷在引渡法、移民法中纳入公约的上述规定。我国是《酷刑公约》缔约国，受公约规定的约束。我国《引渡法》第8条第7款也规定，外国向我国请求引渡的，如果被请求引渡人在请求国曾经或可能遭受酷刑或者其他残忍、不人道或者有辱人格的待遇或处罚时，应当拒绝引渡。

在引渡和遣返中附加关于保障人权的规定，应该说是一种进步，有利于保障人权，防止引渡程序被滥用。但西方国家对我国司法体系有较明显的偏见，加上反华敌对势力长期的抹黑宣传，国际社会对我国刑事诉讼中的人权保障的进步和现实缺乏客观公正的认识。外交实践中，关于酷刑问题的规定时常被西方国家政府、司法机关和被请求引渡人滥用，给我国追逃工作带来困扰和障碍。例如，在黄海勇引渡案中，在秘鲁政府和法院均同意引渡的情况下，被请求引渡人黄海勇以所谓“酷刑”问题诉至美洲人权法院，秘方引渡程序被迫中止。再如，2019年7月9日，瑞典最高法院做出决定，不同意将中国“百名红通人员”乔建军引渡回中国，所谓的理由是，将乔建军引渡到中国可能使他面临“不公正对待”。外交部发言人耿爽当天回应称，希望瑞典政府和瑞典最高法院能够正视乔建军的犯罪事实，尽快将乔建军引渡回中国接受法律的制裁；不作犯罪分子的避罪天堂，维护公平正义和法治尊严。①

---

① 参见《瑞典不同意引渡红通嫌犯　耿爽：希望瑞典不作犯罪分子的避罪天堂》，载环球网：www. huanqiu. com，最后访问日期：2019年7月10日。

钱 宏 案

钱宏于1992年在国内诈骗3.2亿元人民币后逃往巴西。我国于1994年向巴西提出引渡请求,并应要求向巴方作出了不适用死刑、不施以酷刑、不以政治原因加重处罚等承诺。1996年8月,巴西最高法院审理此案,以我国法律不健全、司法不独立,案件有政治因素等理由,决定不予引渡。

满都格其、金格案

两人在国内诈骗1700多万元后逃往波兰。1996年8月,波警方根据我请求将两人逮捕。我向波方提出引渡请求,并根据波方要求,作出了不判处死刑等承诺。在波兰司法机关审理此案过程中,大赦国际、赫尔辛基人权基金会等国际人权组织以满、金二人回国将面临酷刑和死刑为由制造舆论。1997年7月,华沙省法院以人权原因裁定不向我引渡。经我国努力,波兰政府提出上诉,波兰上诉法院作出同意引渡的裁定。两人的律师遂向欧洲人权法院提出控告,称波法院同意引渡满、金2人违反了欧洲人权公约。引渡程序被迫中止。

二、遣返前风险评估

与酷刑问题相关联的还有一个“遣返前风险评估”问题。加拿大移民法中有专门针对酷刑的法定评估机制和程序,由政府移民当局的独立评估机构进行,用以确定被遣返对象在遣返后不会遭受酷刑或不人道待遇风险。一旦评估的结论是存在风险,遣返程序就要中止,直到风险消除方可恢复。

在中国银行高山案中,因为加拿大移民部门2009年裁定,李东虎、李东哲被遣返回中国可能面临酷刑风险,导致两人的遣返程序被中止。

在赖昌星案中,虽然加拿大移民部门的风险评估结论是无风险,但赖昌星为迟滞遣返程序,向法院提出了司法复核申请,而加法院复核认为,移民部门的风险评估在涉及酷刑部分的无风险结论不够扎实、充分,要求重新评估。已启动的遣返程序被迫中止。在第二次风险评估过程中,围绕如何彻底打消加拿大法院在酷刑问题上的疑虑,甚至挑剔,我国以外交照会形式就赖昌星回国后的合法待遇问题向加方作出承诺。主要有:作为《酷刑公约》的缔约国,中方将严格遵守公约规定,在赖昌星回国后刑事诉讼的各个阶段保障其合法权利。考虑到加方的关切,承诺还包括一些核实措施。如允许加方派员参观羁押场所并与赖昌星本人会见,允许加方旁听公开审理,对审判前的审讯活动全程录音录像,加方可以申请查阅等。赖昌星被遣返回国后,我国有关方面与加驻华使馆就落实相关承诺问题保持着顺畅沟通。中方用实际行动充分展现了信守承诺、公正司法的形象,促进了中加互信,产生了良好的国际影响。荷兰政府在处理杨秀珠遣返案时,曾专门向加方取经。

关于如何看待我们在跨国追逃中就死刑和酷刑问题作出的外交承诺的问题,围绕与赖昌星案同期的浙江商人吴英因非法集资被判死刑案,国内法学界曾有一些议论,主要涉及司法主权和司法公平问题。① 对这些问题要客观看待。追逃合作从根本上讲是两国法律和司法主权的相互协调、合作和妥协,不可能只根据一国法律单方面设定合作条件。尽管国内有自身法律规定和需要,但在外国法律、国际规则对死刑和酷刑问题有明确规定的情况下,要达到追逃的目的,作出适当的妥协是必要的,也是合理的。② 我国就死刑、酷刑等问题作出外交承诺,不仅有法律依据,也是有政策和国家利益底线的。正如我国《引渡法》第50条所要求的,有关承诺只能在不损害我国主权、国家利益和公共利益的前提下才能作出。实践中,作出此类承诺也是十分谨慎的。

三、人身保护令问题

利用所在国法律中的"人身保护令"制度,也是抗拒被遣返或被引渡回国的逃犯惯用的法律伎俩。在黄海勇案中,为了反对秘鲁最高法院同意引渡的裁决以及抗议秘鲁行政部门不执行秘鲁宪法法院的裁决和超期羁押问题,黄海勇曾先后6次申请人身保护令。2009年10月12日,黄海勇的律师基于"黄海勇的

---

① 浙江商人吴英涉嫌集资诈骗罪,于2009年10月29日被金华中级人民法院判处吴英死刑,剥夺政治权利终身,并处没收个人全部财产。2012年1月18日,浙江省高级人民法院二审裁定,驳回吴英的上诉,维持对被告人吴英的死刑判决,依法报请最高人民法院核准。最高人民法院经复核后认为,第一审判决、第二审裁定认定被告人吴英集资诈骗罪的事实清楚,证据确实、充分,定性准确,审判程序合法,综合全案考虑,对吴英判处死刑,可不立即执行,裁定发回浙江省高级人民法院重新审理。2012年5月21日,浙江省高级人民法院重审改判吴英死刑,缓期2年执行。2014年7月11日,减为无期徒刑。2018年减为有期徒刑25年。

② 2007年3月13日,最高人民法院新闻发言人倪寿明表示,承诺不判处赖昌星死刑,是国际合作途径缉捕赖昌星的必要条件,这种做法与司法是否公平没有任何关系。我国从加拿大遣返赖昌星,面临两种选择:要么作出承诺,实现遣返;要么拒绝承诺,放弃遣返。

宪法性权利遭受侵害”为由，提交了第二份人身保护令申请，来反对秘鲁最高法院赞成引渡的咨询性裁定，但秘鲁主管机关决定不予受理。2010 年 2 月 9 日，黄海勇提交了第三份人身保护令申请，向秘鲁总统、司法部和外交部发难。2 月 25 日，秘鲁利马第 42 特别刑事法院宣布不予受理。紧接着，律师又提出了上诉。4 月 14 日，法院再次确认不予受理，因为秘鲁总统、司法部和外交部在此期间，没有发布任何侵犯或威胁黄海勇权利的决定，也没有造成客观和具体的损害。2011 年 11 月 16 日，黄海勇的律师提交了第四份人身保护令申请，向秘鲁司法部和最高法院反对黄海勇一直处于临时羁押状态，且行政部门没有遵循宪法法院的判决作出拒绝中国引渡请求的决定。后在 2012 年 5 月 30 日，最高法院宣布不予受理，因为羁押措施是根据相关法律规定适用的，法院有权决定延长期限。2012 年 3 月 13 日，黄海勇的律师提交第五份人身保护令申请，反对秘鲁最高法院再次开庭审理以及指责秘鲁政府迟迟不作出拒绝引渡请求的决定。后被最高法院驳回。2013 年 4 月 26 日，黄海勇的律师又提交了第六份人身保护令，申请要求立即释放黄海勇，并不受任何管制。2014 年 10 月 24 日，秘鲁法院宣布不予受理，因为引渡逮捕措施已经变更为监视居住。

四、国际人权机构的介入和程序

国际人权机构在我境外追逃进程中的作用也非常重要，但在多数情况下，对我及时追逃构成程序障碍。在赖昌星案、黄海勇案等大案要案中，犯罪嫌疑人都重金聘请知名律师，穷尽所有可用法律手段，展开旷日持久的“程序战”，其中之一就是诉诸人权机构。2009 年 3 月 27 日，黄海勇在向秘鲁最高法院上诉的同时，以“引渡回中国会遭受死刑和酷刑”为由，申诉至美洲人权委员会。2010 年 11 月 1 日，美洲人权委员会正式受理了此案，①并于 2013 年 6 月 18 日作出了有利于黄海勇的裁决，建议秘鲁政府尽快采取必要措施结束引渡程序，开展对黄海勇临时羁押必要性的审查，对他合法权利的侵害作出赔偿。最后，还要求严格执行秘鲁宪法法院 2011 年 5 月 24 日所作出的裁决和遵守秘鲁《刑

---

① 美洲人权委员会于 1959 年成立，当时主要是《美洲国家组织宪章》体系下的一个专门机构。1978 年 7 月 18 日，《美洲人权公约》生效，1979 年 10 月《美洲人权委员会规约》通过，这两份法律文书使其正式成为《美洲人权公约》的监督执行机构。秘鲁既是《美洲人权公约》的缔约国，也是美洲国家组织的成员国，所以接受美洲人权委员会和美洲人权法院的管辖权。

事诉讼法》的相关规定，拒绝引渡黄海勇。[①] 2013 年 10 月 30 日，在美洲人权委员会的支持下，“黄海勇诉秘鲁”案提交至美洲人权法院审理。[②] 2015 年 6 月 30 日，美洲人权法院正式作出判决：(1) 秘鲁的羁押措施超出了合理时间限度，构成对黄海勇人身自由权的侵犯，为此应赔偿黄海勇及其律师共计 5.8 万美元。关于原告方的其他主张，不予支持。(2) 如果秘鲁引渡黄海勇，没有适用死刑的可能性以及遭受酷刑的危险，也不会违反《美洲人权公约》规定的相关义务。(3) 秘鲁必须尽快在引渡程序中作出最终决定。2016 年 5 月 23 日，秘鲁政府决定向中国引渡犯罪嫌疑人黄海勇。

五、积极配合被请求国法律程序

在遣返赖昌星、引渡黄海勇两案中，围绕遣返和引渡的法律程序，中国主管机关与被请求国政府密切配合，作出了坚持不懈的艰辛努力。中方专案工作组多次赴加、秘两国协助工作，向被请求方提供了大量扎实、合法、有效的证据材料，并耐心细致做好解释说明工作，还派出专家赴被请求国法庭出庭陈述。这一创新做法被证明是必要、有效的。2011 年 5 月 9 日，应秘鲁政府邀请，北京师范大学刑事法律科学研究院黄风教授出具了一份《中国法律对犯罪嫌疑人和被告人权利的保护专家意见书》，具体阐述了中国法律关于罪刑法定和无罪推定原则、保障被告人诉讼权利的各项制度、严禁刑讯逼供和排除非法证据的规定。2014 年 9 月 3 日，应秘鲁政府的邀请并经美洲人权法院的批准，中国法律专家赵秉志教授、中国外交部条法司孙昂参赞和秘鲁前司法部部长托马博士作为专家证人出庭作证，柳华文研究员提供了经过公证的书面证词。其中，赵秉志的证词主要围绕与本案有关的中国刑事司法程序和实体法律问题；孙昂的证词主要围绕中国引渡法治实践以及中加两国遣返赖昌星案的外交承诺；托马的证词主要围绕与本案有关的《中秘引渡条约》和秘鲁国内法律问题；柳华文的书面证词主要是证明中国的法治和人权保障状况。法庭听取了 3 位专家证人的证词，

---

① 美洲人权委员会认为：自黄海勇在秘鲁被捕以来，“临时逮捕”持续长达 5 年而无最终结论，已严重侵犯其人身自由。秘鲁当局在办案及评估中国提交的外交保证过程中，有一系列过失和不当。这不仅违反了正当程序原则，而且也没有遵守保障黄海勇生命权、人道待遇权、人身自由和司法保护的《美洲人权公约》义务。美洲人权委员会同时表达了对中国“死刑”和“酷刑”状况的担忧。

② 美洲人权法院是在《美洲人权公约》和《美洲人权法院规约》的框架下于 1979 年正式成立，主要通过行使诉讼管辖权和咨询管辖权来适用和解释《美洲人权公约》。

并由秘鲁政府方面、美洲人权委员会代表、黄海勇律师以及法庭依次对他们进行质证。[①] 法庭感谢出庭作证的专家证人,认为专家的作证对他们了解当前中国的刑事法治状况很有帮助。

第五节 跨境追赃国际合作

追回被转移到境外的犯罪所得,是我国近年来打击腐败犯罪和经济犯罪的重要任务之一。境外追逃追赃是反腐败合作的两大主题。追逃是解决人的问题,要把外逃的犯罪嫌疑人或被告人缉捕归案,诉诸司法;追赃是解决财物问题,要把被非法转移到境外的违法犯罪所得予以追回。

在我国的外交实践中,境外追逃难度大,境外追赃也不易。境外追逃起步较早,实践中已逐渐摸索出一些有效的措施和经验,制定了《引渡法》《国际刑事司法合作法》,缔结了一批包括刑事司法互助协定和引渡条约在内的国际司法合作条约,并且有了不少成功的引渡和遣返的案例。但在境外追赃方面,我国尚处于探索阶段,成功案例还不多,与被非法转移到境外的巨额资产相比,追回的资产只是九牛一毛。境外追赃国际司法合作亟待加强,目标是"不能让腐败分子在经济上捞到好处"。[②]

在国际层面,形势也较为类似。引渡和遣返逃犯的制度已较为成熟。从 19 世纪中期开始,许多国家就有了国内引渡立法,20 世纪初,国家间开始缔结双边和区域引渡条约,但追回赃款的制度建设和司法实践远远落后,近年来才有快速发展,特别是联合国于 2003 年 12 月通过了《反腐败公约》,就资产的追回作出创新性的专章规定,为全球腐败犯罪资产的追回构建了较为完整的法律程序和框架。国际社会跨境追赃合作从此揭开了新的篇章。可以说,跨境追赃不仅对于我国,对整个国际社会来说都是任重道远。

一、跨境追赃国际合作形势

犯罪资产大量流向境外多发高发于发展中国家,而西方发达国家则成为非法所得转移的主要目的地。20 世纪 60 年代起,作为资金流出国的发展中国家

---

① 参见赵秉志、张磊:《黄海勇引渡案法理问题研究》,载《法律适用》2017 年第 4 期。

② 《没收违法所得决不让腐败分子在经济上捞到好处》,载人民网:www. people. com. cn,最后访问日期:2019 年 6 月 30 日。

开始对资金流入国提出跨境追赃要求，但收效甚微。《联合国反腐败公约》缔结之后，跨境追赃成功案例开始增多。这主要是因为：

首先，随着经济全球化和科技突飞猛进的发展，腐败犯罪分子的“跨国”经营、全球逃匿以及赃款转移更加容易，反贪腐形势日趋严峻，引起国际社会高度关注，各国遂加强了反腐败合作。根据世界银行2004年的初步统计，全世界每年有2万亿美元腐败资金进行跨国流动，相当于当年全球33万亿美元生产总值的6%。联合国毒品和犯罪办公室（毒罪办）的资料显示，腐败和非法收入的转移导致非洲国家资金的大量流失，大约有4000亿美元被转移到国外，约占非洲国家25%的国内生产总值，但这一问题并不只限于非洲。2007年12月17日，世界银行与联合国毒罪办公布的一组数据表明，发展中国家和经济转型国家每年产生的受贿收益高达200亿～400亿美元，相当于全球官方发展援助的20%～40%，而且其中大部分被转移到发达国家。

我国面临的腐败资金外逃形势也十分严峻。早在2001年最高人民检察院曾公布，有4000多名贪腐贿赂犯罪嫌疑人携公款50多亿元在逃；公安部2004年统计资料表明，外逃经济犯罪嫌疑人有500多人，涉案金额逾700亿元；据中国人民银行反洗钱监测分析中心课题组2008年6月《我国腐败分子向境外转移资产的途径及监测方法研究》报告，从20世纪90年代中期以来，外逃人员携带款项达8000亿元人民币。[①] 虽然目前尚无权威的确切数据，但从近期不断披露出来的境外追逃追赃大案要案来看，被非法转移到境外的腐败资金数额巨大似不容置疑。

近年来较为典型的腐败资产跨境转移案例主要有：2001年畏罪潜逃的中国银行开平支行许超凡、余振东和许国俊等通过各种手段将中国银行的4.83亿美元贪污、挪用、侵占，并洗钱至中国香港特别行政区、加拿大和美国。2003年出逃美国的浙江省建设厅副厅长杨秀珠涉嫌巨额索贿受贿，涉案金额2.5亿元人民币。2005年中国银行黑龙江分行河松街支行原主任高山贪污挪用涉案金额达10亿元人民币，于2005年1月出逃至加拿大。2011年，江西省鄱阳县财

---

① 2011年6月21日，中国人民银行网站刊发了《我国腐败分子向境外转移资产的途径及监测方法研究》报告精简版。该报告的“参评精简本”，载百度文库：https://m.baidu.com，最后访问日期：2019年6月30日。

政局股长李华波涉嫌贪污公款9400万元人民币，潜逃新加坡。①

其次，就资金流入国而言，在经济、政治、法律、社会等各方面也受到了巨额非法流入资金的冲击，腐败滋生严重干扰了其价值观、市场秩序，其危害远远超过了金钱流入带来财富的短期效应。特别是“9·11”事件后，国际社会特别是欧美加等西方国家加大了对洗钱犯罪的打击和对金融机构的监管，增加腐败资金寻求避风港的难度。无论经济发展水平如何，没有哪个国家、哪种制度能够对腐败绝对免疫。发达国家不得不开始与资金流出国合作，进行跨境追赃，维护自身的利益和形象。

最后，跨境转移腐败资产越来越具有隐蔽性，流动速度快、洗钱环节多，加之各国法律制度存在较大差异，使打击此类犯罪呈现调查取证难、涉及国家多、冻结和追缴资产难等特点。任何国家都不可能凭一己之力解决追赃问题，如何最大限度开展追缴和返还腐败资产的国际合作，成为各国、各地区的共同愿望和迫切要求。

二、跨境追赃国际法律制度的基本框架

20世纪90年代以来，跨境国际合作机制迅速成形，法律框架逐步完善，合作成果开始呈现。

（一）多双边合作框架

1. 联合国框架下的追赃机制

1988年《联合国禁止非法贩运麻醉药品和精神药物公约》（以下简称《禁毒公约》）首次就犯罪所得的冻结、扣押、没收和处分（没收的资产处置）作出规定，缔约国得根据本国国内法处置犯罪所得和没收财产。2000年《联合国打击跨国有组织犯罪公约》承袭了上述规定。在此基础上，2003年《联合国反腐败公约》对犯罪所得资产的处分作了专章规定，创制了较为系统、完整的资产追回国际合作制度。资产的追回与预防、定罪、国际合作、履约审议成为公约并列的五大机制之一，极大地拓展了各缔约国追回腐败资产的国际合作渠道和基础。2005年，联合国制定了《分享被没收的犯罪所得示范协定》，这是对国际合作没收犯罪所得资产进行处分的专门协定，为各国订立此类协定提供了主要参考。

① 2018年6月6日，中央追逃办再次以公告形式，曝光50名涉嫌职务犯罪和经济犯罪的藏匿线索，其中“百名红通”人员32名，如香港佳达公司原董事长程慕阳、广东省国资委原主任刘富才，中国银行海南分行原行长王黎明，中国联通国际业务部原总经理闫波等。

2. 反洗钱金融行动特别工作组(Financial Action Task Force on Money Laundering,FATF)

该组织是目前国际反洗钱和反恐融资领域最具权威性的政府间国际组织,其制定的相关国际指引对联合国和各国制定和实施相应政策措施具有重大影响。FATF 制定的反洗钱 40 项建议就包括犯罪所得资产的处置(分享)。2012 年,FATF 发布的新修订的反洗钱及反恐怖融资建议中,进一步增加了与预防和打击腐败有关的内容。

3. 追回被盗资产倡议(Stolen Asset Recovery Initiative,StAR)

该机制设立于 2007 年,由联合国毒罪办和世界银行共同发起,旨在呼吁国际社会加大腐败资产的追缴力度,加强国际资产返还合作,抵制为腐败资产提供避风港。该机制向 8 国集团、20 国集团和 FATF 成员国开放,通过制定国际规范,开发调查技术,促进信息共享,搭建沟通渠道,培训技术人员等工作,帮助成员国在跨境资金追缴和资产返还过程中,获得有关法律、审计、金融情报、司法协助等方面的国际合作。

4. 国际刑警组织(INTERPOL)

INTERPOL 是除联合国外规模第二大的政府间国际组织,是各国刑事警察机关打击跨国犯罪的重要合作平台。近年来,国际刑警组织在加强通缉、追捕和引渡犯罪分子合作的同时,开始重视资产追缴和返还的合作。2010 年,由国际刑警组织和 StAR 共同发起了全球焦点倡议(Global Focal Point Initiative),目前有 100 多个成员国。该网络旨在为各国执法机构在资产追缴和返还方面提供一个全球交流的平台,增进各成员国间的信任,提高执法合作效率,深化执法合作内容,最终促进各国签订正式的双边法律协定。

5. 区域性反腐败组织、公约以及非政府组织

例如,欧盟反腐败民法公约、刑法公约、美洲反腐败公约等均对资产追回作出了专门规定。由我国发起成立的世界反贪局联合会也多次以资产追回为主题举办研讨会。

6. 双边协助机制

各国政府间正式的双边协助,包括司法协助条约、分享犯罪所得协定、双边执法合作联委会机制等,是成功实现资产返还的重要法律机制。绝大多数的资产返还案件,最终要依赖国家之间的双边合作机制。

根据 StAR 的研究,截至 2012 年的 15 年间,通过国际合作获得的非法资产所得返还合计近 50 亿美元。菲律宾自 1986 年起用了 18 年追回 6.2 亿美元。

2005年9月至2006年，尼日利亚从瑞士、卢森堡、列支敦士登、英国等国追回12亿多美元。秘鲁在2000年6月至2004年追回了前情报部门负责人蒙特西诺斯(Vladimiro Montestinos)转移到瑞士和美国等国的1.8亿美元。

(二)各国国内立法

各国纷纷制定或修订追赃国内立法。美国于2000年颁布《民事没收改革法》，强化美国与外国开展追缴犯罪所得国际合作方面的能力，允许美国主管机关对产生于境外严重犯罪的资产实行没收，授权美国主管机关根据外国的请求对可能被没收的资产采取冻结和扣押措施，并允许承认和执行外国的没收裁决。澳大利亚于2002年通过《犯罪所得法》，以辨别、控制、没收和处置犯罪所得为基本内容。英国于2002年制定了综合性的《犯罪所得法》，对犯罪所得设立两大追缴制度，即刑事没收和民事追缴制度。在《联合国反腐败公约》通过后，英国在其对外缔结刑事司法互助协助条约中均根据公约规定，增加有关资产追回的任务。

我国在历史上曾较重视境外犯罪分子的追捕。这些年来逐渐加深对追回犯罪所得的重要性的认识，并将"追赃"提高到与"追逃"并重的地位。针对犯罪嫌疑人携款潜逃的情况，为成功追回赃款，我国于2012年3月和2018年10月两次修订《刑事诉讼法》，增加规定，对于贪污贿赂等重大犯罪案件犯罪嫌疑人、被告潜逃，在一定条件下可以先行裁定没收违法所得。实践中，也有人提出"追赃促追逃"的工作思路，这是有道理的。且腐败资产追回在经济、法律乃至于政治上，具有重要的价值。就个案而言，成功追赃将对反腐败起到釜底抽薪的作用。①

三、资产追回的法律含义

"追赃"一词并非法律术语，通常理解，跨境追赃是要将被转移到境外的非法所得追缴回国。《联合国反腐败公约》采用的表述是"资产追回"(asset recovery)。资产追回并不完全等于资产"返还"(return)，而是指通过一系列民事或刑事程序、直接或间接的强制措施，剥夺犯罪嫌疑人对犯罪所得的占有或所有权，最终实现资产返还来源国、合法所有人或受害人。向资产来源国、合法所有人或受害人返还资产，是资产追回最核心的原则和最重要的目标，也是我

---

① 参见中央追逃办：《推动追逃追赃工作高质量发展 巩固发展反腐败斗争压倒性胜利》，载中央纪委国家监委网：www.ccdi.gov.cn，最后访问日期：2019年7月1日。

国开展境外追赃工作的首要任务。

《联合国反腐败公约》第五章“资产追回”，是缔约各方通力合作达成的一项重要成果，也是资产流出国与流入国不同法律诉求和法律制度妥协的产物，对反腐败国际合作具有里程碑意义。它为追回犯罪所得开创了全新的合作模式，是目前全球反腐败资产追回合作的重要法律基础。公约将资产的返还确立为公约的基本原则，并规定了直接和间接两种措施，即通过民事诉讼和刑事诉讼两种途径，使被转移的犯罪资产回到资产来源国和合法所有人。这一制度设计是公约谈判过程中最艰难、矛盾最尖锐的部分，因此最终的规定不尽完美。公约的规定，一方面，体现了返还资产的基本原则；另一方面，又为资产返还设置了烦琐的程序性障碍，不能保障犯罪所得资产的全部追回。

四、通过民事诉讼主张所有权(直接措施)

指在资产所在地法院提起民事诉讼，主张对有关资产的所有权。这被认为是最直接的追回资产的方式，主要适用于资产被侵害、所有权凭证清楚的案件。《联合国反腐败公约》进一步明确规定，国家作为资产来源国或受害人，享有直接诉诸另一缔约国法院，获得或确认资产所有权或者获得补偿的权利。① 据此，当国家或者公共财产被侵吞并转移境外时，可以到犯罪所得被转移国法院直接提起确立财产所有权的民事诉讼，甚至可以要求侵权人予以补偿或损害赔偿。缔约国在其刑事没收程序中，也应当尊重并承认另一缔约国对有关财产的所有权主张，包括通过民事诉讼提出的主张和在对方刑事诉讼程序、刑事附带民事诉讼程序中直接向对方主管机关提出的所有权主张。

中国银行开平支行追赃案

在办理中国银行广东开平支行余某东等人特大贪污挪用案中，为追回犯罪嫌疑人非法转移至境外的巨额资金，中国银行在2001年10月案发后，就立即

---

① 《联合国反腐败公约》第53条规定，缔约国应当根据本国法律采取必要措施：(1)允许另一缔约国在本国法院提起民事诉讼，以确立对通过实施本公约确立的犯罪而获得的财产的产权或者所有权；(2)允许本国法院命令实施了根据本公约确立的犯罪的人向受到这种犯罪损害的另一缔约国支付补偿或者损害赔偿；(3)允许本国法院或者主管机关在必须就没收作出决定时，承认另一缔约国对通过实施根据本公约确立的犯罪所获得的财产的合法所有权。

采取行动分别在我国香港特别行政区、美国、加拿大、瑞士等地提起民事诉讼，并首先针对被发现的涉案资产向当地司法机关申请民事禁制令或冻结令，其中冻结主要犯罪嫌疑人及其亲属在我国香港特别行政区的资产约14亿港元，在美国和加拿大的资产总值108 060 000港元。随后通过民事诉讼取得这些资产属于中国银行的司法认定，从而获得关于向中国银行返还上述资产的司法裁决，并实际上收回了大部分资产。

衡水农行备用信用证诈骗案

1993年3月，美籍华人梅某方、李某明以“引资”为名进行诈骗信用证的犯罪活动。他们采用虚构事实、隐瞒真相、虚假承诺等手段，骗取了中国农业银行衡水中心支行200张价值100亿美元备用信用证，并转移到英国，后被英国警方扣押。中国农业银行向伦敦高等法院提起民事诉讼，主张对被扣押财产的所有权，得到英国司法机关承认。1994年，伦敦高等法院作出民事判决，将上述备用信用证全部判归中国农业银行。1994年4月25日，衡水市中级人民法院一审以诈骗罪和伪造公文印章罪，分别判处梅某方、李某明有期徒刑20年和14年。

相对于借助国际刑事司法合作机制追回被非法转移到境外的资产，采取在国外直接提起民事诉讼的方式有以下便利：

1. 法律依据充足

民事诉讼是专门维护财产权的直接法律程序，各国法律都赋予当事人广泛的应对侵权的诉讼权利，财产合法所有人可以比较容易找到法律依据。

2. 干扰因素较小

民事诉讼程序不以刑事定罪为前提，政治敏锐性较低，证据标准相对于刑事诉讼也较为宽松。刑事司法合作程序在不同程度上会受到政治因素、意识形态、价值观、司法体制等复杂因素的影响，涉及对犯罪嫌疑人被控犯罪事实和性质的认定及其处罚，往往还涉及所谓“政治避难”“难民”地位等复杂问题，具有很大的不确定性，受挫折的可能性较大。

3. 便于实施财产保全措施

民事诉讼当事人可直接、及时向法院提出财产保全请求，有利于快速限制犯罪嫌疑人转移或处置财产的行为。通过刑事司法协助途径请求外国司法机关冻结或扣押财产，一般需经过复杂冗长的司法程序，期间不排除有关财产再次转移或藏匿的可能。各国民事诉讼法一般均允许原告在起诉的同时申请财产保全，法官可以仅基于维持现状以等待裁决的考虑立即决定冻结或扣押有关财产。①

4. 不受当事人缺席的影响

民事诉讼可以缺席审判，财产非法持有人故意躲避或抵制有关法律程序不影响正常审判程序的进行。缺席判决在刑事诉讼程序中非常少见。不少国家规定对犯罪所得的没收以对被告作出有罪判决为前提。如果被告逃亡，刑事诉讼将由此中止，资产追回恐遥遥无期。在民事诉讼情况下，只要对被告或其代理人实行了合法传唤并在各个诉讼环节中依法确保当事人行使诉讼权利的平等机会，法官就可以作出判决并执行。

5. 判决易于得到承认与执行

在中国银行开平支行特大贪腐挪用案中，中国银行首先在我国香港特别行政区取得对主要犯罪嫌疑人余振东等人资产的民事判决，然后向加拿大法院提起承认与执行之诉，请求针对犯罪嫌疑人转移到加拿大的财产执行香港法院的民事判决，从而追回犯罪所得共计 2 493 427.76 加元和 1 336 124.21 美元。

但是，通过民事诉讼追回资产也有一定局限性，主要是诉讼主体问题。以银行、国有企业等民事主体名义提起诉讼，在诉讼资格方面不会有太大问题，但如以国家或政府名义直接到外国法院作为原告起诉，就涉及主权豁免等方面的法律问题。特别是，在面临多起在美、加等国法院针对我国家或政府的所谓“侵权”民事求偿案（某些敌对势力炮制的诬告滥诉案）中，我国均主张绝对主权豁免，因此在追赃问题上，主动以国家或政府名义在外国法院提起民事诉讼，涉及我对主权豁免问题的原则立场，并有可能影响其他涉我国民事诉讼案，需要慎重全面考虑。

五、通过刑事司法合作追回资产（间接措施）

指依据双边司法合作协议，通过外交渠道，向被转移资产所在国政府或司法当局提出刑事司法协助请求，被请求国将有关资产冻结、扣押、没收后返还或

① 中国银行开平支行特大贪污挪用案案发于2001年10月12日，犯罪嫌疑人自10月15日起从我国香港特别行政区大量向外国转移资金，中国银行则于10月17～19日三天分别取得对余振东等三人的民事禁制令，迅速冻结三主犯在我国香港特别行政区的资产，包括他们已经办理汇款手续，但尚未实际划拨出去的资金。这种速度和效率是通过刑事司法协助程序难以实现的。

移交请求国。具体包括下列程序:(1)犯罪所得转移的预防和监测;(2)搜查、查询、辨认被转移的赃款;(3)犯罪所得的扣押和冻结;(4)犯罪所得的没收,包括资产所在国根据本国法律没收或者执行请求国的没收令;(5)资产的处分,包括返还、分享等。

(一)没收合作的国际义务

1988年《禁毒公约》、2000年《联合国打击跨国有组织犯罪公约》、2003年《联合国反腐败公约》对没收下了相同的定义,即"根据法院或主管当局的命令对财产实行永久性剥夺",并对缔约国在没收方面开展合作的义务作出规定。我国对外缔结的刑事司法协助条约和民刑事司法协助条约,绝大多数都对协助没收犯罪所得作出了原则性规定。

根据《禁毒公约》和《联合国打击跨国有组织犯罪公约》,缔约国承担的条约义务是,尽最大可能将请求国的没收请求或请求国法院的没收令提交本国主管机关,以便取得没收令或者得到执行,但被请求国是否作出没收令或者执行请求国的没收令,公约未作明确规定。《联合国反腐败公约》在这方面有重大新发展。它规定:(1)缔约国应当执行另一缔约国法院发出的没收令;(2)缔约国应当作出判决,下令没收来自其他缔约国的非法财产;(3)缔约国应当考虑采取必要措施,当犯罪嫌疑人死亡、潜逃或者缺席,无法对其起诉的情形下,能够不经刑事定罪而没收此类财产。

没收是资产追回的最关键的一步。《联合国反腐败公约》的上述规定明确和强化了缔约国实施没收的义务和目标,而不仅是简单地将请求国的请求提交主管当局。该公约也没有将"没收令"限于刑事定罪判决后的没收。缔约国未经刑事定罪对非法所得作出"民事没收令"也应得到承认和执行。需要指出的是,该公约针对犯罪嫌疑人缺席、逃亡或死亡的情形,对非刑事定罪没收予以肯定和推广,充分显示了该公约在资产追回方面的全面性和先进性。

(二)非刑事定罪没收(non-conviction based forfeiture)

以非刑事定罪为基础的没收,又称"民事没收"(civil confiscation),在各国特别是普通法系国家追赃制度中具有重要作用。传统的没收制度以对犯罪嫌疑人刑事定罪为前提,之后或同时对犯罪所得财产作出没收的判决。这种制度有明显的缺陷,在犯罪嫌疑人脱逃、失踪或者死亡的情况下,或者由于资金链断裂、证据缺失等原因无法定罪,就难以通过刑事诉讼对犯罪所得予以没收。非刑事定罪没收制度的创建就可以弥补上述缺陷,即以物为对象的没收,允许政府在有证据证明某财产系非法所得的基础上,在法院启动针对该财产的没收诉讼程序。民事没收虽名为“民事”，但实质上是一种以追缴非法所得为目的的刑事制裁措施；适用对象是作为与犯罪有关的非法所得，并不针对犯罪嫌疑人本人，也独立于对有关人员的刑事追诉；证据标准低于刑事定罪。目前，已有不少国家和地区建立了民事没收制度，例如，美国、英国、澳大利亚、我国香港特别行政区等。这些国家和地区一般也允许执行外国法院的民事没收令。

民事没收还有另一重要功效：可以针对产生于外国犯罪的资产而实行，即便没收国对有关案件并未行使或难以行使刑事管辖权。① 2005 年 8 月，列支敦士登对流入的尼日利亚阿巴查贪腐资金，通过民事没收程序判定 600 万瑞士法郎涉案资金源于犯罪行为并予以没收。次年 6 月，列支敦士登将这笔资产返还尼日利亚。在开平支行案中，主犯之一的余振东将一笔 335 万美元的资金从我国香港特别行政区转移至美国旧金山一家银行账户。中国执法机关发现线索后即向美国提出刑事司法协助请求，要求对该被转移的犯罪所得资金进行扣押、没收和返还。当时余振东等外逃下落不明，在中国和美国相关刑事诉讼均难以正常进行，但美国根据其民事没收制度对这 355 万美元作出没收，并向中国全额返还。

（三）中国的违法所得特别没收程序

犯罪嫌疑人逃亡，一直是困扰我国追逃追赃的难题。在相当长的一段时间内，我国一直没有刑事缺席审判制度。根据 1996 年刑事诉讼法，没收犯罪资产，必须是在犯罪嫌疑人或被告人到案，并经定罪量刑后，才可以对违法犯罪所得采取没收措施。犯罪嫌疑人未到案，就无法处置赃款赃物。凡涉及犯罪嫌疑人失踪、潜逃的案件，基本上是采取长期查封、冻结或扣押措施，直到犯罪嫌疑人归案并审判。而从实际情况看，如果失踪、潜逃的犯罪嫌疑人无法归案，或者生死不明的，赃款赃物将一直处于无法处置的状态，对境外赃款也难以进行没收。

---

① 例如，美国《2000 年民事没收改革法》以及《2001 年打击恐怖主义法》规定，此等“外国犯罪”（foreign crimes）包括：毒品犯罪、洗钱犯罪及其上游犯罪（例如，杀人、抢劫、绑架、贿赂、贪污或侵占公共财产、走私等）、与恐怖主义活动有关的犯罪；某些符合双重犯罪标准并根据外国法律和美国法律均可判处一年以上监禁的犯罪等。澳大利亚《2002 年犯罪所得法》允许对“外国的可公诉犯罪”（foreign indictable offence）提起资产追缴程序，不管此等犯罪是否对澳大利亚法律构成实际违反，也不管澳司法机关是否有管辖权。英国《2002 年犯罪所得法》与被追缴财产相关的“违法行为”不仅是可以发生在英国境内的违反刑法的行为，还包括在外国实施的犯罪行为，对后者提起民事没收程序的要求是符合“双重犯罪”。

为解决这一反腐追赃的重大法律障碍，我国于2012年3月修订刑事诉讼法，增设了第五篇“特别程序”，其中第三章规定了“犯罪嫌疑人、被告人逃匿、死亡案件违法所得的没收程序”（“特别没收程序”），即对于贪污贿赂犯罪、恐怖主义犯罪等重大犯罪案件，犯罪嫌疑人、被告人潜逃，在通缉一年后不能到案，或者犯罪嫌疑人、被告人死亡，依照刑法规定应当追缴其违法所得及其他涉案财产的，人民检察院可以向人民法院提出没收违法所得的申请。人民法院依据特别诉讼程序对该违法所得进行查封、扣押、冻结，对被申请冻结的财产进行审理，并依法作出没收裁定。①

该程序的重要意义在于，它突破了传统的以追究“人”的刑事责任为基础的刑事诉讼制度，形成了独立的、仅针对“违法所得”进行没收的特别诉讼制度，②对于健全与完善中国的刑事没收制度，对在逃贪污贿赂等职务犯罪人员的追赃工作提供了重要的法律保障，对于预防和惩治此类犯罪具有重要现实意义。对于在逃犯罪嫌疑人尚未转移境外的赃款赃物，我国司法机关可以通过特别程序予以没收；对于已转移境外的赃款赃物，可在特别没收程序后，通过刑事司法协助，请求相关国家承认与执行我刑事没收裁定。

六、被没收资产的归还与分享

（一）处置被没收资产的基本原则

各国处分被没收资产的准据法均是没收国国内法。这一处理原则得到各国立法和有关国际公约的确认。如《禁毒公约》第5条和《联合国打击跨国有组织犯罪公约》第14条均规定，没收的犯罪所得或者财产“由缔约国按照其国内法和行政程序处置”。《美洲反腐败公约》《欧洲理事会关于洗钱、搜查、扣押和没收犯罪所得的公约》等地区性公约以及加拿大、泰国等国的国内立法均作了同样的原则性规定。我国对外缔结的刑事司法协助条约一般也规定“在本国（没收国）法律允许的范围内及双方商定的条件下”进行犯罪所得的移交和

---

① 时延安：《刑事诉讼法修改的实体法之维——以刑法为视角对〈刑事诉讼法修正案（草案）〉增设三种特别程序的研析》，载《中国刑事法杂志》2012年第1期。

② 特别没收程序仅针对“赃款赃物或犯罪所得”的审理，不涉及犯罪嫌疑人、被告人的定罪量刑的审理，因此，它与普通诉讼程序中对没有到案的犯罪嫌疑人、被告人进行定罪量刑的缺席审判制度有根本的区别。特别没收程序与普通民事没收制度也有重要区别。特别没收程序是我刑事诉讼程序中的特别程序，仅适用于特定对象，依据仍然是刑法，适用的证据标准是刑事证据标准较为严格。

处置。

《联合国反腐败公约》关于没收的犯罪所得的处分原则有实质性的新发展。公约首次规定"返还资产"是一项基本原则。相对于其他公约仅以国内法作为处分被没收资产的唯一依据,该公约确定公约本身的规定与国内法同时成为处分有关财产的依据(第57条第1款)。这是由于其所针对的腐败犯罪的特殊性以及在返还贪污资产方面的强烈的政治需求。在被没收财产处置依据问题上,资金流出国与流入国有巨大的分歧,发达国家坚持根据本国法律处理,但广大发展中国家高喊"归还财产"的口号,反对由没收国本国法律决定财产的最终处置。最终达成的妥协是,"公约的规定和本国法律"均是处分被没收财产的依据。

资产的返还或其他处分方式均不能损害善意第三人的合法权益,这是各项公约所确定的另一项基本原则。《联合国打击跨国有组织犯罪公约》《联合国反腐败公约》等公约关于没收事宜的条款均规定:不得对本条作损害善意第三人权利的解释。《联合国反腐败公约》第57条第2款规定,在返还财产时,"应考虑到善意第三人的权利"。我国与外国缔结的刑事司法协助条约对移交赃款赃物或返还犯罪所得均规定了不损害或尊重第三人合法权益原则。①

(二)资产追回的方式:返还与分享

1. 资产处置方式的新发展

关于被没收的犯罪资产的最后处置,涉及三种方式:归属没收国;归还来源国;由没收国与来源国分享。就境外追赃或资产追回而言,主要是指后两种方式。根据一般法律原则,犯罪所得被没收后,归没收国国家所有,无论该资产是本国境内的犯罪所得,还是源于外国。我国对没收后资产的处置原则也是如此。② 贪污、挪用的公共财物,侵吞的单位或其他财物,其他具有合法所有人的财物,一般追缴退回原单位或者返还原合法所有人;包括贿赂在内的其他犯罪所得,一律没收上缴国库。根据1986年财政部《罚没财物和追回赃款赃物管理办法》,执法机关追回的赃款赃物,除判归原单位或发还原主外,一律上缴国库;

---

① 比如,《中澳刑事司法协助条约》第19条第4款规定:"在适用本条时,被请求方和善意第三人的合法权益应当依被请求方法律受到尊重。"

② 我国《刑法》第64条规定:犯罪分子违法所得的一切财物,除依法返还被害人外,一律没收,上缴国库。全国人大常委会《关于惩治贪污贿赂罪的补充规定》第12条规定,贪污、挪用的公共财物一律追缴;贿赂财物及其他违法所得一律没收。追缴的贪污、挪用财物,退回原单位;依法不应退回原单位的,上缴国库。没收的财物收入,一律上缴国库。

追回属于受贿、行贿的财物一律上缴国库。对于纳入国库的非法所得资产,仅在错案情况下,才发生退库返还的情况。

随着通过刑事司法协助开展没收合作的发展以及非法资产跨境流动的加剧,没收国关于资产收归本国所有的制度逐渐发展,允许将部分或全部资产移交给资产来源国。具体方式包括返还和分享。这是反腐败国际合作的大趋势和新发展。

2. 返还原则的确立

1980 年《禁毒公约》和 2000 年《联合国打击跨国有组织犯罪公约》对被没收资产的处置方式仍主要是由没收国处置,即归没收国所有,但同时也规定,"应优先考虑将没收的犯罪所得或财产交还请求缔约国,以便对犯罪被害人进行赔偿,或者将这类犯罪所得或财产归还合法所有人。"这一规定是包括我国在内的广大发展中国家持续努力斗争的结果。2003 年通过《联合国反腐败公约》时,又有了新的发展,首次在国际公约中明确立了贪污的公共资金或者确定具有所有权的财产应当返还原合法所有人(包括国家)的原则。

《联合国反腐败公约》第 57 条规定:(1)贪污公共资金或者对贪污公共资金的洗钱行为,被请求国应当在没收后,基于被请求国的生效判决,将没收的财产返还请求国,被请求国可以放弃对生效判决的要求;(2)在请求国能合理证明其对被没收的财产拥有所有权时,或者当被请求国承认请求国受到损害是返还没收财产的依据时,应当基于请求国的生效判决,将没收的财产返还请求国,被请求国可以放弃对生效判决的要求;(3)其他所有情况下,被请求国应当优先考虑将没收财产返还请求国、原合法所有人或赔偿受害人。

该项规定是史无前例的重大创新,改写了国际合作追赃的历史,来之不易,影响深远。包括美国、英国在内的许多国家都在批准公约前后根据本条规定修改了各自相关立法以及签订的有关双边条约。但是,各国在返还的具体程序仍存在差异,如返还的时间。①

需要特别提及的是,根据《联合国反腐败公约》,资产的返还受制于若干条件限制:(1)仅限于贪污公共资金或者能证明合法使用权的财产,对贿赂、资产来源不明等其他腐败犯罪所得资产没有强制性返还义务;(2)生效判决,这是发达国家阻碍返还的主要法律手段。实践中,腐败犯罪分子潜逃的现象较严重,

① 例如,加拿大规定有关资产的返还应在没收前进行,但依美国法律,返还可以在没收后进行。

许多国家没有刑事缺席审判制度，生效判决很难获得。公约规定的“被请求国可以放弃对生效判决的要求”，是包括我国在内的发展中国家费尽艰辛争取到的结果，但“可以”放弃的措辞意味着决定权仍掌握在被请求国或没收国手里。(3)没收国国内法的种种程序要求和条件，资产来源国由于法律制度的差异难以全部满足，特别是发展中国家经验缺乏、制度缺失、执行不力，进一步加剧满足发达国家国内法的困难。因此，要发挥联合国反腐败公约资产返还机制的功效，必须实现其法律效力的强化和国内化问题。①

对我国而言，除了《联合国反腐败公约》等多边条约，我国已缔结70多项双边民刑事司法协助条约，除中波(兰)民刑事司法协助条约外，其他均涉及对犯罪所得的处分，也是我国与缔约国通过返还方式跨境追赃的法律依据。

在双边司法协助条约中，主要有以下几种规定：

一是移交被冻结、扣押或者没收的犯罪所得或赃款赃物。中加(拿大)、中美、中泰、中哥(伦比亚)等刑事司法协助条约规定：在本国法律允许的范围内及双方商定的条件下，被请求方可以根据请求方的请求，将根据本条约扣押、冻结或者没收的犯罪所得或者犯罪工具的全部或者部分或者出售有关资产的所有移交给请求方。该项内容中的“移交”困难包括被请求方法律允许和双方商定的多种情形，例如，返还、分享。

二是移交被冻结或者扣押的犯罪所得。中突刑事司法协助条约规定：被请求方在本国法律允许的范围内和缔约双方商定的条件下，将根据本条被冻结或者扣押的犯罪所得移交给请求方。

三是移交被发现的犯罪所得/赃款赃物。中印(尼)、中保、中俄等司法协助条约规定：应当移交在被请求方境内发现的请求方犯罪所得赃款赃物。该项内容直接规定向请求方移交被发现的犯罪所得的义务，未以冻结、扣押或者没收为前提。

3.分享制度的建立和发展

“分享”是指请求国(财产所有国)与没收国(财产所在地国)通过分享方式处分被没收的犯罪所得，从而使请求国实现有关财产部分的追回。以分享方式处分被没收资产，是国际社会在合作追赃过程中逐渐发展起来的创新实践，已得到广泛认可。

---

① 参见徐汉明、阎利国：《联合国反腐败公约资产追回和返还机制与完善我国诉讼制度之探讨》，载《武汉大学学报》(哲学社会科学版)2007年第3期。

分享没收所得最初主要是在涉毒案件中获得尝试并发展,主要是因为毒品案件涉案资金多无合法所有人。1988 年《禁毒公约》第 5 条第 5 款规定:"缔约国可特别考虑……按照本国法律、行政程序或者专门缔结的双边或多边协定,定期地或者逐案地与其他缔约国分享这类收益或财产或由变卖这类收益或财产所得的款项。"随着经济全球化、交通通讯日益便捷,各种经济犯罪资金转移以及跨国洗钱案件日趋严重,各国在资产分享方面的合作范围逐渐扩大到反恐融资、经济犯罪、腐败犯罪等资金流动频繁的犯罪。《联合国禁止向恐怖主义提供资助的国际公约》《联合国打击跨国有组织犯罪公约》等多个国际条约有分享没收财物收益的规定。

由于腐败犯罪多涉及国有资产,在《联合国反腐败公约》谈判中,分享模式引起极大争议。发达国家建议将分享与返还同时作为没收资产的处置方式,但发展中国家强烈反对,认为分享就是"毫无良心的掠夺"。结果,《联合国反腐败公约》最终未采用分享模式,但为法律的未来发展留下了空间。《联合国反腐败公约》第 57 条第 5 款规定:"在适当情况下,缔约国还可以特别考虑就所没收财产的最后处分订立协定或者可以共同接受的安排。"这就使缔约国承担了一定的公约义务,为追回资产的目的就个案开展合作或者缔结专门的协定或安排。从后续各国实践看,主要是分享协定。2005 年,联合国制定了《关于分享没收的犯罪所得或财产的双边示范协定》。

在有关国际公约确认分享制度的同时,美国、加拿大、澳大利亚、荷兰、瑞士等资金流入国逐渐开始分享合作,并制定了相关国内法,缔结专门的双边协定。加拿大《刑法典》和《被扣押财产管理法》从法律上明确了国内执法机关和外国政府可以参与分享被没收的资产。在此基础上,加拿大制定了《被没收资产分享规则》,就有关分享的条件和程序作出具体规定。加拿大仅在缔结有专门的分享协定的前提下才就个案进行分享合作。迄今,加拿大已与美国、肯尼亚、牙买加等多国缔结了分享协定,并在此基础上进行了一系列成功合作。

美国的实践是,作为一项政策,鼓励在互惠基础上与外国执法部门开展没收和分享合作。美国《法典》第 18 章、第 19 章、第 21 章规定,经国务卿批准,司法部长或财政部长可以授权直接或间接参与扣押并导致犯罪所得被没收的外国政府分享有关资产。美国财政部、司法部还分别颁布了《外国与联邦、州和地方执法机构分享资产指南》和《司法部长关于被扣押和没收的财产的指南》。美缔结的刑事司法协助条约为资产分享合作提供法律基础。此外,美国还与英国、加拿大、墨西哥、秘鲁、荷兰等国订立分享协定。①

分享制度在追赃追逃国际合作中具有重要意义。就没收国而言，与有关国家分享犯罪所得，有利于调动相关国家提供刑事司法协助的积极性，满足自身加强合作共同打击犯罪的政治和社会需要。就资产来源国而言，分享有利于最大限度地追回转移至境外的犯罪所得。根据《联合国反腐败公约》的规定，仅贪污的公共财产以及其他能证明合法所有权的财产才予以返还，条件苛刻且范围有限。从务实的角度看，如全额返还难以实现，通过分享追回部分赃款赃物，也不失为一个可行的替代方式。

闫永明案

新西兰《先驱报》2016 年 8 月 23 日报道，新西兰高等法院日前批准中国警方与中国"红通 5 号"闫永明（吉林通化金马药业集团董事长，2001 年 11 月外逃新西兰）就一起洗钱调查达成和解，闫永明向警方上缴 4285 万新西兰元（约合人民币 2.08 亿元）的财产。这是新西兰历史上金额最高的一次财产充公，也是中新合作侦办长达两年多的成果。据报道，中方向新方通报的涉案金额达 1.29 亿新元。新西兰警察署声明，将与中方商谈如何分配罚没的款项。澳大利亚也曾是闫永明的外逃地。2007 年 6 月 7 日，澳大利亚警方将闫永明的部分赃款约 2125 万元人民币移交中国警方。

对于分享问题，我国经历了不认可、认可研究和尝试三个阶段。在《联合国反腐败公约》签署前，我国一直认为，所有被转移至国外境外的赃款都是国家财产，不能与外国分割分享，允许分享将导致国有资产流失。因此政策上要求对境外的违法所得全额追回。②

在研究批准加入《联合国反腐败公约》的过程中，相关部门对犯罪资产的处置问题进行了专题研究。结论是，要求全部返还腐败犯罪所得不切实际，应开

---

① 公开资料显示，1989 年至 2011 年，美国与英国、法国、加拿大、瑞士等 38 个国家分享了超过 2.35 亿美元的没收资产。

② 我国有关执法部门曾就"李秋萍冰毒案"向加拿大提出过分享要求。加拿大在我方协助下破获此案，但由于中加未签署分享协议，我国未能参与分享，因为根据加拿大法律，与加签署分享协定，是外国参与分享的条件。

拓更多追回资产的途径。[①] 与此同时,我国积极参加有关国际规则制定,参加了联合国示范协定的谈判并发挥重要作用。在国内立法方面,2007 年 12 月全国人大常委会通过的《禁毒法》,首次确认犯罪所得分享机制。该法第 57 条规定:“通过禁毒国际合作破获毒品犯罪案件的,中华人民共和国可以与有关国家分享查获的非法所得、由非法所得获得的收益以及供毒品犯罪使用的财物或者财物变卖所得的款项。”[②]

根据中加两国政府联合声明,我国与加拿大就缔结返还财产和分享被没收资产协定展开谈判。2012 年 5 月、2013 年 6 月,双方分别在北京和渥太华举行了两轮谈判,在交流各自法律制度和司法实践的基础上就协定全部条款达成一致,并草签了协定。[③] 协定主要包括两个方面的内容:一是关于返还,如缔约一方的法院认定某项被非法侵占的财物为缔约另一方或其境内的企业、个人合法所有,该方将根据协定和本国法律将该财产返还合法所有人;二是关于分享,对于没有或无法认定合法所有人的犯罪所得资产,如走私、贩毒所得的赃款,缔约一方将在没收后,与缔约另一方按一定比例分享。分享的比例按合作方的贡献大小确定。2016 年 9 月 22 日,在李克强总理访问加拿大期间,中加两国外长正式签署了《中华人民共和国和加拿大关于分享和返还被追缴资产的协定》,这是我国在追缴犯罪领域对外缔结的首个专门协定,也是我国在海外追逃追赃方面取得的重大进展。[④]

党的十九大报告指出:“当前,反腐败斗争形势依然严峻复杂,巩固压倒性态势、夺取压倒性胜利的决心必须坚如磐石……不管腐败分子逃到哪里,都要缉拿归案、绳之以法。”这既凸显了以习近平同志为核心的党中央对于反腐败工作的坚定决心,也为境外追逃追赃反腐败“红色外交”指明了方向。

---

① 2005 年中纪委牵头成立了“研究实施公约协调小组”。该小组经研究得出结论,建立犯罪所得分享制度对我国总体上是有利的,并建议“由外交部会同有关部门积极研究相关国家法律制度,充分总结,积累个案经验,在此基础上考虑签订分享协议;同时建立健全我国的法律制度,使我国可以向其他国家提出类似的分享要求。”此项建议获得中央批准。

② 2003 年,美国在处理潘某携带大量美元现钞入境而未申报案时,中美依刑事司法协助协定进行了合作。美方决定与我国分享,我国分享到 2 万多美元。这是我国与外国分享被没收所得的第一案。

③ 参见辛红:《中加就返还财物和分享被没收资产协定达成一致　我国将缔结首个境外追赃专门协定》,载《法制日报》2013 年 7 月 4 日,第 6 版。

④ 《中加签署协定　分享返还跨境追赃》,载中华网:www. china. com,最后访问日期:2019 年 6 月 30 日。

2018年12月13日中央政治局会议指出,党的十九大以来,以习近平同志为核心的党中央一以贯之、坚定不移推进全面从严治党,党内政治生态展现新气象,反腐败斗争取得压倒性胜利,全面从严治党取得重大成果。会议强调,反腐败斗争形势依然严峻复杂,全面从严治党依然任重道远,必须将“严”字长期坚持下去,不断推进党的自我革命,实现自我净化、自我完善、自我革新、自我提高,巩固发展反腐败斗争压倒性胜利。

第八章　网络空间治理“数字外交”

第一节　网络安全　国之大事

一、人类进入互联网时代

互联网是20世纪人类最具影响的重大科技发明之一，是当代先进生产力的重要标志和发展方向，也是世界信息化智能化潮流的重要载体。由互联网产生的巨大网络空间（cyberspace）被确定为陆地、海洋、空气空间、外层空间之外的第五大“人类活动空间”。“世界因互联网而更精彩，生活因互联网而更丰富。”自问世以来，互联网技术及其应用在短短的数十年间，已在相当程度上改变了世界，改变了人类的工作方式、生活方式，乃至思维方式，成为一种先进生产工具（如“互联网+”）、社交工具（如微信群）、交换工具（如移动支付）、交通工具（如信息高速公路）。在特定情形下，它还是新型作战手段（如网络战）、新型犯罪作案工具（如网络金融诈骗），以及大国博弈的新战场。毫不夸张地说，互联网正史无前例地深刻影响着世界经济、政治、文化和社会的发展。①

① 2016年5月30日，在全国科技创新大会、两院院士大会、中国科协第九次全国代表大会上，习近平总书记指出，历史经验表明，科技革命总是能够深刻改变世界发展格局。“20世纪前期，量子论、相对论的诞生形成了第二次科技革命，继而发生了信息科学、生命科学变革，基于新科学知识的重大技术突破层出不穷，引发了以航空、电子技术、核能、航天、计算机、互联网等为里程碑的技术革命，极大提高了人类认识自然、利用自然的能力和社会生产力水平。”

随着网络技术的持续快速发展,网络空间战略地位也在不断上升,在国际议程中的位置加速前移。有关各方围绕网络技术、网空治理、网络安全和规则制定展开激烈较量,制网权之争已悄然拉开帷幕。一方面,信息技术、智能技术和网络技术发展方兴未艾,新一轮社会化互联网技术革命正在酝酿;另一方面,网络国际治理严重滞后。大国在网络空间的军力角逐不断升级,网络战风险增加;网络安全、信息安全危机四伏,网络攻击事件愈演愈烈,网络犯罪尤其是网络金融诈骗多发高发;网络领域渗透与反渗透、垄断与反垄断国际斗争日趋复杂;网络领域发展不平衡、规则不健全、秩序不合理等问题亟待解决。网络安全和秩序事关各国重大利益,已成为集政治、外交、安全、法律、经济和文化等多重因素于一体的重大战略问题,国际法在网络空间治理中的作用日益受到重视。在此大背景下,以构建公正合理规范的网络空间秩序为宗旨的"数字外交"(Digital Diplomacy)应运而生。[①] 相应地,国际法的一个新分支——网络空间法(Law of the Cyberspace)也正在形成之中。

大数据、云计算、移动互联网……以新一代信息技术为代表的科技革命风起云涌。这是改变世界的力量,也是中华民族的重要历史机遇。中国政府高度重视网络空间国际治理和"数字外交"。《十三五规划纲要》明确提出,要"积极参与网络、深海、极地、天空等新领域国际规则制定"。党的十九大报告进一步提出建设"网络强国"目标,"推动互联网、大数据、人工智能和实体经济深度融合","为建设科技强国、质量强国、航天强国、网络强国、交通强国、数字中国、智慧社会提供有力支撑",明确要求"加强互联网内容建设,建立网络综合治理体系,营造清朗的网络空间"。2018 年 3 月,中央网络安全和信息化领导小组升格为中央网络安全和信息化委员会,中国特色网络强国建设开启新征程。[②]

网络安全,是一国之大事,不可不察。习近平总书记强调指出:"没有网络安全就没有国家安全,没有信息化就没有现代化。"法国知名战略问题专家弗朗索瓦 · 热雷也曾指出:"一个国家要想在 21 世纪立于不败之地,必须在网络战略上争取主动,在网络规则制定和加强网络治理方面牢牢把握主动权。"

---

① 但各国外交部对"数字外交"的定义不尽相同。多数西方国家仅着眼于互联网及其应用的物理层面,将其定义为"使用互联网和信息技术帮助实现外交目的"或"解决外交问题"的外交,而忽视了其构建网络空间秩序和加强网络空间国际治理的内涵。See "*Digital Diplomacy*" in Wikipedia, June 30,2019 https://en. m. wikipedia. org/wiki/digital_diplomacy.

② 参见温红彦等:《朝着建设网络强国目标不懈努力——习近平总书记引领推动网络强国战略综述》,载《人民日报》2017 年 12 月 2 日,第 1 版。

"从社会发展史看,人类经历了农业革命、工业革命,正在经历信息革命。农业革命增强了人类生存能力,使人类从采食捕猎走向栽种畜养,从野蛮时代走向文明社会。工业革命拓展了人类体力,以机器取代了人力,以大规模工厂化生产取代了个体工场手工生产。而信息革命则增强了人类脑力,带来生产力又一次质的飞跃,对国际政治、经济、文化、社会、生态、军事等领域发展产生了深刻影响。""互联网让世界变成了地球村,推动国际社会越来越成为你中有我、我中有你的命运共同体。"①

二、从"制海权"到"制网权"

近代以来,与科学技术发展同步,在国际关系史上曾先后出现"制海权""制空权""制天权"等不同理论及国家间争夺"制海权""制空权""制天权"的激烈博弈。学界普遍认为,"制网权"将是20世纪以来,在"制海权""制空权""制天权"之后,各大国竞相争夺的又一新型国家权力形态。②

(一)制海权

"制海权"(Command of the Sea):指交战一方在一定时间对一定海区的控制权,确保己方兵力海上行动的自由。广义还泛指国家对海洋的控制权。1890年,美国军事理论家塞耶·马汉(Alfred Thayer Mahan)在其名著《海权对历史的影响》(又译作《海权论》)中首次提出"制海权"概念。③ 马汉认为,海权与国家兴衰休戚与共。"海权即凭借海洋或者通过海洋能够使一个民族成为伟大民族的一切东西。"全面制海权是国家战略的目标,是海军的主要和最终目的。马汉进而提出了"谁能控制海洋,谁就能主宰世界"的论断,并主张实现该目标的途径是建立优势的战列舰舰队进行海上决战和海上封锁。马汉指出:"光有法律而没有力量就得不到公正,法律的合理与否不取决于力量,但其有效性要由

---

① 习近平:《在网络安全和信息化工作座谈会上的讲话》,载人民网:www.people.com.cn,最后访问日期:2019年4月15日。

② 2013年5月13日在北京发布的《世界社会主义黄皮书》指出,制网权是一种新型国家权力形态。在国际政治体系中,网络权力的大小将决定一个国家国际地位的高低。制网权是指一个主权国家对广义上的计算机互联网世界的控制权和主导权,主要包括国家对国际互联网根域名的控制权、IP地址的分配权、互联网标准的制定权、网络舆论权等。

③ 马汉一生致力于海权理论研究,曾两度担任美国海军学院院长,其思想深受古希腊海军统帅地米斯托克利及政治家伯里克利的影响,著有《海权论》《海权对法国革命和帝国的影响》《海军战略》等多部专著,其中,《海权论》奠定了其海权思想的理论基础。

后者赋予。"在马汉思想的影响下,从19世纪末到20世纪30年代,海军强国把巨舰大炮看成是夺取制海权的主要武器,竞相建造战列舰。直到现在,美国的外交理论仍深受马汉"海权论"的影响。①

(二)制空权

"制空权"(Command of the Air)是指交战一方在一定时间对一定空域的控制能力,有的国家称之为"空中优势",是从传统的"制海权"引申发展而来的军事理论。英国工程兵少校富勒尔顿于1893年率先提出,"未来战争可能由空中开始,制空权将可能是陆上和空中作战的重要前提"。1908年,英国工程师兰彻斯特指出:在不远的将来,"制空权"对大英帝国的安全而言,至少将和"制海权"同等重要。意大利将军朱里奥·杜黑(Giulio Douhet)创立了系统的制空权理论。他在1909年就预言,"制空权很快就会具有至少与制海权同等的价值"。1921年出版、1937年重新合编的《制空权》一书是全面阐述其理论观点的代表作。② 他认为,飞机"将完全改变迄今已知的战争样式","航空为人类开辟了一个新的活动领域—空中领域,结果就必然形成一个新的战场"。他继而指出:"我曾坚持,并将继续坚持,在未来战争中,空中战场是决定性战场。"杜黑的"制空权"理论在西方军事界产生过广泛而深远的影响,虽然也曾有批评意见认为其理论有些"夸大"和"绝对化"。20世纪末的海湾战争和科索沃战争为"制空权"理论作了最好的诠释。③

(三)制天权

"制天权"(Command of the Space Power)是在"制空权"理论的影响下,随着人类航天技术和航天活动的出现与发展而逐步形成的。按照美国航天司令部前司令埃斯蒂斯的定义,"制天权就是保护己方航天能力,剥夺对方的航天能力。"俄罗斯军事学说亦称,"未来战争将以天基为中心","制天权将成为争夺

---

① 美国总统西奥多·罗斯福控制中美洲的"巨棒政策"是以马汉理论为基础的。直到"冷战"结束,美国在亚太地区的军事部署都以马汉理论为原型。

② 参见何奇松:《〈制空权〉与新军事革命——读杜黑〈制空权〉》,载《中国图书评论》2006年第8期。

③ 海湾战争后,美国国防部在论述"空中优势和制空权"问题时指出:"在未来对付拥有军事高技术装备之敌的冲突中,争夺制空权的战斗将是战争胜负的决定因素。伊拉克军事机器的命运,将使人们几十年都难以忘却。"参见《制空权》,载百度百科:https://m.baidu.com/sf_bk/item/制空权/,最后访问日期:2019年4月14日。

制空权和制海权的主要条件之一”。[①] 1957年10月4日,苏联发射了第一颗人造地球卫星,开辟了人类探索外层空间的新纪元。当时正值东西方“冷战”初期,外层空间很快演变成为大国博弈的新战场。20世纪60年代初期,美国总统肯尼迪公开宣称“谁能控制太空,谁就能控制地球”。这是较早的制天权思想。[②] 为谋取空间优势,美苏(俄)两国展开了数十年的激烈竞争,核心就是争夺“制天权”。从你追我赶发射卫星,到“星球大战”计划,再到“反导”系统,世界军事大国一天也没有停止过争夺太空绝对优势,并催生了一个新的军种——天军。[③] “制天权”的重要性在20世纪90年代的海湾战争中得以充分展现。以美国为首的多国联军通过掌握制天权而始终掌握着这场战争的主动权和绝对优势。[④] “制天权”时代的到来,促使世界军事的重大变革,使未来战争形态发生根本转型。而“制天权”与“制网权”又密不可分。

(四)“制网权”

1984年,移居加拿大的美国科幻作家威廉·吉布森(William Gibson)创作长篇离奇故事小说《神经漫游者》(*Neuromancer*)。故事描写了反叛者兼网络独行侠凯斯,受雇于某跨国公司,被派往全球电脑网络构成的空间里,去执行一项极具冒险性的任务。凯斯并不需要乘坐飞船或火箭进入这个巨大的空间,而只需在大脑神经中植入插座,然后接通电极,电脑网络便被他感知。当网络与人的思想意识合二为一后,即可遨游其中。在这个广袤空间里,看不到高山荒野,也看不到城镇乡村,只有庞大的三维信息库和各种信息在高速流动。吉布森把这个空间取名为“赛伯空间”(Cyberspace),也就是现在的通用术语“网络空间”。[⑤]

---

① 《制天权》,载百度百科:https://m.baidu.com/sf_bk/item/制天权/,最后访问日期:2019年4月14日。

② 柴刚、陈晓明:《浅析美国“太空军事化”战略》,载《国际问题研究》2006年第4期。

③ 美俄都建立了太空司令部。法国、英国等航天大国也相继调整本国军事力量,为控制外层空间作准备。大国争斗的战场从陆地、海洋、空气空间延伸到了外层空间。要赢得战争,不仅要争夺制海权、制空权,还要争夺制天权。美航天司令部军事设想声称,“21世纪将更加依靠航天能力”,俄罗斯军事学说亦称,“未来战争将以天基为中心”,“制天权将成为争夺制空权和制海权的主要条件之一”。

④ 海湾战争是美军自越南战争后主导参加的第一场大规模局部战争。在战争中,美军首次将大量高科技武器投入实战,展示了压倒性的制空、制电磁优势。海湾战争对冷战后国际秩序及现代高科技条件下的军事战略产生了深刻影响。

⑤ 参见陈榕:《神经漫游者:谁的乐园?谁的牢笼?》,载《新东方英语》(大学版)2017年第10期。

网络空间的诞生标志着互联网时代的到来。如同航海时代催生"制海权"，航空时代催生"制空权"，航天时代催生"制天权"，互联网时代也必然会催生"制网权"。

"制网权"(Command of the Cyberspace)：指对互联网世界的控制权和主导权，包括网络技术的控制权、互联网根服务器的控制权、IP 地址的分配权、互联网规则的制定权、网络秩序的监管权，以及网络舆论导向的话语权等。20 世纪初以来，随着信息技术和互联网的快速发展，人们开始频频地使用"制网权"的概念，美俄等国还制定了网络战战略。美国著名军事预测学家詹姆斯·亚当斯(James Adams)在其 2001 年出版的《下一场世界战争》中曾预言，在未来的战争中，计算机本身就是武器，前线无处不在，夺取作战空间控制权的不是炮弹和子弹，而是计算机网络里流动的比特和字节……实际上，这个由不停运动着的 0 和 1 组成的庞大的数字河流，如今已经成了美军纵横驰骋的又一块"新大陆"。[①] 在由网线、芯片、调制解调器、显示器、交换机和处理器构成的隐形战场中，无数的二进制代码正在进行着渗透、阻塞和攻击的惨烈搏杀，为的就是争夺互联网空间的控制权。

2002 年 3 月发生的麦金农事件为"制网权"之争添加了助燃剂。当时，英国人麦金农(Gary Mckinnon)独自闯入美国海陆空三军、国防部和国家宇航局(National Aeronautics and Space Administration，NASA)的计算机网络，并访问了几十台电脑。此事暴露出美国军事网络系统的脆弱性。美国检察官称麦金农事件为美国军方计算机史上最严重的事件。同年 7 月，美国总统小布什签署了"国家安全第 16 号总统令"，要求美国国防部牵头，组织中央情报局、联邦调查局、国家安全局等政府部门制定网络战战略。2005 年 3 月，美国国防部公布的《国防战略报告》明确将网络空间和陆、海、空、太空定义为同等重要的、需要美国维持决定性优势的 5 大空间。2006 年年初，美国媒体披露，美国《国家网络战军事战略》正式将网络空间界定为"军事行动的一个领域"。2009 年，美国建立了世界上首个"网络战司令部"。2010 年夏，一个据称是美国和以色列制造的计算机病毒——震网病毒(Stuxnet)攻击了伊朗的铀浓缩工厂。通过工业控制软件，震网病毒可以监视和控制系统计算机，并破坏离心机。震网病毒开启了

---

① 在此前于 1998 年发表的英文论文中，亚当斯就已明确提出，"下一场世界战争，计算机将成为武器，前线无所不在。"See James, "The Next World War: Computers are the Weapons and the Front Line is everywhere", *Foreign Affairs* 77, 1998, pp. 125 – 126.

网络战史的新时代。[①]

作为美国最大竞争对手的俄罗斯不甘示弱，多年来也十分重视“制网权”能力建设，创建了特种信息部队，并成功将网络战应用于实战之中。[②] 至此，“制网权”——一个备受关注的作战新概念，伴随着一个旨在谋求对整个信息领域最高控制权的宏伟军事蓝图登上战争舞台。[③] 从本质上讲，国家在网络世界的权力来源于现实世界，来源于国家的综合国力。因此，“制网权”之争仍然是国家综合实力的较量。

三、网络问题之由来

（一）互联网的诞生及发展

互联网是东西方“冷战”的副产品。20 世纪 60 年代初，美苏间的冷战如火如荼。古巴核导弹危机促使美苏对峙进一步升温，核毁灭的阴影笼罩全球。出于对核战争后果的忧虑，美国国防部认为有必要设计建造一个相对分散的指挥系统。该系统由一些分散的指挥点组成，相互之间能够实现数据备份和信息共享。战时，如部分指挥点被摧毁，其他指挥点仍可正常运作，而这些分散的指挥点又能通过某种形式的通信网络连为一体。为此，美国国防部高级研究计划管理局（又称“阿帕”，Advanced Research Project Agency，ARPA）着手研究应对方案。1967 年，拉里・罗伯茨加盟 ARPA，负责筹建“分布式网络”。罗伯茨提出了创建“阿帕网”（ARPANET）的构想并不断完善，于 1969 年年底正式建成投入运行。这就是今天风靡全球的互联网的前身。

作为最初的互联网实验，阿帕网虽然实现了重大的技术突破，但仍具有明显的局限性。1973 年春天，温顿・瑟夫（Vint Cerf）和罗伯特・卡恩（Robert E. Kahn）两位科学家联手合作，编制了互联网最基础也是最重要的部分——传送

---

① 震网病毒是第一个专门定向攻击现实世界中大型基础设施的“蠕虫”病毒，攻击对象为核电站、水坝、国家电网等国家设施，具有极大的破坏力，2010 年 6 月被首次发现。全球超过 45000 个网络受感染，伊朗遭到的攻击最为严重。有多家媒体报道称，美国曾利用“震网”蠕虫病毒攻击伊朗的铀浓缩设备。

② 据报道，在 2008 年 8 月的俄格冲突中，俄罗斯在军事行动前攻击格鲁吉亚互联网，控制“制网权”后，格鲁吉亚政府、交通、通信、媒体和金融互联网服务瘫痪，这被定义为全球第一次针对制网权的、与传统军事行动同步的网络攻击，也是第一次真正意义上的“网络战争”。

③ 参见《制网权》，载百度百科：https://m. baidu. com/sf_bk/item/制网权/，最后访问日期：2019 年 4 月 15 日。

控制协议/互联网协议(TCP/IP 协议),这是互联网发展迄今最重要的一次合作,正是这次合作,导致路由器的问世,奠定了互联网 1.0 版的基础,由此开创了互联网全球化的宏伟图景。[①] 1974 年,美国政府公布了 TCP/IP 协议。1983 年,互联网开始用于一些学术研究机构。1991 年,互联网开始了大规模商业化应用。由此,人类开始真正进入了互联网时代。

从 20 世纪 90 年代开始,电子商务、电子政务等新业态飞速发展,带动社会信息化时代的到来。国计民生的诸多领域广泛使用互联网,各大国也大规模开展互联网时代的军事变革。相应地,各种形式的网络犯罪大量滋生、日益猖獗。网络也成为大国扩军备战的新战场。

进入 21 世纪,各项网络技术继续快速发展,其中最具代表性的就是 WEB2.0技术的发明和应用,这其中包含了人们经常使用的服务,例如,博客、播客、维基、P2P 下载、社区、分享服务等,以公告牌系统(Bulletin Board System, BBS)和博客(Blogger)为主要代表,"一对一"和"多对多"的传播模式并存。[②]

在 Web2.0 时代,互联网由单向"阅读式"转变为双向"可读可写式",人人都可成为信息传播者。信息传播速度更快、范围更广,同时也更具蛊惑性、不确定性,给社会治理和社会稳定带来巨大挑战。从 2011 年年初的"阿拉伯之春"到 8 月的"伦敦之夏",再到 9 月的"华尔街之秋",乃至 2013 年 10 月的"莫斯科之冬",[③]网络社交媒体的巨大动员力、影响力和杀伤力可见一斑。就连一贯倡

---

① 瑟夫和卡恩在设计互联网时作出了一项重要决定,要让电脑和电脑之间的沟通敞开和透明。1975 年,开始布设互联网时,两人又一致决定把这项重大发明无偿地贡献给社会,让人类自由的分享。瑟夫和卡恩于 1997 年获得克林顿总统颁发的"美国国家技术奖章",2005 年小布什总统颁发的"总统自由勋章",并于 2004 年荣膺美国计算机学会颁发的图灵奖。

② Web2.0 是相对于 Web1.0 的新的互联网时代,指的是一个利用 Web 的平台,由用户主导而生成的内容互联网产品模式,为了区别传统由网站雇员主导生成的内容而定义为第二代互联网。

③ "阿拉伯之春"指2010 年 12 月起在北非和阿拉伯世界爆发的一场大规模社会变革风潮,始于突尼斯的"茉莉花革命",并迅速蔓延到阿尔及利亚、埃及、叙利亚、伊拉克、利比亚和也门等多个阿拉伯国家,导致 100 多万人死亡,1500 多万人沦为难民,基础设施损失达近万亿美元。"阿拉伯之春"的影响进一步扩及东亚、西欧和北美。2011 年 8 月,英国伦敦发生严重骚乱,并扩散到其他城市,英格兰地区共有 2250 多人因涉嫌参与骚乱、纵火和抢劫而被捕。同年 9 月,美国发生了持续数月并一度影响全球 70 多个国家的"占领华尔街"运动。2013 年 10 月,莫斯科发生了约 1000 人参加的骚乱事件,警方以破坏公共秩序罪拘捕了约 380 人。这些事件被媒体称为"伦敦之夏""华尔街之秋""莫斯科之冬"。参见《图说阿拉伯之春五国现状:恶之花盛开的地方》,载新华网:www.xinhuanet.com,最后访问日期:2019 年 4 月 16 日。

导“言论自由”的英国政府也表示“将考虑在骚乱时限制社交网络的使用”。[①] 大国纷纷发布网络安全战略。因此,2011 年被称为“国际互联网政治元年”。

(二)网络安全问题

1. 网络安全的概念

网络安全的概念有狭义和广义之分:物理安全和内容安全。

狭义的网络安全仅指网络物理系统的安全,包括网络系统的硬件、软件及其系统中的数据的保护,不因偶然的或者恶意的原因而遭到破坏、更改、泄露,且网络系统能够连续可靠正常的运行,网络服务不中断。网络安全有三个主要属性:保密性(confidentiality),即网络信息不泄露给非授权用户、实体或过程;完整性(integrity),即数据未经授权不能进行改变,在存储或传输过程中保持不被修改、不被破坏和丢失;可用性(accessibility),可被授权实体访问并按需要使用。在网络环境下,拒绝服务、破坏网络和有关系统的正常运行属于对未来网络可用性的攻击。对于普通网民来说,最直观的网络安全问题是隐私信息安全和网络诈骗问题,如电信网络诈骗、网络黑客、侵犯个人隐私等。

广义的网络安全概念,还包括内容安全。在网络上流动的信息和内容对于政府、社会和公民必须是安全的,不得违反国家的法律法规和公序良俗。因此,广义的网络安全系狭义的网络物理安全 + 网络内容/政治安全。

西方国家一般持狭义的网络安全定义,称为“Cyber Security”。其中,美国2015 年《网络安全法》颇具代表性。[②] 根据该法的系列核心定义,“网络安全”包括“信息系统安全和网络数据安全”两大部分。“网络数据安全”具体指“储存在信息系统上的”“正处于处理过程中的”“途经该信息系统的”数据的安全。而“网络安全威胁”则被定义为“可能对某一信息系统的安全、有效、机密和完整等属性造成负面影响的未经授权的行动,或者对储存于该信息系统的数据、正在该信息系统上处理的数据、途经该信息系统的数据造成负面影响的未经授权

---

① 针对伦敦发生的骚乱,英国首相卡梅伦 2011 年 8 月 11 日在议会紧急会议上指出:“确保民众安全是政府的优先要务……考虑限制社交网络的使用……针对暴徒利用社交网络及媒体串联发动暴力攻击的现象。信息自由交流原本是件好事,但如果使用不当,就必须被制止。英国政府、警方及情报单位正在研究商讨,一旦得知有人企图通过网络号召发起暴力攻击或犯罪行动,将切断通信网站的服务。”参见《英国考虑骚乱时关闭微博被批损害言论自由》,载《新京报》2011 年 8 月 13 日,第 15 版。

② 2015 年年底,美国国会例行通过年度《综合财政拨款法》,其中包含《网络安全法案》。该法案由《网络安全信息共享法》《国家网络安全促进法》《联邦网络安全人力资源评估法》等共计四章四十七节构成,是一部基础性综合网络立法。

的行动”。[①] 我国和俄罗斯等国赞成广义的网络安全定义，并相应地提出了“信息安全”（Information Security）的概念，其中包括信息内容的安全。出于对网络安全概念的不同理解，各国对主权原则是否适用于网络空间的问题存在严重分歧。网络空间的渗透与反渗透斗争激烈。

中国的网络安全法律体系是从广义网络安全概念和角度来布局和构建的。[②] 我国2016年《网络安全法》的立法宗旨是，“保障网络安全，维护网络空间主权和国家安全、社会公共利益，保护公民、法人和其他组织的合法权益，促进经济社会信息化健康发展”。该法对网络信息内容也作出了相应的规范性规定。其中明确规定：“任何个人和组织使用网络应当遵守宪法法律，遵守公共秩序，尊重社会公德，不得危害网络安全，不得利用网络从事危害国家安全、荣誉和利益，煽动颠覆国家政权、推翻社会主义制度，煽动分裂国家、破坏国家统一，宣扬恐怖主义、极端主义，宣传民族仇恨、民族歧视，传播暴力、淫秽色情信息，编造、传播虚假信息扰乱经济秩序和社会秩序，以及侵害他人名誉、隐私、知识产权和其他合法权益等活动。”

2.“维基解密”和“棱镜门”事件

“维基解密”（又称维基泄密、维基揭秘，Wikileaks），是自称通过协助知情人让组织、企业、政府在阳光下运作的、无国界、非营利的国际性互联网组织，充满神秘色彩，成立于2006年12月，专门公开来自匿名来源和网络泄密的文件，因公布数万份阿富汗战争秘密文件而名声大噪。该组织共有9名董事会成员，但仅有创始人阿桑奇（Julian Paul Assange）对外公开身份。[③] 维基解密大量发

① 沈玲：《解读美国〈网络安全法案〉》，载博客中国：http://net. blogchina. com/blog/article/740052005，最后访问日期：2019年4月17日。

② 参见全国人大常委会法制工作委员会副主任郎胜2015年6月24日在第十二届全国人大常委会第15次会议上所作的《关于〈中华人民共和国网络安全法（草案）〉的说明》，载中国人大网：www. npc. gov. cn，最后访问日期：2019年4月17日。

③ 朱利安·阿桑奇1971年出生于澳大利亚昆士兰，从小过着吉普赛人式的流浪生活，16岁时成为一名网络黑客。1991年，他开始成为美国国防部五角大楼秘密文件的泄密者。2006年，阿桑奇决定创建“维基解密”。他认为，信息的透明和自由交流会有效地阻止非法治理。由于“维基解密”通过各种渠道搜集政府机密信息，它也成为美国等国的“眼中钉”。美国对阿桑奇展开“刑事调查”。2010年12月，瑞典通过国际刑警组织发布了针对阿桑奇的“红色通报”（“红通”）。2010年12月7日，阿桑奇因瑞典当局的引渡请求，在伦敦被英国警方逮捕，他被指涉嫌强奸。阿桑奇否认所有指控，其律师罗宾逊指责瑞典的行动显然出于“政治动机”。法庭外发生了抗议示威。12月16日，英国高等法院批准了阿桑奇的保释申请。2012年8月16日，阿桑奇获得厄瓜多尔的政治庇护，此后一直藏身厄瓜多尔驻英国大使馆内。2019年4月11日，厄瓜多尔政府撤销了对阿桑奇的政治庇护，英国警方随后逮捕了阿桑奇，并准备将其引渡到美国受审。

布各国政府机密文件的做法使其饱受争议，卷入了大量的官司，有人指责阿桑奇打着自由的旗号损害国家利益。美国国务院发言人克劳利表示，美国官方非常认真地对待机密信息的处理，而把这类材料发送给无权获取机密情报的人是违反美国安全的。2013 年 6 月，在美中情局前雇员斯诺登披露美国安全局监控美国和外国公民电子通信的绝密计划——“棱镜计划”（PRISM）之后，维基解密开始与斯诺登合作。2019 年 4 月 14 日，阿桑奇在伦敦被捕。围绕维基解密和阿桑奇的故事还在继续。①

“棱镜门事件”和斯诺登案

2013 年 6 月，美国国家安全局（National Security Agency，NSA）前雇员爱德华·斯诺登（Edward Snowden）将 NSA 针对本国及其他国家通讯实施监控的“棱镜计划”的秘密文档披露给了《卫报》和《华盛顿邮报》。6 月 10 日，英国《卫报》应斯诺登本人的要求公开了他的身份和所在地点中国香港特别行政区。② 斯诺登透露，2007 年开始，NSA 以反恐为名进入有关互联网公司服务器，广泛跟踪、搜集美国境外电邮、照片、影像及各种数字信息。微软等知名互联网公司均参与同 NSA 的合作。英国情报机构也参与了“棱镜计划”。通过该项目，美政府直接从包括微软、谷歌、雅虎、脸书、苹果等 9 个公司服务器收集信息。斯诺登还透露，美方曾对中国电信运营公司和清华大学进行网络攻击。③ 美国政府随即在全球通缉斯诺登，并向中国香港特区政府提出引渡请求。香港特区政府表示，将按香港特别行政区法律和既定程序处理斯诺登事件。④ 6 月

① 参见《朱利安·阿桑奇》，载百度百科：https://wapbaike.baidu.com/item/朱利安·阿桑奇，最后访问日期：2019 年 4 月 17 日。

② 斯诺登透露，他于 2013 年 5 月 20 日离开美国夏威夷前往中国香港特别行政区，藏匿在一家酒店，接受英国《卫报》等媒体秘密采访。斯诺登声称，之所以藏身中国香港特别行政区，是因为香港特别行政区承诺保障言论自由及政治异见人士，而且香港特别行政区的网络非常自由。

③ 我国外交部发言人 2013 年 6 月 23 日表示，“中方已就美政府有关机构对中国进行网络攻击等情况表示严重关切，并已向美方提出交涉”。

④ 2013 年 7 月 11 日，在美国首都华盛顿，中国国家主席习近平特别代表、国务委员杨洁篪在第五轮中美战略与经济对话结束后的联合记者会上就斯诺登案阐述了中国政府的原则立场。杨洁篪强调，“中国中央政府一向尊重香港特区政府依法办事。特区政府依法处理斯诺登案，无可非议，各方都应予尊重。”参见新华网：www.xinhuanet.com，最后访问日期：2019 年 6 月 10 日。

23 日，斯诺登离开香港特别行政区前往莫斯科。在莫斯科谢列梅捷沃机场逗留多日后，于 8 月 1 日获得为期一年的俄罗斯临时避难许可。此后"棱镜门事件"持续发酵为"监听门"，法国、德国、西班牙、瑞士、意大利以及巴西等国均成为"棱镜计划"的受害国。2013 年 7 月 31 日，斯诺登再度将美国更大规模的监控计划"Xkeyscore"的细节曝光。2013 年 10 月，德国《明镜》周刊曝料，美国涉嫌对 35 位国际政要的电话进行监听。NSA 在全球约 80 个地点的驻外使领馆设有监听站，窃听所在地区高官通信信息，包括驻北京、上海、成都等地的使领馆。①

"棱镜门"和"监听门"曝光后，世界舆论哗然。德国和巴西共同在第 68 届联合国大会提出"数字时代的隐私权"决议草案，并获得通过。该决议对大规模的域外监控问题表达了关切。国际社会普遍关注和指责美国利用驻外使领馆进行监听活动，认为这是对国家主权的侵犯，构成了外交特权与豁免的滥用。

对于斯诺登的揭秘行为，各国的反应不一，评价两极。美国司法部对斯诺登展开犯罪调查。斯诺登的雇主发表声明，谴责其行为"严重违反公司的行为准则和核心价值"，但不少民众对斯诺登表示赞赏。在白宫网站上出现了请愿，要求"对斯诺登的任何与披露国家安全局秘密监听项目的犯罪行为或可能的犯罪行为给予完全的、自由的，以及绝对的宽恕。"②在国际层面，英国政府警示航空业者不要允许斯诺登搭乘前往英国的飞机，巴西外交部声明斯诺登的避难请求"不正式"且"不严肃"，但委内瑞拉、俄罗斯、玻利维亚、尼加拉瓜以及厄瓜多尔等国愿给予斯诺登政治避难。2013 年 12 月 11 日，美国《外交政策》杂志评选斯诺登为 2013 年全球百名思想家榜首。2014 年 1 月 2 日，《纽约时报》发表社论认为斯诺登扮演的是检举人角色，其揭发的信息具有重要价值，呼吁对他予以赦免或从宽处理。2014 年 2 月 18 日，挪威原部长索赫捷尔推荐斯诺登为诺贝尔和平奖提名人。2014 年 4 月 7 日，斯诺登获普利策新闻奖。但无论如何，

---

① 我国外交部发言人 2013 年 10 月 31 日表示，"中方对有关报道表示严重关切，已经向美方提出交涉，要求美方作出澄清和解释。我们要求外国驻华机构和人员严格遵守《维也纳外交关系公约》《维也纳领事关系公约》等国际条约，不得以任何方式从事与职务和身分不符、危害中国国家安全和利益的活动。"

② 曾在 1971 年向《纽约时报》透露五角大楼秘密文件的丹尼尔·艾尔斯伯格（Daniel Ellsberg）称斯诺登"为美国民主体制作出了巨大的，无法估量的服务"，并说自己等了数十年才看到"这样一位真正准备好以公民身份为他的国家冒生命危险的人，显示出战场上的人们应有的勇气。"

斯诺登案本身及其所披露的“棱镜门”“监听门”事件对网络安全和网络空间国际治理的影响是深远的。

3. 网络治理命题的提出

2010 年 6 月，国务院新闻办发表《中国互联网状况白皮书》，首次提出“依法管理互联网”的时代命题。① 白皮书指出，“积极利用、科学发展、依法管理、确保安全”是中国政府的基本互联网政策。这里的“依法管理”，既包括国内法层面的法律法规和规章制度及行业自律，也包括国际层面的国际合作与治理。中国主张，各国在平等互利的基础上，积极开展互联网领域的交流与合作，共同承担维护全球互联网安全的责任，促进互联网健康有序发展，分享互联网发展的机遇和成果。中国政府始终支持并积极开展互联网领域的国际交流与合作。② 2009 年，中国与上海合作组织成员国签订了《上合组织成员国保障国际信息安全政府间合作协定》，这是中国签订的首个互联网安全领域的国际条约。2017 年 3 月 1 日，中国外交部和国家互联网信息办公室联合发布《网络空间国际合作战略》，以和平发展、合作共赢为主题，以构建网络空间命运共同体为目标，就推动网络空间国际交流合作首次全面系统提出中国主张，明确提出中国将推动构建以规则为基础的网络空间秩序。③

2011 年 5 月 16 日，美国政府出台首个《网络空间国际战略》（International Strategy for Cyberspace：Prosperity, Security and Openness in a Networked World），首次提出了“网络空间法治”（stability through norms）的概念。美国政府称：“关于国家在网络空间行为规范的制定既不需要习惯国际法的重塑，也不会导致现行国际规则过时。长期存在的规范国家间有关和平与冲突的国际规

---

① 1994 年互联网进入中国以来，中国颁布了一系列与互联网管理相关的法律法规和部门规章，主要包括《中华人民共和国网络安全法》（2017 年）、《全国人民代表大会常务委员会关于维护互联网安全的决定》（2000 年）、《中华人民共和国电子签名法》（2004 年）、《中华人民共和国电信条例》（2000 年）、《中华人民共和国计算机信息系统安全保护条例》（1994 年）、《互联网信息服务管理办法》（2000 年）、《信息网络传播权保护条例》（2006 年）、《外商投资电信企业管理规定》（2001 年）、《计算机信息网络国际联网安全保护管理办法》（1997 年）、《互联网新闻信息服务管理规定》（2005 年）、《互联网电子公告服务管理规定》（2000 年）等。部分行政法规和部门规章曾数次修订。

② 中华人民共和国国务院新闻办公室：《中国互联网状况白皮书》，载人民网：www. people. com. cn，最后访问日期：2019 年 6 月 30 日。

③ 参见《网络空间国际合作战略》（中英文双语），载新华网：www. xinhuanet. com，最后访问日期：2019 年 4 月 18 日。

则同样适用于网络空间。"[①]主张现行国际法适用于网络空间反映了美国试图继续主导网络空间国际规则的制定和适用。白宫网络安全协调官霍华德·施密特(Howard Schmidt)强调,美国将坚持网络自由、保护隐私和信息自由流动的核心原则。

2011年11月,英国政府发起召开了伦敦网络空间会议,这是国际上第一个以网络安全和网络空间治理为主题的大规模会议。会议开启了网络国际治理"伦敦进程"(London Process)。[②]

事实上,网络治理的国际努力可追溯到20世纪末。1998年,俄罗斯率先向联合国大会提交信息安全问题的决议草案(A/RES/53/70),并获得一致通过。此后,信息安全问题正式列入了联合国大会年度议程。[③] 2003年,联大第58/32号决议请联合国秘书长任命一个"国际安全背景下信息和通讯领域的发展政府专家组"(以下简称政府专家组,Group pf Government Experts,GGE),对信息安全领域的现存和潜在威胁及可能采取的合作措施进行研究。政府专家组于2013年6月达成了一份被称为"里程碑式共识"的文件。[④] 该文件指出,国际法特别是《联合国宪章》的适用,对国际维持和平与稳定及促进创造开放、安全、和平和无障碍的信息和通信技术环境至关重要。上述共识在联合国和其他国际场合得到广泛接受。网络空间的秩序构建离不开国际法的适用。

---

① US International Strategy for Cyberspace:"The United States will work with like-minded states to establish an environment of expectations, or norms of behavior, that ground foreign and defense policies and guide international partnerships... The development of norms for state conduct in cyberspace does not require a reinvention of customary international law, nor does it render existing international norms obsolete. Long-standing international norms guiding state behavior—in terns of peace and conflict—also apply in cyberspace." June 30, 2019, See http://www.whitehouse.gov/sites/default/files/rss_viewer/international_strategy_for _cyberspace.pdf.

② 参见黄志雄:《2011年"伦敦进程"与网络安全国际立法的未来方向》,载《法学评论》2013年第4期。

③ 2011年9月,中国、俄罗斯、塔吉克斯坦、乌兹别克斯坦共同向第66届联大提交"信息安全国际行为准则(草案)",呼吁国际社会讨论并完善该准则,尽早达成共识。该准则草案是信息安全领域第一份较为全面系统的国际规则草案。但因西方国家态度消极,迄未达成一致。

④ United Nations General Assembly, *Report of the Group of Governmental Experts on Developments in the Field of Information and Telecommunications in the Context of International Security* (24 June 2013), Sixty-eighth session, A/68/98, paras. 19 - 20.

四、5G技术发展状况和全球竞争格局

5G是一个综合体系，包括标准主导能力、芯片的研发与制造、系统设备的研发与部署、手机的研发与生产、业务的开发与运营、运营商的能力和政府支持和市场。5G在全球形成激烈竞争格局。全世界最强大的5G国家有美国、欧洲、中国三大核心集团，韩国和日本也有一定的声音。①

(一)世界5G标准立项

5G标准是一个复杂的体系，国际标准化组织有多个工作组在进行工作，众多的标准一起形成了整个5G标准。哪个国家和企业立项多，自然在整个5G标准中就拥有更多的话语权。迄今，全世界5G标准通过立项有：中国移动10项，华为8项，爱立信6项，高通5项，日本NTT DOCOMO 4项，诺基亚4项，英特尔4项，三星2项，中兴2项，法国电信、德国电信、中国联通、西班牙电信、欧洲航天局各1项。按国家统计，中国21项，美国9项，欧盟14项，日本4项，韩国2项。显而易见，中国和中国企业处于领先水平。②

(二)5G芯片实力

芯片是5G系统的核心元件。我国的芯片技术和世界一流水平尚有较大差距。其中，在计算芯片方面，全球美国最强。英特尔、高通等公司是华为和中兴最重要的供应商。除了少数服务器芯片中国有一定的生产能力，高端计算芯片基本上是美国企业称霸世界。在存储芯片方面，目前美国、韩国、中国台湾地区居于主导地位；专用芯片，美国较为领先，欧洲有一些企业生产专用芯片。中国在专用芯片领域起步较晚，目前处于积聚力量、加大投入、强力追赶的阶段，海思、展锐、中兴微电子等企业都设计和生产专用芯片，与国际先进水平的差距正在逐步缩小；智能手机芯片要求体积小、功耗低，可谓芯片皇冠上的明珠。4G时代，最具代表性的企业是高通和联发科，但苹果、三星、华为开始自主研发。进入5G时代，三星还是采用高通芯片，苹果一直在和高通打官司，唯有华为采用自己的芯片。中国的展锐开始在5G中低端产品芯片上发力。5G智能手机

---

① 参见项立刚：《全球5G实力大比拼》，载新浪微博：https://media.weibo.cn/article? id = 2309404320，最后访问日期：2019年4月17日。

② 《人民日报》2019年6月4日报道，5G标准是全球产业界共同参与制定的统一国际标准。截至2019年5月，在全球20多家企业的5G标准必要专利声明中，我国企业占比超过30%，居首位。

芯片,目前仍以美国最强,但中国正紧紧追赶。感应器是半导体领域的新机会,也是当前全球半导体领域争夺的焦点。目前,荷兰的恩智浦最具实力,还有大量中小型高科技企业"术有专攻",蓄势待发。概言之,在5G芯片领域,美国占据较大的优势,欧洲有一定的衰落,中国正在加大力量寻求突破。

(三)通信系统设备研发和部署能力

5G是核心网络、管理系统、基站、天线、铁塔等一系列设施组成的完整系统。最早的移动通信是美国人发明的,摩托罗拉曾是世界上最早的也是最强大的通信设备公司,以后还有爱立信、诺基亚、西门子、阿尔卡特、朗讯、NEC等众多公司。2G时代,欧洲企业通过统一标准,整合力量,确立了世界行业龙头老大的地位。美国则因缺乏整合,陷入内部争斗,产业发展受挫,而中国的通信设备基本上还是空白。3G时代,华为、中兴等中国公司开始借助TD-SCDMA在中国市场发力,并渐渐打开国际市场。此时,美国设备商因为标准争夺处于下风,依然不振。到了4G时代,中国企业借助不断积累的技术能力很弱提升的服务水平,以及有竞争力的产品价格等优势,在市场上渐渐成为主力。华为快速成长为世界上最强大的通信系统设备制造商。爱立信第二,诺基亚第三,中兴第四,韩国的三星居第五,摩托罗拉、西门子、阿尔卡特、朗讯、NEC等昔日强手基本出局。进入5G时代,全世界5G通信系统设备,综合实力最强的依然是中国。

(四)智能手机研发与生产

全球智能手机正出现向少数集中的大趋势。韩国三星、美国苹果、中国华为名列前三强。由于三星和苹果都面临一定的困难,唯有华为具有较强的爆发力,发展势头最好。在巩固了中国市场老大的地位后,正向世界各地发展,在欧洲、印度、中东、东南亚、南美市场都有上乘表现。2017年,世界十大智能手机品牌,除苹果和三星,中国占据了7席(华为、OPPO、vivo、小米、联想、中兴、TCL等),唯有韩国的LG可以挤进全球前十强,欧洲手机只剩下诺基亚,且无缘前十强。[①] 5G时代,中国会进一步巩固智能手机生产和销售的优势地位。

---

① 据IC Insights统计数据,2017年全球共有15亿部智能手机进入市场,其中三星3.174亿部(排名第一)、苹果2.158亿部(第二)、华为1.53亿部(第三)、OPPO 1.118亿部(第四)、vivo 9510万部(第五)、小米9170万部(第六)、LG 5560万部(第七)、联想5002万部(第八)、中兴4540万部(第九)、TCL2850万部(第十)。另据旭日大数据统计,2018年全球智能手机出货量前6名为:三星3.14亿部(第一)、苹果2.25亿部(第二)、华为2.08亿部(第三)、小米1.19亿部(第四)、OPPO 1.18亿部(第五)、vivo 1.01亿部(第六)。华为正在快速追赶苹果,而小米、OPPO和vivo的出货量均超过了一亿部。

（五）5G 业务与应用的开发与运营

传统互联网业务，美国最先创造，最先推动，然后各国都向美国学，或是直接采用美国的业务。到移动互联网时代，中国开始渐渐并跑甚至超越了，如移动电子商务、移动支付、共享单车、打车业务、外卖业务等。5G 是智能互联网的基础，需要移动互联、智能感应、大数据、智能学习的整合，这就需要智能硬件的研发、生产。而今天智能硬件产品的研发和生产能力，全球最多，实力最强的在中国。从芯片、模组到智能硬件，从各种智能家居到面向公众服务、社会管理的产品，中国企业投入最多，中国地方政府对于提升社会管理效率的智能化产品有非常高要求，也非常积极，如水污染治理、环境监测这样的产品受到政府广泛关注。中国智能家居产品的研发和生产水平是世界一流的。未来，中国的智能互联网产品会全面爆发，领先全世界。

（六）电信运营商的网络部署能力

发展好 5G，一个很重要的问题是电信运营商的网络部署能力。中国三大电信运营商是世界上实力最强的电信运营商，中国移动拥有用户数 9.2 亿，全球用户数量第一，中国电信和中国联通的用户数也居世界前列。中国电信运营商拥有强大的网络部署能力，4G 基站已经覆盖 99% 的用户，4G 基站数超过 350 万个，总基站数超过 640 万个，其他国家无可比拟。美国 4G 基站数不超过 30 万个。除了基站的数量，中国在 5G 的技术线路图上，也选择了更为先进的 SA 独立组网方案，建立独立的 5G 网络，而欧美多数国家选择的是 NSA 非独立组网方案，只在核心地区用 5G 组网，其他地方仍沿用 4G 网。独立 5G 网络不仅可以实现重点地区上网的高速度，还可以支持低功耗、低时延的能力，实现最大限度的全覆盖。这将为工业互联网、智能交通体系、智能社会管理以及智能家居的发展提供强大的技术支撑，大大提升社会管理能力和社会效率。在选择 5G 技术路线上，中国凸显了兼顾社会效益与经济效益的制度性优势。①

（七）政府支持和市场能力

5G 这样一个庞大的系统工程，仅依靠企业的投入是远远不够的，政府的政

---

① 曾经有美国机构建议，由美国政府建设一张 5G 网络，然后租给电信运营商使用，因为电信运营商投资建设基站一定会首先考虑经济效益问题，对于用户较少的乡村地区和边远地区是不愿投资建站的。但在政府债台高筑的背景下，建网的资金何来？实现 5G 网络全覆盖，对于许多国家都是一个难以实现的愿景。

策支持和扶持必不可少。中国政府支持5G发展的政策积极、坚定。[①] 一个典型的例子就是频谱的分配和规划。频谱是5G的基本资源。美国和欧洲各国多采用拍卖方式分配频谱资源，而中国采用协商分配方式，频率占用费用很低，电信运营商投资经营压力较小。网络建设也是一个大问题。中国建设3G、4G网络，政府发挥了有效的规划、组织、协调和促进作用。可以预见，5G时代，中国政府的支持将一如既往。最后一个影响5G的力量就是市场。足够大的市场是降低成本，让资本愿意投资的重要支撑。中国移动通信市场的爆发力是世界其他国家和地区无法比拟的。

综上所述，5G是一个庞大的体系。在这个完整的体系中，中国除芯片尚有较大差距外，在其他领域均具有一定的优势。全世界5G发展，欧洲强在系统，美国强在芯片，中国强在综合实力。可以预期，随着5G的正式商用，首先在业务上出现全面爆发，领先世界的非中国莫属。[②] 这也正是华为、中兴等中国高科技领军企业遭受美西方不择手段打压的深层次政治原因。

第二节　网络安全国际博弈态势

一、“一个核心”：网络空间规则之争

大国网络安全博弈，不单是技术博弈，还是理念博弈、话语权博弈。[③] 国际新秩序斗争的焦点是国际规则的制订和实施，维护还是削弱国家主权成为网络国际治理之争的首要问题。各国博弈所围绕的核心是网络空间未来国际秩序及其技术和规则的主导权。

从互联网的发明到20世纪90年代中后期，居于主导地位的观念是将网络空间视为一个自由放任的“自主体系”，倡导网络空间“自我规制”，反对将现实

---

① 业界普遍认为，5G能够在中国崛起，归功于中国政府在3G时代，顶住巨大压力，坚定支持独立开发先进但还不太成熟的TD-SCDMA技术，并引导中国规模最大的移动通信运营商中国移动通信集团公司建立了全球最大的TD-SCDMA运营网络，为顺利过渡到4G的TD-LTE标准奠定了基础，并为独立开发5G积累了技术经验和人才。

② 中国工信部信息通讯管理局2019年6月6日正式向中国电信、中国移动、中国联通、中国广电发放5G商用牌照。2019年成为5G商用元年。我国5G产业已建立全球竞争优势。

③ 习近平：《在网络安全和信息化工作座谈会上的讲话》，载《人民日报》2016年4月26日，第2版。

世界的各种政府管制延伸到网络空间。[①] 但随着互联网应用的迅速扩张及其重要性的空前提高,网络侵权、网络病毒和黑客攻击等各种不法行为以及安全威胁不断涌现,网络空间"自我规制"下的自由放任状态已经难以为继。在此背景下,网络空间所谓"国家回归"的态势日益明显,国家越来越多地通过制定各种国内立法和政策参与网络空间治理。[②] 但在国际层面,规范与治理严重滞后的状况尚未根本改变。网络空间的秩序性规则和规范仍处于初步发展阶段,既没有专门处理网络安全问题的专门性国际组织,也没有相关的普遍性国际公约对网络问题加以规范。故有学者将网络空间形容为"法律的原始社会",处于"无中心、无规则、无秩序"的"三无状态"。现有关于网络安全的国际条约仅有2001 年 11 月 8 日欧洲委员会通过的《网络犯罪公约》(《布达佩斯公约》),缔约国有限。欧美国家试图将该公约推而广之,成为全球性公约,发展中国家则主张另立新约。

网络空间秩序如何塑造和发展,涉及各国政治、经济、社会等多方面的重大利益,在具体层面就表现为网络空间的一些规则和规范。围绕网络空间国际治理,美国、俄罗斯、欧盟、英国等网络大国纷纷提出自己的主张,以引导规则和秩序的发展方向。中国作为新兴网络大国,当然也有自己的战略和主张。

2015 年 12 月 16 日,在以"互联互通、共享共治——构建网络空间命运共同体"为主题的第二届世界互联网大会上,中国国家主席习近平提出了推进全球互联网治理体系变革的"四项原则",并就共同构建网络空间命运共同体提出"五点主张",充分深刻地展现了中国国家治理者对全球互联网治理的主张。[③] (详见本章第四节第二目"中国的网络空间国际治理观")此前,在 2012 年网络问题布达佩斯会议上,中国代表首次在国际上系统提出了网络空间治理的五项原则,即,"网络主权"原则、"国际合作"原则、"平衡"原则、"和平利用网络"原

① John Barlow,"A Cyberspace Independence Declaration",8 February 1996,http://w2. eff. org/Censorship/ Internet_censorship_bills/barlow 0296. declaration.

② 以网络技术最发达且历来推崇"互联网自由"的美国为例,其自"9·11"事件以来,先后通过了《爱国者法》《国土安全法》《保护美国法》等法律,对互联网加以严密的监控,成为网络安全立法方面最发达的国家之一。参见尹建国:《美国网络信息安全治理机制及其对我国的启示》,载《法商研究》2013 年第 2 期。

③ 参见习近平:《在第二届世界互联网大会开幕式上的讲话》,载《人民日报》2015 年 12 月 17 日,第 2 版。

则、“公平发展”原则。[1] 在2013年中美互联网论坛上，中国代表进一步提出：“我们需要一个国际法治的网络空间……互联网发展到今天，我们需要法律规则的引领。法治应当成为网络治理的基本方式。”[2]中国还主张，应当建立一个以“和谐”为本质，以“共进”为目的，以“携手共建”为成就之路的国际网络空间秩序，使各国在网络空间同舟共济、权责共担、实现共同繁荣。[3] 构建网络空间命运共同体的思想，致力于打造一个和平安全、开放公平、自由有序的和谐网络空间，对当前网络空间秩序构建和全球治理具有重要的指导意义。

附：中国代表在网络问题布达佩斯会议上的发言（摘要）

中国代表团团长在网络问题布达佩斯会议上的发言（摘要）[4]

中国代表团团长　黄惠康

（2012年10月4日　布达佩斯）

……

“无规矩不成方圆。”当今世界是一个以规则为基础的世界，网络空间虽是虚拟空间，同样必须遵循公平、合理的规则。中方认为，联合国作为最具普遍性和代表性的国际组织，是讨论制定网络空间国际规则的最佳场所。中方主张，在开展相关讨论时，应积极考虑以下几项原则：

一是“网络主权”原则。网络主权是国家主权在网络空间的自然延伸，应受到尊重和维护。联合国信息社会世界峰会通过的《日内瓦原则宣言》明确表示：“互联网公共政策的决策权是各国的主权。”各国有权根据本国的网络发展水平、历史传统、文化语言和风俗习惯等，在充分考虑本国广大民众意愿和适当借鉴国际通行做法的基础上，制定本国的网络公共政策和法律，并依法管理互

① 《中国代表团团长在网络问题布达佩斯国际会议上的发言》，载中国国际法学会主办：《中国国际法年刊》（2012），法律出版社2013年版，第718页。

② 《中国代表在中美互联网论坛上的发言》，载中国国际法学会主办：《中国国际法年刊》（2013），法律出版社2014年版，第666页。

③ 《中国代表在网络空间首尔会议上的发言》，载中国国际法学会主办：《中国国际法年刊》（2013），法律出版社2014年版，第681～682页。

④ 《中国代表团团长在网络问题布达佩斯国际会议上的发言》，载中国国际法学会主办：《中国国际法年刊》（2012），法律出版社2013年版，第718～719页。

联网。

二是“平衡”原则。信息自由流动是网络的生命,促进了民众之间的交流和经济与社会发展,但它是一把“双刃剑”。信息自由流动不应成为违法和不负责任的信息在网上肆虐的理由,无论发达国家还是发展中国家都无法承受,也不会漠视有害信息充斥网络空间;无法承受,也不会漠视有害信息威胁国家安全、社会秩序和侵犯人民合法权利。因此,我们必须根据本国实际情况,在网络安全和信息自由流动之间寻找一个科学而合理的平衡,片面强调其中某一方面都是不可取的。

三是“和平利用网络”原则。和平利用网络空间,符合各国的自身利益及全人类的共同利益。我们呼吁各国应遵守《联合国宪章》以及公认的国际法和国际关系准则,不利用网络技术和资源威胁他国的政治、经济和社会安全,实施敌对行动和制造对国际和平与安全的威胁,不研究、发展和使用网络武器,共同创造一个和平安全的网络环境。

四是“公平发展”原则。各国不分大小、强弱、贫富,都有参与国际互联网基础资源管理的平等权利。应建立多边、透明、民主的互联网国际治理机制,确保国际互联网关键资源的公平分配,确保互联网的稳定和安全运行,促进全球互联网均衡发展。广大发展中国家与发达国家间存在巨大的“数字鸿沟”,受金融危机影响还在进一步扩大。发达国家应采取切实措施,加强对发展中国家的能力建设援助。

五是“国际合作”原则。互联网的跨国性、流动性等特点决定了各国必须加强合作,才能有效应对各种网络安全威胁。各国应在平等互利的基础上,积极开展互联网领域的交流与合作,多一些理解和互信,少一些指责和炒作,共同承担维护全球互联网安全的责任。当前,开展网络安全国际合作仍面临诸多困难,中方建议从各方存在共同需求的领域,如打击网络犯罪方面入手,“积小步成大步”,共同谱写网络安全国际合作新篇章。

中国政府愿继续加强网络领域的国际交流与合作,同世界各国一道,共同构建一个和平安全、开放公平、自由有序的和谐网络空间。

与中国构建网络空间命运共同体的互联网国际治理观不同,美国的目标是要延续其在第二次世界大战后主导构建国际政治、经济和安全秩序的做法,建立一个由其主导的21世纪网络空间秩序。美国在《网络空间国际战略》中指出,“20世纪下半叶,在美国帮助下,全球建立了新型的国际经济和安全合作架构。在21世纪,我们将一如既往地秉持合作精神,承担共同责任,致力于打造一个和平、可靠的网络空间。”[①]在看似温文尔雅的外交措辞的背后,我们很容易看出,美国在网络空间的战略目标,就是要在21世纪凭借其超级大国的实力优势,建立一个由其主导的网络空间秩序。美国提出的网络空间的基本原则包括:支持基本自由、尊重财产权、尊重隐私、预防犯罪、自卫权、全球互通(信息自由流动)、网络稳定性、可靠访问、利益攸关者共同治理等。[②] 美国的上述政策立场在相当程度上代表了西方的网络治理观。

关于网络空间治理国际立法,美欧坚持移植适用现行国际法于网络空间,尤其是坚持把现行武装冲突法和国际人道主义法适用于网络空间;联手推广欧洲委员会《布达佩斯公约》,试图将其打造成“全球法律标准”;推动逐步形成具有政治、道义影响的“软规则”来限制新兴网络大国在网络空间的行动能力,拒绝谈判制定有可能削弱其主导权的新规则;坚持维护以美国为主导的现行互联网管理做法,启动“伦敦进程”,打造联合国以外讨论网络治理的新平台。中国、俄罗斯等国高举和平网络空间的旗帜,反对网络空间军事化;主张联合国应成为讨论和处理国际网络事务的主渠道,推动在联合国框架下制定“信息安全国际行为准则”;主张加强打击网络犯罪国际合作。“金砖五国”于2013年4月在联合国预防犯罪与刑事司法委员会第22届会议上联合提出“加强打击网络犯罪的国际合作”决议草案,并成功推动会议最终通过该决议。

二、“两大阵营”:发达国家与发展中国家

由于意识形态、价值观以及现实国家利益等方面的差异,围绕着网络空间的国际秩序构建和规则博弈,各主要国家间形成了两大对立阵营,即美国为首的发达国家阵营和中国、俄罗斯为代表的新兴国家阵营。[③] 多数发展中国家由于受发展水平限制,参与意愿不高,参与能力不强。西方国家试图利用其科技优势和话语优势,着力“规范”发展中国家,打造所谓的以“规则”为基础的网络秩序。这里的“规则”并非以《联合国宪章》为核心的国际法规则,而是西方自

① The White House,“International Strategy for Cyberspace: Prosperity,Security,and Openness in a Networked World”, June 30, 2019, http://www.whitehouse.gov/sites/default/files/rss_viewer/international_strategy_for_cyberspace.pdf.

② Ibid.

③ 参见黄志雄:《国际法在网络空间的适用:秩序构建中的规则博弈》,载《环球法律评论》2016年第3期。

行制定的规则，目的是要将广大发展中国家纳入西方主导的规则体系。

美国等西方国家较早认识到，互联互通的网络空间将是传播西方意识形态和价值观的重要渠道，这成为其倡导“互联网自由”和“网络空间法治”的主要目的。美国前国务卿希拉里曾两次就“互联网自由”公开演说，反复强调网络言论自由、宗教自由、人权、政府公开等美式网络治理观。[①] 2013 年《欧盟网络安全战略》，同样十分直白地表达了欧盟希望传递的价值观。[②]

从“两大阵营”力量的对比来看，发达国家在多个方面占据优势。根据《世界互联网发展报告 2018》蓝皮书，在互联网发展指数排名前 10 位国家中，除第二名中国外，均为发达国家。依次为：美国（60 分）、中国（53.23 分）、英国（52.4 分）、新加坡（51.23 分）、瑞典（51.15 分）、挪威（49.87 分）、荷兰（49.74 分）、瑞士（49.41 分）、德国（49.24 分）、日本（48.75 分）。[③] 从分析数据看，北美、欧洲及亚洲地区主要经济体的互联网平均发展水平最高。金砖国家中的俄罗斯、印度、巴西、南非均未进入前 20 位。而在非洲大陆，互联网普及率处于很低位，“数字鸿沟”严重存在。

美欧等西方国家的优势主要体现在：

1. 技术优势

互联网技术源自西方，当今互联网的一些尖端核心技术多由西方大公司掌握。全球共有 13 台根域名服务器，其中 10 台设在美国，另外各有 1 台设于英国、瑞典和日本，全部都是发达国家。国际互联网关键基础资源掌控在美西方手里的状况在短期内恐难以根本改变。2018 年上半年，在中美贸易摩擦升级的同时，美方还将贸易战威胁引向了高科技出口管制领域。4 月 16 日，美国商务部突然宣布对中兴公司长达 7 年的出口禁令，禁止美国公司向中兴销售零部

---

① 参见尹建国：《美国网络信息安全治理机制及其对我国的启示》，载《法商研究》2013 年第 2 期。

② 该文件指出：“开放和自由的网络空间推动了世界范围内的政治和社会包容；它打破了国家之间、社区之间、公民之间的壁垒，促成了全球范围的信息和观念的互动和共享；它提供了自由表达和行使基本权利的场所，并使人民在追求民主和更加公正的社会时变得强大——‘阿拉伯之春’就是一个最突出的例证。” European Commission, Cybersecurity Strategy of the European Union: An Open, Safe and Secure Cyberspace-Joint Communication to the European Parliament, the Council, the European Economic and Social Committee and the Committee of the Regions [JOIN(2013) 1 final], 7 February 2013, p. 2.

③ 参见《世界互联网发展报告 2018》，载人民网：www.people.com.cn，最后访问日期：2019 年 6 月 10 日。

件、商品、软件以及技术,理由是中兴"违反"了与美国政府达成的协议。中兴董事长坦言,遇到了有史以来最大的危机,美国的出口禁令可能导致中兴立即进入休克状态。① 问题如此严重,令国人和世人震惊。"互联网核心技术是我们最大的'命门',核心技术受制于人是我们最大的隐患。"②

2. 规则优势

美欧西方国家起步较早,在主要国际平台或论坛中发挥着事实上的主导作用。它们提出的"网络自由""全球公域"等理念广为传播,影响较大。时任美国国务院法律顾问高洪柱曾直言不讳地提出,推动在网络空间遵守国际法,是美国"巧实力"策略的体现。③ 近年来,欧美加大了推广《布达佩斯公约》的力度,并取得了一些进展。截至2019年5月31日,《布达佩斯公约》缔约国已从2013年12月的41个增至66个(含3国待批准)。④ 新加入国家多为发展中国家。欧美正联手推动其成为"国际示范法"。美西方还极力推动形成具有政治和道义影响力的"软规则",如《塔林手册》。

2009年,北约卓越合作网络防御中心(Cooperative Cyber Defence Centre of Excellence,CCD COE)邀请来自美国、英国、荷兰、加拿大、澳大利亚等国的20名相关领域的法律职业者、学者和技术专家组成编撰《网络战争国际法适用塔林手册》国际专家组,同时邀请美国网络司令部和国际红十字会官员3人作为观察员参与编写。2013年3月,《塔林手册》面世。手册的内容涉及国家主权、国际责任原则、使用武力原则、预先自卫、武装冲突法适用、国际人道法适用、治理原则的适用等。手册强调:网络行动可以构成使用武力,网络战适用现有国际法框架,包括武装冲突法和中立法;国家可对迫在眉睫的网络武装攻击行使预先自卫权;国家应对可归责于它的违反国际义务的网络攻击行为承担国家责

① 参见《中兴事件——现实给我们狠狠的上了一课》,载金融之家:www.jrzj.com,最后访问日期:2019年6月10日。

② 习近平:《在网络安全和信息化工作座谈会上的讲话》,人民出版社2016年版,第10页。

③ See Harold Koh, International Law in Cyberspace: Remarks as Prepared for Delivery by Harold Hongju Koh to the USCYBERCOM Inter-Agency Legal Conference, Sept. 18, 2012, 54 Harvard International Law Journal Online 1,10 (2012).

④ 2014年以来新加入缔约国有:希腊、立陶宛、波兰、列支敦士登、卢森堡、摩纳哥、圣马力诺、土耳其;非欧盟成员:阿根廷、加拿大、佛得角,智利、哥斯达黎加、加纳、以色列、毛里求斯、摩洛哥、巴拿马、巴拉圭、菲律宾、塞内加尔、斯里兰卡、汤加。See Council of Europe Portal, Treaty Office, Full list, Chart of signature and ratification of treaty 185, Convention on Cybercrime, status of 2/6/2019.

任;国家对其主权和领土范围的网络基础设施和网络行为享有管辖权,等等。[①]这些观点在相当程度上对美国《网络空间国际战略》关于"网络空间仍受现行国际法的规范和调整"主张的注解。虽然北约强调手册并非官方文件,仅代表专家个人意见,但由于参与编写的专家大多来自美英等北约国家,其观点符合美国利益,有利于为其"先发制人"的网络军事行动合法化提供依据,手册无疑有助于美国及其北约抢占网络战规则制定主导权。作为世界上第一部有关网络战的国际法专著,《塔林手册》在国际上产生了很大的影响,也遭受了不少批判。俄罗斯持公开批评态度,主张网络空间"非战化"。西方国家内部也不乏分歧,德国、法国等国认为遵循《塔林手册》等同承认网络战合法化,必然导致新型军备竞赛;英国虽然政治上对美亦步亦趋,但专家层面多认可德国和法国的立场。在问世4年后,《塔林手册》于2017年出了2.0版。2.0版写作专家组仍以西方学者为主,但新增了来自中国、泰国、白俄罗斯的3位专家。中国武汉大学国际法研究所教授黄志雄应邀参与。书名改为《可适用于网络行动的国际法的塔林手册2.0版》,新增了和平时期的一整套网络空间国际规则,实现了战争时期和和平时期网络空间国际规则的全覆盖,受到各国政府和学界的广泛关注。[②]

发展中国家、特别是新兴国家近年来抓住信息化的历史性发展机遇,在发展网络产业、维护网络安全方面取得了很大进展,但总体上仍存在较大的"数字鸿沟"。发展中国家内部对网络自由等主要问题也存在分歧,难以形成合力。但是,从长远看,西方国家在网络领域的优势是相对的,以中国为代表的新兴网络大国正在迎头赶上。截至2018年5月,在全球20个市值最大的互联网公司中,美国有11家,中国有9家,而在5年前,中国只有2家,美国有9家。[③]

三、"三对矛盾":网络空间治理博弈

围绕网络空间国际治理,形成了"战争与和平""自由与秩序""民间与政府"三对矛盾,涉及和平、治理与法治。

---

① [美]迈克尔·施密特总主编:《网络行动国际法塔林手册2.0版》,黄志雄等译,社会科学文献出版社2017年版。

② 黄志雄:《〈网络行动国际法塔林手册2.0版〉译后记》,载安全内参网:www.secrss.com,最后访问日期:2019年6月30日。

③ 《世界主要国家2018年互联网发展指数TOP20排名》,载搜狐网:www.sohu.com,最后访问日期:2019年6月1日。

（一）战争与和平

战争与和平是网络空间治理的头等要务。互联网和网络技术发源于"冷战"，并具有广泛现实的和潜在的军事用途。有专家指出，未来一旦爆发网络战争，影响不亚于发动核战争。[①] 严酷的事实告诉我们，网络空间并不太平。美国率先出台多份有关网络军事战略和政策的重要文件，将网络空间定位为与陆海空天同等重要的军事"行动领域"，提出网络空间"自卫权"等战略概念，并成立网络司令部，研发相关网络战武器，组织实施网络战演习。北约通过了新《网络安全战略》并制订具体行动计划。英国、法国、德国、以色列、韩国等国纷纷效仿。网络空间军备竞赛开始加速。2013 年 5 月联合国裁军研究所公布一项调查结果，已有 46 个国家组建了网络战部队。网络空间国家间的对抗趋于激烈。[②]

另外，和平利用网络空间、反对将网络空间军事化的呼声也在增强，对网络军事化的势头形成了一定的道义制约。中国、俄罗斯及广大的发展中国家高举道义旗帜，积极倡导和平利用网络空间，反对网络军备竞赛，呼吁禁止研究、发展和使用网络武器。"维护网络安全是国际社会的共同责任。各国应该携手努力，共同遏制信息技术滥用，反对网络监听和网络攻击，反对网络军备竞赛。"[③] 习近平主席如是倡议。

在现实世界中，国家间网络战已开始若隐若现。早在 1991 年的海湾战争中，美军就成功实施了最初的网络战。美军网络战分队通过激活隐藏的病毒，致使伊拉克防空系统完全瘫痪。在 20 世纪末发生的科索沃战争中，"制网权"争斗初露端倪。[④] 美国和北约在"制网权"方面具有绝对的优势，频频发起网络攻击。南联盟方面也试图以小规模的"网络战"予以抵抗。[⑤] 但网络战并未实质性影响战争的结局。科索沃战争最终以南斯拉夫联盟军队撤出科索沃而

---

① 参见《美军专家：未来一旦爆发网络战争，影响不亚于发动核战争》，载新浪网：www.k.sina.cn，最后访问日期：2019 年 6 月 30 日。

② 参见杨民青：《人类应阻止"网络世界大战"》，载《环球》2017 年第 10 期。

③ 习近平：《在第二届世界互联网大会开幕式上的讲话》，载新华网：www.xinhuanet.com，最后访问时间：2019 年 6 月 10 日。

④ 参见杨民青：《人类应阻止"网络世界大战"》，载《环球》2017 年第 10 期。

⑤ 1999 年 3 月 24 日，科索沃战争爆发。3 月 29 日，南联盟成功地侵入美国白宫网站，使该网站当天无法工作。4 月 4 日，贝尔格莱德"黑客"使用"宏"病毒对北约部队的通信系统进行攻击，使其一度陷入瘫痪并导致指挥中断。此后，美国海军陆战队带有作战信息的邮件服务器曾被"梅丽莎"病毒阻塞，美军"尼米兹"号航空母舰的指挥控制系统也因"黑客"袭击而被迫中断 3 个多小时。

告终。

2007年发生在爱沙尼亚的大规模系统性网络攻击,被西方媒体视为首次“国家间的网络战”。[①] 2007年4月6日,爱沙尼亚政府下令拆除塔林市中心的苏军解放塔林纪念碑,引发抗议示威和全城骚乱。在此后3周时间里,爱沙尼亚遭受了空前的“网络攻击”,官方称其总统府、议会、政府部门、主要政党、主要媒体,以及两家银行和通信部门网站,受到阻断服务类型的攻击,全部陷入瘫痪。这一事件显示并证明,黑客有能力轻易地毁掉一个国家的关键基础设施。一些西方媒体声称,攻击来自受到俄罗斯当局幕后支持的青年运动组织纳什(Nashi),但未能证实。塔林市因此而闻名天下,并成为日后《塔林手册》的诞生地。

2016年4月,美国政府宣布对“伊斯兰国”极端组织发动网络战。这是历史上首次由政府组织和发动并公开承认的网络战。[②]

网络战既可能是国家的战争手段,也可能是黑客个人行为。黑客通过破坏对方的计算机网络和系统,刺探机密信息达到自身政治目的。这使网络安全问题更加复杂。有组织的黑客等同于国家机构,对其行为,相关国家应承担国家责任,但如果黑客为个人,其行为构成国内法上的刑事罪行,应依法受到惩治。问题是,黑客行为具有很强的隐蔽性,有效防范和打击黑客攻击,应加强国际合作,包括司法执法合作。同样构成问题的是,美西方将黑客问题政治化,不分青红皂白地将黑客攻击归罪于特定国家,从而可能引发国家间的摩擦和争端。

(二)自由与秩序

网络空间同现实社会一样,既要提倡自由,也要保持秩序。良好秩序主要通过法律、制度和道德来规范和保障。网络空间治理应该构建体现自由的法治秩序,谋求自由与秩序的协调发展,实现自由与秩序的和谐统一。[③]

网络监管是网络安全领域的重要问题之一。当今世界各国出于维护网络安全、公共秩序和社会稳定等目的,普遍对互联网进行一定的管理。“依法管

---

① 《爱沙尼亚网络战》,载百度百科:https://wapbaike.baidu.com/item/爱沙尼亚网络战,最后访问日期:2019年5月31日。

② 据报道,美国发动的这场网络战具体作战行动包括:利用数字工具库削弱“伊斯兰国”的在线通信网络、阻止其获得资金和进行贸易、通过网络攻击破坏“伊斯兰国”的军队指挥能力、中断“伊斯兰国”发动阴谋袭击的能力,以及限制其财政来源、支付能力。

③ 参见《论习近平的网络空间治理新理念新思想新战略》,载中国共产党新闻网:www.cpcnews.cn,最后访问日期:2019年6月2日。

网”已成为国际共识。但网络自由与网络监管的矛盾始终存在。在外交上则体现为围绕“网络主权”的斗争。

最早使用“网络空间”术语的科幻作家吉布森在其《神经漫游者》一书中如此写道:“工业世界的政府,你们这些肉体和钢铁的巨人,令人厌倦,我来自网络空间,思维的新家园。以未来的名义,我要求属于过去的你们,不要干涉我们的自由。我们不欢迎你们,我们聚集的地方,你们不享有主权。”①这可能是网络空间“无主权论”的最早版本。美国网络活动家约翰·巴洛 1996 年发表《网络空间独立宣言》,以网民代言人的姿态向世界各国政府声称:“你们在我们中间不受欢迎。你们在我们居住的地方没有主权。你们没有道义上的权利来统治我们;你们也不拥有我们确实需要害怕的执行手段。网络空间不存在于你们的边境之内。”②

初期的“网络自由论”主要着眼于网民无限制上网浏览、传输信息的权利,政府不应干涉。但很快出现的问题是,开放的互联网上“鱼目混珠”“杂草丛生”,充斥有害信息。进一步的问题是,缺乏政府监管的网络世界很快成为各种违法犯罪行为的滋生地。网络空间不再是纯粹的“虚拟世界”,黑客攻击、网络诈骗、贩毒、色情等犯罪行为泛滥成灾。更有甚者,恐怖主义组织也开始向网络空间渗透。于是,网络空间绝不应该是“法外世界”的共识开始形成,政府对互联网的监管和对互联网犯罪的打击势在必行。广大网民对政府的网络监管政策和执法行为开始逐步接受,但主张上网无限制的“网络自由论”仍有相当市场。

网上信息是海量的,内容形形色色。既有大量知识性的资讯和生活类、社交类信息,也有大量的政治性信息,以及作为意识形态渗透的有组织的“水军”传播的有害信息。在此背景下,“网络自由”问题开始聚焦到政府对社交网媒和网络内容的监管上,在外交上,则演进为国家间渗透与反渗透、干涉与反干涉的意识形态角力。美西方继续打着“网络自由”的旗号,推行“颜色革命”,片面强调网络信息自由流动,主张各国对网络信息资源没有主权权利,网络自由是网络空间的根本原则,并借口保护信息自由,抨击中俄等新兴国家的网络监管

① 陈榕:《〈神经漫游者〉:谁的乐园?谁的牢笼?》,载《新东方英语》(大学版)2017 年第 10 期。

② John Barlow,“A Cyberspace Independence Declaration”,8 February 1996,http://w2.eff.org/Censorship/Internet_censorship_bills/barlow 0296.declaration.

政策。

中俄等新兴国家及多数发展中国家主张网络主权原则，认为自由不是绝对的，网络自由不能损害网络安全，威胁到一个国家的政治和社会稳定。强调各国有权根据国情制定本国的网络公共政策和法律，并依法自主管理互联网。

关于“网络自由”的国际斗争本质上是国家间的意识形态斗争，其核心是是否承认国家的网络主权以及网络主权的不受外来干涉的不可侵犯性。

网络主权，是国家主权在网络空间中的自然延伸和表现。《联合国宪章》确立的主权平等原则是当代国际关系的基本准则。主权最核心的特征是独立自主。随着人类生存空间的拓展和对生活世界认识的深化，国家主权已经从领陆延伸到领海和领空，从政治延伸到文化和经济，不断丰富新的内涵。互联网创造了人类生活新空间，自然也拓展了国家治理新领域。

有一种观点认为，网络无国界，网络空间是全球公共领域，不应受任何单个国家所管辖、支配，因而网络主权一说不成立。不同意见则认为，网络虽然无国界，但是网络基础设施、网民、网络公司等实体都是有国籍的，理应受到所在国的管辖，而不应成为“法外之地”。① 值得注意的是，各国虽然在网络主权的提法上各执己见，但在实践层面普遍对本国网络加以严厉管制。信息社会世界峰会2003年《日内瓦原则宣言》以及2005年《信息社会突尼斯议程》，都对网络主权予以确认。②《塔林手册2.0》也开始承认网络主权原则。③

中国政府认为，互联网是国家重要基础设施，中国境内的互联网属于中国主权管辖范围，中国的互联网主权应受到尊重和维护。推进全球互联网治理体系变革要坚持尊重网络主权，尊重各国自主选择网络发展道路、网络管理模式、互联网公共政策和平等参与国际网络空间治理的权利，不搞网络霸权，不干涉他国内政，不从事、纵容或支持危害他国国家安全的网络活动。

2013年6月24日，第68届联合国大会通过A/68/98号决议，核可“信息安全政府专家组”的报告。该决议第20条明确规定：“国家主权和源自主权的国际规范和原则适用于国家进行的信息通讯技术活动，以及国家在其领土内对信

① 参见胡泳、车乐格尔：《“网络主权”辨析》，载《新闻与传播研究》2016年第1期。

② 2013年12月12日《日内瓦原则宣言——建设信息社会：新千年的全球性挑战》宣布：“与互联网有关的公共政策问题的决策权是各国的主权。对于与互联网有关的国际公共政策问题，各国拥有权利并负有责任。”2005年11月18日《信息社会突尼议程程》重申了《日内瓦原则宣言》的各项原则和承诺。

③ 参见黄志雄：《〈塔林手册2.0版〉：影响与启示》，载《中国信息安全》2018年第3期。

息通讯技术基础设施的管辖权。"至此,"网络主权"理念已被联合国所认可和接受。

(三)民间与政府

与自由与监管相关联的还有民间与政府的关系。从表面上看,民间与政府似是一对矛盾。但这对矛盾是相对的。这是由网络空间虚拟与现实相结合的属性所决定的。网络空间是虚拟的,但运用网络空间的主体是现实的;互联网是无形的,但运用互联网的人们都是有形的。因此,网络空间也具有鲜明的社会性。互联网公司、网站和网民既是政府网络治理的对象,也是政府网络服务的对象。在许多场合,政府本身也是互联网的使用者。网络空间各攸关方,无论是管理方、经营方还是使用方,都应遵守法律,明确各方权利义务,坚持依法治网、依法办网、依法上网,让互联网在法治轨道上健康运行。

按照中国的网络空间治理观,民间与政府是一个利益、责任和命运共同体。"执政为民""以人民为中心""造福人民"是中国共产党的核心执政理念,也是网络空间治理的指导思想。互联网是"人类生活新空间""国家发展新疆域""国家治理新领域"。习近平深刻指出,"互联网已经成为我们党长期执政所要面对的'最大变量'。如果我们过不了互联网这一关,就过不了长期执政这一关"。"网信事业要发展,必须贯彻以人民为中心的发展思想","我们的目标,就是要让互联网发展成果惠及 13 亿多中国人民,更好造福各国人民"。① 政府要"担当起该担当的责任",网信管理部门要各司其职,确保网络空间"风清气正"。企业家、专家学者、科技人员要有国家担当、社会责任,为促进国家网信事业发展多贡献自己的智慧和力量。广大网民要有自律意识和法治意识,依法依规使用互联网,维护良好的网络秩序。网络空间与现实空间是国家发展和人民生活所依托的两个密不可分的空间,国家发展目标和治理目标在网上网下两个空间本质上是一致的,要形成同心圆。

网络空间不单单是一个物理性质的技术空间,也是一个充满着复杂社会关系的社会空间,具有政治、经济等不同的价值意义。国家是个人生存和发展的根本前提,是网络空间与现实空间中"人""网络设备""软件产品"的管理者,这就决定了国家在网络空间治理中的核心地位,国家是一国网络空间建构的核心主体和最终控制主体,也是维护网络空间个人权利和尊严、处理网络空间国际

---

① 《论习近平的网络空间治理新理念新思想新战略》,载中国共产党新闻网:www. cpcnews. cn,最后访问时间:2019 年 6 月 2 日。

级事务的核心主体。

在网络空间治理领域，除国家和政府外，由网民、互联网企业和非政府组织组成的所谓“公民社会”(civil society)也扮演了十分重要的角色，现代媒体以及社交网站作用和影响力显著上升，成为构建网络空间秩序的重要的利益攸关方。这是网络空间治理的一个特点。

西方在网络治理方面推崇“多利益攸关方”模式，主张政府、企业、非政府组织、个人等所有网络空间行为体共同治理网络，企业(如微软、苹果等互联网巨头)和非政府组织(如互联网域名分配组织)发挥与政府同等作用。在网络空间“伦敦进程”中，在多利益攸关方的框架下，互联网企业成为会议的主角之一。① 另外，包括我国在内的广大发展中国家在肯定和承认非政府实体在网络治理中的积极作用的同时，坚持认为政府在整个网络治理架构中应发挥主导作用。国际社会应该建立多边、民主、透明的全球互联网治理体系。“不搞单边主义，不搞一方主导或由几方凑在一起说了算”。②

四、主要大国的网络安全战略

(一)美国的网络安全战略

美国是全球网络最强国。历经克林顿(1993～2001 年)、小布什(2001～2009 年)、奥巴马(2009～2017 年)和现任特朗普四任总统，形成了“递进式”的国家网络安全战略。克林顿时代的战略是“全面防御”，重点是保护网络基础设施的安全。1993 年克林顿政府提出兴建“国家信息基础设施”，制定《信息系统保护国家计划》，把重要网络信息安全放在优先发展的位置；并对重点信息网络实行全生命周期管理。在小布什时代，“9·11”事件引发了美国安全战略的重大转变，网络战略重点转向了网络反恐，强调“攻防结合”。2002 年 7 月小布什签署了“国家安全第 16 号总统令”，要求美国国防部牵头制定网络战战略。2003 年 2 月 14 日美国公布《国家网络安全战略》，正式将网络安全提升至国家安全的战略高度。小布什政府非常重视美军网络战进攻能力建设，大力开发计算机网络战武器。美国成为第一个引入网络战概念的国家。在奥巴马时代，开

① 参见鲁传颖：《国际空间国际规则体系与中美新型大国关系》，载人民网：www.theory.people.com.cn，最后访问日期：2019 年 6 月 11 日。

② 《中国代表团团长在网络问题布达佩斯国际会议上的发言》，载中国国际法学会主办：《中国国际法年刊》(2012)，法律出版社 2013 年版，第 718 页。

始强调“主动攻击”,完成了网络安全战略从“被动预防到网络威慑”的全面转折。奥巴马上台伊始,就启动了为期60天的网络空间安全评估,随之建立了全球首个“网络战司令部”。2011年5月16日奥巴马政府出台了《网络空间国际战略》。①

特朗普基本上承继了奥巴马政府的网络安全战略,但更加突出“以实力求和平”的政策目标和更强硬的治网风格。2018年9月20日特朗普总统签署新版《国家网络战略》,概述了美国网络安全的四根支柱、十大目标与42项优先行动。② 此前,2018年5月15日美国国土安全部发布了部门网络安全战略。③ 该战略确定了风险识别、减少关键基础设施脆弱性、降低网络犯罪活动威胁、缓解网络事件影响和实现网络安全成果五个大方向和七大具体目标。2018年9月18日,美国国防部发布保护美国网络和主要基础设施免遭网络攻击的网络安全战略概要,点名中俄的“战略性威胁”正在增大,摆出不惜发起“先发制人”攻击的姿态。④

美国具有较明晰的国家网络安全战略。战略认知上,把网络安全威胁视为影响国家安全的主要威胁之一;在机制建设上,构建网络安全战略“中枢”和网络安全事件应急协调机制,在宏观战略和具体行动方面统筹应对网络安全威胁;在对外合作上,紧拉传统盟友,抢抓网络安全国际规则制定主导权,构建以美国为主导的国际合作框架体系;在战略实施上,注重发挥私营企业、非政府组织和普通民众的作用,发展先进的网络安全技术,增强全民网络安全意识,从根本上维护网络安全;在战略指向上,把新兴发展中大国视为主要潜在战略竞争对手。美国视网络空间为“国际公域”,大力鼓吹“网络自由”,否定网络主权,把发展中国家作为其推行网络自由政策的重点。

美国网络安全战略重视“维护多利益攸关方治理模式”,除加强与盟国的合作外,也与我国建立了网络安全对话机制。其中包括:

---

① 参见《美国的网络安全战略和人才战略简析》,载安全牛网:https://www.aqniu.com,最后访问日期:2019年6月11日。

② 参见《尘埃落定!特朗普〈国家网络战略〉终出台(附中文翻译)》,载环球视野网:www.globalview.cn,最后访问日期:2019年6月2日。

③ 参见《美国DHS发布〈网络安全战略〉确定五大方向及七个目标》,载51CTO网:www.51cto.com/art/201805/57367.htm,最后访问日期:2019年6月2日。

④ 参见《美国新网络安全战略点名中俄　竟欲“先发制人”》,载参考消息网:www.cankaoxiaoxi.com,最后访问日期:2019年6月12日。

1. 中美执法合作联合联络小组下的网络犯罪工作组。在2005年2月JLG第四次会议上,双方决定加强打击网络犯罪方面的合作,并在JLG框架下成立网络犯罪工作组。该工作组在双边网络执法合作中发挥重要作用,取得了一些重要成果。

2. 中美战略安全对话框架下中美网络工作组。作为2013年6月中美两国元首安纳伯格庄园会晤成果的一部分,在中美战略安全对话框架下建立了网络工作组。2013年7月,举行了第一次会议。双方围绕网络安全总体形势、工作组机制建设、网络国际规则及网络务实合作等问题进行了坦诚、深入对话。但该工作组受到美对华网络政策两面性的影响较大,双方交锋较多,运作不太顺畅。

3. 中美互联网论坛。该论坛是中美互联网业界专门就互联网问题进行沟通和交流的重要平台,于2007年建立,由中国互联网协会和美国微软公司承办,每年秋冬开会一次,轮流在中美两国举行,出席会议的有两国政府、学界、互联网企业、行业和科研机构的代表。2015年9月23日,习近平主席在西雅图微软公司总部会见了出席第八届中美互联网论坛双方主要代表。

4. 中美网络安全"二轨"对话。2009年4月启动,由中国现代国际关系研究院与美国战略与国际问题研究中心轮流在北京和华盛顿主办至2017年年底已举办11届。该对话名义上为"二轨",实际上两国政府官员一直以观察员身份参与,并在对话中发挥着重要作用。

(二)俄罗斯的信息(网络)安全战略

俄罗斯处于大国霸权冲突、地缘政治冲突、宗教冲突的多重矛盾交织的焦点,面临来自西方网络强国的严峻网络安全威胁以及多国网络攻击指控的压力,如被指控通过多方面"影响力运动"破坏美国民主选举。为确保国家信息安全,俄罗斯将信息(网络)安全提升至国家战略高度,致力于发展自主可控的网络安全技术和体系,探讨建设独立安全的互联网,不断完善网络安全法律,加强互联网管控。在国际层面,努力维护俄罗斯的话语权。① 俄罗斯的信息(网络)安全战略有其独特之处,体现出强化国家安全、实现国家复兴战略目标的鲜明特点。2016年12月颁布的新版《俄罗斯联邦信息安全学说》集中体现了俄罗斯的信息(网络)安全战略。

---

① 参见宋远骏:《2017-2018年度俄罗斯网络空间安全态势综述》,载安全内参网:https://www.secrss.com,最后访问日期:2019年6月3日。

2013 年 1 月，普京签署总统令，建立国家计算机信息安全机制，用来监测、防范和消除计算机信息隐患，从战略层面评估国家信息安全形势、对计算机安全事故进行鉴定、建立电脑攻击资料库等统筹事项和顶层设计。2014 年 1 月，《俄联邦网络安全战略构想》草案将维护国家网络安全确定为政府紧迫任务，对内加强机制体制建设，发展网络战能力，对外深度参与网络安全国际事务，抢抓网络空间主导权。随后，一系列信息技术、网络安全的政策相继出台。2014 年颁布《2030 年前科技发展前景预测》，对本国网络发展进行战略规划，明确了各阶段发展目标。同时，为网络发展提供强有力的资金支持。根据规划，至 2020 年，俄罗斯政府信息技术开发费用支出在 GDP 中的比重将由 2014 年的 1.5% 增长至 3.0% 。①

俄罗斯十分重视信息安全法治建设，颁布了一系列法律法规，包括《联邦信息化和信息保护法》《关于禁止生产和使用未经许可的密码设备的第 334 号总统令》《互联网发展和利用国家政策法》《信息权法》《机密信息技术保护条例》《知名博主新规则法》《关键信息基础设施安全保障法》《网络立法构想》《信息和信息化领域立法法治构想》等，建立了比较完整的网络安全法律体系。

与西方国家网络安全战略的一个明显不同之处是，俄罗斯将网络安全放在"信息安全"的总体框架下来考量，但"信息安全"的确切含义一直存在争议，有些模糊不清。② 2014 年 1 月，俄罗斯联邦委员会正式公布《俄联邦网络安全战略构想》草案，试图对"信息安全"和"网络安全"予以区分。③ "信息安全"被定义为："国家、组织和个人及其利益免遭信息空间各种破坏和其他不良影响威胁的受保护状态"。而"网络安全"是指，"网络空间所有组成部分免遭极大威胁以及不良后果影响的条件总和"。但是，由于定义的分歧，该草案最终胎死腹

① 参见《俄罗斯网络安全浅析》，载搜狐网：https://m. sohu. com，最后访问日期：2019 年 6 月 3 日。

② 2000 年 9 月，俄罗斯总统正式批准《俄罗斯联邦信息安全学说》。该学说指出，"俄罗斯联邦信息安全是指俄罗斯国家利益在信息领域受保护的状态，是由个人、社会和国家利益平衡后的总和决定的"。2011 年 11 月，俄罗斯国防部发布《俄联邦武装力量全球信息空间活动构想》，该构想对武装力量信息安全的定义为："保护武装力量信息资源免遭信息武器影响的状态"。但这一定义未得到俄罗斯专家学者的完全认可。

③ 该构想草案指出：分析表明，在俄罗斯有关信息安全的正式文件中，"网络安全"这一术语没有从"信息安全"概念的范畴中分离出来单独使用。与此同时，大多数国家已经将它作为一个单独的术语。必须考虑到，由于网络空间的跨国性，仅在国家层面上对网络空间进行规范是不可能的。因此，必须在俄罗斯有关信息安全的文件中对"网络安全"这一术语予以明确。

中。2016 年 12 月生效的《俄联邦信息安全学说》将“信息安全”定义为“个人、社会和国家不受国内外信息威胁的防护状态”。这一定义与此前的定义区别不大。“信息安全”定义之争仍在持续。

俄罗斯坚持使用“信息安全”这一术语,源于苏联或俄罗斯与美西方的外交斗争。20 世纪 80 年代末,苏联或俄罗斯开始在国际舞台上维护其在信息空间的利益,并且一直使用“信息安全”这一术语。随着互联网的发展,网络安全凸显,俄罗斯开始将信息安全的范畴扩大到了网络安全。美西方国家认为,“信息安全”这一术语颇具争议。“网络安全”仅与硬件(网络和系统)、软件及储存和传输于这些系统中的数据技术层面上的安全相关,而“信息安全”则还包括信息内容的审查,这是美国所不能支持的。美国强调保障互联网自由,反对“信息安全”概念。有专家评论,俄罗斯用“信息安全”替代“网络安全”,背后有着深层次政治考量和意识形态因素。两大阵营关于“网络自由”与“网络主权”的外交博弈亦与此相关。

在国际层面,俄罗斯注意与中国和其他上合组织成员国合作联动。① 中俄均支持网络主权原则,都主张应在联合国框架下谈判制订新的打击网络犯罪国际法律文书,并在联合国大会联合发起审议《信息安全国际行为准则》。2015 年 5 月 8 日,在两国元首见证下,中俄外长签署了《关于在保障国际信息安全领域合作协定》。2016 年 6 月 25 日,习近平主席和普京总统在北京签署《关于协作推进信息网络空间发展的联合声明》。两国共同引领上合组织网络安全合作。2006 年 6 月,上合组织成员国元首发表《关于国际信息安全的声明》。声明强调,信息安全威胁与挑战具有跨国性质,必须通过双边、地区和国际层面的合作,加大各国保障信息安全的力度。2007 年进一步签署《上海合作组织成员国保障国际信息安全行动计划》。2009 年各成员国缔结《上海合作组织成员国保障国际信息安全政府间合作协议》。

中俄还在金砖国家合作框架内推动网络空间国际法治。② 2011 年“金砖国家”领导人第三次会晤发表《三亚声明》,承诺合作加强国际信息安全,并对打击网络犯罪予以特别关注。2013 年第五次会议《德班宣言》,强调促进和参与和

---

① 参见《加强网络安全领域互信,中俄合作在给世界做范例》,载俄罗斯龙报网:www.dragonnewsru.com,最后访问日期:2019 年 6 月 3 日。

② 参见高望来:《金砖国家网络安全合作——进展与深化路径》,载《国际问题研究》2017 年第 5 期。

平、安全和开放的网络信息空间的重要性。2017 年第九次会议《厦门宣言》提出,利用数字经济为全球增长带来的机遇,并应对有关挑战。

(三)欧盟的网络安全战略

为有效应对网络安全问题,欧盟决定加强网络安全的顶层设计,于 2013 年 2 月 7 日颁布《欧洲网络安全战略——一个开放、安全、可靠的网络空间》。根据安全事件性质和影响程度的不同,该战略对发生重大网络事件时的快速响应机制做了相应界定,确定了 5 大优先战略任务:提升网络抗打击能力、强力打击网络犯罪、制定网络防御政策、利用行业技术资源和推动双边多边合作。在网络安全战略计划的基础上,欧盟进一步加强与企业和其他相关领域的合作,鼓励企业及其他力量投入网络安全事业中,共同保障欧盟本地和跨国网络安全。欧盟提议,要加强立法建设,在法律的保护下,使网络安全落实到实处,确保政府、企业及各界相关力量可以在有限的空间里保护欧盟的网络安全。① 2016 年 7 月 6 日,欧盟议会正式通过首部网络安全法《网络与信息系统安全指令》,要求基础设施服务运营者、数字服务提供者履行网络风险管理、网络安全事故应对与通知等义务。此外,该法要求成员国制定网络安全国家战略。②

在欧盟重要成员国中,英国于 2011 年 11 月出台本国网络安全战略,明确了 2015 年前的网络安全目标,并提出一系列政策举措。2016 年英国发布新版《国家网络安全战略(2016～2021)》,重新勾勒英国未来网络发展路线图,突出"全网一盘棋",意在打造一个繁荣、可靠、安全和韧性的网络空间,确保网络空间优势地位。

法国于 2011 年 2 月发布《信息系统安全与保护战略》。2015 年 10 月,法国政府发布新版《国家数字安全战略》,从国家根本利益、数字信任、意识提升、行业政策、欧洲数字战略自主等五大发展战略出发,分析了风险、目标和方向。

德国于 2011 年出台了《德国网络安全战略》,主张以《布达佩斯公约》相关原则为基础,加强国际合作,应对网络安全挑战,促进经济社会繁荣。德国民间智库弗劳恩霍夫协会向德国政府提交了《"网络安全 2020"战略及意见书》。

有别于美国,欧盟的网络安全战略偏重于治理层面的网络安全,注重防范

---

① 参见周秋君:《欧盟网络安全战略解析》,载《欧洲研究》2015 年第 3 期;陈旸:《欧盟网络安全战略解读》,载《国际研究参考》2013 年第 5 期。

② 参见曹建峰、李正:《欧盟最新网络安全指令对我国网络安全立法的启示》,载腾讯研究院网:https://www.tisi.org/p4707,最后访问日期:2019 年 6 月 11 日。

和打击网络犯罪,强化欧盟内部及与各成员国的协调机制建设,并积极开展国际合作。欧盟与美国间设有网络安全与网络犯罪工作组。在2012年2月第14次中欧领导人会晤上,中欧双方宣布成立网络工作小组,作为中国与欧盟就网络事务开展交流与合作的机制性平台。工作小组每年召开一次会议,轮流在中欧举行,并向当年的中欧领导人会晤报告成果。

第三节　网络空间治理国际机制

一、联合国框架下的机构和会议

(一)联合国大会(第一委员会)

中国和俄罗斯及多数发展中国家主张,联合国应成为讨论和处理国际网络事务的主渠道。1998年,俄罗斯向第53届联合国大会提交信息安全问题决议草案,并获得一致通过(A/RES/53/70)。此后,信息安全问题正式列入联合国大会第一委员会年度议程。

2011年9月12日,中国、俄罗斯、塔吉克斯坦、乌兹别克斯坦4国常驻联合国代表致函联合国秘书长潘基文,要求将四国共同起草的"信息安全国际行为准则"作为第66届联大正式文件散发,并呼吁各国在联合国框架内就此展开进一步讨论,以尽快就规范各国在信息和网络空间行为的国际准则和规则达成共识。此准则作为大会文件(A/66/359)分发。这是联合国系统内就信息和网络安全国际规则提出的首份较全面、系统的文件。国际社会予以高度重视,反响热烈。① 2013年3月,哈萨克斯坦和吉尔吉斯斯坦加入"准则"共同提案国。2015年1月9日,中、哈、吉、俄、塔、乌6国常驻联合国代表向联合国秘书长提交了经修订的新版"准则",请秘书长作为第69届联大议程项目91(从国际安全的角度来看信息和电信领域的发展)下的文件散发。② 但由于西方国家的消极立场,这一"行为准则"尚未获得联合国大会的审议,目前还只是一份呼吁各国自愿遵守的共同提案。

(二)联合国信息安全政府专家组

2003年12月,联合国大会通过第58/32号决议,请联合国秘书长按地域公

---

① 《中俄等国向联合国提交信息安全国际行为准则文件》,载中国新闻网:www.chinanews.com,最后访问日期:2019年6月11日。

② 联合国大会A/69/723,2015年1月13日。

平分配原则任命一个政府专家组(Group of Government Expert, GGE),对信息安全领域的现存威胁和潜在威胁及为应对这些威胁可能采取的合作措施进行研究。

2004年,由15国专家组成的第一届信息安全政府专家组正式开始工作。由于各方在信息通信技术军事化威胁、国家对信息内容的管控及能力建设和技术转让等问题上意见不一,任内未能提交成果文件。第二届专家组于2010年7月向第65届联合国大会提交报告(A/65/201),提出了讨论有关国家行为准则、保护关键国家和国际基础设施、建立信任措施、交流最佳实践、加强欠发达国家能力建设、寻求制定有关共同术语和定义等建议。第三届专家组于2013年6月达成报告并提交第68届联合国大会。主要内容包括:提出建立和平、安全、富有弹性和开放的信息通信技术环境;明确国家主权和源自主权的国际规范和原则适用于国家进行的信息通信技术活动,以及国家在其领土内对信息通信技术基础设施的管辖;联合国在推动就围绕信息通信技术的相关对话中应当发挥领导作用;肯定国际法特别是《联合国宪章》对促进开放、安全、和平和可获得的信息通信技术环境具有重要意义;认为出自现行国际法的与使用信息通信技术相关的规则,对衡量和减少对国际和平、安全与稳定的威胁至关重要,这些规则如何适用问题还需进一步探讨,还应制定额外的规则;国家应履行可归因于该国的国际不法行为而产生的国际义务,国家不得利用代理人从事国际不法行为,国家应确保其领土不被非国家行为体用于对信息通信技术的非法行为。此外,报告提及"信息安全国际行为准则草案",并就建立信任措施、能力建设等问题提出建议。报告没有关于武装冲突法、自卫权适用于网络框空间的内容。[①]各国对报告总体持欢迎态度,认为报告为在联合国框架内继续相关讨论奠定了良好基础。

第四届、第五届专家组在2013年专家组报告的基础上,继续就国际法的适用、特别是武装冲突法和国际人道主义法在网络空间的适用、负责任国家行为准则、建立信任措施及能力建设等问题进行深入讨论,但未能就最终报告达成一致意见。[②]

2018年12月5日,第73届联合国大会以119票赞成,46票反对和14票弃权的表决结果,通过了俄罗斯牵头提出的题为"从国际安全角度看信息和电信

① 联合国大会文件A/67/98。
② 联合国大会文件A/70/174。

领域的发展”的决议草案。[①] 决议正文部分提及欢迎政府专家组2013年报告和2015年报告所载的国家负责任行为的国际规则、规范和原则，并决定从2019年开始召集一个不限成员名额工作组，在协商一致的基础上采取行动。作为优先事项，继续进一步制定有关国家负责任行为的规则、规范和原则及其实施方式。2019年6月，该工作组在纽约举行了组织会议，商讨与工作组有关的组织安排。

与此同时，2018年12月22日，第73届联合国大会以138票赞成、12票反对和16票弃权的表决结果，通过了美国牵头提出的题为“从国际安全角度促进网络空间国家负责任行为”的决议草案。[②] 决议在“促请会员国将专家组2010年、2013年和2015年报告作为其使用信息和通信技术的指南”的同时，请联合国秘书长在基于公平区域分配的基础上任命新一届政府专家组，继续对先前工作事项开展研究。

（三）联合国网络犯罪问题政府间专家组

2010年4月，第十二届联合国预防犯罪和刑事司法大会通过《萨尔瓦多宣言》，提请联合国预防犯罪与刑事司法委员会（Commission on Crime Prevention and Criminal Justice，CCPCJ）建立专家组，全面研究网络犯罪问题。同年12月，联合国大会通过第65/230号决议，请CCPCJ设立一个不限成员名额的政府间专家组，全面研究网络犯罪问题及会员国、国际社会和私营部门应采取的对策，包括就国家立法、最佳实践、技术援助和国际合作交流信息，以期审查各种备选方案，加强现有的并提出新的国家和国际打击网络犯罪的法律和其他对策。[③]

联合国网络犯罪政府专家组于2011年正式成立。这是联合国框架下探讨打击网络犯罪国际规则的唯一平台。专家组由各国提名专家组成，由联合国毒品和犯罪问题办公室（毒罪办）提供秘书服务。2012年，毒罪办就网络犯罪问题向各国、国际组织和私营机构进行问卷调查，并在问卷反馈的基础上起草了网络犯罪问题综合研究报告。报告涉及互联网连通性和网络犯罪、全球网络犯罪现象、立法和法律框架、定罪、执法和侦查、电子证据和刑事司法、国际合作和预防犯罪等领域。报告对网络犯罪问题和各国应对措施进行了全面梳理和分

---

① 联合国大会决议A/RES/73/27。

② 联合国大会决议A/RES/73/266。

③ 参见叶伟：《联合国网络犯罪政府专家组及中国贡献》，载《中国信息安全》2018年第6期。

析，就应对之策提出包括制订综合性的多边法律文书或国际示范条款等备选方案。①

2013 年 2 月，专家组召开第二次会议，就秘书处起草的上述研究报告展开激烈辩论。美西方坚持将《布达佩斯公约》作为全球法律标准，强烈反对秘书处报告提出的制订多边法律文书或国际示范条款的建议，中俄等新兴国家则推动在联合国框架下制定新的打击网络犯罪国际规则。美西方称该报告数据不全、论证不足，反对采取进一步行动。新兴国家联合部分发展中国家协调行动，克服美西方重重阻挠，促成会议将报告提请预防犯罪委进一步审议。此后，专家组一度停摆，直至 2017 年重启。

2013 年 4 月，预防犯罪委第 22 届会议就上述研究报告及专家组后续机制等问题进行审议。在俄罗斯牵头下，“金砖五国”共同提出“加强打击网络犯罪的国际合作”决议草案，主张逐步推进联合国研究网络犯罪问题的磋商进程。美西方对此强烈反对。为达目的，美西方还由挪威提出另一涉网络犯罪决议草案，打着技术援助和能力建设的旗号，分化发展中国家对“金砖五国”的支持。经反复激烈较量，“金砖五国”在部分发展中国家的大力支持下，推动会议最终通过相关决议，明确授权联合国网络犯罪问题政府间专家组继续开展工作，维护了联合国框架下研究网络犯罪问题的磋商进程。

2017 年 4 月，专家组在相隔 4 年后举行第三次会议，继续审议“网络犯罪综合研究报告草案”，并确定将“立法和框架”“定罪”“执法与侦查”“电子证据与刑事司法”“国际合作”“预防”6 大问题作为后续工作主要议题。2018 年 4 月第四次会议决定分 3 年完成上述 6 项议题，在 2021 年前完成专家组工作建议报告，提交预防犯罪委审议。

（四）信息社会世界峰会与国际电信联盟

1. 信息社会世界峰会

2001 年 12 月，联合国大会通过决议，欢迎国际电联的倡议，决定举办信息社会世界峰会（World Summit on the Information Society，WSIS）。2003 年 12 月在日内瓦举行第一阶段峰会，2005 年 11 月在突尼斯举行第二阶段峰会。峰会采取多利益攸关方（multi-stakeholder）共同参与的方式，吸引了众多国际组织、非政府组织、民间团体和私营部门与会。

---

① 参见胡斌、王理心：《联合国打击网络犯罪政府间专家组首次会议》，载中国国际法学会主办：《中国国际法年刊》（2011），世界知识出版社 2012 年版，第 493～498 页。

175个国家及联合国机构、非政府组织、私营部门和媒体机构代表1万多人出席了2003年日内瓦阶段峰会,其中包括近50位国家元首或政府首脑和100多位部长级官员。会议通过《原则宣言》和《行动计划》,宣告建设以人为本、具有包容性和面向发展的信息社会的共同愿望和承诺,就信息社会基础设施建设、教育培训、信息网络安全、互联网国际治理、文化多样性、国际合作等提出基本原则,并确立在2015年前达到全球一半以上居民受惠于信息通信技术的目标。但各方未就互联网国际治理及缩小"数字鸿沟"的融资问题等达成共识。①

2005年,突尼斯阶段峰会聚焦缩小"数字鸿沟"和互联网国际治理问题。发展中国家要求缩小"数字鸿沟",反对美国垄断互联网国际治理,主张把互联网的国际管理权交给国际电联。美国则坚决反对由联合国管理互联网的建议。会议最后通过《突尼斯承诺》和《信息社会突尼斯议程》,重申了日内瓦峰会的成果,就下一步落实两阶段的峰会成果提出了具体措施,并请联合国大会在2015年对信息社会世界峰会成果的落实情况进行一次全面审议;要求联合国秘书长召集互联网治理论坛(Internet Governance Form,IGF),开启互联网国际治理开放、包容的讨论进程。②

信息社会世界峰会是联合国首次在峰会层面上就信息社会问题进行广泛讨论,并将信息通信技术提升到前所未有的高度,在政治层面对建设信息社会基本问题达成初步共识。峰会对广大发展中国家关注的缩小"数字鸿沟"、建立公正合理的互联网国际治理秩序等问题进行了讨论,具有积极意义。

中国积极参加了峰会。时任信息产业部部长王旭东率团出席了日内瓦阶段峰会,重点就信息通信网络安全、互联网管理、人权与言论自由及缩小"数字鸿沟"等问题阐述了我国立场和主张。时任国务院副总理黄菊率团出席了突尼斯阶段峰会,做了题为"加强合作、促进发展,共创信息社会美好明天"的发言,从促进协调发展、加强国际合作、充分尊重各国社会制度差异性和文化多样性,以及加强网络与信息安全等四方面阐述了我国对建设信息社会的观点和主张。③

---

① 参见张晓雷:《信息社会世界峰会及其筹备进程》,载《世界电信》2003年第10期。

② 参见刘燕南:《突尼斯"信息社会世界峰会"系列会议纪要与随想》,载《现代传播:中国传媒大学学报》2006年第3期。

③ 黄菊:《加强合作促进发展共创信息社会美好明天》,载外交部网:www.fmprc.gov.cn,最后访问日期:2019年6月30日。

2. 国际电信联盟

国际电联在互联网国际治理上一直发挥重要作用。信息社会世界峰会一致同意委托国际电联作为落实峰会成果的协调机构。2007 年,国际电联发起《全球网络安全议程》(Global Cybersecurity Agenda,以下简称《议程》),将其作为网络安全国际合作的框架。2008 年,国际电联和国际打击网络威胁多边伙伴关系正式签署了合作协议。同年,根据《议程》成立的高级专家组提交了《网络安全全球战略报告》,总结了当前各国应对网络安全的措施,并提出了建议与展望。

2009 年,国际电联发表了有关发展中国家网络安全与网络犯罪的两份指南,旨在指导发展中国家应对网络安全威胁。2010 年,国际电联秘书长在世界电信发展大会(WTDC)上提出了“网络安全五项原则”,首次提出各国应承诺不首先对其他国家发起网络攻击以及不包庇网络恐怖主义。2011 年,国际电联与联合国禁毒办启动相关合作,旨在降低全球网络犯罪给国际社会带来的风险。

2012 年 12 月,国际电信大会在迪拜召开。大会的主要任务是修订 1988 年制定的《国际电信规则》。发展中国家希望借助修订《国际电信规则》来扩大国际电联及各国政府在互联网、网络安全等领域的话语权,推动所有国家平等管理互联网。西方国家反对国际电联涉足互联网治理,竭力阻止将任何可能涉及互联网的内容纳入《国际电信规则》。双方针锋相对,互不相让。经过艰苦谈判,大会最终以投票方式通过了新修订的《国际电信规则》,纳入网络安全、宽带、国际漫游、防止垃圾信息等当前电信行业发展的新内容。大会还通过了促进互联网发展、定期审查《国际电信规则》等 5 项决议。[①] 在签字仪式上,中国、俄罗斯等 89 个成员国代表当场签字,但美国、英国、瑞典等一些西方国家以新修订的《国际电信规则》涉及互联网内容为由,拒绝签字。新修订的《国际电信规则》于 2015 年 1 月 1 日起在签署国之间自动生效。

2014 年 4 月,国际电联世界电信发展大会专门举办了“衡量各国网络安全就绪性和相关能力建设论坛”,并且在论坛上推出了全球网络安全指数(Global Connectivity Index,GCI)新概念,旨在促进全世界的网络安全。[②] 2017 年 7 月 5

① 参见《国际电信世界大会》,载百度百科:https://m.baidu.com,最后访问日期:2019 年 6 月 30 日。

② 参见《国际电联推出全球网络安全指数加强世界网络安全》,载人民网:www.people.com.cn,最后访问日期:2019 年 6 月 30 日。

日，国际电联发布了《全球网络安全指数报告》。

（五）联合国互联网治理论坛

2005 年，信息社会世界峰会通过的《突尼斯承诺》要求联合国秘书长召集互联网治理论坛。根据授权，IGF 是一个多边的、多利益攸关方参与的论坛，不取代现有安排、机制、机构或组织，也不参于互联网日常工作或技术运行。其讨论范围包括与互联网治理相关的国内和国际公共政策、信息共享和最佳实践、加强发展中国家能力建设、互联网带来的问题和挑战等。从 2006 年成立至今，IGF 已经召开 13 届，第十三届年会于 2018 年 11 月在巴黎联合国教科文组织总部开幕。

IGF 是联合国框架内关于互联网治理的规模最大、议题最全的对话平台，自成立以来，作用和影响持续上升。IGF 虽无权作出有拘束力的决定，但拥有联合国的权威性和多利益攸关方参与的开放性，国际影响力较大，在推进互联网治理理论发展、塑造国际舆论方面具有重要作用。各方普遍视其为互联网治理国际博弈的前沿阵地。IGF 平台的南北失衡现象较为突出。美西方倚仗其强大技术、商业、文化和外交实力，一直占据主导地位，发展中国家话语权不强，在一些议题上面临较大压力。例如，美西方主导的互联网域名与编码公司（Internet Corporation for Assigned Names and Numbers，ICANN）为 2013 年 IGF 第八届会议提供近 2/3 的会议经费，发达国家通过议题设置、主讲人安排等，强化有关人权、互联网言论自由、信息自由流动等意识形态议题，平等介入、融资、关键资源管理等发展中国家较关注的议题被淡化。ICANN、谷歌等非政府组织和私营部门积极充当发达国家的代言人。

我国政府重视 IGF 的重要影响力，积极参与 IGF 会议，全面介绍中国互联网发展政策和取得的成就，强调政府在国际互联网治理机制中的主导作用，呼吁确保各国在互联网关键资源管理问题上享有平等参与权，并积极呼应发展中国家在平等介入、融资、关键资源管理等问题上的诉求。

二、联合国框架外的会议和机制

（一）“伦敦进程”

2011 年 11 月，英国在伦敦发起召开网络问题国际会议，并启动“伦敦进程”。2012 年、2013 年和 2015 年分别在布达佩斯、首尔和海牙召开了第二次、第三次和第四次会议。与会代表来自国家、国际组织、非政府组织和私营企业等互联网各利益攸关方。与会的国家维持在60个左右,发展中国家,特别是非洲和拉美国家代表性严重不足。会议议题包括网络经济发展、社会利益、国际安全、打击网络犯罪和安全与可靠介入等,西方国家主导色彩较浓,高调宣扬网络自由等。会议组织较为松散,会议成果多以会议主席声明的方式体现。

我国政府代表团参加了"伦敦进程"历次会议,并组织相关互联网企业、行业组织和学术机构派人与会。在布达佩斯会议上,我方系统提出了"网络主权""平衡""和平利用""公平发展""国际合作"等网络空间五项原则,对片面强调网络自由、忽视网络安全的观点进行了批驳。在首尔会议上,我国代表在全会上做了题为"携手共建和谐共进的国际网络空间秩序"的发言,提出中国所追求的是以"和谐"为本,以"共同进步"为目标、以"携手共进"为实现途径的网络空间秩序,同时对美西方大搞网络空间军事化、利用技术优势推行网络霸权提出批评。作为会议主席声明附件的《首尔框架和承诺》吸收了包括网络主权、文化多样性、联合国主渠道地位等我国提出的多项合理主张。

(二)世界互联网大会

世界互联网大会(World Internet Conference,WIC),是由中国倡导并举办的世界性互联网年度盛会,由国家网信办和浙江省政府共同主办,旨在搭建中国与世界互联互通的国际平台和国际互联网共享共治的中国平台,让各国在争议中求共识、在共识中谋合作、在合作中创共赢。永久会址设在浙江乌镇。WIC主要邀请国家和地区政要、国际组织负责人、互联网企业领军人物、互联网名人、专家学者、涉及网络空间各个领域,体现多方参与。

首届世界互联网大会于2014年11月19日至21日在乌镇举办,有来自100个国家和地区的1000多位政要、企业巨头、专家学者等参加。这是中国举办的规模最大、层次最高的互联网大会,也是世界互联网领域的高峰会议。

世界互联网大会创办5年来,影响力逐渐上升。习近平主席亲自出席了2015年的第二届大会,并在大会开幕式上作了主旨演讲。时任俄罗斯总理梅德韦杰夫、时任巴基斯坦总理谢里夫、时任哈萨克斯坦总理马西莫夫、时任吉尔吉斯斯坦总理萨里耶夫、时任塔吉克斯坦总理拉苏尔佐达等8国领导人,以及来自韩国、柬埔寨、孟加拉国、伊朗、阿尔及利亚、毛里求斯、乌干达、古巴、哥伦比亚、智利等50多个国家的部长级官员出席会议。数百名来自世界知名互联网企业负责人与会,其中苹果、高通、甲骨文、思科、微软、IBM、英特尔、脸书、亚马逊等世界知名互联网企业巨头悉数到场。与会规模达到2000多人。

第五届世界互联网大会于2018年11月7日开幕,习近平主席向会议发来贺信。习近平指出:“当今世界,正在经历一场更大范围、更深层次的科技革命和产业变革。互联网、大数据、人工智能等现代信息技术不断取得突破,数字经济蓬勃发展,各国利益更加紧密相连。为世界经济发展增添新动能,迫切需要我们加快数字经济发展,推动全球互联网治理体系向着更加公正合理的方向迈进。”“各国应该深化务实合作,以共进为动力、以共赢为目标,走出一条互信共治之路,让网络空间命运共同体更具生机活力。”①

自 2017 年起,开始在大会期间发布由中国网络空间研究院牵头编写的年度《世界互联网发展报告》和《中国互联网发展报告》蓝皮书。第五届大会发布了《世界互联网发展报告 2018》和《中国互联网发展报告 2018》蓝皮书。

第四节　中国的涉网络外交

一、中国涉网外交的机遇与挑战

(一)互联网发展的巨大成就

1987 年 9 月 14 日,一封简短的电子邮件从北京发出,拉开了中国人“触网”的序幕。② 1994 年 4 月 20 日,北京中关村地区教育与科研示范网接入国际互联网的 64K 专线正式开通,实现了与国际互联网的全功能连接。这标志着互联网正式进入中国。③

中国政府和人民以积极的姿态迎接互联网时代的到来,把发展互联网作为推进改革开放和现代化建设事业的重大机遇。中国政府先后制定了一系列政

---

① 《习近平向第五届世界互联网大会致贺信》,载新华网:www. xinhuanet. com,最后访问日期:2019 年 6 月 11 日。

② 业界通常认为我国第一封电子邮件是北京计算机应用技术研究所研究员钱天白先生于 1987 年 9 月 14 日发出的,收到时间为 9 月 20 日。1987 年 9 月,中国学术网(Chinese Academic Network,CANET)在北京计算机所正式建成中国第一个国际互联网电子邮件节点,并于 9 月 14 日发出了中国第一封电子邮件。邮件写道:“Across the Great Wall we can reach every corner in the world”(“越过长城,走向世界”)。这封电子邮件是通过意大利公用分组交换网(ITAPAC)设在北京侧的 PAD 机,经由意大利 ITAPAC 和德国 DATEX-P 分组网,实现了与合作伙伴德国卡尔斯鲁厄大学的连接,通信速率最初为 300bps。

③ 20 世纪 80 年代中后期,中国的科技人员和学者在国外同行的帮助下,开始积极尝试利用互联网。在 1992 年、1993 年国际互联网年会等场合,中国计算机界的学者专家曾多次提出接入国际互联网的要求,并得到国际同行们的支持。1994 年 4 月,在美国华盛顿召开的中美科技合作联委会期间,中国代表与美国国家科学基金会最终就中国接入国际互联网达成一致意见。

策，规划互联网发展，明确互联网阶段性发展重点，推进社会信息化进程。1993年中国成立国家经济信息化联席会议，1997年制定《国家信息化"九五"规划和2010年远景目标》，2002年颁布《"十五"计划信息化专项规划》，确定中国信息化发展的重点包括推行电子政务、振兴软件产业、加强信息资源开发利用、加快发展电子商务等。2002年11月，党的十六大提出，以信息化带动工业化，以工业化促进信息化，走出一条新型工业化路子。2005年11月，制定了《国家信息化发展战略（2006～2020年）》，进一步明确了互联网发展的重点，提出围绕调整经济结构和转变经济增长方式，推进国民经济信息化；围绕提高治国理政能力，推行电子政务；围绕构建和谐社会，推进社会信息化等。2006年3月，全国人大审议通过《"十一五"规划纲要》，提出推进电信网、广播电视网和互联网三网融合，构建下一代互联网，加快商业化应用。2007年10月，党的十七大确立"发展现代产业体系，大力推进信息化与工业化融合，促进工业由大变强"的发展战略。2010年1月，国务院决定加快推进电信网、广播电视网和互联网三网融合，促进信息和文化产业发展。

就我国互联网发展史而言，2010～2014年是极具历史意义的五年。[①] 2010年被中国互联网界称为"微博元年"，2011年则是"互联网开放元年"。"第一届互联网开放大会"在北京召开。[②] 2012年为"移动互联网元年"，2012年年底手机跃升为第一位上网终端，国务院发布"宽带中国"战略实施方案，中央政治局集体学习走近中关村，4G牌照发放。2014年为中国网络强国开局之年，中央网络安全和信息化领导小组成立，"清朗"行动在京启动。党的十八以来，我国互联网事业发展取得了前所未有的跨越式发展。[③] 2017年6月1日，《网络安全法》正式施行，网络安全各项工作纳入法制化轨道。党的十九大开启网络强国战略新征程。中央网信领导小组升格为中央网信委员会。

历经筚路蓝缕的初创阶段，风起云涌的爆发调整阶段，与国际比肩而行的持续快速发展阶段，互联网已经走入千家万户。据中国互联网络信息中心（China Internet Network Information Center，CNNIC）年度统计报告，截至2018年

---

① 参见国家互联网信息办公室：《中国互联网20年：网络大事记篇》，电子工业出版社2014年版。

② 互联网专家胡延平称，首届互联网开放大会的召开，标志着2011年成为互联网开放元年。参见《专家称2011年是互联网开放元年》，载《中国青年报》2011年6月2日，第12版。

③ 参见陆峰：《党的十八大以来互联网发展成就》，载《中国电子报》2017年8月1日，第7版。

12 月，我国网民规模达 8.29 亿人，2018 年全年新增网民 5653 万人，互联网普及率 59.6%，较 2017 年年底提升 3.8%；网络视频用户规模达 6.12 亿人，较 2017 年年底增加 3309 万人，占网民整体的 73.9%，手机网民规模达 8.17 亿人，2018 年全年新增手机网民 6433 万人。① 数字经济大踏步向前发展，成为驱动我国经济高质量发展的重要引擎。中国信息通信研究院发布的报告显示，2017 年中国数字经济规模达 27.2 万亿元，占 GDP 比重达到 32.9%，就业人数达到 1.71 亿人，占当年总就业人数的 22.1%。阿里巴巴、腾讯、百度、京东等互联网公司进入世界前 10 强，华为、中兴排名全球电信设备供应商前 5 名，多款智能手机（华为、OPPO、vivo、小米等）进入世界前 10 强，我国成为名副其实的网络大国，正在朝网络强国的目标挺进。②

2019 年 6 月 24 日，工业和信息化部批复同意中国互联网信息中心设立域名根服务器（F、I、K、L 根镜像服务器）及成为域名根服务器运行机构，负责运行、维护和管理相关域名根服务器。由此，在 IPv6 协议的全球框架下，中国开始拥有独立并兼容的根服务器。③

（二）网络安全关切

在涉网外交领域，我国既有难得的历史机遇，也面临复杂严峻的挑战。机遇主要体现在：第一，我国综合国力和国际地位大幅提升，网络科技和产业发展突飞猛进，以 5G 为核心要素的网络发展指数位于世界前列，这为我应对网络安全问题挑战提供了坚强后盾。第二，我国网民规模居全球之首，电子商务总量全球第一，电子支付总额全球第一，互联网产业发展潜力巨大，美欧等西方国家看重我国市场，同我国加强网络安全交流与合作的意愿很强。第三，网络空间治理国际立法正处于起步阶段，我国在 5G 世界标准方面已占有领先优势，在网络秩序规则制定方面有较大的话语权和影响力。第四，我国网络安全法治建设取得长足进展，网络安全法律法规和体制建设不断完善，为我国进一步做好涉网外交工作提供了有力支撑。第五，党中央、国务院高度重视网络安全问题，将其同粮食安全、能源安全并列为全球性突出问题，网络安全问题在我国全局工

---

① 参见中国互联网络信息中心：《中国互联网络发展状况统计报告》2019 年 2 月 28 日。

② 参见《党的十八大以来我国网络安全和信息化工作综述》，载《人民日报》2018 年 11 月 4 日，第 4 版。

③ 《工业和信息化部关于同意中国互联网信息中心设立域名根服务器（F、I、K、L 根镜像服务器）及域名根服务器运行机构的批复》，工信部信管函〔2019〕172 号。参见《中国根域名服务器来了 网络管理不受制于人》，载新浪网：www.sina.com.cn，最后访问日期：2019 年 6 月 30 日。

作的地位明显提升。习近平总书记就网络安全问题提出了一系列新思想新理念新举措,为我国进一步做好涉网络外交工作指明了方向。"网络外交"方兴未艾。

与此同时,我国在网络安全领域也面临诸多挑战。在2016年4月19日召开全国网络安全和信息化工作座谈会上,习近平总书记以强烈的忧患意识,直面问题,深刻分析了我国网络安全存在的问题和隐患,并提出了化解风险的应对之道。①

1. 技术"命门"受制于人

习近平总书记深刻指出,互联网核心技术是我们最大的"命门",核心技术受制于人是我们最大的隐患。② 要掌握互联网发展主动权,保障互联网安全、国家安全,就必须突破核心技术这个难题。核心技术要取得突破,就要有决心、恒心、重心。有决心,就是要树立顽强拼搏、刻苦攻关的志气,坚定不移实施创新驱动发展战略,把更多人力物力财力投向核心技术研发,集合精锐力量,作出战略性安排。有恒心,就是要制定信息领域核心技术设备发展战略纲要,制定路线图、时间表、任务书,明确近期、中期、远期目标,遵循技术规律,分梯次、分门类、分阶段推进,咬定青山不放松。有重心,就是要立足我国国情,面向世界科技前沿,面向国家重大需求,面向国民经济主战场,紧紧围绕攀登战略制高点,强化重要领域和关键环节任务部署,把方向搞清楚,把重点搞清楚。

2. 网络安全存在风险隐患

关键基础设施网络安全防护能力薄弱。"物理隔离"防线可被跨网入侵,电力调配指令可被恶意篡改,金融交易信息可被窃取,这些都是重大风险隐患。不出问题则已,一出就可能导致交通中断、金融紊乱、电力瘫痪等问题,具有很大的破坏性和杀伤力。我们必须深入研究,采取有效措施,切实做好国家关键信息基础设施安全防护。③ 在网络军事安全领域,面对美西方挟技术优势,加紧推行网络空间军事化的战略,我国必须"以两手对两手",有备而无患。重点是围绕网络战攻防,加强能力建设及战略谋划。④ 习近平指出:"面对国家安全稳

---

① 参见习近平:《在网络安全和信息化工作座谈会上的讲话》,载《人民日报》2016年4月26日,第2版。

② 同上。

③ 同上。

④ 参见袁国强:《网络安全是军事安全的焦点》,载《解放军报》2018年1月19日,第11版。

定遇到的严峻挑战，面对改革中的深层次矛盾和问题，更需要我们的思想观念有一个大的解放，勇于改变机械化战争的思维定势，树立信息化战争的思想观念；改变维护传统安全的思维定势，树立维护国家综合安全和战略利益拓展的思想观念；改变单一军种作战思维定势，树立诸军兵种一体化联合作战的思想观念；改变固守部门利益的思维定势，树立全军一盘棋、全国一盘棋的思想观念。”①

3. 网络空间意识形态渗透

政治安全是国家安全的根本，网络政治安全是网络信息化时代一种全新的政治安全形态。② 美西方利用网络空间的开放性特征，借所谓“网络自由”对我国持续发动价值观外交，高调输出西方意识形态和价值观念，恶意炮制形形色色的“中国崩溃论”和“中国威胁论”，极尽造谣中伤污化丑化之能事，妄图动摇中国共产党的执政基础，矛头直指我“国本”和基本政治制度。我们须提高警惕，严加防范。习近平总书记指出，“当前和今后一个时期，我国对外工作要贯彻落实总体国家安全观，增强全国人民对中国特色社会主义的道路自信、理论自信、制度自信，维护国家长治久安。”③还要营造“天朗气清”的网络文化生态。要弘扬和践行社会主义核心价值观，立足中国民族优秀的传统文化，“用社会主义核心价值观和人类优秀文明成果滋养人心、滋养社会”。

4. 网络犯罪呈上升趋势

当前，各种传统犯罪与网络犯罪结合的趋势日益明显，网络诈骗、网络盗窃等侵害他人财产的犯罪增长迅速，制作传播计算机病毒、入侵和攻击计算机与网络的犯罪日趋增多，利用互联网传播淫秽色情及从事赌博等犯罪活动仍然突出。1998 年公安机关办理各类网络犯罪案件仅 142 起，2007 年增长到 2.9 万起，2008 年为 3.5 万起，2009 年为 4.8 万起，呈快速增长态势。针对网络安全风险挑战，国家相关部门持续开展了“净网”“剑网”“清源”“护苗”等系列专项治理行动。据统计，全国公安机关 2017 年侦破涉网络安全案件 13.1 万起，查处违法犯罪人员 5.3 万名，同比分别上升 57.8%、53.09%；立案 59.6 万起，同比下

---

① 习近平：《在中央政治局第十七次集体学习上的讲话》，载新华网：www.xinhuanet.com，最后访问日期：2019 年 6 月 11 日。

② 参见刘远亮：《网络政治安全内涵探析》，载《中南大学学报》（社会科学版）2016 年第 6 期。

③ 习近平：《在中央外事工作会议上的讲话》，载新华网：www.xinhuanet.com，最后访问日期：2019 年 6 月 11 日。

降5.2%；涉案金额同比下降33.5%。[①]“要坚持依法治网、依法办网、依法上网，让互联网在法治轨道上健康运行。”“既要提倡自由，也要保持秩序”。要坚决制止和打击利用网络鼓吹推翻国家政权，煽动宗教极端主义，宣扬民族分裂思想，教唆暴力恐怖活动，利用网络进行欺诈活动，散布色情材料，进行人身攻击，兜售非法物品等违法犯罪行为，为广大网民特别是青少年营造风清气正的网络空间。

5. 网络空间治理能力亟待提高

统筹协调不够，人才支撑不足，是当前网络空间治理面临的两大突出问题。要以信息化推进国家治理体系和治理能力现代化，统筹发展电子政务，构建一体化在线服务平台，分级分类推进新型智慧城市建设，打通信息壁垒，构建全国信息资源共享体系，要用好信息化手段感知社会态势、畅通沟通渠道、辅助科学决策。我国是科技人才资源最多的国家之一，但也是人才流失比较严重的国家，其中不乏顶尖人才。人才是第一资源。“得人者兴，失人者崩。”网络空间的竞争，归根结底是人才竞争。建设网络强国，没有一支优秀的人才队伍，没有人才创造力迸发、活力涌流，是难以成功的。我们既要重视资本，更要重视人才，引进人才力度要进一步加大，人才体制机制改革步子要进一步迈开，要不拘一格降人才。

二、中国的网络空间国际治理观

党的十八大以来，习近平总书记在系列讲话中，站在人类历史发展和党和国家全局高度，科学分析了信息化变革趋势和我们肩负的历史使命，深刻回答了事关网信事业发展的一系列重大理论和实践问题，形成了网络强国战略思想。[②]

关于网络空间国际治理，习近平强调，推进全球互联网治理体系变革是大势所趋、人心所向。国际网络空间治理应该坚持多边参与、多方参与，发挥政府、国际组织、互联网企业、技术社群、民间机构、公民个人等各种主体作用。既要推动联合国框架内的网络治理，也要更好发挥各类非国家行为体的积极作

① 参见《党的十八大以来我国网络安全和信息化工作综述》，载《人民日报》2018年11月4日，第4版。

② 参见《习近平系统阐述网络强国战略思想》，载《人民日报海外版》2018年4月23日，第1版。

用。要以“一带一路”建设等为契机，加强同沿线国家特别是发展中国家在网络基础设施建设、数字经济、网络安全等方面的合作，建设21世纪数字丝绸之路。

2015年12月16日，习近平主席在第二届世界互联网大会开幕致辞中提出了推进全球互联网治理体系变革的“四项原则”，并就共同构建网络空间命运共同体提出“五点主张”。这是中国的全球互联网治理观的权威阐释。① 2017年3月1日，中国外交部和国家互联网信息办公室共同发布《网络空间国际合作战略》，以和平发展、合作共赢为主题，以构建网络空间命运共同体为目标，就推动网络空间国际交流合作首次全面系统提出中国主张，为破解全球网络空间治理难题贡献中国方案，是指导中国参与网络空间国际交流与合作的战略性文件。②

习近平主席指出，推进全球互联网治理体系变革，应坚持“尊重网络主权、维护和平安全、促进开放合作、构建良好秩序”四项原则。③

1. 尊重网络主权

《联合国宪章》确立的主权平等原则是当代国际关系的基本准则，覆盖国与国交往各个领域，其原则和精神也应该适用于网络空间。我们应该尊重各国自主选择网络发展道路、网络管理模式、互联网公共政策和平等参与国际网络空间治理的权利，“不搞网络霸权，不干涉他国内政，不从事、纵容或支持危害他国国家安全的网络活动”。

2. 维护和平安全

网络空间，不应成为各国角力的战场，更不能成为违法犯罪的“温床”。各国应该共同努力，防范和反对利用网络空间进行的恐怖、淫秽、贩毒、洗钱、赌博等犯罪活动。维护网络安全不应有双重标准，更不能以牺牲别国安全谋求自身所谓绝对安全。

3. 促进合作开放

“天下兼相爱则治，交相恶则乱。”完善全球互联网治理体系，维护网络空间秩序，必须坚持同舟共济、互信互利的理念，摒弃零和博弈、赢者通吃的旧观念。各国应该推进互联网领域开放合作，让更多国家和人民搭乘信息时代的快车、

① 参见潘婧瑶、陈孟：《解读习近平乌镇讲话：以互联网治理推动全球治理》，载人民网：www.people.cn，最后访问日期：2019年6月2日。

② 参见外交部、国家网信办：《网络空间国际合作战略》，载新华网：www.xinhuanet.com，最后访问日期：2019年6月11日。

③ 《深度解读习近平提出的互联网发展四项原则和五点主张》，载中国网：www.china.com.cn，最后访问日期：2019年6月2日。

共享互联网发展成果。

4. 构建良好秩序

网络空间同现实社会一样，既要提倡自由，也要保持秩序。自由是秩序的目的，秩序是自由的保障。网络空间不是“法外之地”。要坚持依法治网、依法办网、依法上网，让互联网在法治轨道上健康运行。

网络空间是人类共同的活动空间，网络空间前途命运应由世界各国共同掌握。各国应该加强沟通、扩大共识、深化合作，共同构建网络空间命运共同体。对此，习近平提出“五点主张”。

第一，加快全球网络基础设施建设，促进互联互通。网络的本质在于互联，信息的价值在于互通。只有加强信息基础设施建设，铺就信息畅通之路，不断缩小不同国家、地区、人群间的信息鸿沟，才能让信息资源充分涌流。

第二，打造网上文化交流共享平台，促进交流互鉴。文化因交流而多彩，文明因互鉴而丰富。

第三，推动网络经济创新发展，促进共同繁荣。解决世界经济复苏艰难的问题，关键在于坚持创新驱动发展，开拓发展新境界。

第四，保障网络安全，促进有序发展。安全和发展是一体之两翼、驱动之双轮。安全是发展的保障，发展是安全的目的。网络安全是全球性挑战，没有哪个国家能够置身事外、独善其身，维护网络安全是国际社会的共同责任。

第五，构建互联网治理体系，促进公平正义。国际网络空间治理，应该坚持多边参与、多方参与，由大家商量着办，发挥政府、国际组织、互联网企业、技术社群、民间机构、公民个人等各个主体作用，不搞单边主义，不搞一方主导或由几方凑在一起说了算。

“凡益之道，与时偕行。”推动互联网空间互联互通、共享共治，以互联网治理推动全球治理，是习近平网络空间国际治理的核心理念。“国际社会应该在相互尊重、相互信任的基础上，加强对话合作，推动互联网全球治理体系变革，共同构建和平、安全、开放、合作的网络空间，建立多边、民主、透明的全球互联网治理体系。”①

---

① 互联网之父罗伯特·卡恩指出，习近平主席的“五点主张”是“一揽子”阐述，表明了互联网是一个非常独特的共同家园。互联网是没有国界的，没有统一的管理机构，所有人共同承担责任。参见《习近平“四项原则”“五点主张”成全球共识》，载国家网信办网：www cac. gov. cn，最后访问日期：2019 年 6 月 11 日。

三、打击网络犯罪国际合作

古往今来，很多技术都是“双刃剑”，一方面可以造福社会、造福人民，另一方面也可以被一些人用来损害社会公共利益和民众利益。从世界范围看，网络安全威胁和风险日益突出，并日益向政治、经济、文化、社会、生态、国防等领域传导渗透。特别是国家关键信息基础设施面临较大风险隐患。习近平总书记强调，“没有网络安全就没有国家安全”。“要依法严厉打击网络黑客、电信网络诈骗、侵犯公民个人隐私等违法犯罪行为，切断网络犯罪利益链条，持续形成高压态势，维护人民群众合法权益。”①

网络犯罪既包括以计算机和网络系统为目标和对象的犯罪，也包括以计算机和网络为手段的犯罪。前者如非法访问（黑客行为）非法数据截取、数据干扰、系统干扰等；后者如网络欺诈、网络钓鱼、网络色情、网络赌博、网络诽谤、网络侵犯知识产权、网络洗钱等。在互联网时代，几乎所有传统类型的犯罪都会在网络空间显现。②

各国互联网彼此相连，同时又分属不同主权范围，这决定了加强国际交流与合作的必要性。中国主张，各国在平等互利的基础上，积极开展互联网领域的交流与合作，共同承担维护全球互联网安全的责任，促进互联网健康有序发展，分享互联网发展的机遇和成果。

中国政府高度重视网络安全领域的国际交流与合作。中国代表参加了历届 WSIS 及与互联网相关的其他重要国际或区域性会议。2009 年分别与东盟和上合组织成员国签订了《中国—东盟电信监管理事会关于网络安全问题的合作框架》和《上合组织成员国保障国际信息安全政府间合作协定》。在打击网络犯罪领域，中国公安机关参加了国际刑警组织亚洲及南太平洋地区信息技术犯罪工作组（The Interpol Asia-South Pacific Working Party on IT Crime）、中美执法合作联合联络小组（JLG）等国际合作，并先后与美国、英国、德国、意大利等国家举行双边或多边会谈，就打击网络犯罪进行磋商。面对日益突出的跨国网络犯罪问题，各国执法机构应加强共同防止和打击网络犯罪的侦查协作，建立多

---

① 《习近平：没有网络安全就没有国家安全》，载国家网信办网：www.cac.gov.cn，最后访问日期：2019 年 6 月 11 日。

② 参见吴沈括：《网络犯罪治理视野下的国际合作》，载最高人民检察院网：www.spp.gov.cn，最后访问日期：2019 年 6 月 11 日。

边或双边的合作机制。

在通过国际合作打击网络犯罪行为方面，JLG 机制下的网络安全执法合作具有重要的示范意义。2005 年 2 月，在 JLG 第四次会议上，中美双方就加强打击网络犯罪，建立快捷有效协查的合作途径达成共识，决定建立网络犯罪专家组，后改为网络犯罪工作组。双方通过 JLG 机制，交换网络犯罪案件协查信息，并在执法部门间建立快速联络机制，合作领域逐步扩大，个案合作进展显著，在联合打击网络犯罪方面取得重要成果。2015 年 12 月 1 日，时任中国国务委员、公安部长郭声琨在华盛顿与美国司法部长林奇、国土安全部长约翰逊共同主持了首次中美打击网络犯罪及相关事项高级别联合对话，双方决定，本着“依法、对等、坦诚、务实”的原则，继续扎实推进各项工作，建设性地管控分歧，推进打击网络犯罪及相关事项合作取得更多进展。①

我国警方与周边国家在双边司法执法合作机制下也积极开展打击网络犯罪合作，特别是打击跨国网络诈骗犯罪。以下是近年来中国警方与相关国家联合侦办的一些打击网络犯罪的经典案例。

“天使行动”

2012 年 9 月，美国联邦调查局向中国公安部通报一服务器位于美国、名为“拯救天使”、面向全球的儿童淫秽色情网站的线索，后又通报了“我爱幼幼”等类似网站线索。经两国警方协商，决定联合侦办“拯救天使”系列儿童淫秽色情网站案。2013 年，由中美两国警方发起，20 个国家和地区共同参与的代号为“天使行动”的跨国联合执法行动，经过半年的侦查取得圆满成功，一举摧毁儿童淫秽色情网站 4 个，抓获包括网站开办者、版主、重点发帖会员等犯罪嫌疑人 250 余名。

阳光娱乐网络色情案

2002 年 1 月，福建出境人员王某在美国建立“99 色情”网站，随后又通过加盟、收购等方式，将互联网上多家中文色情网站纳入其管理范围，形成全球最大

---

① 参见《首次中美打击网络犯罪及相关事项高级别联合对话成果声明》，载新华网：www.xinhuanet.com，最后访问日期：2019 年 6 月 30 日。

的中文色情网站联盟“阳光娱乐联盟”。中国公安机关对阳光娱乐联盟开展专项打击,但由于该网站建设者、主要运营者及服务器均位于美国,致使该联盟没有被根本取缔。2010 年 4 月,我公安部与美国联邦调查局通过中美执法合作联合联络小组渠道正式开展跨国警务合作,联合实施抓捕行动。美警方成功抓获在美国境内的主要犯罪嫌疑人王某,中国警方则成功抓获在中国境内负责洗钱和维护网站的 10 余名犯罪嫌疑人。在中美两国警方的联合打击下,该联盟网站被彻底摧毁。该案是中美警方在打击网络犯罪领域的第一次成功联合执法行动。

林某富网上走私枪支弹药案

2011 年 8 月,上海浦东机场海关发现一批从纽约发往浙江台州的名为“音响”的快件申报品,十分可疑。经查,申报品实为制式枪支及配件。我公安机关在台州将犯罪嫌疑人王某抓获,并对其买卖枪支的上线、下线进行全面调查。经查,王某在一家境外网站上结识上家林某富后,成为其走私境外武器弹药入境的中间人。林某富自 2009 年以来长期居住在美国,通过互联网走私贩卖枪支弹药。因涉案枪支主要源于美国,中美警方通过执法合作联合联络小组渠道共同商议联合执法事宜。随后,美国警方抓获林某富及其他在美犯罪嫌疑人,彻底摧毁该走私武器弹药犯罪网络。该案是继阳光娱乐网络色情案后中美通过联合调查方式侦破重大跨国网络犯罪案件的又一成功案例。

中西(班牙)打击电信诈骗“长城行动”

“长城行动”(2016～2019 年)是中国与西班牙乃至整个欧洲首个联合打击电信网络犯罪执法合作行动,也是我国警方跨境打击电信网络诈骗犯罪联合行动中规模最大、战果最丰硕的一次。[①] 此次行动历时之久、出动警力之多,在国际执法合作史上尚属首次。2016 年上半年,我公安机关发现,在西班牙境内有大量电信网络诈骗窝点,并针对我国民众疯狂实施诈骗,被骗群众损失惨重。公安部对此案高度重视,中西警方组成联合专案组进行侦破。2016 年 12 月 13

① 参见《我国首次从欧洲大规模押回电信网络诈骗犯罪嫌疑人》,载新华网:www. xinhuanet. com,最后访问日期:2019 年 6 月 10 日。

日，两国警方开展代号为“长城行动”的联合抓捕行动，共捣毁位于马德里、巴塞罗那等地的诈骗窝点13个，抓获犯罪嫌疑人237名，现场查获大量涉案证据，涉案金额达1.2亿元人民币。2017年1月，中方依据中西引渡条约，正式向西班牙提出引渡请求。经过2年多的庭审程序，西班牙国家法院二审作出裁决，同意将“长城行动”全部犯罪嫌疑人引渡给中方。2019年6月7日，94名中国台湾地区犯罪嫌疑人被中国警方从西班牙押解回国。至此，西班牙已分批共向中国警方移交了225名犯罪嫌疑人，其中中国台湾地区犯罪嫌疑人218名。

打击网络犯罪国际合作在司法执法层面取得了一些个案成果，但更持久、更大规模的合作取决于网络安全国际立法合作。然而，这方面的合作严重滞后，仅取得有限的一些进展：

一是联合国网络犯罪磋商进程开启实质讨论。联合国网络犯罪政府专家组系中、俄、巴西等国倡议、联合国框架下探讨打击网络犯罪国际规则的唯一平台。多年来，美欧等发达国家一直希望将《布达佩斯公约》推广成为“全球标准”，反对谈判制定新的综合性法律文书。双方一度僵持不下，专家组工作也一度停滞不前。在金砖国家共同努力下，专家组于2017年4月召开第三次会议，决定暂时搁置是否制定新的全球法律文书这一程序性问题，直接讨论网络犯罪的实质问题。2018年4月，专家组召开第四次会议，通过了我国等金砖成员国主导推动的多年期工作计划，为下步工作确定了“时间表”和“路线图”。根据该计划，专家组在2021年前将每年定期召开会议，分别就网络犯罪立法、定罪、调查、电子证据、国际合作、预防等议题进行讨论，并达成最终成果，出台工作建议。

二是在区域组织层面的政策协调方面取得了一些进展。2013年以来，金砖国家领导人峰会成果均强调合作打击网络犯罪。上合组织峰会2016年、2017年宣言均呼吁成员国继续深化打击网络犯罪合作。上合组织信息安全专家组也就制定联合国打击网络犯罪公约进行了初步探讨。此外，亚非法协就亚非国家加强打击网络犯罪法律合作进行了初步讨论，目前正在探讨制订相关工作计划。在2017年12月第四届世界互联网大会乌镇互联网峰会期间，我国首次举办“打击网络犯罪国际合作论坛”。未来各国加强打击网络犯罪国际合作的势头有望持续加强。

在推动网络犯罪国际合作方面面临的困难和挑战主要为：(1)美欧西方发达国家与中俄等新兴国家之间围绕联合国网络犯罪磋商进程和《布达佩斯公

约》展开激烈博弈，短期内难以达成协议；(2)发展中国家受发展水平限制，整体的协调配合和影响力都有待进一步提升，此外网络犯罪相关的技术和形态仍然在不断演变，各国网络发展水平、经济社会文化以及关切不尽相同，这都决定制定打击网络犯罪国际公约的复杂性和长期性。①

四、涉网络外交中的若干敏感问题

网络空间外交斗争的意识形态色彩浓厚，②主要涉及网络黑客、网络自由、网络监管、互联网市场准入等问题。

(一)所谓的“中国黑客威胁论”

近年来，美国等西方国家持续炒作“中国黑客威胁论”和所谓“商业窃密”问题。2013年2月，美国曼迪昂特(Mandiant)网络安全公司发布报告称，与中国军方有关的黑客多次攻击了美国网站。中国外交部和国防部回应称，这一指控毫无事实依据。③ 2014年5月19日，美国司法部以从事所谓“网络间谍”活动为由起诉5名中国军人。美国司法部长霍尔德声称，这是美国有史以来首次针对“已知国家行为者通过网络手段渗透美国商业目标”行为进行起诉。④ 中国外交部对美方的滥诉行为提出了严正交涉。⑤ 美国国防部还年复一年发布所谓《中国军事与安全态势发展报告》，公开指责我国政府和军方参与或支持对美进行网络窃密活动。威胁对我国采取措施，要求与我国对话，并颁布相关法案，限制政府部门采购我国网络产品和技术。美国国家安全局局长罗杰斯2016年4月初在国会参议院军事委员会作证说，中国黑客仍在针对美国开展间谍活动。

---

① 参见于志刚：《缔结和参加网络犯罪国际公约的中国立场》，载《政法论坛》2015年第5期。

② 参见艾笑：《互联网视角下的舆论斗争》，载《红旗文稿》2017年第7期。

③ 《美国曾指蓝翔技校“军方黑客大本营”沦为笑柄》，载人民网：www. people. com. cn，2013年2月22日。

④ 《美国起诉5名解放军军官为网络黑客　中方：美国才是最大窃密者》，载铁血网：https://m. tiexue. net，最后访问日期：2019年6月11日。

⑤ 时任中国外交部发言人秦刚于2014年5月19日发表声明。声明指出：“美方蓄意捏造事实，以所谓网络窃密为由宣布起诉5名中国军官，此举严重违反国际关系基本准则，损害中美合作与互信。中方已在第一时间向美方提出抗议，敦促美方立即纠正错误、撤销所谓起诉。”“长期以来，美国政府和有关部门违反国际法和国际关系基本准则，对外国政要、企业、个人进行大规模、有组织的网络窃密核监听、监控活动，现已遭到世界各国核国际舆论的广泛谴责。”“鉴于美方对通过对话合作解决网络安全问题缺乏诚意，中方决定中止中美网络工作组活动，并将根据形势发展，对美方所谓起诉做出进一步反应。”

美国国防部导弹防御局官员则指责，中国黑客"每天都在对美国导弹防御网络进行网络攻击"。[①] 2019 年 1 月 29 日，美国各情报机构联合发布 2019 年《全球威胁评估报告》，再次指责中国、俄罗斯、伊朗和朝鲜"越来越多地利用网络空间作战和多种方式来威胁美国思想核机制，窃取情报，影响我们的公民或者破坏关键的基础设施。"[②]在美国媒体上，所谓的"中国黑客威胁论"更是甚嚣尘上。一些政客，在没有确凿证据的前提下，总喜欢用一些不确定的、似是而非的模糊判断，将黑客攻击矛头指向中国。这实际上是一种捕风捉影的炒作。西方国家联手炒作"中国黑客威胁论"，目的是丑化我国形象，削弱我国在网络安全领域的竞争力。

网络空间具有跨国性和匿名性的特点，黑客攻击的溯源目前在技术上仍然困难，攻击行动背后往往有着十分复杂的多重代理关系。即便攻击是从中国境内的服务器或 IP 地址发出，也不能代表攻击的实施主体就是中国公民。仅凭 IP 地址来认定攻击源的行为是不专业的，也不负责。事实上，中国是受世界上黑客攻击的主要受害国之一。针对中国的网络攻击和网络犯罪呈快速、逐年上升之势。国家网信办曾披露，我国每个月有 1 万多个网站被篡改，80% 的政府网站受到过攻击，这些网络攻击主要来自美国。[③] 中国国防部网和中国军网自开通以来一直面临网络攻击的严重威胁，受网络攻击次数呈增长趋势。

中方认为，在网络安全这个各国共同面对的问题上，关键是要加强互信，合作应对，而不是无端指责甚至"贼喊捉贼"。中国一贯反对和依法打击任何外来入侵、窃密及破坏信息系统的违法犯罪活动。中国政府和军队更不会支持网络攻击行为。中国法律明文规定，对非法侵入他人计算机系统、通过网络窃取信息、制作和传播计算机病毒等网络犯罪行为，依照中国《刑法》追究刑事责任。

（二）所谓的"网络自由"问题

长期以来，以美国为首的西方国家借"网络自由"之名，积极开展"网络外

① 杨骏：《西方"中国黑客威胁论"再起，拉黑中国，有完没完？》，载新华网：www. xinhuanet. com，最后访问日期：2019 年 6 月 11 日。

② 《美国发布全球威胁评估报告　中俄再次"躺枪"》，载环球网：www. huanqiu. com，最后访问日期：2019 年 6 月 11 日。

③ 据 2013 年中国互联网应急中心（CNCERT）抽样监测发现，境外约有 7.3 万个木马或僵尸网络控制服务器控制了中国境内 1419.7 万余台主机，其中位于美国的控制服务器控制服务器控制了我国境内 1051.2 万余台主机（占受境外控制的境内主机的 74%），控制服务器数量和所控制的中国境内主机数量均居首位。在网络钓鱼攻击方面，针对我国的钓鱼站点有 89.7% 位于境外。

交”,大肆输出意识形态,鼓吹西方政治制度模式,诋毁、攻击我国的政治制度和价值观念。西方高官多次发表互联网自由讲话,点名批评我国“限制”网络自由。2010 年 1 月 21 日,时任美国国务卿希拉里在华盛顿新闻博物馆发表题为“网络自由”的长篇演讲,宣布美国将把“不受限制的互联网访问作为外交政策的首要目标”。希拉里在演讲中四次提及中国,批评中国对网络信息进行管制。希拉里还公开鼓励美国的网络公司拒绝审查。① 2011 年 2 月 15 日,希拉里在华盛顿大学发表有关“网络自由”问题演讲,再次对中国进行指责。② 2016 年 5 月,总部设在华盛顿的国际非政府人权组织“自由之家”发表年度报告称,世界各地的互联网自由度连续第四年下降,其中表现最恶劣的国家是中国、叙利亚和伊朗。对于这种“奇葩式”抹黑排名,中国网民已见怪不怪。③

事实是,中国有全球最大规模的 8 亿多网民,中国诞生了百度、阿里巴巴、腾讯这样全球超一流的互联网公司,中国公民依法享有互联网上充分的言论自由。中国《宪法》赋予公民言论自由的权利。中国公民在互联网上的言论自由受法律保护,可以通过各种形式在网上发表言论。网上交流活跃是中国互联网发展的一大特点,论坛帖文、博客文章数量之巨大,在世界各国都是难以想象的。中国的网站十分注重为网民提供发表言论的服务,约 80% 的网站提供电子公告服务。中国现有上百万个论坛,2 亿多个博客用户,据抽样统计,每天人们通过论坛、新闻评论、博客等渠道发表的言论达 400 多万条,超过 66% 的中国网民经常在网上发表言论,就各种话题进行讨论,充分表达思想观点和利益诉求。博客、微博客、视频分享、社交网站等新兴网络服务在中国发展迅速,为中国公民通过互联网进行交流提供了更便捷的条件。网民踊跃参与网上信息传播、参与网上内容创造,大大丰富了互联网上信息内容。④

中国政府积极创造条件让人民监督政府,十分重视互联网的监督作用,对人们通过互联网反映的问题,要求各级政府及时调查解决,并向公众反馈处理

---

① 参见《希拉里演讲推销“网络自由”批评中国管制网络信息》,载环球网:www. world. huanqiu. com,最后访问日期:2019 年 6 月 30 日。

② 参见杨丽:《希拉里妄议“网络自由”连番指责中国》,载《中国青年报》2011 年 2 月 17 日,第 4 版。

③ 《评中国网络自由全球倒三:奇葩排名　恶心中国》,载环球网:www. world. huanqiu. com,最后访问日期:2019 年 6 月 30 日。

④ 中国互联网信息中心:《2018 年第 42 次中国互联网络发展状况统计报告》,载 199IT 网:www. 199it. com/archives/762773. html,最后访问日期:2019 年 6 月 11 日。

结果。据抽样调查,超过60%的网民对政府发挥互联网的监督作用予以积极评价,认为这是民主与进步的体现。

西方鼓吹"网络自由"的本质是网络霸权主义。以美国为首的西方发达国家,凭借其拥有的先进科学技术,主张"先占者主权",即"网络自由"。西方国家在网络主权问题上一直持"双重标准",对内,宣示主权神圣不可侵犯;对外,高调鼓吹"网络自由",宣称网络空间没有边界,不受限制。主张"网络自由"的目的在于借助网络推行意识形态战略。[①] 这些国家以网络自由为名,在网络空间对别国进行干扰渗透,研发"破网""绕道"技术突破信息关防,推行其价值观,对别国社会稳定和政治安全造成威胁。

(三)某些境外网站在中国大陆无法访问的问题

谷歌(Google)是世界第一搜索引擎网站,其1998年7月成立于美国加利福尼亚山景城,2005年在中国设立研发中心,2006年正式进入中国。2010年1月,谷歌公司在美国等西方国家的支持和鼓动下,以受到中国的黑客攻击和中国政府限制互联网言论自由为借口,试图以退出中国市场为威胁,迫使中国政府改变互联网管理政策。1月13日,谷歌公司决定,不愿再审查Google. cn上的搜索结果。3月23日,进一步宣布停止谷歌中国搜索服务的"过滤审查",并将该搜索服务由中国内地转至中国香港特别行政区。[②] 针对"谷歌退出中国"事件,国务院新闻办网络局负责人发表谈话指出,外国公司在中国经营必须遵守中国法律。谷歌公司违背进入中国市场时作出的书面承诺,停止对搜索服务继续过滤,并就黑客攻击影射和指责中国,这是完全错误的。我们坚决反对将商业问题政治化,对谷歌公司的无理指责和做法表示不满和愤慨。中国政府鼓励互联网发展和普及,促进互联网对外开放。中国将坚定不移地坚持对外开放的方针,欢迎外国企业参与中国互联网发展,并为外商到中国经营发展提供良好服务。[③]

网络媒体和其他媒体一样,应遵守中国宪法和法律,遵守职业道德,承担相应的社会责任,不能危害国家和公众利益。中国《网络安全法》、全国人民代表大会常务委员会《关于维护互联网安全的决定》、《电信条例》、《互联网信息服

---

① 参见张卫良、何秋娟:《应对西方"网络自由"必须维护我国意识形态安全》,载《红旗文稿》2016年第9期。

② 参见《谷歌退出中国内地事件全过程回顾》,载百度文库:https://m. baidu. com,最后访问日期:2019年6月11日。

③ 参见《国务院新闻办网络局负责人就谷歌搜索服务退出中国内地市场发表谈话》,载国务院新闻办公室网:www. scio. gov. cn,最后访问日期:2019年6月11日。

务管理办法》、《计算机信息网络国际联网安全保护管理办法》等法律法规明确规定,严禁传播含有颠覆国家政权、破坏国家统一、损害国家荣誉和利益、煽动民族仇恨、破坏民族团结、宣扬邪教以及淫秽色情、暴力、恐怖及侵害他人合法权益等内容的信息。根据这些法律法规,基础电信业务经营者、互联网信息服务提供者等应建立互联网安全管理制度,采取技术措施,阻止各类违法信息的传播。外国公司通过网站为中国消费者提供产品和服务时,应尊重中国国情和中国传统道德,不得制作、复制、发布、传播危害中国国家安全、煽动民族仇恨、淫秽、色情、赌博、暴力等不受中国人民欢迎的内容。如外国公司网站遇到访问障碍,可向中国的电信运营商提出询问。

中国主张合理运用技术手段遏制互联网上违法信息传播。根据互联网特性,从有效管理互联网的实际需要出发,中国政府依据相关法律法规,参照国际通行做法,发挥技术手段的防范作用,遏制违法信息对国家安全、社会公共利益和未成年的危害。

(四)关于微博用户真实身份信息注册(网络实名制)

中国最早的微博客服务产生于2007年。截至2019年6月,中国微博客用户已增长到2.2亿多。微博客具有极强的即时性、互动性和自媒体属性,极大地拓展了网络信息传播空间。但微博客信息海量庞杂,一些人通过微博客散布谣言和虚假信息,从事非法网络公关活动,传播淫秽色情信息,甚至冒用他人名义开设微博客。微博客上这些有害网络行为和有害信息现象,引起社会各界广泛关注,政府部门对此高度重视,下大力加以解决。在继续推动微博客发挥积极作用的同时,采取措施打击微博客上各种丑恶现象和不乏行为,维护公民合法权益。其中,微博用户实名制是一个重要举措。①

我国的网络用户真实身份信息注册制度,是在深入研究分析包括韩国在内的世界各国网络信息安全保护的经验教训,认真总结北京等5个城市试点经验的基础上提出来的。在制度设计上,将保护个人信息安全放在头等重要的位置。②

---

① 参见朱巍:《网络实名制相关争议问题研究》,载《中国广播》2013年第2期。

② 韩国是世界上首个强制推行网络实名制的国家。2006年年底,韩国国会通过《促进信息通信网络使用及保护信息法》修正案,规定主要门户网站在接受网民留言、发布照片和视频等操作前,必须先对网民个人的真实姓名和身份证号码等信息进行记录和验证。网络实名制实施后,韩国网络传播秩序得到明显改善。但由于制度设计上存在严重缺陷,导致实施过程中大量用户个人信息遭泄露。韩国宪法法院判决政府强制实施网络实名制违宪。韩国政府决定从2012年起分阶段逐步废除已经实施了4年多的网络实名制。韩国的经验和教训为其他国家施行网络实名制提供了借鉴。

从2011年年底开始，在北京、上海等5个城市开展微博客用户真实身份注册试点工作。2012年3月16日起，新浪、搜狐、网易等各大网站微博全部实行用户真实身份信息注册。2012年12月28日，全国人大常委会审议通过《关于加强网络信息保护的决定》，要求"网络服务提供者为用户办理网站接入服务，办理固定电话、移动电话等入网手续，或者为用户提供信息发布服务，应当在与用户签订协议或者确认提供服务时，要求用户提供真实身份信息"。2015年3月1日起，国家网信办发布的《互联网用户账号名称管理规定》正式施行，全国开始全面普及"网络实名制"。未来，网络信誉将成为社会信用的重要组成部分，也将成为电子商务、互联网金融等深层网络应用发展的重社会基础。①

中国微博用户以真实身份注册及比对认证工作主要是在后台进行，用户在前台仍然可以资源选择网名、昵称等，即"前台自愿、后台实名"。其制度设计具有科学性，主要体现在：

一是用户通过在线方式直接向认证机构提交身份信息，避免网站留存信息。用户按网站要求进行身份认证时，网站会将页面跳转到认证机构的网站，用户提交的个人信息是在互联网身份认证平台上进行的，不经过登录网站，不在登录网站留存，从而能够有效避免网站滥用用户信息，也避免了因网站信息安全防范措施不力被黑客攻击而造成数据泄露。

二是由国家权威机构作为互联网用户认证机构，加强对认证机构的监督管理。在我国，由中国互联网协会建立一个统一的互联网真实身份信息认证平台，作为联结互联网站与全国公民身份证号码查询服务中心的第三方机构。中国互联网协会是全国性非营利的行业组织，由国家工信部主管，便于监督管理。

三是后台实名，前台根据网民意愿，可选择实名，也可以用昵称。所以，这一制度的准确说法应是"用户真实身份信息注册"，而不是完全意义上的"网络实名制"。

四是互联网身份认证机构向网站提供认证服务不收取费用，不增加企业负担，有利于调动网站的积极性。

"网络实名制"有利于营造文明诚信的网络环境，维护网络传播秩序，发展健康向上网络文化，使互联网更可信更安全。从长远来看，该项工作不仅不会限制互联网服务的发展，还有助于树立互联网企业品牌，提高服务质量，实现用

① 参见张雯：《中国全面开启网络实名制》，载今日中国网：www.chinatoday.com.cn，最后访问日期：2019年6月30日。

户、企业与社会的多赢。

（五）关于中国互联网产业市场准入

中国在加入 WTO 时对增值电信业务的开放有明确承诺，境外企业可按最高 50% 股比，通过与中国企业合资的方式组建企业，进入中国市场；但在申请具体业务的经营许可时，需要按中国的法律规定，向相关管理部门提交申请材料。目前在中国，已有许多外资企业在开展经营或提供跨境服务，许多中国的互联网企业的资本构成也包括境外资本。中国一直遵循市场经济的原则，为中国的互联网行业营造一个公平、开放的市场环境。中国也欢迎全球的互联网企业和投资机构，遵照中国的法律、通过合法渠道，参与中国互联网行业发展。

部分西方国家批评我国信息安全产品认证制度、信息安全等级保护制度等网络安全管理制度，认为我国“进口国外相关产品时需要提交源代码或核心技术信息”等规定不合理。对此，中方认为，根据国家主权原则，一国有权利、有责任依法采取措施维护本国的信息网络安全。中国有权依照本国相关法律、世贸组织规则等国际法及国际通行做法，本着维护国家安全的正当需求，对来自国外的信息技术产品实施市场准入及认证制度。中国不会以此为借口歧视并阻挡西方企业在华经营活动。事实上，美英等国常常以国家安全为借口，对中国 IT 企业（如华为、中兴等）的正当商业行为拒绝给予公正待遇。

中国政府始终坚持对外开放的方针政策，愿与世界各国分享中国互联网发展机遇，欢迎各国企业包括互联网企业在中国提供合法服务。中国恪守世贸组织的规则和加入承诺，依法保护外资企业在华合法权益，为它们创造公平的市场环境和提供良好的服务。但任何公司在中国开展经营活动，都应当遵守中国法律，尊重中国国情和中国传统道德，接受主管部门的监管。

中国《外资企业法》《电信条例》《外商投资电信企业管理规定》《互联网信息服务管理办法》《互联网新闻信息服务管理规定》等法律法规都对外国企业进入中国互联网市场作出了明确规定。境外媒体在中国境内建立网站提供信息服务，应依法履行有关手续。

（六）中国政府处置互联网违法信息的法律依据

中国政府坚持依法管理互联网。1994 年以来，中国颁布了一系列与互联网管理相关的法律法规，主要包括全国人大常委会《关于维护互联网安全的决定》、《电子签名法》、《电信条例》、《互联网信息服务管理办法》、《计算机信息系统安全保护条例》、《信息网络传播权保护条例》、《外商投资电信企业管理规定》、《计算机信息网络国际联网安全保护管理办法》、《互联网新闻信息服务管理规定》、《互联网电子公告服务管理规定》等。此外，我国《刑法》《民法通则》《著作权法》《未成年人保护法》《治安管理处罚法》等法律的相关条款也适用于互联网管理。中国坚持审慎立法、科学立法，为互联网发展预留空间。相关法律法规涉及互联网基础资源管理、信息传播规范、信息安全保障等主要方面，对基础电信业务经营者、互联网接入服务提供者、互联网信息服务提供者、政府管理部门及互联网用户等行为主体的责任与义务作出了规定。法律保障公民的通信自由和通信秘密，同时规定，公民在行使自由和权利的时候，不得损害国家、社会、集体的利益和其他公民的合法的自由和权利，任何组织或个人不得利用电信网络从事危害国家安全、社会公共利益或者他人合法权益的活动。

在互联网管理中，政府应发挥主导作用。政府有关部门根据法定职责，依法维护公民权益、公共利益和国家安全。国家通信管理部门负责互联网行业管理，包括对中国境内互联网域名、IP 地址等互联网基础资源的管理。依据《互联网信息服务管理办法》，中国对经营性互联网信息服务实行许可制度，对非经营性互联网信息服务实行备案制度。国家新闻、出版、教育、卫生等部门依据《互联网信息服务管理办法》，对“从事新闻、出版、教育、医疗保健、药品和医疗器械等互联网信息服务”实行许可制度。公安机关等国家执法部门负责互联网安全监督管理，依法查处打击各类网络违法犯罪活动。

在互联网管理中，中国政府积极倡导行业自律和公众监督。2001 年 5 月，中国互联网协会成立，这是全国性互联网行业组织，其宗旨是服务于互联网行业发展、网民和政府的决策。该协会先后制定并发布了《中国互联网行业自律公约》《互联网站禁止传播淫秽色情等不良信息自律规范》《抵制恶意软件自律公约》《博客服务自律公约》《反网络病毒自律公约》《中国互联网行业版权自律宣言》等一系列自律规范，促进了互联网的健康发展。中国互联网协会为治理垃圾邮件作出了不懈努力，取得明显成效。① 为加强公众对互联网服务的监督，2004 年以来，中国先后成立了互联网违法和不良信息举报中心、网络违法犯罪举报网站、“12321”网络不良与垃圾信息举报受理中心、“12390”扫黄打非新闻出版版权联合举报中心等公众举报受理机构，并于 2010 年 1 月发布了《举报互联网和手机媒体淫秽色情及低俗信息奖励办法》。中国政府将进一步支持互联网行业组织的工作，为行业组织发挥作用提供服务，并依法保障公众举报网上

---

① 参见《邮件系统联民封堵　中国垃圾邮件创最大跌幅》，载 U-MALL 网：www.comingchina.com，最后访问日期：2019 年 6 月 11 日。

违法信息和行为的正当权利。

中国互联网的快速发展,得益于中国的改革开放政策,得益于中国经济的持续发展,也得益于国际先进技术和经验。中国互联网的发展极大地促进了中国科技、经济、政治、社会、文化的发展,促进了中国社会文明进步和人民生活水平的提高。中国政府将一如既往地促进互联网发展,鼓励运用新技术提供新服务,满足人们不断增长的多样化需求。

网络安全关乎我主权、安全和发展利益。我在网络安全领域面临复杂、严峻形势,宜着眼长远、加强谋划,统筹国内国际两个大局,多渠道开展工作,努力构建以法律规则为基础、公正合理的国际网络秩序。

第九章 “一国两制”框架下的条法事务

第一节 史无前例的伟大构想

一、香港、澳门、台湾的命运同祖国紧密相连

近代以后，由于封建统治腐败、国力衰弱，中华民族陷入深重苦难。1840年，英国以林则徐虎门销烟等为借口，对华发动第一次鸦片战争。第一次鸦片战争以中国失败并割地赔款告终。1842年8月29日，英国强迫清政府签订了中国历史上第一个不平等条约《中英南京条约》，割让香港岛给英国。① 第一次鸦片战争之后，中国更是一次次被领土幅员和人口规模都远远不如自己的国家打败，开始一步步沦为半殖民地半封建社会。1860年10月24日，英国在第二次鸦片战争中强迫清政府签订《中英北京条约》，割让南九龙半岛；1898年6月9日，英国强迫清政府签订《拓展香港界址专条》，强租新界99年，租期内租借地归英国管辖。② 此后，英国又

---

① 《南京条约》破坏了中国的领土完整和关税主权，便利了英国对华商品输出，使中国开始沦为半殖民地半封建社会。《南京条约》签订后，西方列强趁火打劫，相继强迫清政府签订了一系列不平等条约，破坏了中国的自然经济，并加速了清王朝的衰亡。

② 中国将1860年英国所占的尖沙咀以外的九龙半岛的其余部分，租与英国99年。租借地陆地面积376平方公里，其中大陆286平方公里，岛屿90平方公里，较原英国控制香港行政区陆地面积扩大了约11倍，租借地水域较前扩大四五十倍。

通过1899年3月的《香港英新租界合同》《香港英新租界水面照会》等约章文件继续扩大租界面积,使租借地成为完全由英国管辖的殖民地。

1844年7月3日在澳门签署的《中美望厦条约》(又称《中美五口通商章程》)是中国遭受西方列强凌辱的又一例证。它是清政府与美国签订的第一个不平等条约,也是中国近代以来与外国签订的最早期不平等条约之一。在缔约谈判中,美方软硬兼施,采用讹诈手法,胁迫中方谈判代表屈服。通过该条约,美国得以与清政府协商关税,并攫取了领事裁判权,侵犯了中国的领海权,获得了"一体均沾"片面最惠国待遇。① 1887年12月1日,葡萄牙与清政府签订《中葡会议草约》和《中葡和好通商条约》,正式通过不平等条约侵占澳门,并将澳门辟为葡萄牙殖民地。

不平等条约造成了香港被英国割占、澳门成为葡萄牙殖民地的历史状况。这是一段写满了民族屈辱和人民悲痛的国耻历史。只有当中国共产党领导中国人民经过艰苦卓绝的奋斗赢得民族独立和解放、中华人民共和国成立之后,中国人民才真正站立起来,并探索开辟出一条中国特色社会主义光明道路。20世纪70年代末以来,国家实行改革开放,经过40年不懈努力,开创了中华民族伟大复兴的崭新局面。

台湾问题的产生和演变也同近代以来中华民族命运休戚相关。两岸迄今尚未完全统一是历史遗留给中华民族的创伤。2019年1月2日,习近平总书记在《告台湾同胞书》发表40周年纪念大会上指出,1840年鸦片战争之后,西方列强入侵,中国陷入内忧外患、山河破碎的悲惨境地,台湾更是被外族侵占长达半个世纪。② 为战胜外来侵略、争取民族解放、实现国家统一,中华儿女前仆后继,进行了可歌可泣的斗争。1945年,中国人民同世界各国人民一道,取得了中国人民抗日战争暨世界反法西斯战争的伟大胜利,台湾随之光复,重回祖国怀抱。其后不久,由于中国内战延续和外部势力干涉,海峡两岸陷入长期政治对

---

① 《中美望厦条约》,载百度百科:https://wapbaike.baidu.com,最后访问日期:2019年6月16日。

② 1895年4月17日,日本强迫清政府签订中日《马关条约》,台湾被迫进入了日本统治时期,成为日本殖民地。1943年12月1日中、美、英三国《开罗宣言》宣布:制止和惩罚日本的侵略;"剥夺日本从第一次世界大战爆发后,在太平洋上夺得或占领的一切岛屿",使日本窃取的中国领土,例如,东北地区、台湾和澎湖群岛等"归还中国"。1945年苏、美、英三国《波波茨坦公告》第8条宣布:"开罗宣言之条件必将实施"。1945年8月15日,日本天皇发表终战诏书,第二次世界大战结束,台湾光复。

立的特殊状态。①

在改革开放的历史条件和时代背景下，以邓小平为代表的中国共产党人提出了"一国两制"伟大构想，并以此为指引，通过同英国、葡萄牙的外交谈判，顺利解决了历史遗留的香港、澳门问题。香港、澳门先后回到了祖国的怀抱，并且保持了稳定和繁荣。"一国两制"在香港、澳门的成功实践，为解决台湾问题、实现两岸和平统一提供了借鉴。

二、"一国两制"构想：从萌芽到基本国策

非凡时代催生伟大理念。② 1978 年 12 月党的十一届三中全会后，中国进入了改革开放的新时代，四个现代化建设开启新征程。解决历史遗留的领土问题、完成国家统一大业再次提上中央治国理政重要议事日程。③ 面对这份沉甸甸的历史考卷，必须解决好两大难题，一个是统一方式，诉诸武力还是和平解决？一个是如何管治回归后的领土，一律治理还是区别治理？中国改革开放总设计师邓小平提出了一个惊世骇俗的政治构想："一个国家，两种制度"，即在一个中国的前提下，国家主体坚持社会主义制度，香港、澳门、台湾保持原有的资本主义制度长期不变。这一伟大构想勾画出一幅国家和平统一的"新蓝图"，集中体现了中国共产党人的历史担当、战略胸怀、政治包容和制度自信。作为一项基本国策，率先在香港、澳门实行，由此开启了当代中国乃至世界一种全新的国家治理实践。

"一国两制"构想的提出，最初是为了解决台湾问题，其理论内容的丰富与

---

① 参见习近平：《在〈告台湾同胞书〉发表 40 周年纪念会上的讲话》，载《人民日报》2019 年 1 月 3 日，第 2 版。

② 参见饶戈平：《"一国两制"的伟大构想与成功实践》，载《光明日报》2017 年 6 月 29 日，第 2 版。

③ 1978 年 12 月 16 日，中美两国政府经过将近半年的谈判，最终达成协议，双方发表《中华人民共和国和美利坚合众国建立外交关系的公报》。美国接受中方坚持的"断交、撤军、废约"三项原则，宣布承认只有一个中国，台湾是中国的一部分。1978 年 12 月 18 日党的十一届三中全会公报指出："全会认为，随着中美关系正常化，我国神圣领土台湾回到祖国怀抱，已经进一步摆在我们面前。全会欢迎台湾同胞、港澳同胞、海外侨胞，本着爱国一家的精神，共同为祖国统一和祖国建设事业继续作出积极的贡献。"

完善大体经历了三个阶段。①

1. 初步构想阶段(1978～1980年)

“一国两制”构想最初萌芽于党的十一届三中全会前后,而毛泽东、周恩来等我国第一代领导人为国家和平统一作出的不懈努力,为“一国两制”构想提供了历史借鉴。② 1949年9月,毛泽东主席在中国人民政治协商会议第一次会议期间提出:“要用和平的方式解决历史遗留的问题(包括香港、澳门问题)。”20世纪50年代中后期,毛泽东在会见外宾时几次提到准备进行第三次国共合作,并提出了解决台湾问题的一些具体设想。他表示,如果台湾愿意统一,可照他们自己的方式生活。水里的鱼都是有地区的,毛儿盖的鱼到别的地方就不行。我不压迫他裁兵,不要他简政,让他搞三民主义。③ 周恩来总理将毛泽东的主张概括为“一纲四目”,即两岸统一是“纲”,台湾人事大权自己定、军政建设经费不足由中央拨付、社会改革可以从缓、互相不派人搞破坏为“四目”。④ 同一时期,毛泽东和周恩来在谈到香港问题时一再指出:香港是气象台、观察站、交际处,目前对我们还有用处,并提出了“长期打算,充分利用”的方针。⑤ 事实证明这一方针是完全正确的。保持香港、澳门的特殊地位,对打破外国对中国经济封锁,促进对外经济合作与交流发挥了重要作用。⑥

1978年10月8日,邓小平在会见日本文艺家江藤淳时指出:“如果实现祖国统一,我们在台湾的政策将根据台湾的现实来处理。比如说,美国在台湾有大量的投资,日本在那里也有大量的投资,这就是现实,我们正视这个现实。”此次谈话透露出祖国统一后中国政府将从实际出发、尊重台湾现实和保护外国人

---

① 参见中央网络电视台专题《使命——中国共产党建党90周年,“一国两制伟大构想提出”》,2011年4月27日;《邓小平殚精竭虑解决台湾问题》,载中国共产党新闻网:www. cpcnews. cn,最后访问日期:2019年1月8日。

② 参见孙翠萍:《试析1949～1978年新中国对港澳问题政策的制定及意义》,载中央党史和文献研究院网:https://www. wxyis. org. cn,最后访问日期:2019年6月12日。

③ 参见秋风:《论“一国两制”在港澳的成功实践》,载《环球时报》2004年5月24日,第15版。

④ 同上。

⑤ 1972年,联合国非殖民化特别委员会在一份文件中将香港和澳门列入殖民地名单,请大会讨论。对此,中国政府向该委员会提交了一份备忘录,明确指出:“香港和澳门是被英国和葡萄牙当局占领的中国领土的一部分,解决香港、澳门问题完全是属于中国主权范围内的问题,根本不属于通常的所谓殖民地范畴。我国政府主张,在条件成熟时,用适当的方式和平解决港澳问题,在未解决之前维持现状。”中国政府的立场得到国际社会认同。

⑥ 参见康冀民:《澳门回归之路》,载《中共党史资料》2009年第3期。

投资的最初思考，这是邓小平同志涉及“一国两制”构想的最早谈话。[①] 11 月 14 日，邓小平在访问泰国、马来西亚、新加坡等东南亚国家回国途经仰光会见缅甸总统吴奈温时，第一次明确谈到解决台湾问题的设想。他说，“在解决台湾问题时，我们会尊重台湾的现实。比如，台湾的某些制度可以不动，美、日在台湾的投资可以不动，那边的生活方式可以不动，但是要统一。”[②]这一设想为“一国两制”伟大构想的形成奠定了基础。

1979 年元旦，中美正式建立外交关系。同日，全国人大常委会发表《告台湾同胞书》，郑重宣布：“统一祖国，是历史赋予我们这一代人的神圣使命”。“在解决统一问题时尊重台湾现状和台湾各界人士的意见，采取合情合理的政策和方法，不使台湾人民蒙受损失。”同年 1 月下旬，邓小平访问美国时又表示：“我们不再用‘解放台湾’这个提法了。只要台湾回归祖国，我们将尊重那里的现实和现行制度”，“尊重台湾人民的意见，实行合情合理的政策。”[③]至此，“一国两制”构想初步形成。

1979 年 12 月 6 日，邓小平在会见日本首相大平正芳时提出了广为流传的“三个不变”，即统一后“台湾的制度不变、生活方式不变、台湾与外国的民间关系不变，包括外国在台湾的投资、民间交往照旧”，“台湾作为一个地方政府，可以拥有自己的自卫力量、军事力量”。[④] 这成为“一国两制”构想的基本框架。

2. 具体化阶段（1981 ~ 1983 年）

1981 年“叶九条”和 1983 年“邓六条”的发表，标志着“一国两制”理论基本内容进一步具体化。

1981 年 9 月 30 日，经中共中央政治局讨论决定，以全国人大常委会委员长叶剑英的名义，向新华社记者发表《关于台湾回归祖国实现和平统一的方针政策》的谈话，阐明了九条方针政策（“叶九条”），其中特别指出，“国家实现统一

---

① 参见《邓小平提出“一国两制”》，载中国网：www. china. com. cn，最后访问日期：2019 年 1 月 30 日。

② 《解决台湾问题的设想》，载人民网：www. people. com. cn，最后访问日期：2018 年 12 月 31 日。

③ 此前，经毛泽东主席审定的《人民日报》《红旗》《解放军报》（“两报一刊”）1974 年元旦社论表述的国家对台方针为：“要提高警惕，保卫祖国，随时准备歼灭入侵之敌和解放台湾。解放台湾是包括台湾省人民在内的全国人民的共同愿望和神圣义务。我们一定要解放台湾！”1977 年党的十一大政治报告和 1978 年《宪法》都明确规定“一定要解放台湾”的对台工作方针。

④ 田姝：《邓小平与“一国两制”的构想和实践》，载中国共产党新闻网：www. cpcnews. cn，最后访问日期：2019 年 6 月 12 日。

后,台湾可作为特别行政区,享有高度的自治权,并可保留军队”。“台湾现行社会、经济制度不变、生活方式不变、同外国的经济、文化关系不变。私人财产、房屋、土地、企业所有权、合法继承权和外国投资不受侵犯”。“统一后,台湾当局和各界代表人士,可担任全国政治机构的领导职务,参与国家管理”。这九条方针是“一国两制”构想日趋成形的重要标志。1982 年 1 月 10 日,邓小平在会见美国华人协会主席李耀基时指出:“九条方针是以叶剑英委员长的名义提出来的,实际上就是‘一个国家,两种制度’。”这是中国领导人首次正式对外提出“一个国家,两种制度”的概念。①

1982 年 6 月,邓小平在会见港澳知名人士时提出了“收回主权,保持繁荣”“制度不变,港人治港”的原则想法。② 1982 年 9 月 24 日,邓小平在北京会见英国首相撒切尔夫人,阐述了中国政府准备用“一国两制”的办法解决香港问题的立场。他说,香港回归以后,“仍将实行资本主义,现行的许多适合的制度要保持”。③ 同年 12 月,第五届全国人大五次会议颁布新《宪法》,其中第 31 条专门规定,“国家在必要时得设立特别行政区”。这样,“一国两制”的内涵被正式写进了国家的根本大法。

1983 年 6 月 26 日,邓小平在会见美国新泽西西东大学教授杨力宇时,又进一步阐述了实现台湾和祖国大陆和平统一的 6 条具体构想(“邓六条”)。④ 他指出:“台湾问题的核心是祖国统一”。“制度可以不同,但在国际上代表中国的,只能是中华人民共和国”。“不赞成台湾‘完全自治’的提法,‘完全自治’就是‘两个中国’,而不是一个中国。自治不能没有限度,不能损害统一的国家的利益”。“祖国统一后,台湾特别行政区可以实行同大陆不同的制度,可以有其他省、市、自治区所没有而为自己所独有的某些权力。司法独立,终审权不须到北京。台湾还可以有自己的军队,只是不能构成对大陆的威胁。大陆不派人驻台,不仅军队不去,行政人员也不去。台湾的党政军等系统,都由台湾自己来管。中央政府还要给台湾留出名额”。“和平统一不是大陆把台湾吃掉,当然也不能是台湾把大陆吃掉,所谓‘三民主义统一中国’不现实”。“要实现统一,就

---

① 参见秋风:《论“一国两制”在港澳的成功实践》,载《环球时报》2004 年 5 月 24 日,第 15 版。

② 同上。

③ 《邓小平交锋撒切尔　公开提出“一国两制”》,载中国网:www.china.com.cn,最后访问日期:2019 年 6 月 12 日。

④ 参见邓小平:《中国大陆和台湾和平统一的设想》,载《邓小平文选》(第 3 卷),人民出版社 1993 年版,第 30 ~ 31 页。

要有个适当方式。建议举行两党平等会谈，实行国共第三次合作，而不提中央与地方谈判。双方达成协议后可以正式宣布，但万万不可让外国插手，那样只能意味着中国还未独立，后患无穷。”

从“叶九条”到“邓六条”，“一国两制”构想的内容更加完备、明确和系统化，“一国两制”方针的大体框架基本形成。

3. 正式确立阶段（1984 年）

1984 年 6 月 22 日和 23 日，邓小平在分别会见香港工商界访京团和香港知名人士钟士元的谈话中，全面阐述了“一个国家，两种制度”的构想。[①] 他说：“我们的政策是实行‘一个国家，两种制度’。具体说，就是在中华人民共和国内，10 亿人口的大陆实行社会主义制度，香港、台湾实行资本主义制度。”同年 10 月 3 日，邓小平在接见港澳同胞国庆观礼团成员时指出，“澳门问题将会像香港一样，同一时间、同一方式解决”。此后，邓小平在会见外宾和内部讲话中，又多次阐述了有关“一国两制”的许多重要思想，最终成为我国解决台港澳问题的战略方针和既定国策，其中包括：

（1）“一国两制”的主体是社会主义。邓小平指出：“‘一国两制’就是中国的主体、十亿人口的地区坚定不移地实行社会主义。在这个前提下，可以容许在自己身边，在小地区和小范围内实行资本主义。我们相信，在小范围内容许资本主义存在，更有利于发展社会主义。”

（2）“一国两制”方针长期不变。邓小平用“五十年不变”这一形象化的语言，强调了中央政府坚定不移地落实“一国两制”政策的决心，同时也向全世界展示了中国将信守诺言的庄严承诺。这为推动“一国两制”的实施创造了必要条件。

（3）用“一国两制”办法解决中国统一问题也是一种和平共处。邓小平认为：“和平共处的原则不仅在处理国际关系问题上，而且在一个国家处理自己内政问题上，也是一个好办法”。[②] 用处理国际关系问题的原则来解决国内特殊问题，这是邓小平同志对和平共处五项原则的灵活运用和新发展。

1984 年 10 月，《瞭望》发表《一个意义重大的构想——邓小平同志谈“一个

---

① 参见邓小平：《一个国家，两种制度》（1984 年 6 月 22 日、23 日），载《邓小平文选》（第 3 卷），人民出版社 1993 年版，第 58 ~ 60 页。

② 邓小平：《和平共处原则具有强大生命力》，载《邓小平文选》（第 3 卷），人民出版社 1993 年版，第 96 ~ 97 页。

国家、两制制度”》,对“一国两制”构想作了首次系统报道。这一报道被视为“一国两制”构想基本确立的重要标志。①

1985 年 3 月,第六届全国人大三次会议正式把“一国两制”确定为中国的一项基本国策。至此,中国共产党和中国政府用“一国两制”解决台港澳问题,实现国家统一的基本方针正式确立,并率先在香港、澳门开始实践。

2019 年 1 月 2 日,习近平总书记在《告台湾同胞书》发表 40 周年纪念大会上重申:国家统一是大势所趋、大义所在、民心所向。祖国必须统一,也必然统一。这是 70 载两岸关系发展历程的历史定论,也是新时代中华民族伟大复兴的必然要求。“和平统一、一国两制”是实现国家统一的最佳方式。“一国两制”在台湾的具体实现形式会充分考虑台湾现实情况,会充分吸收两岸各界意见和建议,会充分照顾到台湾同胞利益和感情。在确保国家主权、安全、发展利益的前提下,和平统一后,台湾同胞的社会制度和生活方式等将得到充分尊重,台湾同胞的私人财产、宗教信仰、合法权益将得到充分保障。②

第二节 “一国两制”在香港、澳门的成功实践

一、香港、澳门特别行政区基本法

(一)《香港特别行政区基本法》的制定

《香港特别行政区基本法》的制定是伟大时代的非凡创造。③ 香港问题从中英双边谈判到国内立法的整个过程,就是“一国两制”科学构想和基本方针在理论上的阐述和发展过程,也是这一构想和方针在香港逐步走向制度化实践的过程。

1. 中英联合声明的签订

在“一国两制”方针指引下,中国政府首先开始与英国就香港问题展开谈判。从 1982 年 9 月 22 日英国首相撒切尔夫人访华开始,到 1984 年 9 月 18 日谈判结束,两国政府共进行了 22 轮艰难的谈判和磋商,最终就解决香港问题达

---

① 参见《邓小平提出“一国两制”》,载中国网:www. china. com. cn,最后访问日期:2019 年 6 月 12 日。

② 参见习近平:《在〈告台湾同胞书〉发表 40 周年纪念会上的讲话》,载《人民日报》2019 年 1 月 3 日,第 1 版。

③ 参见《张德江:基本法的制定是伟大时代的非凡创造》,载新华网:www. xinhuanet. com,最后访问日期:2019 年 6 月 12 日。

成协议。[①] 1984 年 12 月 19 日，时任中国国务院总理赵紫阳和英国首相撒切尔夫人代表中英两国政府在北京正式签署《中华人民共和国政府和大不列颠及北爱尔兰联合王国政府关于香港问题的联合声明》。香港回归进入了过渡期。

按照中国《宪法》规定，全国人大决定特别行政区的设立及其制度。在中英联合声明中，中国政府承诺，对香港的发展政策及其具体说明将由全国人大制定基本法加以规定。因此，香港特别行政区成为中国成立的第一个特别行政区，全国人大制定了《香港特别行政区基本法》，以贯彻落实国家对香港的基本方针政策。

2.《香港特别行政区基本法》的起草

《香港特别行政区基本法》充分凝聚了包括香港同胞在内的全体中国人民的共同意志。起草特区基本法是一项史无前例的工作。1985 年 4 月，全国人大决定成立香港特别行政区基本法起草委员会，由来自内地和香港各方面的人士和专家组成。同年 6 月 18 日，全国人大常委会通过起草委员会名单，共 59 人，其中香港人士 23 人。[②]

起草委员会在 1985 年 7 月 1 日召开第一次会议，并决定尽量吸取香港市民的意见，因此决定在香港成立一个具有广泛代表性的基本法咨询委员会，并委

---

① 撒切尔夫人在外交问题上态度一贯强硬，她千方百计不让香港回归中国，且主张顶多将香港名义上的主权交还中国，而实际控制权则由英国掌握。撒切尔夫人认为，中英间关于香港的三个条约（《南京条约》《北京条约》《拓展香港界址专条》）应予遵守，并声称：“要保持香港繁荣，就必须由英国来管治。如果中国宣布收回香港，就会给香港带来灾难性的影响和后果。”邓小平回应称：“我们对香港问题的基本立场是明确的，这里主要是三个问题。一个是主权问题；再一个问题，是 1997 年后中国采取什么方式来管理香港，继续保持香港繁荣；第三个问题，是中国和英国两国政府要妥善商谈如何使香港从现在到 1997 年的十五年中不出现大的波动。”关于香港主权，邓小平强调说，主权问题不必讨论，中国在这个问题上没有任何回旋的余地。1997 年中国将收回香港，不仅是新界，而且包括香港岛和九龙。“如果不收回，就意味着中国政府是晚清政府，中国领导人是李鸿章！”“如果过渡期间香港发生严重的波动，中国将不得不重新考虑收回香港的时间和方式。”邓小平提议：“我们建议达成这样一个协议，即双方同意通过外交途径开始相关问题的磋商。前提是 1997 年中国收回香港，在这个基础上磋商解决今后十五年怎样过渡得好，以及十五年后香港怎么办的问题。”

② 起草委员会主任委员：姬鹏飞；副主任委员：安子介、包玉刚、许家屯、费彝民、胡绳、费孝通、王汉斌、李国宝；委员：马临、王汉斌、王叔文、王铁崖、毛钧年、邝广杰、司徒华、邬维庸、刘皇发、许崇德、芮沐、李后、李国宝、李柱铭、李裕民、李福善、李嘉诚、肖蔚云、吴大琨、吴建璠、张友渔、陈欣（女）、陈楚、邵天任、林亨元、周南、郑正训、郑伟荣、项淳一、荣毅仁、胡绳、柯在铄、查良镛、查济民、勇龙桂、莫应、贾石、钱伟长、钱昌照、郭棣活、容永道、黄丽松、黄保欣、释觉光、鲁平、裘劭恒、雷洁琼（女）、廖晖、廖瑶珠（女）、端木正、谭惠珠（女）、谭耀宗、霍英东。

托在港的起草委员会委员发起筹组。咨询委员会于1985年12月18日成立，委员会共180人，由香港居民组成。

在基本法制定过程中，围绕焦点问题有过激烈的争论。包括特区行政长官如何选举产生、应该有多大职权等实质问题，以及政府部门的名称、官员的头衔等技术问题。此外，还有更大的一个难题就是如何界定中央政府与特区政府之间的关系。当时有一种看法是，既然香港实行高度自治，那就应该除了外交和防务以外，中央政府不能干预特区的一切事务。关于这个问题，邓小平的一段话让大家拨云见日。他说，特区的"高度自治权"是这样授予的，没有"一国"就没有"两制"，而且中央不是放手不管，高度自治不是完全自治。①

起草委员会和全国人大常委会先后全文公布基本法草案，面向香港和全国各地广泛征询意见，仅在香港方面就收到近8万份意见和建议。为切实凝聚共识，基本法起草委员会对载入基本法草案的所有条文、附件和相关文件，都采取全体委员以无记名的方式逐条逐件进行表决，需2/3多数赞成才能通过。基本法条文中几乎每一处文字和标点符号都是经过反复讨论才最后敲定，以致整部法律起草时间长达4年零8个月。正是在这样全面、细致、深入的民主协商过程中，各方面的利益得以兼顾，各方面的共识得以凝聚。可以说，香港基本法是香港社会各阶层、各界别、各群体的最大公约数，也是内地与香港的最大公约数。②

1990年2月17日，香港特区基本法起草委员会举行最后一次会议。会议结束时，邓小平会见了起草委员会全体成员。他说："你们经过将近五年的辛勤劳动，写出了一部具有历史意义和国际意义的法律。说它具有历史意义，不只对过去、现在，而且包括将来；说国际意义，不只对第三世界，而且对全人类都具有长远意义。这是一个具有创造性的杰作。我对你们的劳动表示感谢！对文件的形成表示祝贺！"③

3.《香港特别行政区基本法》的颁布

1990年4月4日，第七届全国人大第三次会议审议通过了《香港特别行政区基本法》，实现了"一国两制"方针的具体化、法律化、制度化。这部宪制性法

---

① 参见《亲历者说：香港基本法千锤百炼来之不易》，载人民日报海外网：www. haiwainet. cn，最后访问日期：2019年6月12日。

② 参见王凯：《中英香港问题谈判的日日夜夜》，载团结网：www. tuanjiebao. com，最后访问日期：2019年6月13日。

③ 《1990年2月17日香港基本法具有历史意义和国际意义》，载央视网：www. cctv. com，最后访问日期：2019年6月12日。

律把国家对香港的基本方针政策和特别行政区制度确定下来,明确了香港特别行政区在“一国”下的法律地位,明确了中央与特别行政区的相互关系,规定了香港居民享有的基本权利和义务,规定了特区行政区的政治体制以及经济、教育、科学、文化、体育、宗教、劳工和社会服务等方面的制度和政策等。邓小平曾经说过,“这个基本法很重要。世界历史上还没有这样一个法,这是一个新事物。”“我们的‘一国两制’能不能真正成功,要体现在香港特别行政区基本法里面”。在没有先例可循的情况下,《香港特别行政区基本法》科学地解决了国家主体实行社会主义与个别地区实行资本主义、中央拥有全面管治权与特别行政区获得高度自治的授权等一系列复杂问题。这是一部具有历史意义和国际意义的创造性杰作。① 1997 年 7 月 1 日,《香港特别行政区基本法》正式实施。

4. 中英联合联络小组的工作

1985 年 5 月 27 日,根据《中英联合声明》及其附件二规定成立中英联合联络小组,作为中英两国政府间的联络机构,其职责为:就《联合声明》实施进行磋商;讨论与 1997 年政权顺利交接有关的事宜;就双方商定的事项交换情况并进行磋商。1988 年 7 月 1 日起,联络小组以香港为主要驻地,工作至 2000 年 1 月 1 日为止。联络小组双方各由一位大使级首席代表和 4 名代表组成,每年至少在北京、伦敦和香港各开一次会议。② 联络小组还设立了专家小组,处理需要专家协助的具体事项。联络小组成立后,共举行 47 次全体会议。外交部主要负责处理香港回归前需要作出安排的涉港外交事务方面的议题,包括国际公约、国际组织、双边协定、香港法律本地化以及交接仪式、档案移交、滞港越南船员和难民等。

(二)《澳门特别行政区基本法》的制定

1. 中葡联合声明的签订

1979 年 2 月 8 日,中葡两国正式建立外交关系。中葡建交公报未提到澳门

① 参见张德江:《坚定“一国两制”伟大事业信心,继续推进基本法全面贯彻落实——在纪念中华人民共和国香港特别行政区基本法实施 20 周年座谈会上的讲话》,载《人民日报》2017 年 5 月 28 日,第 2 版。

② 中方历任首席代表:柯在铄大使(1985 ~ 1990 年)、郭丰民大使(1990 ~ 1994 年)、赵稷华大使(1994 ~ 1997 年)、王桂生大使(1997 ~ 1998 年)、吴红波大使(1998 ~ 1999 年);英方历任首席代表:卫奕信(D. C. Wilson)大使(1985 ~ 1987 年)、麦若彬(R. J. T. McLaren)大使(1987 ~ 1989 年)、高德年(A. C. Galsworthy)大使(1989 ~ 1993 年)、戴维斯(H. L. Davies)大使(1993 ~ 1997 年)、包雅伦(Alan Paul)大使(1997 ~ 1999 年)。

问题,但双方签署了一份未公开的谅解备忘录(《会谈记录》),记载了双方就澳门问题达成的共识。中方全权代表、中国驻法国大使韩克华表示:“澳门是中国领土,定将归还中国。至于归还的时间和细节,可在将来认为适当时候由两国政府谈判解决。”葡方全权代表、葡萄牙驻法国大使安东尼奥·马尔丁斯表示:“葡萄牙政府原则同意中国政府的立场。”“葡萄牙政府没有把澳门并入葡萄牙的领土,葡宪法只把澳门看作是在葡萄牙管理之下。葡萄牙对于澳门地域管理的结束,将可在中华人民共和国和葡萄牙之间进行谈判。”①中葡建交在历史上有着重要意义,为解决澳门问题奠定了基础。

1984 年 10 月 3 日,邓小平在接见港澳同胞国庆观礼团全体成员时说:“澳门问题会像香港问题一样,同一个时间,同一种方式解决。”他又说:“澳门问题的解决也离不开‘一国两制’。”同年 10 月 6 日,邓小平在接见澳门知名人士马万祺先生时指出:“澳门问题也要按照解决香港问题的原则来进行,‘一国两制,澳人治澳’,五十年不变。”“澳门收回后,赌业可以继续存在下去。”②邓小平的谈话,既肯定了中国政府在澳门问题上的一贯立场,又对解决澳门问题的时间、方式和方法作出了原则性阐述。

1986 年 6 月 30 日,中葡就澳门问题在北京开始谈判。谈判总体上较为顺利,分歧主要集中在澳门回归的时间和澳门部分葡籍居民的国籍这两个重要问题上。关于回归时间问题,双方经 8 个多月的四轮谈判,最终达成了一致。③ 但在国籍问题上,中葡两国国籍法的规定有重大差异。我国不承认双重国籍和多重国籍,葡萄牙则明确予以承认。双方的分歧难以弥合,故成为悬案,最后商定在联合声明中以备忘录的形式各自表明本国的立场。④

部分葡籍居民的国籍问题,最终由中葡联合联络小组通过磋商找到了解决

---

① 陈果吉:《中葡关于澳门问题谈判的前前后后》,载《党的文献》1999 年第 6 期。

② 刘金田:《“一国两制”成功实践的新里程碑》,载《人民日报》1999 年 12 月 14 日,第 9 版。

③ 关于回归时间,中方最初提出,1998 年恢复对澳门行使主权,与香港回归时间错开,晚一年。这样有利于澳门平稳过渡,也与香港有所不同。葡方则提议 2003 年(葡占领澳门 450 周年)归还。经反复谈判,最后确定为 1999 年 12 月 20 日中国对澳门恢复行使主权。

④ 当时,澳门居民中约有 13 万人持有葡国护照,其中包括 2 万多土生葡人。葡方备忘录声明:“凡按照葡萄牙立法,在 1999 年 12 月 19 日因具有葡萄牙公民资格而持有葡萄牙护照的澳门居民,该日后可继续使用之。”中方备忘录声明:“澳门居民凡符合中华人民共和国国籍法规定者,不论是否持有葡萄牙旅行证件或身份证件,均具有中国公民资格。在澳门特别行政区成立后,中华人民共和国主管部门允许原持有葡萄牙旅行证件的澳门中国公民,继续使用该证件去其他国家和地区旅行。上述中国公民在澳门特别行政区和中华人民共和国其它地区不得享受葡萄牙的领事保护。”

办法,得以妥善解决:根据澳门的历史和现实,尊重这部分人的意愿,允许他们自由选籍。对选择了葡国国籍,愿意在澳门继续生活的,中国政府承诺:“在澳门的葡萄牙后裔居民的利益,将依法得到保护。澳门特别行政区依法保护在澳门的葡萄牙后裔居民的利益,并尊重他们的习惯和文化传统。”大部分葡籍居民人选择了中国国籍,有一部分人选择了葡萄牙国籍,但仍留在澳门工作。①

1987年4月13日,时任中国国务院总理赵紫阳和葡萄牙总理席尔瓦在北京正式签署中葡《关于澳门问题的联合声明》。联合声明宣布:中国政府将于1999年12月20日对澳门恢复行使主权。1988年1月15日双方在北京互换批准书,联合声明正式生效。澳门开始进入长达12年的回归过渡期。

2. 澳门特区基本法的起草和颁布

1988年4月13日,第七届全国人大决定成立澳门特区基本法起草委员会,共48位委员,其中澳门工商界、法律界、教育界、新闻界、宗教界、劳工界等各方面人士19人,负责澳门特区基本法的起草工作。参照《香港特别行政区基本法》的起草模式,澳门特区基本法咨询委员会于1989年5月28日成立,由澳门各界代表90人组成。

澳门基本法起草委员会委员经过4年多努力工作,先后举行了9次全体会议、70次专题小组会议、3次主任委员扩大会议,制定出《澳门特别行政区基本法》9章145条。1993年3月1日,第九次全体会议正式通过《澳门特别行政区基本法(草案)》及澳门特别行政区区旗、区徽的设计方案。1993年3月31日,第八届全国人大第一次会议审议通过并正式颁布《澳门特别行政区基本法》。1999年12月20日,《澳门特别行政区基本法》正式实施。

3. 中葡联合联络小组的工作

1988年1月15日,根据《中葡联合声明》及其附件二的规定成立中葡联合联络小组,作为中葡两国政府间的联络机构,其职责为:就《联合声明》及其附件的实施进行磋商;就1999年政权交接的事宜交换情况并磋商;就中葡两国政府为澳门保持和发展对外经济、文化等关系所需采取的行动进行磋商;就双方商定的其他事项交换情况并磋商。中葡联合联络小组由双方各1位大使级组长

---

① 参见许昌:《论澳门部分居民国籍争议的法律规制及影响》,载《求是学刊》2016年第3期;赵燕芳:《澳门土生葡人的国籍问题》,载《中国法律》1999年第1期。

和4名成员组成，以澳门为常驻地，工作至2000年1月1日为止。[①] 联络小组轮流在北京、里斯本和澳门开会，共举行34次全体会议。联络小组还设立专家小组处理具体事项。

与联络小组同时成立的还有中葡土地小组，负责代表两国政府在澳门过渡期处理土地契约及有关事项，工作至1999年12月19日止。土地小组由双方各指派3名成员组成。

葡萄牙统治澳门400多年，在管治方面一直使用葡文、葡人和葡法。澳门回归后，中文法律地位、公务员本地化和法律本地化是中葡联合联络小组必须妥善应对的三大问题。

一是中文法律地位问题。起初葡方试图回避，或拖而不议，或敷衍应付。葡方担心确定中文法律地位后，葡文会在澳门消失，葡国在澳门几百年的影响也会随之消失。经过多次谈判，仍达不成协议。此时，澳门立法会主动采取了措施，决定"自1989年6月2日起，凡提出的提案均应使用中葡两种文字"。对于葡方的关切，中方建议，在确定中文法律地位的同时，将回归后继续适用葡文写入《澳门特别行政区基本法(草案)》。1991年4月双方达成一致意见。葡萄牙国会于1991年12月31日通过了关于中文法律地位问题的455号法令。澳葡政府于1992年1月13日将该法令刊登在《澳门政府公报》上。至此，中文被正式承认为澳门的官方语文，与葡文具有同等法律地位。[②] 中方在《澳门特别行政区基本法》中也体现出这一内容。《澳门特别行政区基本法》第9条规定："澳门特别行政区的行政机关、立法机关和司法机关，除使用中文外，还可使用葡文，葡文也是正式语文。"

二是公务员本地化问题。《中葡联合声明》第2条第3款规定："澳门特别行政区政府和澳门特别行政区立法机关均由当地人组成。"原来由葡人担任澳门主要官员的情况不能再继续，中国内地也不能派官员来接管澳门。回归前，澳门专业人才非常缺乏，如法律人才。在澳门，大律师和法官都是葡人，法律条文是葡文，必须用葡文打官司，本地严重缺乏懂葡文法律和中国法律的人才。

---

① 中方历任首席代表：康冀民大使(1989～1993年)、过家鼎大使(1993～1997年)，韩肇康大使(1997～2000年)；葡方先后有5任首席代表，首任为科埃略大使，继任为卡塔里诺大使，最后一任为贾安栋大使。

② 孟庆顺：《澳门中文官语地位问题与对策》，载《当代港澳研究》1999年第1期。

经济技术人才、企业管理人才等也很缺乏。因此,“澳人治澳”,培养人才是关键。① 在中方积极推动和配合下,澳葡政府采取了一系列措施。

(1)1989 年 3 月 1 日公布法令,承认中国各大学学历。此前,澳葡政府概不承认中国各大学的学历,从而阻碍了中国人进入公务员队伍或担任高层工作。

(2)1989 年 8 月 28 日公布法令限制外聘公务员,只有在当地无合适人选,并报总督批准,才可从外地聘用人员。

(3)设置领导级公务员辅助职位,即司级、厅级助理,使他们逐步适应工作需求。

(4)1990 年 9 月,成立高级警官学校,主要培养、培训高级警官。至 1998 年 7 月,共有四届 168 名具有学士学位的警官毕业,另有大批中低警衔华人警官接受了职业培训。

(5)从 1990 年起,澳葡政府开始选派青年到北京语言学院进修汉语,到中国国家行政学院进行短期培训,了解中国行政架构及运作机制。选派澳门出国留学生赴葡萄牙进修葡文及了解葡萄牙公共行政系统,学成后进入公务员系统。

(6)1988 年澳葡政府接管东亚大学后,于 1991 年改名为澳门大学,致力于高等教育本地化。1991 年下半年,又从澳门大学分出澳门理工学院。澳大和澳理工为实现公务员本地化作了大量工作。

在 12 年的过渡期中,经多方努力,本地人才经过多年的培养和培训,逐步更换葡籍官员,使公务员本地化逐步落实。②

三是法律本地化问题。澳门虽然 97% 以上是华人,但澳门的社会制度基本上以葡萄牙的社会制度为模式。其法律主要是葡萄牙法律的延伸和衍生。司法制度完全沿用葡萄牙的。③《中葡联合声明》规定:澳门“法律基本不变”,附

---

① 在葡萄牙的管制下,澳门一直实行总督负责制,总督是葡萄牙总统在澳门的代表,由葡萄牙总统任命。总督下设政务司,政务司下设司、厅、署、处、科、组六级。高级公务员绝大多数为葡萄牙派过来的官员;处、科级的公务员多为土生葡人;保安部队司令、副司令、参谋长、警察厅厅长、副厅长都是葡国现役军人;总警司、高级警司、警司都是土生葡人;区长、副区长大多是土生葡人,只有少数是当地华人。

② 参见邓伟平:《澳门:公务员本地化的回顾与前瞻》,载《中山大学学报》(社会科学版)1996 年第 2 期。

③ 1822 年,葡萄牙宪法把澳门确定为葡萄牙的海外省。此后葡萄牙主要法典陆续延伸到澳门使用。此外,澳门还有一部分法律是葡萄牙专门为澳门制定的,有一部分法律、法令、法规是根据葡萄牙宪法和《澳门组织章程》赋予澳门总督和澳门立法机构权力而制定的。

件中第3条还规定:“澳门特别行政区成立后,澳门原有的法律、法规、行政法规和基本规范性文件,除与《基本法》相抵触或澳门特别行政区立法机关作为修改者外,予以保留。”葡方对澳门法律本地化持积极态度,在中方的积极配合下,形成了“三标准”(符合《中葡联合声明》、与《澳门基本法》相衔接、符合澳门实际)、“五步骤”(清理、分类、修订、翻译、过户)的法律本地化方案。①

1988年,澳门政府成立了法律翻译办公室,集中了中、葡法律和语言方面的专家,对澳门法律清理、分类、修订、翻译,取得了较好进展。② 法律人才本地化方面,经过10多年努力,澳门已培养了双语(中文、葡语)法律人才100多人,其中在1999年回归前,已有20多人进入司法官队伍,从而结束了几百年来澳门法院、检察院官员没有本地人的历史。

(三)《香港特别行政区基本法》主要规定

1. 香港特区是中华人民共和国不可分离的部分,境内的土地和自然资源,属于国家所有,特区政府负责管理、使用、开发、出租或批给个人、法人或团体使用或开发,收入全部归特区支配。(第1条、第7条)

2. 国家根据《宪法》第31条规定,设立特别行政区,特区基本法由全国人大制定。香港原有法律,除与基本法相抵触或经香港特区的立法机关作出修改者外,予以保留。基本法的修改权与解释权分别属于全国人大和全国人大常委会。(序言、第8条、第158条、第159条)

3. 香港特区是中华人民共和国享有高度自治权的地方行政区域,直辖于中央政府。中央政府依照有关规定任命特区行政长官和行政机关的主要官员。特区法院的法官由特区行政长官任命。特区行政长官、主要官员、终审法院和高等法院的首席法官应由在外国无居留权的香港特区永久性居民中的中国公民担任。特区行政长官、主要官员、行政会议成员、立法会议员、各级法院法官和其他司法人员在就职时必须宣誓拥护香港特区基本法,效忠香港特区。(第12条、第15条、第90条、第103条、第104条)

---

① 参见丁伟:《论澳门法律本地化问题》,载《政法论坛》1999年第5期。

② 1990~1995年,共清理法律3万多件。葡萄牙五大法典中的《刑法典》和《刑事诉讼法》经中葡双方反复磋商讨论,认为可以在1999年澳门特别行政区成立后继续使用。对《民法典》、《民事诉讼法典》和《商法典》中的《公司法》《家庭法》等进行修订。在法律翻译方面,在中方法律专家协助下,完成了一大部分法律翻译工作。葡方于1998年年初,先后向中方提交了1976年以后由澳门立法会制定的有效法律清单的中文译本,以及澳门总督颁布的有效法令清单的中文译本。两项共877页。

4. 中央政府负责管理与香港特区有关的外交事务、负责管理香港特区的防务。外交部在香港设立机构处理外交事务。香港特区法院对国防、外交等国家行为无管辖权。特区法院在审理案件中遇有涉及国防、外交等国家行为的事实问题,应取得行政长官就该等问题发出的证明文件,上述文件对法院有拘束力。行政长官在发出证明文件前,须取得中央政府的证明书。(第 13 条、第 14 条、第 19 条)

5. 全国性法律除列入特区基本法附件三者外,不在香港特区实施。全国人大常委会可对列入附件三的法律作出增减,任何列入附件三的法律,限于有关国防、外交和其他按本法规定不属于特区自治范围的法律。全国人大常委会决定宣布战争状态或因香港特区发生特区政府不能控制的危及国家统一或安全的动乱而决定特区进入紧急状态,中央政府可发布命令将有关全国性法律在香港特区实施。香港特区自行立法禁止任何叛国、分裂国家、煽动叛乱、颠覆中央政府及窃取国家机密的行为,禁止外国的政治性组织或团体在香港特区进行政治活动,禁止特区的政治性组织或团体与外国的政治性组织或团体建立联系。(第 18 条、第 23 条)

6. 特区不实行社会主义制度和政策,保持原有的资本主义制度和生活方式,50 年不变。(第 2 条)特区实行高度自治,享有行政管理权、立法权、独立的司法权和终审权,以及负责维护本地区内的社会治安。特区可享有全国人大、全国人大常委会及中央政府授予的其他权力。(第 2 条、第 20 条)香港特区的行政机关、立法机关和司法机关,除使用中文外,还可使用英文,英文也是正式语文。(第 9 条)中央政府授权特区依照基本法自行处理有关对外事务。(第 13 条、第 150 ~ 157 条)

7. 香港特区保持财政独立,其财政收入全部用于自身需要,不上缴中央政府,中央政府不在特区征税;香港有独立的关税和经贸政策;港元为香港特区的法定货币,继续流通,港币发行权属于特区政府。特区在文化和社会事务方面自行制定相关政策和体制。(第五章、第六章)

(四)《澳门特别行政区基本法》主要内容

一方面,澳门在历史背景和现存政治经济制度上,与香港有许多相同或相似之处。香港、澳门特别行政区的基本法都是根据我国《宪法》第 31 条和“一国两制”的总方针以及国家对港澳的基本政策制定的,并分别将《中英联合声明》和《中葡联合声明》中所确定的原则以法律的形式加以具体化、制度化。香港、澳门特别行政区都实行高度自治,原有制度和生活方式 50 年不变。所以两特区《基本法》的总体结构、基本原则和基本制度大体上是一致的。

另一方面，香港、澳门在政治、经济、文化、历史和社会等方面也有一些各自的特点，比如，香港系1840年鸦片战争以后依不平等的《南京条约》被英国“占领”，澳门是16世纪中叶以后葡萄牙商人行贿占据之后被葡萄牙“逐步占领”。“占领”与“逐步占领”仅两字之差，却反映出不同的历史情况。[①] 因此，除区旗和区徽有各自明显的特征之外，[②]香港、澳门特别行政区在土地制度、法律制度、驻军、政治体制、经济政策、语言和生活方式等基本法制度方面也有一些重要区别，由此形成了“一国两制”下的“香港模式”和“澳门模式”。[③] 深入研究“一国两制”在香港和澳门不同的实践，有利于探索“一国两制”的台湾方案。

1. 土地制度

《香港特别行政区基本法》第7条规定，香港特区境内的土地和自然资源属于国家所有，由香港特区政府负责管理、使用、开发、出租或批给个人、法人或团体使用或开发，其收入全归香港特区政府支配。《澳门特别行政区基本法》第7条规定，澳门特区境内的土地和自然资源，除在澳门特区成立之前已依法确认的私有土地外，属于国家所有。这反映了港澳两地土地所有制的状况和特点。因为，澳门特区现有一小部分土地是私人所有的，而香港特区的土地都属于国家所有。

2. 法律制度

《香港特别行政区基本法》规定，“香港原有法律，即普通法、衡平法、条例、附属立法和习惯法予以保留。”《澳门特别行政区基本法》则采用“原有的法律、法令、行政法规和其他规范性文件”的提法，具有明显的差别。其原因是，港澳两地原有法律分属普通法系和大陆法系，港澳特区成立后，按基本法规定，原有法律基本不变，两地原属不同法系的法律制度和名称也基本保留。港澳特区基本法在法院组织体系的建立、刑事检察机关的性质和地位、原有法律的作用等问题上也作了不同规定。

---

① 参见《香港特别行政区基本法》序言第1段、《澳门特别行政区基本法》序言第1段。

② 香港特区的区旗是五星花蕊的紫荆花红旗，区徽中间是五星花蕊的紫荆花，周围写有“中华人民共和国香港特别行政区”和英文“HONG KANG”。红白两色搭配，寓意“一国两制”。澳门特区的区旗是绘有五星、莲花、大桥、海水图案的绿色旗帜，区徽，中间是五星、莲花、大桥、海水，周围写有中文“中华人民共和国澳门特别行政区”和葡文“MACAU”的字样。背景色绿色代表生命、和平、欣欣向荣。

③ 杨静辉、李祥琴：《港澳基本法比较研究》，北京大学出版社1997年版。

3. 驻军

香港、澳门特别行政区基本法都规定，防务由中央政府负责管理。《香港特别行政区基本法》对驻军问题作了明文规定，《澳门特别行政区基本法》则没有作明确规定。《澳门特别行政区基本法》颁布后，根据澳门的客观情况，在澳门市民的一再强烈要求下，中央政府决定在澳门特区派驻军队，并根据在澳门驻军的需要，由全国人大常委会制定了《澳门特别行政区驻军法》。

4. 政治体制

香港、澳门特别行政区的政治体制在基本架构、基本原则和基本精神上，都是一致的。但是，澳门特别行政区的政治体制中有一些与香港特别行政区不同的特点。

其一，澳门特区行政长官的职权更为广泛，其以下职权是香港特区行政长官所没有的：制定行政法规并颁布执行，委任部分立法会议员、依照法定程序任免检察官、依照法定程序提名并报请中央政府任命检察长、建议中央政府免除检察长的职务。

其二，立法会的组成有所不同。香港特别行政区立法会的议员全部由选举产生，澳门特区立法会的议员中，多数议员由选举产生，少数议员由行政长官委任。

其三，对是否具有外国居留权的规定有所不同。《香港特别行政区基本法》规定，行政长官、行政会议成员、特区主要官员的任职资格均包括“在外国无居留权”。《澳门特别行政区基本法》对于除行政长官以外的主要公职人员的任职资格没有“在外国无居留权”的限制。对于行政长官，规定“在任职期内不得具有外国居留权”。

5. 经济政策

从结构上来看，《香港特别行政区基本法》第五章“经济”设四节，分别为“财政、金融、贸易和商业”“土地契约”“航运”“民用航空”等。《澳门特别行政区基本法》第五章“经济”只有若干条，未分若干节。原因在于香港特别行政区的航运和民用航空发达，各项管理制度完善。《澳门特别行政区基本法》较为简约，留有余地，以避免因情况变化而导致基本法经常修改。

《澳门特别行政区基本法》规定，澳门特别行政区根据本地整体利益自行决定旅游娱乐业的政策，并规定与旅游娱乐业密切相关的“专营税制由法律另作规定”。《香港特别行政区基本法》中无这两项内容，这反映了澳门特别行政区历史、现状及经济生活特点。

澳门特区现有一个由政府、雇主团体和雇员团体代表组成的咨询性的社会协调组织。澳门特区的人士认为此项规定反映澳门特点,兼顾了澳门特别行政区社会各阶层的利益。

关于土地契约,《香港特别行政区基本法》在第五章中设专节作出详细具体的规定,《澳门特别行政区基本法》只在第五章第120条作出概括性的规定。这反映了港澳特别行政区土地契约问题历史背景不同,也说明香港特别行政区有关土地契约的事务比澳门特别行政区复杂得多。

《香港特别行政区基本法》第109条规定,香港特别行政区政府提供适当的经济和法律环境,以保持香港特区的国际金融中心地位;第112条规定,继续开放外汇、黄金、证券、期货等市场。《澳门特别行政区基本法》没有类似的规定,这是因为港澳特别行政区经济状况和发展水平是不同的。

6. 语言和生活方式

香港和澳门回归前分别使用英文和葡萄牙文作为官方语文。基本法一方面要消除这种殖民色彩,规定官方语文为中文,但为保持香港和澳门社会运转的连续性、稳定性,对于香港和澳门特别行政区的行政机关、立法机关和司法机关,《香港特别行政区基本法》规定,"除使用中文外,还可使用英文,英文也是正式语言语文"(第9条);《澳门特别行政区基本法》则规定,"除使用中文外,还可使用葡文,葡文也是正式语文"(第9条)。

此外,"土生葡人"是澳门特有的,《澳门特别行政区基本法》对其作为澳门特区的永久性居民作出规定,且"不因国籍、血统、种族、性别、语言、宗教、政治或思想信仰、文化程度、经济状况或社会条件而受到歧视"(第24条、第25条),并规定保护其生活习俗,即"在澳门的葡萄牙后裔居民的利益依法受澳门特别行政区的保护,他们的习俗和文化传统应受尊重"(第42条)。这样,关于居民的权利和自由,《香港特别行政区基本法》有19条内容,而《澳门特别行政区基本法》有22条内容。

二、香港、澳门回归祖国

1997年7月1日零时,在全球瞩目之下,与祖国分离逾一个半世纪的香港,历尽坎坷,终以和平方式回归祖国的怀抱。中国政府恢复对香港行使主权,并在香港开启"一国两制"的伟大实践。这是中华民族发展进程中具有重大历史意义的事件,浓墨重彩,彪炳史册。从此,香江水、紫荆花、古钟楼,具有了新的灵魂、新的使命,香港人有了当家作主的新身份。回归以来,涛声依旧的香江水,潮起潮落,骄傲地洗刷着中华民族的历史耻辱;不再凋零的紫荆花,常年绽放,高雅地映衬出“一国两制”的灿烂辉煌;饱经沧桑的维港钟楼,驰而不息,不懈地记录下新香港的美好传奇,而重获新生的香港人,奋发有为,坚定地书写着“港人治港”的新篇章。“马照跑,舞照跳,股照炒”,魅力之城风采依旧,活力之都繁华依然,东方明珠更加光彩夺目。所有这些,无时不在昭示“一国两制”伟大实践的巨大成功,也宣告了唱衰香港澳门预言的彻底破产。①

1999 年 12 月 20 日,中国政府恢复对澳门行使主权,中华人民共和国澳门特别行政区成立。从此,澳门回到祖国怀抱,走上了同祖国内地优势互补、共同发展的宽广道路。这是中华民族发展进程中又一具有重大历史意义的事件,开辟了澳门发展新纪元。作为中西文化荟萃的历史文化名城,澳门传承岭南色彩的中华文化,融汇欧陆风情,蕴含独特魅力。生活在澳门的不同族群和谐相处,相互学习,守望相助,展示了澳门活力四射的形象。②

三、“一国两制”事业具有强大的生命力

香港、澳门回归以来,“一国两制”“港人治港”“澳人治澳”和高度自治方针在香港特别行政区、澳门特别行政区得到全面贯彻落实,经济和社会发展取得了前所未有的成就。事实证明,“一国两制”事业具有强大的生命力。

回到祖国怀抱的香港、澳门融入了中华民族伟大复兴的壮阔征程。作为直辖于中央政府的特别行政区,香港、澳门从回归之日起,重新纳入国家治理体系。中央政府依照宪法和香港、澳门特别行政区基本法对香港、澳门实行管治,与之相应的特别行政区制度和体制得以确立。香港、澳门同祖国内地的联系越来越紧密,交流合作越来越深化。香港、澳门各界人士积极投身国家改革开放和现代化建设,做出独特而重要的贡献。香港、澳门同胞对国家发展和民族复兴的信心不断增强,同内地人民共享伟大祖国的尊严和荣耀。2018 年 12 月 18 日中央表彰的改革开放 40 周年百名改革先锋中有 5 名港澳同胞,这充分体现

---

① 参见习近平:《在庆祝香港回归祖国 20 周年大会暨香港特别行政区第五届政府就职典礼上的讲话》,载新华网:www. xinhuanet. com,最后访问日期:2019 年 6 月 13 日。

② 参见习近平:《在庆祝澳门回归祖国 15 周年大会暨澳门特别行政区第四届政府就职典礼上的讲话》(2014 年 12 月 20 日),载中国新闻网:www. chinanews. com,最后访问日期:2019 年 6 月 13 日。

了香港、澳门在国家改革开放进程中的独特地位、重大贡献和不可替代作用。①

回到祖国怀抱的香港、澳门继续保持繁荣稳定。回归后，在"一国两制"之下，香港、澳门特别行政区依法保持原有资本主义制度和生活方式不变，法律基本不变；依法实行高度自治，享有行政管理权、立法权、独立的司法权和终审权；特别行政区制度运行顺利，特区管治保持良好水准。香港、澳门自身特色和优势得以保持，中西合璧的风采浪漫依然，活力之都的魅力更胜往昔。社会各项事业持续进步，对外交往日益活跃，国际影响进一步扩大。港澳居民享有比历史上任何时候都更广泛的民主权利和自由。在国际上树立了脱离殖民管治的地区持续发展的成功范例。

以香港特别行政区为例，先后成功抵御了亚洲金融危机、"非典"疫情、国际金融危机的冲击，经济稳步增长。从 1997 年到 2018 年，香港特别行政区本地生产总值由 13,700 亿港元增长至 28,453.17 亿港元，翻了一番多，财政储备增长 98.5%，外汇储备增加 3.16 倍，失业率保持在 3.3% 上下，整体情况远好于多数发达经济体，巩固了国际金融、航运、贸易中心地位，继续被众多国际机构评选为全球最自由经济体和最具竞争力的地区之一。② 借助"一国两制"优势，香港特区和祖国内地基本实现贸易自由化，都从高度密切的经贸关系中获得最大收益。香港特区至今仍是内地最大的外资来源地和融资平台，同时也是内地对外投资的主要目的地，是内地第四大贸易伙伴和第三大出口市场，日益成为人民币国际化和推进"一带一路"建设的重要战略平台。香港特别行政区正在依托祖国内地的坚强后盾，不断提升自己的国际竞争力。世界银行统计数据显示，香港特别行政区在政治稳定、政府效能、规管品质、社会法治、贪腐控制、言论自由等方面的指标，都远远高于回归前。香港特别行政区法治表现在全球的排名从 1996 年的 60 多位大幅跃升至 2015 年的第 11 位，人类自由指数连续多年位居世界第一，彰显了香港特别行政区法治的持续和提升。③ 至于对外事务方面，

---

① 他们为："率先到内地投资的澳门著名企业家和社会活动家"马万祺；"支持国家建设和改革开放的香港工商界优秀代表"王宽诚；"'一带一路'卫生领域合作推动者"陈冯富珍；"倾力支持国家改革开放的香港著名企业家"曾宪梓；"为国家改革开放作出杰出贡献的香港著名企业家和社会活动家"霍英东。

② 参见《中国香港连续 24 年获评为全球最自由经济体》，载中国新闻网：www.chinanews.com，最后访问日期：2019 年 6 月 30 日。

③ 参见郑若骅：《香港法治水平排全球前十五回归 20 年跃升 50 多名》，载香港新闻网：www.hkcna.hk，最后访问日期：2019 年 6 月 13 日。

回归后的香港特别行政区获得基本法广泛授权，对外交往更具活力，呈现更加广阔的国际活动空间。作为中国的一个特别行政区，香港特别行政区如今在国际社会的权利能力、行为能力以及影响力，远远超出港英时期水平，成为“一国两制”一张亮丽的国际名片。①

第三节 香港、澳门特别行政区的法律地位

一、宪法是特别行政区宪制的根本法源

（一）中国是单一制的、统一的多民族国家

中国《宪法》明确规定，“中华人民共和国是全国各族人民共同缔造的统一的多民族国家”。“各少数民族聚居的地方实行区域自治，设立自治机关，行使自治权。各民族自治地方都是中华人民共和国不可分离的部分”。“国家在必要时得设立特别行政区。在特别行政区内实行的制度按照具体情况由全国人民代表大会以法律规定”。② 这些规定表明，中国实行的单一制的国家结构，国家主权由中央政府代表国家统一行使，各省市自治区和特别行政区，都是直辖于中央政府的地方政府，依法行使宪法和法律授予的权力。全国共设 23 个省、4 个直辖市、5 个民族自治区、2 个特别行政区。正是基于此，《香港特别行政区基本法》第 12 条和《澳门特别行政区基本法》第 12 条分别规定，香港特区、澳门特区“是中华人民共和国的一个享有高度自治权的地方行政区域，直辖于中央人民政府”。

（二）单一制与联邦制的本质区别

为什么要强调中国的单一制国家结构？这有利于我们理解中央和特区关系的本质特征。目前，世界上主要国家结构形式有联邦制和单一制两种。③ 美国是典型的联邦制国家，除了联邦政府有自己的宪法、国会和联邦法律外，所有的成员州也都有自己的宪法、自己的政府和自己的法律制度，联邦政府的权力

① 参见李凯、颜昊：《“毫无疑问，‘一国两制’在香港取得巨大成功”——访全国政协副主席董建华》，载新华网：www. xinhuanet. com，最后访问日期：2019 年 6 月 13 日。

② 中国采取单一制的国家结构是历史、民族、文化多重复杂因素共同作用的必然结果，也是我国民族状况的必然要求，符合各族人民的根本利益。中国自古就有“天下大事分久必合”的大一统思想，而自秦以来，中国一直采取单一制的国家结构形式；中国的多民族具有大杂居小聚居的特点，秦灭六国，统一文字、钱币和度量衡，各民族的人民相互融合；中华民族素有统一的华夏文化传统。

③ 参见黄惠康：《国际法教程》，武汉大学出版社 1989 年版，第 27～29 页。

来自地方和人民。美国第47任众议长托马斯·蒂普·奥尼尔(Thomas Tip O'Neil Jr.,1912－1994)有一句政治名言("奥尼尔定理"),在美国,"所有的政治都是地方性的"(All politics is local)。① 这道出了联邦制的真谛。从宪法学理论上说,单一制和联邦制正好相反,所有的政治都是中央的,地方政府的所有权力都源于中央授权。②

在单一制下,国家的权力集中在中央国家机关。从法理上讲,地方政府是代表中央政府在本地行使国家权力;重大决策权,包括地方政府如何产生,由中央掌握;地方政府的权力源于中央授权,地方政府本身并无"天生"的权力。当然,单一制国家也可以存在地方自治政府,中央政府基于特定的目的,授权一定地域的人民选举产生自己的代议机关和地方政府,自主管理本地方的事务,中央政府不予干预。但是,这些自治地方享有的权力是由中央授予的,是派生的而非原始的。也就是说,自治地方的行政权和立法权,是中央通过法律授予的。所以,在单一制下,处理中央与地方关系的主导权在中央。世界上约有一半的国家采用单一制国家结构形式,中国、英国、日本、法国、意大利、西班牙、葡萄牙、瑞典、韩国等国都是实行单一制的国家。尽管这些国家的具体情况有所不同,但是单一制的基本精神是一样的。

二、"一国两制"是特别行政区法律地位的政策基础

"一国两制"是中国特色社会主义的重要组成部分。对于"一国两制"的涵义有必要深刻理解,而深刻理解的"钥匙"就是学懂弄通"一国两制"伟大构想总设计师邓小平的原意。③

"一国"就是"中华人民共和国",在国际和国内代表全中国人民的只能是中华人民共和国,中华人民共和国中央人民政府是中国唯一的合法政府,"一国"就是要在这个旗帜下实现国家的统一。"一国"是"两制"的前提。

"两制"的含义是,在统一的中国之内,国家的主体部分实行社会主义,一些特别的地区(我国香港、澳门特别行政区和台湾地区)可以实行"特殊的政策和制度",允许社会主义与资本主义两种不同社会制度同时存在,而且允许不同模

---

① 《奥尼尔定理》,载百度百科:https://m.baidu.com,最后访问日期:2019年6月13日。

② 参见童之伟:《单一制、联邦制的理论评价和实践选择》,载《法学研究》1996年第4期。

③ 参见邓小平:《一个国家,两种制度》,载《邓小平文选》(第3卷),人民出版社1993年版,第58～60页。

式、不同特色的资本主义共存。

首先要有“一国”,把维护国家统一、维护国家领土及主权完整放在首位,这是“一国”的基本要求。没有“一国”的保障,“两制”将成为不可能。同时,也必须坚持“两制”,尊重历史与现实。如果只要“两制”,不要“一国”,那就是“两国”了;同样,只要“一国”,不要“两制”,事事按照内地的做法去做,那就是“一国一制”了,同样违背“一国两制”的精神。所以,“一国”和“两制”缺一不可,不能偏废。

习近平总书记在庆祝香港回归祖国20周年大会上强调指出:“‘一国’是根,根深才能叶茂;‘一国’是本,本固才能枝荣。‘一国两制’的提出首先是为了实现和维护国家统一。在中英谈判时期,我们旗帜鲜明提出主权问题不容讨论。香港回归后,我们更要坚定维护国家主权、安全、发展利益。在具体实践中,必须牢固树立‘一国’意识,坚守‘一国’原则,正确处理特别行政区和中央的关系。任何危害国家主权安全、挑战中央权力和香港特别行政区基本法权威、利用香港对内地进行渗透破坏的活动,都是对底线的触碰,都是绝不能允许的。与此同时,在‘一国’的基础之上,‘两制’的关系应该也完全可以做到和谐相处、相互促进。要把坚持‘一国’原则和尊重‘两制’差异、维护中央权力和保障香港特别行政区高度自治权、发挥祖国内地坚强后盾作用和提高香港自身竞争力有机结合起来,任何时候都不能偏废。只有这样,‘一国两制’这艘航船才能劈波斩浪、行稳致远。”①

“一国两制”是中国的一个伟大创举,是中国为国际社会解决类似问题提供的一个新思路新方案,是中华民族为世界和平与发展做出的新贡献,凝结了海纳百川、有容乃大的中国智慧。② 香港、澳门回归祖国以来的实践证明,“一国两制”是成功的,不仅维护了祖国的统一,也充分照顾到了香港和澳门的历史状况,有利于港澳的社会稳定和经济发展。我们不仅要遵守“一国两制”,严格按照“一国两制”去做,而且要研究、挖掘“一国两制”的价值,最充分地利用“一国两制”给国家和人民带来的便利和好处。

对于香港、澳门特别行政区来说,“一国”带来的不仅是责任和义务,还应该是更多的权利和自由以及新的机遇。“一国”不是负担,而是特区的新优势,是

① 习近平:《在庆祝香港回归祖国二十周年大会暨香港特别行政区第五届政府就职典礼上的讲话》,载新华网:www. xinhuanet. com,最后访问日期:2019年6月13日。

② 同上。

新的增长点,应该最充分地利用"一国"带来的各种好处,正面认识"一国"。

同样,"两制"也是一门大学问。"一国两制"下之"两制",其首要功能固然是防止把内地的社会主义制度推行到香港、澳门特别行政区和台湾地区去,并避免把港澳台的资本主义推行到内地,所谓"井水不犯河水,河水也不犯井水"。一个国家通常只有一种制度,而我们两种制度都有。"一国两制"并不禁止两种不同制度互相学习、借鉴对方好的做法,甚至鼓励"两制"之间互相学习,互相取长补短,这也是之所以要保持"两制"的重要目的之一,是"两制"的价值之所在,是中国特色社会主义的优势。

三、基本法是特别行政区法律地位的授权依据

全国人民代表大会通过的《香港特别行政区基本法》和《澳门特别行政区基本法》(以下简称《基本法》)是成立香港、澳门特别行政区的直接法律根据,是香港、澳门特别行政区的"小宪法"。其指导思想主要是:"一国两制""港人治港""澳人治澳""高度自治"。

习近平总书记指出:"中华人民共和国宪法和香港特别行政区基本法共同构成香港特别行政区的宪制基础。宪法是国家根本大法,是全国各族人民共同意志的体现,是特别行政区制度的法律渊源。基本法是根据宪法制定的基本法律,规定了在香港特别行政区实行的制度和政策,是'一国两制'方针的法律化、制度化,为'一国两制'在香港特别行政区的实践提供了法律保障。在落实宪法和基本法确定的宪制秩序时,要把中央依法行使权力和特别行政区履行主体责任有机结合起来;要完善与基本法实施相关的制度和机制;要加强香港社会特别是公职人员和青少年的宪法和基本法宣传教育。这些都是'一国两制'实践的必然要求,也是全面推进依法治国和维护香港法治的应有之义。"[①]习近平上述关于香港特别行政区宪制基础的论述也同样适用于澳门特别行政区。

《基本法》全面体现了"一国两制"的精神,既是"一国"的法律化,也是"两制"的法律化。通过《基本法》的制定和实施,要达到两个目的。

第一,把"一国"法律化、制度化,对香港、澳门特区与祖国内地实现统一的政治事实加以法律上的认可和保障。《基本法》必须规定维护"一国"的内容,

---

① 习近平:《在庆祝香港回归祖国二十周年大会暨香港特别行政区第五届政府就职典礼上的讲话》,载新华网:www. xinhuanet. com,最后访问日期:2019 年 6 月 13 日。

确保国家的统一。《基本法》就是“一国之法”“统一之法”。

第二,通过《基本法》的制定和实施,不仅要落实“一国”,也要落实“两制”,使“两制”法律化、制度化,确保在一国之内,两个地方可以实行两种不同的制度。根据《基本法》,香港、澳门特别行政区得以保持原有的资本主义制度不变。因此,《基本法》可谓维持“两制”之法。

《基本法》全面体现了“一国两制”的方针,它既落实了“一国”,又落实了“两制”,“一国”和“两制”在《基本法》中都有充分的体现。

实行“港人治港”“澳人治澳”,是香港、澳门特别行政区社会民主发展的一个历史性里程碑。

既然下决心让港人治港、澳人治澳,那就要充分放权、充分信任香港、澳门特别行政区同胞,相信他们的智慧和能力,这就需要“高度自治”。当然,“高度自治”不是独立,不是完全脱离中央,中央还是要负责外交、国防等与国家主权有关的事项。

“高度自治”是建立在高度信任基础上。所谓疑人不用,用人不疑。中央充分信任香港、澳门特别行政区同胞,根据《基本法》应该由特别行政区行使的权力,就要不折不扣地让特区行使。特区也要向中央显示自己是充分可信的,是有能力的。

香港、澳门特别行政区《基本法》有以下两个基本特点:

第一,《基本法》是从属于国家宪法的宪法性法律,同时,又是规范特别行政区宪政制度的基本法律。这就意味着,《基本法》既是子法,又是母法。说它是子法,是相对于国家的《宪法》而言的。说它是母法,是相对于香港、澳门特别行政区其他法律而言的。《基本法》相对香港、澳门所有其他法律,具有凌驾地位,违反《基本法》的行为无效。

第二,《基本法》既是授权法,又是限权法。即中央单方面授予香港、澳门特别行政区各种权力,同时两特区享有的高度自治权又以《基本法》明确授予的为限。而且,中央拥有对各项授权的最终裁决权。

四、特区是享有高度自治权的地方行政区域

(一)特区与中央政府的关系

根据《基本法》,香港、澳门特别行政区是中华人民共和国不可分离的部分,是中华人民共和国享有高度自治权的地方行政区域,直辖于中央人民政府。这

清楚地说明香港、澳门特别行政区的法律地位，是明确香港、澳门特别行政区的职权范围及其与中央关系的基础。

1. 香港、澳门特别行政区是中华人民共和国不可分离的部分。这说明特别行政区不能行使国家主权，没有独立的国际法主体资格。所谓的“次主权”概念是不能成立的。

2. 香港、澳门特别行政区是享有高度自治权的地方行政区域。这首先说明特别行政区是一级地方行政区域，特区政府也是一级地方政府。中央与特区的关系不是国家与国家的关系，而是单一制下中央与地方关系的一种特别形式。

特别行政区是中国各种地方行政区域中享有权力最大的一种，即“高度的自治权”，这正是它不同于其他地方行政区域的特别之处。《基本法》所规定的特区的高度自治权包括行政管理权、立法权、独立的司法权和终审权。此外，经中央政府授权，还可以自行处理一些有关的对外事务。可见，特别行政区享有的自治权十分广泛。

但无论香港、澳门特别行政区享有自治权的“度”有多高，可能比联邦制下各州(邦)享有的权力还要大，但是这些权力都是由最高国家权力机关即全国人大授予的，不是特区固有的。

更重要的是，《基本法》规定由中央行使的职权或负责管理的事务，都是体现国家主权所必不可少的。这些权力主要包括：外交、国防事务；政治事务决定权，包括行政长官和主要官员的任命权、特区政治体制的最终决定权；决定将有关全国性法律在特区实施的权力；立法备案和审查权；《基本法》的解释权；其他不属于特区高度自治范围的事项。这也从另一个侧面说明不管多特别，香港、澳门只是中央政府治理下的一个“特别行政区”。

(二)所谓的“次主权”概念于法无据

2010年8月23日香港菲律宾旅游团人质事件(“8·23”事件)发生后，围绕香港特区行政长官是否有权直接致电菲律宾总统的问题，香港教育学院副教授沈旭辉撰文提出，香港特别行政区在国际上具有“次主权”地位，引发争议。①

实际上，国际法并不存在“次主权”概念。主权是一国独立处理对内对外事务的权力，主要表现为对内最高权和对外自主权。主权是国家最重要、最基本的固有权力，不可分割，不分主次。历史上，曾有一些学者曾试图用“次主权”来

① 参见沈旭辉：《解构香港次主权》，载南方都市报网：www.nddaily.com，最后访问日期：2019年6月16日。

描述一些处于半独立状态的自治地区，如“库尔德斯坦”等，但未获认同。冷战结束后，一些民族分裂势力，如西班牙巴斯克分离运动、英国北爱独立运动、俄罗斯车臣非法武装等重拾“次主权”提法，成立所谓的“无代表国家和民族组织”(Unrepresented Nations and Peoples Organization)，“东突”“藏独”“台独”等均为其成员。这种民族分裂主义主张一直受到国际社会的谴责。

主张特区具有“次主权”的学者的依据，在法律上也是站不住脚的。他们歪曲解读《基本法》，将《基本法》解读为“造权法”而非“授权法”，认为《基本法》是特别行政区与中央“分权”的根据，追求所谓“剩余权力”，片面强调“两制”，与中央政府讨价还价，在特区对外交往方面刻意谋求和扩大“自主权”。香港特区的一些反对派议员别有用心地借机炒作“次主权”概念，企图捞取政治资本，挑拨特区与中央的关系，贬低特区政府的施政能力，更是不能接受的。①

根据中国的法律制度，特区基本法系国家宪法的下位法，本质上属于授权法。根据“一国两制”方针，中央授予特区超出一般省级地方政府和民族自治区政府所享有的对外交往、对外谈判和缔结条约的权力，并非“次主权”，这种依国内法产生的“自治权”在国际法并无过度解读的空间。

2014 年 8 月 29 日，外交部港澳台司负责人接受新华社记者专访时表示，外交权是国家主权的重要内容。根据《香港特别行政区基本法》第 13 条，中央人民政府负责管理与香港特别行政区有关的外交事务，并可授权香港特别行政区依照基本法自行处理有关对外事务。这种安排体现了“一国”之内外交权属于中央的原则，也为特别行政区开展对外交往，扩大国际影响提供了法律保障。中央对与香港特别行政区有关的外交事务全面负责管理。香港特别行政区作为享有高度自治权的地方行政区域，依法自行处理有关对外事务权力的唯一来源是中央政府依法作出的授权，中央授权多少，特区就享有多少，香港特别行政区没有“剩余权力”。②

2019 年 4 月 10 日，时任外交部新闻发言人陆慷在例行记者会上表示，“香港特别行政区的事务是中国内政，任何其他国家无权干涉。这样的干涉，第一没有任何作用，第二也不利于中国同有关方面关系的良好发展。至于谈到香港

---

① 参见叶桂平：《次国家行为体的对外关系研究——以澳门特别行政区为例》，载《世界经济与政治》2013 年第 2 期。

② 《外交部：中央全面负责管理香港外交事务，特区没有剩余权力》，载外交部网：www.fmprc.gov.cn，最后访问日期：2019 年 6 月 14 日。

特别行政区在“一国两制”基础上,在中国宪法和特区基本法框架内,推进经济社会发展的事宜,这不是外交问题。”①

第四节 涉港澳特别行政区条约法律事务

一、特别行政区的对外交往权

从国际法角度来看,香港、澳门特别行政区作为非主权地区,不具有国际法主体资格,但“一国两制”赋予了香港、澳门特区部分对外交往权特别是缔约权,使其有别于中国省和直辖市地方政府,也有别于享有民族区域自治权的自治区政府。《基本法》关于特区对外交往权的规定包含三个方面的内容:一是由中央直接负责管理的外交事务;二是中央授权特别行政区自理的对外事务;三是涉及经济、文化等领域内特别行政区可自行处理的事务。与此相应的,在后两个领域,特别行政区享有一定的缔约权。②

1. 由中央政府负责的事务

外交权在中央。《基本法》规定,中央政府负责管理与香港、澳门特区有关的外交事务。中华人民共和国外交部在香港、澳门特别行政区设立机构处理外交事务。③ 外国在香港、澳门特区设立领事机构或其他官方、半官方机构,须经中央政府批准。④ 国家缔结的国际协议,中央政府可根据特区的情况和需要,在征询特别行政区政府的意见后,决定是否适用于两特区。国家尚未参加但已适用于香港、澳门特区的国际协议仍可继续适用。中央政府根据需要授权或协助特别行政区政府作出适当安排,使其他有关国际协议适用于特区。⑤《香港特别行政区基本法》附件三、《澳门特别行政区基本法》附件三分别列举了适用于香港、澳门特别行政区的涉及国家外交、国防政策的全国性法律。根据《基本法》

---

① 《外交部:香港特区的事务是中国内政　任何其他国家无权干涉》,载外交部网:www.fmprc.gov.cn,最后访问日期:2019年6月14日。

② 参见邓中华:《香港特别行政区的对外缔约权及有关问题》,载《法学评论》1993年第2期。

③ 1997年7月2日,中华人民共和国外交部驻香港特别行政区特派员公署在香港设立,负责处理与香港特区有关的外交事务,首任特派员马毓真大使。1999年12月20日,中华人民共和国外交部驻澳门特别行政区特派员公署在澳门设立,负责处理与澳门特区有关的外交事务,首任特派员原焘大使。

④ 《香港特别行政区基本法》第157条,《澳门特别行政区基本法》第142条。

⑤ 《香港特别行政区基本法》第153条,《澳门特别行政区基本法》第138条。

附件三及全国人大常委会关于《基本法》附件三所列全国性法律增减的决定,下列全国性法律在香港、澳门特别行政区实施:《关于中华人民共和国国都、纪年、国歌、国旗的决议》、《关于中华人民共和国国庆日的决议》、《中华人民共和国关于领海的声明》(仅适用于香港特别行政区)、《国籍法》、《外交特权与豁免条例》、《国旗法》、《领事特权与豁免条例》、《国徽法》、《领海及毗连区法》、《专属经济区和大陆架法》、《香港特别行政区驻军法》(仅适用于香港特别行政区)、《澳门特别行政区驻军法》(仅适用于澳门特别行政区)、《外国中央银行财产司法强制措施豁免法》、《国歌法》。① 凡列入《基本法》附件三的全国性法律,由香港、澳门特别行政区在当地公布或立法实施。

2. 须经中央政府授权的对外事务

根据《香港特别行政区基本法》第 96 条、第 133 条、第 155 条以及《澳门特别行政区基本法》第 94 条、第 140 条的规定,在中央政府协助或授权下,香港、澳门特别行政区政府可与外国就司法互助关系作出适当安排。香港特别行政区政府经中央政府具体授权可:续签或修改原有的民用航空运输协定和协议;谈判签订新的民用航空运输协定,为在香港特区注册并以香港特区为主要营业地的航空公司提供航线,以及过境和技术停降权利;同没有签订民航协定的外国或地区谈判签订临时协议。中央政府协助或授权香港特别行政区与各国或各地区缔结互免签证协议;协助和授权澳门特区同有关国家和地区谈判和签订互免签证协议。此外,中央政府授权两特别行政区依照法律给持有特区永久性居民身份证的中国公民签发特区护照,给在特别行政区的其他合法拘留者签发特区的其他旅行证件。

3. 由特区政府自行负责的事务

《基本法》授权香港、澳门特别行政区依照基本法自行处理有关的对外事

① 全国人大常委会曾于 1997 年 7 月 1 日、1998 年 11 月 4 日、2005 年 10 月 27 日、2017 年 11 月 4 日先后四次对《香港特别行政区基本法》附件三所列全国性法律作出增减的决定,决定增列的法律有:《国旗法》《领事特权与豁免条例》《国徽法》《领海与毗连区法》《专属经济区和大陆架法》《香港特别行政区驻军法》《外国中央银行财产司法强制措施豁免法》《国歌法》,删去的法律有:《中央政府公布中华人民共和国国徽的命令》。全国人大常委会并于 1999 年 12 月 20 日、2005 年 10 月 27 日、2017 年 11 月 4 日先后三次对《澳门特别行政区基本法》附件三所列全国性法律作出增列的决定。增列的法律有:《专属经济区和大陆架法》《澳门特别行政区驻军法》《外国中央银行财产司法强制措施豁免法》《国歌法》。

务。[①] 特区政府代表可作为中国政府代表团的成员，参加由中央政府进行的同特区直接有关的外交谈判。香港特别行政区可在经济、贸易、金融、航运、通信、旅游、文化、体育等领域以“中国香港”的名义，澳门特别行政区可在经济、贸易、金融、航运、通信、旅游、文化、科技、体育等领域以“中国澳门”的名义，单独地同世界各国、各地区及有关国际组织保持和发展关系，签订和履行有关协议。对以国家为单位参加的、同特区有关的、适当的领域的国际组织和国际会议，特区政府可派遣代表作为国家代表团的成员或以中央政府和上述有关国际组织或国际会议允许的身份参加，并以“中国香港”“中国澳门”的名义发表意见。两特别行政区可以“中国香港”“中国澳门”的名义参加不以国家为单位参加的国际组织和国际会议。对中国已参加而香港、澳门特别行政区也以某种形式参加了的国际组织，中央政府将采取必要措施使特区以适当形式继续保持在这些组织中的地位。对中国尚未参加而香港、澳门特别行政区已以某种形式参加的国际组织，中央政府将根据需要使特区以适当形式继续参加这些组织。[②]

二、回归过渡期的条约法律事务

（一）《基本法》的相关规定

1. 多边条约适用于港澳特区

根据《香港特别行政区基本法》第 153 条和《澳门特别行政区基本法》第 138 条的规定：(1) 对于我国缔结的多边条约，中央政府可以根据特区情况和需要，在征询特区政府意见后决定是否适用于两特别行政区。例如，中国 2013 年签署的《多边税收征管互助公约》于 2018 年 9 月 1 日起扩大适用于香港和澳门特别行政区；中国 2013 年批准的《南太平洋公海渔业资源养护和管理公约》适用于澳门特区，但暂不适用于香港特区。(2) 我国尚未参加但已适用于香港或澳门的多边条约仍可继续适用，例如，《公民权利和政治权利国际公约》《经济、社会与文化权利的国际公约》和国际劳工公约适用于澳门的有关规定，在澳门回归后继续对澳门特别行政区有效。(3) 中央政府根据需要授权或协助特别行政区作出适当安排，使其他有关多边条约适用于特区。例如，1998 年，中央政府为香港特别行政区单独办理了《修正 1971 年设立国际油污损害赔偿基金公约的 1992 年议定书》适用于香港特别行政区的手续，但该议定书不适用于中国其

① 《香港特别行政区基本法》第 13 条，《澳门特别行政区基本法》第 13 条。

② 《香港特别行政区基本法》第七章对外事务、《澳门特别行政区基本法》第七章对外事务。

他地区。①

2. 双边条约适用于港澳特区

两特别行政区《基本法》第 13 条、第 14 条均规定,中央政府负责管理与两特别行政区有关的外交事务和两特别行政区的防务,据此,中央政府缔结的有关外交事务和防务的双边条约,应适用于两特别行政区。如中央政府决定将涉及外交和国防事务的双边条约适用于特别行政区,需尽可能在条约适用于特别行政区之前或尽早将条约适用于特区的情况,连同条约中外文本,以及条约的缔约时间和生效情况等条约的基本信息通报特别行政区政府,并就特区实施有关条约的具体事宜征询特别行政区政府意见。

根据《基本法》,属于特区自治范围事项(如经济、贸易、金融、航运、通信、旅游、文化、科技、体育等),属于《基本法》授权或经中央政府具体授权特区可自行对外签订协议的领域(如投资保护、司法协助、民航、互免签证等),中央政府缔结的双边条约,原则上不适用于香港、澳门特别行政区。

3. 特别行政区经授权对外缔结双边协议

香港、澳门特别行政区对外缔结双边条约,分为两种基本情况:

一是《基本法》直接、明确授权,无须中央政府逐案审批或授权。《香港特别行政区基本法》第 151 条和《澳门特别行政区基本法》第 136 条分别授权香港、澳门特别行政区以“中国香港”“中国澳门”名义在经济、贸易、金融、航运、通信、旅游、文化、体育等适当领域,单独地同世界各国、各地区及有关国际组织保持和发展关系,签订和履行有关协议。澳门特别行政区的缔约范围还包括科技领域。例如,香港特别行政区以“中国香港”的名义参加《关税和贸易总协定》,澳门特别行政区以“中国澳门”名义参加关于国际纺织品贸易安排等有关国际组织和国际贸易协定,包括优惠贸易安排。

二是中央政府根据《基本法》的规定逐案授权。根据《香港特别行政区基本法》第 96 条、第 133 条和第 155 条、《澳门特别行政区基本法》第 94 条和第 140 条,经中央政府授权,两特区可对外缔结刑事司法协助协定、移交逃犯协定、移管被判刑人协定、民航、互免签证等协定。上述各类协定所涉事项具有一定的主权性质,如司法协助涉及国家的司法主权,民航协定涉及领空使用和航权问题,互免签证安全则涉及出入境尤其是外国人进入港澳特别行政区及在特区停

① 参见《中国参加的多边条约情况》,载外交部网:www. fmprc. gov. cn,最后访问日期:2019 年 6 月 12 日。

留的问题。特区在对外谈判和缔结上述各类协定时，均需获得中央政府的逐案授权。

除上述两种情况外，还有一些领域的协议，《基本法》未明确规定特区可自行对外缔约，亦未规定需经中央政府具体授权，但如相关协定涉及国家主权、安全等重大利益和敏感问题，根据《基本法》和“外交大权属中央”的原则，实践中多通过逐案授权的方式予以处理，其中包括投资保护协定、税收信息交换协定、金融信息交换协定、处理非法移民的协定、打击非法贩卖人口协定等。

（二）回归过渡期间的条约适用问题

香港、澳门回归前，中央政府从香港、澳门的客观需要出发，本着有利于落实“一国两制”和特别行政区长期繁荣稳定的原则，对有关多边公约继续适用于香港、澳门特别行政区的问题进行了分类研究，并作出了一些特殊安排。这些安排体现在中英、中葡两个联合声明附件一中，也规定在《基本法》之中。[①]

需要特别指出的是，香港、澳门回归过渡期的条约适用问题，其性质并非条约的国家继承。中方在与英、葡两国政府谈判解决香港、澳门回归问题时多次重申，香港、澳门特别行政区主权自始属于中国，中国恢复对香港、澳门特别行政区行使主权，不是中国的领土变更，不产生国家继承问题，也不存在条约继承。香港、澳门特别行政区适用国际条约的实践，确立了条约适用的独特模式，获得了国际社会普遍理解和支持。[②]

1. 回归过渡期条约适港问题

香港回归前，英国适用于香港的国际公约有 300 多项。《中英联合声明》和《香港特别行政区基本法》均规定：“中华人民共和国尚未参加但已适用于香港的国际协议仍可继续适用”。根据这一原则，经磋商，中英双方同意，其中 214 项国际公约继续适用于香港特别行政区，其中 127 项我国已参加，87 项我国当时尚未参加。

不再适用于香港特别行政区的国际公约主要有三种情况：（1）中国未参加的涉及外交、国防、人权等政治类公约。其中，对于原适用于香港的《公民权利和政治权利国际公约》《经济、社会与文化权利的国际公约》和国际劳工公约，《香港特别行政区基本法》规定，上述公约“适用于香港的有关规定继续有效，通

① 参见徐宏：《国际条约适用香港和澳门特区的实践》，载《法制日报》2016 年 10 月 22 日，第 4 版。

② 同上。

过香港特别行政区的法律予以实施;(2)原国际联盟制定的国际公约和已被新公约取代的旧公约;(3)仅涉及欧洲的区域性公约(如欧洲委员会制定的《移交被判刑人公约》)、英联邦框架下的协议或安排。

香港回归前,中国政府逐一照会相关公约保存机关,声明我国参加的127项公约和我国尚未参加的87项公约在1997年7月1日香港回归祖国后继续适用于香港特区。就公约适用于香港特别行政区而言,公约当事方的国际权利和义务由中国政府承担。此项行动称为“法律行动”。

为使国际社会理解和接受我国关于香港特别行政区适用国际公约的做法,中国常驻联合国代表于1997年6月20日照会联合国秘书长,通报中国政府关于国际公约适用于香港特别行政区的原则立场,并附相关公约清单,请其转交联合国各会员国及各专门机构。此外,我国还通过驻外外交代表机构,向有关公约保存机关和各缔约国作了必要的宣传解释工作。此项行动称为“外交行动”。

经中英双方磋商,在我国采取上述法律和外交行动的同时,英方也给予了一定配合,就英国自1997年7月1日起终止承担有关国际公约适用于香港所产生的国际权利和义务,向公约保存机关和联合国秘书长递交照会。在英国致联合国秘书长的照会中,英方还对我国照会及附件“表示欢迎和支持”。

对于香港特别行政区适用国际公约所作保留和声明问题,我国在就国际公约适用于香港特区向公约保存机关递交的照会中,就62项公约为香港特别行政区作了保留或声明。相关处理原则如下:我国所作保留或声明原则上适用于香港特别行政区但如我国所作保留或声明仅针对我国内地的具体情况,与香港特别行政区的情况并不符合,且不适用于香港特别行政区对我国主权和重大利益无损害,则可不适用香港特别行政区;英国所作的保留原则上不再适用,但如确实符合香港实际情况,对香港社会经济发展有利,且不损害我国主权和重大利益,中央政府可为香港特区重新作出类似的保留;对于我国在香港回归时尚未参加的公约,如根据我国主权和重大利益确有需要,可专门为香港特区作出新的保留。

2. 回归过渡期间的条约适澳问题

澳门回归前,中葡通过中葡联合联络小组渠道,就国际公约适用于澳门特区的问题达成了原则协议,并商定了具体解决办法,双方分别于1999年12月20日前向向相关公约保存方递交照会,办理这些公约继续适澳所需的法律手续(“法律行动”),并向联合国秘书长递交照会,通报原则立场,在外交上予以配合（“外交行动”），圆满完成了158项国际公约在澳门回归后继续适用澳门的工作，其中100项我国已参加，58项我国当时尚未参加。

上述158项适澳公约涉及外交、海关、禁毒、经济、金融、环保资源、人权、科技、国际私法、知识产权、劳工、邮政电信、道路交通、建立国际组织等十余类。澳门回归前夕，我分别照会各项公约的保存机关，表明相关公约自1999年12月20日起适用于澳门特别行政区，并声明，因公约适澳所产生的国际权利和义务由我国政府承担。此外，在听取葡方意见和征询澳门特别行政区候任班子意见的基础上，我国就32项适澳公约作出了相应声明和保留。

在完成上述法律行动后，1999年12月13日，我国常驻联合国代表秦华孙大使向联合国秘书长递交立场照会，全面阐述中央政府关于国际公约适用于澳门特别行政区的原则立场，并附有自1999年12月20日起适用于澳门特区的155项公约清单。12月20日前，我国进一步就葡方扩展适澳的三项公约采取了法律行动，使回归之日起适澳的国际公约总数最终达到158项。

根据中葡双方达成的协议，我国政府在就国际公约适澳问题采取上述行动时，葡萄牙政府也分别向公约保存机关和联合国秘书长递交照会，声明自澳门回归之日起，葡萄牙终止承担因有关国际公约适用于澳门所产生的国际权利与义务。

实践证明，上述特殊安排圆满解决了澳门回归后相关国际公约适用澳门的问题，在法律上实现了无缝过渡和衔接，得到了国际社会的普遍理解与支持。

3. 回归时条约适澳遗留问题

澳门回归前，由于葡方未明确通知中方、公约在澳门回归时尚未生效或葡方履行扩展适澳手续不及时导致公约未能在澳门回归之日前在澳门实际适用等原因，共遗留52项公约未采取法律行动，也未列入外交行动清单。此部分公约又称“未行动公约”。由于葡方单方面将这些公约列入其致联合国秘书长的外交照会清单中，并刊登在澳门政府公报上，使一些公约的保管机关、有关缔约方对于这些公约是否适澳产生了疑问。

澳门回归后，“未行动公约”从性质上讲已经不再是中葡之间的事情，而是属于一国内部中央政府与特别行政区政府之间的问题。为解决回归时遗留的“未行动公约”是否适澳问题，2001年2月至2003年6月，外交部与澳门特别行政区政府有关部门通过交换意见和磋商，确定了解决方案。此后，除24项公约因特区提出暂不适用或自行办理加入手续无须中央政府采取行动外，为特区办理了19项公约扩展适澳手续，在剩余9项公约中，4项已被新公约取代而无须行动，另有5项公约待今后中央政府加入公约时一并办理扩展适澳手续，从而圆满解决了“未行动公约”适澳问题。2005年11月，外交部通过驻澳门公署向特别行政区政府通报了相关情况。

澳门回归时的另一个涉及条约适用的遗留问题是，葡萄牙扩展适用于澳门的双边条约回归后是否继续适用问题。

在此问题上，中央政府采取以下解决方式：为体现我国对澳门恢复行使主权，葡萄牙对外签订并扩展适用于澳门的双边条约在澳门回归后一律不再继续适用于澳门特区；同时，为维护澳门经济、社会的持续繁荣与稳定，经中央政府同意，澳门在回归过渡期内，可与外国签订民航、移交被判刑人、移交逃犯、司法协助、投资保护类双边协定，并可在澳门回归后继续适用于特别行政区。

三、回归后的条约法律实践

（一）回归后的条约实践

香港、澳门回归祖国后，中央政府根据《基本法》的规定处理国际条约适用港澳特别行政区问题，形成较为成熟实践。经国务院批准，外交部于2006年2月制定了《关于多边条约适用于香港特别行政区和澳门特别行政区办理程序的规定》，就办理多边条约适用于特别行政区应履行的国内程序和需向条约保存机关办理法律手续的程序作出规范，并于2010年5月出台《关于双边条约适用于香港特别行政区和澳门特别行政区的处理办法》。①

中央政府对外缔结的涉及外交、国防事务的条约，由中央政府决定适用于港澳特别行政区。对于其他领域的多边条约，中央政府在征求两特别行政区政府意见的基础上作出是否适用于香港、澳门特别行政区的决定，并通知条约保存机关。回归以来，中央政府已分别办理了350余项和400余项多边条约或修正案适用香港、澳门特别行政区事宜。

中央政府缔结的其他领域的双边条约，原则上不适用于特别行政区，除非中央政府在征求特区意见后另行决定。特区可根据基本法和中央政府具体授权，在经贸等特定领域单独对外缔结协议。实践中，中央政府一般不在对外缔结的此类双边条约中明确规定不适用于香港、澳门特别行政区，通常情况下，缔约双方对此理解一致。在极个别情况下，应缔约对方的要求，中方会以书面形

① 参见袁古洁、丘志乔：《香港、澳门回归后的部分缔约权及条约适用》，载《华南师范大学学报》（社会科学版）2001年第2期。

式明确所订条约不适用于香港、澳门特区。①

(二)特别行政区参与有关国际组织活动

根据《基本法》的规定,对以国家为单位参加的、同香港、澳门特别行政区有关、适当领域的国际组织和国际会议,两特区政府可派遣代表作为中国代表团的成员或以中央政府和上述有关国际组织或国际会议允许的身份参加,并以“中国香港”“中国澳门”的名义发表意见。两特别行政区可以“中国香港”“中国澳门”的名义参加不以国家为单位参加的国际组织和国际会议。

1. 香港特别行政区参加国际组织问题

回归前,由于英国的关系,香港以不同方式参与了36个国际组织的活动。中英联合联络小组对香港回归后与这些国际组织的关系问题进行了磋商,并就香港特别行政区参与35个国际组织活动达成共识。香港回归后可以中国代表团成员身份参与20个国际组织的活动,并以适当的单独身份参加15个国际组织的活动。

香港回归后唯一不能继续参加活动的国际组织是总部位于日本的亚洲生产力组织。由于我国台湾地区当局以“中华民国”名义参加该组织活动,且我国台湾地区在该组织的称谓问题未能在香港回归前得以解决,中国驻日本大使馆奉命通知该组织秘书处,香港特别行政区自1997年7月1日起中止与该组织的一切联系。

香港特别行政区无单独地位,以中国政府代表团成员身份参加活动的20个国际组织包括:国际劳工组织、联合国粮农组织亚太地区附属组织、国际原子能机构、世界银行、国际货币基金组织、国际金融公司、国际开发协会、多边投资担保机构、国际刑警组织、万国邮政联盟、亚太邮政联盟、国际水道测量组织、国际通信卫星组织、国际移动卫星组织、国际电信联盟、联合国麻醉品委员会、联合国贸易和发展会议、世界知识产权组织、国际民航组织、联合国计划开发署。

香港特别行政区以单独身份参加的15个国际组织包括:海关合作理事会/世界海关组织、关税及贸易总协定/世界贸易组织、国际海事组织、世界气象组织、世界卫生组织西太平洋区域委员会、亚洲开发银行、亚太电信组织、亚太经社会、亚太发展中心、亚太统计研究所、政府间台风委员会、亚太水产养殖中心网络、东南亚新澳中央银行组织、国际纺织品及服装局、亚太民航局长会议。

---

① 参见戴瑞君:《中国缔结的双边条约在特别行政区的适用问题》,载《环球法律评论》2017年第5期。

2. 澳门特别行政区参加国际组织问题

1990 年 5 月 15 日至 18 日,在中葡联合联络小组举行的第七次全体会议上,中方提出了对澳门特别行政区参加有关国际组织的原则立场和工作方法。原则立场是:有利于澳门特别行政区稳定和经济发展;符合联合声明规定;符合有关国际组织的章程;经双方磋商一致。工作方法是:凡澳门特别行政区已加入的国际组织,由中葡联合联络小组根据上述原则进行审议,对双方磋商达成一致的加以确认;对于新加入的有关国际组织,双方达成一致的,签订会谈纪要。然后由中葡两国政府外交部同时分别照会有关国际组织。

澳门是在 1991 年加入关贸总协定的,比中国内地加入世贸组织早了近 10 年。关贸总协定规定:地区可以参加,但必须由主权国家推荐、做介绍人,才能经审查后批准。例如,香港是由英国推荐进去的。当讨论澳门申请加入关贸总协定问题时,中国不是关贸总协定成员,但葡萄牙已加入关贸总协定。在过渡期内,由葡萄牙做介绍人,把澳门推荐进该组织,对澳门今后经济发展,参与国际经济合作至关重要,对中国有益无害。

过渡期内,澳门先后加入有关国际组织共 38 个。重要的有关贸总协定、国际海事组织、世界旅游组织、国际刑警组织、亚太经济与社会理事会、国际航空协定、亚洲奥林匹克理事会、国际奥林匹克理事会、联合国教科文组织、国际电信联盟等。

回归后澳门特别行政区以“中国澳门”名义继续保持单独地位的政府间国际组织有 11 个:世界贸易组织、联合国教科文组织、国际海事组织、世界旅游组织、世界气象组织、世界卫生组织西太平洋区域委员会、海关合作理事会、亚太电信联盟、亚太地区发展中心、亚太经社会和国际纺织及成衣局。

中央政府积极协助澳门参与尚未正式加入的国际组织活动。例如,澳门特别行政区不是 APEC 成员,但目前以非成员身份参与 APEC 电信、交通、旅游、中小企业等领域会议和活动。中央政府支持澳门特区继续以非成员身份参与 APEC 相关合作,跟踪亚太经贸领域合作最新情况,分享应对国际金融危机和经济发展经验,深化与其他 APEC 成员的务实交流与合作。

(三)特区参加、举办国际会议

回归后,中央政府积极协助香港、澳门特别行政区政府官员以中国政府代表团成员身份参与国际组织多边活动和会议,其中包括联合国妇女问题特别联大、可持续发展世界首脑会议、联合国气候变化大会以及世界卫生大会、国际劳工大会、国际警察组织年会、国际民航组织大会、联合国人权理事会会议、海牙国际私法会议等。支持和协助特别行政区以“中国香港”“中国澳门”名义单独参加与特区利益相关的国际会议,包括博鳌亚洲论坛年会、联合国亚太经社会年会、联合国教科文组织大会、国际民航组织区域会议等。

中央政府还积极推动和指导特区参加有关国际组织及其活动。例如,协助香港特别行政区推动海牙国际私法会议在香港开设亚太办事处,努力将香港打造成为区域法律服务和纠纷解决中心;协助澳门特别行政区成功争取将中国—葡语国家经贸合作论坛常设秘书处设在澳门,推动澳门特别行政区成为中国与葡语国家进行合作、交流的平台与纽带;支持澳门特别行政区“历史建筑群”申请加入《世界遗产名录》,并于2005年申遗成功,提升特区作为旅游城市的国际知名度。2006年,促成亚太经社会/世界气象组织台风委员会秘书处迁址至澳门特别行政区,这是政府间国际组织首次落户澳门特别行政区;协助澳门妇联总会于2008年获得联合国经社理事会咨商地位,为特别行政区更深入参与国际事务提供平台,这也是特别行政区首个非政府组织获得该地位。

在特区承办国际会议方面,中央政府积极推动、协助香港特别行政区承办世界银行和国际货币基金组织年会、财富环球论坛、国际航空业领袖会议、国际文物修护会议等大型国际会议,协助澳门特别行政区成功承办中国—东盟检察长会议、世界旅游组织部长级圆桌会议、国际环保合作发展论坛、难民保护全球磋商亚太区域筹备会、中葡经贸论坛首次会议和第二届部长级会议及高官会等较大规模的国际会议,以及第四届东亚运动会等大型国际综合体育盛会,提升了特区的国际知名度和国际形象。

(四)授权特别行政区对外签订各类协定

中央政府大力支持特别行政区对外开展多领域的双边合作,积极协助特区开展民用航空运输、投资保护、互免签证及司法协助类协定的谈判及签署工作。

在香港进入回归过渡期前,英国政府从未授权香港政府与外国签署重要的政府间双边协定。为了平稳过渡的目的,根据《香港特别行政区基本法》的规定,我国政府同意英国授权香港政府与外国谈判签署六类双边协定:民航、航班过境、投资保护、刑事司法协助、移交逃犯和移交被判刑人协定。截至2018年12月,中央政府共授权香港特别行政区对外谈判投资保护、民航、移交逃犯、被判刑人移管等类协定200项,授权签署108项,授权修订15项;授权澳门特别行政区对外谈判或签订民航、司法协助、投资保护、税收、金融信息交换等协定80项。

对于《基本法》规定特别行政区可自行对外缔结的经济、贸易、金融、航运、通信、旅游、文化、科技、体育等领域的双边协定,中央政府根据特别行政区政府的请求,及时向特别行政区提供必要的协助。例如,推动日本等国家积极回应澳门特别行政区谈判民航协定的请求、同意澳门特别行政区与我未建交国圣多美和普林西比签订双边协定等。

(五)适用于港澳的国际公约履约工作

为加强对缔约国履约情况的监督,许多国际条约设立了条约履约报告制度,包括劳工、人权、军控、环境资源、文化、卫生等领域。例如,所有核心国际人权条约均规定缔约国提交定期报告并接受审议,某些军控条约的缔约国自愿按条约规定或应审议大会的要求提交履约信息。履行国际条约是国家外交条法工作的重要一环,关系到我国的国际形象和声誉。国际条约的国家履约报告由中央政府负责提交。对于适用于香港、澳门特别行政区的国际条约,国家报告应包括特别行政区履约情况。

我国现已参加近500项多边国际条约(含公约修订议定书),其中50余项需定期提交履约报告或提交调查问卷等履约信息。回归后,中央政府为两特别行政区办理了指定履约机关、转交特别行政区履约报告或其他材料、推动特别行政区立法履约等公约履约事宜。

根据“一国两制”方针,特别行政区履约报告采取“特区自行撰写,中央政府统一提交”的方式进行。对于我国已经参加的国际公约,特别行政区报告随国家报告一并提交,特别行政区代表作为中国代表团成员参加审议,并回答特区自治范围内的问题。对于我国尚未参加但适用于香港、澳门特别行政区的公约,特别行政区政府自行撰写报告后,通过外交部驻香港、澳门公署转交中央政府提交条约机构,特别行政区政府自行组团参加审议。①

以《濒危野生动植物种国际贸易公约》(Convention on International Trade in Endangered Species of Wild Fauna and Flora, CITES)履约机制为例。澳门回归后,公约继续适用于澳门特区。为方便澳门特别行政区履约,中央政府根据公约规定,指定澳门经济局为澳门特别行政区的管理机构。根据公约规定,缔约

---

① 例如,1999年中央政府为香港特区提交了《经济、社会及文化权利国际公约》相关规定执行情况的首次报告;1999年、2005年、2011年和2013年4次为香港特区提交了《公民权利和政治权利国际公约》相关规定执行情况的报告。2008年中央政府为澳门特区向联合国教科文组织提交了履行《取缔教育歧视公约》报告;2011年和2013年为澳门特区提交了《公民权利和政治权利国际公约》相关规定执行情况的首次和第二次报告。

方应定期提交“年度报告”和“双年度报告”。澳门回归后,中央政府的报告中包括澳门特别行政区相关工作。具体报告程序是,澳门经济局将特别行政区报告通过外交部驻澳门公署转交外交部,由中央政府汇总入国家报告后,统一提交公约秘书处。为共同做好履约工作,协调解决中央政府与澳门特区间在公约履约过程中产生的问题,经国务院批准,2000 年中央政府与澳门经济局召开年度会谈,就履约事务交流情况和磋商协调。自 2001 年起,中央政府采取与香港、澳门特区共同举办年度履约协调会方式,由三方轮流主办。通过这一机制,三方互相通报过去一年中在履约和野生动植物种进出口管理方面的主要工作和存在的问题,协商下一年履约事宜,对在《基本法》原则下做好履约工作起到了积极的促进作用。经中央政府同意,澳门特区政府派员以中国代表团成员身份参加了公约缔约方会议。

香港、澳门回归后,中央政府多次安排两特别行政区代表参加中央政府代表团在日内瓦、纽约等地接受公约主管机构的履约审议。实践中,特区接受公约监督机构的履约审议有两种方式:一种是特区代表作为中国代表团成员随中央政府一起就特区履约接受审议,主要是我国参加并适用于香港、澳门特别行政区的公约,如《儿童权利公约》《禁止酷刑公约》等。另一种是由特区单独接受审议,一般涉及我国尚未参加但在香港、澳门回归后继续适用于特区的公约,如《公民权利和政治权利国际公约》。

(六)涉香港、澳门特别行政区司法合作

国际司法协助原则上只能在主权国家之间开展。根据“一国两制”原则,香港和澳门特区拥有与内地不同的法律体系和司法制度,作为特殊处理,《基本法》规定特区可在中央政府的协助和授权下,与外国就司法互助关系作出适当安排。香港、澳门特别行政区自成立以来,与外国的司法协助日益频繁,已成为两特别行政区对外交往的重要内容,对妥善处理涉外案件、促进和保障两特区与外国的正常人员和经贸往来具有重要意义。司法协助范围包括民商事司法协助和刑事领域的司法协助,后者又可主要分为刑事司法协助、移交逃犯和移管被判刑人三类。

1. 对外开展司法协助的法律依据

香港、澳门特别行政区对外开展司法协助的法律依据有:经中央政府授权缔结的双边司法互助协定;经适当安排适用于特区的相关国际公约;两特别行政区本地立法。

香港回归以来,截至 2019 年 5 月,经中央政府授权,香港特别行政区已对外缔结刑事司法互助协定 33 项，移交逃犯协定 20 项，移交被判刑人协定 16 项。[①] 澳门特区对外司法协助缔约工作起步较晚。回归后，经中央政府授权，澳门特区已与葡萄牙签署《被判刑人移管协定》，与葡萄牙和东帝汶签署《法律及司法协助协定》，与蒙古签署《打击贩卖人口协定》。

根据《基本法》规定，经中央政府作出相应安排，香港、澳门回归后，有相当数量的涉及司法协助的国际公约适用于香港、澳门特别行政区，其中有民商事领域的《海牙送达公约》《海牙取证公约》，及《联合国打击跨国有组织犯罪公约》《联合国反腐败公约》等针对特定刑事犯罪的国际公约。尽管两特别行政区非上述公约缔约方，但在公约适用香港、澳门特别行政区的国际权利和义务由中央政府承担的前提下，两特别行政区可以按照上述公约规定，与其他缔约国开展司法协助合作。

对未与两特别行政区订立协定的国家，特区也可依据本地立法开展司法协助。香港特区于 1997 年制定了《刑事事宜相互法律协助条例》，对香港特别行政区与外国相互请求或提供刑事司法协助作出了具体规定，内容涉及调查取证、执行没收令等方面。澳门特别行政区《刑事诉讼法典》《民事诉讼法典》确立了司法协助的一般制度。2006 年，澳门特别行政区专门制定了《刑事司法互助法》，内容广泛，除包括调查取证等普通刑事司法协助事项外，还适用于移交逃犯、移管刑事诉讼、执行刑事判决、移交被判刑人等。

2. 对外司法协助的联系途径

港澳特别行政区向外国提出及接受外国提出的请求，以及就司法协助过程中的相关事项相互联系主要有以下途径：

（1）双边司法协助协定指定的联系机关。特别行政区与外国根据双方缔结的司法协助协定开展个案合作时，可由协定指定的机关与外国对应机关直接联系，提出或接受司法协助请求。例如，香港特别行政区政府与澳大利亚政府《关于刑事司法协助的协定》即指定香港律政司或经其正式授权的官员为该协定的中心机关，由其提出或接受司法协助请求。

（2）根据国际条约指定的机关。为便利特别行政区与外国的司法协助，中央政府在办理一些涉及司法协助的国际公约适用于香港、澳门特别行政区的手

---

① 例如，香港特别行政区政府经中央政府授权，与美国政府签署了《移交逃犯协定》《刑事司法协助协定》《移交被判刑人协定》。根据这些协定，香港特别行政区和美国相互提出三类协助请求。

续时，只要公约规定允许，均为香港、澳门指定不同于内地的单独的联系机关。例如，根据《联合国反腐败公约》的规定，指定香港特别行政区律政司司长为香港特区负责和接受司法协助请求等事宜的中心机关；指定澳门特别行政区行政法务司为澳门特区负责和接受司法协助请求等事宜的中心机关。

（3）外交途径。港澳特别行政区对外提出或接受司法协助请求，如无可适用的相关条约或协定，可以通过中央政府的外交渠道进行。实践中，目前已形成较为规范的做法。以澳门特别行政区为例，澳门特别行政区向外提出请求时，由特区行政长官办公室将请求书函送外交部驻澳门特派员公署，公署将特区请求书送回外交部，由外交部照会外国驻华使馆提交请求书。请求书的办理结果也按同样途径返回澳门特别行政区。①

3. 通报审查机制

国际司法协助中的一项普遍规则是，被请求国有权拒绝执行可能损害本国主权、安全、公共秩序等国家利益的司法协助请求。在“一国两制”原则下，香港、澳门特别行政区与外国开展司法协助合作时也应维护国家的主权、安全与公共秩序等国家利益。同时，特别行政区作为地方行政区域，客观上对国家主权、安全等整体利益的判断能力有一定的局限性，需要中央政府介入，协助特区把关。为此，香港、澳门特别行政区均确立了司法协助请求通报审查机制，即特区对外开展司法协助个案合作时，须逐案向中央政府通报，中央政府从外交、国防、国家的主权、安全和公共秩序角度审查特别行政区通报的请求，并给予指示。中央政府就此作出的指示对特别行政区具有拘束力。香港特别行政区《刑事事宜相互法律协助条例》《逃犯条例》均规定，行政长官需安排每项香港特区请求及外地请求通报中央人民政府，并遵从中央政府基于国防事务或外交事务的利益发出的指示。澳门特别行政区于 2002 年 3 月专门制定了《司法协助请求的通报程序法》，就通报审查作了具体规定。

通报审查机制建立以来，运作基本顺畅。在中央政府的大力支持和协助下，香港、澳门特别行政区对外司法协助进展顺利。两特别行政区依据有关双边协定、国际公约和本地立法对外开展司法协助，与外国开展了包括调查取证、文书送达、证人作证、冻结财产在内的刑事司法协助。迄今，香港、澳门特别行政区对外司法协助或移交逃犯绝大多数属于普通刑事案件，中央政府对案件的

① 实践中，曾有外国驻华使馆照会我国外交部，询问香港、澳门特别行政区是否有权对外提出或接受司法协助请求，外交部均依基本法规定予以积极肯定的回答。

审查非常慎重，中央政府仅就个别涉及国防、外交利益的案件作出拒绝移交的指示。

（七）香港、澳门特别行政区涉国家豁免事务

国家豁免是国际法上的一项重要制度，其本质是一国国家、政府及其财产在另一国司法体系中享有何种地位的一套特殊制度安排，包括管辖豁免、执行豁免、法律程序豁免等方面。基于国家主权平等原则，“国家绝对豁免”曾是传统国际法公认的原则。除非一国放弃豁免，他国法院不得审理以该国国家、政府为被告或针对该国国家财产的案件。20世纪中叶起，随着国家更多地介入经济活动，英、美等发达国家逐步转向“限制豁免原则”（“相对豁免原则”），对国家的非主权商业行为不再给予司法管辖豁免。但国家豁免问题在理论和实践上，仍存在较大分歧。[①] 2005年《联合国国家及其财产管辖豁免公约》坚持了国家豁免的一般原则，但对豁免的适用范围作出了一些限制。[②]

一国有权决定实行何种豁免制度，这是本国司法主权不可分割的部分，也是国家外交事务的重要组成部分。实践中，每个国家均按照本国国情和外交政策，采用符合本国利益的国家豁免制度。

中华人民共和国成立以来，我国政府一直坚持绝对豁免的立场和政策，坚决反对外国法院管辖以我国国家为被告或针对我国国家财产的案件。我国法院也不受理以外国国家为被告或针对外国国家财产的案件，除非该国放弃豁免。[③]

根据“一国一豁免”原则，在一国境内，包括有两个或两个以上法域的国家，如我国及其香港、澳门特别行政区，应实行统一的国家豁免规则或政策。根据《基本法》及全国人大常委会2011年8月26日对《香港特别行政区基本法》相关条款所作解释，国家豁免属于外交事务范畴，决定国家豁免规则或政策是中

---

① 参见黄进等：《国家及其财产管辖豁免的几个悬而未决的问题》，载《中国法学》2001年第4期。

② 《联合国国家及其财产管辖豁免公约》，2005年1月17日联合国大会通过，并开放签署，目前尚未生效。生效条件是30国批准或加入，目前缔约国数为22个。我国于2005年9月14日签署，但尚未批准。

③ 最高人民法院2007年5月发布《关于人民法院受理涉及特权与豁免的民事案件有关问题的通知》，明确规定：如遇有涉及外国国家、外国驻华使馆和使馆人员、外国驻华领馆和领馆人员等享有特权与豁免主体的民事案件，人民法院应在决定受理之前，报请本辖区高级人民法院审查；高级人民法院同意受理的，应当将其审查意见报最高人民法院。在最高人民法院答复前，一律暂不受理。

央政府的权力，香港特别行政区应遵循国家统一的国家豁免规则或政策。① 因此，香港和澳门特别行政区目前均跟随中央政府实行绝对豁免制度。

美国FG公司诉刚果(金)案

本案原告FG公司是一家美国“秃鹫基金”，被告系刚果(金)和中国中铁公司及其子公司。2008年5月，FG公司在香港特别行政区法院提起诉讼，要求截留中铁公司应向刚方支付的开发铜钴矿权费1.04亿美元，以执行苏黎世和巴黎两个仲裁庭针对刚果(金)作出的仲裁裁决。案件涉及国家豁免等外交事务，事关国家和公众利益，香港特别行政区政府律政司司长以“介入人”身份参加诉讼。②

2008年12月，香港特别行政区高等法院原讼庭作出一审判决，认定刚果(金)与中铁公司的合同不属“商业性质”，无论香港特别行政区采用何种国家豁免制度(判决中表示倾向于限制豁免制度)，刚方均享有管辖豁免，因此驳回原告起诉。FG公司不服判决提起上诉。2010年2月，特别行政区高等法院上诉庭作出二审判决，推翻一审判决，并称在国家豁免问题上，特别行政区不必遵循中央政府坚持的“绝对豁免”原则，而应适用香港特别行政区原有普通法中的“限制豁免”原则，裁定刚果(金)不享有豁免。此后，刚果(金)、中铁公司和特别行政区政府律政司均提出上诉，案件进入终审阶段。2011年6月8日，香港特别行政区终审法院作出判决，提请全国人大常委会释法，同时发表“临时判决”，认为香港特别行政区应适用与中央政府立场一致的绝对豁免原则，二审判决应予撤销。8月26日，全国人大常委会就《香港特别行政区基本法》第13条第1款和第19条作出如下解释：(1)管理与香港特别行政区有关的外交事务属于中央人民政府的权力，中央人民政府有权决定在香港特别行政区适用的国家

---

① 参见《全国人民代表大会常务委员会关于〈中华人民共和国香港特别行政区基本法〉第十三条第一款和第十九条的解释》(2011年8月26日第十一届全国人民代表大会常务委员会第二十二次会议通过)，载全国人大网：www. npc. gov. cn，最后访问日期：2019年6月15日。

② 资料来源：香港特别行政区司法机构网：www. judiciary. gov. hk/chs/index/index. htm，最后访问日期：2019年6月15日。其中包括：《原讼法庭关于刚果(金)案的判决书》(2008年12月12日)，《上诉法庭关于刚果(金)案的判决书》(2010年2月10日)，《刚果(金)案——香港特区政府律政司意见》(2010年9月7日)，《终审法院关于刚果(金)案的初步判决书》(2011年6月8日)，《终审法院关于刚果(金)案的终局判决书》(2011年9月8日)。

豁免规则或政策;(2)香港特区,包括香港特别行政区法院,有责任适用或实施中央人民政府决定采取的国家豁免规则或政策,不得偏离上述规则或政策,也不得采取与上述规则或政策不同的规则;(3)《香港特别行政区基本法》第19条第3款规定的“国防、外交等国家行为”包括中央人民政府决定国家豁免规则或政策的行为;(4)采用为香港特别行政区法律的香港原有法律中有关国家豁免的规则,自1997年7月1日起,在适用时,须作出必要的变更、适应、限制或例外,以符合中央人民政府决定采取的国家豁免规则或政策。① 9月8日,特别行政区终审法院根据全国人大常委会所作解释,最终确认了上述临时判决。

刚果(金)案是香港回归以来特别行政区终审法院第一次主动提请释法,其意义远超案件本身。案件的处理明确了中央政府在外交事务上的权威,捍卫了中央外交权和国家主权;有助于理顺全国人大释法权与特别行政区法院终审权的关系,有利于中央政府依法对特别行政区司法机构实施监督和约束;案件的处理还进一步明确了香港特别行政区的非主权地位,深化了香港特别行政区各界对“一国两制”的认识。②

第五节 “一国两制”对国际法发展的贡献

1982年,邓小平同志正式提出“一个国家,两种制度”伟大构想。实践证明,“一国两制”具有强大的生命力,不仅是实现国家统一的基本方针,更是对当代国际法的创新发展,对国际法产生了积极而深远的影响。③ 它为国际社会解决类似问题提供的一个新思路新方案,是中华民族为世界和平与发展做出的新贡献,凝结了海纳百川、有容乃大的中国智慧。

---

① 参见《全国人民代表大会常务委员会关于〈中华人民共和国香港特别行政区基本法〉第十三条第一款和第十九条的解释》(2011年8月26日第十一届全国人民代表大会常务委员会第二十二次会议通过),载全国人大网:www.npc.gov.cn,最后访问日期:2019年6月15日。

② 参见罗燕明:《香港特区“刚果(金)案”与全国人大常委会第四次解释〈香港基本法〉研究》,载中国社会科学网:www.cssn.cn,最后访问日期:2019年6月15日。

③ 参见黄惠康:《“一国两制”对国际法发展的贡献》(上),载《光明日报》2012年7月10日,第8版;黄惠康:《“一国两制”对国际法发展的贡献》(下),载《光明日报》2012年7月15日,第8版;黄惠康:《“一国两制”是对当代国际法的创新发展——外交部条法司司长黄惠康答新华社记者问》,载新华网:www.xinhuanet.com,最后访问日期:2019年6月15日。

一、确认和维护了国际法的基本原则

(一)“一国两制”体现了国家主权原则

“一国”是“一国两制”方针的前提和基础。从国际法上来看,“一国”是指国际法主体的唯一性,即世界上只有一个中国,中华人民共和国政府是代表中国的唯一合法政府,香港、澳门特别行政区是中国领土不可分离的一部分,从来不具备国际法主体资格。根据国际法,国家是最主要的国际法主体,主权是国家的重要属性和固有权利,表现为对内的最高权和对外的独立权。对内最高权即国家具有处理国内管辖事务的最高权威,对外独立权即国家在国际关系中独立自主行使自己的权力,不受外来干涉,国家领土主权完整不容侵犯。治权是国家的行政管理权,是主权的重要内容,两者不可分割。所谓“以主权换治权”,本质是否认中国对香港自始享有的主权,是绝不能接受的。①

(二)“一国两制”是和平解决国际争端的成功实践

和平解决国际争端是现代国际法的基本原则。1928 年《巴黎非战公约》正式提出以和平手段解决国际争端的基本原则,此后《联合国宪章》《国际法原则宣言》等文件中均对此予以确认。我国历来坚持和平解决国际争端,反对使用武力或以武力相威胁。根据“一国两制”方针,中英两国政府自 1982 年起就香港问题开始进行磋商,通过 17 轮和平谈判,最终于 1984 年 12 月 19 日签署《关于香港问题的联合声明》。1987 年 3 月 26 日,中葡两国政府就澳门问题达成协议,双方签署《关于澳门问题的联合声明》。香港、澳门问题的和平解决,对内顺应了国情民意,避免了恢复行使主权过程中社会动荡,以较小代价实现了平稳过渡,有利于保持香港长期繁荣稳定。对外,避免了诉诸战争或武力手段,成为国际法上成功解决国家间历史遗留问题的光辉典范,得到了国际社会的广泛赞誉,为他国解决类似争端提供了示范和借鉴。正如邓小平同志所指出的:“世界上一系列争端都面临着用和平方式来解决还是用非和平方式来解决的问题。总得找出个办法来,新问题就得用新办法来解决。香港问题的成功解决,这个事例可能为国际上许多问题的解决提供一些有益的线索。”“解决国际争端,要根据新情况、新问题,提出新办法。‘一国两制’,是从我们自己的实际提出的,

---

① 参见《邓小平交锋撒切尔 公开提出“一国两制”》,载中国网:www. news. china. com. cn,最后访问日期:2019 年 6 月 15 日。

但是这个思路可以延伸到某些国际问题的处理上。”①

从“一国两制”实践的国家层面看，中央成功运用和平方式实现了香港、澳门的顺利回归。回望历史，第二次世界大战后大多数殖民地脱离宗主国时难免经历血与火的洗礼。与此截然不同，中国实行和平统一、“一国两制”，收回香港、澳门没有动用一枪一炮，没有出现重大社会动荡，无缝交接，平稳过渡，和平实现了从英国、葡萄牙殖民管治到回归祖国怀抱的历史变革，以最小代价铸就了国家统一大业的历史丰碑，树立了和平解决国际争端的典范，赢得国际社会的高度赞誉。②

（三）“一国两制”拓展了和平共处原则的适用范围

中华人民共和国成立后，我国提出互相尊重领土主权、互不侵犯、互不干涉内政、平等互利、和平共处的五项原则，将其作为处理国家间关系的准则。在此基础上，邓小平同志以伟大政治家的智慧，创造性地把适用于国家间的和平共处应用到一国内部不同社会制度之间。他说，“和平共处原则用之于解决一个国家内部的问题，恐怕也是一个好办法。根据中国自己的实践，我们提出‘一个国家，两种制度’的办法来解决中国的统一问题，这也是一种和平共处”。“和平共处原则不仅在处理国际关系问题上，而且在一个国家处理自己内政问题上，也是一个好办法”。③ “一国两制”赋予和平共处原则全新的内涵，即社会主义制度与资本主义制度长期共存，和平共处，相互交流，相互促进，“井水不犯河水”。“一国两制”进一步丰富了和平共处原则的理论内涵。④

二、丰富和发展了国际法的具体制度

香港、澳门回归祖国是一件史无前例的伟大工程。根据“一国两制”、“港人治港”、“澳人治澳”、高度自治方针和港澳特别行政区《基本法》的有关规定，中央政府在两特区缔结与适用条约、对外司法协助、参加国际组织与会议等方面做了大量的工作，为维护香港特区国际贸易、金融、航运和仲裁中心地位，维护澳门特区的繁荣稳定，促进特区对外交往营造了良好的国际法律环境。其中，

① 《邓小平文选》（第3卷），人民出版社1993年版，第87页。

② 参见倪学伟：《一国两制：和平解决国际争端的新模式》，载《云南法学》1998年第2期。

③ 《邓小平文选》（第3卷），人民出版社1993年版，第96～97页。

④ 参见《论邓小平对马克思主义和平共处思想的发展》（2），载人民网理论频道：www. theory. people. com. cn，最后访问日期：2019年6月15日。

不乏开创性工作,突破了传统国际法的规定,极大地丰富和发展了国际法具体制度。

(一)“一国两制”推动形成特区缔结适用条约的独特模式

回归前后,香港、澳门在条约缔结和适用方面的实践多种多样,在缔约主体、缔约权限、适用范围和履约机制等方面对国际条约法做出了贡献,形成了国际法上自成体系的独特的“特别行政区缔结适用条约”新模式。一是主体新。《基本法》赋予特区一定的缔约权,香港、澳门特别行政区可分别以“中国香港”“中国澳门”名义签订和履行经济、贸易、金融、航运、通信、旅游、文化、体育等领域的协议。经中央政府协助或授权,特别行政区还可对外谈判和签订互免签证协定、司法协助协定、移交逃犯协定、移交被判刑人协定、民航协定以及投资保护协定等。二是方式新。根据“一国两制”方针,并考虑到香港、澳门的实际需要,回归前后大胆探索条约缔结适用新方式,并得到国际社会认可。回归前,中英双方经过磋商,分别在国际层面采取了法律行动与外交行动,向多边条约保存机关发出照会等,妥善办理了 214 项条约继续适用问题。回归后,既有中央政府不加入但公约适用于香港的情况,如《核能领域中关于第三方责任的公约》;又有以中央政府名义加入,但仅适用于香港的情况,如《修正 1971 年设立国际油污损害赔偿基金国际公约的 1992 年议定书》。中葡两国政府也采取了相应的外交和法律行动。三是履约新。特别行政区适用多边条约所产生的国际权利义务由中央政府承担,以国家名义参加的多边条约履约事宜由中央政府办理,中央政府积极协助特别行政区办理单独适用于特区的条约履约事宜。履约报告方面,建立了“特区自行撰写、中央统一提交”的工作模式,并由特别行政区就其自治范围内的履约事务自行答复条约机构提问等。①

(二)“一国两制”开创了单一制国家地方自治权的新高

回归后,根据《基本法》,特别行政区享有高度的自治权,包括行政管理权、货币发行权、财政税收权、立法权、独立的司法权和终审权等。此外,在外交权属于中央的原则下,特别行政区还拥有广泛的处理对外事务的权力,包括单独缔约、参加国际组织和国际会议、经济、贸易等领域对外交往等。这种高度自治权涵盖范围广泛,大大超过一般单一制国家地方政府和联邦制国家地方实体的权力,更远超香港、澳门回归以前的对外交往权力。这在世界宪政史上是极其

---

① 参见徐宏:《国际条约适用香港和澳门特区的实践》,载《法制日报》2016 年 10 月 22 日,第 4 版。

罕见的,充分体现了中国政府坚定实施“一国两制”的决心。但是,必须指出的是,特别行政区的对外交往权力是有限制的,其权力源于《基本法》的授权,具有派生和从属性。中央授予特别行政区多少权力,特别行政区就有多少权力,没有明确的,中央还可以授予,未授予的“剩余权力”在中央。

(三)“一国两制”促进了不同法系相互借鉴与融合

“一国两制”下,我国法律制度呈现出多样性的新特点。内地实行社会主义法律制度,香港特别行政区实行英美普通法制度,澳门特别行政区实行欧洲大陆法制度。“一国两制”为三种不同法律制度交流提供了平台,三种法律制度互相交流互鉴,取长补短,不断融合。比如,《香港特别行政区基本法》吸收了香港原有普通法的一些要素,香港原有普通法则依照《宪法》和《香港特别行政区基本法》进行“必要的变更、适应、限制或例外”。全国人大常委会对《香港特别行政区基本法》的解释成为香港特区法院判决的依据之一,并对香港特别行政区普通法司法解释制度产生影响。

三、为国际法进一步发展提供了巨大空间

作为一项前无古人的开创性事业,“一国两制”需要在实践中不断探索。回归以来,香港、澳门特别行政区与内地全方位融合不断深化,联系日益密切。不同法律制度互动,衍生出国际公法、私法和经济法等领域诸多新问题,国际法理论研究和实践创新尚有很大潜力。如香港、澳门特别行政区与内地的法律不同,民商事交往频繁,导致一国内部区际法律冲突,引发诸如不同司法管辖区相互承认与执行民商事法院判决和仲裁裁决、刑事司法协助、诉讼移管等问题。又如香港特别行政区居民蔡某依据《中国与秘鲁关于鼓励和相互保护投资协定》向解决投资争端国际中心(ICSID)诉秘鲁共和国案件等。再如,香港特别行政区法院审理的C某诉入境处长案件中涉及的“国际习惯法在特区的适用”等。这些都是“一国两制”下出现的新情况、新问题,只能在“一国两制”指导下加以协调解决,其解决方式必将进一步丰富和发展国际法的理论与实践。

回顾香港、澳门回归以来的发展历程,“一国两制”方针源于中国解决自身统一问题的思考,但其意义远超一国范畴。“一国两制”闪耀着高度的智慧光芒,是坚定的立场与灵活的策略的有机统一,是国内影响与国际视野的有机结合,充分体现了邓小平同志的高瞻远瞩。从国际法上来看,“一国两制”顺应了国际法演变趋势,有力推动和促进了国际法的发展,是中华人民共和国对现代

国际法做出的重要贡献之一,大大提高了中国在世界国际法界的地位和影响。

作为涉港澳外交工作的重要方面,涉港澳条约法律工作既为涉港澳外交提供重要法律支撑,也为香港、澳门特别行政区开展对外交往与合作奠定坚实的法律基础,为维护和促进特别行政区长期繁荣稳定发挥积极作用。

第十章 人类命运共同体的国际法构建

第一节 应对人类共同挑战的中国方案

坚持推动构建人类命运共同体，是习近平外交思想的核心和精髓，是党的十八大以来中国外交的重大理论创新成果。[①] 2018 年 3 月，“坚持和平发展道路”“坚持互利共赢开放战略”“推动构建人类命运共同体”的思想被载入国家根本大法。这是我国外交政策理念在国家法治上的最高宣示，也是中国外交进入推动构建人类命运共同体新时代的旗帜和法律标志，成为新时代中国特色大国外交的一面旗帜。[②] 2019 年 4 月 26 日，习近平主席在第二届“一带一路”国际合作高峰论坛开幕式的主旨演讲中指出：今天的中国，已经站在新的历史起点上。“我们将继续沿着中国特色社会主义道路大步前进，坚持全面深化改革，坚持高质量发展，坚持扩大对外开放，坚持走和平发展道路，推动构建人类命运共同

---

① 参见闻言：《坚持推动构建人类命运共同体 努力建设一个更加美好的世界——学习习近平〈论坚持推动构建人类命运共同体〉》，载《人民日报》2018 年 10 月 31 日，第 6 版。中共中央党史和文献研究院编辑的习近平同志《论坚持推动构建人类命运共同体》一书，收录习近平同志 2013 年 1 月至 2018 年 6 月关于推动构建人类命运共同体的重要文稿 85 篇。

② 参见杨洁篪：《以习近平外交思想为指导，深入推进新时代对外工作》，载《求是》2018 年第 15 期。

体。”与此同时，在国际层面，共同推动构建人类命运共同体开始出现在一些重要的双边政治宣言，如2018年6月8日《中华人民共和国和俄罗斯联邦联合声明》、2018年6月10日《上海合作组织成员国元首理事会青岛宣言》、2018年9月3日中非合作论坛《关于构建更加紧密的中非命运共同体的北京宣言》，以及联合国的一些重要决议之中，正在向逐步形成为国际法基本原则的方向发展。①

“治国者，以奉法为重。”外交的灵魂在于王道，法律的生命在于行动。人类命运共同体思想作为中国外交的王道，需要国际法的固化和支撑。法律外交是外交的高级形态，让法治的精神在国际关系中王道浩荡，是现代外交的一大目标，也是推动构建人类命运共同体的法律保障。准确把握人类命运共同体思想的国际法内涵，用国际法这一世界通用语言来对“人类命运共同体”思想进行阐释，积极探索在国际治理的各具体领域融入命运共同体思想，既是推进新时代中国特色大国外交的必然要求，也是中国国际法学界的共同使命。②

一、人类命运共同体思想的形成

人类只有一个地球，各国共处一个世界。人类命运共同体旨在追求本国利益时兼顾他国合理关切，在谋求本国发展中促进各国共同发展。③ 推动构建人类命运共同体，不是“另起炉灶”，也不是推倒重构，而是要在以《联合国宪章》

---

① 参见人类命运共同体与国际法课题组：《人类命运共同体的国际法构建》，载《武大国际法评论》2019年第1期。

② 在中国国际法学界，有关人类命运共同体思想的国际法研究受到广泛重视，并已有一些初步研究成果，其中包括：人类命运共同体与国际法课题组：《人类命运共同体的国际法构建》，载《武大国际法评论》2019年第1期；李适时：《夯实人类命运共同体的国际法治基础》，中国国际法学会主办：《中国国际法年刊》(2017年)，法律出版社2018年版；徐宏：《人类命运共同体与国际法》，载《国际法研究》2018年第5期；张乃根：《试探人类命运共同体的国际法理念》，中国国际法学会主办：《中国国际法年刊》(2017)，法律出版社2018年版；张乃根：《人类命运共同体入宪的若干国际法问题》，载《甘肃社会科学》2018年第6期；李赞：《建设人类命运共同体的国际法原理与路径》，载《国际法研究》2016年第6期；谢海霞：《人类命运共同体的构建与国际法的发展》，载《法学论坛》2018年第1期；罗欢欣：《人类命运共同体思想对国际法的理念创新——与“对一切的义务”的比较分析》，载《国际法研究》2018年第2期。中国学界还召开了一系列研讨会，探究其中的理论与实践意蕴，参见廖奕：《人类命运共同体的法理阐述——“构建人类命运共同体理论研讨会”综述》，载《法学评论》2017年第5期；刘明：《“构建人类命运共同体与全球人权治理”理论研讨会综述》，载《人权》2017年第4期。

③ 参见胡锦涛：《坚定不移沿着中共特色社会主义道路前进 为全面建成小康社会而奋斗——在中国共产党第十八次全国代表大会上的报告》，载《人民日报》2012年11月17日，第1版。

为核心的现有国际法律秩序的基础上，致力于建设一个持久和平、普遍安全、共同繁荣、开放包容、美丽清洁的世界。

当今世界正处在大发展大变革大调整时期。冷战结束以来，特别是21世纪以来，国际关系发生了并仍在发生巨大变化。

一方面，世界多极化、经济全球化、社会信息化、文化多样化深入发展，不可逆转，和平发展的大势日益强劲，全球治理体系和国际秩序变革加速推进，各国相互联系和依存日益加深，新兴国家群体崛起，"东升西降"，大势所趋，国际力量对比更趋平衡，国际法治逐步加强，和平发展潮流不可逆转，合作共赢更是大势所趋。世界人民对美好生活的向往从来没有像今天这样强烈，人类战胜困难的手段也从来没有像今天这样丰富。

另一方面，世界面临的不稳定性不确定性显著增加，全球治理"赤字"加剧，发展鸿沟扩大，贫富分化日益严重，"逆全球化思潮"暗流涌动，各大力量激烈博弈，英国"脱欧"，美国"退群"，"黑天鹅"与"灰犀牛"同行，传统安全与非传统安全交织，乱象纷呈，地区热点问题此起彼伏，恐怖主义、网络安全、重大传染性疾病、气候变化等非传统安全威胁持续蔓延，人类面临诸多共同挑战。挑战前所未有。

巨大变局之下，各国都在探索世界未来发展方向，都在寻求建立对自己有利的国际政治、经济新秩序，都在抢占国际治理的道义制高点和主导权。如美国的"印太战略"和"美国优先"战略，俄罗斯的"欧亚经济联盟"，东盟的"互联互通总体规划"，哈萨克斯坦的"光明之路"，土耳其的"中间走廊"，蒙古的"发展之路"，越南的"两廊一圈"，英国的"英格兰北方经济中心"，波兰的"琥珀之路"，等等。中国的方案是，推动构建新型国际关系，推动构建人类命运共同体。

2012年11月，党的十八大报告明确提出："人类只有一个地球，各国共处一个世界"。"我们主张，在国际关系中弘扬平等互信、包容互鉴、合作共赢的精神，共同维护国际公平正义。""合作共赢，就是要倡导人类命运共同体意识，在追求本国利益时兼顾他国合理关切，在谋求本国发展中促进各国共同发展，建立更加平等均衡的新型全球发展伙伴关系，同舟共济，权责共担，增进人类共同利益。"①此前，2011年9月6日发表的《中国的和平发展》白皮书提出，要以"命

① 胡锦涛：《坚定不移沿着中国特色社会主义道路前进　为全面建成小康社会而奋斗——在中国共产党第十八次全国代表大会上的报告》，载《人民日报》2012年11月17日，第1版。

运共同体”的新视角，寻求人类共同利益和共同价值的新内涵。① 2013 年 1 月 28 日，在新一届中央政治局第三次集体学习时，习近平深刻阐述了中国坚定不移走和平发展道路的问题。他指出：要更好统筹国内国际两个大局，坚持开放的发展、合作的发展、共赢的发展，通过争取和平国际环境发展自己，又以自身发展维护和促进世界和平。中国人民怕的就是动荡，求的就是稳定，盼的就是天下太平。我们要坚持走和平发展道路，但决不能放弃我们的正当权益，决不能牺牲国家核心利益。② 从中已可清晰地看出人类命运共同体思想的萌芽。

2013 年 3 月 23 日，在当选国家主席后的首次出访中，习近平在莫斯科国际关系学院发表“顺应时代前进潮流，促进世界和平发展”的演讲中，首次公开提及“命运共同体”的概念。习近平主席指出：“这个世界越来越成为你中有我、我中有你的命运共同体，和平、发展、合作、共赢成为时代潮流。各国应该共同推动建立以合作共赢为核心的新型国际关系，各国人民应该一起来维护世界和平、促进共同发展。”③同年 3 月 25 日，习近平主席在坦桑尼亚尼雷尔国际会议中心的演讲中谈道：“这段历史告诉我们，中非从来都是命运共同体，共同的历史遭遇，共同的发展任务，共同的战略利益把我们紧紧联系在一起。”④4 月 7 日，在博鳌亚洲论坛 2013 年年会上指出：“我们生活在同一个地球村，应该牢固树立命运共同体意识”，顺应时代潮流，把握正确方向，坚持同舟共济，推动亚洲和世界发展不断迈上新台阶。⑤ 10 月 3 日，习近平在印度尼西亚国会演讲中首次提出建设区域“命运共同体”，“中方愿同印尼和其他东盟国家共同努力，携手建设更为紧密的中国—东盟命运共同体，愿同东盟国家发展好友好合作伙伴关系，共同建设 21 世纪‘海上丝绸之路’”。⑥ 在 10 月 7 日印度尼西亚巴厘岛亚太经合组织

---

① 参见国务院新闻办：《中国的和平发展》白皮书，载人民网：www. people. com. cn，最后访问日期：2019 年 6 月 5 日。

② 参见习近平：《在中共中央政治局第三次集体学习时的讲话》，载央视网：tv. cctv. com，最后访问日期：2019 年 6 月 8 日。

③ 习近平：《顺应时代前进潮流，促进世界和平发展——在莫斯科国际关系学院的演讲》，载中国政府网：www. gov. cn 2013 年 3 月 24 日，最后访问日期：2019 年 1 月 12 日。

④ 习近平：《永远做可靠朋友和真诚伙伴——在坦桑尼亚尼雷尔国际会议中心的演讲》，载《人民日报》2013 年 3 月 26 日，第 2 版。

⑤ 参见习近平：《共同创造亚洲和世界的美好未来——在博鳌亚洲论坛 2013 年年会上的主旨演讲》（2013 年 4 月 7 日），载《人民日报》2013 年 4 月 8 日，第 2 版。

⑥ 习近平：《携手建设中国——东盟命运共同体》，载新华网：www. xinhuanet. com，最后访问日期：2019 年 6 月 8 日。

工商领导人峰会上,又进一步提出要牢固树立“亚太命运共同体意识”,以自身发展带动他人发展,以协调联动最大限度发挥各自优势,形成各经济体良性互动、协调发展的格局,共同创建引领世界、惠及各方、造福子孙的美好亚太。①

2014 年以来,“人类命运共同体”理念开始频频出现在首脑外交之中,出现在习近平主席的重要演讲之中,从国与国双边的命运共同体,到区域内的命运共同体,到人类命运共同体,内容不断丰富,日趋饱满,展现出中国领导人面向未来的长远眼光、博大胸襟和历史担当,成为新时代中国特色大国外交的一面旗帜。特别是 2015 年 9 月 28 日在第 70 届联合国大会的演讲和 2017 年 1 月 18 日在联合国日内瓦总部的演讲,首次系统地阐述了构建人类命运共同体的时代背景、重大意义、丰富内涵和实现路径,深刻回答了“建设一个什么样的世界,怎样建设这个世界”的时代之问。

2014 年 7 月 17 日,在中国—拉美和加勒比国家领导人会晤的主旨讲话中,习近平主席提议共同宣布建立平等互利、共同发展的中拉全面合作伙伴关系,努力构建政治上真诚互信、经贸上合作共赢、人文上互学互鉴、国际事务中密切协作、整体合作和双边关系相互促进的中拉关系五位一体新格局,努力构建携手共进的命运共同体。② 11 月 8 日,习近平主席在北京举行的“加强互联互通伙伴关系”东道主伙伴对话会上指出:深化互联互通伙伴关系,优化亚洲区域合作,“共建发展和命运共同体”。③ 11 月 9 日,习近平主席在亚太经合组织工商领导人峰会开幕式上指出:我们有责任为本地区人民创造和实现亚太梦想。这个梦想,就是坚持亚太大家庭精神和命运共同体意识,顺应和平、发展、合作、共赢的时代潮流,共同致力于亚太繁荣进步;就是继续引领世界发展大势,为人类福祉作出更大贡献;就是让经济更有活力,贸易更加自由,投资更加便利,道路更加通畅,人与人交往更加密切;就是让人民过上更加安宁富足的生活,让孩子们成长得更好、工作得更好、生活得更好。④

---

① 参见习近平:《深化改革开放 共创美好亚太——在亚太经合组织工商领导人峰会上的演讲》,载《人民日报》2013 年 10 月 8 日,第 3 版。

② 参见《习近平出席中国—拉美和加勒比国家领导人会晤并发表主旨讲话》,载新华网:www. xinhuanet. com,最后访问日期:2019 年 6 月 8 日。

③ 习近平:《联通引领发展 伙伴聚焦合作——在“加强互联互通伙伴关系”东道主伙伴对话会上的讲话》,载新华网:www. xinhuanet. cm,最后访问日期:2019 年 6 月 16 日。

④ 参见习近平:《谋求持久发展 共筑亚太梦想——在亚太经合组织工商领导人峰会开幕式上的演讲》,载新华网:www. xinhuanet. cm,最后访问日期:2019 年 6 月 16 日。

2015 年 4 月 22 日，在雅加达亚非领导人会议上，习近平主席提出：要大力弘扬万隆精神，不断赋予其新的时代内涵，推动构建以合作共赢为核心的新型国际关系，推动国际秩序和国际体系朝着更加公正合理的方向发展，推动建设人类命运共同体，更好造福亚非人民及其他地区人民。[①] 9 月 28 日，习近平主席在第 70 届联合国大会一般性辩论时指出："和平、发展、公平、正义、民主、自由，是全人类的共同价值，也是联合国的崇高目标。当今世界，各国相互依存、休戚与共。我们要继承和弘扬联合国宪章的宗旨和原则，构建以合作共赢为核心的新型国际关系，打造人类命运共同体。"中国将始终做世界和平的建设者、全球发展的贡献者、国际秩序的维护者。[②] 10 月 12 日，习近平总书记在中央政治局第 27 次集体学习时指出：要审时度势，努力抓住机遇，妥善应对挑战，统筹国内国际两个大局，推动全球治理体制向着更加公正合理方向发展，为我国发展和世界和平创造更加有利的条件。全球治理体制变革离不开理念的引领。"要推动全球治理理念创新发展，继续丰富打造人类命运共同体等主张，弘扬共商共建共享的全球治理理念。"[③]10 月 16 日，习近平主席在 2015 年减贫与发展高层论坛上指出：消除贫困依然是当今世界面临的最大全球性挑战。我们要凝聚共识、同舟共济、攻坚克难，着力加快全球减贫进程、加强减贫发展合作、实现多元自主可持续发展、改善国际发展环境，"为共建一个没有贫困、共同发展的人类命运共同体而不懈奋斗"。[④] 11 月 30 日，习近平主席在气候变化巴黎大会开幕式上指出："应对气候变化的全球努力给我们思考和探索未来全球治理模式、推动建设人类命运共同体带来宝贵启示，我们应该创造一个各尽所能、合作共赢，奉行法治、公平正义，包容互鉴、共同发展的未来。"[⑤]2016 年 1 月 16 日，亚洲基础设施投资银行（亚投行）正式成立。习近平主席在开业致辞中指出，通

---

① 参见习近平：《弘扬万隆精神　推进合作共赢——在亚非领导人会议上的讲话》，载中新网：www. chinanews. com，最后访问日期：2019 年 6 月 16 日。

② 习近平：《携手构建合作共赢新伙伴　同心打造人类命运共同体》，载人民网：www. people. com. cn，最后访问日期：2019 年 6 月 16 日。

③ 《习近平在中央政治局第二十七次集体学习时强调　推动全球治理体制更加公正更加合理　为我国发展和世界和平创造有利条件》，载中国政府网：www. gov. cn，最后访问日期：2019 年 6 月 16 日。

④ 习近平：《携手消除贫困　促进共同发展——在 2015 减贫与发展高层论坛的主旨演讲》，载新华网：www. xinhuanet. com，最后访问日期：2019 年 6 月 16 日。

⑤ 习近平：《携手构建合作共赢、公平合理的气候变化治理机制——在气候变化巴黎大会开幕式上的讲话》，载新华网：www. xinhuanet. com，最后访问日期：2019 年 6 月 16 日。

过各成员国携手努力，亚投行一定能成为专业、高效、廉洁的21世纪新型多边开发银行，“成为构建人类命运共同体的新平台”，为促进亚洲和世界发展繁荣做出新贡献，为改善全球经济治理增添新力量。①

2017年1月18日，习近平主席在联合国日内瓦总部作了题为《共同构建人类命运共同体》的演讲，首次系统地阐述了构建“人类命运共同体”的思想，为应对国际社会面临的共同挑战提出了中国方案。习近平指出：世界怎么了、我们怎么办？这是整个世界都在思考的问题。“中国方案是，构建人类命运共同体，实现共赢共享”。推动构建人类命运共同体包括持久和平、普遍安全、共同繁荣、开放包容、清洁美丽五个方面，涉及国际和平与安全、国际经济合作、文明交流和环境保护等领域的全球治理愿景。②

1. 各国应坚持相互尊重、平等协商，摒弃冷战思维和强权政治，坚定走对话而不对抗、结伴而不结盟的国与国交往新路，建设一个持久和平的世界；

2. 坚持共建共享，以对话解决争端，以协商化解分歧，统筹应对传统和非传统安全威胁，反对一切形式的恐怖主义，建设一个普遍安全的世界；

3. 坚持合作共赢、同舟共济，促进贸易和投资自由化便利化，推动经济全球化朝着更加开放、包容、普惠、平衡、共赢的方向发展，建设一个共同繁荣的世界；

4. 坚持交流互鉴，尊重世界文明多样性，以文明交流超越文明隔阂，文明互鉴超越文明冲突，文明共存超越文明优越，建设一个开放包容的世界；

5. 坚持环境友好、绿色低碳，合作应对气候变化，保护好人类赖以生存的地球家园，建设一个清洁美丽的世界。

中国愿同广大成员国、国际组织和机构一道，共同推进构建人类命运共同体的伟大进程。

关于人类命运共同体的确切含义，在2017年12月1日世界政党高层对话会上，习近平作了如下概括：“人类命运共同体，顾名思义，就是每个民族、每个国家的前途命运都紧紧联系在一起，应该风雨同舟，荣辱与共，努力把我们生于斯、长于斯的这个星球建成一个和睦的大家庭，把世界各国人民对美好生活的

① 参见习近平：《在亚洲基础设施投资银行开业仪式上的致辞》，新华网：www. xinhuanet. com，最后访问日期：2019年6月16日。

② 参见习近平：《共同构建人类命运共同体——在联合国日内瓦总部的演讲》(2017年1月18日)，载中国网：www. china. com. cn，最后访问日期：2019年6月16日。

向往变成现实。”世界各国人民应该秉持“天下一家”理念，努力建设一个远离恐惧、普遍安全的世界，一个远离贫困、共同繁荣的世界，一个远离封闭、开放包容的世界，一个山清水秀、清洁美丽的世界。①

2018 年 4 月 10 日，习近平主席在博鳌亚洲论坛 2018 年年会开幕式上的主旨演讲中指出：“从顺应历史潮流、增进人类福祉出发，我提出推动构建人类命运共同体的倡议，并同有关各方多次深入交换意见。我高兴地看到，这一倡议得到越来越多国家和人民欢迎和认同，并被写进了联合国重要文件。我希望，各国人民同心协力、携手前行，努力构建人类命运共同体，共创和平、安宁、繁荣、开放、美丽的亚洲和世界。”②

2018 年 12 月 18 日，在庆祝改革开放 40 周年大会上，习近平总书记总结改革开放 40 年来我国所取得的伟大历史成就时指出：“我们积极推动建设开放型世界经济、构建人类命运共同体，促进全球治理体系变革，旗帜鲜明反对霸权主义和强权政治，为世界和平与发展不断贡献中国智慧、中国方案、中国力量。”着眼推动新时代改革开放走得更稳、走得更远，习近平总书记强调：“必须坚持扩大开放，不断推动共建人类命运共同体。”③

从以上简要回顾，可以看出人类命运共同体思想提出与发展完善的清晰脉络。其产生的历史大背景是，当今世界，和平合作、开放融通、变革创新的潮流滚滚向前，世界越来越成为你中有我、我中有你的命运共同体，和平、发展、合作、共赢成为时代潮流；全球化背景下，人类面临诸多共同挑战；中国特色社会主义进入新时代；中国的前途是同世界的前途紧密地联系在一起的。目标是，努力构建人类命运共同体，共创持久和平、普遍安全、共同繁荣、开放包容、清洁美丽的世界，为我国发展和世界和平创造更加有利的条件。核心理念是，主张互信、互利、平等、协商、尊重多样文明、谋求共同发展；提倡创新、协调、绿色、开放、共享的发展观，践行共同、综合、合作、可持续的安全观，秉持开放、融通、互利、共赢的合作观，树立平等、互鉴、对话、包容的文明观，坚持共商共建共享的全球治理观，齐心协力构建命运共同体。推进方式是，各国人民同心协力、携手

---

① 习近平：《携手建设更加美好的世界——在中国共产党与世界政党高层对话会上的主旨讲话》，载《人民日报》2017 年 12 月 2 日，第 2 版。

② 习近平：《在博鳌亚洲论坛 2018 年年会开幕式上的主旨演讲》，载新华网：www. xinhuanet. com，最后访问日期：2019 年 6 月 8 日。

③ 《在全方位对外开放中共建人类命运共同体》，载央广网：tv. cctv. com，最后访问日期：2019 年 6 月 8 日。

前行；继承和弘扬联合国宪章的宗旨和原则，构建以合作共赢为核心的新型国家关系，打造人类命运共同体；共建"一带一路"，创建亚投行作为重要平台，打造区域命运共同体；积极推动国际治理体系改革。中国的历史担当是，继续发挥负责任大国作用，坚持以新时代中国特色社会主义外交思想为指导，始终做世界和平的建设者、全球发展的贡献者、国际秩序的维护者；坚持和平发展道路，坚持改革开放，以实际行动推动经济全球化，造福世界各国人民；统筹国内国际两个大局，牢牢把握服务民族复兴、促进人类进步这条主线，坚定维护国家主权、安全、发展利益，积极参与引领全球治理体系改革，打造更加完善的全球伙伴关系网络，努力开创中国特色大国外交新局面，为全面建成小康社会，进而全面建设社会主义现代化强国创造有利条件、做出应有贡献。

推动构建人类命运共同体是习近平外交思想中一以贯之的核心理念，是中国为世界和平与发展贡献的智慧、方案和力量。

二、新时代中国特色大国外交的旗帜

党的十九大报告明确提出，中国特色大国外交要推动构建新型国际关系，推动构建人类命运共同体，并把坚持推动构建人类命运共同体作为新时代坚持和发展中国特色社会主义的十四条基本方略之一。习近平总书记在报告中指出：中国共产党是为中国人民谋幸福的政党，也是为人类进步事业而奋斗的政党。中国将高举和平、发展、合作、共赢的旗帜，恪守维护世界和平、促进共同发展的外交政策宗旨，坚定不移在和平共处五项原则基础上发展同各国的友好合作，推动建设相互尊重、公平正义、合作共赢的新型国际关系。我们呼吁，各国人民同心协力，构建人类命运共同体，建设持久和平、普遍安全、共同繁荣、开放包容、清洁美丽的世界。中国将继续发挥负责任大国作用，积极参与全球治理体系改革和建设，不断贡献中国智慧和力量。

2018 年 3 月，推动构建人类命运共同体的思想被载入修订后的中国《宪法》，上升为国家意志。《宪法》序言第 12 自然段指出："中国革命、建设、改革的成就是同世界人民的支持分不开的。中国的前途是同世界的前途紧密地联系在一起的。中国坚持独立自主的外交政策，坚持互相尊重主权和领土完整、互不侵犯、互不干涉内政、平等互利、和平共处的五项原则，坚持和平发展道路，坚持互利共赢开放战略，发展同各国的外交关系和经济、文化交流，推动构建人类命运共同体；坚持反对帝国主义、霸权主义、殖民主义，加强同世界各国人民的团结，支持被压迫民族和发展中国家争取和维护民族独立、发展民族经济的正义斗争，为维护世界和平和促进人类进步事业而努力。”

《宪法》序言是具有法律拘束力的最高政治宣示。将推动构建人类命运共同体的理念入宪，是对5000年中华优秀传统文化的弘扬创新，是对中华人民共和国60多年外交优良传统的继承和发展，是对党的十八大以来波澜壮阔外交实践的提炼升华，同时也是中国倡导的和平共处五项原则在新时代的延续和创造性发展，既体现了高度的连续性、稳定性、权威性，又体现了鲜明的时代性、先进性、创新性，使中国外交的格局更加宏大、视野更加宽阔、境界更加高远，反映了中国在世界大变局中的国际治理观和国际秩序观，展现了中国对坚持国际法基本原则和国际关系基本准则的法律承诺，意味着中国以国家根本大法形式向国际社会宣示关于全球治理及国际法治的中国方案。①

在人类命运共同体思想指引下，中国特色大国外交实践中尊重国际法、坚持运用和发展国际法的特征将更加鲜明。在与世界的互动中，中国外交将牢牢把握服务民族复兴、促进人类进步这条主线，在更广范围、更深层次、更高水平运用国际法，与世界各国携手合作，推动全球治理体系朝更加公正合理的方向发展，为中国和世界的共同发展创造更为有利的条件。

至此，“人类命运共同体”已从一个理念发展为具有丰富内涵、完整体系的思想，成为习近平外交思想的一个重要组成部分。

推动建设人类命运共同体，符合各国人民的共同期盼和根本利益。经历了两次世界大战和无数大小战争劫难的人类，共同的迫切愿望就是要让和平的薪火代代相传，让发展的动力源源不断，让文明的光芒熠熠生辉，让法治的精神王道浩荡。而这一任务的完成有赖于人类命运共同体的构建。

第二节　人类命运共同体思想的国际法意义

国际法是国际关系发展的产物，并随国际关系的发展而发展。每一时期的国际法都反映了该时期国际关系的特点和主流价值观，并对现存国际秩序予以保障。人类命运共同体思想顺应时代发展的潮流，直面人类面临的共同挑战，

---

① 参见张乃根：《人类命运共同体入宪的若干国际法问题》，载《甘肃社会科学》2018年第6期。

以先进的思想理念引领国际关系的发展，在国际法上的地位重要，意义深远。①

一、深厚的思想渊源和坚实的法律基础

人类命运共同体思想具有深厚的思想渊源和丰富的文化底蕴，同时体现与时俱进的创新精神和负责任大国的历史担当。中国传统文化素有“天下一家”“世界大同”的宏伟理想，“以和为贵”“与邻为善、以邻为伴”的处世哲学，“兼爱、非攻”“仁者爱人”“己所不欲，勿施于人”的价值理念，“以天下为己任”“协和万邦”的大国情怀。② 在其他文明中，也存在类似追求美好社会的思想和实践。自古希腊以来，西方哲学家、思想家、法学家一直在探索不同形式的人类共同体。③ 马克思基于对资本主义的批判，提出超越国家的“自由人联合体”的最高理想，实现“每个人的自由个性及其全面发展”。④ 德国哲学家康德也曾主张建立自由国家的联邦。⑤ 近代以来，世界各国不断地探索构建国家间的共同体，以更好地保障国际和平与安全。如1815年的“欧洲协调”、1899年海牙和平会议、第一次世界大战之后的国际联盟、第二次世界大战之后的联合国，以及战后欧洲共同体、东盟、非洲、拉美等区域共同体等。上述有关国家间和平共处、共同发展的哲学思想和国际法理论以及国家实践，为推进构建人类命运共同体提供了深厚的思想和社会基础。

人类命运共同体思想传承和发展了人类追求美好社会的思想精髓，以全人类共同发展为根本出发点，高举和平、发展、合作、共赢的旗帜，秉持共商共建共享的治理观，同心协力，建设持久和平、普遍安全、共同繁荣、开放包容、清洁美

---

① 参见闻言：《坚持推动构建人类命运共同体，努力建设一个更加美好的世界——学习习近平〈论坚持推动构建人类命运共同体〉》，载《人民日报》2018年10月31日，第6版。

② 参见张志洲：《人类命运共同体思想具有深厚文化底蕴，中国智慧推动国际合作》，载《人民日报》2018年3月13日，第7版。

③ 最早提出共同体概念的是法国思想家让·雅克·卢梭。它从社会契约论角度出发，认为社会契约一旦缔结，“就意味着每个人把自己的全部权利都转让给由人民结合成的集体，因此个人服从集体的‘公意’，也就是服从自己，人民则是这个政治共同体的主权者。”参见赵可金：《人类命运共同体思想的丰富内涵与理论价值》，载中国共产党新闻网：www.cpcnews.cn，最后访问日期：2019年1月15日。

④ 参见邵发军：《马克思的共同体思想与国家治理现代化研究》，载《社会主义研究》2016年第5期。

⑤ 参见杨治：《“自由人的联合体”——康德实现自由的必然阶段》，载《绵阳师范学院学报》2009年第9期。

丽的世界。这既有助于完善现有国际治理体系,又为进一步发展相互尊重、公平正义、合作共赢的新型国际关系,构建全球伙伴关系,实现各国人民的最大福祉,指明了方向。

人类命运共同体思想在国际法上也有着坚实的基础。纵观数百年近现代史,国际法的地位和作用不断上升,国际法治逐步加强。① 从 1648 年的《威斯特伐利亚和约》确立的平等和主权原则,②到 1864 年《日内瓦公约》确立的国际人道主义精神;③从 1945 年《联合国宪章》明确的四大宗旨和七项原则,④到 1954 年中国、印度、缅甸等国共同倡导的和平共处五项原则,国际关系的演变发展逐步形成了一系列公认的国际法原则。⑤ 这些原则为构建人类命运共同体提供了基本遵循。⑥

二、重要的引领价值和道义高地

"要站在科学的最高峰,一刻也不能没有理论思维"。⑦ 理念引领行动,方向决定出路。推动构建"人类命运共同体",不但是先进的新型国际关系理念和人类社会崇高的奋斗目标,反映了中国在世界大变局中的国际治理观和国际秩序观,也是符合时代发展的先进的国际法学理念,为国际法的进一步发展提出了新的价值追求、努力方向,并提供了不竭动力,促进国际法向更加公正合理的方向发展,在国际法上具有重要的引领价值和基奠地位。

近现代国际法的发展在相当程度上就是一部先进法学理念与法律制度结

---

① "就国家间关系而言,文明的进步可以被视为从武力到外交,再从外交到法律的历史演进。"Louis Henkin, *How Nations Behave: Law and Foreign Policy*, New York: Columbia University Press, 1979, p. 1。

② 参见古祖雪:《联合国与国际法结构的现代变迁——纪念联合国成立 70 周年》,载《政法论坛》2015 年第 6 期。

③ See Wolfgang Friedmann, *The Changing Structure of International Law*, London: Stevens& Sons, 1964, p. 37.

④ See Ernst-Ulrich Petersmann, *The GATT/WTO Dispute Settlement: International Law, International Organizations and Dispute Settlement*, Kluwer Law International, 1997, p. 7.

⑤ 参见习近平:《弘扬和平共处五项原则建设合作共赢美好世界——在和平共处五项原则发表 60 周年纪念大会上的讲话》,载《人民日报》2014 年 6 月 29 日,第 2 版。

⑥ "Secretary-General Examines 'Meaning of International Community' in Address to DPI/NGO Conference", November 15, 2018 http://www.un.org/press/en/1999/19990915.sgsm7133.doc.html.

⑦ [法]恩格斯:《反杜林论旧序》,载《马克思恩格斯选集》(第 3 卷),人民出版社 1995 年版,第 467 页。

合的演变史。① 17 世纪初，荷兰国际法学家格劳秀斯（Hugo Grotius）的“海洋自由”（mare liberum）论奠定了国际海洋法的基础；18 世纪末，英国法学家边沁（Jeremy Benthan）“没有法典，就没有正义”（“to be without a code is to be without justice”）的论断，开启了国际法法典化的编纂历程；1795 年德国哲学家康德在其《永久和平论》（*Perpetual Peace：A Philosophical Sketch*）中提出的普遍持久的和平只有通过国家联盟才得以实现的“和平国际社会”的理念，②为第一次世界大战后的国际联盟奠定了法理基础；③19 世纪中叶，瑞士人亨利·杜楠（Henry Dunant）关于能否成立人道主义组织和制定人道主义公约的“杜楠之问”，促进了国际红十字运动的兴起和红十字国际委员会的建立，并催生了以“日内瓦四公约”为核心的国际人道主义法；19 世纪末有组织的和平主义运动，开启了和平解决国际争端的新篇章，产生了以“海牙法规”为代表的限制战争手段的战争法体系；曾经长期占据近代国际法制高点的一些传统理念，如作为近代占主导地位的战争观理论基础的马基雅维尼的“目的说明手段正当”的政治无道德论，霍布斯的“自然状态”理论，黑格尔的“凡是存在的就是合理的”哲学命题，以及尼采的“超人”哲学及唯意志论等，逐渐被否定。1945 年，中、苏、美、英 4 国领导人关于战后国际秩序的理念促成了联合国的诞生。而周鲠生、顾维钧等国际法学家关于联合国应重视正义和法治的建议，通过中国代表团的修正案，被吸收入《敦巴顿建议案》，并最终成为联合国宪章的有关条款。④ 20 世纪 60 年代，马耳他外交家 A. 帕多在联合国大会提出国际海底区域是“人类的共同继承财产”的法律主张，在海洋法上引起革命性发展，最终产生了新的国际海底管理制度。⑤ 进入 21 世纪，对未来既寄予期待又感到困惑的国际社会，再次呼唤着引领人类未来发展的新理念，人类命运共同体思想的提出恰逢其时，在国际法上的地位重要，意义深远。

人类命运共同体思想为国际法的进一步发展提出了新的价值追求和前进

---

① 参见黄惠康：《论国际法的编纂与逐渐发展——纪念联合国国际法委员会成立七十周年》，载《武大国际法评论》2018 年第 6 期。

② 参见［德］康德：《论永久和平》，载［英］H. S. 赖斯编：《康德政治著作选》，金威译，中国政法大学出版社 2013 年版，第 84～99 页。

③ 参见［英］赫德利·布尔：《无政府社会》，张小明译，世界知识出版社 2003 年版，第 20 页。

④ See Document of the United Nations Conference on International Organization，1945，Vol. 3，Document 1302； Vol. 8，Document 151； Vol. 9，Document 203，416，507，536，571，792，795 and 848.

⑤ 参见陈德恭、高之国：《国际海洋法的新发展》，载《海洋开发与管理》1985 年第 1 期。

方向。近代国际法始于17世纪初的欧洲地区，以基督教文明为中心，当时主要适用于所谓的“文明国家”之间的关系上，其他地区各国被视为“非文明国家”。西方列强在全世界扩张势力和影响的同时曾推行殖民地制度，将其主导的国际法推广适用于全世界。[①] 19世纪后，尤其是第二次世界大战后，随着非殖民化运动兴起，亚非拉广大的发展中国家纷纷实现民族独立，形成了国际法上的一支新兴力量，开始致力于推动建立国际政治经济新秩序。但现行国际法的不适应和滞后问题仍严重存在。当前世界正处于大发展大变革大调整时期，充满不确定性和困惑。国际治理改革在何处发力？国际法律秩序向何处发展？各国政府在思考，国际法学界也在辩论。人类命运共同体思想为此指明了方向，即从伙伴关系、安全格局、经济发展、文明交流、生态建设五大方面入手，通过坚持对话协商、共建共享、合作共赢、交流互鉴和绿色低碳，建设一个持久和平、普遍安全、共同繁荣、包容开放、清洁美丽的世界。这一指引人类社会发展方向的战略性思想，站在人类整体利益的高度，契合各国人民的共同愿望，顺应全球治理体系改革潮流。20世纪以来，人的重要性在国际法中不断得到凸显，国际法呈现出人本化的发展趋势。[②] 这一理念突出“共商共建共享共赢”，立足解决现有国际体系中的公正性、民主性、包容性方面的不足，支持发展中国家在全球治理体系拥有更大的发言权，为现有国际法律秩序注入更多的公平正义元素，具有极大的感召力、影响力和塑造力，将推动国际法规范和体制向更加公正合理的方向发展。

人类命运共同体思想有利于发展中国家在未来国际新秩序之争中占据道义制高点，发挥更大的作用。[③] 冷战后，相对平衡的两极体制终结，出现多极化趋势和“一超多强”并存新格局。2008年国际金融危机加速力量消长变化，主要经济体排位重新洗牌，新兴国家群体崛起。但世界格局变化系长期量变过程，“东升西降”只是相对而言。当前力量对比总体上仍是“西强东弱”“北攻南守”。在国际话语权和规则制定权方面，西方大国仍占据主导地位。围绕国际新秩序之争，各国高度重视争夺道义和理论制高点，意识形态纷争更显突出，软实力竞争加剧。西方抱定意识形态偏见不放，价值观外交沉渣泛起，人权外交

---

① 参见周鲠生：《国际法》（上册），商务印书馆1981年版，第40～57页。

② 参见曾令良：《现代国际法的人本化发展趋势》，载《中国社会科学》2007年第1期。

③ 参见周继业：《不断提升“人类命运共同体”的国际话语权》，载中国共产党新闻网：www.cpcnews.cn，最后访问日期：2019年1月15日。

持续升温，反映西方传统价值观的新思潮、新主张不断涌现，“人权至上”“人道主义干涉”“全球公域”“保护的责任”“世界宪政主义”“消除有罪不罚”等新理论花样翻新，对国际法体系的稳定构成威胁和挑战。“国家主权与全球治理”“不干涉内政与保护的责任”“和平解决国际争端与扩大使用武力”“国内管辖与国际管辖”四组矛盾激烈折冲对撞。① 人类命运共同体思想作为先进的国际法理念，有利于发展中国家在未来国际新秩序之争中占据道义制高点。

三、为国际法的进一步发展注入新动力

人类命运共同体思想也为国际法发展提供了新的动力。动力不足是晚近国际法的发展与编纂的一大“瓶颈”。在经历了20世纪六七十年代的高速发展后，国际法法典化进展明显放缓，国际治理改革严重滞后，应对气候变化等全球挑战步履艰难。一方面，一批已缔结的国际公约迟迟未能生效，如《全面禁止核试验条约》《月球协定》《联合国国家及其财产管辖豁免公约》《关于国家对国家财产、档案和债务的继承的维也纳公约》《关于国家在其普遍性国际组织关系上的代表权公约》《关于国家和国际组织间或国际组织相互间条约法的维也纳公约》《联合国国际货物多式联运公约》等，一批重要国际公约的谈判进程受阻；另一方面，各国在深海、极地、外空和网络等有形或无形“新疆域”的活动，急需国际法的规范。国际法的发展既受国家实践的驱动，也受到先进理念的引领。人类命运共同体思想秉持和平、主权、普惠、共治原则，将为破解国际立法难题注入新动能，为推动全球治理提供可行方案。当前，国际法的发展面临新的关键抉择，是任由单边主义横行，逆全球化而动，摧毁作为多边主义体制基础的国际法，还是继续推动国际法的发展，更好地维护多边主义。人类命运共同体思想旗帜鲜明地选择了后者，既坚持维护现有的国际法体系，又通过先进理念，引领国际法的发展方向。

四、负责任大国的历史担当

人类命运共同体思想体现了中国作为负责任大国的历史担当。② “治国者，

① 参见黄惠康：《当代国际法的若干发展趋势》，载《西安政治学院学报》2013年第4期。

② 20世纪著名历史学家汤因比曾指出，“如果中国能够在社会和经济的战略选择方面开辟出一条新路，那么就会证明自己有能力给全世界提供中国与世界都需要的礼物”。人类命运共同体思想就是中国奉献给世界的公共产品。参见韩庆祥、陈远章：《人类命运共同体与中华新文明》，载《学习时报》2017年6月26日，第1版。

以奉法为重。”法律的生命在于行动。构建人类命运共同体需要全人类共同努力，更需要负责任大国率先行动和引领。近代以来，大国担当一直是维持国际和平与安全、促进国际法治的关键因素之一。[①] 中国是联合国创始成员国，是联合国安理会常任理事国。中华人民共和国成立以来特别是改革开放以来，中国始终高举和平的旗帜，提出和坚持了和平共处五项原则，确立和奉行了独立自主和平外交政策，向全世界作出了永远不称霸、永远不搞扩张的庄严承诺，强调中国始终是维护世界和平的坚定力量。[②] 将推动构建人类命运共同体确定为本国的基本外交政策，并写入国家根本大法，进而在国际层面携手推动共建，体现了中国对国际社会和全人类的庄严承诺和大国的责任担当，而发起成立亚洲投资银行，全面推进“一带一路”倡议，致力于构建新型大国关系，积极应对全球挑战，助力共同发展，坚持和平解决国际争端和历史遗留问题，在重大国际和地区问题上仗义执言等一系列实际行动，已为构建人类命运共同体做出了重大贡献。[③] 在人类命运共同体思想指引下，“中国将始终做世界和平的建设者、全球发展的贡献者、国际秩序的维护者”。[④] “坚定维护以联合国为核心的国际体系，坚定维护以联合国宪章宗旨和原则为基石的国际关系基本准则，坚定维护联合国权威和地位，坚定维护联合国在国际事务中的核心作用。”“中国愿同广大成员国、国际组织和机构一道，共同推进构建人类命运共同体的伟大进程。”[⑤]

第三节　人类命运共同体思想的国际法内涵

“法者，治之端也。”从国际法的角度来看，人类命运共同体思想不仅含有人

---

① 早在 1943 年 10 月，中、苏、英、美《四国普遍安全宣言》（莫斯科宣言）就提出，“为保持国际和平与安全起见，在重建法律与秩序、创立普遍安全制度之前，四国将彼此协商，并于必要时与联合国家中的其他国家商议，以便代表国际社会采取共同行动。”莫斯科宣言所表达的世界主要大国在战后秩序中应居于国际领导核心地位的思想一直贯穿于联合国的筹建和运作的全过程。参见［苏］克里洛夫：《联合国史料》（第 1 卷），中国人民大学出版社 1955 年版，第 14 页。

② 参见习近平：《更好统筹国内国际两个大局，夯实走和平发展道路的基础》，载中国共产党新闻网：www. cpcnews. cn，最后访问日期：2019 年 1 月 15 日。

③ 参见赵小卓：《中国始终做世界和平的建设者》，载《解放军报》2017 年 11 月 1 日，第 4 版。

④ 习近平：《决胜全面建成小康社会　夺取新时代中国特色社会主义伟大胜利——在中国共产党第十九次全国代表大会上的报告》，载新华网：www. xinhuanet. com，最后访问日期：2019 年 6 月 16 日。

⑤ 习近平：《共同构建人类命运共同体——在联合国日内瓦总部的演讲》，载《人民日报》2017 年 1 月 20 日，第 2 版。

类社会崇高的奋斗目标和先进的新型国际关系理念，[1]还含有对世界各国有拘束力的国际法基本原则和规则。其要义是，在以主权国家组成的当今国际社会中，按照“天下一家”的理念和联合国宪章的宗旨和原则，以公平正义和法律规则为基础，以人类共同利益为纽带，通过各国的各自努力和国家间的互助合作，创建一个持久和平、普遍安全、共同繁荣、开放包容、清洁美丽的美好世界。人类命运共同体并非超越国家的“世界共和国”或“大一统”的世界政府，也不是抽象的超现实主义的“乌托邦”。作为命运共同体的当然成员，各主权国家拥有独立、平等、自保等固有权利，也负有相互尊重、互利合作、善意履约等基本义务；与此同时，各国共享人类文明进步之福祉，共担维护天下太平繁荣之责任。

人类命运共同体思想具有丰富法律内涵、明确目标和政策导向，大体上包括三个层次的内容：

一是代表人类共同向往的美好愿景，比如，让和平的薪火代代相传，让发展的动力源源不断，让文明的光芒熠熠生辉。这是指引各国政府和人民为此奋斗的长远目标，需要一代又一代人接力长跑。

二是处理国际关系和深化全球治理的一套政策主张和行动倡议，比如，努力构建不冲突不对抗、相互尊重、合作共赢的新型大国关系，倡导绿色、低碳、循环、可持续的生产生活方式，核武器应该全面禁止并最终彻底销毁，等等。这是指引各国政府应对全球性挑战的方略和指南，需要各国间的互信、谅解与合作。这部分内容是现代国际关系理论的创新发展，是人类命运共同体思想的精髓。

三是基于条约和习惯法的国际法义务，比如：互相尊重主权和领土完整，禁止在国际关系中非法使用武力，不得干涉他国内政，和平解决国际争端，促进国际合作等。这是构建人类命运共同体的法律基础和基本法律遵循，对世界各国具有法律拘束力，需要各国严格遵守。

“无以规矩，不成方圆”，推进构建人类命运共同体与实现国际法治有着内在的必然联系。[2]《联合国宪章》及 1970 年《关于各国依联合国宪章建立友好关系及合作的国际法原则宣言》、2005 年《世界首脑会议成果文件》等宪章性国际法文件所包含的国际法基本原则，是现行国际秩序和国际法体系不可或缺的，也是人类命运共同体思想的重要组成部分。

习近平总书记指出，构建人类命运共同体，国际社会要从伙伴关系、安全格

① 参见何志鹏：《走向人类命运共同体》，载《红旗文稿》2018 年第 14 期。

② 参见张晓君：《尊重国际法权威，维护国际秩序》，载《求是》2018 年第 20 期。

局、经济发展、文明交流、生态建设等方面作出努力。要坚持对话协商,建设一个持久和平的世界;坚持共建共享,建设一个普遍安全的世界;坚持合作共赢,建设一个共同繁荣的世界;坚持交流互鉴,建设一个开放包容的世界;坚持绿色低碳,建设一个清洁美丽的世界。① 与此相对应,人类命运共同体思想在国际法上包含了如下原则。

一、和平共处原则

持久和平是人类命运共同体的基石,也是实现命运共同体其他宏伟愿景的前提,而没有各国间的独立平等、和平共处,就不可能有持久和平,也就不可能有普遍安全和共同繁荣。建设一个持久和平的世界,是人类命运共同体的首要目标,与《联合国宪章》以“维持国际和平及安全”为首要宗旨一脉相承。② 总体上,联合国的建立,对战后国际和平做出了重要贡献,但是,和平面临的威胁始终存在,国际性和非国际性武装冲突从未间断,缺乏联合国安理会明确授权而对他国使用武力也时有发生。③

将和平共处确定为构建人类命运共同体的国际法原则,是和平共处五项原则在新时代的发扬光大。作为一个开放包容的国际法原则,和平共处集中体现了主权、正义、民主、法治的价值观,已经成为国际关系基本准则和国际法基本原则。这一原则也是保持人类文明多样性,促进不同文明交流互鉴的法律保障。

主权平等是和平共处原则的应有之义。这是自《威斯特伐利亚和约》确立的数百年来国与国规范彼此关系最重要的准则,也是人类命运共同体各成员必须共同遵循的首要原则。其核心要素是,国家不分大小、强弱、贫富,都是国际社会平等成员,其主权、独立、尊严和领土完整应得到尊重;各国均有权自主选择社会制度和发展道路;一国内政不容他国干涉;世界的前途命运应由各国共

① 参见习近平:《共同构建人类命运共同体——在联合国日内瓦总部的演讲》,载《人民日报》2017 年 1 月 20 日,第 2 版。

② 《联合国宪章》序言开宗明义:“我联合国人民同兹决心,欲免后世再遭今代人类两度身历惨不堪言之战祸……并为此目的……集中力量,以维持国际和平及安全。”宪章第一条规定联合国的首要宗旨为:“维持国际和平及安全;并为此目的,采取有效集体办法,以防止且消除对于和平之威胁,制止侵略行为或其他和平之破坏;并以和平方法且依正义及国际法之原则,调整或解决足以破坏和平之国际争端或情势。”

③ 参见史久镛:《国际法上的禁止使用武力原则》,载《武大国际法评论》2017 年第 6 期。

同掌握,在全球治理中,各国应平等参与决策。① 人类命运共同体思想在追求国际社会共同利益时,并不否认国家主权,也不排斥国家个体的正当权益,而是强调在奉行主权独立平等与不干涉内政原则的基础上,推动国际社会在各领域的合作,推动共同利益与国家利益的融合。② 新形势下,构建人类命运共同体,要坚持主权平等,推动各国权利平等、机会平等、规则平等。③

和平共处原则与和平解决国际争端、禁止非法使用武力或威胁原则,相辅相成。《联合国宪章》第2条第3款和第4款规定:"各会员国应以和平方式解决其国际争端;""各会员国在其国际关系中不得使用或威胁使用武力"。为实现持久和平,各国应通过对话协商,和平解决国际争端;要摒弃冷战思维,构建对话不对抗、结伴不结盟的全球伙伴关系;有效发挥联合国集体安全机制特别是安理会常任理事国为维护世界和平的重要作用,共同维护安理会在维护世界和平与安全方面的权威。

依和平共处原则,各国有责任维护国际法治权威,依法行使权利,善意履行义务,共同维护以联合国宪章宗旨和原则为核心的国际秩序和国际体系,共同推进世界和平与发展的崇高事业。各国和国际司法机构应该确保国际法平等统一适用,不能搞双重标准,不能"合则用、不合则弃",真正做到"无偏无党,王道荡荡"。大国要尊重彼此核心利益和重大关切,管控矛盾分歧,努力构建不冲突不对抗、相互尊重、合作共赢的新型关系。大国对小国要平等相待,不搞唯我独尊、强买强卖的霸道。任何国家都不能随意发动战争,不能破坏国际法治。要推进国际关系民主化,不能搞"一国独霸"或"几方共治"。世界命运应该由各国共同掌握,国际规则应该由各国共同书写,全球事务应该由各国共同治理,发展成果应该由各国共同分享。④

二、普遍安全原则

普遍安全是人类命运共同体的政治基础,也是实现持久和平的根本保障。国泰民安是人民最基本、最普遍的愿望。没有普遍安全,就不可能有真正意义

---

① 参见许光建主编:《联合国宪章诠释》,山西教育出版社1999年版,第27~33页。

② 参见杨永红:《防止对人类命运共同体理念的曲解》,载新华网:www.xinhuanet.com,最后访问日期:2019年1月15日。

③ 参见习近平:《共同构建人类命运共同体——在联合国日内瓦总部的演讲》,载《人民日报》2017年1月20日,第2版。

④ 同上。

上的持久和平,没有普遍持久的和平,联合国的其他宗旨的实现也无从谈起。[①]同样,仅形式上的和平是不够的,带有战争恐怖的武装和平并不是真正的和平。和平必须伴随安全感,尤其是无战争恐惧的安全感。坚持共建共享,建设一个普遍安全的世界,是构建人类命运共同体的第二大目标。将普遍安全确定为构建人类命运共同体的国际法基本原则,是在非传统安全威胁加剧的新形势下对联合国宪章的宗旨和原则的提升。

世上没有绝对安全的世外桃源,一国的安全不能建立在别国的动荡之上,他国的威胁也可能成为本国的挑战。实现普遍安全既要坚持和强化现有以《联合国宪章》为基础的集体安全框架,也要不断发展和完善国际规则、国际机制,应对新的安全挑战。[②] 更为重要的是,要强化国际互信与合作,树立共同、综合、合作、可持续的安全观。[③] 在联合国系统范围内,至少有三种不同的安全概念共存:霍布斯式以国家为中心的政治军事"国家安全"概念;包含经济、社会和环境安全层面的格劳秀斯式"合作安全"概念;"人类安全网络""人类安全委员会"和联合国秘书长的报告《争取更大自由》所倡导的"人类安全"概念。[④] 1994 年,联合国开发计划署针对"人的安全"提供了权威定义:"人的安全有两大方面的内容。其一是免受诸如饥饿、疾病和压迫等长期性威胁的安全;其二是在家庭、工作或社区等日常生活中对突如其来的、伤害性的骚扰的保护。"[⑤]作为一个旨在增进各国人民福祉的国际组织,联合国更加侧重于"对人的安全普遍性的挑战。"[⑥]当前对普遍安全的最大威胁来自地缘冲突、恐怖主义、难民问题、跨国犯罪和传染病疫情等传统和非传统安全挑战。粮食安全、网络安全、信息安全、金

---

① 1941 年 6 月 12 日《同盟国宣言》(伦敦宣言)宣称:"持久和平的唯一真正的基础是,各国自由人民自愿在一个已经摆脱侵略威胁,人人享有经济和社会安全的世界中进行合作。"参见《联合国手册》(第 9 版),中国对外翻译出版公司 1981 年版,第 4 ~ 5 页。

② 《联合国宪章》中所提及的"普遍安全"之概念,既可以指代空间维度上广泛的覆盖率,也能够指代时间维度上的持久性。参见 Kant, *Perpetual Peace*, edited by Lewis White Beck, Indianapolis, the Bobbs-Merril Company Inc. ,1957。

③ 参见杨万明:《论综合安全观》,载《国际问题研究》2005 年第 4 期;王君祥:《论国际联合执法安全合作》,载《辽宁大学学报》(哲学社会科学版)2017 年第 4 期。

④ 参见[德]汉斯·京特·布劳赫:《构思联合国系统内人类安全的环境因素》,载《国际社会科学杂志》2008 年第 4 期。

⑤ United Nations Development Program, *Human Development Report* 1994, Oxford University Press, 1994, p. 23.

⑥ 柳建平:《安全、人的安全和国家》,载《世界经济与政治》2005 年第 2 期。

融安全问题也不可忽视。①

国际恐怖主义是人类公敌，是当前安全领域最突出的问题。② 1999年10月19日，联合国安理会一致通过第1269号决议，“断然谴责一切恐怖主义行为、方法和做法”，呼吁所有国家全面执行它们已加入的国际反恐公约，鼓励所有国家优先考虑遵守它们尚未加入的反恐公约，并鼓励迅速通过尚未通过的反恐公约，强调联合国在加强反恐领域国际合作方面至关重要的作用，并强调各国、国际组织和区域组织间加强协调的重要性，呼吁各国不庇护、不资助恐怖主义分子，加强反恐合作。此后，安理会和联合国大会还多次通过反恐决议，③反对恐怖主义的国际法律框架迅速成型并逐步完善。但国际反恐形势依然任重道远。

根据普遍安全原则，反恐是人类命运共同体各成员的共同义务。要统筹应对传统和非传统安全威胁，反对一切形式的恐怖主义，反对“双重标准”。要坚持预防与惩治相结合，既要治标，更要治本。要加强各国反恐机构间的协调与合作，建立全球反恐统一战线。1997年《制止恐怖主义爆炸的国际公约》和1999年《制止向恐怖主义提供资助的国际公约》及反劫机、反劫船、反对劫持人质、保护大陆架固定平台、保护核材料、禁止使用可塑炸药、保护受国际保护人员等一系列反恐公约应得到各国严格遵守。应加紧推进制定一项反对国际恐怖主义的全面公约，并尽快实施。

当前，难民危机对普遍安全的威胁加剧，成为国际社会共同面临的全球性挑战之一。难民问题不仅困扰产生难民的国家，还对难民涌入的地区乃至整个世界都有重大影响。据联合国难民署统计，难民数量已超过千万，创下了第二次世界大战结束以来的历史纪录。④ 危机需要应对，根源值得深思。要根据有关难民问题的国际法，通过加强国际合作，有效加以应对。1951年联合国《关于

---

① See Human Development Report 1994, November 15, 2018, http://hdr. undp. org/reports/global/1994/en/；加利：《和平纲领》，联合国新闻部出版社1992年版。

② 参见潘志平：《中国对恐怖主义的研究述评》，载《国际政治研究》2011年第3期。

③ 例如，《全球努力打击恐怖主义的宣言》，UN Document S/RES/1377；《打击恐怖主义》，UN Document S/RES/1368；《国际合作防止恐怖主义行为》，UN Document S/RES/1373；UN Document S/RES/2195(2014)；UN Document S/RES/2309(2016)；UN Document S/RES/2253(2015)；UN Document S/RES/2249(2015)；UN Document S/RES/2255(2015)。

④ 2018年6月19日，联合国难民署发布《2017年流离失所问题全球趋势报告》。报告显示，战争和其他形式的暴力使全球被迫流离失所者人数再创历史新高。截至2017年年底，全球被迫流离失所者6850万人，仅2017年就有1620万人被迫流离失所。

难民地位的公约》为妥善解决难民问题制订了基本法律框架,各缔约国应善意履约,确保难民法的平等统一适用。恐怖主义、难民危机等问题都同地缘冲突密切相关,化解冲突是解决难民问题的根本之策。当事各方要通过协商谈判,其他各方应该积极劝和促谈,尊重联合国发挥斡旋主渠道作用。

为确保普遍安全,还应持续推进国际裁军进程,[①]防止外层空间军事化、武器化,[②]进一步完善有关核武器、生化武器等大规模杀伤性武器的管制,[③]慎重而踏实地进行国际立法。要秉持和平、主权、普惠、共治原则,把深海、极地、外空、互联网等领域打造成各方合作的新疆域,而不是相互博弈的竞技场。

从更长远的目标来看,还要继续稳妥推进"无核化"世界。核武器是悬在人类头上的"达摩克利斯之剑",应该全面禁止并最终彻底销毁。迄今,国际社会已先后缔结《禁止在大气层、外层空间和水下进行核武器试验条约》(1963 年)、《不扩散核武器条约》(1968 年)、《全面禁止核试验条约》(1996 年)等国际公约,多边核不扩散法律体制总体稳定牢固,但近年来在国际核裁军领域,有核国家与多数无核国家间在如何进一步推进核裁军的问题上矛盾十分突出。[④] 这一问题应在普遍安全原则的指引下,综合地、稳妥地加以解决。中方充分理解相关国家希望早日实现无核武器世界的愿望,但应坚持在现有多边裁军机制下处

---

① 联合国大会"关于常规武器领域建立信任措施的信息"的第 61/79 号决议,UN Document A/RES/61/79。

② 联合国大会关于"外层空间活动中的透明度和建立信任措施"的第 61/75 号决议,UN Document A/RES/61/75;关于"不首先在外层空间放置武器"的第 72/27 号决议,UN Document A/RES/72/27;关于"防止外层空间的军备竞赛"的第 72/26 号决议,UN Document A/RES/72/26。

③ 联合国大会关于"裁军和不扩散领域的多边合作和打击恐怖主义的全球努力"的第 56/24 号决议,UN Document A/RES/56/24。

④ 2016 年 10 月,奥地利、墨西哥等国推动第 70 届联合国大会通过决议,要求就禁止核武器谈判、制定一项具有法律约束力的文书。美国、俄罗斯、英国、法国四个国家投了反对票,中国、印度、巴基斯坦投了弃权票。2017 年 3 月该谈判进程正式启动,有 130 多个国家参加,其中绝大多数是亚非拉国家。主要有核国及多数北约成员国均未参加。2017 年 7 月 7 日,联合国大会以 122 票赞成通过了《禁止核武器条约》,要求全世界各国立刻停止几乎所有与核武器相关的活动,比如,研发、制造、生产乃至持有。包括中国在内的安理会五个常任理事国拒绝参与投票。2018 年 10 月 29 日,中、俄、美、法、英五国发表声明,共同反对《禁止核武器条约》。声明强调,五国一直在按照 1968 年《不扩散核武器条约》对核武器进行消减。该条约在防止核武器的威胁扩散到全球方面发挥了重要作用,极大控制了核战争的风险,为民用核技术提供了重要的框架,造福了人类。五国一致强调,实现一个"无核武器"的世界是各国共同的目标,只要这不会损害世界的安全。声明表示,"恰是在这样的前提下,我们反对《禁止核武器条约》"。理由是,"我们坚信只有考虑国际安全形势,一步步来,才是实现一个无核武器世界的最佳办法"。

理，另起炉灶、破坏协商一致原则可能只会适得其反。[①]

三、共同繁荣原则

共同繁荣是人类命运共同体的经济基础，也是持久和平与普遍安全的物质保障。发展是第一要务，是解决所有问题的关键。[②] 坚持合作共赢，建设一个共同繁荣的世界，是构建人类命运共同体的题中应有之意。[③] 将共同繁荣确定为构建人类命运共同体的国际法原则，是《联合国宪章》确立的促进国际合作宗旨及平等互利原则的延伸和发展。

和平与发展是人类社会永恒的主题。1986 年联合国《发展权利宣言》确认，发展权利是一项不可剥夺的人权；发展机会均等是国家和组成国家的个人的一项特有权利；发展是经济、社会、文化和政治的全面进程；人是发展进程的主体，发展政策应是人成为发展的主要参与者和受益者。[④] 当今世界正面临发展赤字、和平赤字、治理赤字的严峻挑战。全球发展失衡，特别是收入分配不平等、发展空间不平衡问题日益突出，成为一些国家社会动荡的重要原因。世界经济增长需要新动力，发展需要更加普惠平衡，贫富差距鸿沟有待弥合。[⑤] 解决这“三大赤字”的根本之道就是坚持“发展是硬道理”的战略思想，提倡创新、协调、绿色、开放、共享的发展观，实现各国经济社会协同进步，解决发展不平衡带来的问题，缩小发达国家与发展中国家之间巨大的发展鸿沟，缩小贫富差距，走共同繁荣、共同富裕之路。“发展是硬道理”，这不但适用于中国，也适用于世界各国。[⑥]

实现共同繁荣历来是提升人民满足感的重要条件，也是各国政府对人民应尽的责任，而进行持久有效国际合作是实现共同繁荣的必由之路。“国家有权利和义务制定适当的国家发展政策，其目的是在全体人民和所有个人积极、自

---

① 参见黄惠康：《国际法的发展动态及值得关注的前沿问题》，载《国际法研究》2019 年第 1 期。

② 参见《习近平谈“兴国之要”：发展是解决所有问题的关键》，载中国共产党新闻网：www.cpcnews.cn，最后访问日期：2019 年 1 月 15 日。

③ 参见钟声：《为实现共同繁荣携手前行》，载《人民日报》2017 年 11 月 6 日，第 3 版。

④ 1986 年 12 月 4 日，联合国大会一致通过《发展权利宣言》，联合国大会第 41/128 号决议。

⑤ 参见习近平：《携手推进“一带一路”建设——在“一带一路”国际合作高峰论坛上的主旨演讲》，载《人民日报》2017 年 5 月 15 日，第 2 版。

⑥ 参见钟声：《为缓解发展赤字提供思想引领》，载《人民日报》2018 年 6 月 13 日，第 3 版。

由和有意义地参与发展及其带来的利益的公平分配的基础上,不断改善全体人民和所有个人的福利。""各国对创造有利于实现发展权利的国家和国际条件负有主要责任。""各国有义务在确保发展和消除发展的障碍方面相互合作。"①《联合国宪章》明确规定:为维护国际和平与安全,促进人类经济与社会的进步和发展,会员国"务当同心协力"。《联合国宪章》第三项宗旨专门规定"促成国际合作,以解决国际间属于经济、生活、文化及人类福利性质之国际问题"。《联合国宪章》第九章以"国际经济及社会合作"为题,专门就国际间经济、社会、卫生、文化、教育等领域合作的目的、义务和机构作出了规定,以此形成联合国为中心的国际合作协调机制。

建设共同繁荣的世界,就要同舟共济,促进贸易和投资自由化便利化,推动经济全球化朝着更加开放、包容、普惠、平衡、共赢的方向发展。构建人类命运共同体追求的就是各国共同发展、共同繁荣。"各国有义务单独地和集体地采取步骤,制订国际发展政策,以其促成充分实现发展权利。""为促进发展中国家更迅速的发展,需要采取持久的行动。作为发展中国家努力的一种补充,在向这些国家提供促进全面发展的适当手段和便利时,进行有效的国际合作时至关重要的。"②

在促进国际合作和各国共同繁荣的原则指引下,《关税与贸易总协定》《国际货币基金协定》《国际复兴开发银行协定》等国际公约相继缔结,欧洲、南美、东南亚、西非等区域还形成了各种经济合作安排。上述机构和相关法律体制不断完善,为推进国际贸易、稳定全球经济、维护经济发展与社会繁荣做出了重要贡献。

当前,实现共同繁荣面临新挑战:保护主义、民粹主义情绪上升,"逆全球化"思潮抬头;发展严重失衡,财富鸿沟、数字鸿沟明显。实现共同繁荣目标,必须维护世界贸易组织规则,支持开放、透明、包容、非歧视性的多边贸易体制,反对贸易保护主义,构建开放型世界经济。③ 各国特别是主要经济体要加强宏观

① 联合国《发展权利宣言》第2条第3款,第3条第1款、第3款。

② 联合国《发展权利宣言》第4条第1款、第2款。

③ 21世纪初以来,在联合国主导下,借助经济全球化,国际社会制定和实施了千年发展目标和2030年可持续发展议程,推动11亿人口脱贫,19亿人口获得安全饮用水,35亿人口用上互联网等,还将在2030年实现零贫困。这充分说明,经济全球化的大方向是正确的。

政策协调,兼顾当前和长远,着力解决深层次问题。[①] 习近平指出:零和思维已经过时,我们必须走出一条和衷共济、合作共赢的新路子。要着力解决公平公正和发展不平衡问题,既要做大"蛋糕",更要分好"蛋糕"。同时,坚持共商共建共享,推进全球经济治理体系变革,增加发展中国家的话语权,平衡反映大多数国家的意愿和利益。[②]

从长远发展来看,还要抓住新一轮科技革命和产业变革的历史性机遇,转变经济发展方式,坚持创新驱动,进一步发展社会生产力、释放社会创造力,引导经济全球化健康发展。

四、开放包容原则

开放包容是人类命运共同体的社会基础,也是人类进步的源泉。"和羹之美,在于合异。"[③]"文明差异不应该成为世界冲突的根源,而应该成为人类文明进步的动力。""每种文明都有其独特魅力和深厚底蕴,都是人类的精神瑰宝。不同文明要取长补短、共同进步。"[④]将开放包容作为构建人类命运共同体的国际法原则,是对《联合国宪章》"发展国际间以尊重人民平等权利及自决原则为根据之友好关系"及"不分种族、性别、语言或宗教,增进并激励对于全体人类之人权及基本自由之尊重"宗旨的弘扬和发展。[⑤]

历史教训早已昭示,追求确立所谓"正统"、排斥异己,终将带来人类的灾难。从包容性的角度来看,人类命运共同体是一个生机勃勃、开放包容的体系。不同地理区域、历史文化、社会制度、经济体量、发展阶段的国家,只要认同人类命运共同体的核心理念,就可以求同存异、和而不同、加强合作、谋求共赢,维护和拓展各自正当国家利益,并为推动人类社会发展进步作出应有贡献。[⑥]

首先要克服偏执的"西方文明优越论"。"文明是多彩的"。一个国家和民

---

① 在这方面,2017 年 9 月二十国集团领导人杭州峰会带来一个好头。杭州峰会聚焦全球经济治理等重大问题,通过《创新增长蓝图》,首次将发展问题纳入全球宏观政策框架,并制订了行动计划。

② 参见韩跃民:《习近平关于全球治理的创新思想》,载《贵州社会科学》2017 年第 7 期。

③ 陈寿:《三国志·夏侯玄传》。世界上有 200 多个国家和地区、2500 多个民族、多种宗教。人类文明多样性是人类社会的基本特征。

④ 习近平:《共同构建人类命运共同体——在联合国日内瓦总部的演讲》,载《人民日报》2017 年 1 月 20 日,第 2 版。

⑤ 参见何志鹏:《人类命运共同体理念对人权的贡献》,载《人权》2017 年第 5 期。

⑥ 参见王毅:《携手打造人类命运共同体》,载《人民日报》2016 年 5 月 31 日,第 7 版。

族的文明是一个国家和民族的集体记忆。人类在漫长的历史长河中,创造和发展了多姿多彩的文明。文明交流互鉴不应该以独尊某一种文明或贬损某一种文明为前提。“文明是平等的”。文明没有高下、优劣之分,只有特色、地域之别。傲慢和偏见是文明交流的最大障碍。“文明是包容的”。海纳百川,有容乃大。每一种文明都是独特的。一切文明成果都值得尊重,一切文明成果都要珍惜。[①] 中国历来主张维护文明多样性,倡导尊重各国自主选择的社会制度和发展道路,以文明交流互鉴取代文明对抗冲突,推动不同民族、文化、宗教交流交融、互学互鉴,求同存异、和谐共处。[②] 不同的历史和国情,不同的民族和习俗,孕育了不同文明,使世界更加丰富多彩。各国基于各自的国情、历史和文化传承,对国际法的解释、适用和发展有不同主张。要坚持通过对话化解分歧,形成最大公约数,而不是党同伐异,或将自己的主张强加于人,让文明交流互鉴成为推动人类社会进步的动力、维护世界和平的纽带。

其次要坚持包容的人权发展理念。国家可以根据自己的国情和人民需要,找到适合自己的人权保障模式。东西方在人权保护方面的理念和实践存在差异,是不争的事实。不少发展中国家重视包括生存权、发展权在内的社会权利,一些西方国家强调选举权等公民与政治权利。[③] 这本来无可非议,但以保护政治权利为由,抨击其他国家的人权体制、政治体制,甚至以粗暴手段干涉他国自主选择的人权发展道路和模式,就与开放包容原则格格不入。国际社会应在相互尊重各国主权和政治独立的前提下平等对话,通过合作共同促进人权发展。

构建开放包容的世界,就是要尊重世界文明多样性,以文明交流超越文明隔阂、文明互鉴超越文明冲突、文明共存超越文明优越。习近平强调:文明如水,润物无声。我们应该推动不同文明相互尊重、和谐共处,从不同文明中寻求智慧、汲取营养,为人们提供精神支撑和心灵慰藉,携手解决人类共同面临的各

---

① 参见习近平:《在联合国教科文组织总部的演讲》,载《人民日报》2014 年 3 月 28 日,第 1 版。

② 参见王毅:《构建以合作共赢为核心的新型国际关系——对“21 世纪国际关系向何处去”的中国答案》,载《学习时报》2016 年 6 月 20 日,第 1 版。

③ 参见李步云:《论个人人权与集体人权》,载《中国社会科学院研究生院学报》1994 年第 6 期;信春鹰:《东西方人权观念之间的交流和对话——“东亚人权的文化基础”国际研讨会观点综述》,载《社会科学》1996 年第 10 期;张国斌:《求同存异中的中西方人权探讨》,载《公共外交季刊》2015 年第 4 期。

种挑战。①

事实上，《联合国宪章》的宗旨和原则以及和平共处五项原则本身，都是开放包容的国际法原则。《联合国宪章》确立了尊重各国不分政治制度、宗教或意识形态，均享有平等权利的原则。联合国教科文组织通过的《保护和促进文化表现形式多样性公约》进一步确认了文化多样性的重要意义。② 而上海合作组织倡导并始终践行的"上海精神"堪称实践中适用开放包容原则的典范。自成立以来，上合组织就努力超越文明冲突、冷战思维、零和博弈等陈旧观念，构建起不结盟、不对抗、不针对第三方的建设性伙伴关系，开创区域合作新模式，完全契合构建人类命运共同体的开放包容原则。③ 各国只有在真正平等、相互尊重、取长补短、求同存异的基础上进行合作，才能真正做到共同推进国际法治，共同构建人类命运共同体。

五、可持续发展原则

清洁美丽是人类社会可持续发展的必然要求，是人类命运共同体的生态环境基础，也是人与自然共生共存和谐关系的保障。"人与自然共生共存，伤害自然最终将伤及人类自身。空气、水、土壤、蓝天等自然资源用之不觉，失之难续。"④坚持绿色低碳，建设一个清洁美丽的世界，是人类共同体的又一大宏伟目标，完全符合并充分体现了可持续发展原则。"良好生态环境是最公平的公共产品，是最普惠的民生福祉。"⑤

地球是人类的共同家园。建设清洁美丽的世界，就是要遵循天人合一、道法自然的理念，寻求永续发展之路。就是要坚持环境友好，合作应对气候变化，像对待生命一样对待生态环境，对自然心存敬畏，尊重自然、顺应自然、保护自然，共同保护不可替代的地球家园，共同医治生态环境的累累伤痕，共同营造和谐宜居的人类家园，让自然生态休养生息，让人人都享有绿水青山。

---

① 参见习近平：《共同构建人类命运共同体——在联合国日内瓦总部的演讲》，载《人民日报》2017 年 1 月 20 日，第 2 版。

② 参见徐宏：《人类命运共同体与国际法》，载《国际法研究》2018 年第 5 期。

③ 参见余敏友：《"上海精神"彰显国际法新理念》，载《人民日报》2018 年 7 月 30 日，第 1 版。

④ 习近平：《共同构建人类命运共同体——在联合国日内瓦总部的演讲》，载《人民日报》2017 年 1 月 20 日，第 2 版。

⑤ 中共中央宣传部：《习近平系列重要讲话读本》，学习出版社、人民出版社 2014 年版，第 123 页。

人类对生态环境问题的认识,经历了漫长的发展过程。从 1972 年斯德哥尔摩联合国人类环境会议开始,国际社会一直在努力通过法律手段关注和解决环境问题。1987 年,可持续发展的概念首次由世界环境与发展委员会在《我们共同的未来》的报告中提出:"能够满足当前的需要又不危及下一代满足其需要的能力的发展"。① 1992 年里约联合国环境与发展大会上,与会的 176 个国家的代表一致同意将可持续发展作为国际社会的根本目标。2015 年,联合国大会通过了《2030 年可持续发展议程》,"可持续发展"逐步发展成为一项新的国际法原则。议程中提到:"我们决心让所有的人都过上繁荣和充实的生活,在与自然和谐相处的同时实现经济、社会和技术进步。"②

"万物各得其和以生,各得其养以成"。人类命运共同体思想将建设清洁美丽的世界,作为与持久和平、普遍安全、共同繁荣和开放包容具有同等重要性的目标,反映了对人类社会生存和发展的新认知,将对国际法的进一步发展产生深远影响。

第一,建设清洁美丽的世界,需要加强应对环境挑战国际合作。"人类命运共同体思想创造了一种新的思考世界的方式,从更高层面去衡量国家本位主义所无法衡量的大规模问题。"③现有的涉及环境保护的原则、规则均强调国际合作。根据联合国环境规划署的 2016 年年度报告,目前国际环境治理最大的问题是缺少政治意愿和公众的参与。④ 联合国可持续发展目标 2017 年报告,也表明需要更强有力的伙伴关系和合作来实现可持续发展目标。⑤ 目前,联合国环境规划署有超过 100 个伙伴,它们来自商业界、智库、学术界、妇女群体、土著团

① World Commission on Environment and Development, "Report of the World Commission on Environment and Development: Our Common Future", November 15, 2018, http://www.un-documents.net/wced-ocf.htm.

② 2030 年可持续发展目标适用于所有国家,包括穷国、富国和中等收入国家,共同采取行动,促进繁荣并保护地球。而千年发展目标仅面向发展中国家。新议程的覆盖面更广,包括应对不平等、经济增长、体面工作、城市和人类住区、工业化、海洋、生态系统、能源、气候变化、可持续消费和生产、和平与正义等方面的宏伟目标。

③ 罗欢欣:《人类命运共同体思想对国际法理念有哪些创新?》,载中国社会科学网:www.cssn.cn,最后访问日期:2019 年 6 月 8 日。

④ See UNEP, "UN Environment 2016 Annual Report: Empowering People to Protect the Planet", November 15, 2018, https://www.unenvironment.org/resources/annual-report/un-environment-2016-annual-report-empowering-people-protect-planet.

⑤ See UN. "The Sustainable Development Goals Report 2017", UN publications, November 15, 2018, https://www.un.org/development/desa/publications/sdg-report-2017.html.

体、青年团体等。这些合作伙伴基本构成以联合国为主导、主权国家为主体、多边合作共赢为依托和平等伙伴关系为轴心的多元协同治理模式，并将打造人类命运共同体视为全球治理的根本价值诉求。但一些国家对其他国家的荒漠化、生物多样性保护等环境挑战采取“漠不关心”“只取不予”“多取少予”的态度；一些国家以环境保护为借口行贸易保护之实；一些国家对气候变化等国际社会共同环境挑战采取不负责任的态度或者试图“搭便车”。国际法仍需继续强化国际合作的规则和机制，为应对全球环境挑战提供更为有效的制度保障。

第二，建设清洁美丽的世界，需要更为综合的环境治理。当前，环境与贸易、发展、人权、移民、安全等议题的交叉关联度不断上升，呈现跨领域交融态势。国际环境法将在各具体领域不断做深做细做实，这也需要不断加强现有的气候变化、生物多样性保护等专门的环境条约，提高具体领域的协调能力。进言之，要倡导绿色、低碳、循环、可持续的生产生活方式，平衡推进2030年可持续发展议程，不断开拓生产发展、生活富裕、生态良好的文明发展道路。自“2015年后发展议程”和“可持续发展目标”制定的国际进程启动后，在联合国框架下各成员国围绕2015年后发展议程开展政府间谈判，各项工作全面铺开，呈现“多轨并进”的谈判格局。[①] 协商谈判主要由政府间谈判和联合国系统组成；此外，联合国在全球、区域和国家层面开展了广泛的咨询和倡议活动，收集不同利益方的观点，评估人们对新的发展议程的期待，力争包括市民社会、非政府组织、私营部门、学术团体在内的利益相关者都参与磋商。[②]

第三，建设清洁美丽的世界，需要发达国家更多的历史担当。与发达国家相比，发展中国家离“清洁美丽”的目标仍有很大差距。除各国环境治理意识和能力差异的现实因素外，发达国家对气候变化的历史责任及对发展中国家长期掠夺的历史因素也不容否认。发达国家应按照“共同但有区别的责任”原则继续在应对全球环境挑战方面承担更多责任，同时在资金、技术、能力建设等方面为发展中国家提供更多支持。1992年《里约宣言》原则七宣布：“鉴于导致全球环境退化的各种不同因素，各国负有共同但有区别的责任。发达国家承认，鉴于它们的社会给全球环境带来的压力，以及它们所掌握的技术和财力资源，它

---

① 参见孙新章：《中国参与2030年可持续发展议程的战略思考》，载《中国人口·资源与环境》2016年第1期。

② 参见陈迎：《联合国2015年后发展议程：进展与展望》，载《中国地质大学学报》（社会科学版）2014年第5期。

们在追求可持续发展的国际努力中负有责任”。《联合国气候变化框架公约》第3条第1款规定:“各缔约方应当在公平的基础上,并根据它们共同但有区别的责任和各自能力,为人类当代和后代的利益保护气候系统。因此,发达国家缔约方应当率先对付气候变化及不利影响。”此外,发展中国家也应各尽所能,包括加强南南合作,为应对全球环境挑战做出更大贡献。《巴黎协定》的达成是全球气候治理史上的里程碑,各方要共同履行2018年后续实施细则。

第四节　人类命运共同体的实现路径与方式

一、持之以恒的共同努力

构建人类命运共同体是一个美好的目标,也是一个需要一代又一代人接力跑才能实现的目标,因而必然是一个漫长曲折的过程。[①]

以主权国家为主体的国际社会结构短时间内不会改变,民族主义倾向和强化国家主权的要求仍将持续。[②] 国际关系仍将主要在“国家利益至上”法则的支配之下,如特朗普政府推行的“美国优先”政策。[③] 当各国的利益趋向一致时,国际合作就得到推动;当国家个体利益相互抵触时,争端随之发生。若争端不能依和平方式加以解决,就可能导致武装冲突,甚至战争。国际实践表明,各国尤其是大国迄未完全放弃以武力或武力威胁作为实施权利或解决争端的最后手段。霸权主义和强权政治仍然存在。[④] 在此大背景下,武力准备也就自然成章。而在缺乏真正的安全感和相互信任的情况下,伴随武力准备的必然是军备竞赛。因此,构建人类命运共同体不仅需要不断凝聚共识,更需要各国持之以恒的共同努力。

中国人民的梦想同各国人民的梦想息息相关,实现中国梦离不开和平的国际环境和稳定的国际秩序。作为人类命运共同体思想的首倡者,中国必将坚持身体力行,发挥先锋和示范作用,从政治、安全、经济、文化、生态五个方面推动全球治理体系变革,以共建“一带一路”为重要实践平台,坚持新型国际关系和

---

① 参见习近平:《共同构建人类命运共同体——在联合国日内瓦总部的演讲》,载《人民日报》2017年1月20日,第2版。

② See H. Lauterpacht, *International Law and Human Rights*, Archon Books, 1968, p. 62.

③ 蔡拓:《人类命运共同体视角下的全球治理与国家治理》,载《中国社会科学》2016年第6期。

④ See C. Wilfred Jenks, *The Common Law of Mankind*, Praeger, 1958, p. 17.

中国特色国际法“两轮驱动”，既维护好国家主权、安全和发展利益，又体现大国责任担当，维护和推进国际社会整体利益。

同时，构建人类命运共同体需要各国共同努力，为此需要主动做好人类命运共同体思想的对外阐释，不断增信释疑、凝聚共识，推动通过具体国际规则加以体现和落实，使这一思想真正落地生根。这就要求我们以更高水平、更高格局运筹国际法，在习近平新时代中国特色社会主义思想的统领下，服务于新时代中国特色大国外交。

二、强化国际法对国家整体外交的支撑

国际关系和国际秩序与法律密不可分。围绕国际新秩序的斗争最终要通过法律的形式表现出来。国际法的发展是一把“双刃剑”。我国在承担国际法义务的同时，也可利用国际法律武器维护自己的合法权益。

党的十八大以来，习近平总书记多次强调统筹国内国际两个大局，这就凸显了国际法在国际关系中的重要性。[①] 中国在外交工作中也积极运用国际法，妥善应对诸如菲律宾南海仲裁案、中美贸易争端此类重大敏感问题，尊重规则、运用规则、发展规则的意识和能力得到显著提升。

面对新的国际形势、机遇和挑战，我们应该在国际上更积极、更有效地利用法律武器，维护我国的合法权益。国际关系和国际法的发展为我国更深入参与国际关系及国际法的调整带来了一定机遇。作为新兴的发展中大国，我国对这个进程施加影响以更好维护我国权益的能力将随着我国综合国力的增强而逐步增强。随着我国国家地位和影响力不断提升，我国与国际法之间的磨合、调适也将进入新阶段，我国国家实践对国际法发展的影响力也将更为明显。推动构建人类命运共同体的目标客观上更进一步要求高举国际法的旗帜，[②]既要准确把握现有国际法，也要准确把握国际法的发展趋势，并以人类命运共同体思想为基础，主动引领国际法的发展方向。国际法的发展将是一个渐进的过程，现存国际法的基本框架在短时间内还不会被打破，我国在法律上仍有很大的活动空间。

---

① 参见杨洁篪：《开创国际法工作新局面，服务改革开放新征程——在改革开放40周年国际法工作座谈会上的主旨讲话》，载中国共产党新闻网：www.cpcnews.cn，最后访问日期：2019年6月16日。

② 参见徐宏：《人类命运共同体与国际法》，载《国际法研究》2018年第5期。

随着国际法治的加强，司法手段作为解决国际争端的合法方式的作用将得到加强。根据新的形势，我国应认真研究以司法手段解决国际争端问题和我国对国际司法裁判机制的政策。要坚决维护国家主权豁免原则，反对任意扩大强制性国际司法管辖权，并通过保留和政府声明等方式排斥或限制国际公约中强制性解决争端条款对我的适用。此外，对国际司法中的仲裁和自愿管辖，则可视情灵活处理。在国际经济、贸易领域，要尽快适应世界贸易组织解决争端的机制和规则。

三、全方位推进中国国际法理论和实践创新

党的十八大以来，我国在国际法领域积极作为，日益形成鲜明中国特色，包括坚持和平共处五项原则，特别是坚持主权平等和不干涉内政，坚持"义利并举、以义为先"的正确义利观，在全球性挑战方面发挥大国担当等。随着我国构建新型国际关系、推进共建"一带一路"等实践的发展，我国国际法理论的特色将更为鲜明。要立足于我国外交理论实践的传承和发展，以人类命运共同体思想为指导，对于世界法治文明兼收并蓄，去粗取精，去伪存真，①不断提炼梳理中国特色国际法观，使我国外交实践更好地体现公平正义元素。

我国应尽快细化有关构建人类命运共同体的方案和法律主张，以削弱西方在建立新秩序问题上咄咄逼人的攻势。我国国际法学界应重视并加强全球治理问题的法理研究，特别要深入研究涉及主权、不干涉内政、禁止非法使用武力、民族自决权等的法律问题，并加强对外宣传力度。在国际事务中，我国应坚持突出联合国的作用，联合世界上一切可以联合的力量，共同维护联合国的权威和不可替代的作用，反对其他组织和集团削弱联合国或凌驾于联合国之上的企图，遏制西方大国使联合国边缘化的图谋。

新时代我国利益与外部世界更为交融，随着"一带一路"建设的推进，我国国家利益的内涵和外延也将不断拓展。我国需从国际秩序的高度看待和评估新时代国家利益，既切实维护国家主权、安全和发展利益，又主动塑造和维护和平、稳定的国际环境。为此，我国宜全力推动南海行为准则的制定，完善中国与周边国家之间的友好合作条约，服务和推进周边命运共同体建设；推动"一带一路"争端解决机制的建设，既为"一带一路"行稳致远提供法治保障，又切实发挥

---

① 参见徐宏：《人类命运共同体与国际法》，载《国际法研究》2018 年第 5 期。

“一带一路”建设对人类命运共同体的平台作用；主动将国际法融入构建新型国际关系、拓展全球伙伴关系的外交实践，不断巩固外交实践成果，丰富外交关系内涵。

四、推进全球治理体系改革和制度建设

构建人类命运共同体是我国向世界提供的全球治理方案。习近平主席在多个重要多边场合一再强调，中国始终坚持维护以《联合国宪章》宗旨和原则为核心的国际秩序和国际体系。以联合国宪章的宗旨和原则为代表的现行国际关系准则符合多数国家尤其是发展中国家的根本利益，也为它们维护国家的主权、独立和领土完整，捍卫其合法权益提供了法律保障，在捍卫宪章的宗旨和原则方面我国有广泛的同盟军。我国应旗帜鲜明地坚持宪章的宗旨和原则，反对篡改或歪曲解释宪章宗旨和原则，阻止西方将“人道主义干涉”“人权高于主权”等新干涉主义主张合法化的图谋，最大限度地维持现行国际法体系的稳定。

在推动构建人类命运共同体的实践中，我国应主动将我国国际法理念和主张与以《联合国宪章》为基础的国际法体系衔接，在坚持宪章宗旨和原则的基础上，不断推动相关制度、原则、规则的发展，更好应对国际社会共同挑战。妥善应对当前保护主义、单边主义“逆流”，坚定维护多边体系和国际公平正义，为国际秩序的健康稳定发展做出中国贡献。积极推进在海洋、外空、网络、极地、气候变化等领域规则制定中探索体现人类命运共同体思想的方式和路径，不断完善全球治理体系。

五、为热点问题提出国际法解决方案

近年来，我国积极参与联合国维和行动、亚丁湾护航，并且在伊朗核、朝核、叙利亚等问题上发挥重要作用。这与我国国际地位和国际影响力的上升密不可分。随着我国不断向强国目标迈进，我国越来越需要更加积极主动推动相关热点问题的解决，做出大国应有贡献，更加主动地以人类命运共同体思想为指导，积极提出解决相关热点问题的国际法方案。目前，人类命运共同体思想已写入安理会关于阿富汗问题的决议，也成功纳入联合国有关安全、经济和人权决议。我国应积极探索在相关热点问题解决中落实人类命运共同体思想的具体国际法方案，争取形成有中国特色且行之有效的解决模式。

六、用国际法语言讲好“中国故事”

近年来，习近平等国家领导人的重要讲话、文章多次阐述了中国对重大国际法问题的立场和主张。特别是我国在重大国际法问题上主动发声，《中俄关于促进国际法的声明》的发表使国际社会对我国国际法立场主张有了更深的认识。在推动构建人类命运共同体的实践中，我国应主动、全方位讲清这一思想的国际法内涵，争取更多的理解和支持，避免将这一思想贴上意识形态标签。强调构建人类命运共同体不是中国的“独角戏”，而是各国的大合唱。向世界表明人类命运共同体思想是我国为世界提供的“公共产品”。在对外宣介和阐释过程中，既要坚持“四个自信”，体现中国特色，又要以外界易于接受的方式、运用通用的国际法话语和科学方法讲清中国主张，确保扎实有据，避免停留于空洞口号和自说自话。

七、提升国际法人才培养和智库建设

我国推动构建人类命运共同体、推进在国际法领域形成共识，离不开国际法人才和智库的作用。就国际法而言，人类命运共同体思想将带来国际法发展的新起点；就中国的国际法工作者而言，人类命运共同体思想也将带来推进中国国际法工作的新起点。从国际法角度构建人类命运共同体，离不开世界各国国际法工作者的共同努力，而中国作为这一思想的首倡者，中国的国际法工作者肩负着更为重要的使命。改革开放40年来，我国国际法人才队伍培养取得了长足的发展，国际法能力不断提升。但现有的国际法队伍和能力与民族复兴、构建人类命运共同体的目标仍有着很大的差距。具有国际化水平、在重要国际法岗位的国际法人才以及有国际竞争力和影响力的国际法智库存在明显“短板”，应对国际事务捉襟见肘。我国需加快高端国际法人才培养和智库建设，提升我国在国际法领域的整体实力和影响力。

人类命运共同体是一个国际法治下的共同体。① 良法是善治的基础。人类命运共同体需要用国际法来明辨是非、建章立制、保障权利、定分止争，而维护、促进和加强国际法治是国际社会各成员应有的责任，也是推动共建人类命运共同体的应有之义。

---

① 参见李赞：《建设人类命运共同体的国际法原理与路径》，载《国际法研究》2016年第6期。

人类命运共同体思想，既表达了中国为世界的前途与命运椪划的理想和目标，也构成了新时代坚持和发展中国特色社会主义的基本方略之一，必将深刻影响中国国际法理论和实践的发展。随着人类命运共同体思想日益深入人心，国际社会也将更加深入地思考如何通过规则、制度，为实现持久和平、普遍安全、共同繁荣、开放包容、清洁美丽的共同愿景提供有力支撑。中国将高举和平、发展、合作、共赢的旗帜，恪守维护世界和平、促进共同发展的外交政策宗旨，坚定不移地在和平共处五项原则基础上发展同各国的友好合作，推动人类命运共同体的构建，推动国际关系的法治化发展，为世界和平、人类共同发展做出更大贡献。

图书在版编目(CIP)数据

中国特色大国外交与国际法 / 黄惠康著. -- 北京 :
法律出版社, 2019
(国际法学文库 / 黄进主编)
ISBN 978-7-5197-3778-8

Ⅰ. ①中… Ⅱ. ①黄… Ⅲ. ①外交-研究-中国-现
代②国际法-研究 Ⅳ. ①D82②D99

中国版本图书馆 CIP 数据核字(2019)第 187365 号

中国特色大国外交与国际法
ZHONGGUO TESE DAGUO WAIJIAO YU GUOJIFA

黄惠康 著

策划编辑 沈小英
责任编辑 沈小英 张泽华
装帧设计 李 瞻

出版 法律出版社
总发行 中国法律图书有限公司
经销 新华书店
印刷 中煤(北京)印务有限公司
责任校对 李景美
责任印制 吕亚莉

编辑统筹 法治与经济出版分社
开本 710 毫米×1000 毫米 1/16
印张 32.75
字数 522 千
版本 2019 年 9 月第 1 版
印次 2019 年 9 月第 1 次印刷

法律出版社/北京市丰台区莲花池西里 7 号(100073)
网址/www.lawpress.com.cn
投稿邮箱/info@lawpress.com.cn
举报维权邮箱/jbwq@lawpress.com.cn
销售热线/400-660-8393
咨询电话/010-63939796

中国法律图书有限公司/北京市丰台区莲花池西里 7 号(100073)
全国各地中法图分、子公司销售电话:
统一销售客服/400-660-8393/6393
第一法律书店/010-83938432/8433
西安分公司/029-85330678
重庆分公司/023-67453036
上海分公司/021-62071639/1636
深圳分公司/0755-83072995

书号:ISBN 978-7-5197-3778-8
定价:138.00 元
(如有缺页或倒装,中国法律图书有限公司负责退换)